政府采购实务手册

主编：石安琴
编者：刘其晖　赵海俊　梁　铁
付小承　朱　珊

暨南大学出版社
Jinan University Press
中国·广州

图书在版编目（CIP）数据

政府采购实务手册/石安琴主编．—广州：暨南大学出版社，2007.1
ISBN 978－7－81079－804－4

Ⅰ．政…　Ⅱ．石…　Ⅲ．政府采购—中国—手册　Ⅳ．F812.45－62

中国版本图书馆 CIP 数据核字（2006）第 159294 号

出版发行：暨南大学出版社

地　址：中国广州暨南大学
电　话：总编室（8620）85221601
　　　　营销部（8620）85227972　85220602（邮购）
传　真：（8620）85221583（办公室）　85223774（营销部）
邮　编：510630
网　址：http://www.jnupress.com　http://press.jnu.edu.cn

排　版：暨南大学出版社照排中心
印　刷：佛山市浩文彩色印刷有限公司

开　本：787mm×1092mm　1/16
印　张：25.5
字　数：589 千
版　次：2007 年 1 月第 1 版
印　次：2007 年 1 月第 1 次
书　号：ISBN 978－7－81079－804－4/F·406

定　价：48.00 元

（暨大版图书如有印装质量问题，请与出版社总编室联系调换）

序　言

政府采购是我国市场经济发展的客观需要，是我国经济体制改革的必然产物，在吸收和借鉴国际经验的基础上，我国于1996年开始推行政府采购的试点工作。1999年颁布《招标投标法》，于2000年1月1日正式实施；2002年颁布《政府采购法》，于2003年1月1日正式实施。至此，我国政府采购改革步入了法制化的轨道。

随着经济建设的飞速发展和法制建设的不断完善，尤其是在《招标投标法》《政府采购法》相继颁布和实施以后，政府采购在优化公共资源配置、加强公共财政监督等方面发挥着重要作用。在短短的几年里，我国政府采购制度改革取得了明显成效，政府采购规模快速增长，政府采购范围不断扩大。1998全国政府采购金额为31亿元人民币，2004年达到了2136亿元，年平均增长率为89%。政府采购的经济效益和社会效益日益凸显。据初步统计，2005年政府采购金额超过2500亿元，按照年平均采购节资率为11%左右估算，仅2005年全国就节约财政资金300亿元，与此同时，腐败行为也得到了明显的遏制。

当前，政府采购作为市场经济条件下政府公共财政支出和财政监督的基本途径和重要手段已深入人心。伴随着政府采购体制的不断完善和政府采购范围的不断扩大，以及我国加入世界贸易组织《政府采购协议》的不断临近，政府采购更成为国人和世界关注的焦点。

《政府采购法》的颁布和施行，使政府采购事业得到了蓬勃发展，为公共财政管理的科学化、规范化、制度化提供了法律依据。但是，《政府采购法》相对于政府采购政策的滞后性，需要更多更优秀的法律工作者投身到政府采购法律服务的工作中来。此书作者石安琴同志以其10余年从事政府采购法律服务的实践经验，结合目前政府采购缺少参考性实务手册的现状，组织专业人士，共同研究并撰写了《政府采购实务手册》一书。

此书以理论梳理和实践应用为原则，围绕政府采购与法律服务的相关重要问题展开分析、论述，注重政策性、操作性、实务性、系统性。希望此书的出版能够为各级行政事业单位采购人、供应商以及代理机构在组织实施政府采购工作中提供参考，为政府采购监督部门加强管理，以及为关心政府采购的同志学习和研究提供借鉴。

中国招标投标协会常务副会长

2007年1月23日于北京

目　录

第一章　政府采购的发展历史

第一节　概　述

他是某地政府采购中心负责人。作为政府采购官员，几个月前，他还大讲在政府采购中，廉洁是重中之重。几个月后，他却因涉嫌受贿而锒铛入狱……

作为投标公司，他为了让自己的图书发行公司能够中标，在某高校图书馆图书采购项目中大肆采取“回扣”战术。被审查时，他一脸茫然——“在图书投标过程中，送回扣是‘行规’呀!”……

作为供应商，你对政府采购了解多少？你知道政府采购的风险是什么？怎样防范？……

作为执业律师，你对政府采购的相关法律掌握多少？你知道政府采购的法律责任和权利救济途径吗？……

作为一个读者，你知道政府采购吗？……

一、我国政府采购制度框架初步形成

政府采购（Government Procurement）是指国家各级机关、事业单位和团体组织，使用财政性资金采购依法制定的集中采购目录以内的，或者采购限额标准以上的货物、工程和服务的行为。通过政府采购，能够降低采购商品的管理成本，促进政府公共预算支出透明化，并有利于扩大公共竞争，维护商业交易的公正性。

1996 年我国率先在上海市开展政府采购的尝试，1998 年扩大试点范围，随后，其他地方政府纷纷开始成立采购机构，负责政府采购。随后便陆续颁布了《政府采购管理暂行办法》《政府采购招标管理暂行办法》等一系列相关办法与规定，配合切实可行的相关措施，使得政府采购工作于 2000 年在全国铺开。随着《中华人民共和国招标投标法》和《政府采购法》的相继实施，我国政府采购制度框架已初步形成。

二、我国政府采购规模不断扩大，为供应商创造了巨大的商机

政府采购是市场经济条件下国家管理政府支出的一种基本手段，政府每年都要投入巨额财政资金用于政府采购。在很多国家，政府采购金额占国内生产总值（GDP）的 10%

以上。据统计，欧盟各成员国政府采购总额占 GDP 的12%[①]；美国政府在1989 至1992 年间每年仅用于货物和服务的采购就占其 GDP 的26% ~27%，每年有2 000 多亿美元的政府预算用于政府采购。全世界的政府采购金额每年达数千亿美元，占世界贸易总额的10%以上。[②] 我国政府采购虽然起步较晚，但随着我国社会主义市场经济体制的逐步建立和不断完善，短短几年之内，政府采购的规模逐年翻番。1998 年为31 亿元，1999 年为130 亿元，2000 年，全国31 个省区市和306 个地（市）、772 个县（市）开展了政府采购工作，采购金额达328 亿元。特别是在2003 年1 月1 日《中华人民共和国政府采购法》正式开始实施后，政府采购的发展更加迅猛。2003 年，我国政府采购的金额就达到人民币1 600 亿元，2004 年为人民币2 200 亿元，[③] 2006 年约为人民币3 000 亿元。同时，政府采购的范围非常广泛，小到纸、笔等办公用品，中到办公设备、医疗设备、汽车、空调，大到通讯系统、卫星、核反应堆、轮船和飞机以及工程建设等，并逐步从最初单一的货物采购拓展到工程和服务采购。政府采购量已成为广大供应商争先恐后的一个巨大销售市场。

值得一提的是，根据我国加入世界贸易组织（WTO）的承诺，我国将会尽快启动加入 WTO 的《政府采购协议》谈判，随着中国政府采购市场开放程度的逐步提高，我国政府采购将逐渐融入全球经济一体化的进程当中，为国内外供应商带来商机。

三、政府采购的法律监管亟待加强

我国政府采购规模迅速扩张，如何加强法律监管，规范政府采购的各个环节，是保证政府采购健康发展的重大课题。我国《政府采购法》规定，各级人民政府财政部门负责政府采购的监督管理，依法履行对政府采购活动的监督管理职责。近年来，随着政府采购争议案件的不断增多，国家财政部于2004 年8 月11 日颁发了《政府采购供应商投诉处理办法》。它对于防止和纠正违法或者不当的政府采购行为，保护参加政府采购活动供应商的合法权益，维护国家利益和社会公共利益，具有非常重大的意义。

政府采购制度是市场经济条件下加强财政支出管理、规范政府机构采购行为、发挥对国民经济宏观调控作用的一项制度。《政府采购法》无疑使政府采购行为有法可依。然而，在政府采购的具体工作中，却依然没有做到有法必依。

值得注意的是，政府采购已成为商业贿赂的案件多发区。中央治理商业贿赂领导小组办公室通报有关案件情况显示，从2005 年8 月至2006 年6 月期间，全国共查处商业贿赂案件6 972 件，涉案金额19.3 亿元，案件涉及厅局级干部49 人。其中，政府采购被列为商业贿赂案件六大领域之一。[④] 政府采购部门相关人员涉案的事实不断提醒人们，政府采

① Daeubler-Gmelin, Herta, Vergabewesen endlich europagerecht ausgestalten, Sueddeutsche Zeitung, 1998, Nr. 224, p. 22.

② Dr. Gray J. Zenz and Dr. George H. Thompson, Purchasing and Management of Material, AEI, p. 345.

③《中国经济时报》，2005 - 05 - 13。

④ 信息来源：http：//www. gd. xinhuanet. com。

购领域的廉政建设和预防职务犯罪任重道远，政府采购的法律监管亟待加强。

四、政府采购的过程面临多种法律风险

从本质上来说，对政府采购的管理，其实就是对政府采购过程中存在的各种潜在风险进行识别、分析和评估，并及时采取相应的措施对风险加以防范和管理。

目前，我国已制定了《行政诉讼法》《行政复议法》《行政处罚法》《刑法》《民事诉讼法》《招标投标法》《政府采购法》《建设工程质量条例》等大量的法律、法规和规章。政府采购必须依法进行，整个采购过程涉及的法律问题越来越繁杂和专业化，增加了政府采购中出现法律风险的可能性。如在签订合同时，不注意合同条款的完整、严密、准确、合法，容易导致双方对合同条款的不同理解，形成争议，甚至掉进“法律陷阱”，造成重大的经济损失。

本书在介绍政府采购一般理论的基础上，通过对其他国家或地区的政府采购管理理论和实践的研究，并结合我国一些地方在进行政府采购试点以及《政府采购法》实施过程中所暴露的问题，对我国政府采购活动中所面临的各种潜在风险因素进行识别、分析、评估，进而提出切实可行的风险管理制度及相应的风险预防措施，保证采购目标的充分实现。

本书分为八部分，详细介绍了政府采购的起源、发展以及今后的发展趋势，并对我国政府采购的现状作了简单介绍。作为实用型的书籍，系统地介绍了我国政府采购的基本流程，在阐述我国政府采购当事人的权利和义务的基础上，详细介绍了政府采购在采购准备阶段、采购合同形成阶段、合同履行阶段以及法律的救济等各阶段的法律风险，并提出了相应的防范措施。

第二节 政府采购的起源与发展

政府采购制度是伴随着市场经济国家干预政策的产生而发展起来的。政府采购起源于自由资本主义市场经济时期的西方国家，迄今已有两百多年的历史。

1782 年，英国政府首先设立国家文具公用局，负责政府部门办公用品的采购。该局以后发展成为物资供应部，专门采购政府各部门的所需物资。之后，英国不断完善其政府采购制度，历经两百多年的发展和实践，目前英国政府采购的法律、法规已经相当完善。英国政府采购的法律、法规主要有 1991 年 12 月制定的《英国公共工程合同规则》，1993 年 1 月制定的《英国公共设施供应的公用事业工程合同规则》，1994 年 1 月制定的《英国公共服务合约法规》，1995 年 1 月制定的《公共供应合同管理条例》等。

美国实行政府采购的历史也很久远，早在独立战争时期，美国的一些军事机构就从事和现在政府采购部门相似的工作。由于战时的需要及物资和劳动力的匮乏，这种采购大多

采用直接采购的方式，同时由于采购数目巨大，故政府采购领域一直丑闻不断。而联邦政府民用部门的采购历史亦可以追溯到1792年，当时有关政府采购的法律将联邦政府采购供应品的责任赋予了美国首任财政部长亚历山大·汗弥尔敦。1861年，美国制定了关于政府采购的联邦法案，明确规定凡达到一定金额的政府采购，联邦政府必须使用公开招标的方式，并对招标的形式、程序作了详细的规定。1868年美国国会又通过了立法确立公开开标和公开授予合同的程序。1947年，美国通过《武装部队采购法》确立了国防采购的方法和程序，在国防领域实行了集中的政府采购。1949年美国国会通过了《联邦财产与行政服务法》，该法为美国总务管理局（General Services Administration）提供了统一的采购政策和方法。1962年美国国会通过了《合同竞争法案》，特别强调了公开竞争对于政府采购制度的重要性，并在此后颁布了大量的法律、法规以配合该法案的实施。

政府采购制度随着政府职能的加强和完善而逐步得到完善和发展，政府采购制度的内涵、作用也是逐渐丰富和深化的。早期的政府采购制度的建设、政府采购行为的运作，主要是为了开展日常的事务活动，其目的和作用都非常单一。制度建设的本身不够规范和科学，同时缺乏深度和广度。随着工业化进程的加快，市场经济在发展中出现了许多市场本身不能解决的问题，必须由政府解决。作为政府公共支出重要内容的政府采购，便以新的姿态出现，其采购的目的不再局限于为政府日常事务服务，而更强调为公众提供公共物品和公共服务，其作用更倾向于作为政府宏观调控手段而出现在社会经济生活中，成为政府加强预算管理的一个重要手段。随着世界经济一体化的形成，政府采购市场日益成为争夺的焦点，但是政府采购的制度建设明显落后于世界经济一体化的进程。在1979年以前，各国政府采购市场是封闭的、不对外开放，政府采购主体只能在国内购买商品和劳务。1947年由各国共同制定的《关税和贸易总协定》刻意将规模庞大的政府采购排除在外，主要是考虑避免与当时各缔约国普遍采购本国产品、保护本国产品的政策相冲突。但随着一些工业化国家经济的繁荣，他们亟须为本国产品开拓海外市场，在贸易自由化呼声的掩护下，以打破贸易壁垒为借口，提出应将政府采购纳入国际协议，于是在1979年制定了《政府采购守则》（以下简称《守则》）。《守则》的形成标志着国际政府采购制度的初步形成。根据《守则》的规定，各国政府在国际市场上进行政府采购时，除了国防通讯和部分能源设备外，凡是超过一定金额的，都要使用竞争性的国际招标方式进行采购。该《守则》是非强制性的，是各缔约国在自愿的基础上签署的，通过相互谈判确定政府采购开放的程度。《守则》于1981年开始生效，涵盖的政府采购市场仅是各国政府采购总额的一小部分，其在国际贸易中发挥的作用是非常有限的，但毕竟走出了政府采购迈出国门的第一步。在1986—1993年举行的“关贸协定乌拉圭回合”谈判期间，参加谈判的各成员国对《守则》进行了大幅度的调整，并最终形成了取代《关税和贸易总协定》的世界贸易组织的《政府采购协议》，该协议规定了政府采购适用对象及范围、政府采购适用项目及门槛金额、政府采购的方式，明确了在政府采购中实行国民待遇与非歧视性原则以及保护发展中国家的条款和签署成员国的义务。WTO的《政府采购协议》于1996年1月1日正式生效实施，仅对签字成员国有约束力，许多发达国家先后签署了该协议。

联合国方面，联合国国际贸易法委员会在1986年第19届会议上决定对各国和各地区的政府采购进行统一规范，1993 年通过了《贸易法委员会货物、工程和服务采购示范法》及配套文件《贸易法委员会货物、工程和服务采购示范法立法指南》。1994 年又通过了《贸易法委员会货物、工程和服务采购示范法》及配套文件《贸易法委员会货物、工程和服务采购示范法立法指南》的修订。世界银行则在 1985 年就制定了《国际复兴开发银行和国际开发协会信贷采购指南》，并在 1992 年和 1996 年进行了修订。

在原关贸组织开始就政府采购市场的开放问题进行多边谈判的同时，许多区域性组织也将政府采购纳入地区贸易自由化之中，如亚太经济合作组织（APEC），根据 1995 年 12 月的 APEC 部长级会议和领导人非正式会议通过的《大阪行动议程》，将政府采购列为 APEC 贸易投资自由化与便利的 15 个具体领域之一。

由此，政府采购制度日臻完善，而且政府采购市场已由区域市场向世界市场转化。

第三节　政府采购的发展趋势和我国政府采购的现状

一、政府采购的发展趋势

从各国的政府采购实践来看，政府采购的发展呈如下趋势：

1. 政府采购电子化

电子化政府采购，是政府利用信息技术，确立公共部门采购货物、工程和服务的一种采购形式。其核心内容是打破传统采购方式的时间和空间障碍，增强采购信息透明度，为政府采购活动提供便利。政府采购电子化是一个世界性的趋势，目前有许多国家和地区已开始运用。

传统的采购方式主要是以纸质为媒介，依靠人工操作，面临着效率低、采购成本大的难题。随着电子商务系统和网络技术的不断发展，互联网广泛深入人类生活的各个领域，极大地提高了办公效率。在此背景下，如何把电子采购系统推广到政府采购活动中，大力提高工作效率、降低采购成本，必将成为未来一段时期我国政府采购改革的方向。21 世纪以来，各国都在积极探索、规划并大力推行电子化政府采购。比如韩国、新加坡、马来西亚等国家以及我国的台湾、香港地区电子化政府采购应用较广。美国的电子商务虽然比较发达，但电子化政府采购还处于试点阶段。

国际实践表明，电子化政府采购的效果非常显著：大大节省了时间和费用，提高了效率。若考虑到从网上下载标书和无纸化因素，节省的时间和资金更多；与传统的纸质采购方式相比，一般可节约高达 30% 左右的采购成本；给更多的供应商带来了投标机会，增强了竞争，使采购机构有了更大的选择空间；规范了政府采购行为，最大限度地避免了人为因素的干扰；提高了透明度，抑制了腐败现象的发生；节省了人手，减轻了工作压力。

此外，从宏观的角度来考虑，电子化政府采购同样具有巨大的作用。首先在经济效益方面，降低了价格和管理的成本，缩短了招标准备时间，减少了人为因素的干扰，增强了采购及时性，提高了采购的准确性和质量，健全完善了统计体系。其次，在监督管理方面，实现了全过程的公开透明，避免了纸质文件易出错的缺点，方便监督。同时还可以打破地域限制，特别是为中小企业提供平等竞争的机会。总之，实现电子化政府采购有着重大的现实意义和深远的历史意义，所以，可以说，所有已经实行了政府采购制度的国家和地区，都在积极地研究、规划和探索电子化政府采购。各国的电子化政府采购虽然发展不平衡，但是国际政府采购电子化是大势所趋，也是我国政府采购发展的方向。目前，我国政府已将政府采购电子化列入改革计划，并致力于相关政策的研究和探索。

2. 政府采购国际化

随着国际贸易的发展，政府采购的规模越来越大，无论在发达国家还是在发展中国家，政府都成为货物贸易和服务贸易中的最大买主。据估计，国际政府采购总额每年都达数千亿美元，占世界贸易总额的10%以上。但由于一些国家把政府采购作为保护本国民族工业和本国产品的一个手段，致使政府采购领域对外开放程度极低。特别是一些发展中国家认为开放政府采购市场只能为它们带来少量的出口收益，大部分收益将被发达国家的制造业和服务业所获得。这样在政府采购领域，优待本国产品或某外国产品而歧视他国产品，歧视性政府采购已日益成为国际贸易中的一个严重障碍。

随着世界经济一体化程度的加深，WTO《政府采购协议》、联合国《国际贸易法律委员会货物、工程和服务采购示范法》、世界银行《国际复兴开发银行贷款和国际开发协会信贷采购指南》、亚洲太平洋经济合作组织的《政府采购非约束性原则》、欧盟《公共采购指令》等国际条约都在为促进政府采购国际化方面作出努力并取得了卓越的成效。并且随着越来越多的国家和地区的加入，各国政府采购市场正在逐步走向开放。政府采购市场的国际化和非歧视性原则将是未来政府采购的发展方向。

3. 政府采购节能和环保化

随着人们对生存环境和生活质量的重新认识，节能和环保意识已经深入人心，节能和环保理念也相应地引入政府采购领域。在政府节能采购的多种方式中，绿色标准法是常见的方式之一。所谓标准法，是指由国家相关标准管理部门根据政府节能与环保的需要，对政府需要采购的工程、货物或服务，制定统一的节能与环保标准。这个标准不仅要求末端产品符合环保技术标准，而且规定产品研制、开发、生产、运输、使用、循环再利用的全过程均需符合环保要求。政府要求政府采购人及采购机构，在采购时，必须采购或优先采购达到政府节能环保标准的产品、工程或服务。对于参与政府采购的供应商而言，当其提供涉及节能环保的产品时，必须接受由具有节能环保认证资格认证机构的认证。只有达到政府规定的节能环保标准，才能获得或者优先获得政府采购合同。

按照是否必须强制执行，可以将其划分为强制性标准和指导性标准。强制性标准是政府在涉及节能采购时，必须无条件采购符合标准的产品；而指导性标准是作为一种政府节能采购的指导标准，它要求政府采购涉及节能环保产品时，应该采购或优先采购达到节能环保标准的产品，而不是法律或行政强制性要求。一般而言，为了保证政府采购符合节能环保要求，特别是在节能环保形势严峻的情况下，标准法大多是采取强制方式的。

目前，世界各国对于政府采购都提出了节能环保要求，而最基本的方式，就是采用标准法。如2002年美国修改联邦政府采购有关法令时就作出明确规定，政府采购必须采购经过认证符合政府规定的节能环保标准的产品。我国台湾地区的《政府采购法》规定，优先采购取得政府认可的节能环保产品，不仅如此，对于具有节能环保优势的产品还规定可以享受价格上的优惠。但是，标准法要成为一种完善的、可操作性强的节能环保控制方法，显然还有大量的工作要做，尤其是制度建设和操作管理方面。但它所蕴涵的节能和环保理念完全契合当今的时代精神，这决定了其成为各国完善政府采购的发展方向。

二、我国政府采购的现状

我国没有通过市场竞争进行政府采购的传统，实行以公开的市场竞争为主要标志的政府采购制度是近些年的事情。以前的政府采购，主要是靠行政审批控制各个需求单位分散的自行采购，容易造成政府采购质次价高、浪费严重，并不可避免地产生了一些腐败现象。但在政治、经济体制改革的进程中，政府采购制度引起了国家政府的高度重视，在短短时间里就得到了很大的发展。

在1999年以前，我国没有统一的、规范的政府采购法律，也没有集中的政府采购管理制度，政府采购只能靠个别规范工程或设计招标投标的规范性文件来调整，整个政府采购市场十分混乱。而在1999年和2002年，我国相继出台了《招标投标法》和《政府采购法》，作为政府采购的基本法来规范货物、工程以及服务等政府采购活动。其中《招标投标法》，虽然仅就工程范围的招投标加以规范，但它是我国第一部与政府采购有关的统一立法。这两部法律的颁布意味着我国目前政府采购制度基本框架的形成，政府采购已经步入法制化轨道。与此同时，财政部、国家计划发展委员会等纷纷发布了相应的行政规章对采购制度加以完善，如2004年的《政府采购信息公告管理办法》，2004年的《政府采购货物和服务招标投标管理办法》，2005年的《政府采购代理机构资格认定办法》，2004年的《工程建设项目招标范围和规模标准规定》、《工程建设项目自行招标试行办法》和《招标公告发布暂行办法》等。

在中央政府的领导下，各级地方政府开展政府采购试点工作，同时加快相关的立法步伐。从1996年开始，上海、深圳等地方政府率先实行政府采购制度。随后，其他地方各级政府也纷纷成立专门的采购机构履行政府采购职能，取得了较好的经济与社会效益。1998年10月，深圳市人大常委会率先发布了我国第一个政府采购的地方性法规——《深圳经济特区政府采购条例》。此后，安徽省、云南省、上海市、北京市等省、直辖市地方人民政府相继发布了有关政府采购的地方规章，其后还有河北省2001年的《河北省政府采购招标投标管理暂行办法》、广东省2004年的《广东省省级政府采购计划管理暂行办法》等。到目前为止，全国已有几十个地区发布了关于政府采购的地方性法规、政府规章或者行政管理办法。

至此，我国已形成了由《政府采购法》和《招标投标法》两部基本法、国务院部门规章、地方性法规和政府部门规章组成的较为完善的政府采购法律体系。政府采购已经基本纳入法制轨道。各地政府采购工作也在此法律体系的规范下取得了长足的进步。

第二章　政府采购的法律框架

第一节　我国政府采购的相关法律规定

目前，我国政府采购制度由《政府采购法》和《招标投标法》两部基本法性质的法律、国务院各部门特别是财政部颁布的一系列的部门规章，以及由各省和较大城市颁布的地方性法规和政府规章组成。应该说，这些法规在数量上已经较为庞大，同时也形成了一个从中央到地方、从上位法到下位法都衔接得较为严密的制度体系。

一、《政府采购法》

《政府采购法》于2002年6月制定，并于2003年1月1日起施行。它是规范政府采购活动的一部基本性法律，在规范我国政府采购活动、维护国家利益和社会公共利益、保护政府采购当事人各方的合法权益等方面，都发挥着非常重要的作用。

（一）立法背景

政府采购法是在我国实行社会主义市场经济体制、普遍推行政府采购制度等条件下出台的，它的出台具有深刻的经济和社会背景。

（1）实行社会主义市场经济体制。市场经济体制的一个基本点就是市场在社会资源配置中起基础性作用，它从根本上改变了计划经济体制下形成的经济运行模式，使企业成为独立的市场主体，政府财政也按政府事权的要求，划分为各自独立的中央与地方财政。各种经济主体都有了自己独立或相对独立的地位和经济利益，能够完全根据自己的生存和发展需要从事相应的经济和社会活动。故市场经济体制为政府采购立法提供了制度基础。

（2）政府财政收支体制发生了重大改革。在体制改革过程中，国家首先实行“财政包干”“分灶吃饭”的体制，继而普遍推行分税制，再划分中央与地方事权的基础，辅以必要的财权，并在实施过程中不断完善。改变了以往我国统收统支的预算收支形式下各级地方财政没有太多的自主权而只能依计划采购的格局，使各级地方政府有了自己独立的财政，能够根据本级政府的事权划分，充分组织和安排使用财政资源的职能。

（3）试行政府采购制度取得了重大进展。我国从1996年开始试行新的政府采购制度，虽然采购规模不大，但这项工作得到各级政府和有关方面的高度重视，试点工作有效推进，规章制度逐步完善，用于采购的资金每年大幅度增长，发展势头良好。同时，普遍推行招标制度，基本上实现了经济效益的最佳化，促进了政府职能的转变，增强了企业的竞争意识，推动了企业经营机制的转换，维护了市场经济秩序，使得政府采购制度的优势逐渐凸显，增强了各级主体对政府采购制度的信心。

(4) 反腐败政策深入人心。在改革开放、经济搞活过程中，由于企业自主权的扩大，市场竞争的日益激烈，某些部门为了获取竞争优势，不惜采用不正当的竞争手段；同时某些掌握一定行政权力的人也没有在利益面前站住脚跟，出现了一些损害国家和社会利益、权钱交易等腐败问题。根据这些情况，党和国家积极倡导廉政建设，加大力度，抑制和打击各种形式的贪污腐败现象，通过一系列制度建设铲除滋生腐败的土壤。而健全的政府采购制度无疑是减少在政府采购方面类似现象发生的有效手段之一。

(二)《政府采购法》的主要内容

我国《政府采购法》共9章88条，分别是总则、政府采购当事人、政府采购方式、政府采购程序、政府采购合同、质疑和投诉、监督检查、法律责任、附则。其主要内容如下：

1.《政府采购法》的立法宗旨和目标

《政府采购法》明确规定的立法宗旨有提高政府采购资金的使用效益；维护国家利益和社会公共利益；保护政府采购当事人的合法权益；促进廉政建设。

体现在第九条中的政府采购目标为保护环境、扶持不发达地区和少数民族地区、促进中小企业发展。

2. 政府采购的基本制度

(1) 集中采购和分散采购相结合的采购模式。在总结我国政府采购实践经验的基础上，借鉴各国的立法经验和国际惯例，我国政府采购法规定，政府采购实行集中采购和分散采购相结合的模式。纳入集中采购目录的政府采购项目，应当实行集中采购。集中采购目录的制定，属于中央预算的政府采购项目，由国务院确定并公布；属于地方预算的政府采购项目，由省级人民政府或者其授权的机构确定并公布。集中采购目录以外，采购限额标准以上的属于分散采购。政府采购限额标准的制定，属于中央预算的，由国务院确定并公布；属于地方预算的，由省级人民政府或者其授权的机构确定并公布。属于分散采购的采购人可以自行采购，也可以委托采购代理机构采购。

(2) 信息公开制度。《政府采购法》第十一条规定，政府采购的信息应当在政府采购监督管理部门指定的媒体上及时向社会公开发布。第六十三条还规定，政府采购项目的采购标准应当公开。采购人在采购活动完成后，应当将采购结果予以公布。

(3) 采购本国货物政策。我国《政府采购法》第十条规定，政府采购应当采购本国货物、工程和服务。这符合国际上的通行做法，各国都利用政府采购保护和促进本国工业的发展，因此《政府采购法》基本上都有关于优先购买本国产品的规定。

3. 政府采购当事人

政府采购当事人是指在政府采购活动中享有权利和承担义务的各类主体，包括采购人、供应商和采购代理机构。采购人是指依法进行政府采购的国家机关、事业单位、团体组织。国家机关、事业单位、团体组织在使用财政性资金采购货物、工程和服务时，是政府采购法律关系中的采购人。采购代理机构是受采购人的委托采购货物、工程和服务的机构，包括集中采购机构和采购代理机构。供应商是指向采购人提供货物、工程或者服务的法人、其他经济组织或者自然人。《政府采购法》第三章详细规定了各个采购当事人的主体资格。根据《政府采购法》的规定，目前国有企业等还不是政府采购当事人，其采购行为不受《政府采购法》规范。

4．政府采购的方式、程序与政府采购合同

（1）政府采购的方式。政府采购的法定方式有公开招标、邀请招标、竞争性谈判、单一来源采购、询价、国务院采购监督管理部门认定的其他采购方式六种。公开招标指采购人按照法定程序，公开发布招标公告，邀请所有潜在的供应商参加投标竞争，根据已定标准从中择优确定中标商，并与之签订政府采购合同的一种采购方式，这种方式能最大限度地实现物有所值原则。邀请招标指采购人根据供应商的资信和业绩，向其选择的若干供应商发出投标邀请书，从被邀请的供应商的竞争投标中确定中标商的招标方式。竞争性谈判指采购人通过与多家供应商就交易的条件进行谈判，最后从中确定最佳供应商的一种采购方式。单一来源采购亦称直接采购，是没有竞争的采购方式，只有在只能从唯一的供应商处采购等条件下方可以选择。询价指在货物规格、标准统一、现货货源充足且价格变化幅度小的采购项目下采用。采购人向三家以上的供应商发出询价单让其报价，然后在报价的基础上进行比较并确定最佳供应商的一种采购方式。公开招标是政府采购的主要方式，在一般情况下都应采用，只有在特定的情况下，如紧急情况、成本过高等，方可以选用其他采购方式，同时，其他采购方式的适用条件也是有严格限制的。

（2）政府采购程序。根据《政府采购法》的有关规定，政府采购的程序主要有以下三个步骤：①编制政府采购预算。②公告政府采购信息。③选择采购方式及适用的程序。《政府采购法》对每一种采购方式下的采购程序都作了非常详细的规定。

（3）政府采购合同。政府采购合同是政府采购当事人依法运作政府采购方式和程序的理想结果。《政府采购法》对政府采购合同的签订、政府采购合同的形式、必备条款、合同备案、合同的履行、合同标的的追加以及政府采购合同的变更、中止和终止都作了具体规定。

（三）比较以往的创新与突破

《政府采购法》的出台是我国经济生活中的一件大事，有着举足轻重的意义，这意味着我国的政府采购活动从此有了法律准绳。就整体效果而言，这部法律的立法质量比较高，既能够满足现实的需要，又具有一定的前瞻性。《政府采购法》在以下几方面取得了突破：

1．确立了现代政府采购法的采购政策目标，确立了现代政府采购的基本原则

《政府采购法》是一部专门的、规范政府采购的法律，属于政府采购母法性质。第三条规定的政府采购的原则和第九条规定的政府采购法的目标，都是直接规范政府采购活动的原则和目标的，具有很强的针对性。这是首次规定我国政府采购活动应该遵守的大的方

针和基本准则，明确了以后所有的政府采购行为总的价值取向和指导原则。这为以后的地方立法和进行相关的法律解释以及填补政府采购方面的法律漏洞等法律适用方面提供了依据。原则和目标的确立为规范整个政府采购指明了方向，意义重大。

2. 确立了完整的调整范围

《政府采购法》的调整对象为各级国家机关、事业单位和团体组织，使用财政性资金采购依法制定的、集中采购目录以内的或者采购限额标准以上的，除采用招标投标方式采购的工程以外货物、工程和服务的行为。而《招标投标法》则规范采用招标投标法采购工程的行为，这样，两部法律的组合就形成了比较完整的调整范围了，使所有的适格采购主体的采购行为都能得到规范。在《政府采购法》出台之前，只有采取招标方式的工程采购能得到《招标投标法》的调整，而其他形式的采购、其他对象的采购则仅仅由部门规章或者政府文件来调整，有的甚至还处于法律盲区。《政府采购法》的出台使所有的使用财政性资金采购的国家机关、事业单位和团体组织在采购时有法可依。

3. 确立了集中与分散相结合的采购组织模式

《政府采购法》规定在总结我国政府采购实践经验的基础上，借鉴各国的立法经验和国际惯例，规定政府采购实行集中采购和分散采购相结合的模式。属于集中采购目录和采购限额标准以上的采购项目必须由几种采购机构采购，而除此之外的采购则可以自行采购或者委托采购代理机构代理采购。集中采购目录分别由国务院和省级人民政府或其授权的机构确定并公布。由于集中采购机构是非营利性机构，只要监督其不滥用权利，防止其可能的腐败问题就可以确保采购的公正公平了。而一般采购代理机构属于营利性的法人，则可能发生为了利益而牺牲其他的正当利益的风险，但不可否认的是，由市场决定的一般代理机构的代理效率会更高，服务也会更周到。这样采用集中与分散相结合的原则，实际上是很好地处理了原则性与灵活性的问题。通过国务院和省级人民政府根据情况来确定采购模式，这种制度也比较符合我国目前政府采购领域的实际情况，避免统得过死和放得过松的情况出现，有利于我国政府采购的健康发展。

4. 第一次规定了质疑和投诉程序，强化了对政府采购活动的监督

供应商是政府采购对象的提供者，是政府采购行为中重要的当事人，但相对于多数情况下拥有行政权力的采购人，供应商无疑处于弱势地位。一旦采购人混淆了其参与民事活动与其做出行政行为上的身份，则供应商的权利就有可能受到侵害。我国《政府采购法》规定了质疑和投诉制度，只要供应商对政府采购中的行为存在疑问，都可以向采购人、采购代理机构和其他相关行政机关提出质疑，并要求说明理由，在不能得到满意答复的情况下可以向主管机关投诉，维护其正当的权利；并且供应商最终可以通过行政复议和行政诉讼救济其受侵害的权利。《政府采购法》关于供应商权利救济制度的系统规定，保障了供应商的权利，使救济渠道畅通，同时强化了对政府采购活动的监督，有助于维护采购的公正、捍卫采购制度的透明，防止行政机关和采购人、代理机构滥用权利并杜绝腐败现象的发生。明确质疑和投诉程序意义重大，供应商依法所获权益的维护和保障在很大程度上都将有赖于质疑和投诉制度的建立。如果没有有效的救济途径，政府采购制度的目标就难以实现。

然而，《政府采购法》也存在着一些值得继续探讨的地方，如在采购主体方面适用范围较窄，排除了企业法人使用财政性资金进行的采购和政府采购人利用民间资金进行的采购；与《招标投标法》某些规定存在冲突等。总的来说，《政府采购法》的颁布意义重大，在我国政府采购中发挥着重要的作用。

二、政府采购的行政法规和部门规章

虽然目前国务院尚未出台有关政府采购方面的任何法规，但国务院各部门，特别是财政部，为了贯彻《政府采购法》《招标投标法》，颁布了一系列的实施细则和办法。这些部门规章细化了在《政府采购法》和《招标投标法》中原则性的规定，使其操作起来更加简单明确。

其中目前正在实施的部门规章有财政部2004年8月11日颁布，2004年9月11日生效的《政府采购信息公告管理办法》；2004年8月11日颁布，2004年9月11日生效的《政府采购货物和服务招标投标管理办法》；2004年8月11日颁布，2004年9月11日生效的《政府采购供应商投诉处理办法》；2005年12月28日颁布，2006年3月1日生效的《政府采购代理机构资格认定办法》；国家工商行政管理总局1998年6月6日颁布的《关于禁止串通招标投标行为的暂行规定》等。

三、地方法规和部门规章

各地省级财政部门也根据各地的具体情况颁布了相应的地方性法规和地方政府部门规章。这些法规和规章结合了本地区的实际情况，具有较强的针对性和可行性，且更新速度快，克服了法律和行政法规不可避免的统一性和原则性规定所带来的执行问题。其中最新的相关法规主要有广东省财政厅2004年12月23日颁布的《广东省省级政府采购计划管理暂行办法》，2004年9月21日《广东省政府采购公开招标采购方式暂行实施规程》，2004年11月26日《广东省政府采购评审委员会工作暂行规程》，2004年9月21日《广东省政府采购项目档案管理暂行办法》，2003年9月23日《广东省省级政府采购项目评审专家管理暂行办法》。还有《河北省政府采购招标投标管理暂行办法》《湖北省政府采购招标投标管理暂行办法》《湖北省建设工程招标投标管理办法》《福建省省级政府采购运作规程暂行规定》等。此外，每年各省级人民政府颁布的政府采购集中采购目录及标准的通知也是政府采购实施的重要依据之一。如《关于印发北京市2005年政府采购集中采购目录及标准的通知》、关于印发《广东省2006年政府集中采购目录及政府采购限额标准》的通知等。这些法规虽然数量庞大，但适用范围仅局限于本行政区域。虽然它们都是根据《招标投标法》和《政府采购法》等制定，但各地的具体情况不一，使得这些地方性法规和部门规章各具地方特色。

四、香港特别行政区政府采购制度

1997年香港回归中国以后，根据“一国两制”的原则，香港实行独立的政府采购制度，以“中国香港”的名义继续保持其《世界贸易组织政府采购协定》成员的身份。从总体上看，目前香港特别行政区的政府采购制度，从原则精神、政策目标到具体安排，与《世界贸易组织政府采购协定》基本一致，为本地及外地供应商及服务承办商提供公开、公平的竞争环境。香港没有专门的政府采购法，现行政府采购程序由《物料供应及采购规例》规范，该规例是由香港财政司根据《公共财政条例》(《香港特别行政区法例》第二章）发布的，财政司库务局局长可以根据实际情况发布“财务通管”对《物料供应及采购规例》作出补充。有关规例及通告所规定的程序，要与《世界贸易组织政府采购协定》的规定完全一致。所有政府部门在采购货品及服务和招商承造各类工程时，均须依循《物料供应及采购规例》定明的招标程序，但若干例外情况（如专营权和特许权）则受其他程序规管。

1. 政府采购的原则

香港特别行政区政府采购的原则包括：①责任原则。政府采购的资金来源于纳税人交纳的税款，这些税款的使用必须向公众负责，同时还要向批准公共资金使用的立法机构以及有意愿参与政府采购活动的供应商负责。②物有所值原则。各项采购要取得最佳的经济效益。③透明度原则。要让供应商和承包商全面了解与政府做交易的程序和方法。④公开公平竞争原则。对所有的投标人要一视同仁，不得有歧视性的规定和行为。

2. 采购单位及采购基准

香港特别行政区政府采购单位及基准与世界贸易组织的有关规定相同，涵盖两大部分：一是所有政府部门，当商品或服务合约价值超过13万SDR（特别提款权）、建造工程合约价值超过500万SDR，均需执行政府采购程序。二是所有非政府公共机构，包括房屋委员会、医院管理局、机场管理局、地下铁路公司、九广铁路公司等，当商品服务合约价值超过40万SDR，建造工程合约价值超过500万SDR，执行政府采购程序。在香港普遍采用公开招标采购方式，选择性招标和单一来源采购方式允许采用，但这两种采购方式都有严格的适用条件。

3. 政府采购模式

香港特别行政区政府采购实行集中采购制度，政府各部门的通用物品及有关服务由政府物料供应处集中采购，即香港所有政府采购由政府部门直接进行，不涉及任何中介机构。

4. 投诉

任何供应商认为其投标没有获得公正的评审，均可向政府物料供应处处长或其他招标机构的首长投诉。政府物料供应处处长或其他机构接受投诉的首长要亲自进行调查。如果投诉与投标制度或程序有关，受诉人应将投诉书转到中央招标委员会。如果采购活动中涉嫌腐败行为，投标商也可以向廉政公署投诉。如果采购程序选择不当，投标商还可以向申诉专员公署投诉。1998 年 12 月，香港成立了独立的投标投诉审裁组织，专门负责处理供应商对政府采购活动中违反 WTO《政府采购协议》的行为提出的投诉。

五、澳门特别行政区政府采购制度

澳门特别行政区政府采购法律制度比较健全，涉及政府采购的主要规定有《澳门行政程序法典》，1984 年 12 月第 122/84/M 号《关于公共合同的法令》，1985 年 7 月第 63/85/M 号《关于货物和劳务采购的法令》，1992 年 6 月第 28 号法（28/92/M）《有关社会房屋建筑内从事商业活动间的批给制度》，1990 年 5 月第 3 号法律（3/90/M）《公共工程及公共服务特许制度的基础》，1993 年 4 月第 13 号法令（13/93/M）《有关房屋发展合同的制度》等。

《澳门行政程序法典》，规定了公共行政当局的行为或应有的手续。其中第四部分、第四章“行政合同”规定了澳门行政机关的合同行为和订立行政合同的方式。它不但包括政府采购，还有政府出售、特许等各种与政府行政部门有关的合同类型。具体列为 6 类行政合同：公共工程承揽合同、公共工程特许合同、公共事业特许合同、博彩经营特许合同、继续供应合同、为直接公益提供劳务的合同。该法规定，在行政合同的签订、履行、解除等方面，行政机关享有特权。

为达到满足公共利益需要的目的，政府部门可以直接参与采购，如直接投资建设供水站、公共交通设施和电站，也可通过签订特许的合同的方式，由私人公司经营。

《澳门行政程序法典》的“行政合同”一章规定了订立合同的三种方式：一是“公开竞投”，它对参与投标的企业不另加限制，凡是符合法律规定的企业均有资格参加竞争。二是“有限制之竞投”，只有符合特殊要求的企业，或者受政府机关邀请的实体，才有权参加竞争。三是“直接磋商”，政府采购部门拥有较大的自主权，可与任何企业直接商谈合同。但是，法律规定，直接磋商之前，一般应先向至少三个实体查询。

为了保证行政透明，防止营私舞弊，法律规定，行政合同均应经过公开竞投才可订立。《土地法》规定公开竞投包括四个阶段：首先是通知阶段。招标信息在澳门政府公报及本地中、葡文出版物上公布，其中说明提交标书的时间及地点，开标的日期、时间及地点，以及所要求的其他条件。其次是递交标书或申请。参与投标的企业应按通告规定的时间向有关机构提交标书或申请。再次是竞投阶段。若属于招标，竞投的过程应有政府部门委托的委员会监督；若属于拍卖，则由竞投者以举手等方式参与叫价。最后是授予阶段。由行政机关参与决定中标。若是拍卖，合同授予出价最高的投标。

1991 年，澳门以葡萄牙政府管辖地区的身份加入了关贸总协定和其《政府采购协议》。因此，澳门特别行政区政府今后面临着进一步适应世界贸易组织的规则、调整本地法律、透明和开放本地政府市场的任务。

六、台湾地区的政府采购制度

台湾地区于1998年颁布了《政府采购法》，共6章114条，内容包括总则、招标、决标、履约管理、异议及申诉、罚则等，这是台湾地区政府采购的基本法。其主要内容包括以下几个方面：

（1）立法目标。台湾地区《政府采购法》明确规定，要建立公开、透明、公平、竞争的政府采购制度，提高采购效率，配合政府施政及经济发展需要，创造良好的竞争环境，使厂商能公平参与，减少并改善现有制度的弊端，创新政府采购工作，落实各司其责、权责分明的采购行政管理。

（2）适用范围。政府采购适用于政府机关、公立学校、公营事业办理的工程，财物的买受、定制、承租及劳务的委任或雇用等。法人或团体接受机关补助采购的，如果补助金额占采购金额半数以上且补助金额在公告金额以上的都属于政府采购法的适用范围。

（3）主管机关。台湾地区《政府采购法》确定台湾地区的政府采购主管机关为“行政院”的采购暨公共工程委员会。政府采购主管机关的确定，结束了过去台湾地区政府采购没有主管部门的状况。

（4）采购分类。台湾地区《政府采购法》对于不同规模的采购项目，按照金额大小，实行分级管理。该法根据采购金额大小顺序，将采购具体分为：①巨额采购。采购金额在下列水平以上的，为巨额采购，如新台币2亿元以上的工程采购；新台币1亿元以上的货物采购；新台币2 000万元以上的劳务采购。这种采购要求投标厂商有特定的资格，即必须具有相当经验、实绩、人力、财力、设备等。②查核金额。这是由上级机关执行事前、事中监督的采购“门槛”金额。查核金额采购包括达到5 000万元新台币的工程及货物采购和达到1 000万元新台币的劳务采购。达到查核金额以上的采购活动，应当接受上级机关的监督。未达到查核金额的采购，如果授标金额达查核金额的或契约变更后金额达查核金额的，采购机关应当补充相关文件送上级机关备查。③公告金额。这是采购机关应当公开决标咨询的采购门槛金额。公告的金额，包括达到100万元新台币的工程、货物及劳务采购。采购机关进行达到公告金额以上的采购活动，开标、比价、议价、决标及验收等应由其主（会）计单位与有关单位会同监办。对于未达到公告金额的采购方式，按照采购机构的隶属关系由“中央或地方”主管机关另行规定。④小额采购。其采购金额不足公告金额的1/10，即金额为10万元新台币以下的政府采购，为小额采购。

（5）采购方式。采购招标方式分为公开招标、选择性招标及限制性招标3种。根据台湾地区《政府采购法》规定，达到公告金额以上的采购，除法律有特别规定外，均应采用公开招标的方式。该法对达到公告金额以上的采购采用选择性招标方式进行了严格的限制性规定，只有符合特定情形，且报经上级机关批准的，方可采取选择性招标方式。

（6）异议与申诉

台湾地区在政府采购的主管机关、“中央政府”和“地方政府”中设立了采购申诉审议委员会，处理供应商申诉案件、调解履约争议以及处理供应商对不良记录通知不服提出的申诉。厂商与机关之间因招标、审标、决标、履约或验收等而发生争议的，均可以依法提出异议及申诉。

异议与申诉制度被认为是台湾地区《政府采购法》的精髓之所在，因为厂商依该法所获权益的维护和保障都将有赖于异议与申诉制度的建立。如果没有有效的救济途径，政府采购制度的目标就难以实现。

第二节　政府采购的相关国际条约

随着经济全球化的发展，在国际贸易一体化大潮下，我国已正式加入世界贸易组织，开始履行所应承担的权利和义务。尽管《政府采购协议》不属于 WTO“一揽子协议”，我国也还没有承诺加入《政府采购协议》，但是作为正式融入世界经济的 WTO 成员之一，了解各个国际组织有关政府采购的统一规则，无论对于建立并完善我国政府采购制度，还是对于发展对外贸易，无疑都是十分必要的。何况我国某些领域的政府采购市场已经对外开放，例如当我国接受世界银行的某些领域的贷款时，就需要执行世界银行提出的某些强制性条件，比如要求我国采购以国际性招标、投标的方式进行政府采购等。因此，了解和把握国际组织的政府采购规则就更为重要了。

一、WTO《政府采购协议》

（一）《政府采购协议》（the Agreement of Government Procurement）的产生与发展

1979 年以前，各国的政府采购不属于国际自由贸易的范围。1947 年的《关贸总协定》在创立之初，就将政府采购排除在外。《关贸总协定》第三条规定有关国民待遇的规定不适用于有关政府机构采购供应政府公用、非商业转售或非用于生产供商业销售的管理法律、管理规定或惯例。这实际上是允许缔约国在政府公用、非商业性采购方面可以根据法律、管理规定优先购买或者任意购买本国货物，形成对外国货物的歧视。这主要是因为当时政府采购的市场份额和规模还不大，对国际贸易的影响也未充分显示出来。19 世纪 50 年代以后，国家公共服务职能的扩大和国际经济关系的增长、现代运输和通讯系统的迅速发展，便利了货物和服务的全球性发送和供应。许多国家的政府和政府控制的机构成为产品和服务数额最大、范围最广的采购人，占据了货物和服务市场的很大份额。政府采购市场比例的提高、歧视外国供应商和外国产品保护主义的政府采购政策成为发展国际贸易自由化的最大障碍之一。消除保护主义支配下的歧视性，政府采购政策引起的贸易壁垒，促进政府采购市场的对外开放和扩大国际贸易，制定有约束力的公共采购国际协定及其规则就提到议事日程上来。

欧洲共同体率先作出了政府采购国际化的努力。在 20 世纪 70 年代颁布了《关于协调公共工程合同和公共供货合同的授予规则和程序》的指令。欧共体的这个重要举措，促使《关贸总协定》在第七轮“东京回合”中正式将政府采购纳入了谈判议题，进行了关于政府采购贸易自由化的协商。协商导致了1979年《政府采购守则》的产生，该守则于1980年生效，签字国和地区有12个。1987年，各缔约方又对其进行了修改，修改后形成的《政府采购协议》于1988年实施。1993年12月，缔约方在关贸总协定“乌拉圭回合”谈判中就制定新的《政府采购协议》达成了基本意向，此协议于1994年4月15日在马拉喀什签署，1996年1月1日起开始实施。

（二）《政府采购协议》的主要内容

《政府采购协议》由序言、正文和附录组成，其中正文24条，附录4个，其主要内容如下：

1. 目标和基本原则

在序言部分，协议阐明了其四大目标：促进世界贸易的扩大和更大程度的自由化；消除国内及外国产品、服务和供应商之间的差别待遇；提高政府采购法规、程序和措施的透明度；建立通知、磋商、监督和争端解决的国际秩序，以确保有关政府采购的规则能得到公正、迅速和有效的执行。《政府采购协议》明确了政府采购的国民待遇与非歧视待遇原则和透明度原则。

2. 适用范围

①采购主体。协议适用的采购主体包括中央政府机构、地方政府机构和其他公共机构。各国（地区）在加入本协议时，应按照附录一的五个附件提交一份清单，只有被列入清单的实体才受协议约束。②采购对象。协议适用于以任何契约形式采购的产品、服务和建筑工程，以及产品与服务的联合采购，包括购买、租赁、分期付款购买、有无期权购买等形式，但不包括基于基本建设工程的特许合同的采购。③门槛价。合同价值只有达到一定数额以上的采购，才适用协约的规定，此即门槛价的要求。其限额分为四种情况：中央政府为13万SDR以上；地方政府由各缔约方谈判协商，一般为20万SDR以上；公用事业单位为40万SDR以上；建筑合同为500万SDR以上。④例外。有两种特殊情形的政府采购被排除在协议的适用范围之外。第一种例外是国家安全：任一缔约方在武器、弹药和战争物资的采购方面，或在为国家安全或国防目的所必需的采购方面为维护其根本安全利益而采取其认为必需的行动或不披露任何资料，均不违反本协议；第二种例外是公共秩序：任一缔约方为保护公共道德、秩序或安全，人类、动植物生命与健康，知识产权，残疾人、慈善机构或劳改产品或服务而采取或实施的必要措施，但是，这些措施不得作为对条件相同的国家进行武断或不合理歧视的一种手段，或作为对国际贸易的变相限制。

3. 采购方式

采购方式是政府采购的一个核心环节，《政府采购协议》针对各国的不同情况规定了不同的采购方式。

（1）招标方法。《政府采购协议》中规定了三种招标方法：①公开招标程序，指所有有兴趣的供应商都可以进行投标的程序。这是在一般情况下政府采购应当适用的招标方式。这种方式竞争程度最大，与其他非竞争性采购方式相比，可以降低高达30%的成本，因此成为最主要的采购方式。②选择性招标程序，指由采购实体邀请的供应商进行投标的程序。其适用条件是：第一，各采购实体应以公正和非歧视待遇原则选择参加招标的供应商，在与采购制度有效实施相一致的情况下，对每一意向采购都应最大限度地邀请国内外供应商参加招标，以确保最佳有效的国际竞争；第二，持有合格供应商永久名单的实体可以根据机会均等原则，从列入名单者中挑选将受邀请参加招标的供应商；第三，要求参照某一特定意向采购的供应商应被准予投标并应予以考虑，但对未经过资格审查的供应商应有充分的时间履行资格审查程序，而且准予参加投标的额外供应商的数目只应以采购制度的有效实施为限。③限制性招标程序，指由采购实体与各供应商进行个别联系的程序。其中一项公开或选择性招标无人投标，或投标有串通情况或不符合投标的基本要求，或由不符合本协议规定的参加条件的供应商所出，但所授予合同不得对首次招标的要求进行实质性修改等明确规定的10种情形下方可适用。

任何关于采购方式的规定，都应具有足够的灵活性，以适应国内实践中所采用的不同采购方法，并应当允许采用非投标方法的可能性。

（2）招标流程。一般情况下，政府采购招标包括下列过程：供应商资格审查；参与意向采购的邀请；提供招标文件；投标、接标、开标和授予合同；发布通告及提供资料。其中，招标文件的内容至关重要，因为采购实体享有判断投标者是否具备履行合同能力以及决定谁是满足评标标准最佳人选的裁量权，对这种裁量权的限制主要在于招标文件规定的内容。

（3）谈判。采购实体可以在下列条件下与投标人进行谈判：第一，采购实体在招标邀请时已表达这种意图，或者通过评估没有发现一项投标明显具有优势；第二，谈判主要是用来鉴定各项投标的优势；第三，对各项投标应予以保密；第四，在谈判过程中不得在不同供应商中实行差别待遇。

（4）补偿交易。政府采购中的补偿交易，是指通过规定当地成分、技术许可、投资要求和反向贸易或类似要求来促进当地发展或者改善国际收支的行为。各采购实体在对供应商、产品或服务进行资格审查与选择时，或在评估投标或授予合同时，不得规定、寻求和考虑补偿交易，但发展中国家在加入本协议时可以利用补偿交易的条件进行谈判。

4. 发展中国家的特殊待遇

为保障发展中国家的国际收支平衡，促进其国内工业的建立与发展，扶持那些完全依赖或基本上依赖政府采购的工业单位，鼓励发展中国家通过发展中国家之间的区域或全球安排来发展经济，《政府采购协议》规定了发展中国家可以享受的一系列特殊待遇。例如发展中国家可同在本协议下参加谈判的其他方商谈确定彼此可接受的、作为适用国民待遇原则例外的实体、产品或服务清单等。

5. 救济途径

《政府采购协议》规定的救济途径有：①磋商。当供应商对一项采购违反协议的情况提出质疑时，每个缔约方应鼓励该供应商通过与采购实体进行磋商来解决质疑。采购实体应对此类质疑给予公正和及时的考虑，但不得有碍供应商在质疑制度下获得处理此质疑的纠正措施。②质疑程序。缔约方应书面提供一套非歧视、及时、透明且有效的程序，以使各供应商对其有或曾经有利益关系的采购过程中可能存在的违反本协议的情况提出质疑。各项质疑应由法院或与采购结果无关的独立公正的审议机构进行审理。质疑程序是协议为解决某个供应商和采购单位之间争议的具体个案而专门规定的一种救济方式，它完全独立于 WTO 的争端解决机制之外，本质上属于协议成员为供应商提供的国内救济途径，即使是争端解决机构也不能干涉它的决定。③争端解决。为确保协议能够得到有效的执行和实施，《政府采购协议》引入了 WTO 的争端解决机构，明文规定《关于争端解决程序和规则的谅解书》适用于本协议的成员方之间的争端，并根据政府采购的特点规定了一些优先适用的特殊规则。

6．附录

各成员方根据协议所承担的义务，在相当大程度上是通过各方谈判后以附录方式确定下来的。《政府采购协议》共有四个附录：附录一是各成员方承诺开放的政府采购市场清单；附录二是各成员方发布政府采购招标与决标信息的刊物名称；附录三是各成员方发布供应商信息的刊物名称；附录四是各成员方发布政府采购法规及司法判决、程序等信息的刊物名称。

附录清单名义上虽为附件，但实际上其意义十分重大。协议条文的规定，仅仅是构筑了各成员方之间权利与义务的框架结构和基本要求，但各成员方在多大程度上承担多少义务，即政府采购市场开放的程度，完全取决于附录清单特别是附录一的承诺，因此它构成了《政府采购协议》的重要组成部分，其中附录一堪称“核心部分”。

（三）《政府采购协议》的当前影响和发展趋向

目前，《政府采购协议》的成员国多为经济发达国家，由于国内企业的竞争能力较强，在开放政府采购市场后，并未出现外国供应商蜂拥而入的情况。在英美等经济大国，外国供应商想进入该政府采购市场也非易事。据专家研究，加拿大、欧盟、日本和美国，政府采购的90%左右是由国内供应商提供的，而一些小的成员国的购买反而更加国际化。特别是很多发展中国家，随着全球经济一体化和贸易自由化的发展，越来越感到保护政府采购市场力不从心，歧视性购买受到更多的限制。这是因为很多政府采购的支出，一部分来自国际金融组织的资助，要求这些购买必须公开竞争，促使发展中国家的市场开放。从可以得到的数据来看，政府采购支出中，在低收入国家中，这一比例占18%，而在高收入国家中只占6%。这一数据表明，在比较贫穷的国家里，即使政府想进行歧视性购买，也已无法控制这些采购活动，因此，在这些国家，政府采购已经在实质上符合 WTO 的《政府采购协议》的采购原则。

随着国际贸易自由化的进一步发展，《政府采购协议》最终成为世界贸易组织多边协定之一的前景非常广阔，但具体何日能就此问题展开新一轮的谈判却是很难预料的。许多发展中国家都在开放自己的政府采购市场和进入其他国家的市场之间所带来的利弊权衡上犹豫不决。之所以把政府采购从一般贸易问题中单独拿出来进行磋商，也正是其特殊性所决定的。但无论是发达国家还是发展中国家对政府采购相关问题的解决都抱着积极乐观的态度。

（四）辩证地对待加入《政府采购协议》

大多数发展中国家认为，协议的成员资格将只能为它们带来少量的出口收益，大部分收益将由发达国家的制造业和服务业获得；同时，加入《协议》还会使发展中国家负有取消给予国内供应商价格优惠政策的义务，从而最终影响其国内经济发展和社会经济目标的实现。所以，发展中国家在加入《协议》的利弊权衡上一直犹豫不决。

政府采购始终是贸易领域中的特殊区域，各国对于政府采购市场的开放，都持审慎和保留的态度。然而，政府采购市场的开放是世界经济一体化的必然趋势，任何一个开放的国家和政府都不可能回避这一现实。任何事物都具有两面性，政府采购市场的开放也不例外。因此，对于我国加入《政府采购协议》，应当以一种辩证的、战略的眼光来对待。

1．加入《政府采购协议》可能对我国产生的消极影响

（1）转型时期存在诸多不确定性因素。我国目前正处于政治经济体制转轨时期，相对于世界上多数国家而言，我国的政府采购改革和立法刚进行不久，没有什么经验可言。而且这不是一项孤立的活动，它涉及预算管理改革乃至整个政府和市场管理体制的根本性变革，还涉及政府参与市场交易活动方式的根本性变革。因此，加入《政府采购协议》应考虑我国政府体制转轨时期许多问题的突出性和不确定性。

（2）将面临强大的国际竞争。国外供应商将进入我国市场和国内企业竞争。而目前我国产品多是低层次水平的重复生产，科技含量不高，在一定程度上，还无法和实力雄厚的国外厂家竞争。而国内企业进入外国市场的能力有限，这样从整体上将影响我国政府采购市场的外贸平衡。同时，那些以往依靠政府订单生存的企业，极有可能减少或失去原有订单，危及企业的生存，加大一部分人的失业风险。同时，这还有可能最终危及我国的经济安全。

2．加入《政府采购协议》对我国产生的积极影响

（1）有利于提高我国在世界贸易组织及国际中的地位。按照国际上的常规算法，各国每年的政府采购总额约占国内生产总值的10%～15%。我国经济正高速发展，前景一片光明，已成为世界经济发展新的中心和焦点所在。随着我国经济总量的不断增大，我国政府采购市场的容量逐步高涨，在国际政府采购市场中的地位愈来愈重要。我国巨大的政府采购市场充满诱惑力，这是我国作为一个大国的优势所在，它完全可以成为我国政府今后与其他国家政府政治、经济谈判的一个重要筹码。如果能运用好政府采购市场开放政策，将有助于提高我国在世贸组织中的地位。

（2）有利于增强我国企业的国际竞争力，开拓巨大的国际政府采购市场，为我国的优势企业走向国际市场提供条件。我国企业大多都缺乏参与国际竞争的原动力和积极性，真正走向国际市场的屈指可数，因而我国企业进入发达国家市场、参与国际竞争的实力不强。由于国际政府采购市场具有稳定成长、不易受国际经济环境影响的特性，因此对企业来说，政府采购合同犹如一座巨大的金山。在开放政府采购市场的过程中，一方面，我国企业赢得国际政府采购市场的入场券，参与分享国际政府采购市场这块巨大的蛋糕上应有

的一块；另一方面，外国供应商进入国内，与我国企业争夺国内政府采购份额，使国内企业面临激烈竞争。这无疑将使国内企业增强竞争意识、忧患意识和改革创新精神，只有不断提高产品质量和服务水平，才能增加其国际竞争力，我国企业才能成熟起来，才能在国际竞争中脱颖而出。

（3）有利于提高国内政府采购市场的竞争程度和我国政府采购的效率，合理利用国家财政资源。外国供应商加入竞争，不但使政府部门能够得到价廉物美的商品，而且还有利于促使国内供应商改进产品质量和技术、降低成本。被市场淘汰的供应商，只能是那些竞争力差的企业。我们的政府采购制度，不能用于保护落后，而应当用于鼓励竞争。政府采购通过公开招标的方式形成卖主之间的竞争，能用尽量少的资金在国内外市场上取得更加质优价廉的商品和服务。全面开放我国的政府采购市场，我们将可以从国际市场上获得价格更低、质量更好、技术更高、服务更优的工程、货物和服务，真正做到“少花钱、多办事、办好事”。

（4）有利于规范国内政府采购市场和完善我国政府采购制度，有效地防止采购活动中可能出现的腐败现象。尽管我国《政府采购法》第八章对违法的法律责任追究作了专门的规定，但是政府采购中的违法违规现象仍然屡禁不止。加入《政府采购协议》也是防止政府采购活动中腐败事件发生的一条出路。《政府采购协议》所构建的是一个开放透明、公平竞争和讲究纪律的采购制度体系。竞争性的采购方式，使整个采购过程也处在了全世界的监督之下。这无疑可以帮助消除采购过程中的腐败现象，节省大量公共资金，同时推进本国政府采购制度的发展和完善。

中国经济发展的现实证明，中国的发展需要对外开放，而不是对内保护。从长远来看，我国加入《政府采购协议》也是必然的结果。这不仅是为了满足 WTO 其他成员方的要求，遵守我国作出的承诺，更因为《政府采购协议》的加入有利于我国企业更公平地参与国际竞争，使我国企业有一个公平、健康的国际生存环境，有利于企业的发展，同时也会使我国的政府采购制度更加规范化、透明化，有利于我国政府采购制度的完善。因此，从我国经济长远发展角度来看，政府采购的开放是有利于整体和大局的。

二、联合国《国际贸易法律委员会货物、工程和服务采购示范法》和《立法指南》

联合国国际贸易法委员会（UNCITRAL）是联合国大会为于 1967 年促进协调和统一国际贸易法，消除因贸易法的差别而对国际贸易造成的不必要障碍所设立的专职机构。考虑到政府采购与国际贸易有着密不可分的关系，UNCITRAL 制定了规范政府采购的《货物和工程采购示范法》。后来，考虑到服务采购是国家贸易中的一个重要领域，UNCITRAL 又在原有示范法的基础上通过了《货物、工程和服务采购示范法》（以下简称《示范法》），将服务采购纳入其中。《示范法》的作用不是直接产生约束力，而是作为各国和各地区评价和更新其政府采购法律及惯例时参考的范本，对尚未制定政府采购法的国家和地区则作为拟定政府采购立法的参照范本。

在拟定《示范法》时，UNCITRAL 就考虑到，若同时提供一份背景和说明材料，帮助各国政府的执行部门和各国议会进一步了解和使用《示范法》，则肯定能对各国制定或修订其采购立法，起到更有效的作用。因此 UNCITRAL 于 1994 年在第 27 届会议上通过了作为《示范法》姊妹文件的《立法指南》。该指南介绍了《示范法》条文的背景资料，以供各国立法采用、选择或修改时参考。同时，该指南还建议各国建立必要的适当体制和行政机构，并安排必要的人力资源，以便执行和管理各种采购程序。此外，各国还应考虑到对采购活动进行全面监督和控制的问题，这些职能可以单独赋予某个机构或当局，或分别分配给两个或两个以上的机构或当局。这些职能包括：监督采购法和采购条例的全面实施，采购和采购办法的合理化和标准化，从更广泛的政府政策角度监测采购和采购法规的作用等。

（一）《示范法》的法律性质

从文件本身的性质来看，《示范法》既非国际条约，亦非国际惯例，而仅仅是一种名副其实的“示范法”，即立法的参考文件。明确《示范法》的法律性质、意义在于其适用效力——根据国际条约优先适用的原则，即当一国法律与该国缔结或参加的国际条约有不同规定时，优先适用该国际条约的规定。国际惯例的适用则受到诸多限制，由于它不具有强制适用的效力，因此只能由合同当事人自愿选择适用，或者在本应以一国法律为准据法，但该国法律及该国缔结或参加的国际条约没有相关规定时才适用国际惯例。但是，作为《示范法》，只能由当事人自愿选择适用，或者在当事人没有选择适用的法律时由仲裁庭或者法庭依据自由裁量权决定是否适用；而且，就政府采购而言，这个作用也不明显或突出，它的主要作用在于为各国政府采购立法提供范本借鉴而不是其他。因此，《示范法》本身并无强制的约束力，它的作用发挥在相当程度上取决于其本身所具有的说服力。

（二）《示范法》是一个示范性的“立法框架”

首先，《示范法》中的条款，仅仅是政府采购法所应具备的最低限度的必要内容，而非全部内容。而且，在《示范法》中，有的条款是选择性的，如《示范法》第二条关于采购实体的定义；有的条款是填空性的，如《示范法》第四条关于颁布采购条例的机关或权力机构的名称；还有的条款是补充性的，如《示范法》第一条关于采购立法适用范围除外的规定。这些内容都有待于各国根据本国的实际情况和特殊需要作出选择、补充或修改。因此，《示范法》本身仅仅是一个关于政府采购的立法框架，其中的许多规定尚不明确，不能作为一部法律直接拿来适用。

其次，《示范法》针对采购实体在各种情况下进行的采购而规定了必不可少的程序和原则。但是，它仅仅是一个立法框架，它本身并未向各国提供因执行那些程序而必需的全部细则和条例。因此，《示范法》设想的是由各国在制定采购法的同时颁布相应的采购条例或实施细则，据《示范法》规定的具体操作制定配套的细则，并使之具有可行性。

最后，《示范法》所涉及的采购程序除引起在实施条例中要求解决的程序问题外，还可能引起在《示范法》中不一定能找到答案而要在其他法律中寻求答案的一些问题，这类法律包括行政法、合同法、刑法和司法程序法等。

虽然《示范法》的性质仅仅是一个立法范本，本身并无强制约束力，但它却在国际社会上拥有巨大的影响力，成为许多国家政府采购法的蓝本。如波兰 1994 年制定了《公共采购法》，该法充分体现了《示范法》的原则和概念；俄罗斯 1997 年通过《组织拍卖采购国家所需物品来反腐败和减少财政支出的优先措施》和《关于采购国家所需物品、工程和服务的组织管理办法》，不论是在实体内容还是在结构安排上都模仿和参照了《示范法》；拉脱维亚的《政府和市政采购法》大部分的规定也是来源于《示范法》，特别是关于透明、竞争和公平的重要原则等。此外，哈萨克斯坦、吉尔吉斯斯坦、塔吉克斯坦、乌克兰、土库曼斯坦、克罗地亚、乌兹别克斯坦、斯洛伐克、巴基斯坦、加纳、厄瓜多尔、坦桑尼亚、马拉维等国家也都参照《示范法》来制定或修订本国的采购法，改革本国的采购制度。

随着世界贸易组织《政府采购协议》成员的增加，各成员国制定或修订其国内采购立法以符合《政府采购协议》的规定是必然的，这将导致《示范法》得到越来越多国家的参照引用，其影响必将日益扩大。就我国而言，我国的政府采购刚刚起步，政府采购制度尚需完善，正属于《示范法》立法意图的国家。实际上，我国在《政府采购法》的起草、制定过程中，广泛借鉴、参考了包括《示范法》在内的国际规范的相关规定，从而使我国政府采购制度朝着高起点、标准化和国际化迈进，实现与国际规则的接轨。

三、世界银行《国际复兴开发银行贷款和国际开发协会信贷采购指南》

(一)《国际复兴开发银行贷款和国际开发协会信贷采购指南》的形成

1947 年《关贸总协定》将政府采购作为国民待遇条款的例外规定，造成政府采购的歧视性和封闭性。随着世界经济一体化进程的加快，政府采购越来越受到国际社会的普遍关注。1964 年世界银行首次出版《国际复兴开发银行贷款和国际开发协会信贷采购指南》(以下简称《指南》)，使得一些国家的政府采购市场部分地开放。世界银行由国际复兴开发银行、国际开发协会和国际金融公司组成，其主要活动是为发展项目提供资金，为借款的会员国提供技术援助。

项目采购是指有关一项基本建设或社会性项目的采购，包括设备、原材料的采购和土木工程的采购。它的特点是，每个项目的采购往往涉及相当大的金额；不具有重复采购性；采购的时间与整个项目的实施进度相适应；而且往往要考虑到项目的整个寿命期的费用，而不仅考虑最初的采购价格。交通部门的铁路、公路、港口建设，电力部门的水电站、火力发电厂建设，工业部门的各种类型工厂的建设和改造，学校、医院、城市设施等社会性项目的设备和工程采购，都属项目采购。

世界银行的项目采购往往是从确定项目阶段开始的。从世界银行的角度来讲，只要协议生效，就可以进行项目采购。但是实际上一个项目的采购准备工作，从确定项目需求阶段就应该开始，世界银行贷款周期中从确定项目到项目评估的阶段，也应该是项目单位进行采购准备并邀请投标商准备投标的阶段。一般来说，总是先对项目进行了可行性研究，有了初步的设计后，再向世界银行提出项目，经由世界银行和借款人共同选定项目后再开始准备采购工作，并尽早发布招标文件，力争在贷款协议生效前就完成开标、评标工作，协定一生效就可以签订采购合同。

由于世界银行的资金来自各会员国及世行从国际资本市场筹集，因此，虽然项目的采购及采购合同的实施最终责任在于借款人，但是在世界银行方面，必须按照《国际开发银行协定条款》的要求，世界银行保证它贷出的款项只能用于提供贷款所规定的目的，并且在使用时充分考虑经济性和效率。这种监督资金使用的责任是世界银行决定制定《指南》的主要原因。

《指南》于1964年首次出版，之后，世界银行不断对其进行修改和完善，在1985年、1996年1月和8月又作了两次补充修改。

（二）《指南》的特点

1.《指南》的适用

（1）适用的合同。《指南》所规定的程序，适用于全部或部分由银行贷款资助的货物和工程合同，包括BOT合同和其他特许合同。对于不是由银行贷款资助的货物和土建合同的采购，借款人可以采用其他采购程序，但应使银行相信，所采用的程序将有利于借款人履行其义务，从而促使借款人勤奋而有效地实施项目，并且所要采购的货物和工程质量上符合要求，并能与项目的其他工程配套；能及时交货或完工；价格不会对项目的经济和财务的可行性造成不利的影响。

（2）《指南》所覆盖的采购阶段不仅包括合同订立和授予的程序，而且包括项目采购计划以及采购合同的履行和管理。这是《指南》与其他三个采购规则相比所具有的一个显著特点。

（3）对于咨询服务合同的规定。《指南》没有覆盖咨询服务的采购，世界银行在1981年颁布了世界银行借款人和世界银行作为执行机构聘请咨询专家，《指南》对咨询专家的聘请方法和咨询服务合同的授予程序作出专门规定。

2.《指南》规定的贷款项目采购的基本原则

《指南》认为，为实施某一具体项目而应遵循的采购规则和程序，尽管在细节上视具体情况可以有所不同，但以下四条原则是世界银行贷款项目采购程序和规则的基本原则：①在采购中必须注意经济和效率。②世界银行愿为所有合格的供应商或承包商提供竞争合同的机会。③作为一个开发机构，世界银行愿意促进借款国国内供应商或承包商的发展。④采购过程要有高度的透明度。实行这四条原则的基本指导思想是：第一，世界银行贷款项目的贷款金额一般都相当可观，其中绝大部分用于采购。如果采购不能经济地实施，就会造成浪费，项目应有的效益就不能充分实现。无疑，这会使借款人蒙受损失，也对世界银行不利。第二，采购是项目实施的关键环节之一，如果不能有效率地进行采购，就会使成本增加，推迟项目的及时建成，使项目效益的实现推迟，结果也损害了借款人的利益。

第三，世界银行的贷款项目还必须考虑到所有会员国，包括发展中国家和发达国家的利益。世界银行规定所有会员国对世界银行贷款项目的采购招标有公平竞争的机会，但由于发展中国家企业无论资金实力还是技术水平、管理能力等都与发达国家有很大差异，因此实际上投标胜利者主要是发达国家的厂商企业。所以，《指南》实际上专门规定对发展中国家实行一审程度上的优惠。第四，世界银行是一个国际开发机构，它目前的根本任务是帮助发展中国家发展经济，它的贷款项目，最终目的是促进发展中国家的经济发展。世界银行规定在采购中发展中国家的本国投标商可以享受一定优惠。这一政策有利于发展中国家工业和承包业的发展。它既符合发展中国家发展经济的要求，也合乎国际惯例。第五，强调采购过程中透明度的重要性是世界银行在《指南》最近的版本中特别增加的一条原则。但这并不是说在以前的采购中，透明度原则不重要。实际上世界银行的《指南》中所规定的采购程序，最大限度地保证了整个采购过程以公开透明的方式进行，透明度原则是公共采购中最基本的原则之一。世界银行在此强调透明度原则的重要性符合公共采购的国际标准惯例。透明度原则不仅可以保证采购程序的公开、公正和公平，促进采购的各项政策目标的实现，而且对于防止采购过程中的腐败现象也有极其重要的作用。

四、亚洲太平洋经济合作组织的《政府采购非约束性原则》

《政府采购非约束性原则》是亚洲太平洋经济合作组织（简称亚太经合组织）拟在其成员国间建立的一套强制性约束原则的过渡性原则，目的是指导和促进各成员国政府采购市场的逐步开放。亚太经合组织将政府采购纳入自由化的进程始于 1994 年的《茂物宣言》。这表明，政府采购纳入亚太经合组织管理的时间还不到 10 年。

亚太经合组织的目标是建立亚洲太平洋地区自由贸易投资区，促进亚洲太平洋地区的贸易自由与经济合作。但是，由于亚太经合组织成员国所处区域跨度大，社会制度、文化背景各不相同，各成员国间经济发展很不平衡，在政府采购方面尤为如此。在这种情况下，不可能建立一套统一适用的强制性政府采购约束性规则，因此，形成具有过渡性的《政府采购非约束性原则》具有特殊的意义。

按照 1994 年《茂物宣言》确定的亚太经合组织贸易与投资自由化领域的开放时间表，政府采购的总目标是要求各成员国应最迟于 2020 年相互开放政府采购市场。为保证这个总目标要求的稳步实现，亚太经合组织又确定了若干阶段性目标。具体步骤就是要在 2000 年前，在开展对各成员国有关政府采购政策法规以及相关信息调查的基础上，建立起相应的信息数据库，促进各成员国间政府采购信息的进一步交流，形成《政府采购非约束性原则》，由发达成员国于 2010 年前率先执行，对发展中国家的政府采购进行指导与培训，促使其建立政府采购制度，逐步开放政府采购市场，逐步过渡到 2020 年实现各成员国都遵守非约束性原则，最终在亚太经合组织区域内实现政府采购的全面相互开放，并建立具有强制性的约束性原则，最终实现政府采购的自由化。

为了进一步促进亚太经合组织各成员国间的贸易自由，尽快与 WTO《政府采购协议》接轨，1995 年底，亚太经合组织还在日本大阪举行了部长级会议和领导人非正式会议，会上通过了《大阪行动议程》，其中又将政府采购列为亚太经合组织贸易投资自由化与便利化的15个领域之一。会后，亚太经合组织投资贸易委员会成立了由成员国参加的政府采购专家组，负责具体落实《大阪行动议程》有关政府采购的相关要求。

目前《政府采购非约束性原则》还在形成过程中，它应包括一些具体的原则和规则。经广泛征求各成员国的意见，拟订出需要进行讨论的具体原则有“透明原则”“公开和有效竞争原则”“物有所值原则”“公平交易原则”和“国民待遇原则”等。就现有进程来看，只有“透明原则”已经确定。

（一）透明原则的有关含义与适用范围

亚太经合组织有关政府采购的透明原则要求有关采购的信息应通过各种稳定而广泛的媒介，持续、及时地向所有感兴趣的团体公布。坚持透明原则并不排除一些例外，如不利于公平竞争、违反公共利益或不利于经济安全、妨碍法律实施的信息或需要保密的信息等可不予公布，但应说明理由。透明原则适用于政府采购的所有方面，包括运行环境、采购机会、采购要求、评价标准、授予合同等。

（二）透明原则的构成要素

（1）采购的法律、政策以及总体运行环境透明。各成员国有关政府采购的法律法规、条例、司法决定、管理规则以及各项政策、采购程序或其运行过程保持透明，是构成透明原则的首要因素。这一要求的目的是使供应上得以了解有关政府采购的游戏规则。同时通过公开透明的有关信息发布，及时通报其他成员国，有利于增进各成员国之间对政府采购制度的相互了解，在亚太经合组织区域内逐步形成统一的政府采购规则体系。这一要素要求公开发布“游戏规则”，公布开放实体和非开放实体名单，通过公布实体名单表、政府采购的开放市场、公开法律法规政策的任何变化情况、建立信息联系网点，尽可能将以上信息输入互联网中亚太经合组织政府采购子目录中等。

（2）采购机会透明。采购机会的透明，有利于吸引和鼓励更多的供应商参与竞争，为采购实体提供更多的选择机会，提高资金的使用效率。这要求政府采购一般应采用公开竞争的招标方法，如果采用其他采购方法，应在采购邀请函中说明具体的采购方法；如果采用公开竞争的招标方法，至少应在一家公开的媒体上发布采购公告；公开的媒体包括官方杂志、政府公报、报纸、贸易专业刊物、网络等，也包括通过大使馆、领事馆等；给有兴趣的供应商留有充分而合理的时间进行准备并提交报价；公布采购实体的具体联系地点，所有采购的商品或服务的兴趣所在；对于价格高、程序复杂的采购可采用两阶段性招标程序，两个阶段都要给有兴趣的供应商留有充分的时间进行准备，并作出实质性的反应；公开资格预审的要求和程序等。

（3）采购要求透明。这一要素要求应将所有需要供应商作出实质性反应的信息予以公开。这一要素要求“采购须知”的内容应当包括商品或服务的性质、特征、数量、交货时间、截止日期、投标地点、联系方式等；及时公布上述信息的变化情况；应投标人要求，及时提供招标文件及其他信息；根据国际标准或其他标准，制定适应采购项目性能或运行特点的技术规格。

（4）评标标准透明。评标标准应当公开透明，并严格按照评标标准授予合同，保证采购的公正性和统一性。这一要素要求在“采购须知”或招标文件中明确评标标准，包括优惠条件；做好采购记录。

（5）授予合同透明。合同的授予应当透明，透明的合同授予程序能够向供应商及公众表明政府的信誉。这一要素要求公布投标结果，包括中标供应商的名称和标的价值，公布签约的时间和地点；将评标结果及时通知未中标的供应商，答复未中标人的提问。

（6）申诉途径透明。申诉途径透明是使政府采购程序做到公正、公开、公平的重要保障，有利于在公众中建立和维护政府的信誉。这一要素要求可指定一个团体或人员负责处理供应商对采购过程提出的申诉，也可建立一个独立的机构负责处理申诉问题；处理申诉的程序应公开；申诉程序对国内外的供应商应平等适用。

五、欧盟《公共采购指令》

根据建立欧盟的三个《欧共体条约》和《欧盟条约》的规定，欧盟理事会及其委员会有权为完成他们的任务而通过规则、指令、决定、建议和意见五种形式来采取行动。其中规则、指令和决定对成员方是有约束力的。为了在欧共体范围内彻底取消货物自由流通的障碍，建立统一的欧洲市场，欧共体将货物流通自由化的概念加以扩大，将政府和公用事业部门的贸易自由化也包括到了货物流通自由化的概念中。1966 年欧共体通过一系列《公共采购指令》（Public Procurement Guidelines）（以下简称《指令》），建立了历史上最早的区域性国际政府采购制度的初步形式。这些指令规定了一个法律框架：成员国必须使它们的政府机构和公用事业公司的合同授予符合法律框架的要求。各成员国都必须把这些指令转化成它们的国家法律，它们可以选择转变的形式和方法，但指令的各项内容对它们全部具有法律约束力。即使在欧共体采购指令不要求竞争的情况下，政府机构和国家的其它部门必须遵守欧共体条约义务，尤其是不应当以国籍或它们所住成员国为由，歧视欧共体的供应商、承包商和服务提供者。

欧盟指令的主要内容包括：

（1）目标。欧盟政府采购《指令》的目标是在欧盟范围内增加采购程序和采购活动的透明度，促进各成员国之间货物和服务的自由流动，改善公共供应和服务合同有效竞争的条件。确保遵守关于在单一市场中货物和服务的自由流动以及设置机构的自由的欧共体条约规定。

（2）适用范围。《指令》适用的机构通常是中央和地方政府机关以及公法所管理的或由指令所规定的其他公共机关。公法所管理的公共机关是指为满足公共利益，由国家（地区）或地方当局管理或资助的，具有法人资格的机关。公用事业指令的适用范围包括一些国有化产业以及交通、能源、水利和通讯领域内提供公用事业服务的私营公司。

（3）《指令》适用的合同。《指令》将政府采购合同分为八大类：公共工程合同、公共工程特许合同、补贴工程合同、公共供应合同、公共服务合同、公共事业许可合同、设计竞争合同、公用事业合同。这八类合同都适用《指令》。

（4）采购方式。在正常情况下，各种采购都应当采取公开招标或限制性招标的方式进行采购。但在例外情况下，也可以允许以竞争性谈判的方式进行采购。

（5）合同价值。每个采购指令都确定了适用该指令的合同限额，对于合同金额在限额以下的合同，不适用《指令》。不同的合同，其限额也是不同的。受《指令》约束的公共工程合同和公共工程特许合同，起点价为500万欧洲货币单位。公共供应合同起点价则有两个层次，列入WTO政府采购协议附件一的部门，起点价为13万特别提款权；而其他部门则为20万欧洲货币单位。公共服务合同和设计竞争合同的起点价为20万欧洲货币单位，公用事业合同的起点价一般为500万欧洲货币单位，其中能源、水利及运输部门的供应和服务的起点价为40万和20万欧洲货币单位，电信部门的供应服务为60万欧洲货币单位。①

由于《指令》的适用取决于合同价值，为了防止为规避《指令》的适用而将合同分解的情况发生，每个《指令》都包括反规避条款以禁止缔约机构选择，旨在规避《指令》适用的估价方法。另外，采购规则还要求对一些合同的估价可以参考一定时期内类似或相关的合同进行。

（6）对欧盟以外第三国的限制。欧盟《指令》中对于欧盟以外的第三国提供的货物包括电信软件进行了限制。当欧盟成员国提供的货物和第三国提供的产品价格差异在3%以内时，应当优先选择欧盟成员国的产品。

第三节　各国政府采购的相关立法

我国政府采购制度近几年在立法和实践上都不断取得突破和成就，但与已有200多年历史的西方国家的采购制度相比，仍然有所欠缺。对比国外发达国家的政府采购制度，发现我国政府采购制度的不足之处，借鉴其在发展中积累起来的宝贵经验，无疑可以使我国政府采购制度在最短的时间内完善起来。

一、美国的政府采购制度

美国政府采购制度是美国国家预算中公共支出管理的重要手段。政府部门的大多数开支都要通过政府采购的方式进行。政府采购的办法和规定也多以法律的形式确定下来，使政府采购制度能在公共预算管理中发挥重要的作用，同时也保证了政府公共预算支出的高效、透明。

美国政府采购制度具有以下特征：①政府采购的基本制度是确定的。美国的政府采购

① 见楼继伟主编《政府采购》，第78—84页。

制度形成了一套完整的体系，各种行为都有一定的法律规范和比较切合实际的操作方法。②竞争原则是美国采购制度最基本的原则。在采购过程中，美国政府和其他单个的买方一样在自由市场进行采购，如果买卖双方不能达成交易，卖方没有任何义务根据特殊条件向政府销售商品。竞争能使政府有效地利用商业竞争，从市场上买到最好的商品、工程和服务。③美国政府采购制度中设有一项重要的“申诉”制度。公众（或供货商）可以对政府的采购行为（主要是对签约决定）提出申诉。这种申诉制度有助于维护采购的公正，捍卫采购制度的透明，并且这种公正和透明都是建立在竞争和立法基础之上的。这种制度可以在很大程度上克服武断决议，大大减少政府在采购过程中因决策性失误所造成的损失和腐败现象。

美国政府采购的程序包括：①确定采购需求，政府部门要提出自己所需的商品或服务，并对这些商品和服务作一个说明。②签订采购合同，政府部门采取哪种方式进行采购，主要取决于政府采购能否通过竞争的方式予以实现。在激烈竞争的采购中，政府通过采购邀请，向报价方说明具体的需求，然后卖方准备报价提案，政府再在各家报价提案中选定签约人签订采购合同。风险负担是政府采购合同谈判中的一个重要问题，一般说来，采购过程中的风险是由政府和供应商双方分担的，分担风险的多少取决于合同双方承担风险的能力。③管理、执行合同，主要在于监督供应商执行合同，保证供应商所提供的商品及服务满足合同上的质量及性能要求，保证卖方按期定量交货。④抗议及索赔。未中标的报价方或签约人对政府不合理的行为有权提出抗议，并由中立的第三方（仲裁机构）听取其抗议并作出裁决。抗议为未中标的报价方或潜在报价方就政府的采购程序欠妥提出抗议，索赔为执行政府合同的签约方因政府原因导致损害而提出索赔需求。

美国政府为了顺利推进政府采购，建立了采购数据系统。该系统是通过对从各级政府机构所获得的信息进行收集、整理而形成的。任何一类的财政支出若超出 2 500 美元须向采购数据系统汇报。同时为了满足政府采购的需要，美国政府在采购中采取了一些特殊的技巧和程序。采购技术取决于采购的性质、数量、频率以及竞争策略和法律要求。随着科学技术的高速发展，政府机构开始使用电子技术提高其采购的效率。创造良好的用户购买环境，使采购合理化，尤其是小额采购。

美国是多边采购贸易协定的签订国。总的说来，美国鼓励各政府机构采购国内产品，但如果其他国家允许美国商家对其政府工程投标，那么根据以上协定，美国政府机构就可以获准从这些国家采购商品。

可见，美国采购制度的思想精髓在于维护采购信誉，保持采购制度的透明度，展开充分竞争。我国在建立政府采购制度时，也应对这三种思想加以重视。我国政府要想寻求最好的签约伙伴，取得优惠的签约条件，获得最低的价格、最先进的技术以及质量最过硬的商品与服务，必须尽可能地鼓励竞争者参加政府采购且平等对待每一位供应商。

二、英国的政府采购制度

英国政府采购实行比较松散的管理体制。从政府采购的机构看，英国中央各部的预算部门和地方政府都拥有自行采购的权力，独立承担本部门、本地区的采购事务。财政部作为政府采购的贯彻、调节和牵头机构，主要起管理作用。从决策程序上看，各政府部门的政府采购都实行自我决策。各部门完全可以根据本部门的需要进行采购。各部门在采购决策中受到两方面的制约：一是这些部门所采购的商品和服务都必须在财政部授权支出的范围之内；二是他们的所有支出都必须向议会负责。政府部门的所有支出都要得到议会授权是一条基本原则，如果有必要，政府部门可通过“补充预算”得到更多资金，但只能专款专用。各部门的支出都要受现金总额的限制，而且只能在资金划拨的财政年度之内支出。

英国政府采购最重要的原则是“物有所值”原则。物有所值就是所采购的物品总成本和质量都必须能满足使用者的要求。政府部门和其他公共机构采购商品和服务都必须做到“物有所值”。它主要是通过竞争来实现的，政府各部门在进行采购时可以自行决定最符合合同要求的竞争形式，要以最合理的价格采购自己需要的商品和服务。

英国采购的具体运作，一般都经过以下几个过程：

（1）制订采购计划。英国预算支出部门一般制订三年的采购计划。编制的计划递交到财政部备案、汇总。财政部每年对计划进行一次评估，主要是评估当年采购计划安排的合理性，并对当年各部门支出作出总额控制的分配建议。当年采购计划与支出分配有差距时，财政部会对支出部门当年的采购计划安排提出质询，并有权将计划退回，要求支出部门重新编制。达成一致后，经批准，就由各预算支出部门独立组织实施。

（2）确定采购需求。各预算支出部门完全可以根据本部门的需要进行采购，但所采购的商品和服务，必须在财政部授权的支出范围内。采购部门在确定采购需求上，承担有一定的咨询义务。

（3）执行采购方式（选择供应商）。

（4）签订采购合同。政府采购合同在欧盟采购指令或财政部制定的政府采购指南以及一些采购行业协会的有关文件中都有范本可参照制定。一般短期的、一次性的采购行为，采用固定价格合同。长期的采购行为，有的就需要采用可变价格合同。合同期限没有特别的规定，视情况而定。在英国，不同采购金额的合同必须由不同授权权限的采购官员负责签订，以明确采购职责和权限。

（5）合同履行。合同签订后，一般不可改变，并随即按合同约定履行合同。在英国，政府采购资金的支付从时间上看，实行即期付款。一般在收到发票及收据的30日内，要将货款支付给供应商。对于提前付款，可享受早期付款折扣。从支付人看，实行自行采购或委托代理采购的，由预算支出单位或用户支付；实行集中采购，由财政部门统一支付。

（6）采购评估。采购的评估主要是起到对采购的监督、分析和对采购人员能力的评估等多方面的作用。不同的采购机构或采购中介代理机构，往往有不同的方式。较严格的采购评估是聘请独立的财务分析公司和专家进行抽查，被抽查的采购项目从采购计划制订到合同履约的全过程都要进行非常严格和仔细的审查。

但是，英国除了有关合同中规定的申诉外，很少有合法的补救存在。原则上，蒙受损失的投标商可向法院要求强制的和最终的补偿，但并不存在特定的调停。

最近，政府采购制度的一个新发展是在采购中引进政府采购卡的做法。使用政府采购卡，采购人员在授权范围内下订单时可以用采购卡支付。政府采购卡的使用，由于免去许多票据而可以节省巨大的开支，同时还可确保向供应商及时付款。

从英国的政府采购制度中，我们可以得到以下启示：①要有明确的采购目的和采购原则；②日趋国际化的、完善的采购法规体系；③有效地保护本国市场的采购政策；④健全的采购管理体制和采购程序；⑤专门的政府采购机构和采购队伍。

三、日本的政府采购制度

在日本，政府采购是以各个采购人分别订立采购合同的方式进行管理的。与中央政府有关的采购程序规定在《会计法》及相关法规中；与地方政府有关的采购程序规定在《地方自治法》及相关法规中。中央政府有权对所有的政府采购进行监督，日本国内所有的有关政府采购法律和法规中的规定都和 WTO《政府采购协议》相一致，日本是《政府采购协议》的签字国之一。

（1）采购政策。在政府采购领域，日本一直以来没有对货物原产地或是供应商国籍进行过限制，日本政府一直执行的是以公开招标为基础的非歧视性政策。日本一直采用公平、公开、透明的政府采购程序。而且自 1996 年以来这种程序的运用已经扩展到了服务采购领域以及地方政府和其他机关的采购过程中，国内的供应商没有被授予任何特权或者地方性的保护；在诸如计算机产品和服务、电信产品和服务、医药产品和服务、建筑业等重要方面，日本的中央政府机构和其他机构的政府采购都服从于 WTO 政府采购协议，地方政府机构的采购除外。日本已经自愿采取措施，主动承担了比政府采购协议要求更多的义务。

（2）采购实践。日本法律规定了三种类型的招标程序：一是公开招标，在公开招标程序中，每个采购机关必须在官方政府公告或者和地方政府相应的公告上对准备进行的采购进行公告，并邀请合格的供应商参加招标程序，出价最低的投标人将获得订立合同的机会。当采购价值高于 10 万特别提款权时，无论是货物采购还是服务采购，一般都要求采用公开招标的方式进行采购，但是建筑工程项目和相关技术服务项目除外。二是选择性招标。在选择性招标中，采购机关也须在政府公告或地方政府相应的公告上对其拟进行的采购项目进行公告，并说明选择投标人的条件要求，采购机关通过审查，在符合条件的供应商中确认参加竞标的供应商。在这些参加竞标的供应商中，出价最低的将获得订立合同的机会。三是单独招标或限制性招标。基于特殊情况，采购机关可以不通过竞争性程序而直接和选定的供应商订立合同。原则上，要想参加公开招标或是选择性招标，供应商必须从采购机关处得到资格认证，必须持续列名于供应商名单中并且得到采购机关的确认。

（3）质疑与投诉程序。首相办公室内设立的政府采购复审办公室负责实施 WTO《政府采购协议》规定的相关招标投标程序问题，中央政府机构的采购事宜则由政府采购复审委员会主管。为了使合同的争议得到公正和中立的处理，政府采购复审委员会建立了特别程序，一些政府机构和城市则建立了自己的独立程序来处理和《政府采购协议》有关的采购进程中发生的争议。

四、韩国的政府采购制度

韩国政府采购方面最重要的立法之一是《政府采购法》。该法是在韩国成为《政府采购协议》成员国不久后颁布实施的，它规定了政府采购的基本原则和基本程序，是政府采购的基本法或“母法”。同时为了细化政府采购的基本原则和制度，韩国政府还颁布了各项实施细则，主要包括《供应商或制造商的登记程序与资格的规定》《国内外采购条款》《投标商资格条例》《标底制定的程序与方法》《招标文件、标单标准格式》等，他们分别就供应商资格申请、采购程序、招标文件等内容进行了细致的规定。

韩国采购法律规则的立法目标分为对内目标和对外目标。在对外方面，是响应《协议》的要求，促进政府采购市场的逐步开放和一体化。在对内方面，主要有三点：①禁止政府授予特殊合同，以侵犯投标企业的利益。②防止欺诈性合同。③在合法的范围内保护本国小型企业的利益。

在基本原则方面，韩国政府采购基本上遵循两个基本原则：一是诚实和信用原则。法律要求，采购合同应由平等的双方共同达成，双方应根据诚实和信用的原则履行合同规定的各项义务。这个原则，旨在防止作为采购一方的政府利用其优势地位提出一些特殊要求，侵犯投标企业的正当利益。二是通过竞争授予合同原则。法律规定，政府采购合同应当通过竞争才能授予某个投标企业。但是，考虑到合同的特殊目的、性质和类型，在必要的情况下，政府也可能指定相应的企业多参加投标或者直接签订合同。

按照韩国法律的规定，政府部门（军事部门除外）超过一定限额的货物和工程项目，必须通过韩国政府供应局统一进行采购；低于限额的项目以及服务项目，由各政府部门自行采购（军事采购由国防采购局统一负责）。这个限额标准是，中央和地方政府部门超过5 000万韩元的货物及附带服务采购，中央政府部门超过30亿韩元的工程采购，地方政府部门超过100亿韩元的工程采购。政府供应局通过集中采购各类货物及重大工程建设项目，对有效使用政府财政资金、管理好国有资产、防止腐败行为发挥了重要作用。同时，政府供应局还通过适时吞吐重要储备原材料，稳定国内物价，促进中小企业发展。

与此同时，韩国还建立了相应的申诉处理体制。法律规定，投标企业如果认为政府采购实体在采购过程中违反了《协议》，可以向该采购实体提出异议，寻求解决办法。如果对该解决办法不满意，投标企业可以向韩国国际合同纠纷调解委员会提出申诉，请求裁决。一般情况下，调解委员会应在收到申诉书后50天内进行调查并作出调解决定。对于委员会的调解决定，如果申诉人和被申诉人（政府采购实体）在15天内没有提出异议，则与法院判决具有同等法律效力。必要时，调解委员会也可以命令延缓招标程序或中止授予合同，直至作出调解决定。

第三章　我国政府采购当事人的权利和义务

为实现对政府采购活动的有效监管，提高政府采购活动的规范性、可操作性、公平性和透明度，保护政府采购当事人的合法权益，维护国家利益和社会公共利益，促进廉政建设，《政府采购法》对政府采购当事人的权利、义务和责任进行了规范和约束。但在政府采购的执法实践中，人们的认识并不完全一致。对法律条文的理解，既要综合考虑法律的完整意义，又要紧密结合我国现行体制的客观实际，这样才能更好地贯彻《政府采购法》的立法精神，切实保护政府采购中各个当事人的利益。

所谓政府采购当事人，就是指在政府采购活动中享有权利和承担义务的各类主体，包括采购人、供应商和采购代理机构。采购人是买方，是购买和使用所购买货物、工程和服务的主体。我国《政府采购法》规定的采购人是指依法进行政府采购的国家机关、事业单位和团体组织。供应商就是卖方，是货物、工程和服务的提供者。《政府采购法》规定，供应商必须是法律规定的合格供应商。采购代理机构分为两种：一种是政府依法按照限制性原则、非强制性原则和独立设置原则设立的集中采购机构。它是非营利性事业单位，其业务有强制性的，也有非强制性的，主要负责组织实施集中采购活动。另一种是指具备一定条件的招投标代理中介机构。其具备的条件主要有二：一是有省级以上有关政府部门授予的招投标代理资质；二是获得省级以上财政部门登记备案资格。采购代理机构的主要职能是为采购人提供采购代理服务，应当在采购人委托的事项和范围内开展工作。

第一节　采购人的权利和义务

根据《政府采购法》的规定，在我国，采购人是指使用财政性资金采购依法制定的集中采购目录以内的或者限额标准以上的货物、工程和服务的国家机关、事业单位和团体组织。它包括各级国家权力机关、行政机关、审判机关、检察机关、政党组织、政协组织、工青妇组织以及教科文卫体医等事业单位。目前，由于国有企业的采购尚未纳入《政府采购法》管理的范围内，因此，国有企业并不是政府采购的当事人。

采购人的权利、义务、责任是与其所具有的特征分不开的。首先，采购人虽然是依法进行政府采购的国家机关、事业单位和团体组织，但从市场买卖双方平等交易角度出发，其仍具有民事行为能力和法人资格，是独立享有民事权利和承担民事责任的法人组织，而且不需要办理法人登记。可见，采购人不同于一般企业法人，更不同于自然人。其次，采购人具有行政权力。采购人代表国家利益和社会公共利益，在采购活动中体现着国家意志和社会公共意志，不是个人消费，也不是企业消费，其采购权利的实施往往能够影响一个国家的产业政策发展。再次，采购人的决策具有政策性。采购人是为国家利益和社会公共利益服务的，这就决定了其决策应当体现集中性和政策性。在采购时必须兼顾各方面的利益，从全局出发，体现政府采购的公平性和政策性，实现采购资源的优化。最后，采购人采购行为从筹划、决策到实施，都是一个集体决策过程，都要按规定程序进行，不允许有任何的随意性。《政府采购法》以法律形式明确规定了采购人的正当合法权益，不仅是为了保护采购人的正当权益，而且也是对国家利益和社会公共利益的保障，有助于保证政府采购制度的实施。

一、采购人的权利

从我国《政府采购法》的规定来看，采购人的权利概括起来有以下10个方面：

1. 按照自己履行职能的需要，提出采购需求的权利

采购人为了履行职能，必然需要相应的货物、工程和服务。按照《政府采购法》的规定，凡是集中采购目录以内或者限额标准以上的采购，都需要统一编制采购预算，经审批后才能执行。因此，采购人对所需的货物、工程和服务的采购，并不完全由自己控制，而是按照政府财政部门规定的预算编制原则、方法和程序，在编制部门预算时，编制本部门的采购预算，详细确定需要的功能、数量、资金来源和供应时间等。预算批复后执行预算时，再详细编制采购计划。采购人对于满足自身履行职责与职能的合理需要，有权提出采购需求。

2. 自己选择代理机构的权利

《政府采购法》明确规定，采购人有权自行选择采购代理机构，任何单位和个人不得以任何方式为采购人指定采购代理机构。从理论上讲，采购是采购人的事情，不是监督管理部门的事情。监督管理部门的主要职责是制定规则，并监督采购人在法定规则下自主采购，而不是将采购人的权利剥夺。采购人有权自己选择代理机构，不等于没有限制和监督，而是有条件要求的。这个条件要求，就是在统一规则下，在政府采购监督管理部门认定的合格采购代理机构中自主选择，超出这个范围是不允许的。维护采购人的权利，有效地防止了监督管理部门干预政府采购活动中的商业行为。

3. 按照采购需要与集中采购机构签署委托协议的权利

《政府采购法》规定，列入集中采购目录的项目必须由集中采购机构负责组织实施。由于集中采购机构是代理机构，采购人就必须与集中采购机构签订代理委托协议。具体委托内容和事项应当由采购人根据实际情况，与集中采购机构协商确定，可以全面委托，也可以部分委托。

4. 要求采购代理机构遵守委托协议约定，监督采购代理机构的采购活动权利

采购人将采购业务委托给采购代理机构（包括集中采购机构和招投标代理机构），在

这期间有可能产生一些违背采购人利益和社会公共利益的问题。例如，采购代理机构采购的货物或服务不符合采购人的要求，或者不符合委托协议的约定，或者质量差、成本高，甚至是采购代理人与供应商恶意串通获得了不正当利益，并损害了采购人的合法利益。因此，采购人在委托采购代理机构进行采购时，双方应该明确各自的权利、义务和责任等。当采购人发现采购代理机构有违约行为或自身利益受到损害时，有权依法予以追究。

5. 审查政府采购供应商资格的权利

《政府采购法》对采购人参与供应商资格审查的权利专门作了规定，即采购人可以要求参加政府采购的供应商提供有关资质证明文件和业绩情况，并根据法定条件和采购项目对供应商的特定要求进行资格审查。但需要注意的是，当采购人将采购事宜委托给采购代理机构以后，供应商的资格审查就应该由采购代理机构来进行。

6. 有依法确定中标供应商的权利

采购人根据采购的性质和数额不同，可以采取多种采购方式，且政府采购活动大部分是通过采购代理机构进行的，所以采购人可以在法律规定的范围内，依据预先制定的采购标准和规定，确定符合采购要求的优秀供应商。值得注意的是，在采购实践中，当出现集中采购机构的一次采购涉及多个采购人的采购对象时，究竟由谁来确定中标供应商，要看采购人对采购代理机构的依法委托事项。如果双方签订的委托代理协议中包括委托确定中标供应商的内容，采购代理机构也可以直接确定中标供应商。采购人有权拒绝任何个人、机构等违规指定的供应商，享有依照法定的政府采购方式和程序确定供应商的权利。

7. 有签订采购合同并参与对供应商采购的履约验收的权利

按照《政府采购法》的规定，政府采购合同是一种民事合同，适用《合同法》。因为采购人在进行交易时，不是社会的领导者和管理者，而是与其他社会主体一样，只是市场交易的一方，与卖方处于平等的地位，用民事合同的方式来处理更符合政府采购当事人之间自愿、平等的关系。当然，采购人也可委托采购代理机构代表其与供应商签订采购合同，但需要提交采购人的授权委托书。履约验收是指采购人或采购代理机构依据采购合同对供应商采购进行的验收，是保证政府采购质量的关键环节。可以说，履约验收对采购人而言，是至关重要的。作为采购结果的使用者，自然有权参与验收。《政府采购法》规定，采购人或者其委托的采购代理机构应当组织对供应商履约的验收。大型或者复杂的政府采购项目，应当邀请国家认可的质量检测机构参加验收工作。另外，采购人还有权通过合同规定采购联合体的连带责任，可以向以联合体形式参与政府采购的供应商索取联合协议，与联合体各方共同签订采购合同，规定联合体各方应承担的连带责任。采购人有权认可供应商采取分包方式履行采购合同，中标、成交供应商可以依法采取分包方式履行合同，但应经采购人同意，并就采购项目和分包项目向采购人负责。

8. 有对特殊项目实施部门集中采购的权利

采购人需要的采购对象种类繁多，有通用性的采购项目，也有特殊性的采购项目。项目特殊必然产生需求的特殊，对供应商也具有特殊要求，必须用特殊的采购方式进行采购。《政府采购法》对特殊情况进行了相应规定，即采购人对属于本部门、本系统有特殊要求的项目，可以实行部门集中采购；属于本单位有特殊要求的项目，经省级以上人民政府批准，可以自行采购。

9. 有对未纳入集中采购目录的政府采购项目进行自行采购的权利

对于未纳入集中采购目录的政府采购项目，采购人可以自行决定委托集中采购机构或者一般采购代理机构进行采购。

10. 采购人的其他权利

采购人还享有法律法规规定的其他合法权利。如对采购方案的最终确定权，采购方案经采购代理机构审查论证、修订后，采购人有权最终确定；对采购文件的审核、确认权，采购人有权对采购代理机构编制的项目采购文件进行审查、确认；有权参加所委托项目的采购实施活动，如项目审查论证、招标或谈判、询价活动；有权派代表参加所委托项目的评标委员会（谈判小组、询价小组），并担任其成员；有权派代表参与项目的评审活动，并对采购代理机构的工作人员提出回避要求；有权了解项目评审的具体情况以及最终的评审结果，并可对采购结果提出建议；有权对采购代理机构的工作提出具体要求，如工作效率、采购质量等；有权要求采购代理机构对合同的签订、履行进行组织协调，并对供应商的履约及售后服务情况进行督促检查。

二、采购人的义务

权利和义务具有一致性和对应性，没有凭空产生的权利，也没有凭空产生的义务。虽然采购人所处的地位和采购目的具有特殊性，但采购人在享有权利的同时，同样必须履行相应的义务。具体而言，采购人应承担的义务主要包括以下 9 个方面：

（1）必须严格执行《政府采购法》及相关法律的各项规定。《政府采购法》及其配套制度规定的采购人必须负有的义务，采购人不得以部门利益为由拒绝执行。如在纳入集中采购目录的采购项目时，采购人有必须委托集中采购机构代理的义务。采购人不得通过化整为零等方式规避其负有的集中采购的义务。

（2）必须接受政府采购监督管理部门的监管。各级政府财政部门作为政府采购的监督管理部门，是政策的制定者和监督者。采购人是执行者，其活动应当接受政府采购监督管理部门的监管，并对政府采购监督管理部门负责。此外，其采购程序、过程和结果还要接受国家审计部门、监察部门的监督检查，采购人有义务积极支持和配合政府采购监督管理部门的工作。

（3）必须尊重供应商的正当合法权益。在参与供应商资格审查时，必须平等对待各供应商，不得以不合理的要求影响供应商获得采购竞争的资格。在采购过程中，凡不属于应该遵守的秘密，采购人有义务回答供应商的询问和质疑。在采购文件变动时，必须及时通知已经投标的供应商，并相应地延长招标期限。在评标和定标过程中，采购人不得与采购代理机构或其他供应商串通，达到以权谋私或获取其他不正当利益的目的。当发生废标情况时，采购人应当将废标理由通知所有投标人。

（4）必须遵守采购代理机构的工作秩序。在采购人委托采购代理机构进行招标采购活动后，不得干预采购代理机构开展工作，更不得提出不符合规定的要求或者与采购代理机构串通以不正当手段影响采购的公正性。同时，采购人还有义务监督采购代理机构严格执行政府采购的有关规定，发现问题要及时向政府采购监督管理机构反映。

（5）必须在规定时间内与中标供应商签订政府采购合同。采购人在招标采购活动中，除发生违法违纪行为必须废标或需要重新确定中标候选人外，当中标结果产生以后，必须按照规定与中标供应商签订政府采购合同，不得无故更改。

（6）必须在指定媒体及时向社会发布政府采购信息、招标结果，以便于供应商及时获得信息，增强政府采购过程的透明度，接受社会各界的监督。在政府采购中，由于采购人的主体地位的特殊性，供应商的信息出现严重不对称，甚至缺失的现象。法律赋予采购人及时向指定的媒体发布面向社会的政府采购信息的义务。

（7）依法答复供应商的质疑。在供应商对政府采购活动事项存有疑问时，供应商有权提出质疑和投诉，这是供应商保护自身权利的重要手段，也是保证政府采购活动过程公正透明的有效监督手段。在供应商提出质疑时，说明供应商已经对政府采购活动的公正性产生了不信任，为维护采购活动中各方当事人的利益，采购人应当答复供应商的质疑，同时将该质疑与答复送达所有参加此次政府采购活动的供应商。

（8）妥善保存反映每项采购活动的采购文件，包括采购活动记录、采购预算、招标文件、投标文件、评标标准、评估报告、定标文件、合同文本、验收证明、质疑答复、投诉处理决定以及其他有关文件、资料。这主要包括政府采购监管部门审批的采购计划，与采购人签订的委托代理协议，媒体发布采购信息的记录，采购人、政府采购管理部门、公证部门共同会签的采购文件，竞标供应商的审查、选取及登记记录，评委随机抽取的记录，评委评标打分记录，由评委会、监督员和公证人员出具的评标报告，中、落标通知书，采购合同，评标现场监控资料，项目验收证明材料，采购项目公证书，质疑与投诉符合法定程序的处理材料，以及可能涉及项目变更产生的由政府采购监管部门出具的相关材料等。这些材料具有很强的原始记录功能，能客观真实地反映采购过程的每一环节，是集中采购机构能否规范运作最直接的体现。采购文件的保存期限至少为 15 年。

（9）采购人享有的其他义务。除了上述义务之外，采购人还享有以下义务：向采购代理机构提供项目审批、立项手续；落实采购项目所需的资金，并确保资金来源的正当性和合法性；向采购代理机构提供采购项目的详尽采购清单，并确保所提供资料的真实性；以授权委托书的方式委派专人协助采购代理机构办理采购事项，并参与采购项目实施过程中的相关活动；在采购代理机构实施采购项目时提供一切便利条件；及时对采购代理机构审查论证的采购方案和依法编制的采购文件进行审核、确认；无条件接受采购代理机构按合法采购程序确定的项目中标（成交）结果，并及时与中标或成交供应商签订采购合同；在合同履行过程中为供应商提供相应环境，并提供相关服务；自觉接受有关部门的监督检查；在采购活动中遵守国家和地方的有关法律法规的规定，保守相关秘密等。

原则上讲，采购人的责任与其权利和义务是紧密相关的。采购人如果滥用权利，或者不履行义务，应该承担相应的责任。所应承担的责任包括责令限期改正，给以警告，处以罚款；拒不改正的，停止向其支付资金；对直接负责的主管人员和其他直接责任人员，由其行政主管部门或者其他主管机关给予行政处分；构成犯罪的，依法追究刑事责任。

第二节　供应商的权利和义务

供应商指向采购人提供货物、工程或者服务的法人、其他组织或者自然人。供应商作为政府采购活动中的重要当事人，承担着向采购人提供合格采购对象的责任。没有供应商的参与，就没有政府采购，其权利必须得到充分尊重和保障。

供应商参加政府采购活动应当具备下列条件：①具有独立承担民事责任的能力；②具有良好的商业信誉和健全的财务会计制度；③具有履行合同所必需的设备和专业技术能力；④有依法缴纳税收和社会保障资金的良好记录；⑤参加政府采购活动前三年内，在经营活动中没有重大违法记录；⑥法律、行政法规规定的其他条件。

一、供应商的权利

根据我国《政府采购法》的相关规定，供应商至少应该享有以下权利：

（1）公正、平等地参与政府采购活动的权利，即要求平等地获得供应商资格的权利。根据《政府采购法》的规定，政府采购供应商原则上不搞资格认定工作，供应商只要符合政府采购法律规定的条件就等于获得了政府采购资格，政府采购监督管理部门、采购代理机构不得设置任何条件歧视供应商。其资格审查，也是审查供应商是否符合法律规定。在进行供应商资格审查时，必须公正、平等地开展审查工作，不能设定特殊的、歧视性的条件阻止供应商取得合格资格。

（2）公正、平等地获得政府采购信息的权利。供应商公正、平等地获得政府采购信息，是政府采购宗旨和原则的客观要求。因政府采购范围广、规模大，这项权利能否得到保障，直接决定着供应商的经济效益。采购人和采购代理机构必须按照公开透明原则，将应该公开的政府采购信息在指定媒体上及时披露，以便供应商及时掌握有关需求信息，作出经营决策。

（3）自由、平等地参加政府采购竞争的权利。供应商作为独立的主体参加政府采购的竞争，不应受到采购人或者采购代理机构的歧视性待遇，每一个符合条件的供应商都可以自由平等地参与竞争。同时，供应商也不应采取任何手段给予其他供应商任何非正当压力。供应商之间的竞争应该建立在良好的质量、优质的服务和低廉的价格基础之上，而非其他。

（4）提出质疑和投诉的权利，行使对政府采购活动的监督。由于供应商在政府采购活动中处于弱势地位，为保障其知情权并发挥其监督作用，《政府采购法》第六章对供应商询问、质疑、投诉的方式、途径和时限，以及采购人、采购代理机构和政府采购监督管理部门进行答复、处理的方式和时限等都作了明确的规定。供应商对采购活动事项有疑问的，可以向采购人或者采购代理机构提出询问，采购人或者采购代理机构应当及时作出答复，但答复的内容不得涉及商业秘密。供应商认为采购文件、采购过程和中标、成交结果使自己的权益受到损害的，可以在规定的时间内，以书面形式向采购人或者采购代理机构提出质疑，采购人或者采购代理机构应当在规定的时间内作出书面答复。质疑供应商对采购人、采购代理机构的答复不满意或者采购人、采购代理机构未在规定的时间内作出答复的，可以在规定时间内向同级政府采购监督管理部门投诉，接受投诉的政府采购监督管理部门应当在规定的时间内对投诉作出书面处理决定并通知有关当事人。投诉人对政府采购监督管理部门的投诉处理决定不服或者政府采购监督管理部门逾期未作处理的，可以通过行政复议和司法救济途径依法寻求救济。

（5）自由、平等地签订政府采购合同的权利。不论是通过公开招标、邀请招标，还是通过竞争性谈判、单一来源采购等其他方式确定的供应商，在签订合同时，采购人和供应商始终是平等的主体。其政府采购合同的签订必须基于平等自愿的原则，切实维护好双方的共同利益。虽然供应商一旦确定，供应商就负有同采购人签订合同的义务，但双方签订合同的实质性内容必须是在招标、谈判或询价已经明确了的前提下。当事人双方都不得随意更改，而采购人或者采购代理人不得利用行政权力等手段迫使供应商接受不合法或不合理的条件或要求。我国《政府采购法》明确规定政府采购合同适用《合同法》，这从立法上明确了供应商和采购人处于平等主体地位，双方的行为应当基于意思自治。

（6）要求采购人或采购代理机构保守其商业秘密的权利。在公开招标、邀请招标、竞争性谈判和询价采购方式执行过程中，采购人或采购代理机构获悉供应商的商业秘密的，采购人或采购代理人有保守秘密的义务。供应商有要求采购人或者采购代理人保守相关秘密的权利。在采购人或采购代理人泄密，造成供应商损失的情况下，供应商有权要求赔偿，采购人和采购代理人应当承担责任。

（7）监督整个政府采购过程依法公开、公正地进行的权利。政府采购过程是否公开、公正是供应商权利能否实现的关键，供应商有权监督政府采购过程是否公开、透明和公正。如果在政府采购过程中出现一些非法因素影响供应商公平竞争的权利，供应商有权向政府采购监督管理部门提出质疑和投诉，如果政府采购监督管理部门逾期未作处理或者供应商对其处理决定不服的，供应商可以提起行政复议和行政诉讼来维护自己的合法权益。国际经验表明，供应商的监督是最有效的监督，因此，供应商应当成为政府采购工作的有力监督者。发挥供应商的监督作用，只有供应商的积极参与，政府采购的公开、公正和公平原则才能真正有所保障。

（8）保护自身的正当、合法权利不受侵害的权利。由于采购人的原因而使供应商受到损害，供应商有要求采购人给予赔偿的权利。供应商的合法权利不受任何人非法侵害，当然也包括采购人和采购代理机构。双方的权利和义务在签订政府采购合同时就已经确定，如果政府采购人或采购代理机构，因故要变更、中止或终止采购合同，必须与供应商进行协商，供应商有权要求保护自身正当利益，要求采购人给予合理的赔偿。

（9）其他合法权益。如对采购人或采购代理机构的各种乱收费行为和各种不正当要求，供应商可以依法拒绝等。

总之，供应商的权利集中于保护供应商与采购人之间、供应商与供应商之间在整个政府采购过程中处于平等的主体地位，使供应商不因其在公法上的弱势地位致使其失去在私法上的平等地位，使双方的行为建立在市场的基础之上，使双方利益最终能够在不损害国家利益和公共利益的基础上最大化。

二、供应商的义务

供应商在享有一定权利的同时，也必须承担相应的义务，主要表现为：

（1）遵守政府采购的各项法律、法规和规章的义务。

（2）按规定接受供应商资格审查，在资格审查中客观真实地反映企业情况的义务。

（3）在政府采购活动中，满足采购人或采购代理机构的正当要求并提供合格的采购对象的义务。供应商是政府采购活动的重要参加者，其最终目的是希望中标、成交，获取经济利益。为了达到这一目的，有的供应商就可能采取各种非正当的方式和手段，甚至会出现犯罪行为。

（4）在政府采购活动中，按照采购人或者集中采购机构的正当要求，保证投标文件的内容真实可靠。投标文件的内容的真实可靠，直接关系采购项目质量能否得到保证，同时也是供应商公平竞争的基础。

（5）按时递交投标文件，交纳投标保证金。交纳投标保证金有助于保证供应商摒弃获得非法利益和使用非法手段的侥幸心理。

（6）供应商不得向采购人、采购代理机构、评标委员会的组成人员、竞争性谈判小组的组成人员、询价小组的组成人员行贿或者采取其他不正当手段谋取中标或者成交。在开标、评标现场，供应商需要按招标人的要求对投标文件进行答疑。

（7）投标中标后，按规定的程序与政府采购机构或采购人签订合同，并交纳履约保证金。在采购代理机构确定供应商后，采购人和供应商都负有同对方签订采购合同的义务。

（8）严格履行政府采购合同的义务。

（9）供应商投诉实行实名制，其投诉应当有具体的投诉事项及事实根据，不得进行虚假、恶意投诉。如果供应商有虚假、恶意投诉，政府采购监督管理部门应当驳回投诉，并将其列入不良行为记录名单，依法予以处罚。有下列情形之一即可认定属于虚假、恶意投诉：一年内三次以上投诉均查无实据的；捏造事实或者提供虚假投诉材料的。如果恶意投诉造成其他供应商损失的，恶意投诉供应商应该承担相应的责任。

界定供应商的权利和义务，目的在于确保市场秩序的公正、公平，以维护整体利益。供应商如果滥用权利或者不履行义务，应该承担相应的责任。其中包括：处以罚款；禁止一定时期参加政府采购活动；没收违法所得；情节严重的，吊销营业执照；构成犯罪的，依法追究刑事责任。如果取得了中标、成交资格，则中标、成交无效。如果给他人造成损失的，还应当依照有关民事法律规定承担民事责任。

第三节　采购代理机构的权利和义务

采购代理机构是指经财政部门认定资格的，依法接受采购人委托，从事政府采购货物、工程和服务的招标、竞争性谈判、询价等采购代理业务，以及政府采购咨询、培训等相关专业服务（以下统称代理政府采购事宜）的社会中介机构。它是采购人在政府采购活动中的代理人，它的采购行为的结果归属于采购人。

采购代理机构分为一般采购代理机构和集中采购代理机构。一般采购代理机构的资格由国务院有关部门认定。根据财政部《政府采购管理暂行办法》的有关规定，具备下列条件的社会中介机构，可以申请取得政府采购业务代理资格：①依法成立，具有法人资格。②熟悉国家有关政府采购方面的法律、法规和政策，接受过省级以上财政部门政府采购业务培训的人员比例达到机构人员的20%以上。③具有一定数量能胜任工作的专业人员，其中的中级和高级专业技术人员应分别占机构人员总数的60%和20%以上。④具有使用现代科学手段完成政府采购代理工作的能力。⑤符合财政部及省级人民政府规定的其他条件。

集中采购机构作为采购代理机构的一种，由设区的市、自治州以上人民政府根据本级政府采购项目的需要依法设立。一般采购代理资格的非营利事业法人，其职能是负责以下政府事务：①统一组织纳入集中采购目录的政府采购项目。②组织由财政部拨款的大型政府采购项目。③受其他采购机构的委托，代其采购或组织招标投标事宜。④办理财政部门交办的其他政府采购事务。集中采购机构是进行政府集中采购的法定代理机构。纳入集中采购目录的政府采购项目，采购人必须委托集中采购机构采购，除非属于特殊的采购项目，并经省级人民政府批准。政府采购监督管理部门有权对集中采购机构及政府采购活动进行监督检查，但不得自己设置采购机构，也不得参与政府采购项目的采购活动，集中采购机构与行政机关之间不得存在隶属关系和其他利益关系。

集中采购必须委托集中采购机构代理，但集中采购机构也可以自愿接受其他委托采购项目。一般的采购代理机构实质是以追求营利为目的的中介机构，与集中采购机构互相补充，中心负责集中采购的业务，社会中介负责分散采购的代理业务。

一、采购代理机构的权利

采购代理机构最基本的职责是通过采购代理行为实现采购人的采购需求。其最主要的权利表现为：

（1）接受采购人的采购委托，承办实施有关采购项目的采购事宜的权利。采购代理机构的性质为社会中介组织，它完全独立于政府采购中的采购人和供应商之外，在采购活动中，应保证其客观、公正地履行职责，提供优质的服务，特别是注意不要受政府有关行政部门的干预。采购代理机构与采购人之间的关系属于委托代理关系，它的一切权力均来自于采购人的授权，代理机构应在授权的范围内行使权利。故接受采购人的采购委托，承办实施有关采购项目的采购事宜的权利，是采购代理机构理应享有的最基本的权利，是采购代理机构其他权利的基础。但采购人员及相关人员与供应商有利害关系的，必须回避。

（2）执行政府采购法律、法规、规章和政策规定；建立政府采购信息网络，搜集和整理供应商、产品和服务信息，记录政府采购过程，总结采购经验。

（3）依法组织实施具体采购工作，包括编制招标文件、发布采购信息，组织接标、开标、评标和定标等活动。

（4）按照委托协议的要求，代理采购人与中标供应商签订采购合同、监督合同履行和对采购结果进行验收。

（5）有拒绝、防范任何单位和个人对采购过程实施非法干预的权利。

（6）有按规定向采购人收取法定的代理费用的权利。采购代理机构独立于政府采购人之外，是自主经营、自负盈亏的法人。其向采购人提供的服务为有偿服务，在代理采购活动后，当然有权利向采购人收取服务报酬。

二、采购代理机构的义务

采购代理机构作为政府采购活动中的一个特殊利益主体，应当对包括自身在内的政府采购当事人负责。自觉履行《政府采购法》规定的义务，依法开展代理采购活动，维护国家利益和社会公共利益。就具体操作过程而言，其义务和责任表现为以下几个方面：

（1）依法开展代理采购活动并提供良好服务的义务。政府采购集中代理机构应当自觉接受采购人的委托代理集中采购目录以内的采购项目。集中采购机构进行政府采购活动，应当符合采购价格低于市场平均价格、采购效率更高、采购质量优良和服务优良的要求。社会招标代理机构应当按照“谁委托谁出资就为谁实施代理采购活动”的规则行事，任何单位和个人都不得干预和指定社会招标代理机构。采购代理机构要遵守有关制度规定和政策要求，为采购人提供良好的服务。

（2）依法发布采购信息的义务。采购代理机构对代理的公开招标采购项目，应当在财政部或省级财政部门指定的政府采购信息披露媒体上发布采购信息；不属于公开招标的采购信息，如果有供应商提出要求，采购代理机构同样有义务将有关情况告知这些供应商。

（3）依法接受监管和监督的义务。采购代理机构要积极配合政府采购监督管理部门的监督考核工作，如实提供有关资料和数据，接受政府采购监督管理部门的业务培训和指导；要自觉接受监察、审计部门的监督、审查；任何单位和个人都有权对采购代理机构的采购代理活动进行监督，但不能干预正常的监督检查工作。

（4）不得向采购人行贿或者采取其他不正当手段谋取非法利益的义务。采购代理机构在开展业务时，应诚实守信，遵守行业道德。特别是一般采购代理机构，不得为了争揽业务等而采用向采购人行贿等非法手段，和其他采购代理机构形成不公正竞争。

（5）不得以任何手段排斥其他供应商参与政府采购活动的义务。采购代理机构在进行采购活动的时候，应坚持公平、公正、平等的原则，平等地对待所有供应商。

采购代理机构及其工作人员如果不履行义务，必须承担相应的责任。可以给予取消代理资格、通报批评、进行相应的经济处罚等处分；对不履行义务的国家工作人员要给予行政处分；对行为触犯法律的采购代理机构及其工作人员，必须依法惩治。

第四章　我国政府采购的基本流程

我国《政府采购法》《招标投标法》和《政府采购货物和服务招标投标管理办法》遵循公开透明、公平竞争、公正诚实的原则规定了我国政府采购的基本程序，系统地规定了五种政府采购方式的不同操作流程，从立法上切实保护和体现了政府采购当事人的合法权利和法定义务，对我国政府采购的具体施行和法律风险的防范起着重要的指导和监督作用。

第一节　我国政府采购的基本流程

我国《政府采购法》所称的政府采购是指各级国家机关、事业单位和团体组织，使用财政性资金以合同方式有偿取得、依法制定的集中采购目录以内或者采购限额标准以上的货物、工程和服务的行为。由此可见，政府采购作为行政机关的一种民事法律行为，主要包括采购项目的行政审批、有偿采购合同的订立，以及采购合同的履行和监督等三个过程。具体程序如图 1 所示：

一、政府采购项目的审批

预算部门在编制下一财政年度预算时，应当列出属于政府采购的项目和资金预算，报本级财政部门汇总后，依据预算管理权限和程序进行审批。审批政府采购应以保护环境、扶持不发达地区和少数民族地区，促进中小企业发展为目标。

二、政府采购合同的订立

政府采购合同是国家机关、事业单位和团体组织基于平等自愿的原则与供应商达成的协议，因此它的设立、变更与终止均受我国《合同法》的调整和规制。根据我国《合同法》的规定，合同的订立，当事人应当采取要约与承诺的方式。所以，政府采购合同的订立也要遵循这一法定模式，只不过在不同的政府采购方式中，要约与承诺的表现形式有所不同。总的来说，政府采购合同的订立一般经过以下步骤：

（一）采购前，政府采购模式的选择

采购人进行政府采购活动前首先要依据采购标的的不同来确定政府采购模式。根据采购标的制定标准的不同，我国政府采购分为集中采购和分散采购两种模式。

集中采购就是国家机关、事业单位或团体组织对属于集中采购目录内的采购标的统一委托集中采购机构代为采购的行为。关于集中采购目录的确定，我国《政府采购法》是根据制定机构的行政级别不同而划分的。属于中央预算的政府集中采购目录由国务院确定并公布，而属于地方预算的政府集中采购目录则由省级人民政府或其授权的机构确定并公布。采购人确定采购标的属于集中采购目录指定的项目后，应当委托由设区的市、自治州以上人民政府设立的集中采购机构代理采购活动。集中采购机构作为非营利的采购代理机构，依法根据采购人委托的事项进行采购活动，以维护采购人的合法利益，提高采购效率。

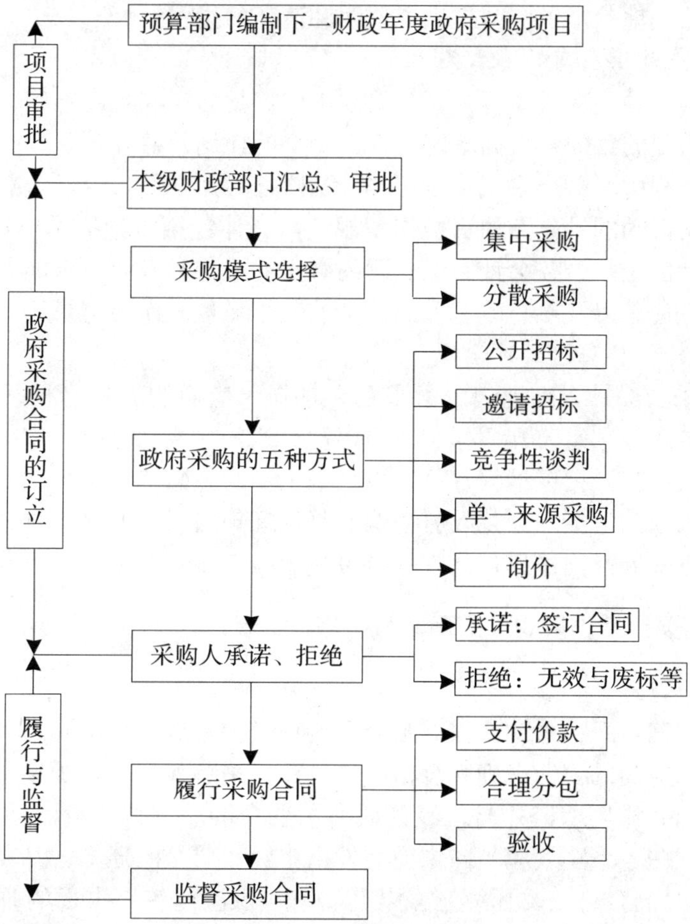

图 1　我国政府采购的基本流程

分散采购是相对集中采购而言的，即除了国务院或省级人民政府确定必须采取集中采购形式的，采购人可自由选择自行采购或委托第三方代为采购。第三方可以是国务院的相关部门，也可以是省级人民政府有关部门认可的采购代理机构。可见，分散采购是集中采购的补充形式，采购标的涉及集中采购目录以外和采购限额标准以上。

但是，无论是集中采购还是分散采购，采购人如果委托采购代理机构代理政府采购项目，就应当依法与受托方——采购代理机构签订书面的委托代理合同，而不能采取口头形式。委托合同的内容必须符合我国《合同法》的有关规定，明确委托事务、双方的权利与义务以及委托期限等事项。

（二）采购时供应商的确定

供应商是采购人与之签订政府采购合同的法人、其他组织、自然人或者是他们之间组成的一个联合体，负责向采购人提供货物、工程或者服务。我国《政府采购法》详尽地规定了参与政府采购的供应商应具备的基本条件和采购人选择供应商的五种途径，为采购人公开、公平、公正地确定供应商提供了透明和清晰的指引。

1．参与政府采购供应商的基本条件

政府采购作为一种民事法律行为，其设立不仅仅是为了满足政府和相关机构日常施政工作的需要，更重要的目的是提高政府财政性资金的使用效益和预防政府机构有偿取得货物、工程和服务过程中可能出现的商业贿赂等犯罪行为。所以，我国《政府采购法》特别对参与政府采购活动的供应商的资格作了规定。具体包括：独立承担民事责任的能力，良好的商业信誉和健全的财务会计制度，履约必需的设备和专业技术能力，缴纳税收和社会保险资金的良好记录以及参与政府采购活动前三年无重大违法记录等。

2．采购人选择供应商的五种途径

我国《政府采购法》详细地规定了采购人选择供应商的五种途径，即政府采购的五种方式。这五种方式分别是公开招标、邀请招标、竞争性谈判、单一来源采购和询价。这五种政府采购方式以公开招标最为常见，也是最主要的。当然，除了这五种政府采购方式以外，采购人可采取其他经国务院政府采购监督管理部门认可的采购方式。由于本章第二节将围绕这五种方式展开阐述，在此就不再赘述。

（三）供应商要约后，采购人的承诺与拒绝

1．采购人的承诺

政府采购模式确定后，采购人根据政府采购项目的特点选择不同的采购方式，同时依照法定程序以及供应商的要约来确定合格的供应商。采购人如果接受某一合格供应商发出的要约，就应当向其作出承诺并与之签订政府采购合同。例如，我国《政府采购法》规定，公开招标方式中，采购人应当向供应商发出中标、成交的通知，并在发出中标、成交通知书之日起30日内自行或委托第三方以其名义与供应商签订书面的政府采购合同。采购人向供应商发出中标、成交通知书的行为构成了我国《合同法》的承诺，它标志着采购人与供应商之间政府采购合同的成立。任何一方改变或放弃中标、成交结果的行为，都

属于违约行为，应承担相应的法律责任。可见，书面签订政府采购合同的行为只是将双方意思表示一致的结果完整和系统地确认下来，以体现政府采购合同的严肃性，并为政府采购的监督管理和政府采购争议的解决提供一个有效的依据。

2. 采购人的拒绝

在政府采购中，采购人有权拒绝供应商的报价或提交的投标文件。例如，在公开招标或邀请招标的采购方式中，如果采购人认为不符合本次政府采购的要求或目的时，有权予以拒绝，并根据不同情况按照无效投标或废标进行处理。

无效投标是指在公开招标或邀请招标中，供应商的资格或其提交的投标文件不符合采购人在招标公告中列明的要求。其具体包括：①参与投标的供应商不具备招标公告中规定的资格要求。②参与投标的供应商没有按照招标公告规定的时间、地点、金额或方式等要求提交投标保证金。③参与投标的供应商提交的投标文件不符合招标公告规定的形式要求。例如，投标文件没有按照要求密封、签署或者盖章等。④投标文件不符合招标公告或法律、行政法规中规定的其他实质性要求。

废标是指在公开招标或邀请招标中出现了采购人应予废除招标投标活动的法定情形。我国《政府采购法》规定的法定情形包括：①在投标的供应商中，符合法定和招标文件中规定专业资格的供应商少于 3 家。②招标公告发出后，提交投标文件并根据招标公告作出实质性响应的供应商少于 3 家。③在招标投标活动中，出现了足以影响采购公正的违法、违规行为。④全部供应商提交的投标文件中的报价均超过了采购预算，且采购人不能支付。⑤在采购过程中，因重大变故致使采购任务被迫取消的。废标后，采购人一方面应当通知所有投标人，并告知废标的理由；另一方面应重新组织政府采购或终止采购活动。

三、政府采购合同的履行与监督

政府采购合同经双方自愿签订后，采购人与供应商在全面地履行各自义务的同时，还受到我国政府相关主管部门的监督管理。

1. 履行

①采购人应当依照政府采购合同的约定，按时向供应商支付价款。②经采购人同意，供应商可以采取分包方式履行政府采购合同，但接受中标、成交通知的供应商应当就整个采购项目和分包项目根据政府采购合同的约定向采购人承担责任。③供应商依约履行后，采购人或采购代理机构应当组织相关人员对政府采购合同的履行情况进行验收，参与验收的成员应当制作验收书并签字确认。我国《政府采购法》特别规定，对于大型或者复杂的政府采购项目，采购人或者采购代理机构应当邀请国家认可的质量检测机构参加验收工作，以确保采购项目的验收质量。

2. 监督

我国《政府采购法》规定，在政府采购合同签订之日起 7 个工作日内，采购人应当将合同副本报同级政府采购监督管理部门和有关部门备案。备案是行政机关进行行政管理的措施，不属于政府采购合同生效的法定要件。之所以这样规定，一方面是为了便于采购人向财政部门申请财政性资金；另一方面是为了便于监管部门对政府采购合同的履行情况进行及时、有效的监督和管理。

第二节 五种政府采购方式的操作流程

政府采购基本流程中最重要和最核心的一个环节是政府采购合同的订立，因为它是政府采购目标实现与否和政府采购争议产生的聚集点。所以，政府采购合同订立程序的严密性、完整性和透明性对于维护社会公共利益，加强公共财政支出管理，抑制和杜绝政府采购过程中的商业贿赂等起着不容忽视的作用。有鉴于此，我国《政府采购法》就政府采购合同的订立规定了公开招标、邀请招标、竞争性谈判、单一来源采购以及询价五种法定方式，以规范和监管采购人、采购代理机构和供应商之间的采购行为。其中，公开招标作为政府采购的主要方式，我国根据采购对象的不同分别在《招标投标法》和《政府采购货物和服务招标投标管理办法》中作了详细的规定。

一、公开招标

（一）概念与特点

1. 公开招标

公开招标指招标人在国家指定的报刊、信息网络或其他媒体上发布招标公告，吸引众多的供应商参加投标竞争，采购人从中择优选择中标供应商的招标方式。采购人在招标方式的采购中称为招标人。我国《政府采购法》明确规定，公开招标是我国政府采购的主要方式。如果采购人为规避公开招标的方式而将采购的货物或服务化整为零，使得采购的货物或服务低于指定的具体数额标准，将受到责令限期改正、警告或者并处罚款等法律制裁。当然，如果因特殊情况确实需要采取公开招标以外的其他政府采购方式，采购人可以在政府采购活动开始前取得设区的市及自治州以上人民政府采购监督管理部门的批准。

2. 特点

（1）公开招标的竞争性和透明性。招标公告属于要约邀请这一特性决定了提交投标文件的供应商不是具体、特定的，而是广泛、不确定的。每个投标人均需根据招标公告提交投标文书。该投标文书既要满足招标文件的全部要求，又要充分体现投标人的价格优势，这样才能在众多竞争投标的供应商中脱颖而出，成功中标。因此，公开招标方式比其他政府采购方式更具有竞争性，也更能贯彻执行政府采购公开、公正、公平的原则。但是，公开招标这一特点在招标过程中可能会出现高价围标或低价抢标等不当投标的情况。

透明性体现在，招标公告必须通过国家指定的报刊、信息网络或者其他媒介发布，评标标准和程序，中标与不中标等均应告知所有的投标人。所以，公开招标的整个过程和适用准则都应透明。

（2）公开招标程序的复杂性和组织性。公开招标程序经过招标公告的发布、投标、评标、中标、定标、签订政府采购合同等程序，所以比询价或单一来源采购等其他政府采购方式的程序复杂，耗费的时间也长。此外，由于招标人不可能完全了解和掌握投标供应商的资信状况，为保证政府采购项目的顺利完成，对投标人实际履行情况的评定无疑增添了公开招标程序的复杂性与烦琐性。为此，我国《招标投标法》规定了公开招标应遵循的操作流程，为招标人系统、有序地组织公开招标提供了清晰的指引。

（3）不受采购区域或者采购部门的限制。我国《招标投标法》规定，采购人依法必须进行招标的建设工程项目，招标投标活动不受地区或者部门的限制。任何单位和个人不得违法限制或者排斥本地区、本系统以外的法人或者其他组织参加投标。这一规定阻止了采购人进行行政干预或垄断政府采购项目，使得政府采购活动符合和遵循市场经济规律的运行机制。

（二）操作流程的主要规定

1. 建设工程项目的采购

建设工程项目的采购指采购人通过公开招标，以合同形式有偿采购法定建设工程项目的勘察、设计、施工、监理以及与工程建设有关的重要设备、材料等民事法律行为。

我国《招标投标法》规定建设工程项目有四大法定类型：①大型基础设施、公用事业等关系社会公共利益和公众安全的项目。其中大型基础设施项目包括能源项目、邮电通讯项目、城市设施项目、交通运输项目、水利项目、生态环境保护项目等。公用事业项目包括市政工程、科技、教育、文化、体育、旅游、卫生、社会福利等项目。②全部或者部分使用国有资金投资或者国家融资的项目。其中国有资金投资项目包括使用财政预算资金的项目，使用国有企业单位自有资金的项目，使用纳入财政管理的政府性专向建设基金的项目等。国家融资的项目包括使用国家发行债券所筹资金的项目，使用国家政策性贷款的项目，国家特许的融资项目，使用国家对外借款或担保所筹资金的项目，国家授权投资主体融资的项目。③使用国际组织或者外国政府贷款，援助资金的项目。例如，使用国际组织贷款资金的项目，使用国际组织或者外国政府援助资金的项目，使用外国政府及其机构贷款资金的项目等。④其他属于法律或国务院规定必须进行招标的项目。这些建设工程项目的具体范围和规模标准，由国务院发展计划部门会同国务院其他部门共同制定后报国务院批准。

除了法定公开招标的建设工程项目外，招标人可以选择其他政府采购方式进行采购。例如，涉及国家安全、国家秘密或者抢险救灾而不适宜招标的项目，属于利用扶贫资金实行以工代赈需要使用农民工的项目，施工主要技术采用特定的专利或者专有技术的项目，施工企业自建自用的工程且该施工企业资质等级符合工程要求的项目，在建工程追加的附属小型工程或者主体加层工程，原中标人仍具备承包能力的项目。依法确定政府采购的建设工程项目后，采购人一般按照以下操作流程开展采购活动。

（1）招标项目的行政审批。在开始建设工程项目的公开招标前，采购人应当完成内部行政审批手续，并取得相关机构的批准。采购人获得行政审批是政府采购启动的前置条件，也是公开招标建设工程项目的先决条件。

（2）招标人选择招标方式。通过行政审批后，采购人依法自行或委托采购代理机构向不特定的供应商发布招标公告，并与适格投标供应商就建设工程项目签订政府采购合同。在公开招标方式中，采购人一般称为招标人，供应商称为投标人，采购代理机构则称为招标代理机构。根据我国《政府采购法》及《招标投标法》规定，采购人可以自己开展公开招标，也可以委托采购代理机构代理公开招标。

自行招标是指招标人（采购人）有权自行就采购的建设工程项目进行公开招标。招标人自行开展公开招标的，必须具备编制招标文件和组织评标的专业能力等条件。同时，招标人还需要向有关行政监督部门就自行招标的具体情况进行备案。

委托招标是指招标人（采购人）可以委托招标代理机构（采购代理机构）代理建设工程项目的公开招标，由招标代理机构与招标人签订委托合同，在委托的范围内办理招标事宜。根据我国《民法通则》及《合同法》的规定，受托人是以委托人的名义对外进行代理活动的。也就是说，招标代理机构在代理招标人从事公开招标时，应当以招标人的名义进行。所以，招标代理机构在从事招标代理业务时不但要遵守我国法律、行政法规等对招标代理机构作出的规定，还应当遵守我国法律、行政法规等对招标人作出的相关规定。

我国《招标投标法》规定，招标代理机构是依法成立，具备国务院或者省级人民政府建设行政主管部门认定的法定资格，从事招标代理业务并提供相应服务的社会中介组织。其中，法定资格指招标代理机构在从事建设工程招标项目的招标活动时，应当符合三大条件：①具有一定的经营场所和资金条件。②有能力编制招标文件和组织评标的专业力量。③符合法定条件的技术、经济等方面的专家作为评标委员会成员的人选。此外，从定义可见招标代理机构属于社会团体法人，具有独立的主体资格，与行政机关和其他国家机关不存在行政隶属关系或者其他利益关系。因此，任何单位或者个人均不得以任何方式强迫招标人选择或指定招标代理机构。

（3）招标人发布招标公告。我国《政府采购法》和《招标投标法》都规定，招标人对于依法必须进行公开招标的建设工程项目应当在国家指定的报刊、信息网络或者其他媒介发布招标公告。为贯彻实施前述法律的规定，财政部于 2004 年 9 月 11 日颁布实施了《政府采购信息公告管理办法》（中国财政部令第 19 号），进一步明确规定，反映政府采购活动状况的数据和资料等政府采购信息，招标人应当依法在财政部指定的媒体上向社会公开发布，以提高政府采购活动的透明度。同时，财政部先后指定了《中国财经报》、《中国政府采购》杂志、“中国政府采购网”等报刊和网络作为政府采购信息的正式发布媒体。

招标公告指招标人为了邀请投标人参与招标项目而在国家指定媒体公开发布的招标信息。招标公告应当载明：①招标人的名称和地址。②招标项目的性质、数量、实施地点和时间。③投标人（潜在的供应商）获取招标文件的办法等。此外，根据建设工程招标项目的实际情况，招标人可以在招标公告中要求潜在的投标人提供有关资质证明文件和业绩情况，以便进行资格审查。

招标文件指在招标公告中，招标人对投标人参与招标项目提出的要求和进行公开招标的程序之书面材料。招标文件应当包括：①招标项目的技术要求。②投标人资格审查的标准。③投标报价要求。④评标标准。⑤招标人准备与投标人签订政府采购合同的主要条款。⑥招标项目需要划分标段和确定工期的，招标人还应当在招标文件中合理地划分标段，以确定工期。⑦其他与公开招标有关的实质性要求和条件。我国《招标投标法》规定，招标文件不得要求或标明特定生产供应商以及含有倾向或者排斥潜在投标人的内容。所以，招标文件中不得以不合理的条件限制或者排斥潜在的投标人或者实行歧视待遇。此外，我国《招标投标法》规定，招标文件公告后，如果招标人对已经发出的招标文件进行必要的澄清或者修改，应当在招标文件要求提交投标文件截止时间至少 15 日前，以书面形式通知所有招标文件收受人。招标人就招标文件所作的澄清或修改的内容构成招标文件的组成部分。

（4）招标人组织现场踏勘建设工程项目。招标人根据招标项目的具体情况，可以组织潜在的投标人踏勘建设工程项目现场。通过现场踏勘，投标人可以对招标文件中的有关要求和数据有针对性地进行勘察和核对，及时询问招标人，以便投标文件的制作更符合招标人的采购要求。同时，现场踏勘使得投标人直观了解采购项目实施现场和周围环境，为投标人正确作出投标策略和投标报价提供了有用的信息。一般来说，投标人到现场踏勘了解的情况包括：①现场的自然条件对政府采购项目实施的影响，例如气象、天文、地质等。②现场的地理条件，例如地形、管线铺设情况，或者是水电供应等“三通一平”的情况。③现场所在地区建设材料的供应品种和价格、供应渠道，开展建设工程所需设备的生产、销售情况。④现场运输条件，例如海运、陆运、空运等效能运输和运输工具购买或租赁价格。⑤现场施工的人力资源，包括劳动者工资、附加费用等影响报价的情况。⑥投标人认为足以影响投标的其他因素。

（5）投标人的投标。投标是与招标相对称的概念，指具有法定资格和履行能力的投标人根据招标文件的要求，结合现场勘察的实际情况进行分析研究和估算，在招标公告规定的响应时间内围绕招标文件提出的实质性条件填写标书，提出报价，并交到指定投标地点等候开标活动。投标人对已制作完毕的投标文件，如果确实需要补充、修改或者撤回，可以在招标公告规定的响应时间内，书面通知招标人。有效补充、修改或撤回的投标文书构成投标文件的组成部分。

投标文件针对招标文件的实质性条件所作的响应通常指投标文件所提供的有关资格证明文件、提交的投标保证金、技术规范、合同条款等与招标文件要求的条款、条件和规格相符，并且没有重大偏差。例如，在资格证明文件方面，投标人超出其经营范围投标、证明文件不齐全；在投标保证金方面，投标人没有提交保证金或数额不足、要求的保函有效期不足、提交保证金的形式或出具证明的银行不符合招标文件的要求等；在技术规范方面，投标文书中的数据不满足技术规格书中主要参数或超过允许的偏差范围。至于重大偏差的范围，国家计委、国家经贸委、建设部、铁道部、交通部、信息产业部、水利部等七大部门在 2001 年 8 月 1 日颁布实施的《评标委员会和评标方法暂行规定》中以列举的方式予以规定：①没有按照招标文件要求提供投标担保或者所提供的投标担保有瑕疵。②投标文件没有投标人授权代表签字、加盖公章。③投标文件载明的招标项目完成期限超过招标文件规定的期限。④明显不符合技术规格、技术标准的要求。⑤投标文件载明的货物包装方式、检验标准和方法等不符合招标文件的要求。⑥投标文件附有招标人不能接受的条件。⑦不符合招标文件中规定的其他实质性要求。如果投标文件没有作出实质性响应，将面临被废标的可能。

投标人是指在公开招标的过程中，有投标意向的供应商，即响应招标人的招标公告并自愿参加投标竞争的法人、其他组织或个人。我国《招标投标法》规定，投标人应当具备法定的资格条件和承担招标项目的能力，以及国家或招标文件中对投标人资格条件的特定要求。投标人可以是一个法人、其他组织或个人，也可以是他们分别或各自组成的联合体。联合体是作为一个投标人的身份进行投标，中标后联合体各方共同与招标人签订政府采购合同，并共同向招标人承担连带责任。

响应时间指在招标公告中规定，投标人对招标文件的实质性要求和条件作出回应并提交投标文件的时间。如果投标人超过响应时间投标的，招标人有权拒绝收取投标文件。我国《招标投标法》规定，对于依法必须公开招标的建设工程项目，投标人的响应时间自招标文件开始发出之日起至投标人提交投标文件截止之日止，最短不得少于 20 日。除此之外的其他情况，招标人可以结合建设工程项目的实际情况自行确定一个合理的响应时间。

投标文件指投标人在响应时间内对招标文件的实质性内容和条件作出响应而编制的书面材料。如果存在对建设工程项目的部分非主体或非关键性工作进行分包情形的，投标人应当在投标文件中注明；一旦中标，投标人向招标人负总责，接受分包的人就分包的项目承担连带责任。属于建设工程施工项目的，投标文件还应当包括拟派出的项目负责人与主要技术人员的简历、业绩和拟用于完成招标项目的机械设备等。

（6）招标人的开标。它是指招标人邀请所有投标人，按照招标文件的时间和地点公布投标人投标情况的活动。开标时，招标人可以委托公证机构，或者是由投标人或由其推选的代表检查投标文件的密封情况。对于投标文件中含义不明确的地方，允许投标人作简要解释，但所作的解释不能超过投标文件记载的范围，或者实质性地改变投标文件的内容。投标文件确认无误后，招标人当众拆封，宣读在响应时间内收到的所有投标人的名称、投标价格以及投标文件的其他主要内容，并就开标全过程做好记录以存档备查。记录的内容包括项目名称、招标号、刊登招标通告的日期、发售招标文件的日期、购买招标文件单位的名称、投标供应商的名称及报价等。

开标前，如果出现特殊情况的，开标时间可以暂缓或推迟，但必须通知所有投标人。例如，发现有足以影响采购公正性的违法或不正当行为；招标文件发售后对原招标文件作了变更或补充；招标人接到质疑或诉讼；出现足以影响正常开标的突发事故；招标人变更或取消采购计划等。

（7）评标委员会的评标。开标后，招标人依法组建的评标委员会根据招标文件中的评标标准和程序对投标人提交的投标文件进行评审与比较后，向招标人推荐合格的中标候选供应商或直接确定中标供应商。评标过程中，评标委员会可以要求投标人对投标文件中含义不明确的内容作必要的澄清或者说明，但不能超出投标文件的范围，也不能改变或取代投标文件的实质性内容。为了规范评标活动，保证评标的公平、公正、科学，维护招标投标活动当事人的合法权益，我国国家计委、国家经贸委、建设部、铁道部、交通部、信息产业部、水利部等七大部门于2001年8月1日颁布实施了《评标委员会和评标方法暂行规定》。该规定从评标委员会、评标的准备与初步评审、详细评审、推荐中标候选人与定标等四大方面严格规制评标委员会的评标活动。总体来说，评标委员会对投标文件的评定分为初步评定和详细评定两种。

初步评定的工作相对简单，但又是最为基础的第一步工作。因为只有在初评中确定为基本合格的投标文件，才有资格进入详细评定的阶段。具体内容包括：供应商资格是否符合要求，投标文件是否完整，提交的投标保证金是否符合规定，投标文件是否基本符合招标文件的要求并作出实质性响应，投标文件中的大小写金额是否一致，投标文件是否需要澄清、说明或者补正等。

详细评标的方法包括经评审的最低投标价法、综合评估法或者法律法规允许的其他评标方法。但是，评标中采取的评标方法应与招标文件中选定的评标方法一致。在评标方法中，投标人报价与标底最接近的投标为最优标。经评审的最低投标价法一般适用于具有通用技术、性能或者招标人对其技术、性能没有特殊要求的招标项目。最低评标并不是指最低报价，最低投标的报价是由成本加利润组成，成本部分不仅指设备、材料、产品本身的价格，还包括运输、安装、售后服务等环节的费用。综合评估法适用不宜采用经评审的最低投标价法的招标项目，是价格加其他因素的一种评标方法。因此，综合评估法能最大限度地满足招标文件中规定的各项评价标准，选出合格的中标候选人。在实际中，综合评估法又可称打分法，总分最高的投标为最优标。在招标文件中，如果价格不是唯一的评标因素，应把其他的因素都列出来，并说明各因素的评标中所占的比例。

评标委员会是指由招标人的代表和有关技术、经济等方面五名以上单数的专家组成，负责评标活动，向招标人推荐中标候选人或者根据招标人的授权直接确定中标人的组织。我国《政府采购法》规定，专家成员应占评标委员会总人数的2/3以上。这里所指的专家是指招标人通过随机或直接指定组成评标委员会中的技术、经济专家。这些专家应当熟悉政府采购、招标投标的相关政策法规和市场行情以及具备良好的职业道德，从事相关领域工作8年以上且有高级职称或同等专业水平，并进入国务院有关部门或省级人民政府有关部门的专家名册，或是进入招标代理机构专家库。如果专家成员与投标人之间有利害关系的，就不得进入评标委员会参与评标活动。

（8）中标或否决。招标人经评标程序确定中标人后，应当向中标人发出中标通知书，同时将中标结果通知所有未中标的投标人。我国《招标投标法》规定，中标通知书发出之日起30日内，中标人与招标人签订书面政府采购合同，并依招标文件的要求提交履约保证金。同时，招标人还应当在确定中标人之日起15日内，向有关行政监督部门提交招标投标情况的书面报告。如果评标委员会经评标认为所有投标人提交的投标文件都不符合招标文件要求，无法直接确定中标人或中标候选人的，可以否决所有投标，由招标人另行重新招标。

中标人指经评审委员会评审和比较，能最大限度满足招标文件中规定的各项综合评价标准，或满足招标文件的实质性要求且报价最低的投标人。但是中标人的报价不能低于建设工程项目的成本。

中标通知书是指招标人接受投标人提交的投标文件而作出的承诺。根据我国《合同法》规定，招标人发出中标通知书的行为就是承诺，它标志着招标人与中标人之间的政府采购合同关系成立。因此，招标人和中标人都受到招标文件和投标文件的约束。如果招标人改变中标结果，或者中标人放弃中标项目，均应依法承担法律责任。

（9）文件保存。

采购文件是反映采购活动过程及各项决策的记录，完整妥善保存采购文件可以为政府采购的统计分析、总结经验教训、接受监督检查、处理纠纷提供客观的事实依据。所以，我国《政府采购法》明确规定，采购文件应当妥善保存，保存期限从采购结束之日起至少15年。采购文件包括采购活动记录、采购预算、招标文件、投标文件、评标标准、评估报告、定标文件、合同文本、验收证明、质疑答复、投诉处理决定及其他有关文件、资料。这些采购文件均不得伪造、编造、隐匿或者销毁。

2. 货物与服务项目

货物与服务的采购是指采购人通过公开招标，以合同形式有偿采购集中采购目录内或规定采购限额以上的货物与服务的民事法律行为。在此，采购人又称为招标人，与采购人签订采购合同的供应商称为投标人。

（1）招标项目的审批。采购人通过公开招标采购货物或服务前应事先完成行政审批手续，以保证政府采购行为的必要性和合法性。

（2）招标方式的选择。采购人在取得行政审批后，可以自行公开招标货物或服务，也可以委托采购代理机构办理货物或服务的公开招标事宜，以确定符合要求的供应商。其中，采购代理机构是指集中采购机构和依法经认定资格的其他采购代理机构。因此，采购人采购货物与服务时的招标方式包括自行招标和委托招标，这与建设工程采购的招标方式是一致的。

采购人自行招标的，我国《政府采购货物和服务招标投标管理办法》明确规定采购人应当具备的条件包括：①具有独立承担民事责任的能力。②具有编制招标文件和组织招标能力，有与采购招标项目规模和复杂程序相适应的技术、经济等方面的采购和管理人员。③采购人员经过省级以上人民政府财政部门组织的政府采购培训。如果采购人不具备以上法定条件，则应当委托采购代理机构代理公开招标，并与之签订委托合同。

（3）招标人发布招标公告。招标人必须在财政部指定的政府采购信息发布媒体上发布招标公告。例如，《中国财经报》、《中国政府采购》杂志、“中国政府采购网”等。此外，我国《政府采购货物和服务招标投标管理办法》还规定招标文件的形式，包括纸质招标文件与电子招标文件。电子招标文件是指以网络等媒体为载体的招标文件，它与纸质招标文件具有同等法律效力，一经发布后，招标人不得擅自终止。

招标公告包括五个法定的必要事项：①招标人的名称、地址和联系方法。②招标项目的名称、数量或者招标项目的性质。③投标人的资格。④获取招标文件的时间、地点、方式及招标文件售价。⑤投标截止时间、开标时间及地点。招标公告发布后，我国《政府采购货物和服务招标投标管理办法》规定允许投标人可以在投标文件截止时间15日前对已发出的招标文件进行必要的澄清或修改，并在财政部门指定的媒体上发布更正公告和书面通知所有招标文件的收受人。澄清或者修改的内容构成招标文件的组成部分。如果招标人决定延长投标截止时间和开标时间，还应当在招标文件要求提交投标文件的截止时间3日前，将变更时间书面通知所有收受人，同时在财政部门指定的媒体上发布更正公告。

招标文件是由招标人根据招标货物或服务的特点和实际需要而编制的，必要时招标人可以向有关专家或者投标人征询意见。招标文件应当标明投标人提交投标文件时必须响应的实质性要求和条件，以便投标人制作符合要求的标书。一般来说，招标文件包括以下内容：①投标邀请。②投标人须知，包含密封、签署、盖章等要求。③投标人应当提交的资格、资信证明文件。④投标报价要求、投标文件编制要求和投标保证金交纳方式。⑤招标项目的技术规格、要求和数量，包括附件、图纸等。⑥采购合同主要条款及合同签订方式。⑦交货或提供服务的时间。⑧评标方法、评标标准和废标条款。⑨投标截止时间、开标时间及地点。⑩省级以上财政部门规定的其他事项。

（4）现场考察或标前答疑会。与建设工程现场勘察一样，招标人在采购货物或服务时，可以根据具体情况组织潜在的投标人现场考察或者召开开标前答疑会，以便投标人自己查明或核实编制投标文件所必需的一切资料。但是招标人不得单独或者分别组织只有一个投标人参加的现场考察。投标人现场考察掌握了准备投标项目实地情况是编好投标文件的重要环节。同样，标前答疑会也有助于投标人理解招标文件和解决投标人对招标文件和现场考察所存在的疑问。在标前答疑会上，招标人根据投标人的要求对招标文件作出一些补充说明、错误的修正，并且初步答复投标人的问题。会后，招标人对会上的内容将以补遗书和答疑书的形式发给各投标单位。补遗书和答疑书构成招标文件的组成部分，投标人应当将这部分内容编入投标文件中。

（5）投标人的投标。投标人应当根据招标文件规定的时间与地点提交投标文件和缴纳招标人要求的投标保证金。投标人可以是一个法人、其他组织或者自然人，也可以是他们组成的一个联合体。投标人组成的联合体应以一个投标人的身份参与投标，对招标人承担连带责任。投标人一旦组成联合体，则不得再以自己的名义或者与其他投标人另行组成新的联合体参与同一招标项目的投标。联合体各方均需符合投标人的一般条件，但是招标文件对投标人的资格有特殊规定的，联合体中应当至少有一个供应商符合该规定。

我国《政府采购法》规定投标人响应投标的时间是自招标文件开始发出之日起到投标人提交投标文件截止之日止不得少于20日。在响应时间内，投标人有权对所递交的投标文件进行补充、修改或撤回，补充、修改的部分应按招标文件的要求签署或盖章，并作为投标文件的组成部分。如果投标人超过响应时间提交投标文件，则视为无效投标。对于投标文件的编制，我国《政府采购货物与服务招标投标管理办法》明确规定，投标文件应当分为商务部分、技术部分、价格部分和其他部分。此外，投标人还应根据招标采购项目的具体情况，在投标文件中注明投标人拟在中标后将中标项目的非主体或非关键性工作交由其他适格的供应商完成的安排情况。

投标保证金是指在招标文件中，招标人要求投标人在提交投标文件时或之前缴纳，以保证投标人中标后依照招标合同的规定与招标人签订政府采购合同的金额，该金额不得超过采购项目概算的1%。投标保证金可以采取现金支票、银行汇票、银行保函等招标人认可的形式缴纳。招标人在中标通知发出后5个工作日内，应当向未中标的供应商退还投标保证金；在政府采购合同签订后的5个工作日内，应当向中标的供应商退还投标保证金。如果招标人逾期退还投标保证金的，应当按商业银行同期贷款利率上浮20%支付资金占用费。

（6）招标人的开标。招标人按照招标文件规定的时间和地点，通知所有投标人及同级人民政府财政及有关部门参加，在投标人或者公证机构见证下，由招标工作人员当众拆封，宣读并记录投标情况的活动。开标的时间应与投标文件提交的截止时间一致。

开标时，如果投标文件的开标一览表的内容与投标文件明细表的内容不一致，以开标一览表为准。投标文件中，大小写金额不一致的，以大写金额为准；总价金额与按单价汇总金额不一致的，以单价金额计算结果为准；单价金额小数点有明显错位的，以总价为准，并修改单价；对不同文字文本投标文件的解释发生异议的，以中文文本为准。

开标截止之日前，如果参加或者对招标文件作出实质性响应的投标人不足三家，招标人可以选择取消采购任务或采取其他采购方式进行采购。但是，如果招标文件存在不合理的条款，或招标公告时间及程序不符合规定的，应当废标后重新招标。

（7）评标委员会的评标。评标是开标后，招标人依法组织评标委员会根据招标文件规定的评标标准、评标方法和中标条件对投标人提交的投标文件进行评定的行为。评标委员会审查投标文件时，应依照招标文件规定的要求，对投标文件中不清晰或不明确的事项，有权要求投标人作出解释或澄清。

我国《政府采购货物和服务招标投标管理办法》规定，评标委员会由招标人代表、技术和经济等方面的专家组成5人以上单数的组织。其中，技术和经济方面的专家占总人数的2/3以上；如果采购项目数额在300万元以上且技术复杂的项目，专家人数应在5人以上。已参与招标文件制定的专家，或者是本次政府采购项目采购代理机构的工作人员，均不得参与评标。此外，招标人不得以专家身份进入评标委员会。

货物或服务评标的方法分为最低评标价法、综合评分法和性价比法三种。最低评标价法是以价格为主要因素确定中标候选供应商，适用于标准定制商品和通用服务项目。综合评分法是在最大限度满足招标文件实质性要求前提下，按照招标文件中规定的各项因素进行综合评审后，以评标总得分最高的投标人作为中标候选供应商或者中标供应商的评标方法。性价比法是按照要求对投标文件进行评审后，计算出每个有效投标人除价格因素以外的其他各项评分因素（包括技术、财务状况、信誉、业绩、服务、对招标文件的响应程度等）的汇总得分，并除以该投标人的投标报价，以商数（评标总得分）最高的投标人为中标候选供应商或者中标供应商的评标方法。

（8）中标。我国《政府采购货物和服务招标投标管理办法》规定，自行招标的，招标人在评标结束后5个工作日内确定中标供应商。委托招标的，招标人在收到评标委员会编写的评标报告后5个工作日内，根据评标报告中推荐的中标候选供应商顺序确定中标供应商，也可以事先授权评标委员会直接确定中标供应商。确定中标供应商后，招标人应将中标结果（包括招标项目名称、中标供应商名单、评标委员会成员名单、招标采购单位的名称和电话等）公布在财政部门指定的政府采购信息媒体上。公告的同时，招标人应向中标供应商发出中标通知书。中标通知书发出之日起 30 日内，招标人与中标供应商签订《政府采购合同》，并在签订后 7 个工作日内将该合同报本级人民政府财政部门备案。

（9）文件保存。

采购文件是反映采购活动过程及各项决策的记录，完整妥善保存采购文件可以为政府采购的统计分析、总结经验教训、接受监督检查、处理纠纷提供客观的事实依据。所以，我国《政府采购法》明确规定，采购文件应当妥善保存，保存期限从采购结束之日起至少 15 年。采购文件包括采购活动记录、采购预算、招标文件、投标文件、评标标准、评估报告、定标文件、合同文本、验收证明、质疑答复、投诉处理决定及其他有关文件、资料。这些采购文件均不得伪造、编造、隐匿或者销毁。

（三）主要适用的法律、部门规章

（1）《中华人民共和国政府采购法》第四条、第二十六条、第二十七条、第三十五条、第四十二条。

（2）《中华人民共和国招标投标法》。

（3）《政府采购货物和服务招标投标管理办法》。

（4）《评标委员会和评标方法暂行规定》。

（5）《工程建设项目施工招标投标办法》第十二条。

（四）公开招标程序图

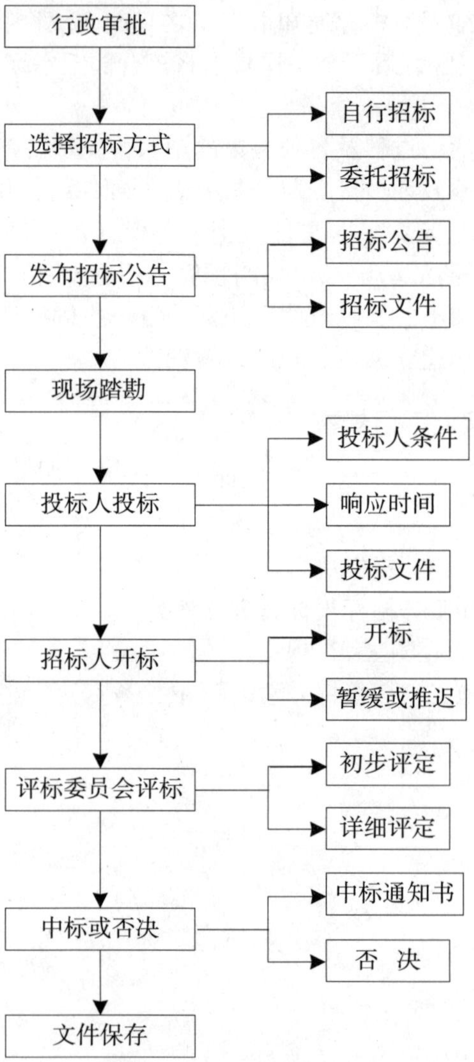

图2　建设工程项目公开招标程序图

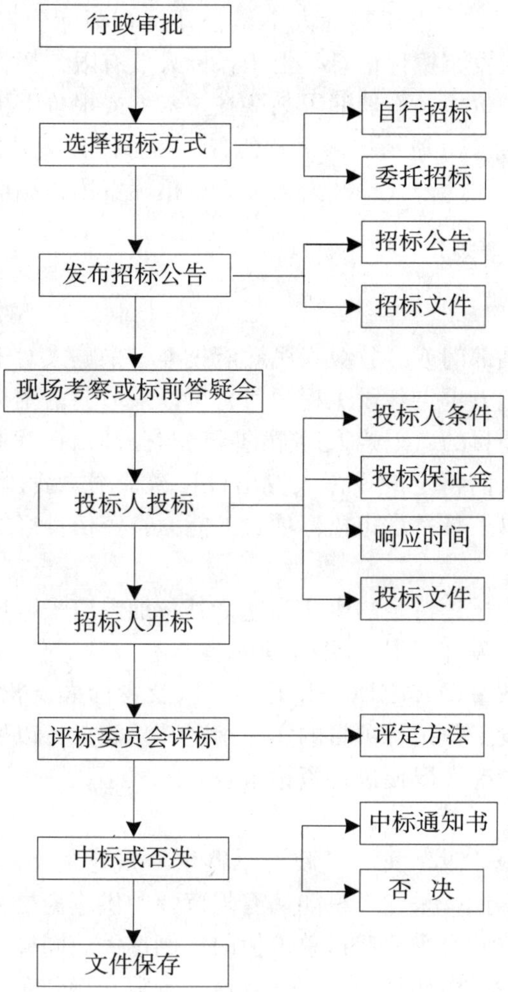

图 3　货物与服务项目公开招标程序图

二、邀请招标

（一）概念与特点

1. 邀请招标

邀请招标也称选择性招标，指招标人以投标邀请书的方式邀请特定的符合相应资格条件的三家以上供应商参与投标。从定义可知，与公开招标相比，邀请招标的政府采购方式中受邀请的投标人是特定的。因此，投标文件递送的供应商较少。

2. 特点

（1）发布信息不是采用公开方式。招标人是以投标邀请书的方式发布招标信息的，而不是公布在公众媒体中。

（2）特定的合格投标人。由于招标人不是公开发布招标公告，而是根据采购项目和市场情况向合格的投标人发布招标信息。由于投标人数有限，招标人为完成采购任务，有可能通过提高中标的合同价格，而遗漏了某些在技术上或报价上更有竞争力的供应商。

（3）招标程序相对简单。邀请招标不发公告，招标人只向几家供应商送达招标文件，因此招标与投标的时间相比，公开招标大大缩短，招标费用也相应减少。

（二）操作流程的主要规定

1. 建设工程

经过国务院发展计划部门或者省级人民政府批准，采购人对于国家重点建设工程项目和省级人民政府确定的地方重点建设工程项目，可以采取邀请招标方式进行采购。以邀请招标方式采购建设工程项目的，采购人遵循的程序与公开招标基本一致，只是招标公告的发布这一环节改为招标人向特定的投标人发出投标邀请书。我国《招标投标法》明确规定，招标人应当向三个以上具备承担招标项目的能力且资信良好的特定法人或者其他组织发出投标邀请书。

投标邀请书为招标人送达特定的供应商邀请其参加政府采购项目投标的文件。投标邀请书的内容与公开招标中发布的招标公告的内容基本一致，包括载明招标人的名称和地址，招标项目的性质、数量、实施地点和时间，以及投标人（潜在的供应商）获取招标文件的办法等。根据建设工程招标项目的实际情况，采购人可以要求潜在的投标人提供有关资质证明文件和业绩情况，以便进行资格审查。

2. 货物与服务

招标人采购货物与服务时，我国《政府采购法》规定的适用邀请招标方式的两种法定情形包括：①具有特殊性，采购人只能从有限范围的供应商处采购的。②采购人采用公开招标方式支出的费用占政府采购项目总价值的比例过大。同样，采购人采取邀请招标方式采购货物与服务时，除了增加资格预审公告这一步骤和将公布招标公告变更为发出投标邀请书外，依据的程序与公开招标的程序大体相同。

（1）资格预审公告。我国《政府采购货物和服务招标投标管理办法》规定，招标人应当在省级以上人民政府财政部门指定的政府采购信息媒体发布资格预审公告长达7个工作日以上，公布投标人资格条件。投标人应当在资格预审公告期满之日起3个工作日前，按公告的要求提交资格证明文件。资格预审是招标人在发出招标邀请前，对特定的投标申请人的资格进行审查。只有通过资格预审的投标人，才能取得投标资格和提交投标文件。

（2）招标人发出投标邀请书。采购人通过随机方式从合格的供应商中确定投标供应商的名单并向其发出投标邀请书。投标供应商的名单人数不得少于三家；不足三家供应商的，已投标的行为将被废除，即废标。

（三）主要适用的法律、部门规章

（1）《中华人民共和国政府采购法》第二十九条、第三十四条，第三十六条。

（2）《中华人民共和国招标投标法》。

（3）《政府采购货物和服务招标投标管理办法》。

（四）邀请招标程序图

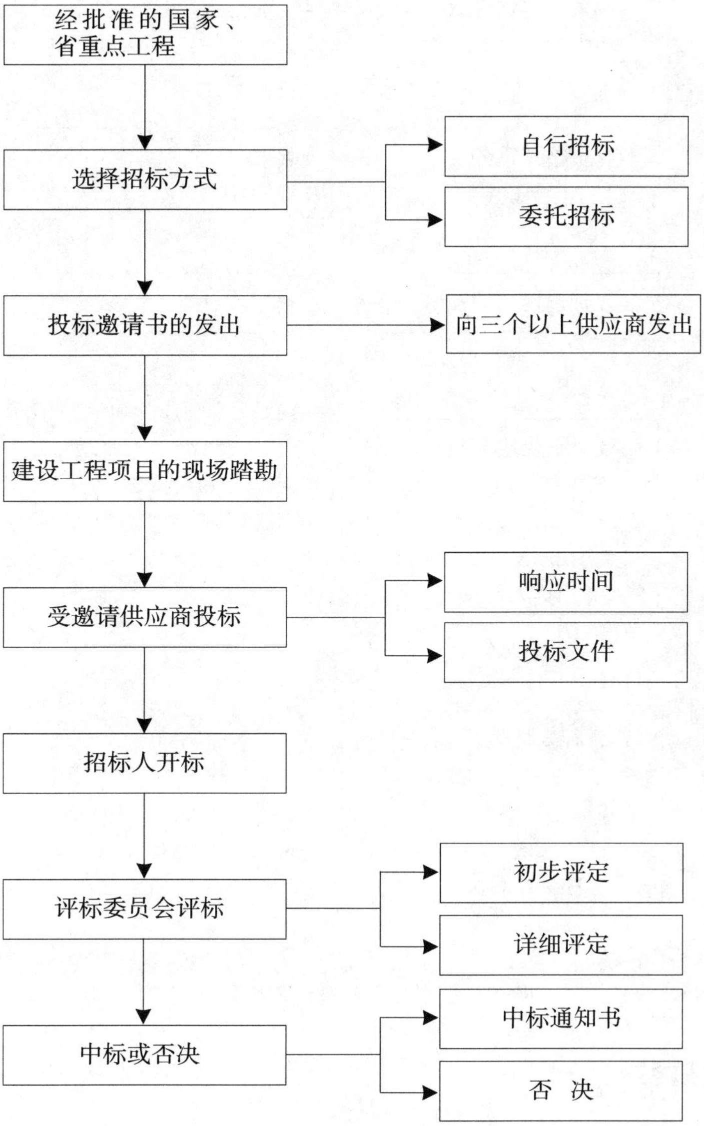

图 4　建筑工程邀请招标程序图

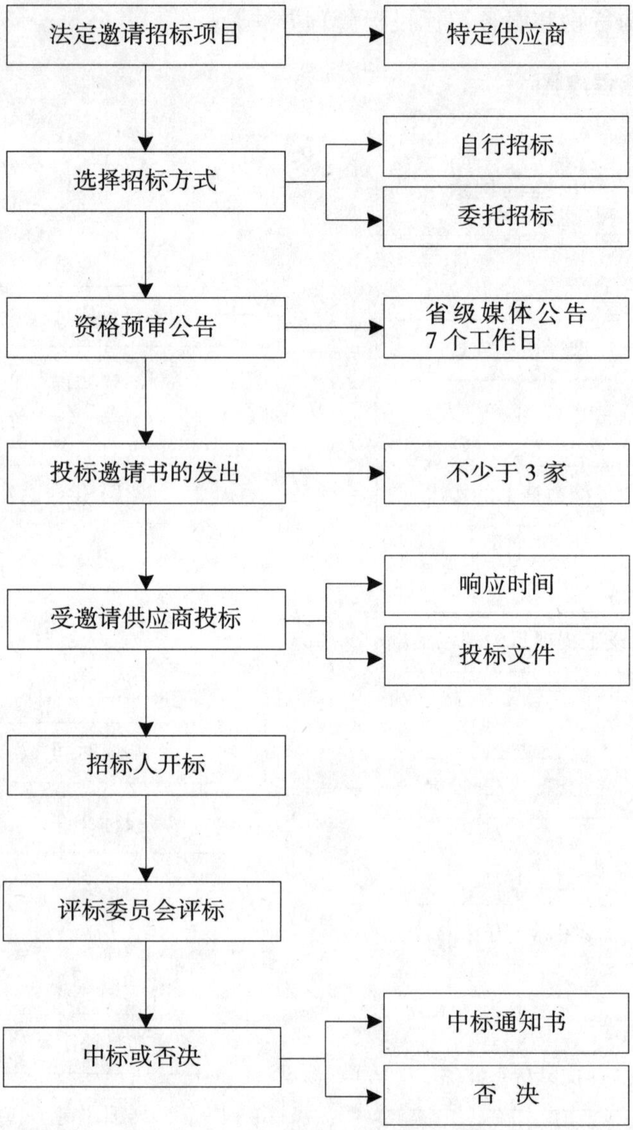

图5 货物与服务邀请招标程序图

三、竞争性谈判

1．概念及适用对象

（1）竞争性谈判。它是指采购人自己或委托采购代理机构通过与多家具有法定资格的供应商谈判，经分析比较后确定中标供应商的一种政府采购方式。它是公开招标方式的补充，以实现政府采购经济有效为目标。①

（2）适用对象。采购人选择竞争性谈判货物或服务的四种法定：招标后没有供应商投标或者没有合格标的或者重新招标未能成立的；技术复杂或者性质特殊，不能确定详细规格或者具体要求的；招标所需时间不能满足用户紧急需要的；不能事先计算出价格总额的。

2．特点

（1）竞争性。谈判条件一致的情况下，与采购人谈判的供应商数目一般不得少于3家，以确保有效竞争。

（2）谈判后报价。我国《政府采购法》规定：供应商应当在谈判结束后谈判小组规定的时间内作最后报价。

3．操作流程的主要规定

（1）谈判小组的成立。采购人的代表与有关专家共同组成3人以上单数的谈判小组与供应商进行谈判。其中专家在谈判小组的比例不得少于成员总数的2/3。

（2）谈判文件的制定。采购人在与各供应商就采购标的进行谈判前，就应当制定好相关的谈判文件。谈判文件包括谈判程序、谈判内容、政府采购合同条款的草案以及评定成交的标准等事项。如果采购人在政府采购谈判过程中对谈判文件作出实质性变动的，应当以书面形式通知全部参与政府采购谈判的供应商。

其中，政府采购合同中的必备条款应当符合国务院采购监督管理部门与相关部门的规定。

（3）参与谈判供应商名单的确定。谈判小组从符合相应资格条件的供应商名单中选出3家以上的供应商参与政府采购项目的谈判，并遵循公开竞争和公平原则择优选定提供货物或服务的供应商。

（4）谈判活动。谈判小组的所有组成人员依据谈判文件规定的程序和内容，单独与每个参与的供应商进行磋商。在谈判中，无论是谈判小组的任何成员，还是参与谈判的供应商都不得向另一方透露与谈判有关的其他供应商的技术资料、价格和其他信息。

（5）成交供应商的确定。谈判小组结束后，谈判小组选出成交的候选人，采购人从候选人中根据采购需求、质量、服务相等且报价最低的原则确定最终的成交供应商。

（6）谈判结果的通知。即采购人向供应商发出成交通知或谈判结果通知书。

（7）采购合同签订与备案。采购人与成交供应商签订书面合同，并将合同副本报送有关部门备案。

（8）文件保存。

采购文件是反映采购活动过程及各项决策的记录，完整妥善保存采购文件可以为政府采购的统计分析、总结经验教训、接受监督检查、处理纠纷提供客观的事实依据。所以，我国《政府采购法》明确规定，采购文件应当妥善保存，保存期限从采购结束之日起至少15年。采购文件包括采购活动记录、采购预算、招标文件、投标文件、评标标准、评

① 李进：《政府采购实务》，江苏科学技术出版社，凤凰出版传媒集团。

估报告、定标文件、合同文本、验收证明、质疑答复、投诉处理决定及其他有关文件、资料。这些采购文件均不得伪造、编造、隐匿或者销毁。

4. 适用的法律、行政法规

《中华人民共和国政府采购法》第三十条、第三十八条、第四十二条。

5. 竞争性谈判程序图

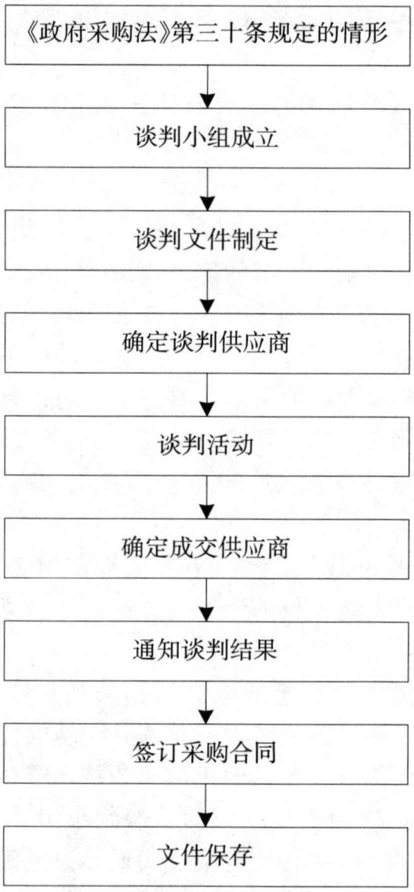

图 6　竞争性谈判程序图

四、单一来源采购

1. 概念及适用对象

（1）单一来源。也称直接采购，采购人与某一供应商协商采购货物或服务的采购活动。它弥补了其他政府采购方式时间长和成本高等弊病，大大提高了政府采购效率。只能从唯一的供应商中取得的一种政府采购方式。

（2）适用对象。单一来源采购适用采购货物或服务，不适用建设工程项目的采购。我国《政府采购法》规定适用单一来源采购货物或服务的三种情形：只有唯一的供应商；发生了不可预见的紧急情况而不能从其他供应商处采购；为保证原有采购项目的一致性或服务配套的要求，需要继续从原供应商处添购，且添购资金总额不超过原合同采购金额的1%。

2. 特点

唯一性是单一来源采购方式的特点，即采购人与供应商是一对一的，只有唯求供应商可以与采购人签订政府采购合同。单一来源采购这一特点容易造成受贿索贿的不良现象和供应商垄断的局面。

3. 操作流程的主要规定

（1）采购人与供应商的磋商。采购人与供应商本着自愿平等、公平与诚实的原则就采购货物或服务的条件及双方的权利与义务等事项进行充分协商。

（2）政府采购合同的签订与备案。经过磋商后，采购人在保证采购项目质量的基础上，根据双方商定货物或服务的价格和其他条件，与供应商达成书面的政府采购合同，并报国家政府采购监督管理部门和有关部门备案。

（3）文件保存。

采购文件是反映采购活动过程及各项决策的记录，完整妥善保存采购文件可以为政府采购的统计分析、总结经验教训、接受监督检查、处理纠纷提供客观的事实依据。所以，我国《政府采购法》明确规定，采购文件应当妥善保存，保存期限从采购结束之日起至少15年。采购文件包括采购活动记录、采购预算、招标文件、投标文件、评标标准、评估报告、定标文件、合同文本、验收证明、质疑答复、投诉处理决定及其他有关文件、资料。这些采购文件均不得伪造、编造、隐匿或者销毁。

4. 主要适用的法律

《中华人民共和国政府采购法》第三十一条、第三十九条、第四十二条。

5. 单一来源采购程序图

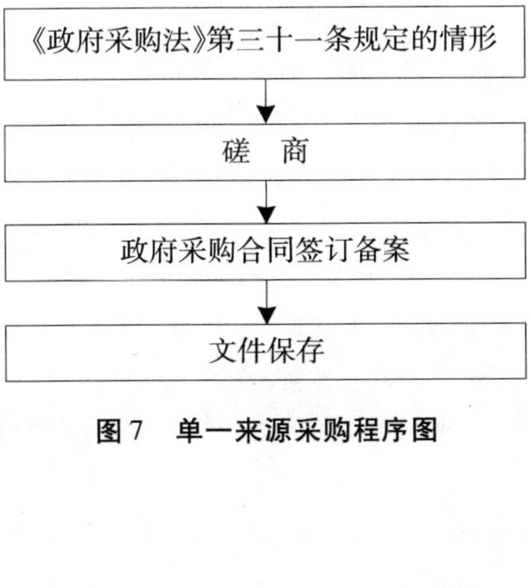

图7　单一来源采购程序图

五、询价

1．概念及适用对象

（1）询价。询价是指采购人向潜在的供应商发出询价通知书让其报价，然后在报价的基础上进行比较分析，并确定中标供应商的一种政府采购方式。所以，询价就是俗称的“货比三家”，是一种简单而快速的政府采购方式。

（2）适用对象。我国《政府采购法》规定，采购人在采购规格与标准统一、货源充足且价格变化幅度小的货物的情况下，适用询价方式采购。

2．特点①

（1）供应商数量至少三家以上。

（2）供应商只能一次报价。

（3）采购对象来源丰富，且价格变化弹性不大。

（4）采购程序快捷、简便。

3．操作流程的主要规定

（1）询价小组的成立。采购人的代表与有关专家共同组成三人以上单数的询价小组向供应商进行询价。其中专家的人数占询价小组总人数的2/3以上。

（2）询价文件的制定。询价主要是采购人针对采购的货物或服务向供应商征询价格。因此，在询价前，采购人必须遵循公开透明、公平竞争及公正三大原则，制定采购项目的价格构成和评定成交的标准等文件。其中，评定成交的标准需围绕采购人的采购要求、质量和服务相等且报价最低的原则制定。

（3）被询价供应商名单的确定。询价小组根据采购人提出的要求，在具备资格条件的供应商名单中挑选出三家以上的供应商，并向其发出询价通知书。

（4）询价。收到询价通知书的合格供应商，根据询价通知书的要求并在规定的时间内向询价小组作一次性的报价。这与竞争性谈判不同，即不存在最后报价的机会。

（5）成交供应商的确定。询价结束后，采购人依据已制定的评定成交标准确定成交的供应商。

（6）询价结果和通知。所有被询价但未成交的供应商均应被通知询价结果。

（7）政府采购合同的签订与备案。

（8）文件保存。

采购文件是反映采购活动过程及各项决策的记录，完整妥善保存采购文件可以为政府采购的统计分析、总结经验教训、接受监督检查、处理纠纷提供客观的事实依据。所以，我国《政府采购法》明确规定，采购文件应当妥善保存，保存期限从采购结束之日起至少15年。采购文件包括采购活动记录、采购预算、招标文件、投标文件、评标标准、评估报告、定标文件、合同文本、验收证明、质疑答复、投诉处理决定及其他有关文件、资

① 李进：《政府采购实务》，江苏科学技术出版社，凤凰出版传媒集团。

料。这些采购文件均不得伪造、编造、隐匿或者销毁。

4. 主要适用的法律

《中华人民共和国政府采购法》第三十二条、第四十条、第四十二条。

5. 询价程序图

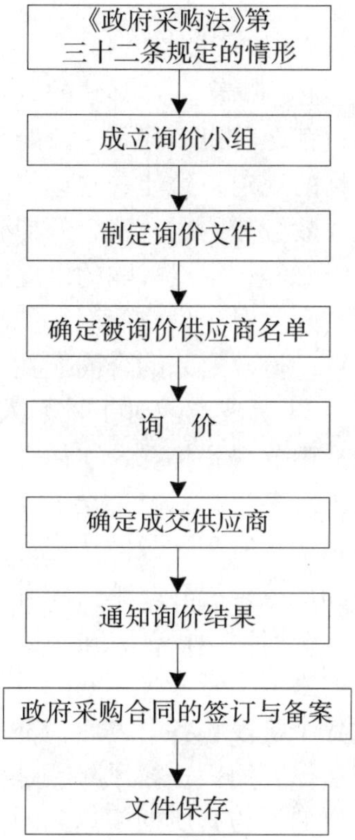

图 8　询价程序图

第五章　法律风险及其防范

《政府采购法》从实施至今，在伴随着公共财政的改革和完善的同时也在逐步发展，并且取得了明显的成效，但同时也存在着很多问题。政府采购的标准也有待完善，什么样的单位配什么样的设备都没有严格的规定，致使一些单位随意提高采购标准。有的直接指定品牌，使得通过公平竞争和规模效益节约财政资金的初衷难以实现；一些定点采购商品价格贵，服务差，比如公车定点维修等；定点采购的供应商数量太少，容易形成垄断，不利于通过竞争机制节约政府采购资金。对于供应商而言，政府采购的量相对大，资金回笼快，商业风险较低，甚至有时签订一份政府采购合同能救活一家企业，但也可能因为一件纠纷处理不当而招致企业损失巨大甚至破产。对于采购人而言，手中握有大把的采购资金，是供应商眼中的肥肉，都想从中分得一杯羹，往往会想尽办法甚至采取不法手段签订采购合同。我国的政府采购实践已有多年，每年都会有采购人员因受贿索贿被绳之以法，最高人民检察院发布的公告中更是把政府采购领域认定为商业贿赂案件的多发区。

政府采购操作规程不尽统一和规范，配套改革措施有待完善。存在采购方式选择随意性大，擅自简化采购程序，缩短采购周期，评标方法不公开、不严密，缺乏有效的监督机制等问题。这些问题给政府采购的当事人带来了不同的风险。在政府采购过程中，作为采购当事人的各方，在参与采购的各个阶段、各个方面，都存在大小不同的风险，这些风险有些属于法律方面，有些不属于法律方面。法律风险，是指在法律实施过程中，由于行为人做出的具体法律行为不规范导致的，与其所期望达到的目标相违背的法律不利后果发生的可能性。[①] 因此应该引起政府采购当事人的重视。

第一节　采购准备阶段的法律风险

一、采购人的法律风险

采购人在制作标书中的法律风险

1．采购人用不当方式阻挠或限制供应商自由进入本地区本行业的风险

① 向飞、陈友春著：《企业法律风险评估》，法律出版社2006年版，第21页。

采购人在采购之前制作的招标文件中，往往有意地设置一些条件，限制其他供应商进入采购或者能使自己预想的供应商中标，这样做违反了我国《政府采购法》第二十一条规定的："采购人可以根据采购项目的特殊要求，规定供应商的特定条件，但不得以不合理的条件对供应商实行差别待遇或者歧视待遇，更不得以任何手段排斥其他供应商参与竞争。"我们在许多政府采购网站发布的采购信息中指定某种车型为采购物的情形。这种在采购文件中指定某一品牌作为政府采购对象的情况十分普遍，在对汽车的政府采购方面尤甚，可以说绝大多数的政府采购汽车都存在指定品牌的情况。据了解，2004 年，中央国家机关通过政府采购中心公开采购的汽车有 3 000 多辆，总价值超过 8 亿元，其中自主品牌汽车所占的比例非常低。究其原因，由于政府采购法对于采购人或采购代理机构采购"洋货"的行为没有规定所应承担的法律责任，导致采购主体追捧"洋货"成为一种时尚。

在政府采购活动中，把指定的某种物品作为采购对象的做法有着相当大的法律风险。指定品牌剥夺了其他合格供应商参加政府采购活动的资格，限制了供应商之间的公平竞争，不仅是政府采购法所禁止的，也是我国《反不正当竞争法》所不允许的。根据我国《合同法》的规定，也是无效合同。这样即使达成政府采购合同，其他供应商也可以以此提出投诉或诉讼，要求认定这样的采购合同无效。

据财政部国库司分析，从汇总的政府采购信息来看，2004 年全国政府采购工作存在的四大主要问题之一就是地区间存在一定的市场封锁现象，影响了充分的公平竞争。从合同授予情况看，多数地区政府采购偏重于购买省内产品，采购外省产品比率相对较低。

有些采购人在采购文件规定的评分标准中有以下字眼："本省供应商可加 5 分，在省级单位有过成功案例的省内供应商可以再加 5 分。"这实际上是一种最明显的对供应商实行差别待遇或者歧视待遇的条款，它实际上就是排斥了其他外省潜在投标人公平竞争的权利，造成了事实上的地方保护，无法体现政府采购"公开、公平、公正"的原则，具有相应的法律风险。

2. 采购人的招标文件中约定强制性交易条款的风险

实践中采购人的招标文件中的内容大都带有强制性交易条款。例如，在文件中规定："采购人有权取消本次采购，对受影响的供应商不承担任何责任，也无义务向受到影响的供应商解释采取这一行动的理由。无论在何种情况下，供应商必须承担由于参与本次采购而产生的一切费用。"又如"采购代理费和中标服务费由中标人支付，如不能在'标书'规定时间内支付，投标保证金将被没收"之类的约定。

对于第一种条款的约定，因为政府采购中虽然一方主体涉及政府，《政府采购法》也有相当一部分内容涉及行政监督，但从法理上讲，采购方和供应商都是平等的主体。政府采购的资金大都是财政拨付，受政府决策的影响，政府采购活动也可能中途被取消，因此给供应商造成的损失有时会是巨大的，这样的条款应该讲是一种不平等条款，供应商如果因采购人中途取消采购而给其造成损失而诉之法院的，法院会认定这样的条款无效。

对于第二种情形，采购代理费应该由委托人来支付，中标服务费同样也是采购代理费，也必须由采购人支付，也即"谁委托谁付费"。由于供应商没有委托招标公司进行代理，在合同条款中设立的两项费用分别向中标供应商收取是没有任何法律依据的。尽管实际上采购代理机构早就是这样收费的。

3. 采购人本应采购本国货物或服务而采购了国外货物或服务的法律风险

我国《政府采购法》第十条规定的“政府采购应当采购本国货物、工程和服务”。这是政府采购当事人尤其是采购主体应遵循的义务性行为规范，如果违反这一义务性的法律规范，则应该承担相应的法律后果。可以对北京市政府采购政府办公软件的一起案件进行一下深入分析，事情的经过是这样的：2004 年 11 月，北京市政府采购办公室的网站发布公告，微软产品代理商北京晨拓联达科贸有限责任公司以场地成交价 2 925 万元独揽“计算机操作系统及办公套件正版软件”（BKHT2004160－1）分包项目，取得了授权北京市政府未来三年内免费使用其所有软件产品的协议。微软公司在北京市政府采购中的中标，与我国政府采购法规定的支持国货的政策相悖，因而在业内引起轩然大波。包括中央电视台在内的国内各大媒体纷纷作了连续性的跟踪报道，引起整个社会的反响。在舆论的一片谴责声中，北京市政府最终放弃了微软软件的采购，转向国内各大国产软件商，微软正式出局北京市政府的采购项目。这起案件告诉采购人，政府采购应当采购本国货物、工程和服务。这也是各国政府采购的共同特征，政府采购资金来源于纳税人缴纳的税金，本着“取之于民、用之于民”的理念，政府采购的商业机会应该公平地给予每一个纳税人，不得采取歧视性措施，剥夺他们应有的权利。为了维护我国政府采购交易市场的正常秩序，为了保护我国的民族工业，促进和扶持国内弱小企业的迅速发展，保护广大供应商的合法权益，政府采购应当购买本国货物、工程和服务，这实际上是政府采购的内在要求。

在本案中应引起立法者注意的是，本案是借助舆论媒体的监督作用使得北京市政府作出重新招标的，并不是国内的供应商通过法律途径达到的结果，因为如果按照我国的《政府采购法》的规定，是找不到对违反第十条规定的采购人应承担何种法律后果的条款的，《政府采购法》这方面的缺失希望能尽快通过补充立法予以完善。尽管立法有不完善之处，但采购人一旦违反此款规定，按照我国《政府采购法》第三十六条：“在招标采购中，出现下列情形之一的，应予废标：①符合专业条件的供应商或者对招标文件作实质响应的供应商不足三家的。②出现影响采购公正的违法、违规行为的”之规定，还是要承受废标的风险。

4. 采购人员应回避而不回避的法律风险

政府采购中的回避制度，根据现行法律规定，是指采购人员及其相关人员在政府采购活动中，与供应商有利害关系的，必须主动请求回避或者根据当事人供应商的申请，采购主体依法予以替换，由他人履行职务的一种法律制度。以下面的案例为例，某地采购中心组织对一批发电设备进行采购，评审专家小组经过评标后，确定了 A 供应商为中标候选人，在发出中标公告期间，参加投标的 B 供应商向采购中心提出书面质疑，质疑 A 供应商的总经理与本次专家评审小组 C 某在一年前曾是一个单位的同事，本次评选 C 某应该回避而没有回避，质疑专家评分的公正性。这起供应商的质疑有没有合理性有待具体分析，但它提醒采购人应该如何重视回避制度才能保证政府采购交易过程和交易结果的公平和公正，才能充分保护政府采购当事人的合法权益。

我国《政府采购法》第十二条规定：“在政府采购活动中，采购人员及相关人员与供应商有利害关系的，必须回避。供应商认为采购人员及相关人员与其他供应商有利害关系的，可以申请其回避。前款所称相关人员，包括招标采购中评标委员会的组成人员、竞争性谈判采购中谈判小组的组成人员、询价采购中询价小组的组成人员等。”

根据规定，必须回避的对象有采购人及招标采购中评标委员会的组成人员、竞争性谈判采购中谈判小组的组成人员、询价采购中询价小组的组成人员等相关人员，与供应商存在利害关系的，必须回避，由其他无利害关系的人员替代。

这是我国首次在公共采购领域里提出了回避的概念。我国的《招标投标法》未对回避作出任何规定，《政府采购法》在总则这一章节里对回避问题作了强制性的规定，其重要性是不言而喻的。

作为采购人执行回避制度有以下三种方式：①自行回避，即由采购人员及相关人员自行提出回避。②责令回避，即应当回避而不回避的，监督机构要强制其回避。③申请回避，如果采购人员及相关人员与参加当次采购的供应商存在利害关系却不自觉回避的，其他供应商可以向采购执行机构提出申请，采购执行机构在核实情况属实时，应当责令其回避。

《政府采购法》虽然没有规定上述应回避而没有回避的情形进行的采购结果是否应该认定为无效，但是因此可能引起供应商对采购活动公正性的质疑的风险。对此，风险应该采取的防范措施有：

第一，采购人在安排采购人员时，要询问各采购人员是否有直系亲属为本项采购的供应商，如果有且得知该供应商要参加此次采购活动的，采购领导应当更换采购人员。

第二，在开始评标或者评定成交供应商之前，采购人应当确认评标委员会成员、谈判小组成员或者询价小组成员是否与供应商有利害关系。

第三，供应商如发现采购人员及相关人员与其他供应商有利害关系，应当及时向采购人报告，申请有关人员回避。

第四，政府采购活动开始时，采购主体应告知当事人有申请回避的权利和回避申请的期间，当事人应当在此期间提出回避申请。

5. 采购人采购的货物或服务价格高于市场平均价格的法律风险

政府采购的宗旨就是要以高效的方式采购到质优价廉的货物或服务，但在政府采购的实际中，有许多的采购都达不到这个要求，有些甚至大大高于当地的市场平均价格。单就见诸媒体报道的实例看，药品的集中采购就是非常典型并且具有普遍性的事例，药品的政府集中采购价高出市场零售价数倍甚至数十倍的情况，在许多地方都不同程度地存在着。

我国《政府采购法》第十七条规定：“集中采购机构进行政府采购活动，应当符合采购价格低于市场平均价格、采购效率更高、采购质量优良和服务良好的要求。”上述情形完全违背了建立政府采购制度的初衷。

究其原因，在于我国政府采购招投标中采用的评标标准不是“价低者中标”，而是“综合评分法”。报价最低的供应商中标的方法，是国际上通行的做法，此方法可以最大限度地保证采购过程中的公平，减少采购者暗箱操作，遏制腐败的发生；而综合评分法并不能保证质量最优、服务最好、价格最低的供应商中标，相反，这会大大增加采购人寻租的机会，给搞腐败拉关系者找到了有机可乘的空子，此方式为采购机构暗箱操作提供了可能。

从具体分析来看，采购人愿意采购到高价货物或服务，是因为采购方的主管人员可以获取更高的回扣；采购代理人也愿意选取报价高的候选人中标，因为其代理费是通过代理采购物的金额的大小比例向供应商收取的，采购物价格越高，采购代理人收取的代理费也就越高；供应商也愿意报出更高的价格来，因为中标价格越高，供应商获取的利润空间就越大。

《政府采购法》第三条规定，政府采购应当遵循公开透明原则、公平竞争原则、公正原则和诚实信用原则；第二十五条规定，政府采购当事，不得相互串通损害国家利益、社会公共利益和其他当事人的合法权益；不得以任何手段排斥其他供应商参与竞争。

供应商不得向采购人、采购代理机构、评标委员会的组成人员、竞争性谈判小组的组成人员、询价小组的组成人员行贿或者采取其他不正当手段谋取中标或者成交。

《政府采购法》第七十七条规定，供应商“提供虚假材料谋取中标、成交的，与采购人、其他供应商或者采购代理机构恶意串通行为的，处以采购金额5‰以上10‰以下的罚款，列入不良行为记录名单，在一至三年内禁止参加政府采购活动。有违法所得的，并处没收违法所得，情节严重的，由工商行政管理机关吊销营业执照；构成犯罪的，依法追究刑事责任，并且中标、成交无效。

第七十二条规定，采购人、采购代理机构及其工作人员与供应商或者采购代理机构恶意串通，构成犯罪的，依法追究刑事责任；尚不构成犯罪的，处以罚款，有违法所得的，并处没收违法所得；属于国家机关工作人员的，依法给予行政处分。

上述违法行为影响中标、成交结果或者可能影响中标、成交结果的，按下列情况分别处理：

（1）未确定中标、成交供应商的，终止采购活动。

（2）中标、成交供应商已经确定但采购合同尚未履行的，撤销合同，从合格的中标、成交候选人中另行确定中标、成交供应商。

（3）采购合同已经履行的，给采购人、供应商造成损失的，由责任人承担赔偿责任。

6. 采购人防范出现废标的措施

（1）加强政府采购法规的学习和宣传。《政府采购法》第三十六条明确规定，在招标采购中，出现下列情形之一的，应予废标：①符合专业条件的供应商或者对招标文件作实质性响应的供应商不是三家的。②出现影响采购公正的违法、违规行为的。③投标人的报价均超过了采购预算，采购人不能支付的。④因重大变故，采购任务取消的。

2004 年 9 月 11 日实施的《政府采购货物和服务招标管理办法》（以下简称《管理办法》），也对如何防范废标作出了比较详细的规定。作为政府采购的各方当事人来说，如果大家都能加强对上述这些政府采购法规的学习和宣传，就会从思想上重视招标采购，增强防范废标意识，就会熟知哪些环节容易发生废标，哪些环节应当谨慎操作，从而不会人为地发生废标的情形。

（2）规范招标信息发布。这是保证符合专业条件的供应商都能充分参加投标，使投标的供应商不少于三家的必要手段，规范招标信息发布也是从源头上防范废标的一个重要方面。这就要求我们，一要规范地方财政部门指定的政府采购信息发布媒体的数量，应规定达到三家（含三家）以上，尽快改变只指定一至两家政府采购信息发布媒体，使信息发布不充分的现象。二要克服招标信息发布不当的问题，《管理办法》规定，采用邀请招标方式采购的，招标采购单位应当在省级以上人民政府财政部门指定的政府采购信息媒体上，发布资格预审公告，公布投标人的资格条件。资格预审公告的期限不得少于7个工作日。三要规定地方上凡有大数额的（一般指500万元以上）的招标公告，还需在中国政府采购网等财政部指定的信息发布媒体上公布，以提高政府采购信息发布的覆盖面，确保一些特殊项目的招标采购，能满足符合专业条件的供应商或者对招标文件作出实质响应的供应商不少于三家的法定条件。四要保证自招标文件开始发布之日起至投标人提交投标文件截止之日起，不得少于20日。

（3）细心领会招标文件。经验告诉我们，只要招标文件达不到《政府采购法》和《管理办法》的规定要求，就容易出现影响采购公正的违法、违规行为，就容易出现符合专业条件的供应商或者对招标文件作出实质性响应的供应商不足三家，只要招标文件明确的评标方法或评标标准不具体、不恰当，就会被人浑水摸鱼，容易出现影响采购公正的违法、违规行为，以至于被依法宣布废标。

（4）认真编制投标书。《政府采购法》《招标投标法》《管理办法》等法律法规都规定，投标文件应当对招标文件提出的要求和条件作出响应。这意味着所有参加的投标者，如果大家对招标文件中所明确的实质性要求和条件未能作出全部响应，你遗漏这一条，他遗漏那一条，就有可能使作出实质性响应的、符合专业条件的供应商不足三家，从而导致废标。

（5）精心测算采购预算。按照《政府采购法》规定，当出现投标人的报价均超过了采购预算，采购人不能支付时，就应予以废标。所以测算采购预算要全面考虑，要着眼于采购项目的全过程测算，决不能把采购项目的运输成本、安装成本、调试成本等全部或部分寄托在供应商的免费售后服务上；预算价格不能低于市场价太大，要把预算价格确定在优质优价的起点上，决不能把预算价格一味确定在低价格的起点上。另外还要备足采购资金，防止市场行情发生变化。

（6）严格执行招标采购程序规定。在政府采购实践中，影响采购公正的违法、违规行为，大多发生在各类招标采购程序中，并且许多是因未严格执行相关程序规定被人钻空子造成的。在开标程序中，未严格执行开标应当在招标文件确定的提交投标文件截止时间的同一时间公开进行，开标地点应当为招标文件中预先确定的地点的规定；未严格执行开标过程应当由招标采购单位指定专人负责记录，并存档备案的规定。在评标程序中，未执行初审分为资格性检查和符合性检查的规定；要求投标人作出必要澄清的书面形式，未严格执行应当由评标委员会专家签字的规定；采购代理机构未严格执行应当在评标结束后5个工作日内，将评标报告送采购人的规定；招标采购单位未认真执行应当采取必要措施，保证评标在严格保密的情况下进行的规定。因此，我们务必要严格执行这些招标采购程序规定。

二、供应商的法律风险

1．供应商因自身资质的瑕疵所造成的法律风险

根据《政府采购法》规定，供应商参加政府采购活动应当具备下列条件：具有独立承担民事责任的能力；具有良好的商业信誉和健全的财务会计制度；具有履行合同所必需的设备和专业技术能力；有依法缴纳税收和社会保障资金的良好记录；参加政府采购活动前三年内，在经营活动中没有重大违法记录；法律、行政法规规定的其他条件。在上述规定中，法律规定的供应商“具有履行合同所必需的设备和专业技术能力”条款在理解中产生异议的情形很大，目前还没有相关的实施细则对此加以解释。作为供应商，尤其是作为代理业务的供应商，在参加政府采购活动中，一定要明确自己的代理权限、代理期限，在参加招投标中途会不会遇到中止代理的可能，这些都会成为影响供应商参加投标的资质。

2．供应商投交的标书存在瑕疵所造成的法律风险

政府采购过程中，供应商因自己制作的标书存在瑕疵而招致被认定为无效标书的情形时有发生。无效标是指某一投标供应商因投标文件某一方面存在法定情形之一的重大失误，评标委员会确定其投标无效。根据《政府采购法》和《政府采购货物和服务招标投标管理办法》规定，无效标是指投标供应商的投标文件出现以下情况，在资格性、符合性检查时，评标委员会应该按照无效投标处理：

（1）应交未交投标保证金的。

（2）未按招标文件规定要求密封、签署、盖章的。

（3）不具备招标文件中规定资格要求的。

（4）不符合法律、法规和招标文件中规定的其他实质性要求的等。

评定投标文件是否实质性响应招标文件应该作为投标人是否具有投标资格的重要依据。如果投标文件的偏差只是在那些无足轻重的地方轻微地有偏差，也就是我们所说的细微偏差，那么评标委员会应该认定其为响应性的有效标，而不是无效标。所谓细微偏差是指投标文件在实质上响应招标文件要求，但在个别地方存在漏项或者提供了不完整的技术信息和数据，或者非主要的技术参数有偏差，但不影响主要功能等，并且补正这些遗漏或者不完整不会对其他投标人造成不公平的结果。细微偏差不影响投标文件的有效性。

重大偏差有以下方面值得注意：①投标文件正本中有没有法定代表人或被授权人的签字或签章。②所提交的资格证明文件中各种证件的期限是否已经过期。③投标主体要弄清楚，比如有些投标单位是甲公司，但是出具的有关证书或盖章的是乙公司。④要仔细阅读招标文件规定的特别说明和无效标条款，有没有实质性响应招标文件的要求，如交货期和付款条件没有响应等。在实际操作中，招标文件一般会有一些视为无效标的特别说明，如果投标文件没有实质性响应，就会被认为是重大偏差，会被评委判为无效标。比如下列情况：投标人的资格不符合招标要求的将被视为无效标，合格投标人的资格在招标邀请书中

会有详细的规定，诸如注册资金、安装资格、厂家质量体系认证等。投标人应在规定的时间范围内交货，交货期超过规定时间的投标将被视为非实质性响应投标。投标人应按照招标文件上所要求的质保期、付款条件进行报价，如果投标书对此有偏离，将被视为无效标。投标人在投标书中不提供报价明细表（包括设备和安装材料等）、投标设备的技术参数，技术参数有偏离但不提供技术规格偏离表或主要技术参数不满足招标要求的将被视为无效标。投标人在投标书中对售后服务的说明（包括售后服务响应时间、服务内容、计划、培训、货物备品备件的供货和价格等）不作详细说明的将被视为无效标。投标总价不能超过财政预算批准资金的控制金额，否则视为无效标。

三、采购代理机构的法律风险

在分析采购代理机构的法律风险之前，先要明确采购代理机构的地位及其与采购人的关系。采购代理机构基于其代理行为与采购人和供应商形成的特定法律关系，就是政府采购代理法律关系，其本质上是一种民事代理。包括：

1. 采购代理机构与采购人之间的内部法律关系

适用于我国《民法通则》中委托代理和《合同法》中委托合同的有关规定，他们之间的权利和义务关系取决于他们所签订的委托代理合同，但《政府采购法》强调“采购代理机构必须一律以采购人名义与供应商签订合同”，也就是说，采购代理机构不能用自己的名义与供应商签订合同。

采购代理机构对采购人的义务，主要有以下三个方面：①采购代理机构须恪尽职守，认真履行代理职责，按代理合同的约定为采购人提供高效、优质、上乘的服务。②采购代理机构负有报告义务，把在采购活动中遇到的事项及处理情况及时报告给采购人。③负有忠实义务，包括承担对供应商履约情况进行验收的义务，对采购人的货物进行妥善保管的义务，等等。

采购代理机构在代理活动中主要享受以下权利：①活动经费请求补助权和支付权，集中采购机构完成采购人的采购代理事项后，有权依法定方式和标准向有关部门请求补助经费。②有权要求采购人对自己的代理活动给予充分配合，有权要求采购人提供完善的采购资料。对于采购代理机构所代理的采购业务，采购人必须及时作出接受还是拒绝的明确答复。③只要不涉及商业秘密或其他法定情形，采购代理机构有权依法向社会公众或其他供应商公开采购项目、采购标准、采购程序、采购结果等信息。

2. 采购代理机构与供应商之间的外部法律关系

采购代理机构与供应商之间的关系是政府采购活动中的一种外部法律关系，是基于政府采购合同而成立的。因为采购代理机构只能以采购人的名义从事采购代理机构活动，所以它与供应商不存在直接的合同关系。因而在这样一种采购代理活动中，采购代理机构从事代理活动的法律地位、法律后果等，完全适用我国《民法通则》和《合同法》中有关代理方面的法律规定。

对供应商进行资格审查过程中的法律风险：

《政府采购法》设立供应商资格审查制度，其主要目的是提高政府采购效率，保证采购人能够在恰当的时间和地点，以合理的价格获得货物、工程或服务。资格审查的重点是考察供应商的履约能力，包括对资金担保、技术规格、资金实力、商务资历、技术能力等内容。考察过程中要求标准和程序统一，做到公开透明和公平合理，禁止对供应商有任何歧视行为。如全国首例政府采购行政诉讼案的国家医疗救治体系项目，中标总价 3 000 多万元。落标供应商向招标公司提出质疑的主要理由之一是：中标供应商广东××医疗设备有限公司，于 2004 年 1 月才成立，同年 10 月参加政府采购活动，不具有履行采购合同的实力，况且前三年的纳税和业绩情况都为零，不符合投标供应商的资格条件。像此案例，如果是对供应商资格审查不严，因而造成废标，应该由谁来承担责任，是采购人还是采购代理机构？

实际操作中，在采购人与政府采购代理机构签订的委托代理协议中会确定由采购代理机构来对供应商进行资格审查，在这种约定下，采购代理机构就会存在很大的法律风险。如果是因为采购代理机构对供应商资格审查不严造成废标，其后果是失去采购人的信任，甚至会失去政府采购代理的业务。

根据《政府采购法》规定，供应商参加政府采购活动应当具备下列条件：具有独立承担民事责任的能力；具有良好的商业信誉和健全的财务会计制度；具有履行合同所必需的设备和专业技术能力；有依法缴纳税收和社会保障资金的良好记录；参加政府采购活动前三年内，在经营活动中没有重大违法记录；法律、行政法规规定的其他条件。现行《政府采购法》规定供应商的资格条件过于笼统，导致审查人的自由裁量权过大，难以准确把握，同时也给采购代理机构埋下了代理风险的隐患。

采购代理人防范风险的措施有以下两点：①在不违反法律法规的情况下，在采购文件中对供应商的资质条件作详细约定，以便于实际操作。②政府采购代理机构对于自己不能决定或者左右两可情形，可以将其报告给采购人，让采购人自己作决定。

第二节 采购合同形成过程中的法律风险

一、采购人的法律风险

1. 采购人没有按照规定期限发布广告的法律风险

在政府采购活动中，采购人所进行的所有采购活动，都要根据《政府采购法》和《政府采购信息公告管理办法》的规定规范地发布采购信息。实践中发布采购信息所存在的主要法律问题是违反等标期的法律规定。根据《中华人民共和国政府采购法》第三十五条规定，货物和服务项目实行招标方式采购的，自招标文件开始发出之日起至投标人提交投标文件截止之日止，不得少于 20 日。我国《政府采购法》规定的招标投标的截止日期与我国《招标投标法》规定相一致，两法规定所不同的是采购对象。根据《中华人民共和国招标投标法》第二十四条规定，招标人应当确定投标人编制投标文件所需要的合理时间，但是，依法必须进行招标的项目，自招标文件开始发出之日起至投标人提交投标文件截止之日止，最短不得少于20日。然而，实际中很少遵守“20日”时间的羁束。

法律所规定的时间，不存在可以讨价还价的余地。招标采购人如果违反这一规定，应该承担相应的法律责任。除非法律有例外规定，任何单位和个人都无权调整投标截止日期。采购主体擅自缩短投标截止日期，要承担招标无效的法律风险。

2．采购人发布采购信息选择发布媒体不当的法律风险

政府采购人发布采购信息，应选择何种媒体发布，法律和规章都有明确规定；发布的范围过大，会浪费资源，发布的范围小，则不能让适合的供应商都及时获取采购信息，影响政府采购的公开公正性。实践中，一些采购人故意缩小发布采购信息的范围，试图让本地区的供应商参加投标。例如2002年3月29日，惠州市国土局在惠州市人民政府信息网络和交易中心大厅电子显示屏上发布了《东江惠州市城区段河砂采矿权招标公告》，这样的招投标信息在极小的范围内且不受大众关注的媒体即当地的交易中心大厅电子显示屏上发布招标公告，显然不符合我国法律的相关规定。

根据《招标投标法》第十六条第一款规定，招标人采用公开招标方式的，应当发布招标公告。依法必须进行招标的项目的招标公告，应当通过国家指定的报刊、信息网络或者其他媒介发布。具体为：其一，招标公告应在报刊、信息网络或者其他媒介上发布。其二，上述报刊、信息网络或者其他媒介必须由国家指定。其含义是：除国家指定报刊、信息网络或者其他媒介外，依法必须进行招标的项目的招标人不得在其他地方发布招标公告。其三，这一要求仅针对依法必须进行招标的项目，即强制招标项目。其他项目公开招标的，也必须发布招标公告，但招标人可以自由选择发布的渠道。

3．采购人在采购过程中单方提出修改标书中相关技术要求后的法律风险

政府采购实践中，采购人在采购中途提出修改标书中相关指标的情形时有发生，采购人的这种做法往往会带来一系列法律问题。如某采购中心进行公开招标，原定于8月8日开标，但直到8月6日，采购人才发现在向采购中心进行采购委托时，系统的技术参数中有一处致命的错误，因此采购人立即将此情况向采购中心进行了通报。采购中心接到通知后，考虑招标在即，若按原定的时间开标无论如何也来不及，于是和采购人商量，将开标时间调整到8月15日，并随即在政府采购网上发布了有关本次公开招标开标时间和技术参数与设备数量调整的公告。采购中心的这种做法违反了《政府采购货物和服务招标投标管理办法》第二十七条、第二十八条的规定：招标采购单位对已发出的招标文件进行了必要澄清或者修改的，应当在招标文件要求提交投标文件截止时间15日前，在财政部门指定的政府采购信息发布媒体上发布更正公告，并以书面形式通知所有招标文件收受人。该澄清或者修改的内容为招标文件的组成部分。

招标采购单位可以视采购的具体情况，延长投标截止时间和开标时间，但至少应当在招标文件要求提交投标文件的截止时间三日前，将变更时间书面通知所有招标文件收受人，并在财政部门指定的政府采购信息发布媒体上发布变更公告。

上述案例中，该项目8月8日开标，而采购中心却于8月6日才发出了有关本次公开

招标开标时间和技术参数调整的公告，离开标时间间隔仅有两天，均不符合上述规定中15日和3日的要求。

从法律方面讲，上述案例中采购人中途变更采购文件中的有关技术要求，属于一种新的要约邀请，应该以书面的形式通知所有供应商；否则，可能会侵害其他不知情供应商的合法权益，由此带来的法律风险就是其他有利害关系的供应商有权对采购的公平、公正、公开性提出质疑，进而引起诉讼，导致司法机关作出采购无效的判决。

防范的措施就是采购人或采购代理机构对采购文件无论作出何种变更或澄清，都要严格按照法律规定的程序进行，不能图省事省时而随意简化程序。

二、供应商的法律风险

1. 多个供应商联合竞标的法律风险

在政府采购实践中，允许供应商以联合体形式参加政府采购活动十分必要。这是因为：首先，政府采购项目通常为批量性项目，规模较大，一般情况下，一个供应商难以独立完成；其次，可以分散市场压力，让更多的供应商获得政府采购的商业机会；第三，由于政府采购项目通常为复合型采购项目，即一个采购项目往往含有货物、工程或者服务中的两个或三个对象；第四，可以照顾中小企业，为了照顾中小企业，允许它们成立一个联合体，壮大实力，在能力上可以互补，从而提高竞争能力。

《政府采购法》第二十四条规定："两个以上的自然人、法人或者其他组织可以组成一个联合体，以一个供应商的身份共同参加政府采购。"

以联合体形式进行政府采购的，参加联合体的供应商均应当具备本法第二十二条规定的条件，并应当向采购人提交联合协议，载明联合体各方承担的工作和义务。联合体各方应当共同与采购人签订采购合同，就采购合同约定的事项对采购人承担连带责任。

多个供应商联合竞标有其优势，既可以各个联合企业优势互补，又可以强强联合，这样容易在竞标中获胜。但联合竞标也存在以下法律风险：

（1）联合体各方均应具备本法规定的供应商条件。供应商参加政府采购活动必须具备规定条件，同样，联合体各方也应当具备本法规定的条件，否则不能成为联合体一方。如果涉及有资质要求的，联合体的资格按就低不就高的原则确定。这样如果联合体中有一个不符合招标要求，就会导致标书作废。

（2）联合体应当向采购人提交联合协议。为了规范政府采购联合体各方面的权利和义务，联合体各方在参加政府采购活动时，应当以书面形式向采购人提交由各方签字的联合协议，明确联合体各方应承担的工作以及各自的权利和义务。如果拿到采购合同后，联合体内部发生纠纷，可以依据共同签订的协议予以解决。采购人对未按规定时间提供书面联合协议的联合体，或者联合协议对联合体各方权利和义务规定不够明确的，其投标应当作无效标处理。

（3）联合体各方应当共同与采购人订立合同并履约。以联合体中标或成交的，联合体各方应当共同与采购人签订采购合同，不能以联合体的一方代表其他各方与采购人签订合同。在履行合同时，联合体就合同约定的事项对采购人承担连带责任。也就是说，如果联合体的一方违反了合同约定，采购人有权要求其中的任何一方承担全部责任。

针对以上存在的风险，供应商应该在联合协议中详细约定各方的权利和义务，预防为主，以便发生纠纷时容易区分各自责任。

2．多个供应商代理的同一个品牌产品投标的法律风险

在政府采购涉及汽车、电器、药品等类物品时，采购人往往会遇到一个品牌的物品有多个代理商参与采购的情形，有全国总代理、各个区的总代理以及地方代理，这时的采购人会遇到供应商联合起来抬高价格的违法行为，供应商以此获取非法利益。为了杜绝此类行为发生，采购人可以在招标文件中明确规定，同一品牌同一型号产品只能由一家供应商参加，此时，供应商应仔细查看采购人的采购文件，否则，可能招致无效投标的风险。

附：财政部《关于多家代理商代理一家制造商的产品参加投标如何计算供应商家数的复函》

财办库〔2003〕38号

河北省财政厅：

《河北省财政厅关于多家代理商代理一家制造商的产品参加投标如何计算供应商家数的请示》（冀财采〔2003〕9号）已收悉，现答复如下：

根据国际惯例以及《政府采购法》的立法精神，公开竞争是政府采购的基石。政府采购的竞争是指符合采购人采购需求的不同品牌或者不同生产制造商之间的竞争，原则上同一品牌同一型号产品只能有一家投标人，但应当在招标文件中对此作出明确规定。如中央单位2002年实行的计算机、打印机和复印机协议供货制度，在招标文件中明确规定，只允许投标产品的生产制造商总部参加投标，或者由生产制造商总部全权委托一家代理商参加。否则，作无效标处理。

《政府采购法》实施后，为了避免同一品牌同一型号产品出现多个投标人的现象，应当在招标文件中明确规定，同一品牌同一型号产品只能由一家供应商参加。如果有多家代理商参加同一品牌同一型号产品投标的，应当作为一个供应商计算。公开招标以外采购方式以及政府采购服务和工程，也按此方法计算供应商家数。

二〇〇三年四月十四日

3．供应商中途退出竞标的法律风险

政府采购实践中，有些供应商在投递了投标文件后，因为市场原材料升涨、代理权被中止或其他变故，继续参加招标已经失去履约能力或会造成更大亏损，便中途单方提出退出竞标活动，要求撤标，比如某政府采购中心组织采购邀请招标。9月8日，采购中心经

过法定程序确定5家供应商参加，并随后向他们发出招标邀请书及招标文件。至投标截止时间为止，上述5家供应商均按时把投标文件送达采购中心，同时交纳了投标保证金。9月29日，采购中心主持并邀请各投标人及有关监督部门共同参加召开了开标会议。会上，招标采购人宣布了调整后的评标办法，但立即招致部分供应商的异议，其中甲供应商认为调整后的评标办法不公平，当场提出不能接受招标采购人的意见和办法，书面声明不参与开标、评标、定标并退出参与投标，遂中途退出会场。最终评标结果为乙供应商中标。本案例中，甲供应商书面声明不参与开标、评标、定标并退出参与投标，遂中途退出会场，这实际已经构成了撤销投标的行为。

供应商针对招标公告（要约邀请）作出的投标行为符合《合同法》规定的要约的构成要件，其性质为要约。

在投标截止之日前，要约尚未生效，则可以撤回，且不承担民事责任。但进入投标有效期后，因要约已生效，不能撤销，否则要承担民事责任。

放弃投标应承担缔约过失责任，缔约过失责任是指在合同订立过程中，一方因违背其依据诚实信用原则所应负的义务，而致另一方的信赖利益的损失，并应承担民事责任。[①]信赖利益的损失，即当事人因信赖合同的成立和有效，但合同却不成立或无效而遭受的损失。其赔偿范围也主要是与订立合同有关的费用支出，而非与履行合同有关的费用。

甲投标人书面声明放弃投标发生于要约生效后，承诺生效前，招标人已为订立合同做了准备工作，因此其应就放弃行为承担相应的民事责任。

三、采购代理机构的法律风险

采购代理机构重新组织评标引起的法律风险：

不少采购代理机构在收到供应商对评标结果的质疑后，会向采购监管部门申请重新组织专家进行评标，经采购监管部门审批通过后，会组织另一批专家重新评标，以期得到同样的结果，从而快速、高效地解决质疑中存在的问题，使质疑供应商心服口服。

关于重新组织评标的做法，政府采购的相关法律法规都未规定。组织重新评标的做法在各地不同程度地存在着，而因采购代理机构重新组织评标引起的纠纷又为数不少，这其中蕴藏着哪些法律风险呢？

对于中标无效的情形，相关法律法规均规定在其他中标候选人中按排名先后顺序重新确定，或者采用重新招标来处理，应该说重新组织评标没有法律依据。采购代理机构这样做，表面上看提高了效率，实质上会损害其他供应商的合法权益，也同样有损政府采购程序的严肃性，不但不会减少质疑和投诉的发生，反而会增加被投诉的风险。

① 王利明著：《违约责任论》，中国政法大学出版社1996年版，第598页。

第三节 履行采购合同中的法律风险

一、采购人的法律风险

1. 采购人在发出中标成交通知书后拒绝与供应商签订采购合同的法律风险

根据政府采购的有关规定，采购人或者采购代理机构应当自中标通知书发出之日起30日内，按照招标文件和中标供应商投标文件的约定，与中标供应商签订书面合同。所签订的合同不得对招标文件和中标供应商投标文件作实质性修改。招标采购单位不得向中标供应商提出任何不合理的要求，作为签订合同的条件；不得与中标供应商私下订立背离合同实质性内容的协议。先看一个案例：某单位委托采购中心招标采购一批货物，根据招标文件的要求及事先制定的评标办法，评委会推荐出了本次招标的第一、第二中标候选人。在采购中心中标结果公示期满后，招标采购单位向第一中标候选人发出了中标通知书。因第一候选人不是采购人心目中的人选，于是在合同签订前，采购人对招标结果提出了异议，并出具了一份匿名质疑信，质疑本次招标的结果。同时采购人还提出，在和中标人签订采购合同前，必须就中标价再作一轮谈判，否则就不和中标人正式签订合同。采购人的行为违反了有关法律，由于政府采购活动是民事行为，除了适用《政府采购法》外，还适用《合同法》。而根据《合同法》的有关精神，当事人订立合同，采用要约、承诺方式，招标采购单位发出招标文件是作为邀约邀请，供应商参加投标的行为是一种要约，而招标采购单位在评标结束后向中标供应商发出中标通知书就是对中标供应商邀约的承诺，至此，双方的合同关系已经成立。因此，本案例中采购人提出“在和中标人签订采购合同前，必须就中标价再作一轮谈判，否则就不和中标人正式签订合同”的要求，既不符合政府采购的有关规定，也不符合《合同法》的有关规定。若因为采购人的上述行为而导致采购合同未能最终签订，采购人除了根据《政府采购法》的要求要承担责任外，还可能被供应商根据《合同法》的有关要求追究采购人的缔约过失责任。

2. 采购人在合同履行中变更合同的法律风险

在政府采购实践中，采购人与供应商签订采购合同后，往往又私下同供应商签订补充协议，对通过招投标所签订的合同内容进行变更，其中有些是采购人与供应商串通来变更的；有些是在采购人的威逼下，供应商被迫与采购人签订的。一旦发生纠纷，采购人将面临极大的法律风险。下面就是这样一个案例：2000年6月，某城建工程有限责任公司（以下简称城建公司）通过工程招投标，和北京浩鸿房地产开发有限责任公司（以下简称浩鸿公司）签订了“浩鸿园住宅C座D座及社区中心”工程施工合同一份，合同价款为1.3亿元，经在市建设工程施工合同管理处备案后开始施工。后来，双方又签订了补充协议，将原来签订的合同工程价款从1.3亿元调整为9 880万元。2001年12月，上述工程竣工后交由浩鸿公司使用，城建公司得到工程款9 880万元，双方对这些工程款数额都无异议。但双方在工程最后结算时，对是依据已备案合同确定的工程价款进行结算，还是采用双方签订的施工合同补充协议确定的工程价款进行结算发生争议，协商不成，城建公司遂诉之法院。此案中双方签订的补充协议是否有效？法院应如何处理？根据《招标投标法》的有关规定，招标人和中标人应当自中标通知书发出之日起 30 日内，订立书面合同，招标人和中标人不得再行订立背离合同实质性内容的其他协议。

城建公司承建的浩鸿园住宅楼建设工程，是通过公开招投标的形式所取得的，上述工程的标的在工程招投标文件中已得到了双方的确认。中标后，他们依据公开招投标文件所确定的数额与浩鸿房地产公司签订了工程施工合同，双方对所签合同进行了备案，故该合同合法有效。双方后来又签订的补充协议，对原已备案的合同内容进行了变更，并将备案合同约定的工程款进行了较大的变动，已构成了《招标投标法》中所禁止的“背离合同实质性内容”的变更。这些行为违反了有关法律和司法解释，因此这些补充协议应认定为无效。浩鸿公司应按与城建公司通过工程招投标而签订的已备案的施工合同的约定履行支付工程款的义务。

二、供应商的法律风险

1. 供应商收到中标通知书后不与采购人签订采购合同的法律风险

中标、成交通知书发送后，不论是采购主体还是中标、成交供应商，实践中均存在拒绝签订政府采购合同的现象，而且是屡见不鲜、频频发生。在拒签情形下，中标、成交供应商是应该承担违约责任还是应该承担缔约过失责任，是应该承担行政责任还是民事责任，多有争论。

在政府采购活动中，中标、成交通知书发出后即具有法律效力，根据我国《政府采购法》第四十六条规定，采购人与中标、成交供应商应当在中标、成交通知书发出之日起30 日内，按照采购文件确定的事项签订政府采购合同。中标、成交通知书对采购人和中标、成交供应商均具有法律效力。中标、成交通知书发出后，采购人改变中标、成交结果的，或者中标、成交供应商放弃中标、成交项目的，应当依法承担法律责任。

招标采购人发出的招标公告是要约邀请，投标人针对招标文件的内容进行响应是要约，招标采购人确定中标、成交供应商并发出中标、成交通知书是承诺。在承诺生效问题上，我国《合同法》采用“到达主义”。根据我国《合同法》第二十六条规定，承诺通知到达要约人时生效。我国《招标投标法》规定，开标后，评标委员对各个投标人的投标文件进行评审，从中确定合格的中标人；定标后，招标采购人应该向中标人发出书面的中标通知书；根据《政府采购法》的规定，不论是通过哪种政府采购方式，定标或确定成交结果后，都应该向中标或成交供应商发出书面的中标、成交通知书。两部法律都规定了中标通知书发出后即发生法律效力，这又不同于我国《合同法》的规定。根据我国《立法法》特别法优于普通法，新法优于旧法的规定，我国的招标投标活动在政府采购活动中对于承诺的生效时间是采取“发信主义”。

所谓承诺的“发信主义”，是指承诺在承诺通知发出时生效。从现行法律规定来看，如果发生采购主体拒绝签订书面合同的行为，一方面应该承担行政法律责任，另一方面还必须承担缔约过失的民事责任。如果中标、成交供应商拒绝签订政府采购合同，所承担的只能是缔约过失的民事责任。

缔约过失责任的赔偿范围应为信赖利益的损失。其损失包括直接损失和间接损失，而直接损失主要包括：①缔约费用，如为了订约而赴实地考察所支付的合理费用。②准备履约和实际履约所支付的费用。③因支出缔约费用或准备履约和实际履行支出费用所失去的利息等。间接损失主要包括：①因信赖利益而放弃的获利机会损失，亦即丧失与第三人签订合同机会所蒙受的损失。②利润损失，即无过错方在现有条件下从事正常经营活动所获得的利润损失。③其他可得利益损失。司法实践中，适用缔约过失责任判令缔约过失方赔偿损失，应实行完全赔偿原则，即受损害人遭受的全部损失都应由缔约过失方予以赔偿。

2. 供应商拒绝履行采购合同的法律风险

根据我国《政府采购法》第四十三条规定，政府采购合同适用《合同法》。采购人和供应商之间的权利和义务，应当按照平等、自愿的原则以合同方式约定。采购人可以委托采购代理机构代表其与供应商签订政府采购合同。供应商如果签订采购合同后不履行合同该如何处理？供应商应承担何种责任？可以参考以下例子：福建省某招标代理有限公司与中标、成交供应商A公司签订了《政府采购供货合同》，A公司依约交纳了履约保证金。合同签订后，A公司因原材料价格升涨，提出无法正常供货，并要求取消原供货合同，双方发生纠纷。我们从前述基本案情可知，对于供应商的主张，一方面说明A公司违反了合同所约定的及时供货义务，构成违约责任；另一方面也说明了合同的供方要求提前终止合同，构成毁约行为。

根据我国《合同法》第七章“违约责任”的规定，当事人一方不履行合同义务或者履行合同义务不符合约定的，应当承担继续履行、采取补救措施或者赔偿损失等违约责任。当事人一方明确表示或者以自己的行为表明不履行合同义务的，对方可以在履行期限届满之前要求其承担违约责任。

政府采购案件中的违约责任也就是采购主体或者供应商违反政府采购合同的民事责任，是政府采购当事人因违反政府采购合同义务所承担的责任。其责任的产生是以政府采购合同的有效存在为前提的。采购主体与中标、成交供应商一旦签订书面形式的政府采购合同，即发生合同的法律约束力，不论是采购主体还是供应商都应当按照政府采购合同的约定内容全面地、严格地履行政府采购合同义务，任何一方政府采购当事人因违反有效政府采购合同所规定的义务均应该承担违约责任，所以违约责任是违反有效合同所规定义务的后果。

本案的供应商交纳的履约保证金具有违约金的性质，其要承担的法律风险就是履约保证金被没收，如果保证金的金额不能弥补采购人的实际损失，则还需赔偿采购人的相应损失。

3. 供应商以分包方式履行采购合同中的法律风险

政府采购分包是相对于总包而言的，分包的概念是指中标或成交供应商将自己在合同中的一部分权利和义务转让给其他供应商，由受让供应商负责履行。原则上是只能将一项或若干项具体的专业内容分包给其他有资质的单位，但不可以将合同的责任和义务分包出去。分包的初衷应该是方便中标或成交供应商，基础是将部分专业项目包给合格的分包商，但中标或成交供应商仍对采购人承担着合同义务，其法律责任并不发生转移。

采购人和分包商的关系与采购人和中标或成交供应商的关系有着本质上的区别。采购人与中标或成交供应商是政府采购主合同主体法律关系，中标或成交供应商与分包商是分包合同主体法律关系。中标或成交供应商作为分包合同的发包者，将主合同范围内一项或若干项专业内容分包出去，与主合同相似，它对分包商具有主合同所定义的采购人的责任和权利。由于政府采购分包合同只是中标或成交供应商与分包商之间的协议，从法律角度讲，采购人与分包商之间没有契约关系，采购人对于分包商可以说既无合同权利又无合同义务，除非合同中另有明确规定，分包商不能就付款、索赔和工期等问题直接与采购人交涉，甚至无权就此状告采购人。一切与采购人的往来均须通过中标或成交供应商进行，采购人也无法直接向分包商主张权利。对采购人来说，分包商作为中标或成交供应商的一部分，采购人和分包商之间不能再有任何私下约定。采购人只是负责按照政府采购主合同支付中标或成交供应商的价款，而分包商则是从中标或成交供应商处再按分包合同索回其应得部分。因此，分包商的效益通常与中标或成交供应商的效益密切相关。

供应商在政府采购合同分包履行的风险表现在：在与采购人关系上，中标或成交供应商仍承担主合同所定义的全部合同责任。如果分包商履约能力不足，将给中标或成交供应商带来一定的风险。例如，分包商工期的延误通常会造成中标或成交供应商的工期延误，并致使中标或成交供应商在政府采购主合同条款制约下遭受罚款。

有效防范供应商在履行政府采购分包合同时的风险的措施是分包商同供应商订立详细的分包合同，并要求分包商提供履约保证金，尽量降低风险，在履约过程中严格监督。

第四节　权利救济中的法律风险

我国的《政府采购法》从本质上看是一部规范政府如何花钱、如何买到质优价廉的物品或服务的法。从法律上讲，政府采购活动中的采购人、采购代理人以及供应商在法律上是平等的主体。但实际上，采购人在整个采购过程中处于强势地位，供应商则相对处于弱势地位。为了保护供应商的合法权益，《政府采购法》规定了质疑、投诉制度以及行政复议、行政诉讼程序，但是这些权利救济制度有不完善的地方，供应商在运用这些制度保护自己时，往往有些力不从心，下面主要阐述供应商维权中的法律风险。

一、供应商在质疑、投诉时效方面的法律风险

政府采购救济时效的法律制度，是指政府采购活动中的供应商在法定期间内不行使请求权，即丧失依照法定的救济程序强制义务人履行义务的权利。救济时效即消灭时效，是

指权利人在法定期间内不行使请求权，即丧失依法定程序强制义务人履行义务的权利的法律制度。救济时效的成立，须具备两个条件：一是必须有权利人不行使请求权的事实；二是不行使请求权的事实状态必须经过法定期间。

救济时效的效力，是指救济时效完成后所产生的法律后果。我国《政府采购法》五十二条、五十五条分别规定了供应商向政府采购活动的主管机关提出质疑、投诉救济的法定期间分别是7个工作日和15个工作日。下面这个案件能说明供应商不注重质疑投诉时效所产生的后果。

2004年12月8日，北京市财政局对一起政府采购投诉案件作出〔2004〕京财采投第（2）号不予受理的行政决定，该行政处理决定的主要内容是：2004年11月3日，投诉人深圳市神舟电脑有限公司（以下简称神舟电脑公司）因对“首都师范大学教学设备购置项目”的政府采购活动有异议，依照我国《政府采购法》的有关规定向采购主体提出质疑。2004年11月8日，在法定七日答复期限内，采购主体对质疑供应商神舟电脑公司的质询事项作出答复意见。投诉人不服该答复意见，于2004年12月1日向“首都师范大学教学设备”政府采购活动的主管部门北京市财政局提出书面投诉。北京市财政局对投诉书的落款日期和其他材料经过审查后认为，根据《政府采购法》第五十五条、我国财政部《政府采购供应商投诉处理办法》第七条、第十条第四项的规定，投诉人应在法定时限15个工作日内，即在2004年11月29日之前向财政部门提出投诉书，递交相关书面材料，但投诉人在第17天才向政府采购的主管部门提出投诉，神舟电脑公司已经失权。因此，北京市财政局对于神舟电脑公司的政府采购投诉事项决定不予受理。

这是一起政府采购主管机关以投诉超过法定期间而不予以受理的政府采购争议案。案例涉及供应商投诉的法定期间，争议的焦点主要是15个工作日的法定投诉期间是否已经逾越。根据我国《政府采购法》第五十二条、第五十五条规定，供应商认为采购文件、采购过程和中标、成交结果使自己的权益受到损害的，可以在知道或者应知其权益受到损害之日起7个工作日内，以书面形式向采购人提出质疑。质疑供应商对采购人、采购代理机构的答复不满意或者采购人、采购代理机构未在规定的时间内作出答复的，可以在答复期满后15个工作日内向同级政府采购监督管理部门投诉。

我们从质疑、投诉法律条款的内容来看，供应商所享有的权利是“可以”，而不是“应该”两字。由此可见，前述案例中的7个工作日、15个工作日并不是供应商必须履行或者应该执行的法定期限。

由于是授权性法律规范，供应商提不提出救济，怎样寻求救济，选择的权利完全取决于供应商。供应商可以在15个工作日内提出投诉，也可以不在15个工作日内提出，这是供应商的权利，而不是义务，案例中的处理决定主要是违反了授权性的法律规范，因而，这个行政处理决定是有问题的。

但是，就目前我国行政机关的执法水平来看，还有待提高，供应商遇到类似要质疑、投诉的情形，一定要把它当作法定的期限来看待，避免不必要的损失。

此外，作为供应商还要看到以下风险：在我国《政府采购法》质疑与投诉这一章节里，法律没有将供应商询问和质疑作为投诉的前置程序和必经程序，也没有将行政复议作为司法救济必经的前置程序。是寻求行政救济还是寻求司法救济，法律将选择的权利赋予了供应商，从而使供应商的合法权利获得更好的保护。然而我国的政府采购实践，却对质疑和投诉供应商设置了许多的法律障碍，比如2004年8月11日，我国财政部出台并于同年9月11日实施的《政府采购供应商投诉处理办法》，明确规定了政府采购救济途径中的质疑前置程序。根据该办法第七条规定，供应商认为采购文件、采购过程、中标和成交结果使自己的合法权益受到损害的，应当首先依法向采购人、采购代理机构提出质疑。对采购人、采购代理机构的质疑答复不满意，或者采购人、采购代理机构未在规定期限内作出答复的，供应商可以在答复期满后15个工作日内向同级财政部门提起投诉。由于有了质疑程序这一前置阶段，无形中增加了投诉供应商有效保护自己合法权益的时间长度和累赘。质疑的前置程序，对供应商的权益保障人为地设置了许多障碍。不论这样的部门规章是否有法律约束力，作为供应商都要严肃对待，还得一步一步地按程序进行。

那么，供应商如何才能用好质疑与投诉的权利，减少风险，有以下建议可以参考：一是向采购人提出询问，正确行使自己的知情权，因为在政府采购活动中，由于采购人往往处于主动地位，而供应商相对比较被动；采购人发布的采购信息包括采购的对象、采购的标准、供应商的准入条件、实行的采购方式等多项因素，有的可能不够清晰。基于供应商处于被动和劣势角色，从维护供应商的切身利益、应有权利和合法权益不受损的角度出发，供应商在参与政府采购活动中有疑问时，可以向采购人或者采购代理机构提出询问。供应商只有在认为采购文件、采购过程和中标、成交结果使自己的权益受到损害的情况下，才可以向采购人或者采购代理机构提出质疑（在询问和质疑时，必须是实名，匿名质疑在一般情况下不予受理）。供应商认为采购文件、采购过程和中标、成交结果不公或对自己的权益受到损害的，可以在知道或者应知其权益受到损害之日起7个工作日内，以书面形式向采购人提出质疑；否则，采购人可以不接受质疑。供应商提出质疑的范围只包括采购文件、采购过程以及中标、成交结果等三个方面的事项；供应商认为采购文件、采购过程和中标、成交结果使自己的权益受到损害，就可以向采购人提出质疑，否则，供应商不能采取“无中生有、捕风捉影”等手段或方法向采购人提出质疑，如发生类似情节或现象，则应承担相应的后果和法律责任。供应商如采用口头形式提出质疑，是没有法律效力的，采购人可以不予书面答复；供应商提出质疑（询问）的环节应当是供应商知道或者应知其权益受到损害；供应商提出质疑时，还要注意在有效时间内提出，超过法律规定的时间（一般在知道或应知其权益受到损害之日起7个工作日内）将会影响质疑答复工作。供应商要熟知采购人（采购代理机构在采购人委托授权的范围内的事项按规定工作日内作出答复）应当在收到其书面质疑后7个工作日内以书面形式作出答复，并通知质疑（询问）供应商和其他有关供应商。供应商要知晓：采购代理机构对于采购人委托授权范围以外的事项，不能擅自作出答复（如超范围答复也是无效的）。如果供应商超范围提出书面询问或者书面质疑，采购代理机构应当负责及时转送采购人答复，并通知供应商，不得无故将书面询问和质疑退回供应商。供应商对于采购人、采购代理机构的答复不满意或者所答复的内容有超出范围和泄密等现象的，供应商可以在答复期满后15个工作日内向同级政府采购监督管理部门投诉。

二、供应商在诉讼中的法律风险

根据我国现行的《政府采购法》，供应商权利救济的主要方式有质疑程序、投诉程序、行政复议程序、行政诉讼程序、民事诉讼程序等。供应商维权经历的程序十分烦琐，比如依据有关部门规章，供应商在提起维权投诉之前，必须首先向采购人、采购代理机构提出质疑，否则财政部就不受理投诉，即“质疑前置程序”。质疑之后不服，应先向财政机关投诉。只有对投诉处理结果不服，才可以通过行政复议或者提出行政诉讼。这就限制了供应商自由选择救济途径的权利，也增加了其维权的时间与经济代价，救济成本无形中提高了，这无形中增加了供应商在诉讼中的风险。以下的案例就说明了这一点：

2005年6月，卫生部委托中化国际招标有限责任公司（下称“中化公司”）就某政府采购项目进行公开招标，亚奥公司参加了投标。2005年7月18日，中化公司公布江苏鱼跃医疗设备有限公司（下称“鱼跃公司”）中标。亚奥公司对此结果不服，随后开始了长达一年多的维权行动。2005年7月20日，亚奥公司向中化公司书面质疑鱼跃公司的投标资格。中化公司7月26日作出答复，亚奥公司不满意。2005年8月4日，亚奥公司向财政部投诉，请求确认鱼跃公司不具备投标资格。9月15日，财政部作出的《关于亚奥公司投诉事项的处理决定》认为，鱼跃公司提供的证明材料有效，确认亚奥公司投诉无效。亚奥公司不服，向财政部申请行政复议。复议后，财政部维持了《处理决定》，认为鱼跃公司“基本符合招标文件的要求”“具备投标人资格”。亚奥公司不服行政复议结果，遂于2006年2月向北京市第一中级人民法院（下称“北京一中院”）提起行政诉讼，将财政部告上了法庭。北京一中院受理此案后，将卫生部、中化公司和鱼跃公司列为诉讼第三人。7月28日，北京一中院一审判决认为，亚奥公司认为鱼跃公司此次投标不符合投标资料中的两款规定，但财政部的处理决定仅对其中一款的相关规定进行了认定，对另一款规定的投诉事项未予评述，即认定亚奥公司的投诉无效，属于事实不清，因此判决撤销财政部的投诉处理决定。

亚奥公司胜诉。亚奥公司虽然胜诉，但已经没有任何实际意义，此次政府采购活动早已经结束，亚奥可能失去的更多。

此案反映出我国供应商诉讼中普遍存在的问题。导致供应商权利救济途径艰难，具体说来，有以下几个方面的因素，即到采购人或采购代理机构调取证据困难，前置程序限制了供应商的多元救济权，供应商惧怕采购人或采购代理机构进行打击报复，等等。

首先，因为政府采购的审批文件、采购预算、采购方式的选择、各供应商的招投标文件、投标供应商的资质、中标供应商的资质、评标标准及办法、专家意见及专家资历、定标依据、授标文件、合同文本、履约和验收证明、采购活动的工作记录等原始证据材料，全部保存在采购人或者采购代理机构那里。供应商及其代理律师无法进行查阅和复制，而采购主体对己不利的证据，肯定不会主动向质疑供应商或向人民法院提供。这样即使受到侵害的供应商打算提出民事诉讼或其他途径的救济，也难以提供有效的证据材料。

其次，自《政府采购法》实施后，政府采购活动往往将质疑程序作为质疑供应商提起投诉之前不得不经过的阶段，即政府采购救济机制前置程序。实践中，质疑供应商如果未经过这一前置程序，财政部门一般就不受理投诉。由于有了质疑程序这一前置阶段，无形中增加了投诉供应商的累赘和保护自己合法权益的时间。因为在质疑程序前置的情况下，行政主体受理投诉案件以质疑程序的经过为前提条件。采购人或采购代理机构若不受理质疑申请，或在法定期限内不作出答复意见，就表明争议没有获得解决，从而限制当事人诉讼。

最后，供应商畏惧采购主体进行打击报复。虽然政府采购当事人作为民事主体，在采购活动中的地位都是完全平等的，但采购主体尤其是不受任何法律约束的社会中介采购代理机构，由于依附于公共权力机关，往往享有一种准司法行政权，对采购过程中的许多事项享有完全自由的裁量权。采购主体行使自由裁量权侵害供应商合法权益时，供应商只能忍气吞声。

第五节　法律风险的综合防范

一、加强监督

与大多数私营领域的采购人员不同的是，政府采购人员生活在“金鱼缸”中。按理说，政府采购人员是没有地方可以掩饰自己的，因为他们的所有采购活动都可以受到公众的监督和审查。然而令人遗憾的是，由于特殊利益的存在和权力运用的失控，我国政府采购实践中的政府部门随意干预，地方保护色彩浓重，政府官员经常会在其管辖的范围内利用制定政策和预算之便对政府采购活动施加政治影响和压力。由于政府官员拥有相当大的政治行政权力和自由裁量权，他们的看法和意思表示不能不受到重视，这就给政府采购人员带来了两难的伦理道德问题。为了规范政府采购人员的采购行为并指导他们进行正确决策，我国应在《政府采购法》及各种相关法规的基础上，由政府采购机构或政府采购专业协会制定“政府采购道德规范”，以对各种政府采购行为的是非标准、动机和结果等是否得当作出规定。

建立全方位政府采购监督制约机制。一是建立法律监督机制。以《政府采购法》、地方各级政府的相关政策法规、财政部门制定的相关法规对采购过程进行全程监督，并完善有关规章制度，使政府采购做到依法行政。二是建立内部监督机制。采购人和集中采购机构应对供应商的履约情况加强监督检查。三是建立外部监督机制。纪检、监察、审计等部门要对政府采购方式、采购程序、采购预算以及采购合同的执行情况进行监督，审查有无违规操作的现象，并对采购标书进行合法性、合理性审查。四是建立社会监督机制。各级财政部门要定期将有关的采购法规文件、采购信息、采购结果等定期指定批准的预算和采购合同的履约情况直接向供货商拨付货款。由于这部分支出采取直接付款形式，在财政媒体上向社会公布，接受社会舆论和公众监督。五是建立日常监督制度。政府采购监督管理部门应加强对集中采购机构的采购价格、节约资金效果、采购项目的质量以及有无违法违纪行为等事项进行考核，并定期如实公布考核结果。

二、提高从业人员素质

组建多样化的政府采购专业协会和推行政府采购人员资格认证。

由于政府采购自身的复杂性和广泛性，对政府采购人员的职业素质要求很高，不仅要懂政府采购的法律、法规及政策，还要通晓国际贸易政策及国际商业惯例；不仅要熟悉采购程序，还要掌握国内外市场情况；不仅要懂经济知识，还要具备工程技术等各方面的专业知识；不仅要懂采购技巧，还要善于解决采购过程中出现的各种问题。

为了不断提高政府采购人员的职业素质，政府应该积极鼓励和推动政府采购人员组建和参加各种专业采购协会。对政府采购人员进行从业资格认证，以保证政府采购人员的基本职业素质，这也是对政府采购人员进行管理的一项重要内容。

为了保证政府采购队伍的专业化、职业化，必须十分重视对采购人员的培训和管理。负责大宗商品的采购或具有高风险的商品和服务的采购人员，由中央政府培训，负责小额商品的采购人员可由部门或地方培训。培训合格的采购人员应在采购主管部门登记注册，只有注册人员才能上岗从事政府采购活动。

三、完善相关法律制度

政府为了实现政府职能和向公众提供公共服务而向纳税人征税，从而形成公共资金，政府在分配和使用公共资金资源的过程中履行的是公共托管人的角色，因此确保资源的有效使用则是政府采购的使命。这样，政府采购职能就成了一个受管制的、透明的过程，受到无数个法律、规则和条例、司法或行政决定以及政策和程序的限定和控制。加之政府采购的非营利性和政府采购数额巨大，因此必须通过政府采购立法对政府采购实施严格的管理，即建立一套由立法机构制定的政府采购基本法律以及由其他行政部门制定的实施细则。完善立法，实施法制化管理，采购环节就要以公开、公正、公平的原则进行，就能有效地抑制采购中的腐败行为。尽管我国已经颁布了《政府采购法》等基本法，但是还缺少配套的实施细则，许多好的制度，比如“回避制度”“监督制度”等缺少可操作性。因此，当前应尽快制定一些具体制度和实施细则，比如“政府采购法实施细则”“竞争性谈判采购管理办法”“询价采购管理办法”“单一来源采购管理办法”等。

四、制定专家服务制度

防范法律风险的有力措施在于要引进专家服务制度，尤其要引进在各个领域与社会接触密切的法律专家、财务专家等，以对政府采购各个环节把关，避免出现不必要的风险。现行的《政府采购法》中虽然规定了建立专家库的制度，但还有不完善、不全面的地方，所选的专家大都是学术领域的研究者，与社会现实有一定的距离。

第六章　政府采购与法律服务

第一节　政府采购与法律服务

一、政府采购与法律服务的基本概念

伴随着我国市场经济地位的确立，政府采购日益规范化、市场化，所占国民经济收入的比例正在迅速加大。2003 年，我国政府采购金额为 1 600 多亿元，预计 2006 年将达 3 000 亿元。可见，政府采购已经成为经济社会的一项巨大而又复杂的工程。相应地，政府采购亟须走上法治化轨道，律师对政府采购法律服务已经初见成效。目前，律师在政府采购与法律服务方面缺乏系统研究，专业化的政府采购法律服务几乎处于空白。

作为一个律师，提供政府采购法律服务，不仅应尽可能全面系统地了解、掌握调整政府采购的各类法律法规，而且应准确地把握政府采购与法律服务的相关概念。政府采购的相关概念在本书第一章中已经介绍，在此不再赘述。现在针对政府采购法律服务及其相关概念予以阐释。

1．政府采购法律服务的概念

政府采购法律服务一般有广义和狭义之分，本书阐述的是狭义的政府采购法律服务。仅限于为目前《政府采购法》体系下的政府采购提供法律服务。狭义的政府采购法律服务，是指为使用财政性资金采购依《政府采购法》制定的集中采购目录以内的或者采购限额标准以上的货物、工程和服务的各级国家机关、事业单位、团体组织及其相应的采购代理机构和供应商提供法律服务的行为。

2．采购、货物、工程、服务的概念

上述所称采购，是指以合同方式有偿取得货物、工程和服务的行为，包括购买、租赁、委托、雇用等。

上述所称货物，是指各种形态和种类的物品，包括原材料、燃料、设备、产品等。

上述所称工程，是指建设工程，包括建筑物和构筑物的新建、改建、扩建、装修、拆除、修缮等。

上述所称服务，是指除货物和工程以外的其他政府采购对象。

二、政府采购与法律服务的关系

目前，我国政府采购在某些领域出现了一种公正与效率冲突的现象。比如，在深圳地区，以前为了体现公正，在政府采购工程招投标中采取“代建制”。但是，由于“代建制”程序中复杂的法律问题严重影响了决策时间，采购效率大大降低，因此，为了提高效率，目前深圳地区又采取“摇珠”中奖的方式确定供应商。这实质上又缺少了公正。出现以上情况，是因为缺乏对政府采购与法律服务关系的研究和了解。其实，政府采购和法律服务都是市场经济的产物，两者的关系十分密切。主要体现为以下两个方面：

1. 政府采购与法律服务两者之间是相辅相成、密不可分的关系

市场经济就是法律经济，政府采购是市场经济发展的产物，政府采购必然离不开法律服务。两者之间相辅相成、密不可分。目前，许多政府采购单位、供应商和采购代理机构普遍对法律服务有排斥现象，出现问题找政府、找领导的思想很严重，造成采购过程中的法律纠纷层出不穷，导致效率低下。如果政府采购引入法律服务机制，将采购过程中的法律专业问题交给法律专业人士去解决，政府采购决策过程自然会提高效率。

2. 法律服务可为政府采购提供法律保障

由于我国市场经济存在时间较短，发达程度尚不高，政府采购的法律保障体系尚不完善和健全。同时由于政府采购具有涉及领域广、关系复杂、周期长等特点，形成政府采购很容易在采购过程中纠缠在法律纠纷中的局面，严重影响了政府采购各方当事人的权益。如果将法律服务机制引入政府采购的各个环节，法律服务必然为政府采购提供坚实的法律保障。

第二节 政府采购法律服务的特征和价值目标

一、政府采购法律服务的特征

政府采购是以政府为主导的采购行为，采购资金来源于政府的财政资金。因此，它涉及的法律服务具有不同于为其他法律主体提供法律服务的特征，与其他法律服务相比较，其具有以下几个方面的主要特征。

1. 法律服务的专业性

首先，我国《政府采购法》对政府采购方式、限额标准和采购项目进行了明确规定。政府采购实行集中采购和分散采购相结合。集中采购的范围由省级以上人民政府公布的集中采购目录确定。属于中央预算的政府采购项目，其集中采购目录由国务院确定并公布；属于地方预算的政府采购项目，其集中采购目录由省、自治区、直辖市人民政府或者其授权的机构确定并公布。另外，政府采购限额标准，属于中央预算的政府采购项目，由国务

院确定并公布；属于地方预算的政府采购项目，由省、自治区、直辖市人民政府或者其授权的机构确定并公布。采购人采购货物或者服务应当采用公开招标方式的，其具体数额标准，属于中央预算的政府采购项目，由国务院规定；属于地方预算的政府采购项目，由省、自治区、直辖市人民政府规定；因特殊情况需要采用公开招标以外的采购方式的，应当在采购活动开始前获得设区的市、自治州以上人民政府采购监督管理部门的批准。

其次，我国《政府采购法》对政府采购监督机构进行了明确规定。各级人民政府财政部门是负责政府采购监督管理的部门，依法履行对政府采购活动的监督管理职责。各级人民政府其他有关部门依法履行与政府采购活动有关的监督管理职责。

由于以上规定均授权各个地方政府对政府采购方式、限额标准和采购项目有决策权和监督权，不像美国等发达国家采取的政府采购高度集中制，造成各个地方政府相应制定了具有地方特色的地方法规，特区政府有特区政府法规，主管部门又有部门规章，最终导致我国政府采购制度尚不完善，其法律体系也十分庞大和复杂，甚至存在下位法与上位法之间的冲突。因此，在政府采购法律服务过程中，不仅要求律师对现有政府采购知识及法律法规有很好的理解与运用，而且要求律师在法律原理运用和法律合法性审查方面具有娴熟的技巧和敏锐的判断力。在整个政府采购法律服务过程中，对法律服务人士的法律专业性要求是十分严格的。

2．法律服务对象的多元化

在法律服务过程中，法律服务一般的对象要么是平等的民事主体（民事诉讼），要么是管理与被管理关系的不平等主体（行政诉讼、劳动仲裁等）。但是，在政府采购的法律过程中，法律服务对象的多元化，是政府采购法律服务区别于其他法律服务的一个重要标志。

我国《政府采购法》明确规定，政府采购的主体是各级国家机关、事业单位和团体组织。由此可见，政府采购的法律服务对象除了供应商和采购代理机构等一般的民事平等主体外，还包括各类行政主体。

3．法律服务领域的多样性

目前，我国《政府采购法》将采购对象按其性质分为货物、工程和服务三大类。其中货物是指各种形态和种类的物品，包括原材料、燃料、设备、产品等；工程是指建设工程，包括建筑物和构筑物的新建、改建、扩建、装修、拆除、修缮等；服务是指除货物和工程以外的其他政府采购对象，包括专业服务、技术服务、维修、培训和劳动力服务等。

随着我国政府采购制度改革的深化，在实践中，我国政府采购的领域和采购对象正在扩大。例如，由于我国国防现代化的需要，大量军事物资（军购品）的采购也正在纳入政府采购的范围。现在，我国政府采购已经涉及财政、金融、能源、公交、教育等各个领域。

我国政府采购领域和对象的多样性，也导致对政府采购的法律服务提出了更高的要求。

4．法律服务周期的长期性

无论是在许多西方发达国家，还是在我国，凡是被列入政府采购的项目，特别是工程和服务类政府采购项目，都明显具有采购标的大、采购周期长的特点。工程和服务类政府采购项目，时间跨度在一年以上的居多。由于政府采购所支出的资金是公共资金，即财政预算资金，来源于财政拨款和财政借款，因此，中央政府都严格要求各个政府采购单位，在实施政府采购项目前，均要按照政府采购的法律法规，对每项采购活动进行规范运作，以便于在漫长的采购周期中，能够对政府采购的各类法律风险进行事前控制、事中控制和事后控制。例如，在一项重大炼油工程的法律服务中，从项目论证立项开始，贯穿招标、投标、施工、验收、交付、维修、运营等整个过程，政府采购单位都要求法律服务机构提供法律服务。

二、政府采购法律服务的价值目标

政府采购法律服务不仅可以直接创造社会价值，也可以为其服务对象直接创造价值，同时，政府采购法律服务可以弥补政府采购制度的不足。在防止腐败、塑造政府采购“阳光工程”、挽救国家干部人才上，也具有其特殊性。

（一）法律服务直接创造价值

政府采购是一种新型的商务活动，是市场经济发展和改革完善政治体制所必需的。市场经济就是法制经济，法制经济需要律师提供法律服务。事实证明，律师特别是受过专门培训的富有经验的律师在政府采购及其他招标投标活动中发挥着越来越大的作用。但是，创造价值是律师工作的最终体现。例如，2003 年，北京 8000 多名律师在一年里创造了 32 亿元的价值，占到了全市 GDP 的 0.6% 强。现在我们所说的价值仅仅止于经济利润。另外，律师法律服务还包括文化建设，也就是通常所说的精神文明和物质文明的双丰收。“服务创造价值”，律师服务尤其如此。好的律师意见，能够最直接、最有效、最经济地实现政府采购单位的目标，从而最大限度地减少精力的浪费、时间的浪费、资金的浪费。创造价值也是规避风险的最佳效果。

（二）法律服务防止腐败，塑造政府采购“阳光工程”

2006 年，我国在医药领域、招投标领域、政府采购领域、建设工程领域开展了轰轰烈烈的反商业贿赂活动。在政府采购领域，一批高官应声“落马”，在各类媒体和百姓的讨伐声中，却很少有人思考从制度上防止腐败的问题，兹以某地政府采购中心负责人李某涉嫌受贿，百万应声“落马”的案例，剖析一下法律服务对于防止腐败、塑造政府采购“阳光工程”的特殊作用。

据《新快报》2006 年 7 月 26 日报道，某地政府采购中心负责人李某涉嫌受贿百万，日前被移送起诉。在“落马”之前，李某还曾公开发表文章表示：“廉洁与质量是采购中心的生命线。”当地纪委公布，2000 年 2 月至 2005 年 1 月，李某在任当地机械设备成套局属下机电设备招标中心招标一部经理、招标中心主任及当地政府采购中心主任期间，利用职务之便，分别多次收受贿赂，共计人民币 100 万余元。就在东窗事发前夕，2005 年底，有媒体特约部分当地政府采购中心负责人撰写文章，谈他们对《政府采购法》实施三周年的体会，时任当地政府采购中心负责人的李某应邀发表文章《廉洁与质量是采购中心的生命线》。他在文章中写道：“政府采购工作必须用制度促规范，用廉洁保规范，廉洁与质量是政府采购中心的生命线。要增强政府采购透明度……从‘暗箱操作’走到‘阳光下的交易’。”然而，这个倡导“阳光下交易”的采购中心负责人却因为不廉洁而“落马”了。

在媒体和老百姓为贪官“落马”庆贺时，很多官员也拍手称快。但是，从另一个角度讲，国家培养一个政府采购高级专业人才确实不易，周期长，成本很高。因此，我们认为，对政府采购制度的设置进行反思，防止类似腐败发生，比一味地批判腐败更为理性。在我国的政府采购过程中，为什么会出现许多高官腐败的现象呢？究其根本原因有两点：第一，政府采购某些工作人员法律意识差，造成某些工作人员存有侥幸心理；第二，政府采购包含的问题十分复杂，所涉及专业的法律问题也十分多，而政府采购相关人员虽然专业知识精通，但法律素质不高，造成一有纠纷就办事不力，存在以“人情办事”替代“依法办事”的扭曲心态。针对上述原因，如果引入律师顾问或律师服务制度，类似于检查院反贪局预防犯罪机制一样，像李某受贿的类似案件就会少很多。因为律师作为中立角色，在政府采购各个环节出具法律意见和阐释法律意见的过程，也就是政府采购各方当事人接受法律教育和理解法律、接受法律监督的过程，相关工作人员在耳濡目染中，法律意识自然会提高。律师在政府采购法律服务过程中，一个很重要的职责就是给采购相关单位提供法律教育的服务。如果采购当事人的工作人员提高了法律意识和素质，就会防止一些心存侥幸的人员犯罪。另外，律师在政府采购过程中，可以制定一整套的反商业贿赂措施和制度，预防犯罪的发生，促使政府采购在“阳光”下交易。

例如，在“2006年中央、省属驻穗医疗机构医用耗材集中招标”政府采购项目中，采购代理机构主动邀请律师为员工举办反商业贿赂讲座，提高员工的法律意识，同时律师协助其起草了员工“反商业贿赂协议和反商业贿赂行为规范”，从制度上预防员工行贿和受贿。另外，律师协助其起草了与所有投标人签订的《反商业贿赂协议》，从源头上控制商业贿赂的发生。参与该政府采购项目投标的供应商有三万余家，目前，该政府采购项目已经顺利完成。可见，在政府采购过程中，引入律师监督或律师顾问服务制度，是防止腐败的一道很好的“防火墙”。

（三）法律服务可以弥补政府采购制度的不足

我国《政府采购法》2003年才开始施行，政府采购法律法规体系不健全，不仅尚未建立风险预警机制，其信息披露制度、保证金制度、废标制度、监督制度也均存在缺陷。《政府采购法》实施细则的出台也无法在短期内实现，以前各地的地方性法规与政府采购法的冲突清理也不是一朝一夕的事，而政府采购的现实需求却是紧迫的。因此，针对目前我国政府采购方面的法律规范尚不健全、政府采购本身错综复杂的现状，有必要鼓励律师参与政府采购法律服务，以弥补政府采购制度的不足。律师法律服务至少可以在以下两方面弥补政府采购制度的不足。

1. 律师法律服务可以预防和化解法律风险

律师参与政府采购活动，有利于律师了解政府采购各个环节的新情况和新问题，便于律师在出现问题后顺利开展工作和及时处理问题。律师是具有较高法律专业水平与专业素质的人员，对及时应对随时出现的采购风险有其专业和行业优势。从律师所处的法律地位看，律师是一支中立的法律服务队伍，由于律师长期从事复杂、疑难的法律服务工作，具有较高的解决问题的专业素质和专业能力，因而具有较强的化解风险的能力。一旦律师介入政府采购活动，其职责就是全方位地为当事人防范风险，可以在事前、事中和事后各个阶段开展预防工作。律师可以根据《政府采购法》的基本原理、基本精神以及具体的法律规定，在《政府采购法》规定的基本原则指导下，出具法律意见，详尽地从各个角度和领域提出有针对性的法律建议。在政府采购活动的各个阶段，律师能通过其政府采购方面的法律实践经验，预测将会出现的法律风险而提前采取预防对策，同时通过各种严谨的法律文件，降低可能因文字错误、词句不符合法律术语而出现多种理解风险的几率。

例如，在某高校高科技企业厂房工程的招投标过程中，由于当时代理招投标机构在答疑纪要中，对履约保证金的数额和支付方式以及工程进度款的支付比例进行了明确规定后，又在最后的表述中提到必须参照开发区政府的规定，由于该代理招投标机构没有及时将开发区政府相关规定提交中标人（其实该开发区政府也没有相关规定），导致中标人没有及时交纳履约保证金。因此，招标单位要求废标，中标人不同意废标，最后双方交由建设处裁处。

从该案例看，纠纷的产生完全是由于文件文字表达不准确造成的，如果有律师参与，是可以避免的。在整个政府采购中，招标文件的答疑纪要是政府采购招标文件的重要组成部分，也是招标人和投标人订立合同的基础。如果招标文件对有关招标的内容规定得不明确，出现前后内容不一致、文字含义模糊等问题，就会导致政府采购过程中出现纠纷，尤其是在法律不健全的情况下，招标文件的编制就显得非常重要。如果有律师提前对招标文件内容的准确性和合法性进行审查，就可以避免招标文件中不合理表述的出现，从而降低采购活动中发生法律风险的可能性。

2. 律师法律服务可以维护政府采购各方当事人的合法权益

在政府采购活动中，在上位法与下位法有冲突，特别是法律的规定出现空白时，律师可以凭借其对法律基本原理、基本精神的理解，从立法目的、法律条文的含义等方面出发，综合考量，最终找出解决问题的方案，以便更好地保障政府采购的顺利进行以及各方当事人的合法权益。

在政府采购活动中，设置了质疑和投诉阶段，在此阶段，律师法律服务可以充分发挥其专业优势。

例如，在广东省教育装备中心为某高校采购图书的政府采购活动中，北京某书店成为第一中标候选人。但是在采购代理机构公布中标候选人名单后，其他 19 家投标单位就第一中标候选人的资格向采购代理机构提出了质疑和投诉，认为第一中标候选人因涉嫌重大商业贿赂已经被立案侦查。此时，采购代理机构和采购单位为了不承担责任，要求律师出具法律意见。

在处理政府采购投诉的过程中，律师完全能够熟练运用法律知识，协助有关当事人向立案侦查的检察机关查清事实，分析和查找政府采购活动中第一中标候选人是否有违法之处。然后由律师发律师函向投诉人进行解释。由于律师的中立地位，投诉人更容易产生信任感，从而尽可能地将矛盾化解在投诉阶段。如果投诉人继续提出行政复议，甚至最后行使行政诉讼权，律师也能够利用其丰富的专业特长，帮助维护合法的具体行政复议行为，最大限度地降低败诉的风险。不管是产生争议的哪一方当事人，律师都可以运用法律知识和技能最大限度地保障当事人的合法权益。

第三节　政府采购法律服务的主要内容

一、律师在政府采购法律服务中的法律地位

目前，关于律师在政府采购与招投标中提供法律服务的范围，现行法律、法规未有明确规定。在司法部与国家计委共同颁布的《关于律师从事基本建设大中型项目招标投标法律业务的通知》中，把律师从事基本建设大中型项目招投标法律业务，具体规定为招标数额较大或采取国际招标的建设项目的招标文件、合同文本提供法律咨询，审查、修改、制作相关法律文件，以及就招标文件最终文本出具法律意见书等活动。由此可见，在政府采购业务中，律师提供法律服务地位的确立尚在进行中。

二、政府采购法律服务的主要内容

根据我国《律师法》的规定，以及综合《关于律师从事基本建设大中型项目招标投标法律业务的通知》的规定，上述《通知》中规定的法律服务内容应当是最基本的。为使政府采购行为进一步规范化，使整个过程在遵循公开、公平、公正原则的指导下进行，结合招投标法律服务实践，律师在政府采购活动中应该是大有作为的，其提供的法律服务也将贯穿于政府采购活动的全过程。

（一）律师作为采购人或采购代理机构的主要法律服务

1．审查政府采购人主体资格和项目的合法性

合法性审查是政府采购活动法律服务中的首要阶段。在此阶段，律师必须对政府采购人的主体资格，政府采购包含的采购对象即货物、工程或项目的合法性，以及相关政府部门的政府采购立项批准文件、政府采购预算书、政府采购计划书等进行尽职调查及审查，向政府采购人出具尽职调查报告书和法律意见，以确保政府采购人在采购项目合法有效的基础上进行决策和顺利开展采购活动。不合法的采购主体和采购项目，不受我国《政府采购法》的调整和规范。

2. 协助政府采购人聘用采购代理机构

我国《政府采购法》明文规定，纳入集中采购目录的政府采购项目，必须委托集中采购机构代理采购。也就是说，集中采购必须聘用采购代理机构是法定的。在聘用采购代理机构阶段，律师可以协助采购人审查采购代理机构的资质和履约能力，可以为采购人起草委托采购代理机构的协议，以律师的专业知识确定委托代理的事项，明确约定好双方的权利和义务，以及做好有利于采购人的特别约定条款，做好法律风险预防，并为采购人与采购代理机构签订委托代理协议提供律师见证，保证所签委托协议的合法性。

3. 审查和参与编制招标文书

由于招标文件是采购合同的基础和有效组成部分，也是项目采购的依据。与采购合同具有同等法律效力，因此，招标文件的合法性和合理性，是采购活动最终顺利开展的基础，采购人在此阶段聘请律师提供法律服务，并审查和参与编制招标文书，可以达到提前预防法律风险的目标。此阶段律师可以为采购人编制以下招标文件：

（1）审查投标人（供应商）须知。在审查投标人（供应商）须知时，应仔细审查采购项目的性质、数量、质量、技术规格，投标价格的要求及其计算方式，投标人应提供的有关资格和资信证明文件，投标人保证金及其他形式的担保，投标文件的编制要求，提交投标文件的方式、地点和截止时间，开标、评标、定标的日程，评标标准及方法等各项内容。

（2）撰写采购合同文本。招标文件中的采购合同文本是法律性和专业性十分强的文件，律师为采购单位撰写采购合同文本是其本职工作，既可以提高工作效率，又可以提高招标文件的质量。

（3）审查和修改招标文件。由于编制招标文件的人员不是法律专业人士，出现词句表述含糊或不准确的内容在所难免，因此，律师提供审查和修改招标文件的法律服务就具有十分重要的意义。

4. 出具法律咨询意见书

《关于律师从事基本建设大中型项目招标投标法律业务的通知》中明确规定了基本建设大中型项目法人或其招标代理机构，应当聘请有资格从事招投标业务的律师就招标文件和有关合同文本出具法律咨询意见书。除此之外，其他政府采购行为，都是需要律师对招标文件和有关合同文本出具法律咨询意见书，对其合法性作出评价的，这有利于政府采购单位的决策层作出正确判断和决策，律师在出具法律咨询意见书时，一般应包含以下基本内容：

（1）律师应对招投标文件发表综合性法律评价，并得出结论性意见，阐明其合法性的主要法律依据。

（2）审查采购人或项目法人主体资格、项目及招标文件内容的合法性。对于招标文件的全部内容，律师应当依据法律、法规的规定对其进行审查，对于某些不够准确或不完整或暂时不能做到准确或完整的内容，律师将要求项目法人或招标代理机构对此作出解释说明或相应的保证，并在法律咨询意见书中作出相应的说明。

（3）在律师法律咨询意见书出具后，有关招标文件的任何修改，如涉及新法律问题或应主管部门要求，律师还必须有针对性地提出补充意见。

5. 审查、修改招标通告或招标邀请函

当采购人或采购代理人在国内或国际有重大影响的报刊或其他媒体上发布招标通告时，律师应对招标通告必须载明的招标人名称及联系方式，招标项目的名称、用途、数量、交货时间、地点，对投标人的资格要求和评标办法，获取招标文件的办法、地点、时间、费用，投标地点和截止时间等内容进行审查，对不符合法律要求或表达不标准的术语进行修改。如采用邀请招标的，律师还将协助招标人于规定日期前向特定的被邀请人发出投标邀请函，以保证发出投标邀请函的合法性。

6. 审查投标人资格

公开招标采用资格预审的，律师应对采购人资格预审通告进行审查，重点审查载明获取资格预审文件的办法、地点和时间，资格预审的日程安排等各项内容。另外，可以协助采购人对拟投标的法人或其他组织进行资格预审。审查投标人经营业绩，近年来财务状况，是否具备提供同类货物、工程或服务的丰富经验等，重点应审查投标人提交的具有完全履行采购合同能力的证明文件或资料。

7. 澄清及修改招标文件

在规定时间内，对招标文件进行澄清或非实质性修改，完善招标文件，防范可能发生的争议，确保招投标活动合法顺利开展，并协助通知已购买招标文件的单位。

8. 参与组织开标

在开标阶段，投标人关注的是开标的公开、公平、公正。为此，律师协助组织开标，有利于把握好上述三个原则。律师在开标阶段要参与的法律服务内容较多：要根据有关规定，审查评标委员会成员组成的合法性（如成员资格、是否有回避人员等）；协助邀请投标人代表和有关单位代表参加开标；开标前，验明投标书是否密封完好，并将验证程序公示；启封后验证投标书是否符合招标文件的要求，剔除无效标书。实践中，存在投标人为抢标而临场变更标书内容，以及投标书中有关技术条款不符合招标文件规定的技术要求，不具有法人资格的实体以法人名义参与投标等情况。对此，律师将与评标小组对每份投标书进行严格审查，剔除无效标书，确立有效标书，为下一步评标明确范围。

9. 参与评标、定标

在评标、决标阶段，律师提供的法律服务主要是审查评标办法的合法性以及中标人的合法性，然后审查《中标通知书》的内容等。

10. 参与答疑和投诉处理

在政府采购过程中，答疑和投诉处理阶段是极易产生纠纷的阶段之一，也是律师服务极易产生服务风险的阶段之一。在答疑和投诉处理阶段，采购人往往是迫切定标，但中标候选人往往会出现互相投诉、全力夺标的现象，针对中标候选人的各种投诉，采购人或代理机构需要律师作尽职调查，以核实情况，对不符合《政府采购法》规定的投诉，不涉及商业秘密的，要给予回复，所有这些，必须有律师的参与。

11. 起草、审核采购合同

采购人和中标人应当在中标通知书指定的时间、地点，按照招标文件确定的事项签订政府采购合同。在此阶段，律师可以起草或审核拟签订的合同文本，落实招投标之后所确定的各条款内容，尤其把握合同标的验收标准、结算办法、违约责任等条款，并确保合同在实践中的可操作性。

12. 监督供应商履行合同

在签订采购合同后，律师可以为采购人提供监督供应商履行合同的服务，对采购合同实行动态管理。

（二）律师作为供应商的法律顾问

1. 审查采购人主体资格的合法性

律师在介入政府采购时，如作为供应商的法律顾问，第一件必须做的事情，就是审查招标人主体资格的合法性，如采购人是项目法人，要特别审验其企业法人营业执照、年检情况等，并审查其货物、工程或服务项目的政府批准文件及其有效期限。通过上述审验，审查招标活动的真实有效性，以便投标人在招标人及项目合法有效的基础上就商业决策作出正确判断。

2. 审查采购人招标文件的合法性

审查招标文件的内容是否公平、合理，尤其是其提出的特殊要求；文字上审查其是否清楚达意，有无歧义之处；形式上是否符合法定要件。最终出具审查法律意见，为供应商作出投标决定提供法律意见。

3. 参与编制投标书

投标文件的编制质量直接关系到投标人的中标率。因此，投标文件既要严格依招标文件要求的格式、体例等编写，又要注意有所偏重，以将供应商的优势区别于其他投标人。在此阶段，律师可依据招标文件之规定，参与编制规范和完整的投标文件。对资信证明，可以为供应商就银行出具保函等法律问题提供法律服务，并审查有关出具保函所签订的法律文件。

4. 审查投标文件提交的合法性

在政府采购过程中，经常存在一些投标文件无效的问题，这往往给供应商很大的打击。因此，在此阶段，律师可以协助编制，并在招标文件规定的截止时间前将投标文件密封送达投标地点，一定要求招标人签收备案，以防止实践中经常出现的投标文件无效事件的发生。

5. 参与开标

实践中，围标和串标现象仍很严重，因此，律师参与开标过程，可以协助供应商监督开标过程的合法有效性。另外，可以协助供应商对各投标函是否密封完好进行监督，如发现投标函密封不完好，可以协助供应商及时反映情况，要求停止开标。同时，对供应商在不超过投标文件记载的范围或改变文件实质性内容的前提下的唱标，可以协助其对唱标进行必要的解释。

6. 参与评标及定标

在评标及定标过程中，律师的法律服务主要体现在协助投标人对评标委员会组成人员的合法有效性进行审查，对评标委员会成员与其他投标人有利害关系的提出异议和回避。

7. 出具法律咨询意见书

针对供应商的投标文件，律师可以为其出具法律咨询意见书，法律咨询意见书应当阐述供应商主体资格及资质等级是否符合招标要求，供应商以往及现阶段生产经营过程中，是否有重大违约和重大诉讼事项，同时应当按照政府采购法和招标文件的要求，说明供应商近三年内是否有重大违法或违规行为；说明供应商确认投标保函的内容及出具程序的合法性和规范性，就投标活动出具全面性和结论性的法律咨询意见。

8. 监督招标、开标、评标、决标是否按法定程序进行

在为供应商提供法律服务期间，律师应当协助供应商对采购人或代理机构的招标、开标、评标、决标是否按招标文件和法定程序进行，如果出现违反规定的行为，律师可代理供应商向采购人或代理机构提出意见或向上级主管部门投诉。对处理决定不服的，还可以代理提起行政复议或行政诉讼。

9. 协助签订、履行合同

在供应商中标后，律师应为供应商与采购人签订的采购合同把关，并在履行合同过程中提供法律服务，对履约过程中随时可能发生的争议进行及时处理和解决。

第四节 政府采购与法律服务存在的问题及成因

一、政府采购实践中存在的问题

（一）采购代理机构存在的问题

在政府采购活动中，采购代理机构不仅是采购人与供应商联系的纽带和桥梁，同时也是政府采购活动的重要运作者。无论是采购人招标文件的编制、供应商资格的预审，还是组织专家组评标，直至确定中标单位以及签订政府采购合同，均由采购代理机构组织和参与。可以说，采购代理机构的工作贯穿整个政府采购过程，采购代理机构最了解采购活动中的每个细节。由此可见，采购代理机构在政府采购活动中的作用举足轻重。也正因为如此，采购代理机构所承担的责任也就多一些，其容易出现问题的概率自然也就多一些，具体体现在政府采购过程中的以下几个阶段：

1. 编制招标文书过程中存在的问题

在政府采购中，编制招标文书是采购代理机构最容易出问题的重要环节。

（1）政府采购代理机构操纵供应商的中标。在政府采购活动中，采购代理机构为了提高中标概率，或是为了让自己熟知的供应商中标，其在编制招标文书时就有很强的针对性和倾向性，甚至向其熟悉的供应商了解和咨询，打探该供应商独具特色的技术指标。然后，政府采购代理机构在此基础上编制招标文书。由于在编制招标文书时的定向思维，招

标文书的内容潜移默化地转化为指定或者限定品牌或供应商，造成招标的实际范围缩小，导致采购人不能实现货比三家、物美价廉的招标目的。这实质上是以损害采购人利益为代价的。

（2）政府采购代理机构按采购人的意愿操纵供应商的中标。由于政府采购的标的额往往十分大，而用于采购的资金又是财政拨款，因此，在实践中，许多供应商为了拿到采购项目，不惜用重金买通采购单位领导。因此，有些被重金买通的单位领导为了操纵让该供应商中标，往往会让该供应商提交许多只有其自身才有的资质证书、技术规格、产品型号、生产规模等给采购代理机构，然后采购代理机构再按此要求编制招标文书，其结果是与已指定供应商没有什么差别。显而易见，采购代理机构按采购人的意愿操纵供应商中标的行为是损害整个政府采购机制的。

（3）政府采购代理机构与供应商通过编制招标文书串标。在政府采购过程中，采购代理机构最清楚每个细节，也最了解哪个环节对供应商的中标最为重要，因此，在政府采购中，采购代理机构极易成为一些有实力的供应商行贿的对象，然后再与采购代理机构串通，编制有利于供应商中标的招标文书。目前，采购代理机构的这种行为在不发达的内地仍是存在的。

2. 政府采购过程中存在的问题

在政府采购过程中，出现的问题比较复杂，类型也呈现出多样化的特点，特别是在资格预审、废标、评标方面出现的问题屡见不鲜。具体表现如下：

（1）违法变更资格预审标准。在政府采购活动中，根据《政府采购法》的规定，供应商资格预审的标准应当在政府采购前公告，并且不得随意改变。但在实践中，采购代理机构在资格预审过程中，根据资格预审的情况，经常会根据采购代理机构的意向，随意地临时变更资格预审的标准，从而违反政府采购法规定的公开、公平、公正三原则。

（2）操纵评标。根据《政府采购法》和《政府采购货物和服务招标投标管理办法》的规定，采购数额在300万元以上、技术复杂的项目，评标委员会中技术、经济方面的专家人数应当为5人以上单数。加上采购人代表，评标委员会人数至少应当为7人以上单数。在实践中，采购代理机构往往随意操纵评标。在内地不发达地区，采购代理机构往往忽略评标委员会人数应当为5人以上单数这一规定，采取一人替代多人签名的形式操纵评标。在经济较发达的地区，采购代理机构也会利用其手中的权力，大胆地操纵评标。例如，在代理某省政府公车的采购过程中，由于采购代理机构有意向的中标候选人A与另一家中标候选人B实力相当，在选择第一中标候选人时，采购代理机构在评标会上，一方面向评标委员会专家提出自己的倾向性建议；一方面采取拖延的战术，只要专家有对中标候选人A的不利言论，就不断地中断评审会，并不断对另一家中标候选人B的不足之处予以夸大，迫使专家选择中标候选人A为第一中标候选人。无论采购代理机构的操纵形式如何，其行为都是违反我国《政府采购法》的。

（3）随意废标。在政府采购过程中，采购代理机构配合采购人随意废标的现象也很严重。

例如，在广东省一重大工程招标过程中，当时建设单位已经内定了一家实力相对较弱的承建单位，在制作招标书时，连履约保证金的支付方式也是针对该承建单位量身定设的。但出人意料的是，在专家评审后，另一家建筑公司被列为第一中标候选人，而建设单位已经内定的承建单位被列为第二中标候选人。但建设单位为了让内定的承建单位承建工程，指示代理机构对第一中标候选人采取废标措施。代理机构积极采取不配合第一中标候选人按时交纳履约保证金的方式，最后以不履行招标文书的借口对第一中标候选人进行了废标。后来该第一中标候选人知道了内幕，但因为担心建筑行业圈子小，容易得罪人，放弃了上述工程的承建。

从该案例可以看出，在实践中，任意废标虽然涵盖了某种利益关系，但废标轻而易举的情形是值得深思的。

（二）采购人存在的问题

1. 采购人的权力干预

在政府采购中，采购人是各级国家机关、事业单位、团体组织，具有浓郁的行政色彩，因此其存在的问题集中在强烈的行政干预性上。因为采购人是政府采购的需求方，所以具有其天然的优势地位。为了通过政府采购获得物美价廉的工程、货物和服务，采购人在委托采购时，往往是根据领导的要求，设置供应商条件、评委资格、项目验收标准。如果代理机构不采纳，采购人要么反复、耐心地做工作，要么直接或间接地进行“权力干预”。在评标会上，采购人代表也是根据领导的指示，提出倾向性意见，拉抬“意中人”，打压其他供应商，甚至直接干扰其他专家评审。正是这种强烈的干预，往往决定了最后中标人的命运，从而滋生权力蛀虫，产生腐败。

2. 采购人规避法律

根据我国《政府采购法》的规定，我国政府采购实行集中采购和分散采购相结合的方式。但实践证明，集中采购的方式更容易产生阳光交易，而分散采购的灰色交易更为频繁，容易滋生腐败的大多数集中在分散采购领域。采购人从分散采购中获取巨额的回扣往往达到采购标的额的20% ~30%。因此，许多采购单位为了创收，故意采取规避法律的方法，将本来应该集中采购的项目进行分解，然后采取分散采购，为小集体赚取暴利。集中采购制度目前是许多发达国家用于抵制腐败的最好制度之一。

（三）供应商存在的问题

供应商是政府采购活动中的供应方，其参加采购活动的主要目的是能签订政府采购合同，最终获取利润。为获取商业利润，供应商采取的手段往往出现偏差，主要体现为以下形式：

1. 利用虚假材料谋取中标

在政府采购中，采购代理机构只能做到核对供应商提交材料的原件，不可能主动核实其真实性，而采购人又过分依赖采购代理机构和专家评审委员会。基于此，供应商就会提供虚假材料，例如故意提供虚假会计报告、隐瞒重大违法行为，或者利用其他公司的资质等手段谋取中标或者成交。

2. 供应商“串标”“围标”“抢标”

在政府采购中，特别是大型工程建设招标过程中，投标商经常会与代理机构串标。这是早些年投标商惯用的手段，现在，最为普遍的是，几个供应商或投标人及其关联公司（工商注册十分隐蔽）经常联手操纵投标，中标后轮流坐庄，这就是所谓的围标。另外，少数供应商采取不正当竞争的手段，以不合理的低价抢标，抢标后通过协商以高于中标的价格执行，采购人不同意协商，中标供应商就要挟退出采购活动，采购人担心权益造成损害，被迫协商的现象多有发生。

此外，实践中还出现评委与供应商相互勾结作弊的现象，从而影响政府采购制度的客观公正性。

二、政府采购法律服务存在的问题

1. 政府采购风险预防领域法律服务几乎处于空白

虽然政府采购在我国正在兴起，每年的政府采购总额也正以100%的速度增长，但是，在政府采购领域的法律服务项目之少确实令人震惊。由于政府采购的采购主体大多是权力机关，因此，政府采购出现问题后，主要靠领导指示，有困难找领导，采购人“等、靠、要”的计划经济时代的依赖思想十分严重地暴露了出来。虽然在市场经济发达国家也有靠领导批示的，如美国总统就有对涉及国家安全的大宗涉外政府采购的批准决定权。但只是个别现象，而我国政府采购靠领导批示、不依赖市场和法律服务保障权益的情况几乎是令人无法想象的。

目前，在我国政府采购中，绝大多数当事人只有在发生争议和纠纷后，甚至是形成行政复议、行政诉讼、民事诉讼后，才想起律师服务。风险预防领域的法律服务几乎处于空白。律师服务有点像“消防灭火队”，有火警才出现。但此时，政府采购各方当事人均已造成损失。政府采购当事人并没有意识到，如果律师法律服务提前介入政府采购，可以像“保健医生”一样，对整个政府采购风险有针对性地进行预防。法律服务集中在诉讼领域，而非诉讼（风险预防领域）法律服务几乎处于空白就是我国政府采购法律服务的现状。

2. 法律服务缺乏政府鼓励和扶持

在政府采购服务过程中，采购代理机构（专指社会上的采购代理机构）和律师事务所提供的服务都是十分专业的，按照常理来讲，采购人向采购代理机构（专指社会上的采购代理机构）和律师事务所支付较高的服务费理所当然，但在现实中并非如此。在政府采购实践中，政府对采购代理机构的服务是鼓励的，对采购代理机构的收费标准是强制性的，代理机构的收费在征税的时候也是按照企业的所得税标准征收的。对律师事务所而言，政府鼓励和扶持的政策比较缺乏：一是没有一个强制性的收费标准，律师事务所收取费用，只能与政府采购单位采取协商的方式，政府采购单位经常利用其优势地位尽量压低律师服务收费；二是律师事务所收取服务费后，国家首先征收10%以上的营业税，然后再征收律师的个人所得税，赋税重已经成为律师行业发展壮大的一个“瓶颈”。加之律师行业支出成本高等特点，造成律师的经济效益过低，从而使其失去了对政府采购法律服务工作的积极性。

3. 法律服务专业性不强

政府采购涉及领域之广、金额之大、周期之长、复杂程度之高，是市场经济产物中前所未有的。因此，政府采购实质上是亟须法律服务的。但是，由于政府采购长期不重视法律服务，造成绝大多数律师没有兴趣研究政府采购法律，更谈不上服务的专业性。目前，我国政府采购法律业务集中由京沪两地律师承办就是一个例证。另外，我国政府采购存在多年，可是《政府采购法》在2003年才实施，而且存在很多不完善的地方。可见，我国立法、司法和律师界对政府采购法律理论的研究和实践能力都是比较薄弱的。这与我国作为世界第四经济体的地位是不相称的。

4. 法律服务缺乏团队精神

政府采购工程的法律服务工作量十分浩大，尽职调查、审核文件、出具法律意见书、参与谈判、磋商、协调纠纷，处处需要律师的专业服务。因此，政府采购的特点决定了律师法律服务必须是律师团队的服务，“单打独斗”式的律师服务是满足不了政府采购需要的。

但我国律师服务的现状是，大多数律师事务所采取的合伙制实质上是“个体户的联合体”，有些甚至同一个律师事务所的律师相互不认识；律师事务所的规模普遍不大，全国律师事务所的平均人数不足10人。同时我国律师业务集中在承办诉讼业务上，而诉讼业务一般就是一个或两个律师提供服务即可。因此，我国律师十分缺乏团队合作精神，与政府采购法律服务的要求相差甚远。这种状况造成政府采购单位对律师服务缺乏信心，而不聘请律师提供法律服务，从而形成了一种恶性循环。

三、政府采购与法律服务存在问题的成因

（一）政府采购存在问题的成因

1. 政府采购当事人的法律意识淡薄

政府采购是一项政策性、法律性很强的活动，整个政府采购都必须遵守政府采购法律法规和部门规章，甚至是部门规范性文件。在政府采购程序方面，《政府采购法》和《招标投标法》进行了明确的规定。但是，在我国开展政府采购的时间并不长，特别是在一些不发达的内地，政府采购存在不过几年时间。有些采购单位的领导、采购代理机构、供应商的法律观念尚未转变，法律意识淡薄，法律知识欠缺，再加上整个招投标腐败现象严重，容易导致政府采购违法和行政干预情况的出现，商业贿赂这种违法行为往往涉及面较大或者重复出现。采购单位的领导、采购代理机构和供应商法律意识的转变是我国目前政府采购改革的一项重要任务。

例如，在震惊全国的北京人天书店涉嫌商业贿赂案中，北京人天书店为了得到高等学校的图书采购业务，不惜采取向多所高校“给付巨额回扣”的方式争揽业务。在东窗事

发后，北京人天书店的某负责人在接受检察机关的调查时，竟然认为“给付巨额回扣”是书店行业的行规，不属于商业贿赂。

从上述这个号称全国最大的私营书店运营商涉嫌商业贿赂案例可以看出，某些供应商的法律意识是多么的淡薄。

2. 政府采购制度尚不完善

《招标投标法》和《政府采购法》的颁布和实施，使我国政府采购制度正式以法律形式确立下来，我国政府采购开始走上了法治化道路。但是，通过实践，《招标投标法》和《政府采购法》的滞后性和缺陷逐渐显现出来。《招标投标法》与《政府采购法》有许多冲突之处，例如信息披露制度；《政府采购法》也存在很多的缺陷，例如政府采购法中的保证金制度、废标制度，监督制度尚不完善，风险预警制度尚未建立等。这给政府采购提供了一个滋生腐败的温床，甚至有些欧美地区的跨国公司也参与了这场“权钱交易”的角逐。

（二）法律服务存在问题的成因

1. 政府采购法律主体、法律关系及法律行为的多样性，对法律服务机构的服务水平要求十分严格

面对政府采购的法律服务需求，大多数律师事务所都处于观望状态，这与政府采购法律主体、法律关系及法律行为的多样性，对法律服务机构的服务水平要求十分严格的客观原因是有一定联系的。

首先，参与政府采购的主体不仅包括采购人、采购代理机构、财政部门，而且包括不特定的众多投标供应商，在有些大的政府采购项目中，参与投标的供应商多达上万家。如在“2006 年中央、省属驻穗医疗机构医用耗材集中招标”政府采购项目中，参与投标的医药供应商多达三万多家。主体的不确定性，意味着风险的不确定性，因此，政府采购对法律文件的制作要求特别高，这直接要求律师具备较高水平的法律专业素质。

其次，在政府采购法律主体所构成的法律关系中，大部分的法律关系是错综复杂的，其涉及的法律关系往往是多边的。在政府采购中，单纯从政府采购法的规定看，供应商中标后，采购人与供应商之间签订采购合同，本来是采购人与供应商之间简单而又清晰的双边民事法律关系，然而，实践中并非那么简单。例如，在某省一高校购买教学设备的政府采购活动中，高校首先是委托省教育装备中心代为购买教学设备，而采购代理机构是由省教育装备中心委托的，后来在某中标供应商与高校签订购买教学设备的采购合同时，采购代理机构发现该供应商在投标时提供了虚假材料，可能影响履约能力。在此种情况下，省教育装备中心要求暂停签订采购合同，但是高校又急需这批教学设备，高校认为供应商的履约能力是没有问题的，因此要求继续签订采购合同，省教育装备中心和采购代理机构只好将情况汇报给政府采购办公室。后来通过政府采购办公室的介入，构成了一个五边的法律行为。从这些法律关系的性质来看，也表现为民事法律关系和行政法律关系的交叉。要想处理好这种纷繁复杂的法律关系，寻找出各个主体之间千丝万缕的联系，对律师服务水平的要求是十分严格的。

另外，政府采购主体实施的行为也是多种法律行为，主要表现为行政法律行为和其他民事法律行为。监督部门不仅对违反政府采购法的行为进行行政处罚，对政府采购行为进行行政裁判，还包括复议行为和行政诉讼等行政法律行为。采购人、采购代理机构、供应商之间又有代理关系和合同关系等民事法律行为。由于政府采购中法律行为的多样性，致使在发生政府采购纠纷时，经常表现出错综复杂、难以判断的特点。这对政府采购法律服务律师的社会经验和法律实践经验是个严峻的考验。

2．律师在政府采购中缺乏定位

在政府采购法律服务领域，律师事务所和律师的参与度不高，服务不专业，缺乏团队服务精神，这与律师在政府采购中的定位是有直接关系的。其主要表现在：

（1）政府采购的法律服务没有依据。在《关于律师从事基本建设大中型项目招标投标法律业务的通知》中，就律师从事基本建设大中型项目招标投标法律业务，具体规定为招标数额较大或采取国际招标的建设项目的招标文件、合同文本提供法律咨询，审查、修改、制作相关法律文件，以及就招标文件最终文本出具法律意见书等活动。这为律师为基本建设大中型项目的政府采购提供法律服务提供了依据。但是，对《政府采购法》所规定的范围内的政府采购法律服务，尚无任何法律法规和指导性文件，这就使律师无法在政府采购服务中准确定位。因此，政府采购即使有律师参与服务，采购单位也往往以商业秘密为由拒绝向律师提供出具法律意见的资料，直接导致律师在政府采购活动中的服务流于形式。

（2）支付法律服务费用没有依据。在一些大型政府采购中，几百万元的律师服务费用仅占工程费用的万分之几，所占比例极小。但是，在许多政府采购项目中，由于财政部门在编制预算时，并没有将律师服务费用列入财政预算，造成采购单位在支付律师服务费用时没有法律依据。基于此，大多数采购单位干脆不聘请律师参与政府采购，或者是为了减少费用，只选择由律师起草重要合同和参与纠纷处理，而不参与整个采购的法律风险预防。

（3）律师行业对政府采购服务的认识不够。由于政府采购是个新兴行业，政府对政府采购的法律服务不够重视等原因，律师行业对政府采购服务没有一个全面的了解和认识，大多数律师停留在基本建设大中型项目的法律服务上。正因为律师行业对政府采购服务的认识不够，所以律师行业普遍缺乏对政府采购的研究，律师在该领域的服务表现得不专业，缺少团队服务也就不足为奇了。

3．律师行业发展的地区差异性造成法律服务不到位

我国律师行业地区发展的不平衡，造成大部分律师集中在经济发达的北京、上海、广州、深圳、成都、大连、武汉等大城市，特别是从事政府采购服务的律师，基本积聚在京沪两地。地区的差异性，造成律师无法及时为政府采购提供服务。例如，在广州白云国际机场的建设过程中，建设单位在选择法律服务机构时，不得不舍近求远，聘请北京金杜律师事务所为其提供法律服务。由此可见，政府采购中缺乏法律服务的律师机构。

第五节　完善政府采购与法律服务的对策

从1998年，深圳市率先制定我国政府采购的第一个地方性法规——《深圳经济特区政府采购条例》，用法规明确政府采购至今，仅仅经历了几年时间，政府采购已经蓬勃发展，2003年，我国政府采购规模达1 600亿元，2004年已经达2 200亿元，足见其生命力之旺盛。按照国际上发达国家的经验，政府采购通常占GDP的10%～15%，如果按GDP的10%左右计算，我国每年的政府采购市场总额在7 000亿元以上，我国政府财政管理模式正在发生一场重大的革命。但是，政府采购模式的复杂性、专业性、长期性特点决定了其发展必然困难重重，需要加以解决，同时，我国长期的计划经济模式培养的大批国家财政管理人才，急需转变观念；另外，基于我国政府采购法律制度的滞后性和不完善，我国政府采购的立法工作和法律服务工作显得十分重要。

一、树立现代法治理念，强化法律宣传

任何一种体制的出现，必然有其历史发展的必然性，政府采购体制的出现，正是我国市场经济发展到一定程度的必然产物。发展好这种制度，就是遵循社会规律和经济规律。那么，如何去发展和完善这种先进的体制呢？理念和意识的转变是十分关键的。

1. 财政部门要树立现代法治理念，强化法律宣传

在政府采购这场变革中，观念需要转变的机关，首当其冲就是政府采购的监督管理部门——财政部门。《政府采购法》明确规定各级财政部门，作为政府采购的监督管理部门，其主要职责是：

（1）监督检查有关政府采购的法律、行政法规和规章的执行情况。

（2）监督检查采购范围、采购方式和采购程序的执行情况。

（3）考核政府采购人员的职业素质和专业技能。

（4）处理供应商的投诉。

（5）监督检查采购代理机构。

由此可见，财政部门不仅是政府采购的宏观管理部门，也是政府采购具体事务的监督管理机关。财政部门能带头树立现代法治理念，加强法律宣传，对政府采购的法治化具有指导意义和现实意义。

2. 加强政府采购部门的法律培训，重视法律服务

（1）实行持证上岗制度，强化采购人员法律素质。政府采购部门作为政府采购活动中的需求方，有许多人在实践中并不重视法律学习，也认识不到法律服务对政府采购的互补作用，这是情有可原的。因为我国政府采购实行了近50年的计划经济模式，国家培养的大批富有经验的干部受这种计划经济时代的政府采购模式影响很深，在短时间内确实难

以转变观念。要想让政府采购部门的各级干部转变观念，树立现代政府采购的法治理念，国家必须实行持证上岗制度。财政部门作为主管部门必须采取措施，有步骤、有计划地对各级政府采购干部进行政府采购的法律培训，鼓励各级干部加强法律学习，强化政府采购部门人员的法律素质。

（2）加强采购人员风险意识的培养，使其意识到法律服务的重要性。在政府采购中，采购人员之所以不重视法律服务，根本原因在于采购人员不具备政府采购的风险防范意识。因此，政府财政部门首先应当加强政府采购部门领导和采购人员的风险防范培训，让其充分认识到目前我国政府采购法律体系的缺陷和不足以及法律服务对法律缺陷和不足的重要弥补作用，从而树立起政府采购的风险防范意识，让政府采购部门主动寻求法律服务，让法律服务进入政府采购的风险预防领域，更好地促进政府采购的良性发展，最终将政府采购纳入“预防为主”的法治化轨道。

二、立法机关要继续完善政府采购法律制度

在政府采购这种复杂的经济活动中，仅凭采购部门和监督部门观念的转变和素质的提高，就想让政府采购顺利地进行，那是远远不够的。俗话说得好，没有规矩不成方圆，这个“方圆”讲的就是法律制度。现在，我国《政府采购法》已经颁行，但是《政府采购法》存在的种种缺陷日益暴露，亟待立法部门解决。现将政府采购制度尚需完善的地方提出以下几项，供大家商榷。

（一）必须消除《招标投标法》与《政府采购法》实践中的冲突

在我国政府采购领域，目前存在两部法律，那就是《招标投标法》与《政府采购法》，《招标投标法》于1999年颁布实施，《政府采购法》于2003年颁布实施。《政府采购法》是规范全部政府采购的，《招标投标法》是规范政府工程采购的。这两部法律在实践过程中，存在信息披露制度、监督主体、监督程序、监督规则、法律责任、救济途径的矛盾和冲突。

例如信息披露制度。《招标投标法》第十六条明确规定，招标人采用公开招标方式的，应当发布招标公告。依法必须进行招标项目的招标公告，应当通过国家指定的报刊、信息网络或者其他媒介发布。招标公告应当载明招标人的名称和地址，招标项目的性质、数量、实施地点和时间以及获取招标文件的办法等事项。《政府采购法》第十一条明确规定，政府采购的信息应当在政府采购监督管理部门指定的媒体上及时向社会公开发布，但涉及商业秘密的除外。从内容上看，两部法律同样规定了政府采购信息的披露采取媒体发布的方式，但由于法律授权行使指定媒体的主管单位不同，这就给实践部门带来了很大的麻烦和障碍。在实践中，财政部根据《政府采购法》的授权，指定了中国政府采购网、《中国财经报》《中国政府采购》杂志、《经济日报·政府采购周刊》为政府采购信息的权威披露媒体。国家发改委根据《招标投标法》的授权，指定了《中国建设报》《中国日报》《中国经济导报》、中国招标与采购网、《国际商报》为工程招标采购信息的权威披露

媒体。不同的信息披露媒体造成了政府采购信息传递渠道和行政主体监督责任的交叉、混乱和扯皮。这使许多政府采购投标人成本不断增加，无所适从。政府主管部门权力的重叠和交叉，造成了效率的下降、公正的丧失、腐败的产生。因此消除《招标投标法》与《政府采购法》实践中的冲突势在必行。

1. 从立法上，建议将《招标投标法》纳入《政府采购法》

从《政府采购法》的法律框架看，《招标投标法》是《政府采购法》的特别法，从立法的技术看，一般应当是先立一般法，再立特别法，这样方可避免法律冲突。但我国因经济发展的原因，《招标投标法》与《政府采购法》的制定顺序刚好相反，不可避免地造成法律冲突。但由于《招标投标法》是《政府采购法》的特别法，两者完全可以合并为一部新的《政府采购法》，这样就可以统一信息披露、监督主体、监督程序、监督规则、法律责任、救济途径等制度。

2. 从行政体制上，建议成立专门的政府采购监督管理机关

可以考虑借鉴美国中央政府高度集中的采购管理体制，完全打破目前政府采购与招标投标由两个行政机关监督管理的体制，由国务院负责政府采购与招标投标工作的具体部门，从上述两个不同机关剥离出来后，专门成立一个政府采购监督管理机关，统一负责监督管理政府采购和招标投标工作。这样，可以使我国的政府采购更快、更好地走上法治化轨道。

（二）建立健全《政府采购法》的制度

我国政府采购是一项年轻的事业，有关政府采购方面的法律理论研究十分有限，更多的是借鉴欧美发达国家的经验。由于理论研究的缺乏，我国2003年刚颁布施行的《政府采购法》有许多不完善之处。因此，继续探讨和健全我国《政府采购法》仍具有现实意义。

1. 创建风险预警制度

我国《政府采购法》第二十二条明确规定，供应商参加政府采购活动应当具备下列条件：

（1）具有独立承担民事责任的能力。

（2）具有良好的商业信誉和健全的财务会计制度。

（3）具有履行合同所必需的设备和专业技术能力。

（4）有依法缴纳税收和社会保障资金的良好记录。

（5）参加政府采购活动前三年内，在经营活动中没有重大违法记录。

（6）法律、行政法规规定的其他条件。

采购人可以根据采购项目的特殊要求，规定供应商的特定条件，但不得以不合理的条件对供应商实行差别待遇或者歧视待遇。

根据上述法律规定，我国政府采购已经明确规定了供应商参加政府采购的条件。然而，我国却没有建立起相应的风险预警系统。例如，有40家供应商对一个政府采购项目进行了投标，其中有一家被采购单位选为第一中标候选人。其他39家，特别是排在第二

位的中标候选单位在得知该供应商成为第一中标候选人后，纷纷向采购代理机构投诉，称该供应商在参加该政府采购活动前的几个月，曾因商业贿赂被处以高额罚款。因此，建议采购单位取消该供应商为第一中标候选人的资格。采购单位在收到投诉信后交给了采购代理机构处理。采购代理机构要求律师协助处理。后来律师根据线索向法院和检察院核实并出具证明，但均遭到拒绝。从该案例可以看到，由于我国没有建立风险预警体系，直接导致我国《政府采购法》第二十二条规定的虚置。

基于此，政府采购主管机关应当创建政府采购风险预警系统，对凡是没有依法缴纳税收和社会保障资金的良好记录，以及在经营活动中具有重大违法记录的企业纳入政府采购风险预警系统，从而为政府采购单位选择供应商提供参考，避免不必要的风险。

2. 建立保证金制度

在我国政府采购过程中，政府采购单位在招标文书中几乎都设置了供应商应提交保证金的条件。但是我国《政府采购法》对保证金制度并没有任何规定，致使供应商提交保证金没有法律依据，采购单位在与供应商签订采购合同时经常发生纠纷。例如，在政府采购过程中，有些供应商为了抢标而尽量压低价格。等中标后，又企图通过所谓的协商方式抬高价格，签订采购合同，否则，便以退出采购方式违约而导致诉讼。又例如，在一次工程招标中，招标方要求中标方交纳相当于中标工程总额35%的履约保证金，方可签订工程合同，但是中标方认为不合理，拒绝交纳并向建设主管部门投诉，建设主管部门也认为有带资建设的嫌疑，属于不合理，要求招标方纠正。但招标方认为不违法予以坚持，最后导致诉讼。

我国《招标投标法》第四十六条明确规定，招标人和中标人应当自中标通知书发出之日起30日内，按照招标文件和中标人的投标文件订立书面合同。招标人和中标人不得再行订立背离合同实质性内容的其他协议。招标文件要求中标人提交履约保证金的，中标人应当提交。虽然《招标投标法》对履约保证金进行了规定，但规定并不具体，对保证金占采购标的额的比例、归还期限均没有规定。另外，《招标投标法》并没有设置缔约保证金即投标保证金条款，造成中标供应商在与政府采购单位签订采购合同时，无法最大化地保护合法权益。

因此，我们应当建立和完善保证金制度，在政府采购法中增设保证金条款，对投标保证金、履约保证金占采购标的额的比例、归还期限均予以明确规定，这样有利于保护供应商和采购单位双方的合法权益。

3. 完善废标制度

我国《政府采购法》第三十六条规定，在招标采购中，出现下列情形之一的，应予废标：

（1）符合专业条件的供应商或者对招标文件作实质性响应的供应商不足三家的。

（2）出现影响采购公正的违法、违规行为的。

（3）投标人的报价均超过了采购预算，采购人不能支付的。

（4）因重大变故，采购任务取消的。

废标后，采购人应当将废标理由通知所有投标人。

由此可以看出，我国《政府采购法》对废标的法定情形是有明确规定的，但遗憾的是，《政府采购法》没有对废标的主体和救济途径予以明确规定。当废标时，被侵权的供应商无法找到维权的确定主体和正确的救济途径，这给供应商的维权设置了法律障碍。例如，在一项政府采购项目中，有采购人、采购代理机构、政府采购中心等主体，如果是采购人或采购代理机构决定废标，供应商应当通过民事诉讼的途径维权；如果是因政府采购中心决定废标，供应商应当通过行政诉讼的途径维权。但是，现行法律只要求采购人或采购代理机构将废标的理由通知所有投标供应商，即只赋予供应商对废标结果的知情权，而对废标主体和救济途径是无须告知的，因此供应商无法判断采取哪种方式救济自己的权利。而相对于采购人、采购代理机构、政府采购中心来讲，三者都有权决定废标，但在承担相应责任时，却采取了隐蔽的方式，这对供应商是不公平的。相关单位的这种权利，导致了领导自由裁量权的产生，极易产生“权力腐败”。

另外，在我国《招标投标法》中，更没有对废标进行规定，这导致目前投标商任意废标的情况十分普遍。

要规范废标行为，防止“权力腐败”，促进公正，维护各方合法利益，有关专家认为，可以借鉴行政处罚决定书的做法，在通知投标商废标时，应当明确事实与理由，明确废标主体，明确救济途径，使废标制度更加完善。另外，应当把废标的程序明确纳入法律条款中，这可以限制任意废标的产生。

4. 完善监督制度

监督制度的好坏直接影响一个制度的前途，这个法则对政府采购制度也是如此。由于我国《招标投标法》没有明确监督机关，造成监督缺位，导致招标投标领域很快成为腐败的重点领域。为了吸取教训，《政府采购法》明确了财政部门为政府采购的监督机关，然而当财政部门自身成为采购人时，其监督机关却没有考虑纳入立法当中。如果财政部门成为采购人时，再由其进行监督，那就说明财政部门既是运动员又是裁判，出现“黑哨”，出现“黑金”也就不足为奇了。因此，为了完善监督制度，必须做到以下两点：

（1）加大政府采购监督检查力度，引入审计制度，形成有效的监督管理机制。对政府采购单位，特别是财政部门的政府采购，应协调好财政部门与纪检、监察、审计等部门之间的职责分工，对财政部门的政府采购，应当在《政府采购法》中明确引入审计制度予以监督，从而从源头上控制腐败和权力滥用的发生。

（2）建立供应商投诉机制，开辟社会监督渠道。供应商是政府采购中的利益攸关者，因此建立供应商投诉机制，充分发挥供应商对政府采购活动的监督作用是十分重要的。另外，邀请新闻媒体和社会公众对政府采购进行监督，可以让政府采购真正地成为一个阳光系统工程。

总之，在政府采购中应逐步形成以财政监督为主，纪检、监察、审计监督及社会舆论监督共同配合的监督机制。

三、律师法律服务专业化水平的提高

1．加强培养政府采购法律服务专业人才

政府采购与一般的商品采购和行政管理不同，专业性很强，从业人员既要熟悉相关法律法规、操作程序，又要有一定的采购知识。为了适应政府采购法律服务市场的需要，司法行政管理部门应当扶持和鼓励律师开展政府采购法律服务研究，并加强政府采购法律服务专业人才的培养，使律师成为既懂采购政策、采购程序、采购过程、采购管理，又能熟练运用政府采购法律知识，包括国际法和国际惯例的高素质综合人才，以胜任集政策性、技术性、法律性于一体的政府采购法律服务。有了这样一支为政府采购服务的律师队伍，才能推动政府采购制度改革和法律服务的深入发展。

2．律师法律服务制度的创新

（1）在《关于律师从事基本建设大中型项目招标投标法律业务的通知》的基础上，采用法律形式确立律师服务的地位。我国《政府采购法》已经明确规定，各级国家机关、事业单位和团体组织，使用财政预算内资金和预算外资金采购依法制定的集中采购目录以内的或者采购限额标准以上的货物、工程和服务的行为，均属于政府采购行为。但是，关于律师在政府采购与招标投标中提供法律服务的范围，现行法律、法规却没有明确规定。在司法部与国家计委共同颁布的《关于律师从事基本建设大中型项目招标投标法律业务的通知》中，就律师从事基本建设大中型项目招标投标法律业务，具体规定为招标数额较大或采取国际招标的建设项目的招标文件、合同文本提供法律咨询，审查、修改、制作相关法律文件，以及就招标文件最终文本出具法律意见书等活动。该通知为我国律师行业为政府采购法律服务指明了方向，但是，该通知仅仅是一个规范性文件，因此，律师为政府采购服务，包括律师费用的支付和财政预算，尚没有法律依据。

因此，为了顺应政府采购法律服务的发展，有关专家建议，先通过一个“政府采购律师服务管理条例”，以行政法规的形式确立律师服务在政府采购中的地位。

（2）建立政府采购法律服务招标投标制度。由于目前我国绝大多数律师事务所的规模较小，专业分工不细，对政府采购有研究的律师事务所和律师更是寥寥无几。因此，建议政府采购单位在选择律师服务时，借鉴东方资产管理公司等几家金融资产管理公司聘用律师的经验，采取招标投标的方式，择优选择律师服务机构，确保律师的法律服务质量。

第七章　法律责任和权利救济途径

第一节　法律责任

法律责任是对违反法律上的义务关系或侵犯法定权利的违法行为所作的否定性评价和谴责，是依法强制违法者承担不利后果，作出一定行为或禁止其作出一定行为，从而补救受侵害者的合法权益，恢复被破坏的社会关系和社会秩序的手段。[①] 它是连接政府采购当事人司法权利和国家公共权利的重要纽带，对其权利保护至关重要。我国《政府采购法》第八章“法律责任”规定了政府采购中违法行为人的民事责任、行政责任和刑事责任。

一、民事责任

我国《政府采购法》中专门涉及民事责任的条款只有一条，即第七十九条规定：“政府采购当事人有本法第七十一条、第七十二条、第七十七条违法行为之一，给他人造成损失的，并应依照有关民事法律规定承担民事责任。”因此，我们从《政府采购法》和《民法通则》及《合同法》的有关规定来明确政府采购当事人的民事责任。

（一）民事责任的承担主体

民事责任即民事法律责任，是指公民或法人因违反民事法律、违约或者因法律规定的其他事由而依法承担的不利后果。民事责任是现代社会常见的法律责任，主要为补偿性的财产责任。民事责任的承担者是具有民事责任能力的自然人和法人。同时，在法律规定的某些条件下，国家也是民事责任的主体。[②]《政府采购法》中民事责任的承担主体包括政府采购当事人和其他民事责任人。

1．政府采购当事人

政府采购当事人是在政府采购活动中享有权利和承担义务的各类主体，包括政府采购人、供应商和采购代理机构等。在《政府采购法》中，民事责任的承担主体主要是政府采购当事人。采购人、供应商和采购代理机构滥用权利或者违反义务，给对方当事人造成损害的，应当承担相应的民事责任。

---

① 赵震江、付子堂：《现代法理学》，北京大学出版社 1999 年版，第 481 页、485 页。

② 张文显：《法理学》，高等教育出版社，北京大学出版社联合出版 1999 年版，第 126—127 页。

2. 其他民事责任人

除了政府采购当事人外，其他民事主体也有可能成为承担与政府采购有关的民事责任人。这些民事责任人主要包括政府采购非当事人和单位工作人员。

（1）政府采购非当事人。政府采购非当事人是指除政府采购当事人以外，在政府采购活动中承担一定义务和享有某种权利的各类主体，包括财政部门、审计部门、监察部门、特定的任何单位或个人。政府采购非当事人包括行政机关和行政相对人。行政机关行使行政职权时不可能成为民事责任的承担主体，但有可能在行使行政职权之外成为侵权民事责任主体。作为政府采购非当事人的行政相对人也有可能成为侵权民事责任主体。

（2）单位工作人员。不论是政府采购当事人还是政府采购非当事人，单位的工作人员在行使其正常工作职责时一般不成为民事责任的承担主体，只有其个人侵权行为可能成为民事责任的承担主体。作为政府采购当事人单位的工作人员，其越权行为或过失行为有可能导致其成为民事责任的承担主体。

（二）民事责任的承担方式

根据我国《民法通则》和《合同法》等有关规定，民事责任的承担方式主要有停止侵害、排除妨碍、消除危险、返还财产、恢复原状、赔偿损失、支付违约金、消除影响、恢复名誉、赔礼道歉、实际履行等。

1. 财产性的民事责任

《政府采购法》所涉及的财产性民事责任根据其产生的法律根据不同，可分为违约责任和侵权责任。违约财产性责任，是指违反政府采购合同的义务，即全部、部分不履行政府采购合同或者没有完全按照政府采购合同约定的质量、规格等条件履行而产生的民事责任。它以政府采购当事人之间的政府采购合同为前提，侵犯的是债权。由于政府采购行为是一种市场交易行为，在政府采购合同订立过程中，不涉及行政权力的行使，双方当事人的法律地位是平等的，即使采购人一方是国家机关也不例外。依法把国家机关作为承担民事责任的主体，充分体现了民事平等的原则，因此，政府采购合同一般为民事合同。同时还应当注意到，政府采购资金属于财政性资金，采购的目的是为了公共事务，政府采购还具有维护公共利益、加强财政支出管理、抑制腐败等功能。因而政府采购合同又不完全等同于一般的民事合同，需要在明确适用《合同法》的前提下，对政府采购合同的有关特殊问题作出规定。例如，《政府采购法》第五十条第二款规定：政府采购合同继续履行将损害国家利益和社会公共利益的，双方当事人应当变更、中止或者终止合同；有过错的一方应当承担赔偿责任，双方都有过错的，各自承担相应的责任。所以，《政府采购法》对违约责任有特殊规定的，适用《政府采购法》，没有规定的，适用《合同法》。但这些特殊规定并不改变违约责任的承担方式，即违反《政府采购法》的双方当事人应承担的违约责任形式与《合同法》应承担的违约责任形式相同，主要有实际履行、损害赔偿、违约金和定金等。

2. 非财产性民事责任

非财产性民事责任以人身制裁为主要形式，是不以财产为内容的民事责任，其承担方式主要有停止侵害、排除妨碍、消除危险、消除影响、恢复名誉、赔礼道歉等。由于《政府采购法》没有直接作出规定，凡涉及非财产性民事责任，应适用《民法》的有关规定。

（三）将导致政府采购中民事责任的行为

根据我国《政府采购法》规定，政府采购当事人及其工作人员有下列违法行为之一，给他人造成损失的，并符合有关民事法律规定的民事责任归责条件的，应当依法承担民事责任。

（1）应当采用公开招标方式而擅自采用其他方式采购的。

（2）擅自提高采购标准的。

（3）委托不具备政府采购业务代理资格的机构办理采购事务的。

（4）以不合理的条件对供应商实行差别待遇或者歧视待遇的。

（5）在招标采购过程中与投标人进行协商谈判的。

（6）中标、成交通知书发出后不与中标、成交供应商签订采购合同的。

（7）拒绝有关部门依法实施监督检查的。

（8）与供应商或者采购代理机构恶意串通的。

（9）在采购过程中接受贿赂或者获取其他不正当利益的。

（10）在有关部门依法实施的监督检查中提供虚假情况的。

（11）开标前泄露标底的。

（12）提供虚假材料谋取中标、成交的。

（13）采取不正当手段诋毁、排挤其他供应商的。

（14）与采购人、其他供应商或者采购代理机构恶意串通的。

（15）向采购人、采购代理机构行贿或者提供其他不正当利益的。

（16）在招标采购过程中与采购人进行协商谈判的。

二、行政责任

《政府采购法》法律责任一章中，共有13条，其中12条涉及行政责任，可见，行政责任在《政府采购法》中占据主导地位。

（一）行政责任的承担主体

《政府采购法》所涉及的法律责任主体、单位主体和工作人员均有可能承担行政责任。行政责任是指因违反行政法律或因行政法规定的事由而应当承担的不利后果。我国《政府采购法》行政责任的承担主体包括行政主体和行政相对人。

1. 行政主体

行政主体是指依法享有国家权力，能以自己的名义实施行政管理，并能独立承担由此产生的相应法律后果的组织。主要包括行政机关和法律法规授权组织。

（1）行政机关。按照《政府采购法》及相关法律规定，所有行政机关都是政府采购行政管理的行政主体。因为行政分工的不同，在政府采购活动中，各行政主体责任范围大小不同，其中起主要作用的是财政部门、监察机关、审计机关。例如，《政府采购法》第十三条规定，各级人民政府财政部门是负责政府采购的监督管理部门，应依法履行对政府采购活动的监督职责。监督不力将承担相应的行政法律责任。监察机关应当加强对参与政府采购活动的国家机关、国家公务员、国家行政机关任命的其他人员实施监察，监察不力将依据《行政监察法》承担行政责任。审计机关应当对政府采购进行审计监督，审计不力将依据《审计法》承担行政责任。

（2）法律法规授权组织。法律法规授权组织是指依据法律、法规授权而行使特定行政职能的非国家机关组织。其范围具体包括行政机构、企业单位、事业单位、社会团体和基层群众自治组织。按照《政府采购法》及相关法律、法规及规章的规定，所有法律、法规授权组织都有可能成为《政府采购法》的行政主体。

2. 公务员

根据《国家公务员暂行条例》的规定，我国国家公务员一般是指在国家行政机关中依法行使国家行政权、执行国家公务的人员。其范围包括各级政府机关中除工勤人员以外的工作人员。在实际操作中，各级党的机关、人大、政协以及群众团体机构中除工勤人员以外的工作人员，也可参照国家公务员制度进行管理。此外，国务院制定的《国家公务员制度实施方案》中把公务员的范围扩大为“其他行使国家行政职能、从事行政管理活动的单位中除工勤人员以外的工作人员”。《政府采购法》中所有行政主体的工作人员除工勤人员以外，都是《政府采购法》承担行政责任的公务员。不属于公务员的其他工作人员，“参照”公务员的有关规定给予处分。无论是作为行政主体的公务员还是作为行政相对人的公务员都有可能承担行政责任。如《政府采购法》第七十二条规定，国家机关工作人员在政府采购民事活动中因民事违法给国家造成损失的，除承担民事责任外，也承担一定的行政责任。

3. 行政相对人

行政相对人是指在行政法律关系中与行政主体相对应的另一方当事人，即公民、法人和其他组织。根据《政府采购法》及相关法律、法规及规章的规定，所有行政相对人都有可能成为《政府采购法》的行政相对人。如《政府采购法》第八十三条规定，任何单位或者个人阻挠和限制供应商进入本地区或者本行业政府采购市场的，责令限期改正；拒不改正的，由该单位、个人的上级行政主管部门或者有关机关给予单位责任人或者个人处分。这条规定使任何违反本条规定的单位和个人都成为《政府采购法》的行政相对人。行政相对人的概念是相对于行政主体而言的，其范围十分复杂。根据《政府采购法》的特点，其行政相对人可以概括为采购人、供应商、采购代理机构和其他行政相对人四类。

（1）采购人。采购人是指依法进行政府采购的国家机关、事业单位、团体组织。凡是使用财政性资金采购依法制定的集中采购目录以内的或者采购限额标准以上的货物、工程和服务的各级国家机关、事业单位、团体组织，都是《政府采购法》规定的采购人，是承担政府采购行政责任的行政相对人。

（2）供应商。供应商是指向采购人提供货物、工程或者服务的法人、其他组织或自然人。两个以上的自然人、法人或者其他组织可以组成一个联合体，以一个供应商的身份共同参加政府采购并共同签订采购合同，对采购人承担连带责任。不管是单一性供应商，还是联合体供应商，都是承担政府采购行政责任的行政相对人。

（3）采购代理机构。采购代理机构即集中采购机构，它是由设区的市、自治州以上人民政府根据本级政府采购项目组织集中采购的需要而设立的非营利事业法人。集中采购机构根据采购人的委托办理采购事宜，集中采购机构是承担政府采购行政责任的行政相对人。

（4）其他行政相对人。所有《政府采购法》行政主体及公务员、采购人、供应商、采购代理机构的工作人员等都可能成为行政相对人。如财政部门作为政府采购监督管理部门，行使行政职权时是行政主体，但当审计部门和监察部门对它进行审计、监察时，它就成为行政相对人；同时审计部门和监察部门以采购人的身份出现时，又都是《政府采购法》的行政相对人。

（二）行政责任的承担方式

《政府采购法》所涉及的行政主体、公务员和行政相对人，由于其在政府采购活动中的权利和义务不同，承担行政责任的方式也不同。

1. 行政主体承担行政责任的方式

根据《政府采购法》和《国家赔偿法》等有关法律、法规的规定及行政主体承担行政责任是否具有赔偿性质，行政主体承担行政责任的方式可分为行政赔偿责任和非赔偿性责任两种。

（1）行政主体的行政赔偿责任。我国《政府采购法》没有直接规定所涉及的行政主体承担行政赔偿责任的条款，但根据《政府采购法》的内容和《国家赔偿法》的规定，行政主体在政府采购行政管理活动中，违反《国家赔偿法》第三条和第四条规定的，应承担行政赔偿责任。虽然行政赔偿的责任主体是国家，但代表国家实际履行行政赔偿义务的是作为行政主体的行政赔偿义务机关，即相关的侵权责任行政主体是具体承担行政赔偿责任的主体。根据《国家赔偿法》第二十五条规定，行政赔偿以支付赔偿金为主要方式，能够返还财产或者恢复原状的，予以返还财产或者恢复原状。如某供应商并没有违反《政府采购法》第七十七条规定及其他法律规定，工商行政管理部门错误地认为该供应商违反了第七十七条规定，按照《政府采购法》第七十七条对其进行罚款并吊销其营业执照；后经行政复议或行政诉讼确认，工商部门属行政违法；根据《国家赔偿法》第二十八条，作为行政赔偿义务机关的工商部门应返还罚款，并赔偿吊销营业执照（停产停业）期间必要的经常性费用开支。

（2）行政主体的非赔偿性责任。《政府采购法》所涉及的行政主体除了承担行政赔偿责任外，还有可能承担一些非赔偿性责任。主要方式有撤销违法行政行为、履行职责，纠正或变更不当行政行为，赔礼道歉、恢复名誉、消除影响等。如《政府采购法》第八十二条规定，政府采购监督管理部门对集中采购机构业绩的考核，有虚假陈述、隐瞒真实情况的，或者不作定期考核和公布考核结果的，应当及时纠正。

2. 公务员承担行政责任的方式

公务员是行政主体行为的主要实施者，根据《政府采购法》和《国家公务员暂行条例》等规定，公务员应承担实施某些违法行政管理的行政责任。公务员承担行政责任的方式主要有行政处分责任和非行政处分责任两种。

（1）行政处分责任。行政处分是行政机关工作人员承担行政责任的主要方式。《政府采购法》对行政处分没有作出具体规定，只是原则上规定依法给予行政处分。这里的依法是依据《国家公务员暂行条例》等规定执行。《国家公务员暂行条例》第三十三条规定，行政处分的方式有警告、记过、记大过、降级、撤职和开除六种。

（2）非行政处分责任。公务员除了承担行政处分责任外，还有可能承担赔偿损失，没收、追缴或者退赔违法所得，责令承认错误、改正错误，通报批评等非行政处分责任。如政府采购监督管理部门行政违法承担行政赔偿责任后，根据《国家赔偿法》第十四条规定，应当责令有故意或者重大过失的工作人员承担部分或全部赔偿费用。而且，公务员承担赔偿责任并不免除其行政处分责任。

3. 行政相对人承担行政责任的方式

根据《政府采购法》和有关法律规定，行政相对人承担行政责任的方式很多，但概括起来，主要有行政处罚责任和非行政处罚责任两种。

（1）行政处罚责任。行政处罚责任是对行政相对人的一种惩罚性责任，即行政主体通过一定的行政处罚行为，对违法者精神上、行为上、经济上造成限制或损害的后果，以示对违法行为的制裁和处罚。行政处罚的对象是承担行政法律责任的行政相对人。根据《政府采购法》和《行政处罚法》第八条和第九条的规定，在政府采购活动中，行政处罚的种类主要有警告、罚款、没收违法所得、停止按预算向其支付资金、列入不良行为记录名单、吊销营业执照、取消相关业务资格和代理采购资格、通报批评等。

（2）非行政处罚责任。非行政处罚责任是一种补救性责任。行政主体通过强制性措施等职权手段，要求行政相对人对违法状态消除或继续履行法定义务。根据《政府采购法》及有关法律规定，其主要方式有责令改正或限期改正、责令停止违法行为、责令返还权益或恢复原状、赔偿损失、承认错误等。

（三）可能导致行政责任产生的行为

按照《政府采购法》和《招标投标法》的规定，应当承担行政责任的主要有以下一些尚不构成犯罪的违法行为：

（1）单位或个人对必须进行招标的项目不进行招标，或者将必须进行招标的项目化整为零，或者以其他人和方式规避招标的。

（2）招标代理机构泄露应当保密的与招标投标活动有关的情况和资料，或者与招标人、投标人串通损害国家利益、社会公共利益或者他人合法权益的。

（3）招标人以不合理的条件限制、排斥、歧视潜在投标人或者强制要求投标人组成联合体投标、限制投标人之间的竞争的。

（4）依法必须进行招标项目的招标人向他人透露已获取招标文件的潜在投标人的名称、数量或者可能影响公平竞争的有关招标投标的其他情况或者泄露标底的。

（5）投标人相互串通投标或者投标人串通投标以及投标人以向招标人或者评标委员会成员行贿的手段谋取中标的。

（6）投标人以他人名义投标或者以其他方式弄虚作假、骗取中标的。

（7）依法必须招标的项目，招标人违法与投标人就投标价格、投标方案等实质性内容进行谈判的。

（8）评标委员会成员接受投标人的财物或者其他好处的，评标委员会成员或者参加评标的有关工作人员透露对投标文件的评审和比较、中标候选人的推荐以及与评标有关的其他情况的。

（9）招标人在评标委员会依法推荐的中标候选人以外确定中标人的，依法必须进行招标的项目在所有投标被评标委员会否决后自行确定中标人的。

（10）中标人将中标项目转让给他人的，或者将中标项目肢解后分别转让给他人的，或者违法将中标项目的部分主体、关键性工作分包给他人的，或者分包人再次分包的。

（11）招标人与中标人不按照招标文件和中标人的投标文件订立合同，或者招标人、中标人订立背离合同实质性内容的协议的。

（12）中标人不按照与招标人订立的合同履行义务的。

（13）任何单位违法限制或者排斥本地区、本系统以外法人或者其他组织参加投标的，或者为招标人指定招标代理机构的，或者强制招标委托招标代理机构办理招标事宜的，或者以其他方式干涉招标投标活动的。

（14）应当采用公开招标方式而擅自采用其他方式采购的。

（15）擅自提高采购标准的。

（16）委托不具备政府采购业务代理资格的机构办理采购事务的。

（17）以不合理的条件对供应商实行差别待遇或者歧视待遇的。

（18）在招标采购过程中与投标人进行协商谈判的。

（19）中标、成交通知书发出后，不与中标、成交供应商签订采购合同的。

（20）拒绝有关部门依法实施监督检查的。

（21）与供应商或者采购代理机构恶意串通的。

（22）在采购过程中接受贿赂或者获取其他不正当利益的。

（23）在有关部门依法实施的监督检查中提供虚假情况的。

（24）开标前泄露标底的。

（25）采购人对应当实行集中采购的政府项目，不委托集中采购机构实行集中采购的，或者在政府采购监督管理部门责令改正后仍拒不改正的。

（26）采购人未依法公布政府采购项目的采购标准和采购结果的。

（27）采购人、采购代理机构违法隐匿、销毁应当保存的采购文件或者伪造、变造采购文件的。

（28）提供虚假材料谋取中标、成交的。

（29）采取不正当手段诋毁、排挤其他供应商的。

（30）与采购人、其他供应商或者采购代理机构恶意串通的。

（31）向采购人、采购代理机构行贿或者提供其他不正当利益的。

（32）在招标采购过程中与采购人进行协商谈判的。

（33）拒绝有关部门监督检查或者提供虚假情况的。

（34）集中采购机构在政府采购监督管理部门考核中，虚报业绩、隐瞒真实情况的。

（35）任何单位或者个人阻挠和限制供应商进入本地区或者本行业政府采购市场的。

（36）对招标投标活动依法负有行政监督职责的国家机关工作人员徇私舞弊、滥用职权或者玩忽职守，尚不构成犯罪的。

（37）政府采购监督管理部门对集中采购机构业绩的考核，有虚假陈述、隐瞒真实情况的，或者不作定期考核和公布考核结果的。

三、刑事责任

我国《政府采购法》规定，如果政府采购活动参与人的行为构成犯罪的，依法追究刑事责任，并就可能构成犯罪的行为进行了简单列举。在政府采购中，如果采购当事人侵害了我国《刑法》所保护的社会关系，则采购当事人应当依据我国《刑法》和《刑事诉讼法》承担相应的刑事责任。

根据《政府采购法》的规定，政府采购活动参与人在下列行为中存在触犯刑法、构成犯罪的风险，有可能会承担刑事责任。

（1）采购人、采购代理机构及其工作人员与供应商或者采购代理机构恶意串通的。

（2）采购人、采购代理机构及其工作人员在采购过程中接受贿赂或者获取其他不正当利益的。

（3）采购人、采购代理机构及其工作人员在有关部门依法实施的监督检查中提供虚假情况的。

（4）采购人、采购代理机构及其工作人员开标前泄露标底的。

（5）供应商提供虚假材料谋取中标、成交的。

（6）供应商采取不正当手段诋毁、排挤其他供应商的。

（7）供应商与采购人、其他供应商或者采购代理机构恶意串通的。

（8）供应商向采购人、采购代理机构行贿或者提供其他不正当利益的。

（9）供应商在招标采购过程中与采购人进行协商谈判的。

（10）供应商拒绝有关部门监督检查或者提供虚假情况的。

（11）采购代理机构在代理政府采购业务中有违法行为，构成犯罪的。

（12）政府采购监督管理部门的工作人员在实施监督检查中，违反本法规定滥用职权、玩忽职守、徇私舞弊，构成犯罪的。

第二节 权利救济途径

政府采购活动中当事人行使权利救济的途径有平等主体间的权利救济途径（包括仲裁或民事诉讼）和不平等主体间的权利救济途径（包括供应商的质疑和投诉、行政复议和行政诉讼），因为《政府采购法》第四十三条规定“政府采购合同适用《合同法》”。本节对于合同纠纷不作阐述，主要阐述供应商的质疑和投诉、行政复议、行政诉讼和仲裁或民事诉讼。

一、质疑和投诉

我国在政府采购立法中确立了供应商质疑与投诉制度，以避免和解决政府采购当事人之间发生的各种矛盾或争议，保证政府采购活动有序进行。我国《政府采购法》吸收了各国有关立法好的经验，对《政府采购法》就供应商的质疑与投诉以及申请复议或诉诸司法救济作出了明确规定。

（1）《政府采购法》规定了供应商的询问权和采购人或其采购代理机构及时予以答复的义务。根据《政府采购法》第五十一、五十四条规定，供应商对政府采购活动事项有疑问的，可以向采购人或其采购代理机构提出询问，采购人或其采购代理机构应当及时作出答复，但答复的内容不得涉及商业秘密。法律作出这一规定，使供应商在采购过程中可以通过询问的方式与采购人或其采购代理机构进行沟通，通过采购人或其采购代理机构对其询问的答复来达到澄清有关问题的目的。

（2）《政府采购法》规定了供应商的质疑权和采购人或其采购代理机构必须在法定期限内书面答复的义务。《政府采购法》第五十二、五十三、五十四条规定，供应商认为采购文件、采购过程和中标、成交结果使自己的权益受到损害的，可以在知道或者应知其权益受到损害之日起7个工作日内，以书面形式向采购人或其采购代理机构提出质疑。采购人或其采购代理机构应当在收到供应商的书面质疑后7个工作日内作出答复，并以书面形式通知质疑供应商和其他有关供应商，但答复的内容不得涉及商业秘密。采购代理机构进行答复的，不得超越采购人委托授权的范围。

（3）《政府采购法》规定了供应商投诉权和政府采购监督管理部门处理其投诉的权利及职责。《政府采购法》第五十五、五十六、五十八条规定，质疑供应商对采购人、采购代理机构的答复不满意或者采购人、采购代理机构未在规定的时间内作出答复的，可以在答复期满后15个工作日内向同级政府采购监督管理部门投诉。政府采购监督管理部门应当在收到投诉后30个工作日内，对投诉事项作出处理决定，并以书面形式通知投诉人和与投诉事项有关的当事人。投诉人对政府采购监督管理部门的投诉处理决定不服或者政府采购监督管理部门逾期未作处理的，可以依法申请行政复议或者向人民法院提起行政诉讼。就这些规定来看，供应商的投诉权包括三方面的内容：一是向政府采购监督管理部门进行投诉的权利；二是申请行政复议的权利；三是提起行政诉讼的权利。就供应商的质疑权而言，其投诉权是逐步获得的，即供应商的投诉权是因行使质疑权而获得的。

（4）规定了与行政复议和行政诉讼的衔接。我国《政府采购法》第五十八条规定，投诉人对政府采购监督管理部门的投诉处理决定不服或者政府采购监督管理部门逾期未作处理的，可以依法申请行政复议或者向人民法院提起行政诉讼。

依据《中华人民共和国政府采购法》和《政府采购供应商投诉处理办法》，供应商质疑、投诉的规范流程如下：

（一）供应商提出质疑

1．提出质疑的条件

（1）提出质疑的供应商必须是参与了本次政府采购活动的供应商。

（2）提出质疑的供应商必须认为本次采购文件、采购过程和中标、成交结果使自己的权益受到了损害。

2．注意事项

（1）提出质疑的时限是在知道或者应知其权益受到损害之日起7个工作日内；否则，采购人可以不接受质疑。

（2）质疑要以书面形式提出，注明认为采购文件、采购过程和中标、成交结果使自己的权益受到损害的事实和理由；如果采购文件、采购过程和中标、成交结果与质疑供应商没有关系，或者供应商没有提出采购文件、采购过程和中标、成交结果使自己的权益受到损害的事实与理由，供应商不宜提出，采购人也可以不受理质疑。

（3）质疑应向负责本次政府采购项目的采购人或委托的采购代理机构提出。

（二）采购人或委托采购代理机构的答复

1．程序

（1）采购人在收到供应商的书面质疑后，应明确具体承办人员做好质疑登记、研究答复工作。

（2）承办人员应当以书面形式对质疑事项作出答复，并通知质疑供应商和其他有关供应商，同时报政府采购监管部门备案。

2．注意事项

（1）质疑答复应在收到质疑后7个工作日内作出。

（2）质疑的书面答复中，内容不得涉及商业秘密。

（三）质疑供应商提起投诉

1．投诉人提起投诉的条件

（1）投诉人是参与所投诉政府采购活动的供应商。

（2）提起投诉前已依法进行了质疑。

（3）投诉书内容符合有关规定。

（4）在投诉有效期限内提起投诉。

（5）属于本级政府采购监管部门的管辖范围。

（6）同一投诉事项未经政府采购监管部门投诉处理。

（7）国务院财政部规定的其他条件。

2．投诉人提起投诉的要求

（1）投诉人投诉时，应当提交投诉书，并按照被投诉人和与投诉事项有关的供应商数量提供投诉书的副本。

（2）投诉书的主要内容：

①投诉人和被投诉人的名称、地址、电话等。

②具体的投诉事项及事实依据。

③质疑和质疑答复情况及相关证明材料。

④提起投诉的日期。

（3）投诉书应当署名。投诉人为自然人的，应当由本人签字；投诉人为法人或者其他组织的，应当由法定代表人或者主要负责人签字盖章并加盖公章。

3．注意事项

（1）质疑供应商提起投诉是对采购人的答复不满意或者采购人未在规定的时间内作出答复。

（2）投诉的事项仅限于本次采购文件、采购过程、中标和成交结果，也就是已经向采购人提出质疑的事项范围。

（3）投诉必须在答复期满后15个工作日内向同级政府采购监管部门提交投诉书，不得多部门或向其他部门投诉，更不得越级投诉。

（4）未提出质疑的，或超过答复期满后15个工作日的，或无书面形式的，或未署实名的，一律视为无效投诉。

（四）政府采购监管部门投诉处理

1．程序

（1）在收到投诉书后，应做好投诉书的拆阅和保存，投诉人姓名、联系方式、举报内容与事实的登记工作。

（2）组织有关人员对投诉书进行审查，并作出是否受理的决定，将决定告知投诉人。

对不符合投诉条件的处理：

①投诉书内容不符合规定的，告知投诉人修改后再重新投诉。

②投诉不属于本部门管辖的，转送有管辖权的部门，并通知投诉人。

③投诉不符合其他条件的，书面告知投诉人不予受理，并说明理由。

对于符合投诉条件的投诉，政府采购监管部门在受理投诉后，应将投诉书副本发送给被投诉人和与投诉事项有关的供应商；要求被投诉人和与投诉事项有关的供应商应当在收到投诉书副本之日起5个工作日内，以书面形式向政府采购监管部门作出说明，并提交相关证据、依据和其他有关材料。

（3）必须进行调查取证的，应当明确具体承办人员做好调查取证工作；必要时也可以组织投诉人和被投诉人当面进行质证。

（4）在调查中，投诉人撤回投诉的，终止投诉处理；经调查，投诉缺乏事实依据的，驳回投诉处理。

（5）经查，认定投诉书属实的，应根据具体情况，按照有关规定作出相应处理。

采购文件具有明显倾向性或者歧视性等问题，给投诉人或者其他供应商合法权益造成或者可能造成损害的，按下列情况分别处理：

①采购活动尚未完成的，责令修改政府采购文件，并按修改后的采购文件开展采购活动。

②采购活动已经完成，但尚未签订合同的，决定采购活动违法，责令重新开展采购活动。

③采购活动已经完成，并且已经签订合同的，决定采购活动违法，由被投诉人按照有关法律规定承担相应的赔偿责任。

认定采购文件、采购过程影响或者可能影响中标、成交结果的，或者中标、成交结果的产生过程存在违法行为的，按下列情况分别处理：

①合同尚未签订的，分别根据不同情况决定全部或者部分采购行为违法，责令重新开展采购活动。

②合同已经签订但尚未履行的，决定撤销合同，责令重新开展采购活动。

③合同已经履行的，决定采购活动违法，给采购人、投诉人造成损失的，由相关责任人承担赔偿责任。

（6）对投诉事项作出处理决定，要以投诉处理决定书形式通知投诉人、被投诉人及其他与投诉处理结果有利害关系的政府采购当事人，投诉处理决定书加盖印章后，依照民事诉讼法关于送达的规定要求进行送达。投诉处理决定书一般包括下列内容：

①投诉人和被投诉人的姓名或者名称、住所等。

②委托代理人办理的，代理人的姓名、职业、住址、联系方式等。

③处理决定的具体内容及事实根据和法律依据。

④告知投诉人行政复议申请权和诉讼权利。

⑤作出处理决定的日期。

⑥将投诉处理结果在有关部门指定的信息发布媒体上进行公告。

⑦投诉处理完毕后，承办人应当将调查处理过程中各种资料立卷归档。

2. 注意事项

（1）政府采购监管部门在收到投诉书后，应在规定时间内（在收到投诉书后 5 个工作日内）进行审查，作出是否受理的答复。

（2）受理投诉后，政府采购监管部门要在法律规定时间（受理后 3 个工作日）内向被投诉人和与投诉事项有关的供应商发送投诉书副本；并要求他们在收到投诉书后按照规定以书面形式作出说明和补证。

（3）审查投诉书，作出是否受理决定，以及投诉处理决定等都要用书面形式发送给投诉人和相关人员。

（4）法律给予政府采购监管部门处理投诉期限为自受理投诉之日起30个工作日内，不能无故拖延。

（5）处理投诉人员，也应当遵循回避的原则和严格保密制度，按章办事。

投诉人对政府采购监管部门的投诉处理决定不服或者政府采购监管部门逾期未作处理的，可以依法申请行政复议或者向人民法院提起行政诉讼。

二、行政复议

行政复议是监督行政的一种行政系统内部纠错机制。行政复议机关是行政机关，有的是作出具体行政行为的行政机关的上一级行政机关，有的是作出具体行政行为的行政机关的同级人民政府，有时还由作出具体行政行为的行政机关本身进行行政复议，目的是解决因具体行政行为引起的行政争议，防止或纠正违法或不当的行政行为，保障和监督行政机关依法行使行政职权，保护行政相对人的合法权益。行政复议和行政诉讼是目前我国实施行政权利救济的两种主要制度。行政复议是行政救济制度，行政诉讼是司法救济制度。

（一）政府采购中的行政复议制度

我国《政府采购法》第五十八条规定，投诉人对政府采购监督管理部门的投诉处理决定不服或者政府采购监督管理部门逾期未作处理的，可以依法申请行政复议或者向人民法院提起行政诉讼。根据这一规定，《政府采购法》赋予了政府采购投诉人以行政复议申请权，即如果投诉人对政府采购监督管理部门的投诉处理决定不服或者在法定的期限内未收到政府采购监督管理部门的投诉处理决定的，可以依据《行政复议法》通过行政复议程序寻求权利救济。

我国《招标投标法》第六十五条规定，投诉人和其他利害关系人认为招标投标活动不符合本法有关规定的，有权向招标人提出异议或者依法向有关行政监督部门投诉。《政府采购法》第五十六条规定，政府采购监督管理部门应当在收到投诉后30个工作日内，对投诉事项作出处理决定，并以书面形式通知投诉人和与投诉事项有关的当事人。从这些规定可以看出，尽管《政府采购法》第五十八条只规定投诉人可以依法申请行政复议，但是政府采购行政复议申请人并不只限于政府采购投诉人，还应包括与投诉事项有关的当事人，同申请行政复议的具体行政行为有利害关系的其他人，以及不服被追究行政法律责任的行政相对人，如政府采购各当事人对审计机关的审计监督行为不服申请行政复议，即成为政府采购行政复议的申请人。

（二）政府采购行政复议的申请理由

根据《政府采购法》第五十六、五十八条的规定，政府采购的投诉人申请行政复议的理由有三个：一是投诉人对政府采购监督管理部门的投诉处理决定不服；二是政府采购监督管理部门逾期未对投诉作出处理；三是未将处理决定以书面形式通知投诉人和与投诉事项有关的当事人。根据《政府采购法》第五十五、五十六条规定，质疑供应商对政府采购人、采购代理机构对其提出的质疑答复不满意或者采购人、采购代理机构未在规定的时间内作出答复的，可以在答复期满后15个工作日内向同级政府采购监督管理部门投诉。政府采购监督管理部门应当在收到投诉后30个工作日内，对投诉事项作出处理决定，并以书面形式通知投诉人和与投诉事项有关的当事人。如果投诉人和与投诉事项有关的政府采购当事人对政府采购监督管理部门作出的投诉处理决定不服，或者政府采购监督管理部门在上述法定期限内未对投诉事项作出处理决定，或者政府采购监督管理部门在作出处理决定后未以书面形式通知投诉人和与投诉事项有关的当事人，投诉人和与投诉事项有关的当事人均可以向政府采购监督管理部门申请行政复议。此外，由于政府采购涉及行业领域较多，在我国现行体制下，不同行业的领域都有相关的行政执法部门进行管理，如在财政预算方面有专门的财政预算部门，城市建设方面有城市建设管理部门，土地等自然资源方面有专门的土地管理部门、矿产资源管理部门、水利建设管理部门等。同时，不同的行政执法部门都享有一定的行政处罚权，但有些行政处罚权是共有权力，有些行政处罚权则是专有权力，如许多行政执法部门都享有罚款的权力。但行政拘留等限制人身自由的行政处罚权，就是公安机关的专有权力；违反审计法律、法规的行政处罚权，就是审计机关的专有权力；吊销营业执照的行政处罚权则应由工商行政管理部门行使。《政府采购法》虽然明确规定各级政府财政部门为政府采购监督管理部门，但也同时明确规定各级人民政府其他有关部门依法履行与政府采购活动有关的监督管理职责，特别是根据《政府采购法》和《招标投标法》等有关“监督检查”“法律责任”的规定，不能排除其他负有相关行政管理职权的行政执法部门根据《政府采购法》和《招标投标法》有关“监督检查”“法律责任”的规定以及其他有关规定，对政府采购当事人实施追究行政法律责任的行政处罚行为和行政处分行为。而政府采购当事人如果对于有关行政执法行为或管理行为不服，或认为其侵犯了自己的合法权益，或认为其违法或不当，都有可能成为申请行政复议的理由。

（三）政府采购行政复议的范围

根据《行政诉讼法》第三十七条规定，凡是可以提起行政诉讼的行政争议案件，都可以申请行政复议，加之法律规定行政复议裁决为终局裁决的行政复议案件以及法律规定可以申请行政复议的内部行政处分行为。

为了更好地保护公民、法人或者其他组织的合法权益，《行政复议法》第六条第十一项作了兜底性的规定，即除了上述行政复议范围之外，公民、法人或其他组织认为行政机关作出的其他具体行政行为侵犯其合法权益的，也可以申请行政复议。也就是说，只要公民、法人或者其他组织认为行政机关的具体行政行为侵犯了其合法权益，都可以申请复议。《政府采购法》中规定的投诉人对政府采购监督管理部门的投诉处理决定不服的，可以申请行政复议，政府采购监督管理部门的投诉处理决定就属于这项规定的侵犯其合法权益的其他具体行政行为。此外，根据《行政复议法》规定的行政复议范围和《政府采购法》有关规定，政府采购当事人不服政府监督管理部门以及各级人民政府其他有关部门履行与政府采购活动有关的监督管理职责作出的具体行政行为，均可以申请行政复议，属于政府采购行政复议的范围。

（四）政府采购行政复议管辖

根据《行政复议法》有关行政复议管辖的规定，政府采购行政复议管辖应当是对各级人民政府财政部门作出的对政府采购活动的监督管理行为包括投诉处理决定不服，政府采购当事人以及利害关系人可以选择向作出该具体行政行为的财政部门的上一级财政部门申请行政复议或者选择向作出该具体行政行为的财政部门所属的本级人民政府申请行政复议；对各级人民政府其他有关部门作出的与政府采购活动有关的监督管理行为包括各类行政处罚行为不服，当事人以及利害关系人可以选择向作出该具体行政行为的工作部门的上一级主管部门申请行政复议或者选择向作出该具体行政行为的工作部门所属的本级人民政府申请行政复议。如果作出与政府采购活动有关的监督管理行为的是地方人民政府，则应向其上一级地方人民政府或所属派出机关申请行政复议。对国务院部门或者省、自治区、直辖市人民政府的具体行政行为不服的，向作出该具体行政行为的国务院部门或者省、自治区、直辖市人民政府申请行政复议。这里应当注意的是，《行政复议法》规定，对国务院部门或者省、自治区、直辖市人民政府作出的行政复议决定不服的，可以向人民法院提起诉讼；也可以向国务院申请裁决，国务院的裁决为最终裁决。如果单行法律未规定可以提起行政诉讼的，政府采购当事人可以依据《行政复议法》或《行政诉讼法》而获得行政诉讼权。

（五）政府采购行政复议程序

行政复议程序是行政复议行为的重要组成部分，包括申请人向复议机关申请复议，至行政复议机关作出复议决定的期限、形式、受理、审理、决定等各项内容。

1．申请行政复议的期限

《行政复议法》第九条规定，公民、法人或其他组织认为具体行政行为侵犯其合法权益的，可以自知道该具体行政行为之日起60日内提出行政复议申请，但是法律规定的申请期限超过60日的除外。因不可抗力或者其他正当理由耽误法定申请期限的，申请期限自障碍消除之日起继续计算。所谓不可抗力，是指申请人不能预见、不能避免并不能预防或克服的客观事由，如战争、地震、重大水灾等；所谓其他一些正当理由，是指如法人处于合并或者改组阶段、法定代表人突然变动、复议申请人病重等。

2．申请行政复议的形式

《行政复议法》第十一条规定，申请人申请行政复议，可以书面申请，也可以口头申请。口头申请的，行政复议机关应当当场记录申请人的基本情况、行政复议请求、申请行政复议的主要事实、理由和时间。根据该条规定，行政复议申请书应当载明申请人的基本情况、申请行政复议的主要事实、申请行政复议的要求和理由以及提出复议申请的日期等。

3．行政复议的受理

这是行政复议程序能否继续的关键环节。根据《行政复议法》第十七条规定，行政复议机关接到行政复议申请后，应当在5日内进行审查，对不符合《行政复议法》规定的行政复议申请，决定不予受理，并书面告知申请人；对符合《行政复议法》规定的，自其负责法制工作的机构收到复议申请之日起即为受理；对符合《行政复议法》规定，但不属于本复议机关受理的行政复议申请，则应当告知申请人向有管辖权的行政复议机关提出。行政复议机关对行政复议申请是否符合行政复议法规定的审查内容包括被申请行政复议的具体行政行为是否属于行政复议的范围，行政复议申请是否符合法定期限，行政复议申请人是否符合法定的申请人条件，行政复议申请书内容是否符合要求，行政复议申请是否属于本行政复议机关管辖，是否已向人民法院提起诉讼等。对同一行政争议，行政复议与行政诉讼依法不能同时进行。行政复议机关对行政复议申请已经受理的，或者法律、法规规定应当行政复议前置的，在法定行政复议期限内不得向人民法院提起行政诉讼。如果行政相对人向人民法院提起行政诉讼，人民法院已经受理的，不得申请行政复议。如果行政相对人申请行政复议后，行政复议机关决定不予受理或者受理后超过法定行政复议期限不作答复的，申请人可以自收到不予受理决定书之日起或者行政复议期限届满之日起15日内向人民法院提起行政诉讼。

4．行政复议的审理

根据《行政复议法》的规定，行政复议原则上采用书面审查的方式进行审理，但依据申请人的要求或行政复议机构认为有必要时，可以向有关组织和人员调查情况，听取有关当事人的意见。按照《行政复议法》规定的期限，行政复议机构应当自受理行政复议申请之日起7日内，将行政复议申请书副本或者行政复议申请笔录复印件发送被申请人，被申请人应当自收到申请书或申请笔录复印件之日起10日内，提出书面答复，并提交当初作出具体行政行为的证据、依据及其他有关材料。按照法律规定，在行政复议过程中，被申请人不得自行向申请人和其他有关组织或个人搜集证据。行政复议机关应当自受理行政复议申请之日起60日内作出行政复议决定，但是法律规定的行政复议期限少于60日的除外。行政复议机关负责人可以根据申请复议案件情况的复杂程度，批准适当延长作出行政复议决定的期限，但延长期限最多不得超过30日。

政府采购当事人对有关行政机关作出的与政府采购活动有关的监督管理行为不服，申请行政复议的，根据《行政复议法》的有关规定，行政复议期间，该行为原则上不停止执行。但有下列情形之一的，可以停止执行：一是被申请人认为需要停止执行的；二是行政复议机关认为需要停止执行的；三是经申请人申请停止执行，行政复议机关认为其要求合理，决定停止执行的；四是法律规定停止执行的。在行政复议机关作出行政复议决定之前，经说明理由和行政复议机关准予，申请人可以要求撤回其行政复议申请，撤回行政复议申请的，行政复议终止。申请人撤回行政复议申请的，不得就行政复议机关准予其撤回申请的决定提起行政诉讼；没有正当理由的情况下，一般也不得对同一具体行政行为再次申请行政复议，申请行政复议的，行政复议机关可以不予受理。申请人撤回行政复议申请必须出于自愿，符合法律规定，并不得侵犯国家、社会和其他当事人的合法权益，否则，行政复议机关应当不予准许。

5. 行政复议决定

根据《行政复议法》的规定，行政复议的结果应当以行政复议决定的形式表现出来，即行政复议机关经对申请复议的具体行政行为进行审查以后，应当作出行政复议决定，而行政复议决定的内容应当以行政复议决定书的形式表现出来，即行政复议机关作出行政复议决定后应当制作行政复议决定书。行政复议决定包括以下几种：

（1）维持决定。行政复议机关对申请行政复议的具体行政行为进行合法性、适当性审查以后，如果认为该具体行政行为认定事实清楚，证据确凿，适用依据正确，程序合法，内容适当，则作出维持该具体行政行为的决定。

（2）限期履行决定。这是行政复议机关认为被申请人没有履行法定职责而作出的限定其在一定期限内履行法定职责的复议决定。

（3）撤销、变更决定。行政复议机关认为申请复议的具体行政行为有下列情形之一的，即可作出撤销、部分撤销或者变更该具体行政行为的决定：一是主要事实不清，证据不足；二是适用依据错误；三是违反法定程序；四是超越职权；五是滥用职权；六是明显不当；七是没有在法定期限内提交当初作出该具体行政行为的证据、依据和其他有关材料。

（4）确认违法决定。

三、行政诉讼

我国《政府采购法》第五十八条规定，投诉人对政府采购监督管理部门的投诉处理决定不服或者政府采购监督管理部门逾期未作处理的，可以依法申请行政复议或者向人民法院提起行政诉讼。这一规定，为人民法院对政府采购活动进行司法审查提供了法律依据，同时也赋予参与政府采购活动的投诉人以行政诉权，根据这一规定，如果投诉人对政府采购监督管理部门的投诉处理决定不服或者在法定的期限内未收到政府采购监督管理部门的投诉处理决定，或者经行政复议后对行政复议决定不服，通过行政复议程序寻求权利救济未果，可以依据《行政诉讼法》向人民法院提起行政诉讼，通过司法审查途径寻求权利救济。

（一）政府采购行政诉讼的当事人

1. 政府采购行政诉讼的原告

我国《招标投标法》第六十五条规定，投诉人和其他利害关系人认为招标投标活动不符合本法有关规定的，有权向招标人提出异议或者依法向有关行政监督部门投诉。《政府采购法》第五十六条规定，政府采购监督管理部门应当在收到投诉后 30 个工作日内，对投诉事项作出处理决定，并以书面形式通知投诉人和与投诉事项有关的当事人。从这些规定可以看出，尽管《政府采购法》第五十八条只规定投诉人可以依法提起行政诉讼，但是政府采购行政诉讼的原告并不只限于政府采购投诉人，还应包括与投诉事项有关的当事人，同行政监督部门作出的具体行政行为有利害关系的其他人，以及不服被追究行政法律责任的行政相对人。

2. 以行政复议机关为被告

《行政诉讼法》仅对行政复议机关作为时的被告资格问题作了规定，对复议机关行政不作为问题没有规定。为解决行政复议机关不作为时的被告资格问题，最高人民法院司法解释第二十二条规定：“复议机关在法定期间内不作复议决定，当事人对原具体行政行为不服提起诉讼的，应当以作出原具体行政行为的行政机关为被告；当事人对复议机关不作为不服提起诉讼的，应当以复议机关为被告。”这条规定表明，经行政复议、复议机关逾期不作为的行政案件，确认被告资格应以行政诉讼原告的诉讼请求为标准。

3. 以两个以上的行政机关或组织为共同被告

根据《行政诉讼法》第二十五条、第二十六条和最高人民法院司法解释第二十条的有关规定，以两个以上的行政机关或组织为共同被告的情况主要有以下三种：①公民、法人或其他组织对两个以上行政机关或组织作出同一具体行政行为不服，向人民法院提起行政诉讼的。②公民、法人或其他组织对两个以上行政机关或组织作出的同类具体行政行为不服，分别向人民法院提起行政诉讼，人民法院认为可以合并审理的。③公民、法人或其他组织对两个以上行政机关依职权共同组建并赋予行政管理职能，但不具有独立承担法律责任能力的机构，以自己名义作出的具体行政行为不服提起行政诉讼的。需要注意的是，具有国家行政职权的机关或组织和不具有国家行政职权的机关或组织共同署名作出行政行为所引起的行政诉讼，不具有国家行政职权的机关或组织不能作为行政诉讼中的共同被告，但是，原告若对其提出赔偿请求，其可以作为第三人参加诉讼。

4. 以法律、法规、规章授权行使行政职权的组织为被告

根据《行政诉讼法》和最高人民法院司法解释的有关规定，公民、法人或其他组织对有关法律、行政法规或地方性法规、行政规章和地方性规章授权的组织作出的具体行政行为不服，向人民法院提起行政诉讼的，以该被授权的组织为被告。

（二）政府采购行政诉讼的诉因

根据《政府采购法》第五十六、五十八条的规定，政府采购的投诉人和与投诉事项有关的其他政府采购当事人提起行政诉讼的诉因有三：一是投诉人对政府采购监督管理部门的投诉处理决定不服；二是政府采购监督管理部门逾期未对投诉作出处理；三是未将处理决定以书面形式通知投诉人和与投诉事项有关的当事人。根据《政府采购法》第五十五、五十六条规定，质疑供应商对政府采购人、采购代理机构对其提出的质疑答复不满意，或者采购人、采购代理机构未在规定的时间内作出答复的，可以在答复期满后15个工作日内向同级政府采购监督管理部门投诉。政府采购监督管理部门应当在收到投诉后30个工作日内，对投诉事项作出处理决定，并以书面形式通知投诉人和与投诉事项有关的当事人。如果投诉人和与投诉事项有关的政府采购当事人对政府采购监督管理部门作出的投诉处理决定不服，或者政府采购监督管理部门在上述法定期限内未对投诉事项作出处理决定，或者政府采购监督管理部门在作出处理决定后，未以书面形式通知投诉人和与投

诉事项有关的当事人，投诉人和与投诉事项有关的当事人均可以向人民法院提起行政诉讼。

鉴于目前我国尚未制定《政府采购法》实施细则，而根据《政府采购法》第五十八条规定，投诉人对政府采购监督管理部门的投诉处理决定不服或者政府采购监督管理部门逾期未作处理的，可以依法申请行政复议或者向人民法院提起行政诉讼。这里的“或者”表示法律、法规对在提起行政诉讼前应先向行政机关申请行政复议有明确规定的，投诉人对政府采购监督管理部门的投诉处理决定不服或者政府采购监督管理部门逾期未作处理的，投诉人应当依法先申请行政复议，对复议决定不服再向人民法院提起行政诉讼；如果法律、法规对是否应先申请行政复议没有明确规定的，投诉人对政府采购监督管理部门的投诉处理决定不服或者政府采购监督管理部门逾期未作处理的，投诉人可以选择申请行政复议，对行政复议不服再提起行政诉讼，也可以选择直接提起行政诉讼。

《政府采购法》虽然明确规定各级政府财政部门为政府采购监督管理部门，但同时也明确规定各级人民政府其他有关部门依法履行与政府采购活动有关的监督管理职责，特别是根据《政府采购法》和《招标投标法》等有关“监督检查”“法律责任”的规定，以及上述国务院有关部门实施招标投标活动行政监督的职责分工，不能排除其他负有相关行政管理职权的行政执法部门根据《政府采购法》和《招标投标法》有关“监督检查”“法律责任”的规定以及其他有关规定，对政府采购当事人实施追究行政法律责任的行政处罚行为和行政处分行为。而政府采购当事人如果对有关行政执法行为或管理行为不服，或认为其侵犯了自己的合法权益，或认为其违法或不当，都有可能成为其提起行政诉讼的诉因。

（三）政府采购行政诉讼程序

1．起诉的条件与期限

根据我国《行政诉讼法》的有关规定，在我国提起行政诉讼必须符合以下条件：

（1）原告是认为具体行政行为侵犯其合法权益的供应商、采购人及采购代理机构。

（2）有明确的被告。

（3）有具体的诉讼请求和事实根据。

（4）属于人民法院受案范围和受诉人民法院管辖。

提起行政诉讼，除了要符合上述起诉条件外，还应符合《行政诉讼法》有关起诉期限和是否需要行政复议前置的规定。

根据《行政诉讼法》的规定，原告提起行政诉讼必须在法律规定的期限内提出，如果超过起诉期限，即丧失诉权。行政诉讼的起诉期限主要有：

（1）经过行政复议的案件，具体的法律、法规没有对当事人起诉期限作具体规定的，申请复议人不服复议决定的，可以在收到复议决定书之日起15日内向人民法院提起诉讼。

（2）复议机关应当在收到公民、法人和其他组织复议申请书之日起2个月内作出复议决定，逾期不作决定的，申请人可以在复议期满之日起15日内向人民法院提起诉讼。法律另有规定的除外。

（3）公民、法人和其他组织直接向人民法院提起诉讼的，应当在知道作出具体行政行为之日起3个月内提出。法律另有规定的除外。

（4）法律特别规定的期限，分两种情况：其一，复议机关作出复议的期限。这对复议机关逾期不作决定，申请复议人可以依法在复议期满之日起15日内向人民法院起诉具有重要意义。其二，公民、法人或者其他组织直接向人民法院提起诉讼或是申请复议人不服复议决定向人民法院提起诉讼，法律、法规对提起诉讼期限有特别规定。如《食品卫生法》规定，当事人对食品卫生监督机关给予的行政处罚不服的，在接到处罚通知之日起15日内，可以向人民法院起诉。这一特别规定，就将食品卫生处罚案件的起诉期限由一般案件的3个月缩短为15日。

（5）因不可抗力或者其他特殊情况耽误法定期限的，在障碍消除后的10日内，原告可以申请延长期限，是否准许由人民法院决定。

（6）行政机关作出具体行政行为时，或者复议机关在作出复议决定时，未告知公民、法人或者其他组织诉权或者法定起诉期限，起诉期限从公民、法人或者其他组织知道或者应当知道诉权或者起诉期限之日起计算，但从知道或者应当知道具体行政行为或复议决定内容之日起最长不得超过两年。

（7）公民、法人或者其他组织不知道行政机关作出的具体行政行为内容的，其起诉期限从知道或者应当知道该具体行政行为内容之日起计算。对涉及不动产的具体行政行为从作出之日起超过20年，其他具体行政行为从作出之日起超过5年提起诉讼的，人民法院不予受理。

（8）由于不属于起诉人自身的原因超过起诉期限的，被耽误的时间不计算在起诉期间内。因人身自由受到限制而不能提起诉讼的，被限制人身自由的时间不计算在起诉期间内。

（9）公民、法人或者其他组织申请行政机关履行法定职责，行政机关在接到申请之日起60日内不履行的，公民、法人或者其他组织向人民法院提起诉讼，人民法院应当依法受理。法律、法规、规章和其他规范性文件另有规定的，从其规定。公民、法人或者其他组织在紧急情况下请求行政机关履行保护其人身权、财产权的法定职责，行政机关不履行的，起诉期间不受60日规定的限制。

2. *受理*

根据《行政诉讼法》第四十二条和最高人民法院司法解释第三十二条的规定，人民法院应当组成合议庭对原告的起诉进行审查。符合起诉条件的，应当在7日内立案；不符合起诉条件的，应当在7日内裁定不予受理。7日内不能决定受理的，应当先予受理；受理后经审查不符合起诉条件的，裁定驳回起诉。起诉人对不予受理和驳回起诉的裁定不服的，可以提起上诉。受诉人民法院在7日内既不立案，又不作出裁定的，起诉人可以向上一级人民法院申诉或者起诉。上一级人民法院认为符合受理条件的，应予受理；受理后可以移交或者指定下级人民法院审理，也可以自行审理。上述期限，从受诉人民法院收到起诉状之日起计算；因起诉状内容欠缺而责令原告补正的，从人民法院收到补正材料之日起计算。有下列情形之一的，人民法院不予受理，已经受理的，裁定驳回起诉：

（1）请求事项不属于行政审判权限范围的。

（2）起诉人无原告诉讼主体资格的。

（3）起诉人错列被告且拒绝变更的。

（4）法律规定必须由法定或者指定代理人、代表人为诉讼行为，未经法定或者指定代理人、代表人为诉讼行为的。

（5）由诉讼代理人代为起诉，其代理不符合法定要求的。

（6）起诉超过法定期限且无正当理由的。

（7）法律、法规规定行政复议为提起行政诉讼必经程序而未申请复议的。

（8）公民、法人或者其他组织已经申请行政复议，在法定复议期间内又向人民法院提起诉讼的。

（9）起诉人重复起诉的。

（10）已撤回起诉，无正当理由再行起诉的。

（11）诉讼标的为生效判决的效力所羁束的。

（12）起诉不具备其他法定要件的。

以上所列情形可能补正或者更正的，人民法院应在指定期间责令补正或者更正；在指定期间已经补正或者更正的，应当依法受理。

3．审理

根据《行政诉讼法》规定，人民法院审理行政案件，不适用独任审判，也不适用简易程序，因此，必须依法组成合议庭。合议庭可以由审判员组成，也可以由审判员和陪审员组成，组成人员应当是3人以上的单数。合议庭审判人员确定以后，应当在3日内告知行政诉讼当事人，并告知有关的诉讼权利和义务。案件的承办人员及其他有关人员遇有法律规定应当回避情形的，应当主动提出不参加该案件的审理或与该案件有关的审判活动；当事人（包括原告、被告、第三人和共同诉讼人）及其法定代理人认为承办案件的审判人员及其他有关人员与当事人有亲属关系，或与案件有利害关系，或与案件、当事人有其他关系，可能影响案件公正审理的，有权申请他们回避。

人民法院审理行政案件，除应当遵循诉讼的一般原则外，如人民法院独立行使审判权原则、以事实为根据以法律为准绳原则、当事人诉讼地位平等原则、使用本民族语言文字进行诉讼原则、公开审判原则、两审终审原则等，还应当遵守以下法定规则。

（1）诉讼期间行政决定不停止执行原则。将当事人争议的具体行政行为不因原告提起诉讼而停止执行作为行政诉讼的一项基本原则，这也是世界各国行政诉讼的通则，它是由国家行政管理的特殊性决定的。《行政诉讼法》第四十四条规定，具备以下三种情况之一即可停止具体行政行为的执行：第一，被告认为需要停止执行的。被诉具体行政行为是被告作出的，应当了解执行的后果，因此，被告认为可以停止执行被诉具体行政行为的，可以依职权作出停止执行的决定。第二，原告申请停止执行，人民法院认为该具体行政行为的执行会造成难以弥补的损失，并且停止执行不损害社会公共利益，裁定停止执行的。人民法院根据原告申请裁定停止执行被诉具体行政行为，一般应同时具备两个条件：一是执行会给原告造成难以弥补的损失，二是停止执行不会损害社会或公共利益。但在审判实践中应当注意的是，法律、法规特别规定不能停止执行的，不论是作为被告的行政机关或组织，还是人民法院，都应该根据特别规定优于一般规定的原则，不能作出停止执行被诉具体行政行为的决定或裁定。如根据我国有关税法的规定，纳税义务人对税务机关所作的收税决定不服的，必须先按税务机关的决定纳税，然后才能依照法定程序申请复议或提起行政诉讼。第三，法律、法规规定可以停止执行的。如《治安管理处罚条例》第四十条第二款规定："被裁决拘留的人或者他的家属能够找到担保人或者按照规定交纳保证金的，在申诉和诉讼期间，原裁决暂缓执行。"

（2）被告对具体行政行为是否合法负举证责任原则。我国《行政诉讼法》第三十二条规定："被告对作出的具体行政行为负有举证责任，应当提供作出该具体行政行为的证据和所依据的规范性文件。"这是被告负举证责任的原则规定，其含义是指在行政诉讼中，被告行政机关或组织对被诉的具体行政行为的事实和法律依据负有举证责任，如果提不出足够的证据证明其合法，则要承担败诉的法律后果。

在行政诉讼中实行被告负举证责任原则，并非意味着原告不能举证或不承担任何举证责任。根据最高人民法院司法解释的有关规定，行政诉讼的原告应当对下列事项承担举证责任：一是在向人民法院提起诉讼时，应当提供其符合起诉条件的相应证据材料；二是在起诉被告不作为的案件中，应当提供证明其在行政程序中曾经提出申请的证据材料；三是在行政赔偿诉讼中，应当对被诉具体行政行为造成损害的事实提供证据，并要求原告或者第三人应当在开庭审理前或者人民法院指定的交换证据之日提供证据。

此外，最高人民法院证据司法解释第六条规定，原告可以提供证明被诉具体行政行为违法的证据。原告提供的证据不成立的，不免除被告对被诉具体行政行为合法性的举证责任。

（3）合法性审查原则。我国《行政诉讼法》第五条规定："人民法院审理行政案件，对具体行政行为是否合法进行审查。"根据这一规定，合法性审查成为人民法院审理行政案件的主要任务和核心内容。所谓审查具体行政行为合法性，是指人民法院通过依法审理行政案件，对具体行政行为是否合法进行审查并作出裁判。根据这一原则，公民、法人或者其他组织提起行政诉讼应是认为行政机关或组织的具体行政行为以及相应的不作为违法侵犯其合法权益，人民法院才予受理；人民法院审理行政案件审查的对象是被告作出的具体行政行为以及相应的不作为；审查的内容是被诉具体行政行为以及相应的不作为是否合法。

（4）不适用调解原则。人民法院审理行政案件，除行政赔偿诉讼外，不适用调解，这是我国《行政诉讼法》作出的明确规定。这一规定的含义是指人民法院审理行政案件，不能以调解的方式结案。不适用调解原则的例外情况，涉及对有关行政赔偿案件的处理。根据《行政诉讼法》第六十七条第三款的规定，行政赔偿诉讼可以适用调解。

4．行政裁判

根据《行政诉讼法》的规定，人民法院应当在立案之日起3个月内作出第一审判决。行政诉讼缺席判决适用于以下几种情况：一是被告不到庭。根据《行政诉讼法》第四十八条规定，经人民法院两次合法传唤，被告无正当理由拒不到庭的，可以缺席判决。二是被告未经法庭许可中途退庭，又拒不返回的。在这种情况下，可以比照《行政诉讼法》第四十八条的规定，予以缺席判决。三是原告或者上诉人申请撤诉，人民法院裁定不予准许，经合法传唤无正当理由拒不到庭，或者未经法庭许可而中途退庭的，根据最高人民法院司法解释第四十九条规定，人民法院可以缺席判决。四是第三人经合法传唤无正当理由拒不到庭，或者未经法庭许可中途退庭的，不影响案件的审理，即使在这种情况下，人民法院亦可缺席判决。

人民法院审理行政案件，不得变更加重对原告的处罚，但利害关系人同为原告的除外，同时，人民法院审理行政案件，不得对行政机关未予处罚的人直接给予行政处罚。

（1）履行判决。履行判决主要是针对行政机关或组织不作为即不履行法定职责而适用的。经过审理，人民法院认为被诉行政机关或组织不履行或者拖延履行法定职责，判决其在一定期限内履行。

（2）确认判决。确认判决分为确认合法判决、确认违法判决和确认无效判决。根据最高人民法院司法解释第五十七条规定，人民法院认为被诉具体行政行为合法，但不适宜判决维持或者驳回诉讼请求时，可以作出确认其合法有效的判决。有下列情形之一的，人民法院应当作出确认被诉具体行政行为违法或者无效的判决：①被告不履行法定职责，但判决责令其履行其法定职责已无实际意义的。②被诉具体行政行为违法，但不具有可撤销内容的。③被诉具体行政行为依法不成立或者无效的。此外，如果被告改变原具体行政行为，原告不撤诉，人民法院经审查认为原具体行政行为违法的，应当作出确认其违法的判决。

（3）一审裁定。在行政诉讼一审程序中，裁定适用的范围主要有：不予受理，驳回起诉，管辖异议，终结诉讼，中止诉讼，移送或者指定管辖，诉讼期间停止具体行政行为的执行或者驳回停止执行的申请，财产保全，先予执行，准许撤诉或不准许撤诉，补正裁判文书中的笔误，中止、终结执行或不予执行，提审、指令再审或者发回重审，准许或者不准许执行行政机关的具体行政行为以及其他需要裁定的事项。当事人对不予受理、驳回起诉或管辖异议是否成立的裁定不服，可以提起上诉。

当事人不服人民法院第一审判决的，有权在判决书送达之日起15日内向上一级人民法院提起上诉。当事人不服人民法院第一审裁定的，有权在裁定书送达之日起10日内向上一级人民法院提起上诉。

人民法院对上诉案件，认为事实清楚的，可以实行书面审理。但当事人对原审人民法院认定的事实有争议的，应当开庭审理。人民法院审理上诉案件，应当对原审人民法院的裁判和被诉具体行政行为是否合法进行全面审查，并应当在收到上诉状之日起2个月内作出终审判决。

5．执行

人民法院行政裁判生效以后，就要进入执行程序。行政诉讼的执行是指人民法院和享有执行权的行政机关在义务人逾期拒不履行发生法律效力的行政判决书、行政裁定书、行政赔偿判决书、行政赔偿调解书以及非讼合法具体行政行为所确定的义务时，依照法定程序，强制义务人履行义务，从而使上述生效法律文书的内容得以实现的活动。

四、仲裁或民事诉讼

在下列情况下，适用仲裁程序解决纠纷：

（1）采购人与采购代理机构因委托代理合同纠纷，如果在委托代理合同中有效约定了仲裁条款，或者在发生纠纷后双方书面同意通过仲裁方式来解决纠纷的，适用仲裁程序。

（2）采购人及采购代理机构与供应商在签订《政府采购合同》后，因履行合同所引发的纠纷，如果在《政府采购合同》中有效约定了仲裁条款，或者在发生纠纷后双方书面同意通过仲裁方式来解决纠纷的，适用仲裁程序。

在下列情况下，适用民事诉讼程序解决纠纷：

（1）采购人与采购代理机构因委托代理合同发生纠纷，如果在委托代理合同中没有约定仲裁条款，或者有约定仲裁条款但约定无效的，适用民事诉讼程序。

（2）采购人或采购代理机构与供应商在签订《政府采购合同》之前，因围绕采购活动所发生的纠纷（包括公开招标、邀请招标、竞争性谈判、单一来源采购以及询价等五种法定方式），适用民事诉讼程序。

（3）采购人或采购代理机构与供应商在签订《政府采购合同》后，因履行合同所引发的纠纷，如果在《政府采购合同》中没有约定仲裁条款，或者有约定仲裁条款但约定无效的，适用民事诉讼程序。

第八章　法律法规选编

第一部分　法律

中华人民共和国政府采购法

中华人民共和国主席令（第六十八号）

《中华人民共和国政府采购法》已由中华人民共和国第九届全国人民代表大会常务委员会第二十八次会议于2002年6月29日通过，现予公布，自2003年1月1日起施行。

中华人民共和国主席　江泽民

第一章　总　则

第一条　为了规范政府采购行为，提高政府采购资金的使用效益，维护国家利益和社会公共利益，保护政府采购当事人的合法权益，促进廉政建设，制定本法。

第二条　在中华人民共和国境内进行的政府采购适用本法。

本法所称政府采购，是指各级国家机关、事业单位和团体组织，使用财政性资金采购依法制定的集中采购目录以内的或者采购限额标准以上的货物、工程和服务的行为。

政府集中采购目录和采购限额标准依照本法规定的权限制定。

本法所称采购，是指以合同方式有偿取得货物、工程和服务的行为，包括购买、租赁、委托、雇用等。

本法所称货物，是指各种形态和种类的物品，包括原材料、燃料、设备、产品等。

本法所称工程，是指建设工程，包括建筑物和构筑物的新建、改建、扩建、装修、拆除、修缮等。

本法所称服务，是指除货物和工程以外的其他政府采购对象。

第三条　政府采购应当遵循公开透明原则、公平竞争原则、公正原则和诚实信用原则。

第四条　政府采购工程进行招标投标的，适用招标投标法。

第五条　任何单位和个人不得采用任何方式，阻挠和限制供应商自由进入本地区和本行业的政府采购市场。

第六条　政府采购应当严格按照批准的预算执行。

第七条　政府采购实行集中采购和分散采购相结合。集中采购的范围由省级以上人民政府公布的集中采购目录确定。

属于中央预算的政府采购项目，其集中采购目录由国务院确定并公布；属于地方预算的政府采购项目，其集中采购目录由省、自治区、直辖市人民政府或者其授权的机构确定并公布。

纳入集中采购目录的政府采购项目，应当实行集中采购。

第八条 政府采购限额标准，属于中央预算的政府采购项目，由国务院确定并公布；属于地方预算的政府采购项目，由省、自治区、直辖市人民政府或者其授权的机构确定并公布。

第九条 政府采购应当有助于实现国家的经济和社会发展政策目标，包括保护环境，扶持不发达地区和少数民族地区，促进中小企业发展等。

第十条 政府采购应当采购本国货物、工程和服务。但有下列情形之一的除外：

（一）需要采购的货物、工程或者服务在中国境内无法获取或者无法以合理的商业条件获取的；

（二）为在中国境外使用而进行采购的；

（三）其他法律、行政法规另有规定的。

前款所称本国货物、工程和服务的界定，依照国务院有关规定执行。

第十一条 政府采购的信息应当在政府采购监督管理部门指定的媒体上及时向社会公开发布，但涉及商业秘密的除外。

第十二条 在政府采购活动中，采购人员及相关人员与供应商有利害关系的，必须回避。供应商认为采购人员及相关人员与其他供应商有利害关系的，可以申请其回避。

前款所称相关人员，包括招标采购中评标委员会的组成人员，竞争性谈判采购中谈判小组的组成人员，询价采购中询价小组的组成人员等。

第十三条 各级人民政府财政部门是负责政府采购监督管理的部门，依法履行对政府采购活动的监督管理职责。

各级人民政府其他有关部门依法履行与政府采购活动有关的监督管理职责。

第二章 政府采购当事人

第十四条 政府采购当事人是指在政府采购活动中享有权利和承担义务的各类主体，包括采购人、供应商和采购代理机构等。

第十五条 采购人是指依法进行政府采购的国家机关、事业单位、团体组织。

第十六条 集中采购机构为采购代理机构。设区的市、自治州以上人民政府根据本级政府采购项目组织集中采购的需要设立集中采购机构。

集中采购机构是非营利事业法人，根据采购人的委托办理采购事宜。

第十七条 集中采购机构进行政府采购活动，应当符合采购价格低于市场平均价格、采购效率更高、采购质量优良和服务良好的要求。

第十八条 采购人采购纳入集中采购目录的政府采购项目，必须委托集中采购机构代理采购；采购未纳入集中采购目录的政府采购项目，可以自行采购，也可以委托集中采购机构在委托的范围内代理采购。

纳入集中采购目录属于通用的政府采购项目的，应当委托集中采购机构代理采购；属于本部门、本系统有特殊要求的项目，应当实行部门集中采购；属于本单位有特殊要求的项目，经省级以上人民政府批准，可以自行采购。

第十九条 采购人可以委托经国务院有关部门或者省级人民政府有关部门认定资格的采购代理机构，在委托的范围内办理政府采购事宜。

采购人有权自行选择采购代理机构，任何单位和个人不得以任何方式为采购人指定采购代理机构。

第二十条 采购人依法委托采购代理机构办理采购事宜的，应当由采购人与采购代理机构签订委托代理协议，依法确定委托代理的事项，约定双方的权利和义务。

第二十一条　供应商是指向采购人提供货物、工程或者服务的法人、其他组织或者自然人。

第二十二条　供应商参加政府采购活动应当具备下列条件：

（一）具有独立承担民事责任的能力；

（二）具有良好的商业信誉和健全的财务会计制度；

（三）具有履行合同所必需的设备和专业技术能力；

（四）有依法缴纳税收和社会保障资金的良好记录；

（五）参加政府采购活动前三年内，在经营活动中没有重大违法记录；

（六）法律、行政法规规定的其他条件。

采购人可以根据采购项目的特殊要求，规定供应商的特定条件，但不得以不合理的条件对供应商实行差别待遇或者歧视待遇。

第二十三条　采购人可以要求参加政府采购的供应商提供有关资质证明文件和业绩情况，并根据本法规定的供应商条件和采购项目对供应商的特定要求，对供应商的资格进行审查。

第二十四条　两个以上的自然人、法人或者其他组织可以组成一个联合体，以一个供应商的身份共同参加政府采购。

以联合体形式进行政府采购的，参加联合体的供应商均应当具备本法第二十二条规定的条件，并应当向采购人提交联合协议，载明联合体各方承担的工作和义务。联合体各方应当共同与采购人签订采购合同，就采购合同约定的事项对采购人承担连带责任。

第二十五条　政府采购当事人不得相互串通损害国家利益、社会公共利益和其他当事人的合法权益；不得以任何手段排斥其他供应商参与竞争。

供应商不得以向采购人、采购代理机构、评标委员会的组成人员、竞争性谈判小组的组成人员、询价小组的组成人员行贿或者采取其他不正当手段谋取中标或者成交。

采购代理机构不得以向采购人行贿或者采取其他不正当手段谋取非法利益。

第三章　政府采购方式

第二十六条　政府采购采用以下方式：

（一）公开招标；

（二）邀请招标；

（三）竞争性谈判；

（四）单一来源采购；

（五）询价；

（六）国务院政府采购监督管理部门认定的其他采购方式。

公开招标应作为政府采购的主要采购方式。

第二十七条　采购人采购货物或者服务应当采用公开招标方式的，其具体数额标准，属于中央预算的政府采购项目，由国务院规定；属于地方预算的政府采购项目，由省、自治区、直辖市人民政府规定；因特殊情况需要采用公开招标以外的采购方式的，应当在采购活动开始前获得设区的市、自治州以上人民政府采购监督管理部门的批准。

第二十八条　采购人不得将应当以公开招标方式采购的货物或者服务化整为零或者以其他任何方式规避公开招标采购。

第二十九条　符合下列情形之一的货物或者服务，可以依照本法采用邀请招标方式采购：

（一）具有特殊性，只能从有限范围的供应商处采购的；

（二）采用公开招标方式的费用占政府采购项目总价值的比例过大的。

第三十条　符合下列情形之一的货物或者服务，可以依照本法采用竞争性谈判方式采购：

（一）招标后没有供应商投标或者没有合格标的或者重新招标未能成立的；

（二）技术复杂或者性质特殊，不能确定详细规格或者具体要求的；

（三）采用招标所需时间不能满足用户紧急需要的；

（四）不能事先计算出价格总额的。

第三十一条　符合下列情形之一的货物或者服务，可以依照本法采用单一来源方式采购：

（一）只能从唯一供应商处采购的；

（二）发生了不可预见的紧急情况不能从其他供应商处采购的；

（三）必须保证原有采购项目一致性或者服务配套的要求，需要继续从原供应商处添购，且添购资金总额不超过原合同采购金额10%的。

第三十二条　采购的货物规格、标准统一、现货货源充足且价格变化幅度小的政府采购项目，可以依照本法采用询价方式采购。

第四章　政府采购程序

第三十三条　负有编制部门预算职责的部门在编制下一财政年度部门预算时，应当将该财政年度政府采购的项目及资金预算列出，报本级财政部门汇总。部门预算的审批，按预算管理权限和程序进行。

第三十四条　货物或者服务项目采取邀请招标方式采购的，采购人应当从符合相应资格条件的供应商中，通过随机方式选择三家以上的供应商，并向其发出投标邀请书。

第三十五条　货物和服务项目实行招标方式采购的，自招标文件开始发出之日起至投标人提交投标文件截止之日止，不得少于20日。

第三十六条　在招标采购中，出现下列情形之一的，应予废标：

（一）符合专业条件的供应商或者对招标文件作实质响应的供应商不足三家的；

（二）出现影响采购公正的违法、违规行为的；

（三）投标人的报价均超过了采购预算，采购人不能支付的；

（四）因重大变故，采购任务取消的。

废标后，采购人应当将废标理由通知所有投标人。

第三十七条　废标后，除采购任务取消情形外，应当重新组织招标；需要采取其他方式采购的，应当在采购活动开始前获得设区的市、自治州以上人民政府采购监督管理部门或者政府有关部门批准。

第三十八条　采用竞争性谈判方式采购的，应当遵循下列程序：

（一）成立谈判小组。谈判小组由采购人的代表和有关专家共三人以上的单数组成，其中专家的人数不得少于成员总数的2/3。

（二）制定谈判文件。谈判文件应当明确谈判程序、谈判内容、合同草案的条款以及评定成交的标准等事项。

（三）确定邀请参加谈判的供应商名单。谈判小组从符合相应资格条件的供应商名单中确定不少于三家的供应商参加谈判，并向其提供谈判文件。

（四）谈判。谈判小组所有成员集中与单一供应商分别进行谈判。在谈判中，谈判的任何一方不得透露与谈判有关的其他供应商的技术资料、价格和其他信息。谈判文件有实质性变动的，谈判小组应当以书面形式通知所有参加谈判的供应商。

（五）确定成交供应商。谈判结束后，谈判小组应当要求所有参加谈判的供应商在规定时间内进行最后报价，采购人从谈判小组提出的成交候选人中根据符合采购需求、质量和服务相等且报价最低的原则确定成交供应商，并将结果通知所有参加谈判的未成交的供应商。

第三十九条 采取单一来源方式采购的，采购人与供应商应当遵循本法规定的原则，在保证采购项目质量和双方商定合理价格的基础上进行采购。

第四十条 采取询价方式采购的，应当遵循下列程序：

（一）成立询价小组。询价小组由采购人的代表和有关专家共三人以上的单数组成，其中专家的人数不得少于成员总数的2/3。询价小组应当对采购项目的价格构成和评定成交的标准等事项作出规定。

（二）确定被询价的供应商名单。询价小组根据采购需求，从符合相应资格条件的供应商名单中确定不少于三家的供应商，并向其发出询价通知书让其报价。

（三）询价。询价小组要求被询价的供应商一次报出不得更改的价格。

（四）确定成交供应商。采购人根据符合采购需求、质量和服务相等且报价最低的原则确定成交供应商，并将结果通知所有被询价的未成交的供应商。

第四十一条 采购人或者其委托的采购代理机构应当组织对供应商履约的验收。大型或者复杂的政府采购项目，应当邀请国家认可的质量检测机构参加验收工作。验收方成员应当在验收书上签字，并承担相应的法律责任。

第四十二条 采购人、采购代理机构对政府采购项目每项采购活动的采购文件应当妥善保存，不得伪造、变造、隐匿或者销毁。采购文件的保存期限为从采购结束之日起至少保存15年。

采购文件包括采购活动记录、采购预算、招标文件、投标文件、评标标准、评估报告、定标文件、合同文本、验收证明、质疑答复、投诉处理决定及其他有关文件、资料。

采购活动记录至少应当包括下列内容：

（一）采购项目类别、名称；

（二）采购项目预算、资金构成和合同价格；

（三）采购方式，采用公开招标以外的采购方式的，应当载明原因；

（四）邀请和选择供应商的条件及原因；

（五）评标标准及确定中标人的原因；

（六）废标的原因；

（七）采用招标以外采购方式的相应记载。

第五章 政府采购合同

第四十三条 政府采购合同适用合同法。采购人和供应商之间的权利和义务，应当按照平等、自愿的原则以合同方式约定。

采购人可以委托采购代理机构代表其与供应商签订政府采购合同。由采购代理机构以采购人名义签订合同的，应当提交采购人的授权委托书，作为合同附件。

第四十四条 政府采购合同应当采用书面形式。

第四十五条 国务院政府采购监督管理部门应当会同国务院有关部门，规定政府采购合同必须具备的条款。

第四十六条 采购人与中标、成交供应商应当在中标、成交通知书发出之日起30日内，按照采购文件确定的事项签订政府采购合同。

中标、成交通知书对采购人和中标、成交供应商均具有法律效力。中标、成交通知书发出后，采购人改变中标、成交结果的，或者中标、成交供应商放弃中标、成交项目的，应当依法承担法律责任。

第四十七条　政府采购项目的采购合同自签订之日起7个工作日内，采购人应当将合同副本报同级政府采购监督管理部门和有关部门备案。

第四十八条　经采购人同意，中标、成交供应商可以依法采取分包方式履行合同。

政府采购合同分包履行的，中标、成交供应商就采购项目和分包项目向采购人负责，分包供应商就分包项目承担责任。

第四十九条　政府采购合同履行中，采购人需追加与合同标的相同的货物、工程或者服务的，在不改变合同其他条款的前提下，可以与供应商协商签订补充合同，但所有补充合同的采购金额不得超过原合同采购金额的10%。

第五十条　政府采购合同的双方当事人不得擅自变更、中止或者终止合同。

政府采购合同继续履行将损害国家利益和社会公共利益的，双方当事人应当变更、中止或者终止合同。有过错的一方应当承担赔偿责任，双方都有过错的，各自承担相应的责任。

第六章　质疑与投诉

第五十一条　供应商对政府采购活动事项有疑问的，可以向采购人提出询问，采购人应当及时作出答复，但答复的内容不得涉及商业秘密。

第五十二条　供应商认为采购文件、采购过程和中标、成交结果使自己的权益受到损害的，可以在知道或者应知其权益受到损害之日起7个工作日内，以书面形式向采购人提出质疑。

第五十三条　采购人应当在收到供应商的书面质疑后7个工作日内作出答复，并以书面形式通知质疑供应商和其他有关供应商，但答复的内容不得涉及商业秘密。

第五十四条　采购人委托采购代理机构采购的，供应商可以向采购代理机构提出询问或者质疑，采购代理机构应当依照本法第五十一条、第五十三条的规定就采购人委托授权范围内的事项作出答复。

第五十五条　质疑供应商对采购人、采购代理机构的答复不满意或者采购人、采购代理机构未在规定的时间内作出答复的，可以在答复期满后15个工作日内向同级政府采购监督管理部门投诉。

第五十六条　政府采购监督管理部门应当在收到投诉后30个工作日内，对投诉事项作出处理决定，并以书面形式通知投诉人和与投诉事项有关的当事人。

第五十七条　政府采购监督管理部门在处理投诉事项期间，可以视具体情况书面通知采购人暂停采购活动，但暂停时间最长不得超过30日。

第五十八条　投诉人对政府采购监督管理部门的投诉处理决定不服或者政府采购监督管理部门逾期未作处理的，可以依法申请行政复议或者向人民法院提起行政诉讼。

第七章　监督检查

第五十九条　政府采购监督管理部门应当加强对政府采购活动及集中采购机构的监督检查。

监督检查的主要内容是：

（一）有关政府采购的法律、行政法规和规章的执行情况；

（二）采购范围、采购方式和采购程序的执行情况；

（三）政府采购人员的职业素质和专业技能。

第六十条　政府采购监督管理部门不得设置集中采购机构，不得参与政府采购项目的采购活动。

采购代理机构与行政机关不得存在隶属关系或者其他利益关系。

第六十一条　集中采购机构应当建立健全内部监督管理制度。采购活动的决策和执行程序应当明确，并相互监督、相互制约。经办采购的人员与负责采购合同审核、验收人员的职责权限应当明确，并相互分离。

第六十二条 集中采购机构的采购人员应当具有相关职业素质和专业技能，符合政府采购监督管理部门规定的专业岗位任职要求。

集中采购机构对其工作人员应当加强教育和培训；对采购人员的专业水平、工作实绩和职业道德状况定期进行考核。采购人员经考核不合格的，不得继续任职。

第六十三条 政府采购项目的采购标准应当公开。

采用本法规定的采购方式的，采购人在采购活动完成后，应当将采购结果予以公布。

第六十四条 采购人必须按照本法规定的采购方式和采购程序进行采购。

任何单位和个人不得违反本法规定，要求采购人或者采购工作人员向其指定的供应商进行采购。

第六十五条 政府采购监督管理部门应当对政府采购项目的采购活动进行检查，政府采购当事人应当如实反映情况，提供有关材料。

第六十六条 政府采购监督管理部门应当对集中采购机构的采购价格、节约资金效果、服务质量、信誉状况、有无违法行为等事项进行考核，并定期如实公布考核结果。

第六十七条 依照法律、行政法规的规定对政府采购负有行政监督职责的政府有关部门，应当按照其职责分工，加强对政府采购活动的监督。

第六十八条 审计机关应当对政府采购进行审计监督。政府采购监督管理部门、政府采购各当事人有关政府采购活动，应当接受审计机关的审计监督。

第六十九条 监察机关应当加强对参与政府采购活动的国家机关、国家公务员和国家行政机关任命的其他人员实施监察。

第七十条 任何单位和个人对政府采购活动中的违法行为，有权控告和检举，有关部门、机关应当依照各自职责及时处理。

第八章 法律责任

第七十一条 采购人、采购代理机构有下列情形之一的，责令限期改正，给予警告，可以并处罚款，对直接负责的主管人员和其他直接责任人员，由其行政主管部门或者有关机关给予处分，并予通报：

（一）应当采用公开招标方式而擅自采用其他方式采购的；

（二）擅自提高采购标准的；

（三）委托不具备政府采购业务代理资格的机构办理采购事务的；

（四）以不合理的条件对供应商实行差别待遇或者歧视待遇的；

（五）在招标采购过程中与投标人进行协商谈判的；

（六）中标、成交通知书发出后不与中标、成交供应商签订采购合同的；

（七）拒绝有关部门依法实施监督检查的。

第七十二条 采购人、采购代理机构及其工作人员有下列情形之一，构成犯罪的，依法追究刑事责任；尚不构成犯罪的，处以罚款，有违法所得的，并处没收违法所得，属于国家机关工作人员的，依法给予行政处分：

（一）与供应商或者采购代理机构恶意串通的；

（二）在采购过程中接受贿赂或者获取其他不正当利益的；

（三）在有关部门依法实施的监督检查中提供虚假情况的；

（四）开标前泄露标底的。

第七十三条 有前两条违法行为之一影响中标、成交结果或者可能影响中标、成交结果的，按下列情况分别处理：

（一）未确定中标、成交供应商的，终止采购活动；

（二）中标、成交供应商已经确定但采购合同尚未履行的，撤销合同，从合格的中标、成交候选人中另行确定中标、成交供应商；

（三）采购合同已经履行的，给采购人、供应商造成损失的，由责任人承担赔偿责任。

第七十四条 采购人对应当实行集中采购的政府采购项目，不委托集中采购机构实行集中采购的，由政府采购监督管理部门责令改正；拒不改正的，停止按预算向其支付资金，由其上级行政主管部门或者有关机关依法给予其直接负责的主管人员和其他直接责任人员处分。

第七十五条 采购人未依法公布政府采购项目的采购标准和采购结果的，责令改正，对直接负责的主管人员依法给予处分。

第七十六条 采购人、采购代理机构违反本法规定隐匿、销毁应当保存的采购文件或者伪造、变造采购文件的，由政府采购监督管理部门处以2万元以上10万元以下的罚款，对其直接负责的主管人员和其他直接责任人员依法给予处分；构成犯罪的，依法追究刑事责任。

第七十七条 供应商有下列情形之一的，处以采购金额5‰以上10‰以下的罚款，列入不良行为记录名单，在1至3年内禁止参加政府采购活动，有违法所得的，并处没收违法所得，情节严重的，由工商行政管理机关吊销营业执照；构成犯罪的，依法追究刑事责任：

（一）提供虚假材料谋取中标、成交的；

（二）采取不正当手段诋毁、排挤其他供应商的；

（三）与采购人、其他供应商或者采购代理机构恶意串通的；

（四）向采购人、采购代理机构行贿或者提供其他不正当利益的；

（五）在招标采购过程中与采购人进行协商谈判的；

（六）拒绝有关部门监督检查或者提供虚假情况的。

供应商有前款第（一）至（五）项情形之一的，中标、成交无效。

第七十八条 采购代理机构在代理政府采购业务中有违法行为的，按照有关法律规定处以罚款，可以依法取消其进行相关业务的资格，构成犯罪的，依法追究刑事责任。

第七十九条 政府采购当事人有本法第七十一条、第七十二条、第七十七条违法行为之一，给他人造成损失的，应依照有关民事法律规定承担民事责任。

第八十条 政府采购监督管理部门的工作人员在实施监督检查中违反本法规定滥用职权，玩忽职守，徇私舞弊的，依法给予行政处分；构成犯罪的，依法追究刑事责任。

第八十一条 政府采购监督管理部门对供应商的投诉逾期未作处理的，给予直接负责的主管人员和其他直接责任人员行政处分。

第八十二条 政府采购监督管理部门对集中采购机构业绩的考核，有虚假陈述、隐瞒真实情况的，或者不作定期考核和公布考核结果的，应当及时纠正，由其上级机关或者监察机关对其负责人进行通报，并对直接负责的人员依法给予行政处分。

集中采购机构在政府采购监督管理部门考核中，虚报业绩、隐瞒真实情况的，处以2万元以上20万元以下的罚款，并予以通报；情节严重的，取消其代理采购的资格。

第八十三条 任何单位或者个人阻挠和限制供应商进入本地区或者本行业政府采购市场的，责令限期改正；拒不改正的，由该单位、个人的上级行政主管部门或者有关机关给予单位责任人或者个人处分。

第九章　附　则

第八十四条　使用国际组织和外国政府贷款进行的政府采购，贷款方、资金提供方与中方达成的协议对采购的具体条件另有规定的，可以适用其规定，但不得损害国家利益和社会公共利益。

第八十五条　对因严重自然灾害和其他不可抗力事件所实施的紧急采购和涉及国家安全和秘密的采购，不适用本法。

第八十六条　军事采购法规由中央军事委员会另行制定。

第八十七条　本法实施的具体步骤和办法由国务院规定。

第八十八条　本法自2003年1月1日起施行。

中华人民共和国招标投标法

中华人民共和国主席令（第二十一号）

《中华人民共和国招标投标法》已由中华人民共和国第九届全国人民代表大会常务委员会第十一次会议于1999年8月30日通过，现予公布，自2000年1月1日起施行。

中华人民共和国主席　江泽民

1999年8月30日

第一章　总　则

第一条　为了规范招标投标活动，保护国家利益、社会公共利益和招标投标活动当事人的合法权益，提高经济效益，保证项目质量，制定本法。

第二条　在中华人民共和国境内进行招标投标活动，适用本法。

第三条　在中华人民共和国境内进行下列工程建设项目包括项目的勘察、设计、施工、监理以及与工程建设有关的重要设备、材料等的采购，必须进行招标：

（一）大型基础设施、公用事业等关系社会公共利益、公众安全的项目；

（二）全部或者部分使用国有资金投资或者国家融资的项目；

（三）使用国际组织或者外国政府贷款、援助资金的项目。

前款所列项目的具体范围和规模标准，由国务院发展计划部门会同国务院有关部门制定，报国务院批准。

法律或者国务院对必须进行招标的其他项目的范围有规定的，依照其规定。

第四条　任何单位和个人不得将依法必须进行招标的项目化整为零或者以其他任何方式规避招标。

第五条　招标投标活动应当遵循公开、公平、公正和诚实信用的原则。

第六条　依法必须进行招标的项目，其招标投标活动不受地区或者部门的限制。任何单位和个人不得违法限制或者排斥本地区、本系统以外的法人或者其他组织参加投标，不得以任何方式非法干涉招标投标活动。

第七条　招标投标活动及其当事人应当接受依法实施的监督。

有关行政监督部门依法对招标投标活动实施监督，依法查处招标投标活动中的违法行为。

对招标投标活动的行政监督及有关部门的具体职权划分，由国务院规定。

第二章　招　标

第八条　招标人是依照本法规定提出招标项目、进行招标的法人或者其他组织。

第九条　招标项目按照国家有关规定需要履行项目审批手续的，应当先履行审批手续，取得批准。

招标人应当有进行招标项目的相应资金或者资金来源已经落实，并应当在招标文件中如实载明。

第十条　招标分为公开招标和邀请招标。

公开招标是指招标人以招标公告的方式邀请不特定的法人或者其他组织投标。

邀请招标是指招标人以投标邀请书的方式邀请特定的法人或者其他组织投标。

第十一条　国务院发展计划部门确定的国家重点项目和省、自治区、直辖市人民政府确定的地方重点项目不适宜公开招标的，经国务院发展计划部门或者省、自治区、直辖市人民政府批准，可以进行邀请招标。

第十二条　招标人有权自行选择招标代理机构，委托其办理招标事宜。任何单位和个人不得以任何方式为招标人指定招标代理机构。

招标人具有编制招标文件和组织评标能力的，可以自行办理招标事宜。任何单位和个人不得强制其委托招标代理机构办理招标事宜。

依法必须进行招标的项目，招标人自行办理招标事宜的，应当向有关行政监督部门备案。

第十三条　招标代理机构是依法设立、从事招标代理业务并提供相关服务的社会中介组织。

招标代理机构应当具备下列条件：

（一）有从事招标代理业务的营业场所和相应资金；

（二）有能够编制招标文件和组织评标的相应专业力量；

（三）有符合本法第三十七条第三款规定条件、可以作为评标委员会成员人选的技术、经济等方面的专家库。

第十四条　从事工程建设项目招标代理业务的招标代理机构，其资格由国务院或者省、自治区、直辖市人民政府的建设行政主管部门认定。具体办法由国务院建设行政主管部门会同国务院有关部门制定。从事其他招标代理业务的招标代理机构，其资格认定的主管部门由国务院规定。

招标代理机构与行政机关和其他国家机关不得存在隶属关系或者其他利益关系。

第十五条　招标代理机构应当在招标人委托的范围内办理招标事宜，并遵守本法关于招标人的规定。

第十六条　招标人采用公开招标方式的，应当发布招标公告。依法必须进行招标的项目的招标公告，应当通过国家指定的报刊、信息网络或者其他媒介发布。

招标公告应当载明招标人的名称和地址、招标项目的性质、数量、实施地点和时间以及获取招标文件的办法等事项。

第十七条　招标人采用邀请招标方式的，应当向三个以上具备承担招标项目的能力、资信良好的特定的法人或者其他组织发出投标邀请书。

投标邀请书应当载明本法第十六条第二款规定的事项。

第十八条　招标人可以根据招标项目本身的要求，在招标公告或者投标邀请书中，要求潜在投标人提供有关资质证明文件和业绩情况，并对潜在投标人进行资格审查；国家对投标人的资格条件有规定的，依照其规定。

招标人不得以不合理的条件限制或者排斥潜在投标人，不得对潜在投标人实行歧视待遇。

第十九条　招标人应当根据招标项目的特点和需要编制招标文件。招标文件应当包括招标项目的技术要求、对投标人资格审查的标准、投标报价要求和评标标准等所有实质性要求和条件以及拟签订合同的主要条款。

国家对招标项目的技术、标准有规定的，招标人应当按照其规定在招标文件中提出相应要求。

招标项目需要划分标段、确定工期的，招标人应当合理划分标段、确定工期，并在招标文件中载明。

第二十条　招标文件不得要求或者标明特定的生产供应者以及含有倾向或者排斥潜在投标人的其他内容。

第二十一条　招标人根据招标项目的具体情况，可以组织潜在投标人踏勘项目现场。

第二十二条　招标人不得向他人透露已获取招标文件的潜在投标人的名称、数量以及可能影响公平竞争的有关招标投标的其他情况。

招标人设有标底的，标底必须保密。

第二十三条　招标人对已发出的招标文件进行必要的澄清或者修改的，应当在招标文件要求提交投标文件截止时间至少15日前，以书面形式通知所有招标文件收受人。该澄清或者修改的内容为招标文件的组成部分。

第二十四条　招标人应当确定投标人编制投标文件所需要的合理时间；但是，依法必须进行招标的项目，自招标文件开始发出之日起至投标人提交投标文件截止之日止，最短不得少于20日。

第三章　投　标

第二十五条　投标人是响应招标、参加投标竞争的法人或者其他组织。

依法招标的科研项目允许个人参加投标的，投标的个人适用本法有关投标人的规定。

第二十六条　投标人应当具备承担招标项目的能力；国家有关规定对投标人资格条件或者招标文件对投标人资格条件有规定的，投标人应当具备规定的资格条件。

第二十七条　投标人应当按照招标文件的要求编制投标文件。投标文件应当对招标文件提出的实质性要求和条件作出响应。

招标项目属于建设施工的，投标文件的内容应当包括拟派出的项目负责人与主要技术人员的简历、业绩和拟用于完成招标项目的机械设备等。

第二十八条　投标人应当在招标文件要求提交投标文件的截止时间前，将投标文件送达投标地点。招标人收到投标文件后，应当签收保存，不得开启。投标人少于三个的，招标人应当依照本法重新招标。

在招标文件要求提交投标文件的截止时间后送达的投标文件，招标人应当拒收。

第二十九条　投标人在招标文件要求提交投标文件的截止时间前，可以补充、修改或者撤回已提交的投标文件，并书面通知招标人。补充、修改的内容为投标文件的组成部分。

第三十条　投标人根据招标文件载明的项目实际情况，拟在中标后将中标项目的部分非主体、非关键性工作进行分包的，应当在投标文件中载明。

第三十一条　两个以上法人或者其他组织可以组成一个联合体，以一个投标人的身份共同投标。

联合体各方均应当具备承担招标项目的相应能力，国家有关规定或者招标文件对投标人资格条件有规定的，联合体各方均应当具备规定的相应资格条件。由同一专业的单位组成的联合体，按照资质等级较低的单位确定资质等级。

联合体各方应当签订共同投标协议，明确约定各方拟承担的工作和责任，并将共同投标协议连同投标文件一并提交招标人。联合体中标的，联合体各方应当共同与招标人签订合同，就中标项目向招标人承担连带责任。

招标人不得强制投标人组成联合体共同投标，不得限制投标人之间的竞争。

第三十二条 投标人不得相互串通投标报价，不得排挤其他投标人的公平竞争，损害招标人或者其他投标人的合法权益。

投标人不得与招标人串通投标，损害国家利益、社会公共利益或者他人的合法权益。

禁止投标人以向招标人或者评标委员会成员行贿的手段谋取中标。

第三十三条 投标人不得以低于成本的报价竞标，也不得以他人名义投标或者以其他方式弄虚作假，骗取中标。

第四章 开标、评标和中标

第三十四条 开标应当在招标文件确定的提交投标文件截止时间的同一时间公开进行；开标地点应当为招标文件中预先确定的地点。

第三十五条 开标由招标人主持，邀请所有投标人参加。

第三十六条 开标时，由投标人或者其推选的代表检查投标文件的密封情况，也可以由招标人委托的公证机构检查并公证；经确认无误后，由工作人员当众拆封，宣读投标人名称、投标价格和投标文件的其他主要内容。

招标人在招标文件要求提交投标文件的截止时间前收到的所有投标文件，开标时都应当当众予以拆封、宣读。

开标过程应当记录，并存档备查。

第三十七条 评标由招标人依法组建的评标委员会负责。

依法必须进行招标的项目，其评标委员会由招标人的代表和有关技术、经济等方面的专家组成，成员人数为五人以上单数，其中技术、经济等方面的专家不得少于成员总数的2/3。

前款专家应当从事相关领域工作满8年并具有高级职称或者具有同等专业水平，由招标人从国务院有关部门或者省、自治区、直辖市人民政府有关部门提供的专家名册或者招标代理机构的专家库内的相关专业的专家名单中确定；一般招标项目可以采取随机抽取的方式，特殊招标项目可以由招标人直接确定。

与投标人有利害关系的人不得进入相关项目的评标委员会；已经进入的应当更换。

评标委员会成员的名单在中标结果确定前应当保密。

第三十八条 招标人应当采取必要的措施，保证评标在严格保密的情况下进行。

任何单位和个人不得非法干预、影响评标的过程和结果。

第三十九条 评标委员会可以要求投标人对投标文件中含义不明确的内容作必要的澄清或者说明，但是澄清或者说明不得超出投标文件的范围或者改变投标文件的实质性内容。

第四十条 评标委员会应当按照招标文件确定的评标标准和方法，对投标文件进行评审和比较；设有标底的，应当参考标底。评标委员会完成评标后，应当向招标人提出书面评标报告，并推荐合格的中标候选人。

招标人根据评标委员会提出的书面评标报告和推荐的中标候选人确定中标人。招标人也可以授权评标委员会直接确定中标人。

国务院对特定招标项目的评标有特别规定的，从其规定。

第四十一条 中标人的投标应当符合下列条件之一：

（一）能够最大限度地满足招标文件中规定的各项综合评价标准；

（二）能够满足招标文件的实质性要求，并且经评审的投标价格最低，但是投标价格低于成本的除外。

第四十二条　评标委员会经评审，认为所有投标都不符合招标文件要求的，可以否决所有投标。

依法必须进行招标的项目的所有投标被否决的，招标人应当依照本法重新招标。

第四十三条　在确定中标人前，招标人不得与投标人就投标价格、投标方案等实质性内容进行谈判。

第四十四条　评标委员会成员应当客观、公正地履行职务，遵守职业道德，对所提出的评审意见承担个人责任。

评标委员会成员不得私下接触投标人，不得收受投标人的财物或者其他好处。

评标委员会成员和参与评标的有关工作人员不得透露对投标文件的评审和比较、中标候选人的推荐情况以及与评标有关的其他情况。

第四十五条　中标人确定后，招标人应当向中标人发出中标通知书，并同时将中标结果通知所有未中标的投标人。

中标通知书对招标人和中标人具有法律效力。中标通知书发出后，招标人改变中标结果的，或者中标人放弃中标项目的，应当依法承担法律责任。

第四十六条　招标人和中标人应当自中标通知书发出之日起 30 日内，按照招标文件和中标人的投标文件订立书面合同。招标人和中标人不得再行订立背离合同实质性内容的其他协议。

招标文件要求中标人提交履约保证金的，中标人应当提交。

第四十七条　依法必须进行招标的项目，招标人应当自确定中标人之日起 15 日内，向有关行政监督部门提交招标投标情况的书面报告。

第四十八条　中标人应当按照合同约定履行义务，完成中标项目。中标人不得向他人转让中标项目，也不得将中标项目肢解后分别向他人转让。

中标人按照合同约定或者经招标人同意，可以将中标项目的部分非主体、非关键性工作分包给他人完成。接受分包的人应当具备相应的资格条件，并不得再次分包。

中标人应当就分包项目向招标人负责，接受分包的人就分包项目承担连带责任。

第五章　法律责任

第四十九条　违反本法规定，必须进行招标的项目而不招标的，将必须进行招标的项目化整为零或者以其他任何方式规避招标的，责令限期改正，可以处项目合同金额 5‰以上 10‰以下的罚款；对全部或者部分使用国有资金的项目，可以暂停项目执行或者暂停资金拨付；对单位直接负责的主管人员和其他直接责任人员依法给予处分。

第五十条　招标代理机构违反本法规定，泄露应当保密的与招标投标活动有关的情况和资料的，或者与招标人、投标人串通损害国家利益、社会公共利益或者他人合法权益的，处 5 万元以上 25 万元以下的罚款，对单位直接负责的主管人员和其他直接责任人员处单位罚款数额 5% 以上 10% 以下的罚款；有违法所得的，并处没收违法所得；情节严重的，暂停直至取消招标代理资格；构成犯罪的，依法追究刑事责任。给他人造成损失的，依法承担赔偿责任。

前款所列行为影响中标结果的，中标无效。

第五十一条　招标人以不合理的条件限制或者排斥潜在投标人的，对潜在投标人实行歧视待遇的，强制要求投标人组成联合体共同投标的，或者限制投标人之间竞争的，责令改正，可以处 1 万元以上 5

万元以下的罚款。

第五十二条　依法必须进行招标的项目的招标人向他人透露已获取招标文件的潜在投标人的名称、数量或者可能影响公平竞争的有关招标投标的其他情况的，或者泄露标底的，给予警告，可以并处1万元以上10万元以下的罚款；对单位直接负责的主管人员和其他直接责任人员依法给予处分；构成犯罪的，依法追究刑事责任。

前款所列行为影响中标结果的，中标无效。

第五十三条　投标人相互串通投标或者与招标人串通投标的，投标人以向招标人或者评标委员会成员行贿的手段谋取中标的，中标无效，处中标项目金额5‰以上10‰以下的罚款，对单位直接负责的主管人员以及其他直接责任人员处单位罚款数额5%以上10%以下的罚款；有违法所得的，并处没收违法所得；情节严重的，取消其1年至2年内参加依法必须进行招标的项目的投标资格并予以公告，直至由工商行政管理机关吊销营业执照；构成犯罪的，应依法追究刑事责任。给他人造成损失的，依法承担赔偿责任。

第五十四条　投标人以他人名义投标或者以其他方式弄虚作假、骗取中标的，中标无效，给招标人造成损失的，依法承担赔偿责任；构成犯罪的，依法追究刑事责任。

依法必须进行招标的项目的投标人有前款所列行为尚未构成犯罪的，处中标项目金额5‰以上10‰以下的罚款，对单位直接负责的主管人员和其他直接责任人员处单位罚款数额5%以上10%以下的罚款；有违法所得的，并处没收违法所得；情节严重的，取消其1年至3年内参加依法必须进行招标的项目的投标资格并予以公告，直至由工商行政管理机关吊销营业执照。

第五十五条　依法必须进行招标的项目，招标人违反本法规定，与投标人就投标价格、投标方案等实质性内容进行谈判的，给予警告，对单位直接负责的主管人员和其他直接责任人员依法给予处分。

前款所列行为影响中标结果的，中标无效。

第五十六条　评标委员会成员收受投标人的财物或者其他好处的，评标委员会成员或者参加评标的有关工作人员向他人透露对投标文件的评审和比较、中标候选人的推荐以及与评标有关的其他情况的，给予警告，没收收受的财物，可以并处3000元以上5万元以下的罚款，对有所列违法行为的评标委员会成员取消担任评标委员会成员的资格，不得再参加任何依法必须进行招标的项目的评标；构成犯罪的，依法追究刑事责任。

第五十七条　招标人在评标委员会依法推荐的中标候选人以外确定中标人的，依法必须进行招标的项目在所有投标被评标委员会否决后自行确定中标人的，中标无效。责令改正，可以处中标项目金额5‰以上10‰以下的罚款；对单位直接负责的主管人员和其他直接责任人员依法给予处分。

第五十八条　中标人将中标项目转让给他人的，将中标项目肢解后分别转让给他人的，违反本法规定将中标项目的部分主体、关键性工作分包给他人的，或者分包人再次分包的，转让、分包无效，处转让、分包项目金额5‰以上10‰以下的罚款；有违法所得的，并处没收违法所得；可以责令停业整顿；情节严重的，由工商行政管理机关吊销营业执照。

第五十九条　招标人与中标人不按照招标文件和中标人的投标文件订立合同的，或者招标人、中标人订立背离合同实质性内容协议的，责令改正；可以处中标项目金额5‰以上10‰以下的罚款。

第六十条　中标人不履行与招标人订立的合同的，履约保证金不予退还，给招标人造成的损失超过履约保证金数额的，还应当对超过部分予以赔偿；没有提交履约保证金的，应当对招标人的损失承担赔偿责任。

中标人不按照与招标人订立的合同履行义务，情节严重的，取消其2年至5年内参加依法必须进行招标的项目的投标资格并予以公告，直至由工商行政管理机关吊销营业执照。

因不可抗力不能履行合同的，不适用前两款规定。

第六十一条　本章规定的行政处罚，由国务院规定的有关行政监督部门决定。本法已对实施行政处罚的机关作出规定的除外。

第六十二条　任何单位违反本法规定，限制或者排斥本地区、本系统以外的法人或者其他组织参加投标的，为招标人指定招标代理机构的，强制招标人委托招标代理机构办理招标事宜的，或者以其他方式干涉招标投标活动的，责令改正；对单位直接负责的主管人员和其他直接责任人员依法给予警告、记过、记大过的处分，情节较重的，依法给予降级、撤职、开除的处分。

个人利用职权进行前款违法行为的，依照前款规定追究责任。

第六十三条　对招标投标活动依法负有行政监督职责的国家机关工作人员徇私舞弊、滥用职权或者玩忽职守，构成犯罪的，依法追究刑事责任；不构成犯罪的，依法给予行政处分。

第六十四条　依法必须进行招标的项目违反本法规定，中标无效的，应当依照本法规定的中标条件从其余投标人中重新确定中标人或者依照本法重新进行招标。

第六章　附　则

第六十五条　投标人和其他利害关系人认为招标投标活动不符合本法有关规定的，有权向招标人提出异议或者依法向有关行政监督部门投诉。

第六十六条　涉及国家安全、国家秘密、抢险救灾或者属于利用扶贫资金实行以工代赈、需要使用农民工等特殊情况，不适宜进行招标的项目，按照国家有关规定可以不进行招标。

第六十七条　使用国际组织或者外国政府贷款、援助资金的项目进行招标，贷款方、资金提供方对招标投标的具体条件和程序有不同规定的，可以适用其规定。但违背中华人民共和国的社会公共利益的除外。

第六十八条　本法自2000年1月1日起施行。

第二部分　部门规章

政府采购运行规程暂行规定

（财政部2000年10月8日发布施行）

第一章　总　则

第一条　为了建立规范的政府采购运行机制，促进政府采购活动公开、公正、公平地开展，根据有关法律和法规，制定本规定。

第二条　各级国家机关、实行预算管理的事业单位和社会团体（以下统称采购机关）使用财政性资金（含预算资金和预算外资金）办理的政府采购，适用于本规定。法律、法规另有规定的除外。

预算资金包括财政预算安排的资金和预算执行中追加的资金。

预算外资金包括按规定缴入财政专户和经财政部门批准留用的资金。

第三条　财政部门是政府采购管理的职能部门，按照部门和单位的财政隶属关系，实行统一领导、分级管理。

第四条　各级财政部门要建立健全政府采购计划管理制度，保证各项政府采购活动按计划进行。

第五条　采购机关单项采购或批量采购金额达到政府或财政部门规定的限额标准（以下统称门槛价）以上的采购项目，应当实行公开招标或邀请招标的采购方式。

因特殊原因，需要实行竞争性谈判、询价和单一来源等采购方式的，应当在采购活动开始前，报经同级财政部门批准。

在同一年度里，各采购机关对同一采购项目不得采购两次以上。

第六条　低于门槛价的采购项目适用的采购方式及管理办法，在财政部未作统一规定前，按同级财政部门的有关规定执行。

第二章　组织机构管理

第七条　采购机关是政府采购的执行机构，负责各项政府采购活动的组织与实施。采购机关分为集中采购机关和采购单位。

第八条　集中采购机关是指政府或财政部门为组织实施政府采购活动而设立的专职机构。主要职责是：

（一）组织实施集中采购，即纳入集中采购目录的采购活动；

（二）组织由财政拨款的大型政府采购活动；

（三）受采购单位委托，代其组织采购事宜；

（四）办理财政部门政府采购主管机构交办的其他政府采购事务。

第九条　采购单位是指集中采购机关以外的采购机构。主要职责是，组织实施分散采购，即集中采购目录以外采购项目的采购活动，包括主管部门组织本部门（或本系统）的统一采购。

第十条　政府采购中介机构（以下简称中介机构）是指依法成立，具有法人资格和招标能力，并经财政部门资格认定后，从事政府采购招标等中介业务的社会招标机构。中介机构的主要职责是接受委托组织政府采购招标投标等事务。

第十一条　财政部门的政府采购主管机构不得参与和干涉政府采购中的具体商业活动。

第十二条　采购机关及中介机构应当按照有关法律、法规和规章制度的规定开展政府采购工作。

第三章　政府采购管理程序

第十三条　政府采购程序包括下列主要步骤：编制政府采购预算，汇编政府采购计划，确定并执行采购方式，订立及履行采购合同，验收，结算。

第十四条　政府采购预算，是反映采购机关年度政府采购项目及资金的计划，是部门预算（或单位财务收支计划）的组成部分。采购机关应当按照财政部门要求，编制政府采购预算，经主管部门审核汇总，报同级财政部门审核。

第十五条　财政部门的政府采购主管机构要依据批复的部门预算，按品目或项目汇总编制本级政府采购计划，并批复给各采购机关。

政府采购计划，是政府采购预算的具体实施方案，也是年度政府采购执行和考核的依据。政府采购计划的主要内容包括：当年集中采购目录，采购机关各采购项目的采购组织形式、采购方式、资金支付办法等。其中，属于集中采购目录的项目由集中采购机关组织实施，属于分散采购的项目由采购单位组织实施。

第十六条　采购机关的主管部门应当在接到财政部门批复的政府采购计划后规定的时间内，向同级财政部门提交实行集中采购项目的采购清单。采购清单应当标明的内容是：采购项目的详细品名、技术规格和数量，预算和资金构成，交货时间或开工竣工时间，货物配送单位名单和其他有关事项。

第十七条　财政部门要根据预算和政府采购计划，对采购清单核对无误后，交集中采购机关实施；尚未设立集中采购机关的，可委托中介机构承办。

第十八条　集中采购机关应当按照政府采购计划中确定的采购范围和方式组织采购活动。

（一）实行招标采购方式的，应当按《招标投标法》和《政府采购管理暂行办法》等有关法律、规章规定的程序及要求，编制标书、刊登公告或发投标邀请、接收投标、组织开标、评标和定标，并按规定向同级财政部门提交采购合同等有关备案文件。

（二）实行竞争性谈判采购方式的，应当遵循下列基本程序：

1. 集中采购机关或中介机构确定采购方谈判小组成员（以下称谈判人）、谈判程序、谈判内容、定标标准等事项。采购单位或其代表应当作为谈判人之一。

2. 谈判人拟定合同条款或供货（工程）合同技术附件，提出邀请参加谈判的供应商名单，并连同邀请理由报同级财政部门备案。

3. 在谈判活动中，谈判人应当分别与单一供应商进行谈判，谈判的任何一方在未征得另一方同意的情况下，不得透露与谈判有关的一切技术资料、价格或其他信息。

4. 谈判结束后，谈判人应当要求所有参加谈判的供应商在规定的时间内提出最后报价及有关承诺，谈判人据此确定中标供应商，并将谈判纪要及确定中标供应商的理由在谈判结束后 5 日内报同级财政部门备案。

（三）实行询价采购方式的采购项目，应当遵循下列基本程序：

1. 集中采购机关或中介机构确定询价小组成员（以下称询价人）、价格构成、定标标准等事项。采购单位或其代表应当作为询价人之一。

2. 询价人提出报价供应商名单，并附选择理由报同级财政部门备案。

3. 询价活动必须公平进行，询价人应当要求供应商一次报出不得更改的价格。询价人确定的中标人应当是符合政府采购要求且报价最低的供应商。

4. 询价人应当将询价纪要及确定中标供应商理由在询价结束后 5 日内报同级财政部门备案。

第十九条　采购单位在组织门槛价以上的分散采购项目活动时，应当比照本规定第十八条有关招标、竞争性谈判和询价的采购程序执行。

第二十条　政府采购项目在确定中标供应商后均应签订合同。合同订立程序按照《政府采购合同监督暂行办法》的有关规定执行。

集中采购项目的合同原则上由集中采购机关与中标供应商签订，也可以由集中采购机关会同采购单位（用户）与中标供应商签订。分散采购项目的合同由采购单位（用户）与中标供应商签订。

采购机关应当在合同签订后 7 日内将合同副本报同级财政部门备案。

第二十一条　政府采购合同依法签订后，合同当事人（甲乙方）应当按照合同约定履行各自的义务，任何一方不得自行变更或者解除合同。

在合同履约过程中，需要变更有关条款时，合同当事人应当协商一致。采购合同变更时如原合同金额超过了预算额度，应当报同级财政部门批准。采购合同中止，应当报同级财政部门备案。

第二十二条　政府采购合同的验收，应当依照合同的约定进行。

合同履行的质量验收，原则上应当由第三方负责，即国家认可的专业质量检测机构。

财政部门的政府采购主管机构不得参加验收工作。

第二十三条　支付采购资金时，采购机关应当依照有关规定，向财政部门报送拨款申请书及有关文件（包括检测机构证明、验收结算书、接受履行报告及中标供应商的开户银行和账号等，下同）。

第二十四条　财政部门和采购单位对采购机关报送的拨款申请书及有关文件进行审核。审核无误后应当按照合同约定金额和采购（付款）进度向中标供应商付款。政府采购资金的具体拨付办法，由财政部另行制定。

第四章　监督管理

第二十五条　财政部门应当加强对政府采购活动的监督检查。重点内容是：

（一）政府采购活动是否符合有关法律、法规和规章制度的规定；

（二）政府采购是否严格按批准的计划进行，有无超计划或无计划采购行为；

（三）政府采购方式和程序是否符合规定；

（四）有关政府采购文件是否按规定报同级财政部门备案；

（五）政府采购合同履行情况和采购资金拨付是否符合规定；

（六）应当监督检查的其他内容。

第二十六条　财政部门应当根据管理需要会同有关部门对政府采购项目的运行情况进行评估。

第二十七条　各级监察部门和审计部门应当依法对政府采购活动进行监督。其中，监察部门应当参与数额巨大或重大采购项目活动的监督。

第二十八条　财政等部门在履行监督检查时，采购机关和中介机构应当如实反映情况，提供有关资料，自觉接受监督检查。

第二十九条　政府采购当事人违反本规定的，财政部门依据有关法律、法规及有关规定进行处罚。

第三十条　任何单位和个人有权对政府采购活动中的违法违规行为以书面形式向同级财政部门投诉。

第五章　附　则

第三十一条　采购机关需要购买国外产品时，应当经有关专业技术部门或由专业技术人员组成的专家组进行认证，由其提供国内产品不能满足采购机关使用要求的证明，或通过实行国内公开招标采购方式确认必须购买外国产品，经同级财政部门审核后，可以公开招标方式向外国购买，但标书内容不得与国内公开招标内容有实质性更改。

第三十二条　军队、武装警察部队，以及接受财政补贴的公用事业和服务业，可以参照上述规定执行。

第三十三条　省、自治区、直辖市和计划单列市财政部门可以根据本规定制定具体实施办法。

第三十四条　本规定自发布之日起施行。

政府采购货物和服务招标投标管理办法

（中华人民共和国财政部令第18号，2004年9月11日施行）

第一章　总　则

第一条　为了规范政府采购当事人的采购行为，加强对政府采购货物和服务招标投标活动的监督管理，维护社会公共利益和政府采购招标投标活动当事人的合法权益，依据《中华人民共和国政府采购法》（以下简称《政府采购法》）和其他有关法律规定，制定本办法。

第二条　采购人及采购代理机构（以下统称“招标采购单位”）进行政府采购货物或者服务（以下简称“货物服务”）招标投标活动，适用本办法。

前款所称采购代理机构，是指集中采购机构和依法经认定资格的其他采购代理机构。

第三条　货物服务招标分为公开招标和邀请招标。

公开招标，是指招标采购单位依法以招标公告的方式邀请不特定的供应商参加投标。

邀请招标，是指招标采购单位依法从符合相应资格条件的供应商中随机邀请三家以上供应商，并以投标邀请书的方式，邀请其参加投标。

第四条　货物服务采购项目达到公开招标数额标准的，必须采用公开招标方式。因特殊情况需要采用公开招标以外方式的，应当在采购活动开始前获得设区的市、自治州以上人民政府财政部门的批准。

第五条　招标采购单位不得将应当以公开招标方式采购的货物服务化整为零或者以其他方式规避公开招标采购。

第六条　任何单位和个人不得阻挠和限制供应商自由参加货物服务招标投标活动，不得指定货物的品牌、服务的供应商和采购代理机构，以及采用其他方式非法干涉货物服务招标投标活动。

第七条　在货物服务招标投标活动中，招标采购单位工作人员、评标委员会成员及其他相关人员与供应商有利害关系的，必须回避。供应商认为上述人员与其他供应商有利害关系的，可以申请其回避。

第八条　参加政府采购货物服务投标活动的供应商（以下简称“投标人”），应当是提供本国货物服务的本国供应商，但法律、行政法规规定外国供应商可以参加货物服务招标投标活动的除外。

外国供应商依法参加货物服务招标投标活动的，应当按照本办法的规定执行。

第九条　货物服务招标投标活动，应当有助于实现国家经济和社会发展政策目标，包括保护环境，扶持不发达地区和少数民族地区，促进中小企业发展等。

第十条　县级以上各级人民政府财政部门应当依法履行对货物服务招标投标活动的监督管理职责。

第二章　招　标

第十一条　招标采购单位应当按照本办法规定组织开展货物服务招标投标活动。

采购人可以依法委托采购代理机构办理货物服务招标事宜，也可以自行组织开展货物服务招标活动，但必须符合本办法第十二条规定的条件。

集中采购机构应当依法独立开展货物服务招标活动。其他采购代理机构应当根据采购人的委托办理货物服务招标事宜。

第十二条 采购人符合下列条件的，可以自行组织招标：

（一）具有独立承担民事责任的能力；

（二）具有编制招标文件和组织招标能力，有与采购招标项目规模和复杂程度相适应的技术、经济等方面的采购和管理人员；

（三）采购人员经过省级以上人民政府财政部门组织的政府采购培训。

采购人不符合前款规定条件的，必须委托采购代理机构代理招标。

第十三条 采购人委托采购代理机构招标的，应当与采购代理机构签订委托协议，确定委托代理的事项，约定双方的权利和义务。

第十四条 采用公开招标方式采购的，招标采购单位必须在财政部门指定的政府采购信息发布媒体上发布招标公告。

第十五条 采用邀请招标方式采购的，招标采购单位应当在省级以上人民政府财政部门指定的政府采购信息媒体发布资格预审公告，公布投标人资格条件，资格预审公告的期限不得少于 7 个工作日。

投标人应当在资格预审公告期结束之日起 3 个工作日前，按公告要求提交资格证明文件。招标采购单位从评审合格投标人中通过随机方式选择三家以上的投标人，并向其发出投标邀请书。

第十六条 采用招标方式采购的，自招标文件开始发出之日起至投标人提交投标文件截止之日止，不得少于 20 日。

第十七条 公开招标公告应当包括以下主要内容：

（一）招标采购单位的名称、地址和联系方法；

（二）招标项目的名称、数量或者招标项目的性质；

（三）投标人的资格要求；

（四）获取招标文件的时间、地点、方式及招标文件售价；

（五）投标截止时间、开标时间及地点。

第十八条 招标采购单位应当根据招标项目的特点和需求编制招标文件。招标文件包括以下内容：

（一）投标邀请；

（二）投标人须知（包括密封、签署、盖章要求等）；

（三）投标人应当提交的资格、资信证明文件；

（四）投标报价要求、投标文件编制要求和投标保证金交纳方式；

（五）招标项目的技术规格、要求和数量，包括附件、图纸等；

（六）合同主要条款及合同签订方式；

（七）交货和提供服务的时间；

（八）评标方法、评标标准和废标条款；

（九）投标截止时间、开标时间及地点；

（十）省级以上财政部门规定的其他事项。

招标人应当在招标文件中规定并标明实质性要求和条件。

第十九条 招标采购单位应当制作纸质招标文件，也可以在财政部门指定的网络媒体上发布电子招标文件，并应当保持两者的一致。电子招标文件与纸质招标文件具有同等法律效力。

第二十条 招标采购单位可以要求投标人提交符合招标文件规定要求的备选投标方案，但应当在招标文件中说明，并明确相应的评审标准和处理办法。

第二十一条 招标文件规定的各项技术标准应当符合国家强制性标准。

招标文件不得要求或者标明特定的投标人或者产品，以及含有倾向性或者排斥潜在投标人的其他内容。

第二十二条 招标采购单位可以根据需要，就招标文件征询有关专家或者供应商的意见。

第二十三条 招标文件售价应当按照弥补招标文件印制成本费用的原则确定，不得以营利为目的，不得以招标采购金额作为确定招标文件售价依据。

第二十四条 招标采购单位在发布招标公告、发出投标邀请书或者发出招标文件后，不得擅自终止招标。

第二十五条 招标采购单位根据招标采购项目的具体情况，可以组织潜在投标人现场考察或者召开开标前答疑会，但不得单独或者分别组织只有一个投标人参加的现场考察。

第二十六条 开标前，招标采购单位和有关工作人员不得向他人透露已获取招标文件的潜在投标人的名称、数量以及可能影响公平竞争的有关招标投标的其他情况。

第二十七条 招标采购单位对已发出的招标文件进行必要澄清或者修改的，应当在招标文件要求提交投标文件截止时间15日前，在财政部门指定的政府采购信息发布媒体上发布更正公告，并以书面形式通知所有招标文件收受人。该澄清或者修改的内容为招标文件的组成部分。

第二十八条 招标采购单位可以视采购具体情况，延长投标截止时间和开标时间，但至少应当在招标文件要求提交投标文件的截止时间3日前，将变更时间书面通知所有招标文件收受人，并在财政部门指定的政府采购信息发布媒体上发布变更公告。

第三章 投 标

第二十九条 投标人是响应招标并且符合招标文件规定资格条件和参加投标竞争的法人、其他组织或者自然人。

第三十条 投标人应当按照招标文件的要求编制投标文件。投标文件应对招标文件提出的要求和条件作出实质性响应。

投标文件由商务部分、技术部分、价格部分和其他部分组成。

第三十一条 投标人应当在招标文件要求提交投标文件的截止时间前，将投标文件密封送达投标地点。招标采购单位收到投标文件后，应当签收保存，任何单位和个人不得在开标前开启投标文件。

在招标文件要求提交投标文件的截止时间之后送达的投标文件，为无效投标文件，招标采购单位应当拒收。

第三十二条 投标人在投标截止时间前，可以对所递交的投标文件进行补充、修改或者撤回，并书面通知招标采购单位。补充、修改的内容应当按招标文件要求签署、盖章，并作为投标文件的组成部分。

第三十三条 投标人根据招标文件载明的标的采购项目实际情况，拟在中标后将中标项目的非主体、非关键性工作交由他人完成的，应当在投标文件中载明。

第三十四条 两个以上供应商可以组成一个投标联合体，以一个投标人的身份投标。

以联合体形式参加投标的，联合体各方均应当符合政府采购法第二十二条第一款规定的条件。采购人根据采购项目的特殊要求规定投标人特定条件的，联合体各方中至少应当有一方符合采购人规定的特定条件。

联合体各方之间应当签订共同投标协议，明确约定联合体各方承担的工作和相应的责任，并将共同投标协议连同投标文件一并提交招标采购单位。联合体各方签订共同投标协议后，不得再以自己的名义单独在同一项目中投标，也不得组成新的联合体参加同一项目投标。

招标采购单位不得强制投标人组成联合体共同投标，不得限制投标人之间的竞争。

第三十五条 投标人之间不得相互串通投标报价，不得妨碍其他投标人的公平竞争，不得损害招标采购单位或者其他投标人的合法权益。

投标人不得以向招标采购单位、评标委员会成员行贿或者采取其他不正当手段谋取中标。

第三十六条 招标采购单位应当在招标文件中明确投标保证金的数额及交纳办法。招标采购单位规定的投标保证金数额，不得超过采购项目概算的1%。

投标人投标时，应当按招标文件要求交纳投标保证金。投标保证金可以采用现金支票、银行汇票、银行保函等形式交纳。投标人未按招标文件要求交纳投标保证金的，招标采购单位应当拒绝接收投标人的投标文件。

联合体投标的，可以由联合体中的一方或者共同提交投标保证金，以一方名义提交投标保证金的，对联合体各方均具有约束力。

第三十七条 招标采购单位应当在中标通知书发出后5个工作日内退还未中标供应商的投标保证金，在采购合同签订后5个工作日内退还中标供应商的投标保证金。招标采购单位逾期退还投标保证金的，除应当退还投标保证金本金外，还应当按商业银行同期贷款利率上浮20%后的利率支付资金占用费。

第四章 开标、评标与定标

第三十八条 开标应当在招标文件确定的提交投标文件截止时间的同一时间公开进行；开标地点应当为招标文件中预先确定的地点。

招标采购单位在开标前，应当通知同级人民政府财政部门及有关部门。财政部门及有关部门可以视情况到现场监督开标活动。

第三十九条 开标由招标采购单位主持，采购人、投标人和有关方面代表参加。

第四十条 开标时，应当由投标人或者其推选的代表检查投标文件的密封情况，也可以由招标人委托的公证机构检查并公证；经确认无误后，由招标工作人员当众拆封，宣读投标人名称、投标价格、价格折扣、招标文件允许提供的备选投标方案和投标文件的其他主要内容。

未宣读的投标价格、价格折扣和招标文件允许提供的备选投标方案等实质性内容，评标时不予承认。

第四十一条 开标时，投标文件中开标一览表（报价表）内容与投标文件中明细表内容不一致的，以开标一览表（报价表）为准。

投标文件的大写金额和小写金额不一致的，以大写金额为准；总价金额与按单价汇总金额不一致的，以单价金额计算结果为准；单价金额小数点有明显错位的，应以总价为准，并修改单价；对不同文字文本投标文件的解释发生异议的，以中文文本为准。

第四十二条 开标过程应当由招标采购单位指定专人负责记录，并存档备查。

第四十三条 投标截止时间结束后参加投标的供应商不足三家的，除采购任务取消情形外，招标采购单位应当报告设区的市、自治州以上人民政府财政部门，由财政部门按照以下原则处理：

（一）招标文件没有不合理条款、招标公告时间及程序符合规定的，同意采取竞争性谈判、询价或者单一来源方式采购；

（二）招标文件存在不合理条款的，招标公告时间及程序不符合规定的，应予废标，并责成招标采购单位依法重新招标。

在评标期间，出现符合专业条件的供应商或者对招标文件作出实质响应的供应商不足三家情形的，可以比照前款规定执行。

第四十四条 评标工作由招标采购单位负责组织，具体评标事务由招标采购单位依法组建的评标委员会负责，并独立履行下列职责：

（一）审查投标文件是否符合招标文件要求，并作出评价；

（二）要求投标供应商对投标文件有关事项作出解释或者澄清；

（三）推荐中标候选供应商名单，或者受采购人委托按照事先确定的办法直接确定中标供应商；

（四）向招标采购单位或者有关部门报告非法干预评标工作的行为。

第四十五条 评标委员会由采购人代表和有关技术、经济等方面的专家组成，成员人数应当为五人以上单数。其中，技术、经济等方面的专家不得少于成员总数的2/3。采购数额在300万元以上、技术复杂的项目，评标委员会中技术、经济方面的专家人数应当为五人以上单数。

招标采购单位就招标文件征询过意见的专家，不得再作为评标专家参加评标。采购人不得以专家身份参与本部门或者本单位采购项目的评标。采购代理机构工作人员不得参加由本机构代理的政府采购项目的评标。

评标委员会成员名单原则上应在开标前确定，并在招标结果确定前保密。

第四十六条 评标专家应当熟悉政府采购、招标投标的相关政策法规，熟悉市场行情，有良好的职业道德，遵守招标纪律，从事相关领域工作满8年并具有高级职称或者具有同等专业水平。

第四十七条 各级人民政府财政部门应当对专家实行动态管理。

第四十八条 招标采购单位应当从同级或上一级财政部门设立的政府采购评审专家库中，通过随机方式抽取评标专家。

招标采购机构对技术复杂、专业性极强的采购项目，通过随机方式难以确定合适评标专家的，经设区的市、自治州以上人民政府财政部门同意，可以采取选择性方式确定评标专家。

第四十九条 评标委员会成员应当履行下列义务：

（一）遵纪守法，客观、公正、廉洁地履行职责；

（二）按照招标文件规定的评标方法和评标标准进行评标，对评审意见承担个人责任；

（三）对评标过程和结果，以及供应商的商业秘密保密；

（四）参与评标报告的起草；

（五）配合财政部门的投诉处理工作；

（六）配合招标采购单位答复投标供应商提出的质疑。

第五十条 货物服务招标采购的评标方法分为最低评标价法、综合评分法和性价比法。

第五十一条 最低评标价法，是指以价格为主要因素确定中标候选供应商的评标方法，即在全部满足招标文件实质性要求前提下，依据统一的价格要素评定最低报价，以提出最低报价的投标人作为中标候选供应商或者中标供应商的评标方法。

最低评标价法适用于标准定制商品及通用服务项目。

第五十二条 综合评分法，是指在最大限度地满足招标文件实质性要求前提下，按照招标文件中规定的各项因素进行综合评审后，以评标总得分最高的投标人作为中标候选供应商或者中标供应商的评标方法。

综合评分的主要因素是价格、技术、财务状况、信誉、业绩、服务、对招标文件的响应程度，以及相应的比重或者权值等。上述因素应当在招标文件中事先规定。

评标时，评标委员会各成员应当独立对每个有效投标人的标书进行评价、打分，然后汇总每个投标人每项评分因素的得分。

采用综合评分法的，货物项目的价格分值占总分值的比重（权值）为30%至60%；服务项目的价格分值占总分值的比重（权值）为10%至30%。执行统一价格标准的服务项目，其价格不列为评分因素。有特殊情况需要调整的，应当经同级人民政府财政部门批准。

评标总得分 $= F_1 \times A_1 + F_2 \times A_2 + \cdots + F_n \times A_n$

F_1，F_2，…，F_n 分别为各项评分因素的汇总得分；

A_1，A_2，…，A_n分别为各项评分因素所占的权重（$A_1 + A_2 + \cdots + A_n = 1$）。

第五十三条　性价比法，是指按照要求对投标文件进行评审后，计算出每个有效投标人除价格因素以外的其他各项评分因素（包括技术、财务状况、信誉、业绩、服务、对招标文件的响应程度等）的汇总得分，并除以该投标人的投标报价，以商数（评标总得分）最高的投标人为中标候选供应商或者中标供应商的评标方法。

评标总得分 $= B/N$

B为投标人的综合得分，$B = F_1 \times A_1 + F_2 \times A_2 + \cdots + F_n \times A_n$，其中：$F_1$，$F_2$，…，$F_n$ 分别为除价格因素以外的其他各项评分因素的汇总得分；A_1，A_2，…，A_n分别为除价格因素以外的其他各项评分因素所占的权重（$A_1 + A_2 + \cdots + A_n = 1$）。

N为投标人的投标报价。

第五十四条　评标应当遵循下列工作程序：

（一）投标文件初审。初审分为资格性检查和符合性检查。

1. 资格性检查。依据法律法规和招标文件的规定，对投标文件中的资格证明、投标保证金等进行审查，以确定投标供应商是否具备投标资格。

2. 符合性检查。依据招标文件的规定，从投标文件的有效性、完整性和对招标文件的响应程度进行审查，以确定是否对招标文件的实质性要求作出响应。

（二）澄清有关问题。对投标文件中含义不明确、同类问题表述不一致或者有明显文字和计算错误的内容，评标委员会可以书面形式（应当由评标委员会专家签字）要求投标人作出必要的澄清、说明或者纠正。投标人的澄清、说明或者补正应当采用书面形式，由其授权的代表签字，并不得超出投标文件的范围或者改变投标文件的实质性内容。

（三）比较与评价。按招标文件中规定的评标方法和标准，对资格性检查和符合性检查合格的投标文件进行商务和技术评估，综合比较与评价。

（四）推荐中标候选供应商名单。中标候选供应商数量应当根据采购需要确定，但必须按顺序排列中标候选供应商。

1. 采用最低评标价法的，按投标报价由低到高顺序排列。投标报价相同的，按技术指标优劣顺序排列。评标委员会认为，排在前面的中标候选供应商的最低投标价或者某些分项报价明显不合理或者低于成本，有可能影响商品质量和不能诚信履约的，应当要求其在规定的期限内提供书面文件予以解释说明，并提交相关证明材料；否则，评标委员会可以取消该投标人的中标候选资格，按顺序由排在后面的中标候选供应商递补，以此类推。

2. 采用综合评分法的，按评审后得分由高到低顺序排列。得分相同的，按投标报价由低到高顺序排列。得分且投标报价相同的，按技术指标优劣顺序排列。

3. 采用性价比法的，按商数得分由高到低顺序排列。商数得分相同的，按投标报价由低到高顺序排列。商数得分且投标报价相同的，按技术指标优劣顺序排列。

（五）编写评标报告。评标报告是评标委员会根据全体评标成员签字的原始评标记录和评标结果编写的报告。其主要内容包括：

1. 招标公告刊登的媒体名称、开标日期和地点；

2. 购买招标文件的投标人名单和评标委员会成员名单；

3. 评标方法和标准；

4. 开标记录和评标情况及说明，包括投标无效投标人名单及原因；

5. 评标结果和中标候选供应商排序表；

6. 评标委员会的授标建议。

第五十五条　在评标中，不得改变招标文件中规定的评标标准、方法和中标条件。

第五十六条　投标文件属下列情况之一的，应当在资格性、符合性检查时按照无效投标处理：

（一）应交未交投标保证金的；

（二）未按照招标文件规定要求密封、签署、盖章的；

（三）不具备招标文件中规定资格要求的；

（四）不符合法律、法规和招标文件中规定的其他实质性要求的。

第五十七条　在招标采购中，有政府采购法第三十六条第一款第（二）至第（四）项规定情形之一的，招标采购单位应当予以废标，并将废标理由通知所有投标供应商。

废标后，除采购任务取消情形外，招标采购单位应当重新组织招标。需要采取其他采购方式的，应当在采购活动开始前获得设区的市、自治州以上人民政府财政部门的批准。

第五十八条　招标采购单位应当采取必要措施，保证评标在严格保密的情况下进行。

任何单位和个人不得非法干预、影响评标办法的确定，以及评标过程和结果。

第五十九条　采购代理机构应当在评标结束后5个工作日内将评标报告送采购人。

采购人应当在收到评标报告后5个工作日内，按照评标报告中推荐的中标候选供应商顺序确定中标供应商；也可以事先授权评标委员会直接确定中标供应商。

采购人自行组织招标的，应当在评标结束后5个工作日内确定中标供应商。

第六十条　中标供应商因不可抗力或者自身原因不能履行政府采购合同的，采购人可以与排位在中标供应商之后第一位的中标候选供应商签订政府采购合同，以此类推。

第六十一条　在确定中标供应商前，招标采购单位不得与投标供应商就投标价格、投标方案等实质性内容进行谈判。

第六十二条　中标供应商确定后，中标结果应当在财政部门指定的政府采购信息发布媒体上公告。公告内容应当包括招标项目名称、中标供应商名单、评标委员会成员名单、招标采购单位的名称和电话。

在发布公告的同时，招标采购单位应当向中标供应商发出中标通知书，中标通知书对采购人和中标供应商具有同等法律效力。

中标通知书发出后，采购人改变中标结果，或者中标供应商放弃中标，应当承担相应的法律责任。

第六十三条　投标供应商对中标公告有异议的，应当在中标公告发布之日起7个工作日内，以书面形式向招标采购单位提出质疑。招标采购单位应当在收到投标供应商书面质疑后7个工作日内，对质疑内容作出答复。

质疑供应商对招标采购单位的答复不满意或者招标采购单位未在规定时间内答复的，可以在答复期满后15个工作日内，按有关规定向同级人民政府财政部门投诉。财政部门应当在收到投诉后30个工作日内，对投诉事项作出处理决定。

处理投诉事项期间，财政部门可以视具体情况书面通知招标采购单位暂停签订合同等活动，但暂停时间最长不得超过30日。

第六十四条　采购人或者采购代理机构应当自中标通知书发出之日起30日内，按照招标文件和中标供应商投标文件的约定，与中标供应商签订书面合同。所签订的合同不得对招标文件和中标供应商投标文件作实质性修改。

招标采购单位不得向中标供应商提出任何不合理的要求，作为签订合同的条件，不得与中标供应商私下订立背离合同实质性内容的协议。

第六十五条　采购人或者采购代理机构应当自采购合同签订之日起7个工作日内，按照有关规定将采购合同副本报同级人民政府财政部门备案。

第六十六条　法律、行政法规规定应当办理批准、登记等手续后生效的合同，依照其规定。

第六十七条　招标采购单位应当建立真实完整的招标采购档案，妥善保管每项采购活动的采购文件，并不得伪造、变造、隐匿或者销毁。采购文件的保存期限为从采购结束之日起至少保存十五年。

第五章　法律责任

第六十八条　招标采购单位有下列情形之一的，责令限期改正，给予警告，可以按照有关法律规定并处罚款，对直接负责的主管人员和其他直接责任人员，由其行政主管部门或者有关机关依法给予处分，并予通报：

（一）应当采用公开招标方式而擅自采用其他方式采购的；

（二）应当在财政部门指定的政府采购信息发布媒体上公告信息而未公告的；

（三）将必须进行招标的项目化整为零或者以其他任何方式规避招标的；

（四）以不合理的要求限制或者排斥潜在投标供应商，对潜在投标供应商实行差别待遇或者歧视待遇，或者招标文件指定特定的供应商、含有倾向性或者排斥潜在投标供应商的其他内容的；

（五）评标委员会组成不符合本办法规定的；

（六）无正当理由不按照依法推荐的中标候选供应商顺序确定中标供应商，或者在评标委员会依法推荐的中标候选供应商以外确定中标供应商的；

（七）在招标过程中与投标人进行协商谈判，或者不按照招标文件和中标供应商的投标文件确定的事项签订政府采购合同，或者与中标供应商另行订立背离合同实质性内容的协议的；

（八）中标通知书发出后无正当理由不与中标供应商签订采购合同的；

（九）未按本办法规定将应当备案的委托招标协议、招标文件、评标报告、采购合同等文件资料提交同级人民政府财政部门备案的；

（十）拒绝有关部门依法实施监督检查的。

第六十九条　招标采购单位及其工作人员有下列情形之一，构成犯罪的，依法追究刑事责任；尚不构成犯罪的，按照有关法律规定处以罚款，有违法所得的，并处没收违法所得，由其行政主管部门或者有关机关依法给予处分，并予通报：

（一）与投标人恶意串通的；

（二）在采购过程中接受贿赂或者获取其他不正当利益的；

（三）在有关部门依法实施的监督检查中提供虚假情况的；

（四）开标前泄露已获取招标文件的潜在投标人的名称、数量、标底或者其他可能影响公平竞争的有关招标投标情况的。

第七十条　采购代理机构有本办法第六十八条、第六十九条违法行为之一，情节严重的，可以取消其政府采购代理资格，并予以公告。

第七十一条　有本办法第六十八条、第六十九条违法行为之一，并且影响或者可能影响中标结果的，应当按照下列情况分别处理：

（一）未确定中标候选供应商的，终止招标活动，依法重新招标；

（二）中标候选供应商已经确定但采购合同尚未履行的，撤销合同，从中标候选供应商中按顺序另行确定中标供应商；

（三）采购合同已经履行的，给采购人、投标人造成损失的，由责任人承担赔偿责任。

第七十二条　采购人对应当实行集中采购的政府采购项目不委托集中采购机构进行招标的，或者委托不具备政府采购代理资格的中介机构办理政府采购招标事务的，责令改正；拒不改正的，停止按预算向其支付资金，由其上级行政主管部门或者有关机关依法给予其直接负责的主管人员和其他直接责任人员处分。

第七十三条　招标采购单位违反有关规定隐匿、销毁应当保存的招标、投标过程中的有关文件或者伪造、变造招标、投标过程中的有关文件的，处以2万元以上10万元以下的罚款，对其直接负责的主管人员和其他直接责任人员，由其行政主管部门或者有关机关依法给予处分，并予通报；构成犯罪的，依法追究刑事责任。

第七十四条　投标人有下列情形之一的，处以政府采购项目中标金额5‰以上10‰以下的罚款，列入不良行为记录名单，在1至3年内禁止参加政府采购活动，并予以公告，有违法所得的，并处没收违法所得，情节严重的，由工商行政管理机关吊销营业执照；构成犯罪的，依法追究刑事责任：

（一）提供虚假材料谋取中标的；

（二）采取不正当手段诋毁、排挤其他投标人的；

（三）与招标采购单位、其他投标人恶意串通的；

（四）向招标采购单位行贿或者提供其他不正当利益的；

（五）在招标过程中与招标采购单位进行协商谈判、不按照招标文件和中标供应商的投标文件订立合同，或者与采购人另行订立背离合同实质性内容协议的；

（六）拒绝有关部门监督检查或者提供虚假情况的。

投标人有前款第（一）至（五）项情形之一的，中标无效。

第七十五条　中标供应商有下列情形之一的，招标采购单位不予退还其交纳的投标保证金；情节严重的，由财政部门将其列入不良行为记录名单，在1至3年内禁止参加政府采购活动，并予以通报：

（一）中标后无正当理由不与采购人或者采购代理机构签订合同的；

（二）将中标项目转让给他人，或者在投标文件中未说明，且未经采购招标机构同意，将中标项目分包给他人的；

（三）拒绝履行合同义务的。

第七十六条　政府采购当事人有本办法第六十八条、第六十九条、第七十四条、第七十五条违法行为之一，给他人造成损失的，应当依照有关民事法律规定承担民事责任。

第七十七条　评标委员会成员有下列行为之一的，责令改正，给予警告，可以并处1000元以下的罚款：

（一）明知应当回避而未主动回避的；

（二）在知道自己为评标委员会成员身份后至评标结束前的时段内私下接触投标供应商的；

（三）在评标过程中擅离职守，影响评标程序正常进行的；

（四）在评标过程中有明显不合理或者不正当倾向性的；

（五）未按招标文件规定的评标方法和标准进行评标的。

上述行为影响中标结果的，中标结果无效。

第七十八条　评标委员会成员或者与评标活动有关的工作人员有下列行为之一的，给予警告，没收违法所得，可以并处3000元以上5万元以下的罚款；对评标委员会成员取消评标委员会成员资格，不得再参加任何政府采购招标项目的评标，并在财政部门指定的政府采购信息发布媒体上予以公告；构成犯罪的，依法追究刑事责任：

（一）收受投标人、其他利害关系人的财物或者其他不正当利益的；

（二）泄露有关投标文件的评审和比较、中标候选人的推荐以及与评标有关的其他情况的。

第七十九条　任何单位或者个人非法干预、影响评标的过程或者结果的，责令改正；由该单位、个人的上级行政主管部门或者有关机关给予单位责任人或者个人处分。

第八十条　财政部门工作人员在实施政府采购监督检查中违反规定滥用职权、玩忽职守、徇私舞弊的，依法给予行政处分；构成犯罪的，依法追究刑事责任。

第八十一条　财政部门对投标人的投诉无故逾期未作处理的，依法给予直接负责的主管人员和其他直接责任人员行政处分。

第八十二条　有本办法规定的中标无效情形的，由同级或其上级财政部门认定中标无效。中标无效的，应当依照本办法规定从其他中标人或者中标候选人中重新确定，或者依照本办法重新进行招标。

第八十三条　本办法所规定的行政处罚，由县级以上人民政府财政部门负责实施。

第八十四条　政府采购当事人对行政处罚不服的，可以依法申请行政复议，或者直接向人民法院提起行政诉讼。逾期未申请复议，也未向人民法院起诉，又不履行行政处罚决定的，由作出行政处罚决定的机关申请人民法院强制执行。

第六章　附　则

第八十五条　政府采购货物服务可以实行协议供货采购和定点采购，但协议供货采购和定点供应商必须通过公开招标方式确定；因特殊情况需要采用公开招标以外方式确定的，应当获得省级以上人民政府财政部门批准。

协议供货采购和定点采购的管理办法，由财政部另行规定。

第八十六条　政府采购货物中的进口机电产品进行招标投标的，按照国家有关办法执行。

第八十七条　使用国际组织和外国政府贷款进行的政府采购货物和服务招标，贷款方或者资金提供方与中方达成的协议对采购的具体条件另有规定的，可以适用其规定，但不得损害国家利益和社会公共利益。

第八十八条　对因严重自然灾害和其他不可抗力事件所实施的紧急采购和涉及国家安全和秘密的采购，不适用本办法。

第八十九条　本办法由财政部负责解释。

各省、自治区、直辖市人民政府财政部门可以根据本办法制定具体实施办法。

第九十条　本办法自2004年9月11日起施行。财政部1999年6月24日颁布实施的《政府采购招标投标管理暂行办法》（财预字〔1999〕363号）同时废止。

政府采购信息公告管理办法

（中华人民共和国财政部令第19号，2004年9月11日施行）

第一章　总　则

第一条　为了规范政府采购信息公告行为，提高政府采购活动透明度，促进公平竞争，根据《中华人民共和国政府采购法》(以下简称《政府采购法》)，制定本办法。

第二条　政府采购信息，是指规范政府采购活动的法律、法规、规章和其他规范性文件，以及反映政府采购活动状况的数据和资料的总称。

政府采购信息公告，是指将本办法规定应当公开的政府采购信息在财政部门指定的政府采购信息发布媒体上向社会公开发布。

第三条　采购人、采购代理机构应当按照有关政府采购的法律、行政法规和本办法规定，公告政府采购信息。

前款所称采购代理机构，是指集中采购机构和依法经认定资格的其他采购代理机构。

第四条　政府采购信息公告应当遵循信息发布及时，内容规范统一，渠道相对集中，便于获得查找的原则。

第五条　县级以上各级财政部门负责对政府采购信息公告活动进行监督、检查和管理。但是，下列职责由省级以上财政部门履行：

(一) 确定应当公告的政府采购信息的范围和内容；

(二) 指定并监督检查公告政府采购信息的媒体。

第六条　财政部负责确定政府采购信息公告的基本范围和内容，指定全国政府采购信息发布媒体。

省级(含计划单列市，下同)财政部门负责确定本地区政府采购信息公告的范围和内容，可以指定本地区政府采购信息发布媒体。

除财政部和省级财政部门以外，其他任何单位和个人不得指定政府采购信息的发布媒体。

第七条　政府采购信息应当首先在财政部指定的政府采购信息发布媒体上公告。

地方的政府采购信息可以同时在其省级财政部门指定的政府采购信息发布媒体上公告。

第二章　政府采购信息公告范围与内容

第八条　除涉及国家秘密、供应商的商业秘密，以及法律、行政法规规定应予保密的政府采购信息以外，下列政府采购信息必须公告：

(一) 有关政府采购的法律、法规、规章和其他规范性文件；

(二) 省级以上人民政府公布的集中采购目录、政府采购限额标准和公开招标数额标准；

(三) 政府采购招标业务代理机构名录；

(四) 招标投标信息，包括公开招标公告、邀请招标资格预审公告、中标公告、成交结果及其更正事项等；

(五) 财政部门受理政府采购投诉的联系方式及投诉处理决定；

(六) 财政部门对集中采购机构的考核结果；

(七) 采购代理机构、供应商不良行为记录名单；

(八) 法律、法规和规章规定应当公告的其他政府采购信息。

第九条　除本办法第八条规定内容外，省级以上财政部门可以根据管理需要，增加需要公告的政府采购信息内容。

第十条　公开招标公告应当包括下列内容：

(一) 采购人、采购代理机构的名称、地址和联系方式；

(二) 招标项目的名称、用途、数量、简要技术要求或者招标项目的性质；

(三) 供应商资格要求；

(四) 获取招标文件的时间、地点、方式及招标文件售价；

（五）投标截止时间、开标时间及地点；

（六）采购项目联系人姓名和电话。

第十一条　邀请招标资格预审公告应当包括下列内容：

（一）采购人、采购代理机构的名称、地址和联系方式；

（二）招标项目的名称、用途、数量、简要技术要求或招标项目的性质；

（三）供应商资格要求；

（四）提交资格申请及证明材料的截止时间及资格审查日期；

（五）采购项目联系人姓名和电话。

第十二条　中标公告应当包括下列内容：

（一）采购人、采购代理机构的名称、地址和联系方式；

（二）采购项目名称、用途、数量、简要技术要求及合同履行日期；

（三）定标日期（注明招标文件编号）；

（四）本项目招标公告日期；

（五）中标供应商名称、地址和中标金额；

（六）评标委员会成员名单；

（七）采购项目联系人姓名和电话。

第十三条　采购信息更正公告应当包括下列内容：

（一）采购人、采购代理机构名称、地址和联系方式；

（二）原公告的采购项目名称及首次公告日期；

（三）更正事项、内容及日期；

（四）采购项目联系人和电话。

第十四条　采购代理机构、供应商不良行为记录名单公告，应当包括当事人名称、事由、处理机关和处理结果等内容。

第十五条　投诉处理决定公告应当包括下列内容：

（一）采购人、采购代理机构名称；

（二）采购项目名称及采购日期；

（三）投诉人名称及投诉事项；

（四）投诉处理机关名称；

（五）处理决定的主要内容。

第三章　政府采购信息公告管理

第十六条　公告政府采购信息必须做到内容真实、准确可靠，不得有虚假和误导性陈述，不得遗漏依法必须公告的事项。

第十七条　在各政府采购信息指定发布媒体上分别公告同一政府采购信息的，内容必须保持一致。内容不一致的，以在财政部指定的政府采购信息发布媒体上公告的信息为准，但法律、行政法规另有规定的除外。

第十八条　在各政府采购信息指定发布媒体上公告同一政府采购信息的时间不一致的，以在财政部指定的政府采购信息发布媒体上最早公告信息的时间为公告时间和政府采购当事人对有关事项应当知道的时间。

第十九条　政府采购法律、法规、规章和其他规范性文件，集中采购目录、政府采购限额标准，公开招标限额标准等信息，由省级以上人民政府财政部门负责在政府采购信息指定发布媒体上公告。

第二十条　招标投标信息由采购人或者其委托的采购代理机构负责在政府采购信息指定发布媒体上公告。

第二十一条　对集中采购机构的考核结果以及采购代理机构、供应商不良行为记录名单等信息，由同级人民政府财政部门按照有关规定在政府采购信息指定媒体上公告。

第二十二条　本办法第十九条、第二十条和第二十一条规定以外的其他信息，属于政府采购监督管理方面的，由同级人民政府财政部门进行公告；属于采购业务方面的，由采购人或者其委托的采购代理机构进行公告。

第二十三条　采购人、采购代理机构需要公告政府采购信息的，应当以传真、电子邮件等快捷方式将信息提供给政府采购信息指定发布媒体，也可经同级人民政府财政部门提供给政府采购信息指定发布媒体。

第四章　政府采购信息指定媒体管理

第二十四条　政府采购信息指定发布媒体负责承办本办法规定的政府采购信息发布的具体事宜。

政府采购信息指定发布媒体发布政府采购信息，应当体现公益性原则。

第二十五条　政府采购信息指定发布媒体应当按照信息提供者提供的信息内容发布信息。但是，对信息篇幅过大的，政府采购信息指定发布媒体可以按照统一的技术要求进行适当的压缩和调整；进行压缩和调整的，不得改变提供信息的实质性内容。

第二十六条　政府采购信息指定发布媒体发现信息提供者提供的信息违反法律、法规、规章和本办法规定的，应当及时建议信息提供者修改；信息提供者拒不修改的，应当向信息提供者同级的人民政府财政部门报告。

第二十七条　财政部门指定的政府采购信息发布媒体中的网络媒体，应当在收到公告信息之日起 1 个工作日内上网发布；指定的报纸，应当在收到公告信息之日起 3 个工作日内发布；指定的杂志，应当及时刊登有关公告信息。

第二十八条　政府采购信息指定发布媒体应当对其发布的政府采购信息进行分类统计，并将统计结果按期报送同级人民政府财政部门。

第二十九条　政府采购信息指定发布媒体应当向社会公告本媒体的名称和联系方式。名称和联系方式发生变更的，应当及时向社会公告，并向负责指定其发布政府采购信息的财政部门备案。

第五章　法律责任

第三十条　采购人或者采购代理机构有下列情形之一的，由县级人民政府财政部门责令限期改正，给予警告；对直接负责的主管人员和其他直接责任人员，由其行政主管部门或者有关机关给予处分，并予通报：

（一）应当公告政府采购信息而未公告的；

（二）不首先在财政部指定的政府采购信息发布媒体上公告信息，或者不在财政部门指定的政府采购信息发布媒体上公告信息的；

（三）政府采购信息内容明显违反本办法规定的；

（四）在两个以上政府采购信息指定发布媒体上公告与同一信息的实质性内容明显不一致的；

（五）未按规定期限公告信息的。

第三十一条　采购人或者采购代理机构有下列情形之一的，采购无效，并由县级人民政府财政部门给予警告或者通报批评；属于政府采购代理机构责任且情节严重的，依法取消其进行相关业务的资格：

（一）招标投标信息中以不合理条件限制或者排斥潜在投标人的；

（二）公告的信息不真实，有虚假或者欺诈内容的。

第三十二条　政府采购信息指定发布媒体有下列情形之一的，由省级以上人民政府财政部门给予警告；情节严重的，依法取消其政府采购信息指定发布媒体资格；造成经济损失的，依法承担相应的赔偿责任：

（一）违反事先约定收取或者变相收取信息发布费用的；

（二）无正当理由拒绝发布信息提供者提供信息的；

（三）无正当理由延误政府采购信息发布时间的；

（四）发布政府采购信息改变信息提供者提供信息实质性内容的；

（五）其他违反政府采购信息管理的行为。

第三十三条　任何单位和个人非法干预政府采购信息公告活动的，由省级以上人民政府财政部门责令限期改正，给予警告；拒不改正的，转送有关机关依法处理。

第三十四条　任何单位或者个人发现政府采购信息发布活动不符合本办法规定的，有权向同级人民政府财政部门控告和检举，有关财政部门应当依法予以处理。

第六章　附　则

第三十五条　省级财政部门可以根据本办法，制定具体实施办法。

第三十六条　本办法自2004年9月11日起施行。财政部2000年9月11日颁布实施的《政府采购信息公告管理办法》（财库〔2000〕7号）同时废止。

政府采购供应商投诉处理办法

（中华人民共和国财政部令第20号，2004年9月11日施行）

第一章　总　则

第一条　为了防止和纠正违法的或者不当的政府采购行为，保护参加政府采购活动供应商的合法权益，维护国家利益和社会公共利益，建立规范高效的政府采购投诉处理机制，根据《中华人民共和国政府采购法》（以下简称《政府采购法》），制定本办法。

第二条　供应商依法向财政部门提起投诉，财政部门受理投诉、作出处理决定，适用本办法。

第三条　县级以上各级人民政府财政部门负责依法受理和处理供应商投诉。

财政部负责中央预算项目政府采购活动中的供应商投诉事宜。

县级以上地方各级人民政府财政部门负责本级预算项目政府采购活动中的供应商投诉事宜。

第四条　各级财政部门应当在省级以上财政部门指定的政府采购信息发布媒体上公告受理投诉的电话、传真等方便供应商投诉的事项。

第五条　财政部门处理投诉，应当坚持公平、公正和简便、高效的原则，维护国家利益和社会公共利益。

第六条　供应商投诉实行实名制，其投诉应当有具体的投诉事项及事实根据，不得进行虚假、恶意投诉。

第二章　投诉提起与受理

第七条　供应商认为采购文件、采购过程、中标和成交结果使自己的合法权益受到损害的，应当首先依法向采购人、采购代理机构提出质疑。对采购人、采购代理机构的质疑答复不满意，或者采购人、采购代理机构未在规定期限内作出答复的，供应商可以在答复期满后15个工作日内向同级财政部门提起投诉。

第八条　投诉人投诉时，应当提交投诉书，并按照被投诉采购人、采购代理机构（以下简称被投诉人）和与投诉事项有关的供应商数量提供投诉书的副本。

投诉书应当包括下列主要内容：

（一）投诉人和被投诉人的名称、地址、电话等；

（二）具体的投诉事项及事实依据；

（三）质疑和质疑答复情况及相关证明材料；

（四）提起投诉的日期。

投诉书应当署名。投诉人为自然人的，应当由本人签字；投诉人为法人或者其他组织的，应当由法定代表人或者主要负责人签字盖章并加盖公章。

第九条　投诉人可以委托代理人办理投诉事务。代理人办理投诉事务时，除提交投诉书外，还应当向同级财政部门提交投诉人的授权委托书，授权委托书应当载明委托代理的具体权限和事项。

第十条　投诉人提起投诉应当符合下列条件：

（一）投诉人是参与所投诉政府采购活动的供应商；

（二）提起投诉前已依法进行质疑；

（三）投诉书内容符合本办法的规定；

（四）在投诉有效期限内提起投诉；

（五）属于本财政部门管辖；

（六）同一投诉事项未经财政部门投诉处理；

（七）国务院财政部门规定的其他条件。

第十一条　财政部门收到投诉书后，应当在5个工作日内进行审查，对不符合投诉条件的，分别按下列规定予以处理：

（一）投诉书内容不符合规定的，告知投诉人修改后重新投诉；

（二）投诉不属于本部门管辖的，转送有管辖权的部门，并通知投诉人；

（三）投诉不符合其他条件的，书面告知投诉人不予受理，并应当说明理由。

对符合投诉条件的投诉，自财政部门收到投诉书之日起即为受理。

第十二条　财政部门应当在受理投诉后3个工作日内向被投诉人和与投诉事项有关的供应商发送投诉书副本。

第十三条　被投诉人和与投诉事项有关的供应商应当在收到投诉书副本之日起5个工作日内，以书面形式向财政部门作出说明，并提交相关证据、依据和其他有关材料。

第三章　投诉处理与决定

第十四条　财政部门处理投诉事项原则上采取书面审查的办法。财政部门认为有必要时，可以进行调查取证，也可以组织投诉人和被投诉人当面进行质证。

第十五条　对财政部门依法进行调查的，投诉人、被投诉人以及与投诉事项有关的单位及人员等应当如实反映情况，并提供财政部门所需要的相关材料。

第十六条 投诉人拒绝配合财政部门依法进行调查的，按自动撤回投诉处理；被投诉人不提交相关证据、依据和其他有关材料的，视同放弃说明权利，认可投诉事项。

第十七条 财政部门经审查，对投诉事项分别作出下列处理决定：

（一）投诉人撤回投诉的，终止投诉处理；

（二）投诉缺乏事实依据的，驳回投诉；

（三）投诉事项经查证属实的，分别按照本办法有关规定处理。

第十八条 财政部门经审查，认定采购文件具有明显倾向性或者歧视性等问题，给投诉人或者其他供应商合法权益造成或者可能造成损害的，按下列情况分别处理：

（一）采购活动尚未完成的，责令修改采购文件，并按修改后的采购文件开展采购活动；

（二）采购活动已经完成，但尚未签订政府采购合同的，决定采购活动违法，责令重新开展采购活动；

（三）采购活动已经完成，并且已经签订政府采购合同的，决定采购活动违法，由被投诉人按照有关法律规定承担相应的赔偿责任。

第十九条 财政部门经审查，认定采购文件、采购过程影响或者可能影响中标、成交结果的，或者中标、成交结果的产生过程存在违法行为的，按下列情况分别处理：

（一）政府采购合同尚未签订的，分别根据不同情况决定全部或者部分采购行为违法，责令重新开展采购活动；

（二）政府采购合同已经签订但尚未履行的，决定撤销合同，责令重新开展采购活动；

（三）政府采购合同已经履行的，决定采购活动违法，给采购人、投诉人造成损失的，由相关责任人承担赔偿责任。

第二十条 财政部门应当自受理投诉之日起 30 个工作日内，对投诉事项作出处理决定，并以书面形式通知投诉人、被投诉人及其他与投诉处理结果有利害关系的政府采购当事人。

第二十一条 财政部门作出处理决定，应当制作投诉处理决定书，并加盖印章。投诉处理决定书应当包括下列主要内容：

（一）投诉人和被投诉人的姓名或者名称、住所等；

（二）委托代理人办理的，代理人的姓名、职业、住址、联系方式等；

（三）处理决定的具体内容及事实根据和法律依据；

（四）告知投诉人行政复议申请权和诉讼权利；

（五）作出处理决定的日期。

投诉处理决定书的送达，依照民事诉讼法关于送达的规定执行。

第二十二条 财政部门在处理投诉事项期间，可以视具体情况书面通知被投诉人暂停采购活动，但暂停时间最长不得超过 30 日。

被投诉人收到通知后应当立即暂停采购活动，在法定的暂停期限结束前或者财政部门发出恢复采购活动通知前，不得进行该项采购活动。

第二十三条 财政部门应当将投诉处理结果在省级以上财政部门指定的政府采购信息发布媒体上公告。

第二十四条 投诉人对财政部门的投诉处理决定不服或者财政部门逾期未作处理的，可以依法申请行政复议或者向人民法院提起行政诉讼。

第四章　法律责任

第二十五条　财政部门在处理投诉过程中，发现被投诉人及其工作人员、评标委员会成员、供应商有违法行为，本机关有权处理、处罚的，应当依法予以处理、处罚；本机关无权处理的，应当转送有权处理的机关依法处理。

第二十六条　投诉人有下列情形之一的，属于虚假、恶意投诉，财政部门应当驳回投诉，将其列入不良行为记录名单，并依法予以处罚：

（一）一年内三次以上投诉均查无实据的；

（二）捏造事实或者提供虚假投诉材料的。

第二十七条　被投诉人的违法行为给他人造成损失的，应当依照有关民事法律规定承担民事责任。

第二十八条　财政部门工作人员在投诉处理过程中滥用职权、玩忽职守、徇私舞弊的，依法给予行政处分；构成犯罪的，依法追究刑事责任。

第五章　附　则

第二十九条　财政部门处理投诉不得向投诉人和被投诉人收取任何费用。但因处理投诉发生的鉴定费用，应当按照“谁过错谁负担”的原则由过错方负担；双方都有过错的，由双方合理分担。

第三十条　财政部门应当建立投诉处理档案管理制度，并自觉接受有关部门依法进行的监督检查。

第三十一条　对在投诉处理过程中知悉的商业秘密及个人隐私，财政部门及知情人应当负保密责任。

第三十二条　本办法自2004年9月11日起施行。

中央单位政府采购管理实施办法

（财政部，2006年10月18日施行）

第一章　总　则

第一条　为了加强中央单位政府采购管理，建立和规范中央单位政府采购运行机制，根据《中华人民共和国政府采购法》，制定本办法。

第二条　中央单位政府采购适用本办法。

本办法所称中央单位，是指与财政部发生预算缴款、拨款关系的国家机关、事业单位和社会团体。

中央单位按预算管理权限和经费领报关系，分为主管预算单位（主管部门）、二级预算单位和基层预算单位。

第三条　中央单位政府采购是指中央单位按照政府采购法律、行政法规和制度规定的方式和程序，使用财政性资金（预算资金、政府性基金和预算外资金）和与之配套的单位自筹资金，采购国务院公布的政府集中采购目录内或者采购限额标准以上的货物、工程和服务的行为。

第四条　中央单位政府采购组织形式分为政府集中采购、部门集中采购和单位自行采购。

政府集中采购，是指中央单位将属于政府集中采购目录中的政府采购项目委托集中采购机构代理的采购活动。

部门集中采购，是指主管部门统一组织实施部门集中采购项目的采购活动。

单位自行采购，也称分散采购，是指中央单位实施政府集中采购和部门集中采购范围以外、采购限额标准以上政府采购项目的采购活动。

第五条 财政部是中央单位政府采购的监督管理部门，履行全面的监督管理职责。国务院其他有关部门依法履行与政府采购活动有关的监督管理职责。

中央单位（含部门集中采购机构）是采购人，负责本部门、本系统政府采购的组织和实施工作。集中采购机构（不包括部门集中采购机构，下同）是政府集中采购的代理机构，负责承办中央单位政府集中采购操作事务。

第六条 财政部的主要职责是：依法制定中央单位政府采购政策及管理制度；编制审核政府采购预算和计划；拟定中央单位政府集中采购目录、部门集中采购项目、采购限额标准和公开招标数额标准，报国务院批准；审批政府采购方式；建立和管理中央单位政府采购评审专家库；协调处理各中央单位以及中央单位与集中采购机构之间的工作关系；监督检查中央单位、集中采购机构和经财政部确认或审批资格的其他政府采购代理机构的政府采购活动；考核集中采购机构业绩；处理供应商对中央单位政府采购活动的投诉事宜。

第七条 主管部门的主要职责是：制定本部门、本系统政府采购实施办法；编制本部门政府采购预算和政府采购实施计划；协助实施政府集中采购；统一组织实施部门集中采购项目；按规定权限对所属单位的政府采购活动实施管理；推动和监督所属单位政府采购工作；统一向财政部报送本部门、本系统有关政府采购的审批或备案文件、执行情况和统计报表。

第八条 二级预算单位和基层预算单位的主要职责是：严格执行各项政府采购规定；完整编制政府采购预算并逐级报送主管部门审核汇总；向上级主管部门提供政府采购的实施计划及有关资料；组织实施单位自行采购工作；依法签订和履行政府采购合同；编报本单位政府采购信息统计报表。

第九条 集中采购机构的主要职责是：接受中央单位委托，组织实施政府集中采购目录中的项目采购；直接组织招标活动；负责集中采购业务人员培训；接受委托代理其他政府采购项目的采购。

第十条 中央单位政府采购工作应当实行内部统一管理，建立和完善内部监督制约机制。主管部门的财务（资金）管理机构具体负责本部门、本系统政府采购的执行性管理。

第十一条 中央单位政府采购管理的主要内容是：政府集中采购目录和部门集中采购项目及采购限额标准的确定，政府采购预算的编制，政府采购实施计划的制定，采购组织形式和采购方式的确定，采购活动的实施，中标或成交供应商的确定，采购合同的签订和履约验收，采购资金的支付与结算，采购文件的保存以及采购统计的编报等。

第十二条 中央单位达到公开招标数额标准的采购项目，应当采用公开招标采购方式。因特殊情况需要采取公开招标以外的邀请招标、竞争性谈判、询价和单一来源等采购方式的，应当在采购活动开始前报财政部批准。

第十三条 中央单位政府采购信息应当按照法律、行政法规和财政部有关规定，首先在财政部指定的政府采购信息发布媒体上公告。必须公告的政府采购信息包括：招标公告、中标或成交结果，主管部门制定的政府采购实施办法，集中采购机构承办的招标公告、中标或成交结果和有关操作性文件。

第十四条 政府采购的评审专家的确定，应当按照《政府采购评审专家管理办法》规定，从财政部建立的中央单位政府采购评审专家库中抽取。

第二章 备案和审批管理

第十五条 政府采购备案和审批管理，是指财政部对中央单位、集中采购机构及其他采购代理机构按规定以文件形式报送备案、审批的有关政府采购文件或采购活动事项，依法予以备案或审批的管理行为。

财政部负责政府采购工作的机构具体办理政府采购备案和审批事宜。

第十六条　除财政部另有规定外，备案事项不需要财政部回复意见。

下列事项应当报财政部备案：

（一）主管部门制定的本部门、本系统有关政府采购的实施办法；

（二）部门预算追加应当补报的政府采购预算、已经批复政府采购预算的变更；

（三）政府采购实施计划、主管部门增加的部门集中采购项目；

（四）经财政部批准，采用公开招标以外采购方式的执行情况；

（五）集中采购招标公告、集中采购机构制定的采购项目操作方案，以及集中采购机构组织的协议供货、定点采购协议书副本；

（六）政府采购项目的合同副本；

（七）法律、行政法规规定其他需要备案的事项。

第十七条　审批事项应当经财政部依法批准后才能组织实施。

下列事项应当报财政部审批：

（一）因特殊情况对达到公开招标数额标准的采购项目需要采用公开招标以外的采购方式的；

（二）因特殊情况需要采购非本国货物、工程或服务的；

（三）集中采购机构组织实施协议供货采购、定点采购，其实施方案、招标文件、操作文件、中标结果、协议内容需要变更的；

（四）集中采购机构制定的操作规程；

（五）政府集中采购的协议供货协议书、定点采购协议书和财政直接支付项目采购合同的变更，涉及支付金额的；

（六）法律、行政法规规定其他需要审批的事项。

第十八条　备案和审批事项由主管部门、集中采购机构或其他政府采购代理机构依照有关规定向财政部报送。

第十九条　在备案和审批管理中，财政部可以根据管理需要，将对二级预算单位和基层预算单位的备案或审批管理权限授予其主管部门办理，但法律、行政法规规定应当由财政部负责备案和审批的事项除外。

第三章　政府采购预算和计划管理

第二十条　中央单位在编制下一财政年度部门预算时，应当将该财政年度政府采购项目及资金预算在政府采购预算表中单列，按程序逐级上报主管部门。主管部门审核汇总后报财政部。

年度政府采购项目按国务院颁发的年度中央预算单位政府集中采购目录及采购限额标准执行。

第二十一条　财政部对部门预算中的政府采购预算进行审核，并随部门预算批复各主管部门执行。

第二十二条　主管部门应当按照财政部批复的部门预算，分别制定政府集中采购、部门集中采购实施计划。

政府集中采购实施计划，是指主管部门将本部门、本系统属于政府集中采购目录中的采购项目，按照项目构成、使用单位、采购数量、技术规格、使用时间等内容编制的具体采购计划。

部门集中采购实施计划，是指主管部门根据部门集中采购项目和本部门实际，依法制定的部门集中采购项目的具体采购计划。

第二十三条 主管部门应当自接到财政部下达的部门预算之日起40个工作日内，将政府集中采购实施计划和部门集中采购实施计划报财政部备案，并将政府集中采购实施计划抄送集中采购机构组织采购。

第二十四条 中央单位按照预算管理程序调整或补报政府采购预算的，应当及时调整政府集中采购实施计划或部门集中采购实施计划。

第二十五条 未列入政府采购预算、未办理预算调整或补报手续的政府采购项目，不得实施采购。

第四章 政府集中采购管理

第二十六条 中央单位应当将属于政府集中采购目录内的项目，委托集中采购机构代理采购。

第二十七条 中央单位与集中采购机构应当在集中采购开始前签订委托代理协议，明确委托的事项、双方的权利与义务。委托代理协议应当具体确定双方在编制采购文件、确定评标办法与中标标准、组建评标委员会、评标、定标等方面的权利和义务。

中央单位按照自愿原则，可就确定中标人、签订合同、验收等事项委托集中采购机构办理。

集中采购委托代理协议可以按项目签订，也可以按年度签订一揽子协议，具体项目有特殊要求的，再另行签订补充协议。

第二十八条 在政府集中采购实施过程中，集中采购机构应当按照有关规定和委托代理协议约定开展采购活动。

第二十九条 集中采购机构应当坚持规范与效率相结合原则，做好代理采购项目的具体采购工作。其工作人员不得参与、干预或影响具体评标、谈判和询价工作。

第三十条 集中采购机构应当自接到中央单位项目委托后40日内确定中标、成交供应商。经财政部批准采用非招标采购方式进行的紧急采购，应当在15日内确定中标、成交供应商。

第三十一条 协议供货采购、定点采购的采购结果（包括中标产品、配置及价格等），应当在财政部指定的政府采购信息发布媒体上公告，同时以文件形式印发各委托采购的中央单位。

协议供货采购、定点采购应当在投标截止日期后10个工作日内完成中标结果公告和文件印发工作。

第三十二条 中央单位采购协议供货或定点采购项目，一次性采购批量较大的，应当与中标供应商就价格再次谈判或询价。

第三十三条 政府集中采购应当遵循以下工作程序：

（一）编制计划。主管部门接到财政部下达的部门预算后在规定时间内，编制集中采购实施计划并委托负责本部门、本系统政府集中采购的集中采购机构实施采购。

（二）签订委托协议。主管部门与集中采购机构签订委托代理协议，确定委托代理事项，约定双方的权利与义务。

（三）制定操作方案。集中采购机构汇总各中央单位政府集中采购实施计划，并与委托方协商后，制定具体操作方案，包括协议供货采购、定点采购方案。

（四）组织采购。集中采购机构采用公开招标方式或财政部批准的其他采购方式，按照经备案或审批的操作方案开展采购活动。

（五）确定中标、成交结果。集中采购机构被授权确定中标或成交结果的，应当在集中采购工作完成后3个工作日内，将中标结果通知委托方，并发出中标或成交通知书，同时发布中标或成交公告。

集中采购机构不承办确定中标或成交结果事项的，应当在评标、谈判或询价工作完成后，将采购结果报委托方，由委托方确定中标或成交供应商，并发中标或成交通知书和公告。

（六）中央单位应当自中标、成交通知书发出30日内，与中标、成交供应商签订采购合同。

第五章　部门集中采购管理

第三十四条　中央单位的部门集中采购项目，应当实行部门集中采购。主管部门负责部门集中采购的组织实施，部门集中采购事务可以由财务（资金）管理机构具体负责办理，也可以另行明确一个机构具体负责办理。部门集中采购项目的招投标事务，可以委托集中采购机构或其他政府采购代理机构承办。

第三十五条　部门集中采购的评审专家应当从财政部建立的中央单位政府采购评审专家库中抽取，本部门的工作人员不得以评审专家身份参加本部门政府采购项目的评标、谈判或询价工作。

第三十六条　部门集中采购应当遵循以下工作程序：

（一）细化部门集中采购项目。主管部门接到财政部下达的部门预算后，应当进一步明确本部门、本系统实行部门集中采购的项目范围，逐级下达到二级预算单位和基层预算单位。

（二）编制计划。二级预算单位和基层预算单位根据主管部门要求，编制部门集中采购实施计划报主管部门。

（三）制定方案。主管部门汇总所属单位上报的部门集中采购实施计划后，制定具体操作方案。

（四）实施采购。主管部门依法采用相应的采购方式组织采购活动。委托集中采购机构或其他政府采购代理机构代理采购的，应当签订委托代理协议。

（五）采购活动完成后，应当及时确定中标、成交供应商，向其发出中标或成交通知书，同时发布中标、成交公告。

（六）主管部门及其所属单位要在中标、成交通知书发出30日内，与中标、成交供应商签订采购合同。主管部门应当组织采购合同履行及验收工作。

第六章　单位自行采购与其他事项管理

第三十七条　单位自行采购可以由项目使用单位自行组织采购，也可以委托集中采购机构或其他政府采购代理机构代理采购。

第三十八条　单位自行采购应当依据法定的采购方式和程序开展采购活动，完整保存采购文件。

第三十九条　单位自行采购应当按照本办法规定实行备案和审批管理。

第四十条　政府采购应当签订书面合同。采购合同应当由项目使用单位与中标、成交供应商签订，也可以根据具体组织形式委托主管部门、集中采购机构或其他政府采购代理机构与中标、成交供应商签订。

由主管部门、集中采购机构和其他政府采购代理机构与中标、成交供应商签订合同的，应当在合同条款中明确各自的权利和义务。

第四十一条　政府采购合同应当自签订之日起7个工作日内，将合同副本报财政部备案。

第四十二条　中标、成交通知书发出时间超过30日，中央单位或中标、成交供应商任何一方拒绝签订合同的，违约一方应当向对方支付采购文件中规定的违约金。

第四十三条　中央单位、集中采购机构和其他政府采购代理机构应当按照合同约定，对履约情况进行验收。重大采购项目应当委托国家专业检测机构办理验收事务。

履约验收应当依据事先规定的标准和要求，不得增加新的验收内容或标准。凡符合事先确定标准的，即为验收合格。当事人对验收结论有异议的，应当请国家有关专业检测机构进行检测。

第四十四条　政府采购合同订立后，不得擅自变更、中止或者终止。经合同双方当事人协商一致的，可以依法变更合同。

第四十五条 中央单位应当按合同约定及时支付采购资金。实行国库集中支付试点改革的部门，按国库集中支付规定程序办理资金支付；未实行国库集中支付改革试点的部门，按现行办法由中央单位负责支付。

第四十六条 中央单位应当加强政府采购基础管理工作，建立采购文件档案管理制度。

第七章 监督检查

第四十七条 财政部对中央单位政府采购活动实行经常性监督检查制度，依法对中央单位、集中采购机构、其他政府采购代理机构执行政府采购法律、行政法规和规章制度情况进行监督检查。

第四十八条 财政部对中央单位政府采购活动进行经常性监督检查的主要内容是：

（一）政府采购预算和政府采购实施计划的编制和执行情况；

（二）政府集中采购目录和部门集中采购项目的执行情况；

（三）政府采购备案或审批事项的落实情况；

（四）政府采购信息在财政部指定媒体上的发布情况；

（五）政府采购有关法规、制度和政策的执行情况；

（六）内部政府采购制度建设情况；

（七）政府采购合同的订立、履行、验收和资金支付情况；

（八）对供应商询问和质疑的处理情况；

（九）财政部授权事项落实情况；

（十）法律、行政法规和制度规定的其他事项。

第四十九条 财政部对集中采购机构政府采购活动进行经常性监督检查的主要内容是：

（一）内部制度建设和监督制约机制落实情况；

（二）政府集中采购目录执行情况；

（三）政府采购备案审批事项落实情况；

（四）政府采购评审专家抽取和使用情况；

（五）政府采购信息在财政部指定发布媒体上的公告情况；

（六）政府采购工作效率、采购价格和资金节约率情况；

（七）服务质量和信誉状况；

（八）对供应商询问、质疑处理情况；

（九）有关政府集中采购规定和政策执行情况；

（十）法律、行政法规和制度规定的其他事项。

第五十条 主管部门应当对本部门、本系统政府采购工作情况实施监督检查。

第五十一条 集中采购机构应当加强内部管理，建立内部监督制约机制，全面、规范地做好中央单位委托的集中采购事务。

第五十二条 供应商应当依法参加政府采购活动。

财政部对中标供应商履约实施监督管理，对协议供货或定点采购的中标供应商进行监督检查。

第五十三条 供应商对中央单位政府采购活动事项的询问、质疑和投诉，以及对询问、质疑和投诉的答复、处理，按照有关政府采购的法律、行政法规和规章的规定进行。

第五十四条 财政部、监察部和审计署等部门对中央单位政府采购活动中的违法行为，应当按照各自职责依法予以处理。

第八章 附 则

第五十五条 主管部门应当按照本规定制定具体实施办法。

第五十六条 军队武警系统政府采购管理实施办法由其另行制定。

第五十七条 本办法自2004年9月1日起施行。财政部2001年4月9日颁布的《中央单位政府采购管理实施办法》(财库〔2001〕30号)同时废止。

计划生育避孕药具政府采购目录编制办法

(计生委,2005年9月1日施行)

第一章 总 则

第一条 根据《计划生育技术服务管理条例》,为规范《计划生育避孕药具政府采购目录》(以下简称《目录》)编制管理工作,深化计划生育药具工作改革,指导计划生育避孕药具的推广和应用,满足广大育龄群众对计划生育避孕药具知情选择和生殖健康的基本需求,全面提高计划生育避孕药具管理和服务水平,制定本办法。

第二条 本办法所称的计划生育避孕药具是指由中央财政资金统一采购并免费供应给育龄群众的避孕药品、宫内节育器和避孕套。

第三条 国家人口和计划生育委员会(以下简称国家人口计生委)负责《目录》的编制,对《目录》实行动态管理。《目录》的编制工作依照有关法律法规,以对国家、企业和人民群众负责的精神,按照自愿、公开、公平、公正和安全、有效、适用、择优的原则进行。

第二章 进入《目录》的程序

第四条 申请进入《目录》的计划生育避孕药具应符合以下条件:

(一)必须是国家食品药品监督管理行政部门批准注册的准字号产品,且在有效期内;

(二)生产企业具有合法的生产相关产品的资质及良好的售后服务体系;

(三)生产企业资信状况良好,无不良反应和不良事件的反馈意见;

(四)产品符合育龄群众计划生育服务需求,且易于推广应用;

(五)新产品须经过大样本的多中心临床试验或国家人口计生委组织进行的引入性试验,证明适宜基层推广使用。

第五条 申请进入《目录》的避孕药品除符合第四条规定的条件外,还应当符合以下条件:

(一)必须是符合国家有关市场准入规定的准字号产品,且在有效期内;

(二)生产企业必须通过国家食品药品监督管理行政部门的药品生产质量管理规范(GMP)认证,且在有效期内。

第六条 申请进入《目录》的宫内节育器除符合第四条规定的条件外,还应当符合以下条件:

(一)产品第一年末续用率应不低于94/每百妇女;

(二)含铜宫内节育器的铜表面积在200~400 mm^2;

(三)含药宫内节育器的药品必须符合第五条规定的条件。

第七条 申请进入《目录》的避孕套除符合第四条规定的条件外，还应当符合以下条件：

（一）避孕套产品质量须连续三年检验合格；

（二）避孕套生产企业须具备两条（含两条）以上生产线；

（三）避孕套生产企业须获得中国强制性产品认证（3C）证书。

第八条 申请进入《目录》的计划生育避孕药具生产企业须向国家人口计生委提出书面申请，填报《计划生育避孕药具政府采购目录申请表》，并提供以下材料：

（一）企业的生产许可证、经营许可证和营业执照；

（二）产品的市场准入注册证；

（三）产品的临床报告；

（四）企业的质量保证体系证明文件；

（五）产品质量技术标准；

（六）产品使用说明书；

（七）产品上市后情况报告（包括产品的年生产能力；近两年产品生产、销售数量及区域分布；产品上市后使用情况，包括不良事件、不良反应的报告及处理情况；近两年售后服务情况及用户反馈意见等）；

（八）要求提交的其他文件或材料。

以上文件、材料须有法定代表人签字并加盖公章。

第九条 国家人口计生委负责组织专家或委托相关部门对申请进入《目录》的避孕药具进行技术评审。专家组成员须具备副高（含副高）以上专业技术职称，精通业务，作风严谨，客观公正，并不得与相关企业有任何利益关系。

第十条 专家组应按照以下内容进行评审：

（一）文件审查：对企业提供的证明文件和材料进行函审。

（二）现场考察：现场考察组由国家人口计生委、专家、企业所在地省级人口计生行政部门及有关机构人员共3人以上组成。

现场考察内容包括：

1. 验证企业提交的证明文件及材料的原件；
2. 了解企业的资信状况；
3. 考察企业的质量保证体系；
4. 考察企业的生产规模；
5. 了解企业售后服务状况等。

考察结束后应提交现场考察报告。接受现场考察的企业要按照考察组的要求配合进行现场考察，不得有任何干扰专家考察和评价的活动。违反者取消申请进入《目录》的资格。

（三）抽样检测：国家人口计生委委托具有法定产品检测资格的专业机构承担产品检测工作；专家组依据国家规定的质量技术标准，确定产品抽样检测项目和指标，制定抽样检测方案；专家组协助产品检测机构依据抽样检测方案，对产品进行抽样检测，并出具检测报告。对于不接受抽样检测的企业，将取消申请进入《目录》的资格。

（四）征集意见：国家人口计生委委托专业机构对申请进入《目录》的产品和企业，公开征集计划生育避孕药具管理和技术服务机构等用户意见。

第十一条 专家组对申报企业和产品进行综合技术审查和评审，提出书面评审意见，并作为产品进入《目录》的重要依据。

第十二条 专家组建议进入《目录》的产品须报经国家人口计生委主任会议审定批准后，编入《目录》予以公布。

第三章 退出《目录》的程序

第十三条 已进入《目录》的计划生育避孕药具在生产经营企业主动要求退出《目录》或发生不再适合政府采购的情形时，按以下程序退出《目录》：

（一）国家人口计生委组织专家组对拟（应）退出《目录》的产品或企业进行评审确认，并提出专家组书面意见；

（二）专家组退出意见报请国家人口计生委主任会议审定批准后及时通知生产经营企业，并适时修改《目录》。

第十四条 避孕药品出现以下情形之一的，按第十三条规定程序退出《目录》：

（一）生产企业无法保证产品质量稳定，未能严格按 GMP 标准规范生产；

（二）避孕药品发生严重不良反应等安全问题；

（三）有更安全、有效和更好性价比的替代产品；

（四）企业生产经营情况发生变化，已不符合政府采购条件等。

第十五条 宫内节育器出现以下情形之一的，按第十三条规定程序退出《目录》：

（一）避孕效果较差，使用者逐年减少；

（二）产品连续抽检两次不合格，发生隐瞒不良反应，出现重大产品质量事故，并产生严重后果；

（三）企业质量管理体系认证和中国医疗器械质量体系（CMD）认证被注销等。

第十六条 避孕套出现以下情形之一的，按第十三条规定程序退出《目录》：

（一）产品质量和生产企业资质发生变化，不再符合有关质量标准要求；

（二）发现企业资质证明和检验报告有弄虚作假行为；

（三）出现产品质量不合格或售后服务纠纷等。

第四章 监督指导

第十七条 依照《计划生育技术服务管理条例》和本办法的有关规定，各级人口计生行政部门对进入《目录》的计划生育避孕药具使用情况进行监督指导。

第十八条 各级人口计生行政部门要全面加强对计划生育避孕药具的质量监督管理，加大对计划生育避孕药具不良反应和不良事件的监管力度，建立健全质量监测体系，完善报告制度。

第五章 附 则

第十九条 本办法由国家人口计生委负责解释。

第二十条 本办法自 2005 年 9 月 1 日起施行。

委托会计师事务所审计招标规范

（财政部，2006 年 3 月 1 日施行）

第一条 为了规范招标委托会计师事务所（以下简称事务所）从事审计业务的活动，促进注册会计师行业的公平竞争，保护招标单位和投标事务所的合法权益，根据《中华人民共和国招标投标法》、《中华人民共和国注册会计师法》及相关法律，制定本规范。

第二条　招标单位采用招标方式委托事务所从事审计业务的，应当遵守《中华人民共和国招标投标法》，并符合本规范的规定。

第三条　招标投标活动应当遵循公开、公平、公正和诚实信用的原则。

任何单位和个人不得违反法律、行政法规规定，限制或者排斥事务所参加投标，不得以任何方式非法干涉招标投标活动。

事务所通过投标承接和执行审计业务的，应当遵守审计准则和职业道德规范，严格按照业务约定书履行义务、完成中标项目。

第四条　招标委托事务所从事审计业务，按照下列程序进行：

（一）招标，包括确定招标方式、发布招标公告（公开招标方式下）或发出投标邀请书（邀请招标方式下）、编制招标文件、向潜在投标事务所发出招标文件；

（二）开标；

（三）评标；

（四）确定中标事务所，发出中标通知书，与中标事务所签订业务约定书。

第五条　招标单位一般应当采用公开招标方式委托事务所。

对于符合下列情形之一的招标项目，可以采用邀请招标方式：

（一）具有特殊性，只能从有限范围的事务所中选择的；

（二）具有突发性，按公开招标程序无法在规定时间内完成委托事宜的。

第六条　采用公开招标方式的，应当发布招标公告。采用邀请招标方式的，应当向 3 家以上事务所发出投标邀请书。

招标公告和投标邀请书应当载明招标单位的名称和地址、招标项目的性质、数量、实施地点和时间以及获取招标文件的办法等事项。

第七条　招标单位可以根据招标项目本身的要求，在招标公告或者投标邀请书中，要求潜在投标事务所提供有关资质证明文件和业绩情况，并对潜在投标事务所进行资格审查。

在资格审查过程中，招标单位应当充分利用财政部门和注册会计师协会公开的行业信息，并执行财政部有关审计的管理规定。

第八条　招标单位应当根据招标项目的特点和需要编制招标文件。招标文件应当包括下列内容：

（一）招标项目介绍；

（二）对投标事务所资格审查的标准；

（三）投标报价要求；

（四）评标标准；

（五）拟签订业务约定书的主要条款。

第九条　招标单位应当在招标文件中详细披露便于投标事务所确定工作量、制定工作方案、提出合理报价、编制投标文件的招标项目信息，包括被审计单位的组织架构、所处行业、业务类型、地域分布、财务信息（如资产规模及结构、负债水平、年业务收入水平、其他相关财务指标）等。

第十条　招标单位应当根据招标项目要求，综合考虑投标事务所的工作方案、人员配备、相关工作经验、职业道德记录和质量控制水平、商务响应程度、报价等方面，合理确定评审内容、设定评审标准、设计各项评审内容分值占总分值的权重。投标事务所报价分值的权重不应高于20%。

评标标准的具体设计可以参考所附《评审内容及其权重设计参考表》。

第十一条　招标项目需要确定工期的，招标单位应当考虑注册会计师行业服务的特殊性，合理确定事务所完成相应工作的工期，并在招标文件中载明。

第十二条 招标单位可以根据招标项目的具体情况，组织潜在投标事务所座谈、答疑。潜在投标事务所需要查询招标项目详细资料的，招标单位应当在可能的情况下提供便利。

第十三条 招标单位在作出投标事务所编制投标文件的时限要求时，应当考虑注册会计师行业服务的特殊性，自招标文件开始发出之日起至投标事务所提交投标文件截止之日止，一般不得少于20日。

第十四条 招标单位应当公开进行开标，并邀请所有投标事务所参加。

第十五条 招标单位应当组建评标委员会，由评标委员会负责评标。

评标委员会由招标单位的代表和熟悉注册会计师行业的专家组成，与投标单位有利害关系的人不得进入相关项目的评标委员会。

评标委员会成员（以下简称评委）人数应当为5人以上单数，其中熟悉注册会计师行业的专家一般不应少于成员总数的2/3。

评委名单在中标结果确定前应当保密。

第十六条 招标单位应当采取必要的措施，保证评标在严格保密的情况下进行。任何单位和个人不得非法干预、影响评标的过程和结果。

第十七条 评委应当依据评标标准对投标事务所进行评分。

评标委员会应当按照各投标事务所得分高低次序排出名次，并根据名次推荐中标候选事务所。

第十八条 评标委员会完成评标后，应当向招标单位提出书面评标报告。

招标单位应当根据评标委员会提出的书面评标报告和推荐的中标候选事务所确定中标事务所。招标单位也可以授权评标委员会直接确定中标事务所。

第十九条 中标事务所确定后，招标单位应当向中标事务所发出中标通知书，同时将中标结果通知所有未中标的投标事务所。

第二十条 招标单位应当自中标通知书发出之日起30日内，以招标文件和中标事务所投标文件的内容为依据，与中标事务所签订业务约定书。

招标单位不得向中标事务所提出改变招标项目实质性内容、提高招标项目的技术要求、降低支付委托费用等要求，不得以各种名目向中标事务所索要回扣。

招标单位不得与中标事务所再行订立背离业务约定书实质性内容的其他协议。

第二十一条 财政部和各省、自治区、直辖市财政部门应当对审计招标投标活动进行监督，对审计招标投标活动中的违法违规行为予以制止并依法进行处理。

第二十二条 招标单位招标委托事务所从事其他鉴证业务和相关服务业务的，参照执行本规范。

第二十三条 本规范由财政部负责解释。

第二十四条 本规范自2006年3月1日起施行。

工程建设项目招标范围和规模标准规定

（国家发展计划委员会第3号令，2000年5月1日施行）

第一条 为了确定必须进行招标的工程建设项目的具体范围和规模标准，规范招标投标活动，根据《中华人民共和国招标投标法》第三条的规定，制定本规定。

第二条 关系社会公共利益、公众安全的基础设施项目的范围包括：

（一）煤炭、石油、天然气、电力、新能源等能源项目；
（二）铁路、公路、管道、水运、航空以及其他交通运输业等交通运输项目；
（三）邮政、电信枢纽、通信、信息网络等邮电通讯项目；
（四）防洪、灌溉、排涝、引（供）水、滩涂治理、水土保持、水利枢纽等水利项目；
（五）道路、桥梁、地铁和轻轨交通、污水排放及处理、垃圾处理、地下管道、公共停车场等城市设施项目；
（六）生态环境保护项目；
（七）其他基础设施项目。

第三条 关系社会公共利益、公众安全的公用事业项目的范围包括：
（一）供水、供电、供气、供热等市政工程项目；
（二）科技、教育、文化等项目；
（三）体育、旅游等项目；
（四）卫生、社会福利等项目；
（五）商品住宅，包括经济适用住房；
（六）其他公用事业项目。

第四条 使用国有资金投资项目的范围包括：
（一）使用各级财政预算资金的项目；
（二）使用纳入财政管理的各种政府性专项建设基金的项目；
（三）使用国有企业事业单位自有资金，并且国有资产投资者实际拥有控制权的项目。

第五条 国家融资项目的范围包括：
（一）使用国家发行债券所筹资金的项目；
（二）使用国家对外借款或者担保所筹资金的项目；
（三）使用国家政策性贷款的项目；
（四）国家授权投资主体融资的项目；
（五）国家特许的融资项目。

第六条 使用国际组织或者外国政府资金项目的范围包括：
（一）使用世界银行、亚洲开发银行等国际组织贷款资金的项目；
（二）使用外国政府及其机构贷款资金的项目；
（三）使用国际组织或者外国政府援助资金的项目。

第七条 本规定第二条至第六条规定范围内的各类工程建设项目，包括项目的勘察、设计、施工、监理以及与工程建设有关的重要设备、材料等的采购，达到下列标准之一的，必须进行招标：
（一）施工单项合同估算价在200万元人民币以上的；
（二）重要设备、材料等货物的采购，单项合同估算价在100万元人民币以上的；
（三）勘察、设计、监理等服务的采购，单项合同估算价在50万元人民币以上的；
（四）单项合同估算价低于第（一）、（二）、（三）项规定的标准，但项目总投资额在3000万元人民币以上的。

第八条 建设项目的勘察、设计，采用特定专利或者专有技术的，或者其建筑艺术造型有特殊要求的，经项目主管部门批准，可以不进行招标。

第九条 依法必须进行招标的项目，全部使用国有资金投资或者国有资金投资占控股或者主导地位的，应当公开招标。

招标投标活动不受地区、部门的限制，不得对潜在投标人实行歧视待遇。

第十条　省、自治区、直辖市人民政府根据实际情况，可以规定本地区必须进行招标的具体范围和规模标准，但不得缩小本规定确定的必须进行招标的范围。

第十一条　国家发展计划委员会可以根据实际需要，会同国务院有关部门对本规定确定的必须进行招标的具体范围和规模标准进行部分调整。

第十二条　本规定自发布之日起施行。

招标拍卖挂牌出让国有土地使用权规定

（中华人民共和国国土资源部令11号，2002年7月1日施行）

第一条　为规范国有土地使用权出让行为，优化土地资源配置，建立公开、公平、公正的土地使用制度，根据《中华人民共和国城市房地产管理法》、《中华人民共和国土地管理法》和《中华人民共和国土地管理法实施条例》等法律、法规，制定本规定。

第二条　在中华人民共和国境内以招标、拍卖或者挂牌方式出让国有土地使用权的，适用本规定。

本规定所称招标出让国有土地使用权，是指市、县人民政府土地行政主管部门（以下简称出让人）发布招标公告，邀请特定或者不特定的公民、法人和其他组织参加国有土地使用权投标，根据投标结果确定土地使用者的行为。

本规定所称拍卖出让国有土地使用权，是指出让人发布拍卖公告，由竞买人在指定时间、地点进行公开竞价，根据出价结果确定土地使用者的行为。

本规定所称挂牌出让国有土地使用权，是指出让人发布挂牌公告，按公告规定的期限将拟出让宗地的交易条件在指定的土地交易场所挂牌公布，接受竞买人的报价申请并更新挂牌价格，根据挂牌期限截止时的出价结果确定土地使用者的行为。

第三条　招标、拍卖或者挂牌出让国有土地使用权应当遵循公开、公平、公正和诚实信用的原则。

第四条　商业、旅游、娱乐和商品住宅等各类经营性用地，必须以招标、拍卖或者挂牌方式出让。

前款规定以外用途的土地的供地计划公布后，同一宗地有两个以上意向用地者的，也应当采用招标、拍卖或者挂牌方式出让。

第五条　国有土地使用权招标、拍卖或者挂牌出让活动，应当有计划地进行。

市、县人民政府土地行政主管部门根据社会经济发展计划、产业政策、土地利用总体规划、土地利用年度计划、城市规划和土地市场状况，编制国有土地使用权出让计划，报经同级人民政府批准后，及时向社会公开发布。

第六条　市、县人民政府土地行政主管部门应当按照出让计划，会同城市规划等有关部门共同拟订拟招标拍卖挂牌出让地块的用途、年限、出让方式、时间和其他条件等方案，报经市、县人民政府批准后，由市、县人民政府土地行政主管部门组织实施。

第七条　出让人应当根据招标拍卖挂牌出让地块的情况，编制招标拍卖挂牌出让文件。招标拍卖挂牌出让文件应当包括招标拍卖挂牌出让公告、投标或者竞买须知、宗地图、土地使用条件、标书或者竞买申请书、报价单、成交确认书、国有土地使用权出让合同文本。

第八条　出让人应当至少在投标、拍卖或者挂牌开始日前20日发布招标、拍卖或者挂牌公告，公布招标拍卖挂牌出让宗地的基本情况和招标拍卖挂牌的时间、地点。

第九条　招标拍卖挂牌公告应当包括下列内容：

（一）出让人的名称和地址；

（二）出让宗地的位置、现状、面积、使用年期、用途、规划设计要求；

（三）投标人、竞买人的资格要求及申请取得投标、竞买资格的办法；

（四）索取招标拍卖挂牌出让文件的时间、地点及方式；

（五）招标拍卖挂牌时间、地点、投标挂牌期限、投标和竞价方式等；

（六）确定中标人、竞得人的标准和方法；

（七）投标、竞买保证金；

（八）其他需要公告的事项。

第十条　市、县人民政府土地行政主管部门应当根据土地估价结果和政府产业政策综合确定标底或者底价。

确定招标标底，拍卖和挂牌的起叫价、起始价、底价，投标、竞买保证金，应当实行集体决策。

招标标底和拍卖挂牌的底价，在招标拍卖挂牌出让活动结束之前应当保密。

第十一条　出让人应当对投标申请人、竞买申请人进行资格审查。对符合招标拍卖挂牌公告规定条件的，应当通知其参加招标拍卖挂牌活动。

第十二条　市、县人民政府土地行政主管部门应当为投标人、竞买人查询拟出让土地的有关情况提供便利。

第十三条　投标、开标依照下列程序进行：

（一）投标人在投标截止时间前将标书投入标箱。招标公告允许邮寄标书的，投标人可以邮寄，但出让人在投标截止时间前收到的方为有效。

标书投入标箱后，不可撤回。投标人应对标书和有关书面承诺承担责任。

（二）出让人按照招标公告规定的时间、地点开标，邀请所有投标人参加。由投标人或者其推选的代表检查标箱的密封情况，当众开启标箱，宣布投标人名称、投标价格和投标文件的主要内容。投标人少于三人的，出让人应当依照本规定重新招标。

（三）评标小组进行评标。评标小组由出让人代表、有关专家组成，成员人数为五人以上的单数。

评标小组可以要求投标人对投标文件作出必要的澄清或者说明，但是澄清或者说明不得超出投标文件的范围或者改变投标文件的实质性内容。

评标小组应当按照招标文件确定的评标标准和方法，对投标文件进行评审。

（四）招标人根据评标结果，确定中标人。

第十四条　对能够最大限度地满足招标文件中规定的各项综合评价标准，或者能够满足招标文件的实质性要求且价格最高的投标人，应当确定为中标人。

第十五条　拍卖会依照下列程序进行：

（一）主持人点算竞买人；

（二）主持人介绍拍卖宗地的位置、面积、用途、使用年期、规划要求和其他有关事项；

（三）主持人宣布起叫价和增价规则及增价幅度，没有底价的，应当明确提示；

（四）主持人报出起叫价；

（五）竞买人举牌应价或者报价；

（六）主持人确认该应价后继续竞价；

（七）主持人连续三次宣布同一应价而没有再应价的，主持人落槌表示拍卖成交；

（八）主持人宣布最高应价者为竞得人。

第十六条　竞买人不足三人，或者竞买人的最高应价未达到底价时，主持人应当终止拍卖。

拍卖主持人在拍卖中可根据竞买人竞价情况调整拍卖增价幅度。

第十七条　挂牌依照以下程序进行：

（一）在挂牌公告规定的挂牌起始日，出让人将挂牌宗地的位置、面积、用途、使用年期、规划要求、起始价、增价规则及增价幅度等，在挂牌公告规定的土地交易场所挂牌公布；

（二）符合条件的竞买人填写报价单报价；

（三）出让人确认该报价后，更新显示挂牌价格；

（四）出让人继续接受新的报价；

（五）出让人在挂牌公告规定的挂牌截止时间确定竞得人。

第十八条　挂牌时间不得少于10个工作日。挂牌期间可根据竞买人竞价情况调整增价幅度。

第十九条　挂牌期限届满，按照下列规定确定是否成交：

（一）在挂牌期限内只有一个竞买人报价，且报价高于底价，并符合其他条件的，挂牌成交。

（二）在挂牌期限内有两个或者两个以上的竞买人报价的，出价最高者为竞得人；报价相同的，先提交报价单者为竞得人，但报价低于底价者除外。

（三）在挂牌期限内无应价者或者竞买人的报价均低于底价或均不符合其他条件的，挂牌不成交。

在挂牌期限截止时仍有两个或者两个以上的竞买人要求报价的，出让人应当对挂牌宗地进行现场竞价，出价最高者为竞得人。

第二十条　以招标、拍卖或者挂牌方式确定中标人、竞得人后，出让人应当与中标人、竞得人签订成交确认书。

成交确认书应当包括出让人和中标人、竞得人的名称、地址，出让标的，成交时间、地点、价款，以及签订《国有土地使用权出让合同》的时间、地点等内容。

成交确认书对出让人和中标人、竞得人具有合同效力。签订成交确认书后，出让人改变竞得结果，或者中标人、竞得人放弃中标宗地、竞得宗地的，应当依法承担责任。

第二十一条　中标人、竞得人应当按照成交确认书约定的时间，与出让人签订《国有土地使用权出让合同》。

中标人、竞得人支付的投标、竞买保证金，抵作国有土地使用权出让金，其他投标人、竞买人支付的投标、竞买保证金，出让人必须在招标拍卖挂牌活动结束后5个工作日内予以退还，不计利息。

第二十二条　招标拍卖挂牌活动结束后，出让人应在10个工作日内将招标拍卖挂牌出让结果在土地有形市场或者指定的场所、媒介公布。

出让人公布出让结果，不得向受让人收取费用。

第二十三条　受让人依照《国有土地使用权出让合同》的约定付清全部国有土地使用权出让金后，应当依法申请办理土地登记，领取国有土地使用权证书。

第二十四条　应当以招标拍卖挂牌方式出让国有土地使用权而擅自采用协议方式出让的，对直接负责的主管人员和其他直接责任人员依法给予行政处分。

第二十五条　中标人、竞得人有下列行为之一的，中标、竞得结果无效；造成损失的，中标人、竞得人应当依法承担赔偿责任：

（一）投标人、竞买人提供虚假文件隐瞒事实的；

（二）中标人、竞得人采取行贿、恶意串通等非法手段中标或者竞得的。

第二十六条　土地行政主管部门工作人员在招标拍卖挂牌出让活动中玩忽职守、滥用职权、徇私舞弊的，依法给予行政处分；构成犯罪的，依法追究刑事责任。

第二十七条　以招标拍卖挂牌方式租赁国有土地使用权的，参照本规定执行。

第二十八条　本规定自2002年7月1日起施行。

水利工程建设项目招标投标管理规定

（国水利部令第14号，2002年1月1日实施）

第一章　总　则

第一条　为加强水利工程建设项目招标投标工作的管理，规范招标投标活动，根据《中华人民共和国招标投标法》和国家有关规定，结合水利工程建设的特点，制定本规定。

第二条　本规定适用于水利工程建设项目的勘察设计、施工、监理以及与水利工程建设有关的重要设备、材料采购等的招标投标活动。

第三条　符合下列具体范围并达到规模标准之一的水利工程建设项目必须进行招标。

（一）具体范围

1. 关系社会公共利益、公共安全的防洪、排涝、灌溉、水力发电、引（供）水、滩涂治理、水土保持、水资源保护等水利工程建设项目；

2. 使用国有资金投资或者国家融资的水利工程建设项目；

3. 使用国际组织或者外国政府贷款、援助资金的水利工程建设项目。

（二）规模标准

1. 施工单项合同估算价在200万元人民币以上的；

2. 重要设备、材料等货物的采购，单项合同估算价在100万元人民币以上的；

3. 勘察设计、监理等服务的采购，单项合同估算价在50万元人民币以上的；

4. 项目总投资额在3000万元人民币以上，但分标单项合同估算价低于本项第1．2．3目规定的标准的项目原则上都必须招标。

第四条　招标投标活动应当遵循公开、公平、公正和诚实信用的原则。建设项目的招标工作由招标人负责，任何单位和个人不得以任何方式非法干涉招标投标活动。

第二章　行政监督与管理

第五条　水利部是全国水利工程建设项目招标投标活动的行政监督与管理部门，其主要职责是：

（一）负责组织、指导、监督全国水利行业贯彻执行国家有关招标投标的法律、法规、规章和政策；

（二）依据国家有关招标投标法律、法规和政策，制定水利工程建设项目招标投标的管理规定和办法；

（三）受理有关水利工程建设项目招标投标活动的投诉，依法查处招标投标活动中的违法违规行为；

（四）对水利工程建设项目招标代理活动进行监督；

（五）对水利工程建设项目评标专家资格进行监督与管理；

（六）负责国家重点水利项目和水利部所属流域管理机构（以下简称流域管理机构）主要负责人兼任项目法人代表的中央项目的招标投标活动的行政监督。

第六条　流域管理机构受水利部委托，对除第五条第六项规定以外的中央项目的招标投标活动进行行政监督。

第七条　省、自治区、直辖市人民政府水行政主管部门是本行政区域内地方水利工程建设项目招标投标活动的行政监督与管理部门，其主要职责是：

（一）贯彻执行有关招标投标的法律、法规、规章和政策；

（二）依照有关法律、法规和规章，制定地方水利工程建设项目招标投标的管理办法；

（三）受理管理权限范围内的水利工程建设项目招标投标活动的投诉，依法查处招标投标活动中的违法违规行为；

（四）对本行政区域内地方水利工程建设项目招标代理活动进行监督；

（五）组建并管理省级水利工程建设项目评标专家库；

（六）负责本行政区域内除第五条第六项规定以外的地方项目的招标投标活动的行政监督。

第八条　水行政主管部门依法对水利工程建设项目的招标投标活动进行行政监督，内容包括：

（一）接受招标人招标前提交备案的招标报告。

（二）可派员监督开标、评标、定标等活动。对发现的招标投标活动的违法违规行为，应当立即责令改正，必要时可作出包括暂停开标或评标以及宣布开标、评标结果无效的决定，对违法的中标结果予以否决。

（三）接受招标人提交备案的招标投标情况书面总结报告。

第三章　招　标

第九条　招标分为公开招标和邀请招标。

第十条　依法必须招标的项目中，国家重点水利项目、地方重点水利项目及全部使用国有资金投资或者国有资金投资占控股或者主导地位的项目应当公开招标，但有下列情况之一的，按第十一条的规定经批准后可采用邀请招标：

（一）属于第三条第二项第4目规定的项目；

（二）项目技术复杂，有特殊要求或涉及专利权保护，受自然资源或环境限制，新技术或技术规格事先难以确定的项目；

（三）应急度汛项目；

（四）其他特殊项目。

第十一条　符合第十条规定，采用邀请招标的，招标前招标人必须履行下列批准手续：

（一）国家重点水利项目经水利部初审后，报国家发展计划委员会批准；其他中央项目报水利部或其委托的流域管理机构批准。

（二）地方重点水利项目经省、自治区、直辖市人民政府水行政主管部门会同同级发展计划行政主管部门审核后，报本级人民政府批准；其他地方项目报省、自治区、直辖市人民政府水行政主管部门批准。

第十二条　下列项目可不进行招标，但须经项目主管部门批准：

（一）涉及国家安全、国家秘密的项目；

（二）应急防汛、抗旱、抢险、救灾等项目；

（三）项目中经批准使用农民投工、投劳施工的部分（不包括该部分中勘察设计、监理和重要设备、材料采购）；

（四）不具备招标条件的公益性水利工程建设项目的项目建议书和可行性研究报告；

（五）采用特定专利技术或特有技术的；

（六）其他特殊项目。

第十三条　当招标人具备以下条件时，按有关规定和管理权限经核准可自行办理招标事宜：

（一）具有项目法人资格（或法人资格）；

（二）具有与招标项目规模和复杂程度相适应的工程技术、概预算、财务和工程管理等方面专业技术力量；

（三）具有编制招标文件和组织评标的能力；

（四）具有从事同类工程建设项目招标的经验；

（五）设有专门的招标机构或者拥有3名以上专职招标业务人员；

（六）熟悉和掌握招标投标法律、法规、规章。

第十四条 当招标人不具备第十三条的条件时，应当委托符合相应条件的招标代理机构办理招标事宜。

第十五条 招标人申请自行办理招标事宜时，应当报送以下书面材料：

（一）项目法人营业执照、法人证书或者项目法人组建文件；

（二）与招标项目相适应的专业技术力量情况；

（三）内设的招标机构或者专职招标业务人员的基本情况；

（四）拟使用的评标专家库情况；

（五）以往编制的同类工程建设项目招标文件和评标报告，以及招标业绩的证明材料；

（六）其他材料。

第十六条 水利工程建设项目招标应当具备以下条件：

（一）勘察设计招标应当具备的条件

1. 勘察设计项目已经确定；

2. 勘察设计所需资金已落实；

3. 必需的勘察设计基础资料已收集完成。

（二）监理招标应当具备的条件

1. 初步设计已经批准；

2. 监理所需资金已落实；

3. 项目已列入年度计划。

（三）施工招标应当具备的条件

1. 初步设计已经批准；

2. 建设资金来源已落实，年度投资计划已经安排；

3. 监理单位已确定；

4. 具有能满足招标要求的设计文件，已与设计单位签订适应施工进度要求的图纸交付合同或协议；

5. 有关建设项目永久征地、临时征地和移民搬迁的实施、安置工作已经落实或已有明确安排。

（四）重要设备、材料招标应当具备的条件

1. 初步设计已经批准；

2. 重要设备、材料技术经济指标已基本确定；

3. 设备、材料所需资金已落实。

第十七条 招标工作一般按下列程序进行：

（一）招标前，按项目管理权限向水行政主管部门提交招标报告备案。报告具体内容应当包括：招标已具备的条件、招标方式、分标方案、招标计划安排、投标人资质（资格）条件、评标方法、评标委员会组建方案以及开标、评标的工作具体安排等；

（二）编制招标文件；

（三）发布招标信息（招标公告或投标邀请书）；

（四）发售资格预审文件；

（五）按规定日期接受潜在投标人编制的资格预审文件；

（六）组织对潜在投标人资格预审文件进行审核；

（七）向资格预审合格的潜在投标人发售招标文件；

（八）组织购买招标文件的潜在投标人现场踏勘；

（九）接受投标人对招标文件有关问题要求澄清的函件，对问题进行澄清，并书面通知所有潜在投标人；

（十）组织成立评标委员会，并在中标结果确定前保密；

（十一）在规定时间和地点，接受符合招标文件要求的投标文件；

（十二）组织开标评标会；

（十三）在评标委员会推荐的中标候选人中，确定中标人；

（十四）向水行政主管部门提交招标投标情况的书面总结报告；

（十五）发中标通知书，并将中标结果通知所有投标人；

（十六）进行合同谈判，并与中标人订立书面合同。

第十八条 采用公开招标方式的项目，招标人应当在国家发展计划委员会指定的媒介发布招标公告，其中大型水利工程建设项目以及国家重点项目、中央项目、地方重点项目同时还应当在《中国水利报》发布招标公告，公告正式媒介发布至发售资格预审文件（或招标文件）的时间间隔一般不少于10日。招标人应当对招标公告的真实性负责。招标公告不得限制潜在投标人的数量。

采用邀请招标方式的，招标人应当向3个以上有投标资格的法人或其他组织发出投标邀请书。

投标人少于3个的，招标人应当依照本规定重新招标。

第十九条 招标人应当根据国家有关规定，结合项目特点和需要编制招标文件。

第二十条 招标人应当对投标人进行资格审查，并提出资格审查报告，经参审人员签字后存档备查。

第二十一条 在一个项目中，招标人应当以相同条件对所有潜在投标人的资格进行审查，不得以任何理由限制或者排斥部分潜在投标人。

第二十二条 招标人对已发出的招标文件进行必要澄清或者修改的，应当在招标文件要求提交投标文件截止日期至少15日前，以书面形式通知所有投标人。该澄清或者修改的内容为招标文件的组成部分。

第二十三条 依法必须进行招标的项目，自招标文件开始发出之日起至投标人提交投标文件截止之日止，最短不应当少于20日。

第二十四条 招标文件应当按其制作成本确定售价，一般可按1000元至3000元人民币标准控制。

第二十五条 招标文件中应当明确投标保证金金额，一般可按以下标准控制：

（一）合同估算价10000万元人民币以上，投标保证金金额不超过合同估算价的5‰；

（二）合同估算价3000万元至10000万元人民币之间，投标保证金金额不超过合同估算价的6‰；

（三）合同估算价3000万元人民币以下，投标保证金金额不超过合同估算价的7‰，但最低不得少于1万元人民币。

第四章 投 标

第二十六条 投标人必须具备水利工程建设项目所需的资质（资格）。

第二十七条 投标人应当按照招标文件的要求编写投标文件，并在招标文件规定的投标截止时间之前密封送达招标人。在投标截止时间之前，投标人可以撤回已递交的投标文件或进行更正和补充，但应当符合招标文件的要求。

第二十八条　投标人必须按招标文件规定投标，也可附加提出“替代方案”，且应当在其封面上注明“替代方案”字样，供招标人选用，但不作为评标的主要依据。

第二十九条　两个或两个以上单位联合投标的，应当按资质等级较低的单位确定联合体资质（资格）等级。招标人不得强制投标人组成联合体共同投标。

第三十条　投标人在递交投标文件的同时，应当递交投标保证金。

招标人与中标人签订合同后5个工作日内，应当退还投标保证金。

第三十一条　投标人应当对递交的资质（资格）预审文件及投标文件中有关资料的真实性负责。

第五章　评标标准与方法

第三十二条　评标标准和方法应当在招标文件中载明，在评标时不得另行制定或修改、补充任何评标标准和方法。

第三十三条　招标人在一个项目中，对所有投标人评标标准和方法必须相同。

第三十四条　评标标准分为技术标准和商务标准，一般包含以下内容：

（一）勘察设计评标标准

1. 投标人的业绩和资信；
2. 勘察总工程师、设计总工程师的经历；
3. 人力资源配备；
4. 技术方案和技术创新；
5. 质量标准及质量管理措施；
6. 技术支持与保障；
7. 投标价格和评标价格；
8. 财务状况；
9. 组织实施方案及进度安排。

（二）监理评标标准

1. 投标人的业绩和资信；
2. 项目总监理工程师经历及主要监理人员情况；
3. 监理规划（大纲）；
4. 投标价格和评标价格；
5. 财务状况。

（三）施工评标标准

1. 施工方案（或施工组织设计）与工期；
2. 投标价格和评标价格；
3. 施工项目经理及技术负责人的经历；
4. 组织机构及主要管理人员；
5. 主要施工设备；
6. 质量标准、质量和安全管理措施；
7. 投标人的业绩、类似工程经历和资信；
8. 财务状况。

（四）设备、材料评标标准

1. 投标价格和评标价格；

2. 质量标准及质量管理措施；

3. 组织供应计划；

4. 售后服务；

5. 投标人的业绩和资信；

6. 财务状况。

第三十五条　评标方法可采用综合评分法、综合最低评标价法、合理最低投标价法、综合评议法及两阶段评标法。

第三十六条　施工招标设有标底的，评标标底可采用：

（一）招标人组织编制的标底 A；

（二）以全部或部分投标人报价的平均值作为标底 B；

（三）以标底 A 和标底 B 的加权平均值作为标底；

（四）以标底 A 值作为确定有效标的标准，以进入有效标内投标人的报价平均值作为标底。

施工招标未设标底的，按不低于成本价的有效标进行评审。

第六章　开标、评标和中标

第三十七条　开标由招标人主持，邀请所有投标人参加。

第三十八条　开标应当按招标文件中确定的时间和地点进行。开标人员至少由主持人、监标人、开标人、唱标人、记录人组成，上述人员对开标负责。

第三十九条　开标一般按以下程序进行：

（一）主持人在招标文件确定的时间停止接收投标文件，开始开标；

（二）宣布开标人员名单；

（三）确认投标人法定代表人或授权代表人是否在场；

（四）宣布投标文件开启顺序；

（五）依开标顺序，先检查投标文件密封是否完好，再启封投标文件；

（六）宣布投标要素，并做记录，同时由投标人代表签字确认；

（七）对上述工作进行记录，存档备查。

第四十条　评标工作由评标委员会负责。评标委员会由招标人的代表和有关技术、经济、合同管理等方面的专家组成，成员人数为 7 人以上单数，其中专家（不含招标人代表人数）不得少于成员总数的 2/3。

第四十一条　公益性水利工程建设项目中，中央项目的评标专家应当从水利部或流域管理机构组建的评标专家库中抽取；地方项目的评标专家应当从省、自治区、直辖市人民政府水行政主管部门组建的评标专家库中抽取，也可从水利部或流域管理机构组建的评标专家库中抽取。

第四十二条　评标专家的选择应当采取随机的方式抽取。根据工程特殊专业技术需要，经水行政主管部门批准，招标人可以指定部分评标专家，但不得超过专家人数的 1/3。

第四十三条　评标委员会成员不得与投标人有利害关系。所指利害关系包括：是投标人或其代理人的近亲属；在 5 年内与投标人曾有工作关系；或有其他社会关系或经济利益关系。

评标委员会成员名单在招标结果确定前应当保密。

第四十四条　评标工作一般按以下程序进行：

（一）招标人宣布评标委员会成员名单并确定主任委员；

（二）招标人宣布有关评标纪律；

（三）在主任委员主持下，根据需要，讨论通过成立有关专业组和工作组；

（四）听取招标人介绍招标文件；

（五）组织评标人员学习评标标准和方法；

（六）经评标委员会讨论，并经1/2以上委员同意，提出需投标人澄清的问题，以书面形式送达投标人；

（七）对需要文字澄清的问题，投标人应当以书面形式送达评标委员会；

（八）评标委员会按招标文件确定的评标标准和方法，对投标文件进行评审，确定中标候选人推荐顺序；

（九）在评标委员会2/3以上委员同意并签字的情况下，通过评标委员会工作报告，并报招标人。评标委员会工作报告附件包括有关评标的往来澄清函、有关评标资料及推荐意见等。

第四十五条　招标人对有下列情况之一的投标文件，可以拒绝或按无效标处理：

（一）投标文件密封不符合招标文件要求的；

（二）逾期送达的；

（三）投标人法定代表人或授权代表人未参加开标会议的；

（四）未按招标文件规定加盖单位公章和法定代表人（或其授权人）的签字（或印鉴）的；

（五）招标文件规定不得标明投标人名称，但投标文件上标明投标人名称或有任何可能透露投标人名称的标记的；

（六）未按招标文件要求编写或字迹模糊导致无法确认关键技术方案、关键工期、关键工程质量保证措施、投标价格的；

（七）未按规定交纳投标保证金的；

（八）超出招标文件规定，违反国家有关规定的；

（九）投标人提供虚假资料的。

第四十六条　评标委员会经过评审，认为所有投标文件都不符合招标文件要求时，可以否决所有投标，招标人应当重新组织招标。对已参加本次投标的单位，重新参加投标不应当再收取招标文件费。

第四十七条　评标委员会应当进行秘密评审，不得泄露评审过程、中标候选人的推荐情况以及与评标有关的其他情况。

第四十八条　在评标过程中，评标委员会可以要求投标人对投标文件中含义不明确的内容采取书面方式作出必要的澄清或说明，但不得超出投标文件的范围或改变投标文件的实质性内容。

第四十九条　评标委员会经过评审，从合格的投标人中排序推荐中标候选人。

第五十条　中标人的投标应当符合下列条件之一：

（一）能够最大限度地满足招标文件中规定的各项综合评价标准；

（二）能够满足招标文件的实质性要求，并且经评审的投标价格合理最低，但投标价格低于成本的除外。

第五十一条　招标人可授权评标委员会直接确定中标人，也可根据评标委员会提出的书面评标报告和推荐的中标候选人顺序确定中标人。当招标人确定的中标人与评标委员会推荐的中标候选人顺序不一致时，应当有充足的理由，并按项目管理权限报水行政主管部门备案。

第五十二条　自中标通知书发出之日起30日内，招标人和中标人应当按照招标文件和中标人的投标文件订立书面合同，中标人提交履约保函。招标人和中标人不得另行订立背离招标文件实质性内容的其他协议。

第五十三条　招标人在确定中标人后，应当在15日之内按项目管理权限向水行政主管部门提交招标投标情况的书面报告。

第五十四条　当确定的中标人拒绝签订合同时，招标人可与确定的候补中标人签订合同，并按项目管理权限向水行政主管部门备案。

第五十五条　由于招标人自身原因致使招标工作失败（包括未能如期签订合同），招标人应当按投标保证金双倍的金额赔偿投标人，同时退还投标保证金。

第七章　附　则

第五十六条　在招标投标活动中出现的违法违规行为，按照《中华人民共和国招标投标法》和国务院的有关规定进行处罚。

第五十七条　各省、自治区、直辖市可以根据本规定，结合本地区实际制定相应的实施办法。

第五十八条　本规定由水利部负责解释。

第五十九条　本规定自2002年1月1日起施行，《水利工程建设项目施工招标投标管理规定》（水建〔1994〕130号1995年4月21日颁发，水政资〔1998〕51号1998年2月9日修正）同时废止。

通信建设项目招标投标管理暂行规定

（信息产业部令2000年第2号，2000年9月22日发布施行）

第一章　总　则

第一条　为了规范通信建设项目招标投标活动，保护国家利益、社会公共利益和招标投标活动当事人的合法权益，提高投资效益，保证通信建设项目质量，根据《中华人民共和国招标投标法》和国务院办公厅《关于国务院有关部门实施招标投标活动行政监督的职责分工的意见》，结合通信工程特点，制定本规定。

第二条　在中华人民共和国境内进行邮政、电信枢纽、通信、信息网络等邮电通信建设项目的勘察、设计、施工、监理以及与工程建设有关的主要设备、材料等的采购，按照国务院批准、国家发展计划委员会发布的《工程建设项目招标范围和规模标准规定》，达到下列标准之一的，必须进行招标：

（一）施工发包单项合同估算价在200万元人民币及以上；

（二）重要设备、材料等货物的采购，单项合同估算价在100万元人民币及以上；

（三）勘察、设计、监理等服务的采购，单项合同估算价在50万元人民币以上；

（四）单项合同估算价低于第（一）、（二）、（三）项规定的标准，但项目总投资额在3000万元人民币及以上。

使用国际组织或外国政府贷款、援助资金的项目，除提供贷款或资金方有合法的特殊要求外，也应当按本规定进行招标。

第三条　涉及国家安全等有关特殊通信建设项目，可以直接发包或委托。

在原局采用同型号设备进行扩容工程设备采购的，可以直接发包或委托。

第四条　任何单位和个人不得将依法必须进行招标的项目化整为零或者以其他任何方式规避招标。

第五条　招标投标活动应当遵循公开、公平、公正和诚实信用的原则。招标投标活动不受地区或部门限制，任何单位和个人不得违反本规定进行不正当竞争。

第二章　管理及职责

第六条　信息产业部负责全国通信建设项目招标投标工作的监督管理。其主要职责是：

（一）贯彻执行国家有关招标投标的政策、法律和法规。

（二）依照《中华人民共和国招标投标法》及本规定对通信建设项目招标投标活动及其当事人实施监督，查处招标投标活动中的违法行为；依法接受投标人和其他利害关系人的投诉。

（三）审批通信建设项目招标代理机构的资质，确认其编标和评标能力；对通信行业各专业评标专家进行资格管理。

（四）依据有关法律、行政法规制定通信建设项目勘察、设计、施工、监理及设备采购等的招标投标实施细则。

第七条 各省、自治区、直辖市通信管理机构，对本行政区域内的通信建设项目招标投标活动实施监督管理。其主要职责是：

（一）贯彻执行国家有关招标投标的政策、法律、法规和规章。

（二）对本行政区域内通信建设项目招标投标活动及其当事人实施监督，查处招标投标活动中的违法行为；依法接受投标人和其他利害关系人的投诉。

（三）初审本行政区域内通信建设项目招标代理机构的编标和评标能力；对本行政区域内通信行业各专业评标专家进行资格管理。

第八条 电信运营公司总部经信息产业部书面确认具有编制招标文件和组织评标能力的，可自行办理招标投标事宜，设立专门机构负责本公司的招标投标活动，接受信息产业部监督管理。其主要职责是：

（一）贯彻执行国家有关招标投标的政策、法律、法规和本规定；

（二）实施或组织实施所辖范围内通信建设项目招标投标工作；

（三）负责向信息产业部招标投标主管部门办理实施招标投标活动的有关手续；

（四）筹备、建立所需要的各专业评标专家库。

第三章 招 标

第九条 招标人是依法提出招标项目，进行招标的法人或者其他组织。

第十条 招标项目按国家有关规定需要履行项目审批手续的，应先办理审批手续，取得批准，落实相应资金或资金来源，并在招标文件中如实载明。

第十一条 招标分为公开招标和邀请招标。

公开招标，是指招标人以招标公告的方式邀请不特定的法人或其他组织投标。

邀请招标，是指招标人以投标邀请书的方式邀请特定的法人或其他组织投标。

通信建设项目的施工及设备、材料采购原则上应当采用公开招标方式；项目的勘察、设计、监理可以采用邀请招标方式。

第十二条 招标人有权自行选择招标代理机构，委托其办理招标事宜。任何单位和个人不得以任何方式为招标人指定招标代理机构。

依法必须进行招标的项目，招标人自行办理招标事宜的，应当向信息产业部或省、自治区、直辖市通信管理机构备案。

第十三条 招标代理机构是依法设立，从事招标代理业务并提供相关服务的社会中介组织。

通信建设项目招标代理机构必须取得相应资质后，方可从事招标代理活动。其资质认定管理办法，由信息产业部另行制定。

通信建设项目招标代理机构应当在招标人委托的范围内办理招标事宜，并遵守本规定关于招标人的规定。

第十四条 招标人采用公开招标方式的，应当在国家有关主管部门指定的报刊、信息网络或其他媒介上公开发布招标公告。

招标公告应当载明招标人的名称、地址、招标项目的性质、数量、实施地点、时间和获取招标文件的办法以及要求潜在投标人提供的有关资质证明文件和业绩情况等内容。

第十五条 招标人采用邀请招标时，应当同时向三个以上具备承担招标项目能力、资信良好的特定法人或其他组织发出投标邀请书。

投标邀请书应当载明本规定第十四条第二款规定的事项。

第十六条 招标人可以根据招标项目的特点和需要编制招标文件。招标文件应当包括招标项目的技术要求、对投标人资格审查的标准、投标报价要求和评标标准等所有实质性要求和条件以及拟签订合同的主要条款。

第十七条 招标人可以根据招标项目本身的要求，在招标公告或者投标邀请书中要求潜在投标人提供有关资质证明文件和业绩情况，并对潜在投标人提供有关资质证明文件和业绩情况，并对潜在投标人进行资格审查；国家对投标人的资格条件有规定的，依照其规定。

招标人不得以不合理的条件限制或排斥潜在投标人，不得对潜在投标人实行歧视性待遇。招标文件不得要求或标明特定的生产供应者及含有倾向或排斥潜在投标人的其他内容。

第十八条 招标人可以根据招标项目的具体情况，组织潜在投标人踏勘项目现场。

第十九条 招标人不得以任何方式向他人透露已获取招标文件的潜在投标人的名称、数量以及可能影响公平竞争的有关招标投标的其他情况。

招标项目一般要编制标底，但标底必须保密。

第二十条 招标人对已发出的招标文件进行必要的澄清或修改时，应当在招标文件要求提交投标文件截止时间至少 15 日前，以书面形式通知所有招标文件收受人。该澄清或者修改的内容为招标文件的组成部分。

第二十一条 招标人应当确定投标人编制投标文件所需要的合理时间。自招标文件发出之日起至投标人提交投标文件截止之日止，最短不得少于 20 日。

第四章 投 标

第二十二条 投标人是响应招标，参与投标竞争的法人或其他组织。

第二十三条 投标人应当具备承担招标项目的能力；国家及信息产业部有关规定或者招标文件对投标人资格条件有规定的，投标人应当满足规定的资格条件。

第二十四条 投标人应当按照招标文件的要求编制投标文件。投标文件应当对招标文件提出的实质性要求和条件作出响应。

第二十五条 投标人应当在招标文件要求提交投标文件的截止时间，将投标文件送达投标地点。招标人收到投标文件后，应当签收保存，不得开启。投标人不少于 3 个的，招标人应当依照本规定重新招标。

在招标文件要求提交投标文件的截止时间后送达的投标文件，招标人应当拒收。

第二十六条 投标人在招标文件要求提交投标文件的截止时间前，可以补充、修改或者撤回已提交的投标文件，并书面通知招标人。补充、修改的内容为投标文件的组成部分。

第二十七条 投标人根据招标文件载明的项目实际情况，拟在中标后将中标的部分非主体、非关键性工作进行分包的，应当在投标文件中载明。

第二十八条 两个以上法人或者其他组织可以组成一个联合体，以一个投标人的身份共同投标。

联合体各方均必须具备承担招标项目的相应能力和相应资质条件。由同一专业的单位组成的联合体，按照资质等级较低的单位确定资质等级。联合体各方应当签订共同投标协议，明确各方拟承担的工作和责任，并将共同投标协议连同投标文件一并提交招标人。联合体中标的，联合体各方应共同和招标人签订合同，就中标项目向招标人承担连带责任。

招标人不得强制投标人组成联合体共同投标，不得限制投标人之间的竞争。

第二十九条　投标人不得相互串通投标报价，不得排挤其他投标人的公平竞争，损害招标人或者其他投标人的合法权益。

投标人不得与招标人串通投标，损害国家利益、社会公众利益或者其他人的合法权益。

禁止投标人以向招标人或者评标委员会成员行贿的手段谋取中标。

第三十条　投标人不得以低于成本的报价竞标，也不得以他人名义投标或者以其他方式弄虚作假，骗取中标。

第五章　开标、评标和中标

第三十一条　开标应当在招标文件确定的提交投标文件截止时间的同一时间公开进行；开标地点应为招标文件中预先确定的地点。

第三十二条　开标由招标人主持，必须邀请所有投资人代表参加。

第三十三条　开标时，由投标人或者其推选的代表检查投标文件的密封情况，也可由招标人委托的公证机构检查并公证；经确认无误后，由工作人员当场拆封，宣读投标人名称、投标价格和投标文件的其他主要内容。

招标人在招标文件要求提交投标文件的截止时间前收到的所有投标文件，开标时都应当众予以拆封、宣读。如果开标时发现投标文件破损，应由招标人宣布此次开标工作暂停，并负责追查责任，并确定再次开标时间。

开标过程应当记录，并存档备查。

第三十四条　有下列情况之一的，投标书应当众被宣布为废标：

（一）授权委托书不是原件或者无投标单位法人章、法定代表人印鉴的；

（二）以联合体方式投标者无联合协议书的。

第三十五条　评标由招标人依法组建的评标委员会负责。

评标委员会由招标人的代表和有关技术、经济等方面的专家共同组成，成员人数为 5 人以上单数，其中专家不得少于成员总数的 2/3。

前款专家应当从事相关专业工作满 8 年并具有高级职称或者具有同等专业水平，由招标人在开标前 5 日内从信息产业部确认的专家库中的相关专业的专家名单中随机抽取确定。

评标委员会成员的名单在中标结果确定前应当严格保密。与投标人有利害关系的人不得进入相关项目的评标委员会。

第三十六条　招标人应当采取必要的措施，保证评标在严格保密的情况下进行。

任何单位和个人不得非法干预、影响评标的过程和结果。

第三十七条　评标委员会可以要求投标人对投标文件中含义不明确的内容作必要的澄清或者说明，但是澄清或者说明不得超出投标文件的范围或者改变投标文件的实质性内容。

第三十八条　评标委员会应当按照招标文件确定的评标标准和方法，对投标文件进行评审和比较。评标委员会完成评标后，应当向招标人提出书面评标报告，并推荐 2 至 3 家合格的中标候选人。

招标人根据评标委员会提出的书面评标报告和推荐的中标候选人确定中标人。招标人也可以授权评标委员会直接确定中标人。招标人不得选择中标候选人以外的投标人中标。

第三十九条 中标人的投标应当符合下列条件之一：

（一）能够最大限度地满足招标文件中规定的各项综合评价标准；

（二）能够满足招标文件的实质性要求，并且经评审的投标价格最低，但是投标价格低于成本的除外。

第四十条 评标委员会经过评审，认为所有投标都不符合招标文件要求的，可以否决所有投标。

依法必须进行招标的项目所有投标被否决的，招标人应当依照本规定重新招标。

第四十一条 在确定中标人前，招标人不得与投标人就投标价格、投标方案等实质性内容进行谈判。

第四十二条 评标委员会成员应当客观、公正地履行职务，遵守职业道德，对所提出的评审意见承担个人责任。

评标委员会成员不得私下接触投标人，不得收受投标人的财物或者其他好处。

评标委员会成员和参与评标的有关工作人员不得透露对投标文件的评审和比较、中标候选人的推荐情况以及与评标有关的其他情况。

第四十三条 中标人确定后，招标人应当向中标人发出中标通知后，并同时将中标结果通知所有未中标的投标人。

中标通知书对招标人和中标人具有法律效力。中标通知发出后，招标人改变中标结果的，或者中标人放弃中标项目的，应当依法承担法律责任。

第四十四条 招标人和中标人应当自中标通知书发出之日起 30 日内，按照招标文件和中标人的投标文件订立书面合同。招标人和中标人不得再行订立背离合同实质性内容的其他协议。

招标文件要求中标人提交履约保证金的，中标人应当提交。

第四十五条 招标人应当自确定中标人之日起 15 日内，向信息产业部或者省、自治区、直辖市通信管理机构提交招标投标情况的书面报告。

第四十六条 中标人应当按照合同约定履行义务，完成中标项目。中标人不得向他人转让中标项目，也不得将中标项目肢解后分别向他人转让。

中标人按照合同约定或者经招标人同意，可以将中标项目的部分非主体、非关键性工作分包给他人完成。接受分包的人应当具备相应的资格条件，并不得再次分包。

中标人应当就分包项目向招标人负责，接受分包的人就分包项目承担连带责任。

第六章 罚 则

第四十七条 违反本规定，必须进行招标的项目而不招标的，将必须进行招标的项目化整为零或者以其他任何方式规避招标的，责令限期改正，可以处项目合同金额 5‰以上 10‰以下的罚款；对全部或者部分使用国有资金的项目，可以暂停项目执行或者暂停资金拨付；对单位直接负责的主管人员和其他直接责任人员依法给予行政处分。

第四十八条 通信建设项目招标代理机构违反本规定，泄露应当保密的与招标投标活动有关的情况和资料的，或者与招标人、投标人串通损害国家利益、社会公共利益或者他人合法权益的，处 5 万元以上 25 万元以下的罚款；对单位直接负责的主管人员和其他直接责任人员处单位罚款数额 5% 以上 10% 以下的罚款；有违法所得的，并处没收违法所得；情节严重的，暂停直至取消招标代理资格；构成犯罪的，依法追究刑事责任。给他人造成损失的，依法承担赔偿责任。

前款所列行为影响中标结果的，中标无效。

第四十九条　招标人以不合理的条件限制或者排斥潜在投标人的，对潜在投标人实行歧视待遇的，强制要求投标人组成联合体共同招标的，或者限制投标人之间竞争的，责令改正，可以处1万元以上5万元以下的罚款。

第五十条　招标人向他人透露已获取招标文件的潜在投标人的名称、数量或者可能影响公平竞争的有关招标投标的其他情况的，或者泄露标底的，给予警告，可以并处1万元以上10万元以下的罚款；对单位直接负责的主管人员和其他直接责任人员依法给予通报批评或处分；构成犯罪的，依法追究刑事责任。

前款所列行为影响中标结果的，中标无效。

第五十一条　投标人相互串通投标或者与招标人串通投标的，投标人以向招标人或者评标委会成员行贿的手段谋取中标的，中标无效，处中标项目金额5‰以上10‰以下的罚款，对单位直接负责的主管人员和其他直接责任人员处单位罚款数额5%以上10%以下的罚款；有违法所得的，并处没收违法所得；情节严重的，取消其1年至2年内参加依法必须进行招标的项目的投标资格并予以公告，直至依法由工商行政管理机关吊销营业执照；构成犯罪的，依法追究刑事责任。给他人造成损失的，依法承担赔偿责任。

第五十二条　投标人以他人名义投标或者以其他方式弄虚作假，骗取中标的，中标无效。给招标人造成损失的，依法承担赔偿责任；构成犯罪的，依法追究刑事责任。

依法必须进行招标的项目的投标人有前款所列行为尚未构成犯罪的，处中标项目金额5‰以上10‰以下的罚款，对单位直接负责的主管人员和其他直接责任人员处单位罚款数额5%以上10%以下的罚款；有违法所得的，并处没收违法所得；情节严重的，取消其1年至3年内参加依法必须进行招标的项目的投标资格并予以公告，直至依法由工商行政管理机关吊销其营业执照。

第五十三条　依法必须进行招标的项目，招标人违反本规定，与投标人就投标价格、投标方案等实质性内容进行谈判的，给予警告，对单位直接负责的主管人员和其他直接责任人员依法给予通报批评或处分。

前款所列行为影响中标结果的，中标无效。

第五十四条　评标委员会成员收受投标人的财物或者其他好处的，评标委员会成员或者参加评标的有关工作人员向他人透露对投标文件的评审和比较、中标候选人的推荐以及与评标有关的其他情况的，给予警告，没收收受的财物，可以并处3000元以上5万元以下的罚款，对有所列违法行为的评标委员会成员取消担任评标委员会成员的资格，不得再参加任何依法必须进行招标的项目的评标；构成犯罪的，依法追究刑事责任。

第五十五条　招标人在评标委员会依法推荐的中标候选人以外确定中标人的，依法必须进行招标的项目在所有投标被评标委员会否决后自行确定中标人的，中标无效，责令改正，可以处中标项目金额5‰以上10‰以下的罚款；对单位直接负责的主管人员和其他直接责任人员依法给予处分。

第五十六条　中标人将中标项目转让给他人的，将中标项目肢解后分别转让给他人的，违反本规定将中标项目的部分主体、关键性工作分包给他人的，或者分包人再次分包的，转让、分包无效、处转让、分包项目金额5‰以上10‰以下的罚款；有违法所得的，并处没收违法所得；可以责令停业整顿；情节严重的，依法由工商行政管理机关吊销其营业执照。

第五十七条　招标人与中标人不按招标文件和中标人的投标文件订立合同的，或者招标人、中标人订立背离合同实质性内容的协议的，责令改正；可以处中标项目金额5‰以上10‰以下的罚款。

第五十八条　中标人不履行与招标人订立的合同的，履约保证金不予退还，给招标人造成的损失超过履约保证金数额的，还应当对超过部分予以赔偿；没有提交履约保证金的，应当对招标人的损失承担赔偿责任。

中标人不按照与招标人订立的合同履行义务，情节严重的，取消其2年至5年内参加依法必须进行招标的项目的投标资格并予以公告，直至依法由工商行政管理机关吊销其营业执照。

因不可抗力不能履行合同的，不适用前两款规定。

第五十九条　任何单位违反本规定，限制或者排斥本地区、本系统以外的法人或者其他组织参加投标的，为招标人指定招标代理机构的，强制招标人委托招标代理机构办理招标事宜的，或者以其他方式干涉招标投标活动的，责令改正；对单位直接负责的主管人员和其他直接责任人员依法给予警告、记过、记大过的处分，情节较重的，依法给予降级、撤职、开除留用直至开除的处分。

个人利用职权进行前款违法行为的，依照前款规定追究责任。

对通信建设项目招标投资统计工作不按期或不如实统计上报的，通报批评，并追究有关人员责任。

第六十条　本规定所列违法行为，由信息产业部或省、自治区、直辖市通信管理机构进行处罚。

第六十一条　当事人对行政处罚不服的，可以依法申请行政复议或者提起行政诉讼。

第六十二条　对通信建设项目招标投标活动依法负有行政监督职责的工作人员徇私舞弊、滥用职权或者玩忽职守，构成犯罪的，依法追究刑事责任；不构成犯罪的，依法给予行政处分。

第六十三条　依法必须进行招标的通信建设项目违反本规定，中标无效的，招标人应当依照本规定的中标条件，从其余投标人中重新确定中标人或者依照本规定重新进行招标。

第七章　附　则

第六十四条　邮政建设项目的招标投标管理，由国家邮政局参照本规定执行，并制定具体管理办法。

第六十五条　本规定自发布之日起施行。

工程建设项目施工招标投标办法

（国家计委、建设部、铁道部、交通部、信息产业部、水利部、中国民用航空总局第30号令，2003年5月1日施行）

第一章　总　则

第一条　为规范工程建设项目施工（以下简称工程施工）招标投标活动，根据《中华人民共和国招标投标法》和国务院有关部门的职责分工，制定本办法。

第二条　在中华人民共和国境内进行工程施工招标投标活动，适用本办法。

第三条　工程建设项目符合《工程建设项目招标范围和规模标准规定》（国家计委令第3号）规定的范围和标准的，必须通过招标选择施工单位。

任何单位和个人不得将依法必须进行招标的项目化整为零或者以其他任何方式规避招标。

第四条　工程施工招标投标活动应当遵循公开、公平、公正和诚实信用的原则。

第五条　工程施工招标投标活动，依法由招标人负责。任何单位和个人不得以任何方式非法干涉工程施工招标投标活动。

施工招标投标活动不受地区或者部门的限制。

第六条　各级发展计划、经贸、建设、铁道、交通、信息产业、水利、外经贸、民航等部门依照《国务院办公厅印发国务院有关部门实施招标投标活动行政监督的职责分工意见的通知》（国办发

〔2000〕34号）和各地规定的职责分工，对工程施工招标投标活动实施监督，依法查处工程施工招标投标活动中的违法行为。

第二章　招　标

第七条　工程施工招标人是依法提出施工招标项目、进行招标的法人或者其他组织。

第八条　依法必须招标的工程建设项目，应当具备下列条件才能进行施工招标：

（一）招标人已经依法成立；

（二）初步设计及概算应当履行审批手续的，已经批准；

（三）招标范围、招标方式和招标组织形式等应当履行核准手续的，已经核准；

（四）有相应资金或资金来源已经落实；

（五）有招标所需的设计图纸及技术资料。

第九条　工程施工招标分为公开招标和邀请招标。

第十条　依法必须进行施工招标的工程建设项目，按工程建设项目审批管理规定，凡应报送项目审批部门审批的，招标人必须在报送的可行性研究报告中将招标范围、招标方式、招标组织形式等有关招标内容报项目审批部门核准。

第十一条　国务院发展计划部门确定的国家重点建设项目和各省、自治区、直辖市人民政府确定的地方重点建设项目，以及全部使用国有资金投资或者国有资金投资占控股或者主导地位的工程建设项目，应当公开招标；有下列情形之一的，经批准可以进行邀请招标：

（一）项目技术复杂或有特殊要求，只有少量几家潜在投标人可供选择的；

（二）受自然地域环境限制的；

（三）涉及国家安全、国家秘密或者抢险救灾，适宜招标但不宜公开招标的；

（四）拟公开招标的费用与项目的价值相比，不值得的；

（五）法律、法规规定不宜公开招标的。

国家重点建设项目的邀请招标，应当经国务院发展计划部门批准；地方重点建设项目的邀请招标，应当经各省、自治区、直辖市人民政府批准。

全部使用国有资金投资或者国有资金投资占控股或者主导地位的并需要审批的工程建设项目的邀请招标，应当经项目审批部门批准，但项目审批部门只审批立项的，由有关行政监督部门批准。

第十二条　需要审批的工程建设项目，有下列情形之一的，由本办法第十一条规定的审批部门批准，可以不进行施工招标：

（一）涉及国家安全、国家秘密或者抢险救灾而不适宜招标的；

（二）属于利用扶贫资金实行以工代赈需要使用农民工的；

（三）施工主要技术采用特定的专利或者专有技术的；

（四）施工企业自建自用的工程，且该施工企业资质等级符合工程要求的；

（五）在建工程追加的附属小型工程或者主体加层工程，原中标人仍具备承包能力的；

（六）法律、行政法规规定的其他情形。

不需要审批但依法必须招标的工程建设项目，有前款规定情形之一的，可以不进行施工招标。

第十三条　采用公开招标方式的，招标人应当发布招标公告，邀请不特定的法人或者其他组织投标。依法必须进行施工招标项目的招标公告，应当在国家指定的报刊和信息网络上发布。

采用邀请招标方式的，招标人应当向三家以上具备承担施工招标项目的能力、资信良好的特定的法人或者其他组织发出投标邀请书。

第十四条　招标公告或者投标邀请书应当至少载明下列内容：

（一）招标人的名称和地址；

（二）招标项目的内容、规模、资金来源；

（三）招标项目的实施地点和工期；

（四）获取招标文件或者资格预审文件的地点和时间；

（五）对招标文件或者资格预审文件收取的费用；

（六）对招标人的资质等级的要求。

第十五条　招标人应当按招标公告或者投标邀请书规定的时间、地点出售招标文件或资格预审文件。自招标文件或者资格预审文件出售之日起至停止出售之日止，最短不得少于5个工作日。

招标人可以通过信息网络或者其他媒介发布招标文件，通过信息网络或者其他媒介发布的招标文件与书面招标文件具有同等法律效力，但出现不一致时以书面招标文件为准。招标人应当保持书面招标文件原始正本的完好。

对招标文件或者资格预审文件的收费应当合理，不得以营利为目的。对于所附的设计文件，招标人可以向投标人酌收押金；对于开标后投标人退还设计文件的，招标人应当向投标人退还押金。

招标文件或者资格预审文件售出后，不予退还。招标人在发布招标公告、发出投标邀请书后或者售出招标文件或资格预审文件后不得擅自终止招标。

第十六条　招标人可以根据招标项目本身的特点和需要，要求潜在投标人或者投标人提供满足其资格要求的文件，对潜在投标人或者投标人进行资格审查；法律、行政法规对潜在投标人或者投标人的资格条件有规定的，依照其规定。

第十七条　资格审查分为资格预审和资格后审。

资格预审，是指在投标前对潜在投标人进行的资格审查。

资格后审，是指在开标后对投标人进行的资格审查。

进行资格预审的，一般不再进行资格后审，但招标文件另有规定的除外。

第十八条　采取资格预审的，招标人可以发布资格预审公告。资格预审公告适用本办法第十三条、第十四条有关招标公告的规定。

采取资格预审的，招标人应当在资格预审文件中载明资格预审的条件、标准和方法；采取资格后审的，招标人应当在招标文件中载明对投标人资格要求的条件、标准和方法。

招标人不得改变载明的资格条件或者以没有载明的资格条件对潜在投标人或者投标人进行资格审查。

第十九条　经资格预审后，招标人应当向资格预审合格的潜在投标人发出资格预审合格通知书，告知获取招标文件的时间、地点和方法，并同时向资格预审不合格的潜在投标人告知资格预审结果。资格预审不合格的潜在投标人不得参加投标。

经资格后审不合格的投标人的投标应作废标处理。

第二十条　资格审查应主要审查潜在投标人或者投标人是否符合下列条件：

（一）具有独立订立合同的权利；

（二）具有履行合同的能力，包括专业、技术资格和能力，资金、设备和其他物质设施状况，管理能力，经验、信誉和相应的从业人员；

（三）没有处于被责令停业，投标资格被取消，财产被接管、冻结，破产状态；

（四）在最近三年内没有骗取中标和严重违约及重大工程质量问题；

（五）法律、行政法规规定的其他资格条件。

资格审查时，招标人不得以不合理的条件限制、排斥潜在投标人或者投标人，不得对潜在投标人或者投标人实行歧视待遇。任何单位和个人不得以行政手段或者其他不合理方式限制投标人的数量。

第二十一条 招标人符合法律规定的自行招标条件的，可以自行办理招标事宜。任何单位和个人不得强制其委托招标代理机构办理招标事宜。

第二十二条 招标代理机构应当在招标人委托的范围内承担招标事宜。招标代理机构可以在其资格等级范围内承担下列招标事宜：

（一）拟订招标方案，编制和出售招标文件、资格预审文件；

（二）审查投标人资格；

（三）编制标底；

（四）组织投标人踏勘现场；

（五）组织开标、评标，协助招标人定标；

（六）草拟合同；

（七）招标人委托的其他事项。

招标代理机构不得无权代理、越权代理，不得明知委托事项违法而进行代理。

招标代理机构不得接受同一招标项目的投标代理和投标咨询业务；未经招标人同意，不得转让招标代理业务。

第二十三条 工程招标代理机构与招标人应当签订书面委托合同，并按双方约定的标准收取代理费；国家对收费标准有规定的，依照其规定。

第二十四条 招标人根据施工招标项目的特点和需要编制招标文件。招标文件一般包括下列内容：

（一）投标邀请书；

（二）投标人须知；

（三）合同主要条款；

（四）投标文件格式；

（五）采用工程量清单招标的，应当提供工程量清单；

（六）技术条款；

（七）设计图纸；

（八）评标标准和方法；

（九）投标辅助材料。

招标人应当在招标文件中规定实质性要求和条件，并用醒目的方式标明。

第二十五条 招标人可以要求投标人在提交符合招标文件规定要求的投标文件外，提交备选投标方案，但应当在招标文件中作出说明，并提出相应的评审和比较办法。

第二十六条 招标文件规定的各项技术标准应符合国家强制性标准。

招标文件中规定的各项技术标准均不得要求或标明某一特定的专利、商标、名称、设计、原产地或生产供应者，不得含有倾向或者排斥潜在投标人的其他内容。如果必须引用某一生产供应者的技术标准才能准确或清楚地说明拟招标项目的技术标准时，则应当在参照后面加上“或相当于”的字样。

第二十七条 施工招标项目需要划分标段、确定工期的，招标人应当合理划分标段、确定工期，并在招标文件中载明。对工程技术上紧密相连、不可分割的单位工程不得分割标段。

招标人不得以不合理的标段或工期限制或者排斥潜在投标人或者投标人。

第二十八条 招标文件应当明确规定评标时除价格以外的所有评标因素，以及如何将这些因素量化或者据以进行评估。

在评标过程中，不得改变招标文件中规定的评标标准、方法和中标条件。

第二十九条 招标文件应当规定一个适当的投标有效期，以保证招标人有足够的时间完成评标和与中标人签订合同。投标有效期从投标人提交投标文件截止之日起计算。

在原投标有效期结束前，出现特殊情况的，招标人可以书面形式要求所有投标人延长投标有效期。投标人同意延长的，不得要求或被允许修改其投标文件的实质性内容，但应当相应延长其投标保证金的有效期；投标人拒绝延长的，其投标失效，但投标人有权收回其投标保证金。因延长投标有效期造成投标人损失的，招标人应当给予补偿，但因不可抗力需要延长投标有效期的除外。

第三十条　施工招标项目工期超过12个月的，招标文件中可以规定工程造价指数体系、价格调整因素和调整方法。

第三十一条　招标人应当确定投标人编制投标文件所需要的合理时间；但是，依法必须进行招标的项目，自招标文件开始发出之日起至投标人提交投标文件截止之日止，最短不得少于20日。

第三十二条　招标人根据招标项目的具体情况，可以组织潜在投标人踏勘项目现场，向其介绍工程场地和相关环境的有关情况。潜在投标人依据招标人介绍情况作出的判断和决策，由投标人自行负责。

招标人不得单独或者分别组织任何一个投标人进行现场踏勘。

第三十三条　对于潜在投标人在阅读招标文件和现场踏勘中提出的疑问，招标人可以书面形式或召开投标预备会的方式解答，但需同时将解答以书面方式通知所有购买招标文件的潜在投标人。该解答的内容为招标文件的组成部分。

第三十四条　招标人可根据项目特点决定是否编制标底。编制标底的，标底编制过程和标底必须保密。

招标项目编制标底的，应根据批准的初步设计、投资概算，依据有关计价办法，参照有关工程定额，结合市场供求状况，综合考虑投资、工期和质量等方面的因素合理确定。

标底由招标人自行编制或委托中介机构编制。一个工程只能编制一个标底。

任何单位和个人不得强制招标人编制或报审标底，或干预其确定标底。

招标项目可以不设标底，进行无标底招标。

第三章　投　标

第三十五条　投标人是响应招标、参加投标竞争的法人或者其他组织。招标人的任何不具独立法人资格的附属机构（单位），或者为招标项目的前期准备或者监理工作提供设计、咨询服务的任何法人及其任何附属机构（单位），都无资格参加该招标项目的投标。

第三十六条　投标人应当按照招标文件的要求编制投标文件。投标文件应当对招标文件提出的实质性要求和条件作出响应。

投标文件一般包括下列内容：

（一）投标函；

（二）投标报价；

（三）施工组织设计；

（四）商务和技术偏差表。

投标人根据招标文件载明的项目实际情况，拟在中标后将中标项目的部分非主体、非关键性工作进行分包的，应当在投标文件中载明。

第三十七条　招标人可以在招标文件中要求投标人提交投标保证金。投标保证金除现金外，可以是银行出具的银行保函、保兑支票、银行汇票或现金支票。

投标保证金一般不得超过投标总价的2%，但最高不得超过80万元人民币。投标保证金有效期应当超出投标有效期30天。

投标人应当按照招标文件要求的方式和金额，将投标保证金随投标文件提交给招标人。

投标人不按招标文件要求提交投标保证金的，该投标文件将被拒绝，作废标处理。

第三十八条　投标人应当在招标文件要求提交投标文件的截止时间前，将投标文件密封送达投标地点。招标人收到投标文件后，应当向投标人出具标明签收人和签收时间的凭证，在开标前任何单位和个人不得开启投标文件。

在招标文件要求提交投标文件的截止时间后送达的投标文件，为无效的投标文件，招标人应当拒收。

提交投标文件的投标人少于三个的，招标人应当依法重新招标。重新招标后投标人仍少于三个的，属于必须审批的工程建设项目，报经原审批部门批准后可以不再进行招标；其他工程建设项目，招标人可自行决定不再进行招标。

第三十九条　投标人在招标文件要求提交投标文件的截止时间前，可以补充、修改、替代或者撤回已提交的投标文件，并书面通知招标人。补充、修改的内容为投标文件的组成部分。

第四十条　在提交投标文件截止时间后到招标文件规定的投标有效期终止之前，投标人不得补充、修改、替代或者撤回其投标文件。投标人补充、修改、替代投标文件的，招标人不予接受；投标人撤回投标文件的，其投标保证金将被没收。

第四十一条　在开标前，招标人应妥善保管好已接收的投标文件、修改或撤回通知、备选投标方案等投标资料。

第四十二条　两个以上法人或者其他组织可以组成一个联合体，以一个投标人的身份共同投标。

联合体各方签订共同投标协议后，不得再以自己名义单独投标，也不得组成新的联合体或参加其他联合体在同一项目中投标。

第四十三条　联合体参加资格预审并获通过的，其组成的任何变化都必须在提交投标文件截止之日前征得招标人的同意。如果变化后的联合体削弱了竞争，含有事先未经过资格预审或者资格预审不合格的法人或者其他组织，或者使联合体的资质降到资格预审文件中规定的最低标准以下，招标人有权拒绝。

第四十四条　联合体各方必须指定牵头人，授权其代表所有联合体成员负责投标和合同实施阶段的主办、协调工作，并应当向招标人提交由所有联合体成员法定代表人签署的授权书。

第四十五条　联合体投标的，应当以联合体各方或者联合体中牵头人的名义提交投标保证金。以联合体中牵头人名义提交的投标保证金，对联合体各成员具有约束力。

第四十六条　下列行为均属投标人串通投标报价：

（一）投标人之间相互约定抬高或压低投标报价；

（二）投标人之间相互约定，在招标项目中分别以高、中、低价位报价；

（三）投标人之间先进行内部竞价，内定中标人，然后再参加投标；

（四）投标人之间其他串通投标报价的行为。

第四十七条　下列行为均属招标人与投标人串通投标：

（一）招标人在开标前开启招标文件，并将投标情况告知其他投标人，或者协助投标人撤换投标文件，更改报价；

（二）招标人向投标人泄露标底；

（三）招标人与投标人商定，投标时压低或抬高标价，中标后再给投标人或招标人额外补偿；

（四）招标人预先内定中标人；

（五）其他串通投标行为。

第四十八条　投标人不得以他人名义投标。

前款所称以他人名义投标，指投标人挂靠其他施工单位，或从其他单位通过转让或租借的方式获取资格或资质证书，或者由其他单位及其法定代表人在自己编制的投标文件上加盖印章和签字等行为。

第四章 开标、评标和定标

第四十九条 开标应当在招标文件确定的提交投标文件截止时间的同一时间公开进行；开标地点应当为招标文件中确定的地点。

第五十条 投标文件有下列情形之一的，招标人不予受理：

（一）逾期送达的或者未送达指定地点的；

（二）未按招标文件要求密封的。

投标文件有下列情形之一的，由评标委员会初审后按废标处理：

（一）无单位盖章并无法定代表人或法定代表人授权的代理人签字或盖章的；

（二）未按规定的格式填写，内容不全或关键字迹模糊、无法辨认的；

（三）投标人递交两份或多份内容不同的投标文件，或在一份投标文件中对同一招标项目报有两个或多个报价，且未声明哪一个有效，按招标文件规定提交备选投标方案的除外；

（四）投标人名称或组织结构与资格预审时不一致的；

（五）未按招标文件要求提交投标保证金的；

（六）联合体投标未附联合体各方共同投标协议的。

第五十一条 评标委员会可以书面方式要求投标人对投标文件中含义不明确、对同类问题表述不一致或者有明显文字和计算错误的内容作必要的澄清、说明或补正。评标委员会不得向投标人提出带有暗示性或诱导性的问题，或向其明确投标文件中的遗漏和错误。

第五十二条 投标文件不响应招标文件的实质性要求和条件的，招标人应当拒绝，并不允许投标人通过修正或撤销其不符合要求的差异或保留，使之成为具有响应性的投标。

第五十三条 评标委员会在对实质上响应招标文件要求的投标进行报价评估时，除招标文件另有约定外，应当按下述原则进行修正：

（一）用数字表示的数额与用文字表示的数额不一致时，以文字数额为准。

（二）单价与工程量的乘积与总价之间不一致时，以单价为准。若单价有明显的小数点错位，应以总价为准，并修改单价。

按前款规定调整后的报价经投标人确认后产生约束力。

投标文件中没有列入的价格和优惠条件在评标时不予考虑。

第五十四条 对于投标人提交的优越于招标文件中技术标准的备选投标方案所产生的附加收益，不得考虑进评标价中。符合招标文件的基本技术要求且评标价最低或综合评分最高的投标人，其所提交的备选方案方可予以考虑。

第五十五条 招标人设有标底的，标底在评标中应当作为参考，但不得作为评标的唯一依据。

第五十六条 评标委员会完成评标后，应向招标人提出书面评标报告。评标报告由评标委员会全体成员签字。

评标委员会提出书面评标报告后，招标人一般应当在 15 日内确定中标人，但最迟应当在投标有效期结束日 30 个工作日前确定。

中标通知书由招标人发出。

第五十七条 评标委员会推荐的中标候选人应当限定在 1 至 3 人，并标明排列顺序。招标人应当接受评标委员会推荐的中标候选人，不得在评标委员会推荐的中标候选人之外确定中标人。

第五十八条 依法必须进行招标的项目，招标人应当确定排名第一的中标候选人为中标人。排名第一的中标候选人放弃中标、因不可抗力提出不能履行合同，或者招标文件规定应当提交履约保证金而在规定的期限内未能提交的，招标人可以确定排名第二的中标候选人为中标人。

排名第二的中标候选人因前款规定的同样原因不能签订合同的，招标人可以确定排名第三的中标候选人为中标人。

招标人可以授权评标委员会直接确定中标人。

国务院对中标人的确定另有规定的，从其规定。

第五十九条 招标人不得向中标人提出压低报价、增加工作量、缩短工期或其他违背中标人意愿的要求，以此作为发出中标通知书和签订合同的条件。

第六十条 中标通知书对招标人和中标人具有法律效力。中标通知书发出后，招标人改变中标结果的，或者中标人放弃中标项目的，应当依法承担法律责任。

第六十一条 招标人全部或者部分使用非中标单位投标文件中的技术成果或技术方案时，需征得其书面同意，并给予一定的经济补偿。

第六十二条 招标人和中标人应当自中标通知书发出之日起 30 日内，按照招标文件和中标人的投标文件订立书面合同。招标人和中标人不得再行订立背离合同实质性内容的其他协议。

招标文件要求中标人提交履约保证金或者其他形式履约担保的，中标人应当提交；拒绝提交的，视为放弃中标项目。招标人要求中标人提供履约保证金或其他形式履约担保的，招标人应当同时向中标人提供工程款支付担保。

招标人不得擅自提高履约保证金，不得强制要求中标人垫付中标项目建设资金。

第六十三条 招标人与中标人签订合同后五个工作日内，应当向未中标的投标人退还投标保证金。

第六十四条 合同中确定的建设规模、建设标准、建设内容、合同价格应当控制在批准的初步设计及概算文件范围内；确需超出规定范围的，应当在中标合同签订前，报原项目审批部门审查同意。凡应报经审查而未报的，在初步设计及概算调整时，原项目审批部门一律不予承认。

第六十五条 依法必须进行施工招标的项目，招标人应当自发出中标通知书之日起 15 日内，向有关行政监督部门提交招标投标情况的书面报告。

前款所称书面报告至少应包括下列内容：

（一）招标范围；

（二）招标方式和发布招标公告的媒介；

（三）招标文件中投标人须知、技术条款、评标标准和方法、合同主要条款等内容；

（四）评标委员会的组成和评标报告；

（五）中标结果。

第六十六条 招标人不得直接指定分包人。

第六十七条 对于不具备分包条件或者不符合分包规定的，招标人有权在签订合同或者中标人提出分包要求时予以拒绝。发现中标人转包或违法分包时，可要求其改正；拒不改正的，可终止合同，并报请有关行政监督部门查处。

监理人员和有关行政部门发现中标人违反合同约定进行转包或违法分包的，应当要求中标人改正，或者告知招标人要求其改正；对于拒不改正的，应当报请有关行政监督部门查处。

第五章 法律责任

第六十八条 依法必须进行招标的项目而不招标的，将必须进行招标的项目化整为零或者以其他任何方式规避招标的，有关行政监督部门责令限期改正，可以处项目合同金额5‰以上10‰以下的罚款；对全部或者部分使用国有资金的项目，项目审批部门可以暂停项目执行或者暂停资金拨付；对单位直接负责的主管人员和其他直接责任人员依法给予处分。

第六十九条 招标代理机构违法泄露应当保密的与招标投标活动有关的情况和资料的，或者与招标人、投标人串通损害国家利益、社会公共利益或者他人合法权益的，由有关行政监督部门处5万元以上25万元以下的罚款，对单位直接负责的主管人员和其他直接责任人员处单位罚款数额5%以上10%以下的罚款；有违法所得的，并处没收违法所得；情节严重的，有关行政监督部门可停止其一定时期内参与相关领域的招标代理业务，资格认定部门可暂停直至取消招标代理资格；构成犯罪的，由司法部门依法追究刑事责任。给他人造成损失的，依法承担赔偿责任。

前款所列行为影响中标结果，并且中标人为前款所列行为的受益人的，中标无效。

第七十条 招标人以不合理的条件限制或者排斥潜在投标人的，对潜在投标人实行歧视待遇的，强制要求投标人组成联合体共同投标的，或者限制投标人之间竞争的，有关行政监督部门责令改正，可处1万元以上5万元以下的罚款。

第七十一条 依法必须进行招标项目的招标人向他人透露已获取招标文件的潜在投标人的名称、数量或者可能影响公平竞争的有关招标投标的其他情况的，或者泄露标底的，有关行政监督部门给予警告，可以并处1万元以上10万元以下的罚款；对单位直接负责的主管人员和其他直接责任人员依法给予处分；构成犯罪的，依法追究刑事责任。

前款所列行为影响中标结果，并且中标人为前款所列行为的受益人的，中标无效。

第七十二条 招标人在发布招标公告、发出投标邀请书或者售出招标文件或资格预审文件后终止招标的，除有正当理由外，有关行政监督部门给予警告，根据情节可处3万元以下的罚款；给潜在投标人或者投标人造成损失的，并应当赔偿损失。

第七十三条 招标人或者招标代理机构有下列情形之一的，有关行政监督部门责令其限期改正，根据情节可处3万元以下的罚款；情节严重的，招标无效：

（一）未在指定的媒介发布招标公告的；

（二）邀请招标不依法发出投标邀请书的；

（三）自招标文件或资格预审文件出售之日起至停止出售之日止，少于5个工作日的；

（四）依法必须招标的项目，自招标文件开始发出之日起至提交投标文件截止之日止，少于20日的；

（五）应当公开招标而不公开招标的；

（六）不具备招标条件而进行招标的；

（七）应当履行核准手续而未履行的；

（八）不按项目审批部门核准内容进行招标的；

（九）在提交投标文件截止时间后接收投标文件的；

（十）投标人数量不符合法定要求不重新招标的。

被认定为招标无效的，应当重新招标。

第七十四条 投标人相互串通投标或者与招标人串通投标的，投标人以向招标人或者评标委员会成员行贿的手段谋取中标的，中标无效，由有关行政监督部门处中标项目金额5‰以上10‰以下的罚款，对单位直接负责的主管人员和其他直接责任人员处单位罚款数额5%以上10%以下的罚款；有违法所得的，并处没收违法所得；情节严重的，取消其1至2年的投标资格，并予以公告，直至由工商行政管理机关吊销营业执照；构成犯罪的，依法追究刑事责任。给他人造成损失的，依法承担赔偿责任。

第七十五条 投标人以他人名义投标或者以其他方式弄虚作假，骗取中标的，中标无效，给招标人造成损失的，依法承担赔偿责任；构成犯罪的，依法追究刑事责任。

依法必须进行招标项目的投标人有前款所列行为尚未构成犯罪的，有关行政监督部门处中标项目金额5‰以上10‰以下的罚款，对单位直接负责的主管人员和其他直接责任人员处单位罚款数额5%以上10%以下的罚款；有违法所得的，并处没收违法所得；情节严重的，取消其1至3年投标资格，并予以公告，直至由工商行政管理机关吊销营业执照。

第七十六条 依法必须进行招标的项目，招标人违法与投标人就投标价格、投标方案等实质性内容进行谈判的，有关行政监督部门给予警告，对单位直接负责的主管人员和其他直接责任人员依法给予处分。

前款所列行为影响中标结果的，中标无效。

第七十七条 评标委员会成员收受投标人的财物或者其他好处的，评标委员会成员或者参加评标的有关工作人员向他人透露对投标文件的评审和比较、中标候选人的推荐以及与评标有关的其他情况的，有关行政监督部门给予警告，没收收受的财物，可以并处3000元以上5万元以下的罚款，对有所列违法行为的评标委员会成员取消担任评标委员会成员的资格并予以公告，不得再参加任何招标项目的评标；构成犯罪的，依法追究刑事责任。

第七十八条 评标委员会成员在评标过程中擅离职守，影响评标程序正常进行，或者在评标过程中不能客观公正地履行职责的，有关行政监督部门给予警告；情节严重的，取消担任评标委员会成员的资格，不得再参加任何招标项目的评标，并处1万元以下的罚款。

第七十九条 评标过程有下列情况之一的，评标无效，应当依法重新进行评标或者重新进行招标，有关行政监督部门可处3万元以下的罚款：

（一）使用招标文件没有确定的评标标准和方法的；

（二）评标标准和方法含有倾向或者排斥投标人的内容，妨碍或者限制投标人之间竞争，且影响评标结果的；

（三）应当回避担任评标委员会成员的人参与评标的；

（四）评标委员会的组建及人员组成不符合法定要求的；

（五）评标委员会及其成员在评标过程中有违法行为，且影响评标结果的。

第八十条 招标人在评标委员会依法推荐的中标候选人以外确定中标人的，依法必须进行招标的项目在所有投标被评标委员会否决后自行确定中标人的，中标无效。有关行政监督部门责令改正，可以处中标项目金额5‰以上10‰以下的罚款；对单位直接负责的主管人员和其他直接责任人员依法给予处分。

第八十一条 招标人不按规定期限确定中标人的，或者中标通知书发出后，改变中标结果的，无正当理由不与中标人签订合同的，或者在签订合同时向中标人提出附加条件或者更改合同实质性内容的，有关行政监督部门给予警告，责令改正，根据情节可处3万元以下的罚款；造成中标人损失的，并应当赔偿损失。

中标通知书发出后，中标人放弃中标项目的，无正当理由不与招标人签订合同的，在签订合同时向招标人提出附加条件或者更改合同实质性内容的，或者拒不提交所要求的履约保证金的，招标人可取消其中标资格，并没收其投标保证金；给招标人的损失超过投标保证金数额的，中标人应当对超过部分予以赔偿；没有提交投标保证金的，应当对招标人的损失承担赔偿责任。

第八十二条 中标人将中标项目转让给他人的，将中标项目肢解后分别转让给他人的，违法将中标项目的部分主体、关键性工作分包给他人的，或者分包人再次分包的，转让、分包无效，有关行政监督部门处转让、分包项目金额5‰以上10‰以下的罚款；有违法所得的，并处没收违法所得；可以责令停业整顿；情节严重的，由工商行政管理机关吊销营业执照。

第八十三条 招标人与中标人不按照招标文件和中标人的投标文件订立合同的，招标人、中标人订立背离合同实质性内容的协议的，或者招标人擅自提高履约保证金或强制要求中标人垫付中标项目建设资金的，有关行政监督部门责令改正；可以处中标项目金额5‰以上10‰以下的罚款。

第八十四条 中标人不履行与招标人订立的合同的，履约保证金不予退还，给招标人造成的损失超过履约保证金数额的，还应当对超过部分予以赔偿；没有提交履约保证金的，应当对招标人的损失承担赔偿责任。

中标人不按照与招标人订立的合同履行义务，情节严重的，有关行政监督部门取消其 2 至 5 年参加招标项目的投标资格并予以公告，直至由工商行政管理机关吊销营业执照。

因不可抗力不能履行合同的，不适用前两款规定。

第八十五条 招标人不履行与中标人订立的合同的，应当双倍返还中标人的履约保证金；给中标人造成的损失超过返还的履约保证金的，还应当对超过部分予以赔偿；没有提交履约保证金的，应当对中标人的损失承担赔偿责任。

因不可抗力不能履行合同的，不适用前款规定。

第八十六条 依法必须进行施工招标的项目违反法律规定，中标无效的，应当依照法律规定的中标条件从其余投标人中重新确定中标人或者依法重新进行招标。

中标无效的，发出的中标通知书和签订的合同自始没有法律约束力，但不影响合同中独立存在的有关解决争议方法的条款的效力。

第八十七条 任何单位违法限制或者排斥本地区、本系统以外的法人或者其他组织参加投标的，为招标人指定招标代理机构的，强制招标人委托招标代理机构办理招标事宜的，或者以其他方式干涉招标投标活动的，有关行政监督部门责令改正；对单位直接负责的主管人员和其他直接责任人员依法给予警告、记过、记大过的处分，情节较重的，依法给予降级、撤职、开除的处分。

个人利用职权进行前款违法行为的，依照前款规定追究责任。

第八十八条 对招标投标活动依法负有行政监督职责的国家机关工作人员徇私舞弊、滥用职权或者玩忽职守，构成犯罪的，依法追究刑事责任；不构成犯罪的，依法给予行政处分。

第八十九条 任何单位和个人对工程建设项目施工招标投标过程中发生的违法行为，有权向项目审批部门或者有关行政监督部门投诉或举报。

第六章 附 则

第九十条 使用国际组织或者外国政府贷款、援助资金的项目进行招标，贷款方、资金提供方对工程施工招标投标活动的条件和程序有不同规定的，可以适用其规定，但违背中华人民共和国社会公共利益的除外。

第九十一条 本办法由国家发展计划委员会会同有关部门负责解释。

第九十二条 本办法自 2003 年 5 月 1 日起施行。

工程建设项目勘察设计招标投标办法

（发改委，建设部，铁道部，交通部，信心产业部，水利部，民航总局，
广播电影电视总局第2号令，2003年8月1日施行）

第一章 总 则

第一条 为规范工程建设项目勘察设计招标投标活动，提高投资效益，保证工程质量，根据《中华人民共和国招标投标法》制定本办法。

第二条 在中华人民共和国境内进行工程建设项目勘察设计招标投标活动，适用本办法。

第三条 工程建设项目符合《工程建设项目招标范围和规模标准规定》（国家计委令第3号）规定的范围和标准的，必须依据本办法进行招标。

任何单位和个人不得将依法必须进行招标的项目化整为零或者以其他任何方式规避招标。

第四条 按照国家规定需要政府审批的项目，有下列情形之一的，经批准，项目的勘察设计可以不进行招标：

（一）涉及国家安全、国家秘密的；

（二）抢险救灾的；

（三）主要工艺、技术采用特定专利或者专有技术的；

（四）技术复杂或专业性强，能够满足条件的勘察设计单位少于三家，不能形成有效竞争的；

（五）已建成项目需要改、扩建或者技术改造，由其他单位进行设计影响项目功能配套性的。

第五条 勘察设计招标工作由招标人负责。任何单位和个人不得以任何方式非法干涉招标投标活动。

第六条 各级发展计划、经贸、建设、铁道、交通、信息产业（通信、电子）、水利、民航、广电等部门依照《国务院办公厅印发国务院有关部门实施招标投标活动行政监督的职责分工意见的通知》（国办发〔2000〕34号）和各地规定的职责分工，对工程建设项目勘察设计招标投标活动实施监督，依法查处招标投标活动中的违法行为。

第二章 招 标

第七条 招标人可以依据工程建设项目的不同特点，实行勘察设计一次性总体招标；也可以在保证项目完整性、连续性的前提下，按照技术要求实行分段或分项招标。

招标人不得利用前款规定将依法必须进行招标的项目化整为零，或者以其他任何方式规避招标。

第八条 依法必须招标的工程建设项目，招标人可以对项目的勘察、设计、施工以及与工程建设有关的重要设备、材料的采购，实行总承包招标。

第九条 依法必须进行勘察设计招标的工程建设项目，在招标时应当具备下列条件：

（一）按照国家有关规定需要履行项目审批手续的，已履行审批手续，取得批准；

（二）勘察设计所需资金已经落实；

（三）所必需的勘察设计基础资料已经收集完成；

（四）法律法规规定的其他条件。

第十条 工程建设项目勘察设计招标分为公开招标和邀请招标。

全部使用国有资金投资或者国有资金投资占控股或者主导地位的工程建设项目，以及国务院发展和

改革部门确定的国家重点项目和省、自治区、直辖市人民政府确定的地方重点项目，除符合本办法第十一条规定条件并依法获得批准外，应当公开招标。

第十一条 依法必须进行勘察设计招标的工程建设项目，在下列情况下可以进行邀请招标：

（一）项目的技术性、专业性较强，或者环境资源条件特殊，符合条件的潜在投标人数量有限的；

（二）如采用公开招标，所需费用占工程建设项目总投资的比例过大的；

（三）建设条件受自然因素限制，如采用公开招标，将影响项目实施时机的。

招标人采用邀请招标方式的，应保证有三个以上具备承担招标项目勘察设计的能力，并具有相应资质的特定法人或者其他组织参加投标。

第十二条 招标人应当按招标公告或者投标邀请书规定的时间、地点出售招标文件或者资格预审文件。自招标文件或者资格预审文件出售之日起至停止出售之日止，最短不得少于5个工作日。

第十三条 进行资格预审的，招标人只向资格预审合格的潜在投标人发售招标文件，并同时向资格预审不合格的潜在投标人告知资格预审结果。

第十四条 凡是资格预审合格的潜在投标人都应被允许参加投标。

招标人不得以抽签、摇号等不合理条件限制或者排斥资格预审合格的潜在投标人参加投标。

第十五条 招标人应当根据招标项目的特点和需要编制招标文件。

勘察设计招标文件应当包括下列内容：

（一）投标须知；

（二）投标文件格式及主要合同条款；

（三）项目说明书，包括资金来源情况；

（四）勘察设计范围，对勘察设计进度、阶段和深度要求；

（五）勘察设计基础资料；

（六）勘察设计费用支付方式，对未中标人是否给予补偿及补偿标准；

（七）投标报价要求；

（八）对投标人资格审查的标准；

（九）评标标准和方法；

（十）投标有效期。

投标有效期，是招标文件中规定的投标文件有效期，从提交投标文件截止日起计算。

对招标文件的收费应仅限于补偿编制及印刷方面的成本支出，招标人不得通过出售招标文件谋取利益。

第十六条 招标人负责提供与招标项目有关的基础资料，并保证所提供资料的真实性、完整性。涉及国家秘密的除外。

第十七条 对于潜在投标人在阅读招标文件和现场踏勘中提出的疑问，招标人可以书面形式或召开投标预备会的方式解答，但需同时将解答以书面方式通知所有招标文件收受人。该解答的内容为招标文件的组成部分。

第十八条 招标人可以要求投标人在提交符合招标文件规定要求的投标文件外，提交备选投标文件，但应当在招标文件中作出说明，并提出相应的评审和比较办法。

第十九条 招标人应当确定潜在投标人编制投标文件所需要的合理时间。

依法必须进行勘察设计招标的项目，自招标文件开始发出之日起至投标人提交投标文件截止之日止，最短不得少于20日。

第二十条 除不可抗力原因外，招标人在发布招标公告或者发出投标邀请书后不得终止招标，也不得在出售招标文件后终止招标。

第三章 投 标

第二十一条 投标人是响应招标、参加投标竞争的法人或者其他组织。

在其本国注册登记，从事建筑、工程服务的国外设计企业参加投标的，必须符合中华人民共和国缔结或者参加的国际条约、协定中所作的市场准入承诺以及有关勘察设计市场准入的管理规定。

投标人应当符合国家规定的资质条件。

第二十二条 投标人应当按照招标文件的要求编制投标文件。投标文件中的勘察设计收费报价，应当符合国务院价格主管部门制定的工程勘察设计收费标准。

第二十三条 投标人在投标文件有关技术方案和要求中不得指定与工程建设项目有关的重要设备、材料的生产供应者，或者含有倾向或者排斥特定生产供应者的内容。

第二十四条 招标文件要求投标人提交投标保证金的，保证金数额一般不超过勘察设计费投标报价的2%，最多不超过10万元人民币。

第二十五条 在提交投标文件截止时间后到招标文件规定的投标有效期终止之前，投标人不得补充、修改或者撤回其投标文件，否则其投标保证金将被没收。评标委员会要求对投标文件作必要澄清或者说明的除外。

第二十六条 投标人在投标截止时间前提交的投标文件，补充、修改或撤回投标文件的通知，备选投标文件等，都必须加盖所在单位公章，并且由其法定代表人或授权代表签字。

招标人在接收上述材料时，应检查其密封或签章是否完好，并向投标人出具标明签收人和签收时间的回执。

第二十七条 以联合体形式投标的，联合体各方应签订共同投标协议，连同投标文件一并提交招标人。

联合体各方不得再单独以自己名义，或者参加另外的联合体投同一个标。

第二十八条 联合体中标的，应指定牵头人或代表，授权其代表所有联合体成员与招标人签订合同，负责整个合同实施阶段的协调工作。但是，需要向招标人提交由所有联合体成员法定代表人签署的授权委托书。

第二十九条 投标人不得以他人名义投标，也不得利用伪造、转让、无效或者租借的资质证书参加投标，或者以任何方式请其他单位在自己编制的投标文件代为签字盖章，损害国家利益、社会公共利益和招标人的合法权益。

第三十条 投标人不得通过故意压低投资额、降低施工技术要求、减少占地面积，或者缩短工期等手段弄虚作假，骗取中标。

第四章 开标、评标和中标

第三十一条 开标应当在招标文件确定的提交投标文件截止时间的同一时间公开进行；除不可抗力原因外，招标人不得以任何理由拖延开标，或者拒绝开标。

第三十二条 评标工作由评标委员会负责。评标委员会的组成方式及要求，按《中华人民共和国招标投标法》及《评标委员会和评标方法暂行规定》（国家计委等七部委联合令第12号）的有关规定执行。

第三十三条 勘察设计评标一般采取综合评估法进行。评标委员会应当按照招标文件确定的评标标准和方法，结合经批准的项目建议书、可行性研究报告或者上阶段设计批复文件，对投标人的业绩、信誉和勘察设计人员的能力以及勘察设计方案的优劣进行综合评定。

招标文件中没有规定的标准和方法，不得作为评标的依据。

第三十四条 评标委员会可以要求投标人对其技术文件进行必要的说明或介绍，但不得提出带有暗示性或诱导性的问题，也不得明确指出其投标文件中的遗漏和错误。

第三十五条 根据招标文件的规定，允许投标人投备选标的，评标委员会可以对中标人所提交的备选标进行评审，以决定是否采纳备选标。不符合中标条件的投标人的备选标不予考虑。

第三十六条 投标文件有下列情况之一的，应作废标处理或被否决：

（一）未按要求密封的；

（二）未加盖投标人公章，也未经法定代表人或者其授权代表签字的；

（三）投标报价不符合国家颁布的勘察设计取费标准，或者低于成本恶性竞争的；

（四）未响应招标文件的实质性要求和条件的；

（五）以联合体形式投标，未向招标人提交共同投标协议的。

第三十七条 投标人有下列情况之一的，其投标应作废标处理或被否决：

（一）未按招标文件要求提供投标保证金；

（二）与其他投标人相互串通报价，或者与招标人串通投标的；

（三）以他人名义投标，或者以其他方式弄虚作假；

（四）以向招标人或者评标委员会成员行贿的手段谋取中标的；

（五）联合体通过资格预审后在组成上发生变化，含有未经过资格预审或者资格预审不合格的法人或者其他组织；

（六）投标文件中标明的投标人与资格预审的申请人在名称和组织结构上存在实质性差别的。

第三十八条 评标委员会完成评标后，应当向招标人提出书面评标报告，推荐合格的中标候选人。

评标报告的内容应当符合《评标委员会和评标方法暂行规定》第四十二条的规定。但是，评标委员会决定否决所有投标的，应在评标报告中详细说明理由。

第三十九条 评标委员会推荐的中标候选人应当限定在一至三人，并标明排列顺序。

能够最大限度地满足招标文件中规定的各项综合评价标准的投标人，应当推荐为中标候选人。

第四十条 使用国有资金投资或国家融资的工程建设项目，招标人一般应当确定排名第一的中标候选人为中标人。

排名第一的中标候选人放弃中标、因不可抗力提出不能履行合同，或者招标文件规定应当提交履约保证金而在规定的期限内未能提交的，招标人可以确定排名第二的中标候选人为中标人。

排名第二的中标候选人因前款规定的同样原因不能签订合同的，招标人可以确定排名第三的中标候选人为中标人。

第四十一条 招标人应在接到评标委员会的书面评标报告后15日内，根据评标委员会的推荐结果确定中标人，或者授权评标委员会直接确定中标人。

第四十二条 招标人和中标人应当自中标通知书发出之日起30日内，按照招标文件和中标人的投标文件订立书面合同。

中标人履行合同应当遵守《合同法》以及《建设工程勘察设计管理条例》中勘察设计文件编制实施的有关规定。

第四十三条 招标人不得以压低勘察设计费、增加工作量、缩短勘察设计周期等作为发出中标通知书的条件，也不得与中标人再行订立背离合同实质性内容的其他协议。

第四十四条 招标人与中标人签订合同后5个工作日内，应当向中标人和未中标人一次性退还投标保证金。招标文件中规定给予未中标人经济补偿的，也应在此期限内一并给付。

招标文件要求中标人提交履约保证金的，中标人应当提交；经中标人同意，可将其投标保证金抵作履约保证金。

第四十五条　招标人应当在将中标结果通知所有未中标人后 7 个工作日内，逐一返还未中标人的投标文件。

招标人或者中标人采用其他未中标人投标文件中技术方案的，应当征得未中标人的书面同意，并支付合理的使用费。

第四十六条　评标定标工作应当在投标有效期结束日 30 个工作日前完成，不能如期完成的，招标人应当通知所有投标人延长投标有效期。

同意延长投标有效期的投标人应当相应延长其投标担保的有效期，但不得修改投标文件的实质性内容。

拒绝延长投标有效期的投标人有权收回投标保证金。招标文件中规定给予未中标人补偿的，拒绝延长的投标人有权获得补偿。

第四十七条　依法必须进行勘察设计招标的项目，招标人应当在确定中标人之日起 15 日内，向有关行政监督部门提交招标投标情况的书面报告。

书面报告一般应包括以下内容：

（一）招标项目基本情况；

（二）投标人情况；

（三）评标委员会成员名单；

（四）开标情况；

（五）评标标准和方法；

（六）废标情况；

（七）评标委员会推荐的经排序的中标候选人名单；

（八）中标结果；

（九）未确定排名第一的中标候选人为中标人的原因；

（十）其他需说明的问题。

第四十八条　在下列情况下，招标人应当依照本办法重新招标：

（一）资格预审合格的潜在投标人不足三个的；

（二）在投标截止时间前提交投标文件的投标人少于三个的；

（三）所有投标均被作废标处理或被否决的；

（四）评标委员会否决不合格投标或者界定为废标后，因有效投标不足三个使得投标明显缺乏竞争，评标委员会决定否决全部投标的；

（五）根据第四十六条规定，同意延长投标有效期的投标人少于三个的。

第四十九条　招标人重新招标后，发生本办法第四十八条情形之一的，属于按照国家规定需要政府审批的项目，报经原项目审批部门批准后可以不再进行招标；其他工程建设项目，招标人可自行决定不再进行招标。

第五章　罚　则

第五十条　依法必须进行勘察设计招标的项目，招标人有下列情况之一的，责令改正，可以并处 1 万元以上 3 万元以下罚款；情节严重的，招标无效：

（一）不具备招标条件而进行招标的；

（二）应当公开招标而不公开招标的；

（三）应当发布招标公告而不发布的；

（四）不在指定媒介发布依法必须招标项目的招标公告的；

（五）未经批准采用邀请招标方式的；

（六）自招标文件或者资格预审文件出售之日起至停止出售之日止，时间少于5个工作日的；

（七）自招标文件开始发出之日起至提交投标文件截止之日止，时间少于20日的；

（八）非因不可抗力原因，在发布招标公告、发出投标邀请书或者发售资格预审文件或招标文件后终止招标的。

第五十一条 以联合体形式投标的，联合体成员又以自己名义单独投标，或者参加其他联合体投同一个标的，责令改正，可以并处1万元以上3万元以下罚款。

第五十二条 依法必须进行招标的项目的投标人以他人名义投标，利用伪造、转让、租借、无效的资质证书参加投标，或者请其他单位在自己编制的投标文件上代为签字盖章，弄虚作假，骗取中标的，中标无效。尚未构成犯罪的，处中标项目金额5‰以上10‰以下的罚款，对单位直接负责的主管人员和其他直接责任人员处单位罚款数额5%以上10%以下的罚款；有违法所得的，并处没收违法所得；情节严重的，取消其1年至3年内参加依法必须进行招标的项目的投标资格并予以公告，直至由工商行政管理机关吊销营业执照。

第五十三条 招标人以抽签、摇号等不合理的条件限制或者排斥资格预审合格的潜在投标人参加投标，对潜在投标人实行歧视待遇的，强制要求投标人组成联合体共同投标的，或者限制投标人之间竞争的，责令改正，可以处1万元以上5万元以下的罚款。

第五十四条 评标过程有下列情况之一的，评标无效，应当依法重新进行评标或者重新进行招标，可以并处3万元以下的罚款：

（一）使用招标文件没有确定的评标标准和方法的；

（二）评标标准和方法含有倾向或者排斥投标人的内容，妨碍或者限制投标人之间竞争，且影响评标结果的；

（三）应当回避担任评标委员会成员的人参与评标的；

（四）评标委员会的组建及人员组成不符合法定要求的；

（五）评标委员会及其成员在评标过程中有违法行为，且影响评标结果的。

第五十五条 下列情况属于招标人与中标人不按照招标文件和中标人的投标文件订立合同，责令改正，可以处中标项目金额5‰以上10‰以下的罚款：

（一）招标人以压低勘察设计费、增加工作量、缩短勘察设计周期等作为发出中标通知书的条件；

（二）招标人无正当理由不与中标人订立合同的；

（三）招标人向中标人提出超出招标文件中主要合同条款的附加条件，以此作为签订合同的前提条件的；

（四）中标人无正当理由不与招标人签订合同的；

（五）中标人向招标人提出超出其投标文件中主要条款的附加条件，以此作为签订合同的前提条件的；

（六）中标人拒不按照要求提交履约保证金的。

因不可抗力造成上述情况的，不适用前款规定。

第五十六条 本办法对违法行为及其处罚措施未作规定的，依据《中华人民共和国招标投标法》和有关法律、行政法规的规定执行。

第六章 附 则

第五十七条 使用国际组织或者外国政府贷款、援助资金的项目进行招标，贷款方、资金提供方对工程勘察设计招标投标的条件和程序另有规定的，可以适用其规定，但违背中华人民共和国社会公共利益的除外。

第五十八条 本办法发布之前有关勘察设计招标投标的规定与本办法不一致的，以本办法为准。法律或者行政法规另有规定的，从其规定。

第五十九条 本办法由国家发展和改革委员会会同有关部门负责解释。

第六十条 本办法自2003年8月1日起施行。

工程建设项目货物招标投标办法

（中华人民共和国国家发展和改革委员会27号令，2005年3月1日施行）

第一章 总 则

第一条 为规范工程建设项目的货物招标投标活动，保护国家利益、社会公共利益和招标投标活动当事人的合法权益，保证工程质量，提高投资效益，根据《中华人民共和国招标投标法》和国务院有关部门的职责分工，制定本办法。

第二条 本办法适用于在中华人民共和国境内依法必须进行招标的工程建设项目货物招标投标活动。

前款所称货物，是指与工程建设项目有关的重要设备、材料等。

第三条 工程建设项目符合《工程建设项目招标范围和规模标准规定》（原国家计委令第3号）规定的范围和标准的，必须通过招标选择货物供应单位。

任何单位和个人不得将依法必须进行招标的项目化整为零或者以其他任何方式规避招标。

第四条 工程建设项目货物招标投标活动应当遵循公开、公平、公正和诚实信用的原则。货物招标投标活动不受地区或者部门的限制。

第五条 工程建设项目货物招标投标活动，依法由招标人负责。

工程建设项目招标人对项目实行总承包招标时，未包括在总承包范围内的货物达到国家规定规模标准的，应当由工程建设项目招标人依法组织招标。

工程建设项目招标人对项目实行总承包招标时，以暂估价形式包括在总承包范围内的货物达到国家规定规模标准的，应当由总承包中标人和工程建设项目招标人共同依法组织招标。双方当事人的风险和责任承担由合同约定。

工程建设项目招标人或者总承包中标人可委托依法取得资质的招标代理机构承办招标代理业务。招标代理服务收费实行政府指导价。招标代理服务费用应当由招标人支付；招标人、招标代理机构与投标人另有约定的，从其约定。

第六条 各级发展改革、建设、铁道、交通、信息产业、水利、民航等部门依照国务院和地方各级人民政府关于工程建设项目行政监督的职责分工，对工程建设项目中所包括的货物招标投标活动实施监督，依法查处货物招标投标活动中的违法行为。

第二章　招　标

第七条　工程建设项目招标人是依法提出招标项目、进行招标的法人或者其他组织。本办法第五条第三款总承包中标人共同招标时，也为招标人。

第八条　依法必须招标的工程建设项目，应当具备下列条件才能进行货物招标：

（一）招标人已经依法成立；

（二）按照国家有关规定应当履行项目审批、核准或者备案手续的，已经审批、核准或者备案；

（三）有相应资金或者资金来源已经落实；

（四）能够提出货物的使用与技术要求。

第九条　依法必须进行招标的工程建设项目，按国家有关投资项目审批管理规定，凡应报送项目审批部门审批的，招标人应当在报送的可行性研究报告中将货物招标范围、招标方式（公开招标或邀请招标）、招标组织形式（自行招标或委托招标）等有关招标内容报项目审批部门核准。项目审批部门应当将核准招标内容的意见抄送有关行政监督部门。

企业投资项目申请政府安排财政性资金的，前款招标内容由资金申请报告审批部门依法在批复中确定。

第十条　货物招标分为公开招标和邀请招标。

第十一条　国务院发展改革部门确定的国家重点建设项目和各省、自治区、直辖市人民政府确定的地方重点建设项目，其货物采购应当公开招标；有下列情形之一的，经批准可以进行邀请招标：

（一）货物技术复杂或有特殊要求，只有少量几家潜在投标人可供选择的；

（二）涉及国家安全、国家秘密或者抢险救灾，适宜招标但不宜公开招标的；

（三）拟公开招标的费用与拟公开招标的节资相比，得不偿失的；

（四）法律、行政法规规定不宜公开招标的。

国家重点建设项目货物的邀请招标，应当经国务院发展改革部门批准；地方重点建设项目货物的邀请招标，应当经省、自治区、直辖市人民政府批准。

第十二条　采用公开招标方式的，招标人应当发布招标公告。依法必须进行货物招标的招标公告，应当在国家指定的报刊或者信息网络上发布。

采用邀请招标方式的，招标人应当向三家以上具备货物供应的能力、资信良好的特定的法人或者其他组织发出投标邀请书。

第十三条　招标公告或者投标邀请书应当载明下列内容：

（一）招标人的名称和地址；

（二）招标货物的名称、数量、技术规格、资金来源；

（三）交货的地点和时间；

（四）获取招标文件或者资格预审文件的地点和时间；

（五）对招标文件或者资格预审文件收取的费用；

（六）提交资格预审申请书或者投标文件的地点和截止日期；

（七）对投标人的资格要求。

第十四条　招标人应当按招标公告或者投标邀请书规定的时间、地点发出招标文件或者资格预审文件。自招标文件或者资格预审文件发出之日起至停止发出之日止，最短不得少于五个工作日。招标人发出的招标文件或者资格预审文件应当加盖印章。

招标人可以通过信息网络或者其他媒介发布招标文件，通过信息网络或者其他媒介发布的招标文件与书面招标文件具有同等法律效力，出现不一致时以书面招标文件为准，但法律、行政法规或者招标文件另有规定的除外。

对招标文件或者资格预审文件的收费应当合理，不得以营利为目的。

除不可抗力原因外，招标文件或者资格预审文件发出后，不予退还；招标人在发布招标公告、发出投标邀请书后或者发出招标文件或资格预审文件后不得擅自终止招标。因不可抗力原因造成招标终止的，投标人有权要求退回招标文件并收回购买招标文件的费用。

第十五条 招标人可以根据招标货物的特点和需要，对潜在投标人或者投标人进行资格审查；法律、行政法规对潜在投标人或者投标人的资格条件有规定的，依照其规定。

第十六条 资格审查分为资格预审和资格后审。

资格预审，是指招标人出售招标文件或者发出投标邀请书前对潜在投标人进行的资格审查。资格预审一般适用于潜在投标人较多或者大型、技术复杂货物的公开招标，以及需要公开选择潜在投标人的邀请招标。

资格后审，是指在开标后对投标人进行的资格审查。资格后审一般在评标过程中的初步评审开始时进行。

第十七条 采取资格预审的，招标人应当发布资格预审公告。资格预审公告适用本办法第十二条、第十三条有关招标公告的规定。

第十八条 资格预审文件一般包括下列内容：

（一）资格预审邀请书；

（二）申请人须知；

（三）资格要求；

（四）其他业绩要求；

（五）资格审查标准和方法；

（六）资格预审结果的通知方式。

第十九条 采取资格预审的，招标人应当在资格预审文件中详细规定资格审查的标准和方法；采取资格后审的，招标人应当在招标文件中详细规定资格审查的标准和方法。

招标人在进行资格审查时，不得改变或补充载明的资格审查标准和方法或者以没有载明的资格审查标准和方法对潜在投标人或者投标人进行资格审查。

第二十条 经资格预审后，招标人应当向资格预审合格的潜在投标人发出资格预审合格通知书，告知获取招标文件的时间、地点和方法，并同时向资格预审不合格的潜在投标人告知资格预审结果。资格预审合格的潜在投标人不足三个的，招标人应当重新进行资格预审。

对资格后审不合格的投标人，评标委员会应当对其投标作废标处理。

第二十一条 招标文件一般包括下列内容：

（一）投标邀请书；

（二）投标人须知；

（三）投标文件格式；

（四）技术规格、参数及其他要求；

（五）评标标准和方法；

（六）合同主要条款。

招标人应当在招标文件中规定实质性要求和条件，说明不满足其中任何一项实质性要求和条件的投标将被拒绝，并用醒目的方式标明；没有标明的要求和条件在评标时不得作为实质性要求和条件。对于非实质性要求和条件，应规定允许偏差的最大范围、最高项数，以及对这些偏差进行调整的方法。

国家对招标货物的技术、标准、质量等有特殊要求的，招标人应当在招标文件中提出相应特殊要求，并将其作为实质性要求和条件。

第二十二条　招标货物需要划分标包的，招标人应合理划分标包，确定各标包的交货期，并在招标文件中如实载明。

第二十三条　招标人允许中标人对非主体货物进行分包的，应当在招标文件中载明。主要设备或者供货合同的主要部分不得要求或者允许分包。

除招标文件要求不得改变标准货物的供应商外，中标人经招标人同意改变标准货物的供应商的，不应视为转包和违法分包。

第二十四条　招标人可以要求投标人在提交符合招标文件规定要求的投标文件外，提交备选投标方案，但应当在招标文件中作出说明。不符合中标条件的投标人的备选投标方案不予考虑。

第二十五条　招标文件规定的各项技术规格应当符合国家技术法规的规定。

招标文件中规定的各项技术规格均不得要求或标明某一特定的专利技术、商标、名称、设计、原产地或供应者等，不得含有倾向或者排斥潜在投标人的其他内容。如果必须引用某一供应者的技术规格才能准确或清楚地说明拟招标货物的技术规格时，则应当在参照后面加上“或相当于”的字样。

第二十六条　招标文件应当明确规定评标时包含价格在内的所有评标因素，以及据此进行评估的方法。

在评标过程中，不得改变招标文件中规定的评标标准、方法和中标条件。

第二十七条　招标人可以在招标文件中要求投标人以自己的名义提交投标保证金。投标保证金除现金外，可以是银行出具的银行保函、保兑支票、银行汇票或现金支票，也可以是招标人认可的其他合法担保形式。

投标保证金一般不得超过投标总价的2%，但最高不得超过80万元人民币。投标保证金有效期应当与投标有效期一致。

投标人应当按照招标文件要求的方式和金额，在提交投标文件截止之日前将投标保证金提交给招标人或其招标代理机构。

投标人不按招标文件要求提交投标保证金的，该投标文件作废标处理。

第二十八条　招标文件应当规定一个适当的投标有效期，以保证招标人有足够的时间完成评标和与中标人签订合同。投标有效期从招标文件规定的提交投标文件截止之日起计算。

在原投标有效期结束前，出现特殊情况的，招标人可以书面形式要求所有投标人延长投标有效期。投标人同意延长的，不得要求或被允许修改其投标文件的实质性内容，但应当相应延长其投标保证金的有效期；投标人拒绝延长的，其投标失效，但投标人有权收回其投标保证金。

同意延长投标有效期的投标人少于三个的，招标人应当重新招标。

第二十九条　对于潜在投标人在阅读招标文件中提出的疑问，招标人应当以书面形式、投标预备会方式或者通过电子网络解答，但需同时将解答以书面方式通知所有购买招标文件的潜在投标人。该解答的内容为招标文件的组成部分。

除招标文件明确要求外，出席投标预备会不是强制性的，由潜在投标人自行决定，并自行承担由此可能产生的风险。

第三十条　招标人应当确定投标人编制投标文件所需的合理时间。依法必须进行招标的货物，自招标文件开始发出之日起至投标人提交投标文件截止之日止，最短不得少于20日。

第三十一条　对无法精确拟定其技术规格的货物，招标人可以采用两阶段招标程序。

在第一阶段，招标人可以首先要求潜在投标人提交技术建议，详细阐明货物的技术规格、质量和其他特性。招标人可以与投标人就其建议的内容进行协商和讨论，达成一个统一的技术规格后编制招标文件。

在第二阶段，招标人应当向第一阶段提交了技术建议的投标人提供包含统一技术规格的正式招标文件，投标人根据正式招标文件的要求提交包括价格在内的最后投标文件。

第三章　投　标

第三十二条　投标人是响应招标、参加投标竞争的法人或者其他组织。

法定代表人为同一个人的两个及两个以上法人，母公司、全资子公司及其控股公司，都不得在同一货物招标中同时投标。

一个制造商对同一品牌同一型号的货物，仅能委托一个代理商参加投标，否则应作废标处理。

第三十三条　投标人应当按照招标文件的要求编制投标文件。投标文件应当对招标文件提出的实质性要求和条件作出响应。

投标文件一般包括下列内容：

（一）投标函；

（二）投标一览表；

（三）技术性能参数的详细描述；

（四）商务和技术偏差表；

（五）投标保证金；

（六）有关资格证明文件；

（七）招标文件要求的其他内容；

投标人根据招标文件载明的货物实际情况，拟在中标后将供货合同中的非主要部分进行分包的，应当在投标文件中载明。

第三十四条　投标人应当在招标文件要求提交投标文件的截止时间前，将投标文件密封送达招标文件中规定的地点。招标人收到投标文件后，应当向投标人出具标明签收人和签收时间的凭证，在开标前任何单位和个人不得开启投标文件。

招标人不得接受以电报、电传、传真以及电子邮件方式提交的投标文件及投标文件的修改文件。

在招标文件要求提交投标文件的截止时间后送达的投标文件，为无效的投标文件，招标人应当拒收，并将其原封不动地退回投标人。

提交投标文件的投标人少于三个的，招标人应当依法重新招标。重新招标后投标人仍少于三个的，必须招标的工程建设项目，报有关行政监督部门备案后可以不再进行招标，或者对两家合格投标人进行开标和评标。

第三十五条　投标人在招标文件要求提交投标文件的截止时间前，可以补充、修改、替代或者撤回已提交的投标文件，并书面通知招标人。补充、修改的内容为投标文件的组成部分。

第三十六条　在提交投标文件截止时间后，投标人不得补充、修改、替代或者撤回其投标文件。投标人补充、修改、替代投标文件的，招标人不予接受；投标人撤回投标文件的，其投标保证金将被没收。

第三十七条　招标人应妥善保管好已接收的投标文件、修改或撤回通知、备选投标方案等投标资料，并严格保密。

第三十八条　两个以上法人或者其他组织可以组成一个联合体，以一个投标人的身份共同投标。

联合体各方签订共同投标协议后，不得再以自己名义单独投标，也不得组成或参加其他联合体在同一项目中投标；否则作废标处理。

第三十九条 联合体各方应当在招标人进行资格预审时，向招标人提出组成联合体的申请。没有提出联合体申请的，资格预审完成后，不得组成联合体投标。

招标人不得强制资格预审合格的投标人组成联合体。

第四章 开标、评标和定标

第四十条 开标应当在招标文件确定的提交投标文件截止时间的同一时间公开进行；开标地点应当为招标文件中确定的地点。

投标人或其授权代表有权出席开标会，也可以自主决定不参加开标会。

第四十一条 投标文件有下列情形之一的，招标人不予受理：

（一）逾期送达的或者未送达指定地点的；

（二）未按招标文件要求密封的。

投标文件有下列情形之一的，由评标委员会初审后按废标处理：

（一）无单位盖章并无法定代表人或法定代表人授权的代理人签字或盖章的；

（二）无法定代表人出具的授权委托书的；

（三）未按规定的格式填写，内容不全或关键字迹模糊、无法辨认的；

（四）投标人递交两份或多份内容不同的投标文件，或在一份投标文件中对同一招标货物报有两个或多个报价，且未声明哪一个为最终报价的，按招标文件规定提交备选投标方案的除外；

（五）投标人名称或组织结构与资格预审时不一致且未提供有效证明的；

（六）投标有效期不满足招标文件要求的；

（七）未按招标文件要求提交投标保证金的；

（八）联合体投标未附联合体各方共同投标协议的；

（九）招标文件明确规定可以废标的其他情形。

评标委员会对所有投标作废标处理的，或者评标委员会对一部分投标作废标处理后其他有效投标不足三个使得投标明显缺乏竞争，决定否决全部投标的，招标人应当重新招标。

第四十二条 评标委员会可以书面方式要求投标人对投标文件中含义不明确、对同类问题表述不一致或者有明显文字和计算错误的内容作必要的澄清、说明或补正。评标委员会不得向投标人提出带有暗示性或诱导性的问题，或向其明确投标文件中的遗漏和错误。

第四十三条 投标文件不响应招标文件的实质性要求和条件的，评标委员会应当作废标处理，并不允许投标人通过修正或撤销其不符合要求的差异或保留，使之成为具有响应性的投标。

第四十四条 技术简单或技术规格、性能、制作工艺要求统一的货物，一般采用经评审的最低投标价法进行评标。技术复杂或技术规格、性能、制作工艺要求难以统一的货物，一般采用综合评估法进行评标。

最低投标价不得低于成本。

第四十五条 符合招标文件要求且评标价最低或综合评分最高而被推荐为中标候选人的投标人，其所提交的备选投标方案方可予以考虑。

第四十六条 评标委员会完成评标后，应向招标人提出书面评标报告。评标报告由评标委员会全体成员签字。

第四十七条 评标委员会在书面评标报告中推荐的中标候选人应当限定在一至三人，并标明排列顺序。招标人应当接受评标委员会推荐的中标候选人，不得在评标委员会推荐的中标候选人之外确定中标人。

评标委员会提出书面评标报告后，招标人一般应当在15日内确定中标人，但最迟应当在投标有效期结束日30个工作日前确定。

第四十八条　使用国有资金投资或者国家融资的项目，招标人应当确定排名第一的中标候选人为中标人。排名第一的中标候选人放弃中标、因不可抗力提出不能履行合同，或者招标文件规定应当提交履约保证金而在规定的期限内未能提交的，招标人可以确定排名第二的中标候选人为中标人。

排名第二的中标候选人因前款规定的同样原因不能签订合同的，招标人可以确定排名第三的中标候选人为中标人。

招标人可以授权评标委员会直接确定中标人。

国务院对中标人的确定另有规定的，从其规定。

第四十九条　招标人不得向中标人提出压低报价、增加配件或者售后服务量以及其他超出招标文件规定的违背中标人意愿的要求，以此作为发出中标通知书和签订合同的条件。

第五十条　中标通知书对招标人和中标人具有法律效力。中标通知书发出后，招标人改变中标结果的，或者中标人放弃中标项目的，应当依法承担法律责任。

中标通知书由招标人发出，也可以委托其招标代理机构发出。

第五十一条　招标人和中标人应当自中标通知书发出之日起30日内，按照招标文件和中标人的投标文件订立书面合同。招标人和中标人不得再行订立背离合同实质性内容的其他协议。

招标文件要求中标人提交履约保证金或者其他形式履约担保的，中标人应当提交；拒绝提交的，视为放弃中标项目。招标人要求中标人提供履约保证金或其他形式履约担保的，招标人应当同时向中标人提供货物款支付担保。

履约保证金金额一般为中标合同价的10%以内，招标人不得擅自提高履约保证金。

第五十二条　招标人与中标人签订合同后五个工作日内，应当向中标人和未中标的投标人一次性退还投标保证金。

第五十三条　必须审批的工程建设项目，货物合同价格应当控制在批准的概算投资范围内；确需超出范围的，应当在中标合同签订前，报原项目审批部门审查同意。项目审批部门应当根据招标的实际情况，及时作出批准或者不予批准的决定；项目审批部门不予批准的，招标人应当自行平衡超出的概算。

第五十四条　依法必须进行货物招标的项目，招标人应当自确定中标人之日起15日内，向有关行政监督部门提交招标投标情况的书面报告。

前款所称书面报告至少应包括下列内容：

（一）招标货物基本情况；

（二）招标方式和发布招标公告或者资格预审公告的媒介；

（三）招标文件中投标人须知、技术条款、评标标准和方法、合同主要条款等内容；

（四）评标委员会的组成和评标报告；

（五）中标结果。

第五章　罚　则

第五十五条　招标人或者招标代理机构有下列情形之一的，有关行政监督部门责令其限期改正，根据情节可处三万元以下的罚款：

（一）未在规定的媒介发布招标公告的；

（二）不符合规定条件或虽符合条件而未经批准，擅自进行邀请招标或不招标的；

（三）依法必须招标的货物，自招标文件开始发出之日起至提交投标文件截止之日止，少于20

目的；

（四）应当公开招标而不公开招标的；

（五）不具备招标条件而进行招标的；

（六）应当履行核准手续而未履行的；

（七）未按审批部门核准内容进行招标的；

（八）在提交投标文件截止时间后接收投标文件的；

（九）投标人数量不符合法定要求不重新招标的；

（十）非因不可抗力原因，在发布招标公告、发出投标邀请书或者发售资格预审文件或招标文件后终止招标的。

具有前款情形之一，且情节严重的，应当依法重新招标。

第五十六条 招标人以不合理的条件限制或者排斥资格预审合格的潜在投标人参加投标，对潜在投标人实行歧视待遇的，强制要求投标人组成联合体共同投标的，或者限制投标人之间竞争的，责令改正，可以处1万元以上5万元以下的罚款。

第五十七条 评标过程有下列情况之一，且影响评标结果的，有关行政监督部门可处3万元以下的罚款：

（一）使用招标文件没有确定的评标标准和方法的；

（二）评标标准和方法含有倾向或者排斥投标人的内容，妨碍或者限制投标人之间公平竞争的；

（三）应当回避担任评标委员会成员的人参与评标的；

（四）评标委员会的组建及人员组成不符合法定要求的；

（五）评标委员会及其成员在评标过程中有违法违规、显失公正行为的。

具有前款情形之一的，应当依法重新进行评标或者重新进行招标。

第五十八条 招标人不按规定期限确定中标人的，或者中标通知书发出后，改变中标结果的，无正当理由不与中标人签订合同的，或者在签订合同时向中标人提出附加条件或者更改合同实质性内容的，有关行政监督部门给予警告，责令改正，根据情节可处3万元以下的罚款；造成中标人损失的，并应当赔偿损失。

中标通知书发出后，中标人放弃中标项目的，无正当理由不与招标人签订合同的，在签订合同时向招标人提出附加条件或者更改合同实质性内容的，或者拒不提交所要求的履约保证金的，招标人可取消其中标资格，并没收其投标保证金；给招标人的损失超过投标保证金数额的，中标人应当对超过部分予以赔偿；没有提交投标保证金的，应当对招标人的损失承担赔偿责任。

第五十九条 招标人不履行与中标人订立的合同的，应当双倍返还中标人的履约保证金；给中标人造成的损失超过返还的履约保证金的，还应当对超过部分予以赔偿；没有提交履约保证金的，应当对中标人的损失承担赔偿责任。

因不可抗力不能履行合同的，不适用前款规定。

第六十条 中标无效的，发出的中标通知书和签订的合同自始没有法律约束力，但不影响合同中独立存在的有关解决争议方法的条款的效力。

第六章 附 则

第六十一条 不属于工程建设项目，但属于固定资产投资的货物招标投标活动，参照本办法执行。

第六十二条 使用国际组织或者外国政府贷款、援助资金的项目进行招标，贷款方、资金提供方对货物招标投标活动的条件和程序有不同规定的，可以适用其规定，但违背中华人民共和国社会公共利益的除外。

第六十三条 本办法由国家发展和改革委员会会同有关部门负责解释。

第六十四条 本办法自2005年3月1日起施行。

招标公告发布暂行办法

（国家发展计划委员会令第4号，2000年7月1日施行）

第一条 为了规范招标公告发布行为，保证潜在投标人平等、便捷、准确地获取招标信息，根据《中华人民共和国招标投标法》，制定本办法。

第二条 本办法适用于依法必须招标项目招标公告发布活动。

第三条 国家发展计划委员会根据国务院授权，按照相对集中、适度竞争、受众分布合理的原则，指定发布依法必须招标项目招标公告的报纸、信息网络等媒介（以下简称指定媒介），并对招标公告发布活动进行监督。

指定媒介的名单由国家发展计划委员会另行公告。

第四条 依法必须招标项目的招标公告必须在指定媒介发布。

招标公告的发布应当充分公开，任何单位和个人不得非法限制招标公告的发布地点和布范围。

第五条 指定媒介发布依法必须招标项目的招标公告，不得收取费用，但发布国际招标公告的除外。

第六条 招标公告应当载明招标人的名称和地址、招标项目的性质、数量、实施地点和时间、投标截止日期以及获取招标文件的办法等事项。

招标人或其委托的招标代理机构应当保证招标公告内容的真实、准确和完整。

第七条 拟发布的招标公告文本应当由招标人或其委托的招标代理机构的主要负责人签名并加盖公章。

招标人或其委托的招标代理机构发布招标公告，应当向指定媒介提供营业执照（或法人证书）、项目批准文件的复印件等证明文件。

第八条 在指定报纸免费发布的招标公告所占版面一般不超过整版的1/40，且字体不小于六号字。

第九条 招标人或其委托的招标代理机构应至少在一家指定的媒介发布招标公告。

指定报纸在发布招标公告的同时，应将招标公告如实抄送指定网络。

第十条 招标人或其委托的招标代理机构在两个以上媒介发布的同一招标项目的招标公告的内容应当相同。

第十一条 指定报纸和网络应当在收到招标公告文本之日起7日内发布招标公告。

指定媒介应与招标人或其委托的招标代理机构就招标公告的内容进行核实，经双方确认无误后在前款规定的时间内发布。

第十二条 拟发布的招标公告文本有下列情形之一的，有关媒介可以要求招标人或其委托的招标代理机构及时予以改正、补充或调整：

（一）字迹潦草、模糊，无法辨认的；

（二）载明的事项不符合本办法第六条规定的；

（三）没有招标人或其委托的招标代理机构主要负责人签名并加盖公章的；

（四）在两家以上媒介发布的同一招标公告的内容不一致的。

第十三条　指定媒介发布的招标公告的内容与招标人或其委托的招标代理机构提供的招标公告文本不一致，并造成不良影响的，应当及时纠正，重新发布。

第十四条　指定媒介应当采取快捷的发行渠道，及时向订户或用户传递。

第十五条　指定媒介的名称、住所发生变更的，应及时公告并向国家发展计划委员会备案。

第十六条　招标人或其委托的招标代理机构有下列行为之一的，由国家发展计划委员会和有关行政监督部门视情节依照《中华人民共和国招标投标法》第四十九条、第五十一条的规定处罚：

（一）依法必须招标的项目，应当发布招标公告而不发布的；

（二）不在指定媒介发布依法必须招标项目的招标公告的；

（三）招标公告中有关获取招标文件的时间和办法的规定明显不合理的；

（四）招标公告中以不合理的条件限制或排斥潜在投标人的；

（五）提供虚假的招标公告、证明材料的，或者招标公告含有欺诈内容的；

（六）在两家以上媒介发布的同一招标项目的招标公告的内容不一致的。

第十七条　指定媒介有下列情形之一的，给予警告；情节严重的，取消指定：

（一）违法收取或变相收取招标公告发布费用的；

（二）无正当理由拒绝发布招标公告的；

（三）不向网络抄送招标公告的；

（四）无正当理由延误招标公告的发布时间的；

（五）名称、住所发生变更后，没有及时公告并备案的；

（六）其他违法行为。

第十八条　任何单位和个人非法干预招标公告发布活动，限制招标公告的发布地点和发布范围的，由有关行政监督部门依照《中华人民共和国招标投标法》第六十二条的规定处罚。

第十九条　任何单位或个人认为招标公告发布活动不符合本办法有关规定的，可向国家发展计划委员会投诉或举报。

第二十条　各地方人民政府依照审批权限审批的依法必须招标的民用建筑项目的招标公告，可在省、自治区、直辖市人民政府发展计划部门指定的媒介发布。

第二十一条　使用国际组织或者外国政府贷款、援助资金的招标项目，贷款方、资金提供方对招标公告的发布另有规定的，适用其规定。

第二十二条　本办法自2000年7月1日起执行。

工程建设项目自行招标试行办法

（中华人民共和国国家发展计划委员会令第5号，2000年7月1日发布施行）

第一条　为了规范工程建设项目招标人自行招标行为，加强对招标投标活动的监督，根据《中华人民共和国招标投标法》（以下简称《招标投标法》）和《国务院办公厅印发国务院有关部门实施招标投标活动行政监督的职责分工意见的通知》（国办发〔2000〕34号），制定本办法。

第二条　本办法适用于经国家计委审批（含经国家计委初审后报国务院审批）的工程建设项目的自行招标活动。

前款工程建设项目的招标范围和规模标准，适用《工程建设项目招标范围和规模标准规定（国家计委第3号令）。

第三条 招标人是指依照法律规定进行工程建设项目的勘察、设计、施工、监理以及与工程建设有关的重要设备、材料等招标的法人。

第四条 招标人自行办理招标事宜，应当具有编制招标文件和组织评标的能力，具体包括：

（一）具有项目法人资格（或者法人资格）；

（二）具有与招标项目规模和复杂程度相适应的工程技术、概预算、财务和工程管理等方面专业技术力量；

（三）有从事同类工程建设项目招标的经验；

（四）设有专门的招标机构或者拥有3名以上专职招标业务人员；

（五）熟悉和掌握招标投标法及有关法规规章。

第五条 指标人自行招标的，项目法人或者组建中的项目法人应当在向国家计委上报项目可行性研究报告时，一并报送符合本办法第四条规定的书面材料。书面材料应当至少包括：

（一）项目法人营业执照、法人证书或者项目法人组建文件；

（二）与招标项目相适应的专业技术力量情况；

（三）内设的招标机构或者专职招标业务人员的基本情况；

（四）拟使用的专家库情况；

（五）以往编制的同类工程建设项目招标文件和评标报告，以及招标业绩的证明材料；

（六）其他材料。

在报送可行性研究报告前，招标人确需通过招标方式或者其他方式确定勘察、设计单位开展前期工作的，应当在前款规定的书面材料中说明。

第六条 国家计委审查招标人报送的书面材料，核准招标人符合本办法规定的自行招标条件的，招标人可以自行办理招标事宜。任何单位和个人不得限制其自行办理招标事宜，也不得拒绝办理工程建设有关手续。

第七条 国家计委审查招标人报送的书面材料，认定招标人不符合本办法规定的自行招标条件的，在批复可行性研究报告时，要求招标人委托招标代理机构办理招标事宜。

第八条 一次核准手续仅适用于一个工程建设项目。

第九条 招标人不具备自行招标条件，不影响国家计委对项目可行性研究报告的审批。

第十条 招标人自行招标的，应当自确定中标人之日起15日内，向国家计委提交招标投标情况的书面报告。书面报告至少应包括下列内容：

（一）招标方式和发布招标公告的媒介；

（二）招标文件中投标人须知、技术规格、评标标准和方法、合同主要条款等内容；

（三）评标委员会的组成和评标报告；

（四）中标结果。

第十一条 招标人不按本办法规定要求履行自行招标核准手续的或者报送的书面材料有遗漏的，国家计委要求其补正；不及时补正的，视同不具备自行招标条件。招标人履行核准手续中有弄虚作假情况的，视同不具备自行招标条件。

第十二条 招标人不按本办法提交招标投标情况的书面报告的，国家计委要求补正；拒不补正的，给予警告，并视招标人是否有招标投标法第五章规定的违法行为，给予相应的处罚。

第十三条 任何单位和个人非法强制招标人委托招标代理机构或者其他组织办理招标事宜的，非法拒绝办理工程建设有关手续的，或者以其他任何方式非法干预招标人自行招标活动的，由国家计委依据招标投标法的有关规定处罚或者向有关行政监督部门提出处理建设。

第十四条　本办法自发布之日起施行。

国家重大建设项目招标投标监督暂行办法

（国家计委令第18号，2002年2月1日发布施行）

第一条　为了加强国家重大建设项目招标投标活动的监督，保证招标投标活动依法进行，根据《中华人民共和国招标投标法》、《国务院办公厅印发国务院有关部门实施招标投标活动行政监督职责分工意见的通知》（国办发〔2000〕34号）和《国家重大建设项目稽察办法》（国办发〔2000〕54号、2000年国家计委令第6号），制定本办法。

第二条　国家计委根据国务院授权，负责组织国家重大建设项目稽察特派员及其助理（以下简称稽察人员），对国家重大建设项目的招标投标活动进行监督检查。

第三条　本办法所称国家重大建设项目，是指国家出资融资的，经国家计委审批或审核后报国务院审批的建设项目。

第四条　国家重大建设项目的招标范围、规模标准及评标方法，按《工程建设项目招标范围和规模标准规定》（2000年国家计委令第3号）、《评标委员会和评标方法暂行规定》（2001年国家计委、经贸委、建设部、铁道部、交通部、信息产业部、水利部令第12号）执行。

国家重大建设项目招标公告的发布，按《招标公告发布暂行办法》（2000年国家计委令第4号）执行。

依法必须招标的国家重大建设项目，必须在报送项目可行性研究报告中增加有关招标内容，具体办法按《建设项目可行性研究报告增加招标内容以及核准招标事项暂行规定》（2001年国家计委令第9号）执行。

招标人自行招标的，必须符合《工程建设项目自行招标试行办法》（2000年国家计委令第5号）有关规定。

第五条　招标人和中标人应按照《中华人民共和国招标投标法》和《中华人民共和国合同法》规定签订书面合同。合同中确定的建设标准、建设内容、合同价格必须控制在批准的设计及概算文件范围内。

除因不可抗力等情况导致项目无法执行或中标人不能履行合同外，任何单位和个人不得以其他任何理由将合同转让给他人，或要求中标人放弃合同。

第六条　通过招标节省的概算投资，不得擅自挪作他用。

第七条　任何单位和个人对国家重大建设项目招标投标过程中发生的违法行为，有权向国家计委投诉或举报。国家计委在收到投诉或举报后15个工作日内作出是否受理的决定。

对受理的投诉和举报，国家计委负责组织核查处理或者转请地方发展计划部门和有关部门依法查处。

第八条　稽察人员对国家重大建设项目的招标投标活动进行监督检查可以采取经常性稽察和专项性稽察的方式。经常性稽察方式是对建设项目所有招标投标活动进行全过程的跟踪监控；专项性稽察方式是对建设项目招标投标活动实施抽查。经常性稽察项目名单由国家计委确定。

第九条　列入经常性稽察的项目，招标人应当根据核准的招标事项编制招标文件，并在发售前15

个工作日将招标文件、资格预审情况和时间安排及相关文件一式三份报国家计委备案。

招标人确定中标人后，应当在15个工作日内向国家计委提交招标投标情况报告。报告内容依照《评标委员会和评标方法暂行规定》（2001年国家计委、经贸委、建设部、铁道部、交通部、信息产业部、水利部令第12号）第四十二条规定执行。

第十条　稽察人员对国家重大建设项目贯彻执行国家有关招标投标的法律、法规、规章和政策情况以及招标投标活动进行监督检查，履行下列职责：

（一）监督检查招标投标当事人和其他行政监督部门有关招标投标的行为是否符合法律、法规规定的权限、程序；

（二）监督检查招标投标的有关文件、资料，对其合法性、真实性进行核实；

（三）监督检查资格预审、开标、评标、定标过程是否合法以及是否符合招标文件、资格审查文件规定，并可进行相关的调查核实；

（四）监督检查招标投标结果的执行情况。

第十一条　稽察人员对招标投标活动进行监督检查，可以采取下列方式：

（一）检查项目审批程序、资金拨付等资料和文件；

（二）检查招标公告、投标邀请书、招标文件、投标文件，核查投标单位的资质等级和资信等情况；

（三）监督开标、评标，并可以旁听与招标投标事项有关的重要会议；

（四）向招标人、投标人、招标代理机构、有关行政主管部门、招标公证机构调查了解情况，听取意见；

（五）审阅招标投标情况报告、合同及其有关文件；

（六）现场查验，调查、核实招标结果执行情况。

根据需要，可以联合国务院其他行政监督部门、地方发展计划部门开展工作，并可以聘请有关专业技术人员参加检查。

稽察人员在监督检查过程中不得泄漏知悉的保密事项，不得作为评标委员会成员直接参与评标。

第十二条　稽察人员与被监督单位的权力、义务，依照《国家重大建设项目稽察办法》（国办发〔2000〕54号、2000年国家计委令第6号）的有关规定执行。

第十三条　对招标投标活动监督检查中发现的招标人、招标代理机构、投标人、评标委员会成员和相关工作人员违反《中华人民共和国招标投标法》及相关配套法规、规章的，国家计委视情节依法给予以下处罚：

（一）警告；

（二）责令限期改正；

（三）罚款；

（四）没收违法所得；

（五）取消在一定时期参加国家重大建设项目投标、评标资格；

（六）暂停安排国家建设资金或暂停审批有关地区、部门建设项目。

第十四条　对需要暂停或取消招标代理资质、吊销营业执照、责令停业整顿、给予行政处分、依法追究刑事责任的，移交有关部门、地方人民政府或者司法机关处理。

第十五条　对国家重大建设项目招标投标过程中发生的各种违法行为进行处罚时，也可以依据职责分工由国家计委会同有关部门共同实施。

重大处理决定，应当报国务院批准。

第十六条　国家计委和有关部门做出处罚之前，应告知当事人。当事人对处罚有异议的，国家计委及其他有关行政监督部门应予核实。

对处罚决定不服的，可以依法申请复议。

第十七条　各省、自治区、直辖市人民政府发展计划部门可依据《中华人民共和国招标投标法》及相关法规、规章，结合当地实际，参照本办法制定本地区招标投标监督办法。

第十八条　本办法由国家计委负责解释。

第十九条　本办法自 2002 年 2 月 1 日起施行。

评标专家和评标专家库管理暂行办法

（中华人民共和国国家发展计划委员会令第 29 号，2003 年 4 月 1 日发布施行）

第一条　为加强对评标专家的监督管理，健全评标专家库制度，保证评标活动的公平、公正，提高评标质量，根据《中华人民共和国招标投标法》，制定本办法。

第二条　本办法适用于评标专家的资格认定、入库及评标专家库的组建、使用、管理活动。

第三条　评标专家库由省级（含，下同）以上人民政府有关部门或者依法成立的招标代理机构依照《招标投标法》的规定自主组建。

评标专家库的组建活动应当公开，接受公众监督。

第四条　省级以上人民政府有关部门和招标代理机构应当加强对其所建评标专家库及评标专家的管理，但不得以任何名义非法控制、干预或者影响评标专家的具体评标活动。

第五条　政府投资项目的评标专家，必须从政府有关部门组建的评标专家库中抽取。

第六条　省级以上人民政府有关部门组建评标专家库，应当有利于打破地区封锁，实现评标专家资源共享。

省级人民政府可组建跨部门、跨地区的综合性评标专家库。

第七条　入选评标专家库的专家，必须具备如下条件：

（一）从事相关专业领域工作满 8 年并具有高级职称或同等专业水平；

（二）熟悉有关招标投标的法律法规；

（三）能够认真、公正、诚实、廉洁地履行职责；

（四）身体健康，能够承担评标工作。

第八条　评标专家库应当具备下列条件：

（一）具有符合本办法第七条规定条件的评标专家，专家总数不得少于 500 人；

（二）有满足评标需要的专业分类；

（三）有满足异地抽取、随机抽取评标专家需要的必要设施和条件；

（四）有负责日常维护管理的专门机构和人员。

第九条　专家入选评标专家库，采取个人申请和单位推荐两种方式。采取单位推荐方式的，应事先征得被推荐人同意。

个人申请书或单位推荐书应当存档备查。个人申请书或单位推荐书应当附有符合本办法第七条规定条件的证明材料。

第十条　组建评标专家库的政府部门或者招标代理机构，应当对申请人或被推荐人进行评审，决定是否接受申请或者推荐，并向符合本办法第七条规定条件的申请人或被推荐人颁发评标专家证书。

评审过程及结果应做成书面记录，并存档备查。

组建评标专家库的政府部门，可以对申请人或者被推荐人进行必要的招标投标业务和法律知识培训。

第十一条 组建评标专家库的政府部门或者招标代理机构，应当为每位入选专家建立档案，详细记载评标专家评标的具体情况。

第十二条 组建评标专家库的政府部门或者招标代理机构，应当建立年度考核制度，对每位入选专家进行考核。评标专家因身体健康、业务能力及信誉等原因不能胜任评标工作的，停止担任评标专家，并从评标专家库中除名。

第十三条 评标专家享有下列权利：

（一）接受招标人或其招标代理机构聘请，担任评标委员会成员；

（二）依法对投标文件进行独立评审，提出评审意见，不受任何单位或者个人的干预；

（三）接受参加评标活动的劳务报酬；

（四）法律、行政法规规定的其他权利。

第十四条 评标专家负有下列义务：

（一）有《招标投标法》第三十七条和《评标委员会和评标方法暂行规定》第十二条规定情形之一的，应当主动提出回避；

（二）遵守评标工作纪律，不得私下接触投标人，不得收受他人的财物或者其他好处，不得透露对投标文件的评审和比较、中标候选人的推荐情况以及与评标有关的其他情况；

（三）客观公正地进行评标；

（四）协助、配合有关行政监督部门的监督、检查；

（五）法律、行政法规规定的其他义务。

第十五条 评标专家有下列情形之一的，由有关行政监督部门给予警告；情节严重的，由组建评标专家库的政府部门或者招标代理机构取消担任评标专家的资格，并予以公告：

（一）私下接触投标人的；

（二）收受利害关系人的财物或者其他好处的；

（三）向他人透露对投标文件的评审和比较、中标候选人的推荐以及与评标有关的其他情况的；

（四）不能客观公正履行职责的；

（五）无正当理由，拒不参加评标活动的。

第十六条 组建评标专家库的政府部门或者招标代理机构有下列情形之一的，由有关行政监督部门给予警告；情节严重的，暂停直至取消招标代理机构相应的招标代理资格：

（一）组建的评标专家库不具备本办法规定条件的；

（二）未按本办法规定建立评标专家档案或对评标专家档案作虚假记载的；

（三）以管理为名，非法干预评标专家的评标活动的。

第十七条 招标人或其委托的招标代理机构不从依法组建的评标专家库中抽取专家的，评标无效；情节严重的，由有关行政监督部门依法给予警告。

政府投资项目的招标人或其委托的招标代理机构不遵守本办法第五条的规定，不从政府有关部门组建的评标专家库中抽取专家的，评标无效；情节严重的，由政府有关部门依法给予警告。

工程咨询单位资格认定办法

（中华人民共和国国家发展和改革委员会令第29号，2005年3月4日发布施行）

第一章　总　则

第一条　为严格市场准入，保障工程咨询质量，根据《中华人民共和国行正许可法》和《国务院对确需保留的行政审批项目设定行政许可的决定》（中华人民共和国国务院令第412号），特制定本办法。

第二条　工程咨询是遵循独立、公正、科学的原则，运用多学科知识和经验、现代科学技术和管理方法，为政府部门、项目业主及其他各类客户提供社会经济建设和工程项目决策与实施的智力服务，以提高经济和社会效益，实现可持续发展。

第三条　工程咨询单位是指在中国境内设立的开展工程咨询业务并具有独立法人资格的企业、事业单位。

第四条　工程咨询单位资格认定，关系国家和社会投资效益，是需要具备特殊信誉和条件而确定的资格许可类事项。

国家发展和改革委员会（以下称国家发展改革委）是工程咨询单位资格认定的行政管理部门。

第五条　工程咨询单位资格包括资格等级、咨询专业和服务范围三部分。

第六条　工程咨询单位必须依法取得国家发展改革委颁发的《工程咨询资格证书》，凭《工程咨询资格证书》开展相应的工程咨询业务。

第二章　工程咨询单位资格等级标准

第七条　工程咨询单位资格等级分为甲级、乙级、丙级。各级工程咨询单位按照国家有关规定和业主要求依法开展业务。

第八条　甲级工程咨询单位应当具备以下资格标准：

（一）基本条件：

1. 从事工程咨询业务不少于5年，申请专业的服务范围相应咨询成果均不少于5项，无不良记录；

2. 注册资金不低于500万元（事业单位除外）；

3. 有固定的办公场所，人均使用面积不少于6平方米；

4. 主持或参与制定过相关行业标准和技术规范的从优。

（二）技术力量：

1. 专职从事工程咨询业务的技术人员不得少于60人，其中具有高级专业技术、经济职称的人员不得少于30%，注册咨询工程师（投资）不得低于技术人员总数的15%，聘用专职离退休专业技术人员不得高于技术人员总数的10%，以上人员不得同时在两个及以上工程咨询单位执业；

2. 每个专业领域配备相应的专业技术人员不少于5人和至少2名注册咨询工程师（投资）；

3. 主要技术负责人应具有注册咨询工程师（投资）执业资格，从事工程咨询及相关业务不少于10年。

（三）技术水平和技术装备：

1. 掌握现代工程技术和项目管理方法，技术装备先进，具有较完整的专业技术资料积累，以及处理国内外相关业务信息的手段；

2. 具有独立或与国内外工程咨询单位合作承接国外工程咨询业务的能力；

3. 直接从事业务的专业技术人员人均配备计算机不少于1台，通信及信息处理手段完备，能应用工程技术和经济评价系统软件开展业务，全部运用计算机和系统软件完成工程咨询成果文件编制和经济评价。

（四）管理水平：

1. 有完善的组织结构，健全的管理制度；

2. 有严格的质量管理体系和制度，已通过ISO 9000族质量管理体系认证的从优。

第九条 乙级工程咨询单位应当具备以下资格标准：

（一）基本条件：

1. 从事工程咨询业务不少于3年，申请专业的服务范围相应咨询成果均不少于5项，无不良记录；

2. 注册资金不低于200万元（事业单位除外）；

3. 有固定的办公场所，人均使用面积不少于6平方米。

（二）技术力量：

1. 专职从事工程咨询业务的技术人员不得少于30人，其中具有高级专业技术、经济职称的人员不得少于30%，注册咨询工程师（投资）不得低于技术人员总数的15%，聘用专职离退休专业技术人员不得高于技术人员总数的10%，以上人员不得同时在两个及以上工程咨询单位执业；

2. 每个专业领域配备相应的专业技术人员不少于5人和至少2名注册咨询工程师（投资）；

3. 主要技术负责人应具有注册咨询工程师（投资）执业资格，从事工程咨询及相关业务不少于8年。

（三）技术水平和技术装备：

1. 掌握现代工程技术和项目管理方法，拥有较先进的技术装备，具有开展业务的专业技术资料积累和及时查询相关专业信息的手段；

2. 直接从事业务的专业技术人员人均配备计算机不少于1台，全部运用计算机完成工程咨询成果文件编制，经济评价系统软件的应用达到80%以上。

（四）管理水平：

1. 有完善的组织结构，健全的管理制度；

2. 有严格的质量管理体系和制度。

第十条 丙级工程咨询单位应当具备以下资格标准：

（一）注册资金不低于50万元（事业单位除外）；

（二）专业技术人员不得少于15人，其中具有高级专业技术、经济职称的人员不得少于30%，注册咨询工程师（投资）不得低于技术人员总数的15%，聘用专职离退休专业技术人员不得高于技术人员总数的10%；

（三）每个专业领域配备相应的专业技术人员不少于5人和至少1名注册咨询工程师（投资）；

（四）主要技术负责人应具有中级以上专业技术职称或具有注册咨询工程师（投资）执业资格，从事工程咨询及相关业务不少于5年；

（五）有固定的办公场所，人均使用面积不少于6平方米；

（六）有严格的质量管理制度。

第十一条 凡新申请工程咨询资格的单位，一般应从丙级资格做起。

第十二条 工程咨询单位因开展业务需拓宽咨询专业和服务范围的，根据第八、九、十、二十条的规定，可以申请该咨询专业和服务范围的相应等级的临时资格。

第三章　工程咨询专业和服务范围的划分

第十三条　工程咨询单位专业资格，按照以下 31 个专业划分：

（一）公路；

（二）铁路；

（三）城市轨道交通；

（四）民航；

（五）水电；

（六）核电、核工业；

（七）火电；

（八）煤炭；

（九）石油天然气；

（十）石化；

（十一）化工、医药；

（十二）建筑材料；

（十三）机械；

（十四）电子；

（十五）轻工；

（十六）纺织、化纤；

（十七）钢铁；

（十八）有色冶金；

（十九）农业；

（二十）林业；

（二十一）通信信息；

（二十二）广播电影电视；

（二十三）水文地质、工程测量、岩土工程；

（二十四）水利工程；

（二十五）港口河海工程；

（二十六）生态建设和环境工程；

（二十七）市政公用工程；

（二十八）建筑；

（二十九）城市规划；

（三十）综合经济（不受具体专业限制）；

（三十一）其他（按具体专业填写）。

第十四条　工程咨询单位资格服务范围包括以下八项内容：

（一）规划咨询：含行业、专项和区域发展规划编制、咨询；

（二）编制项目建议书（含项目投资机会研究、预可行性研究）；

（三）编制项目可行性研究报告、项目申请报告和资金申请报告；

（四）评估咨询：含项目建议书、可行性研究报告、项目申请报告与初步设计评估，以及项目后评价、概预决算审查等；

（五）工程设计；

（六）招标代理；

（七）工程监理、设备监理；

（八）工程项目管理：含工程项目的全过程或若干阶段的管理服务。

工程设计、招标代理、工程监理、设备监理资格，由国务院有关主管部门认定。

第十五条 申请综合经济专业需要同时具备以下条件：

（一）应具有单项专业资格不少于8个；

（二）工程技术经济专业的注册咨询工程师（投资）4名以上。

综合经济专业资格，除已取得资质的专业外，仅限于评估咨询和工程项目管理等服务范围。

第十六条 申请单位可以按照条件申请一项或多项专业、一个或多个服务范围的咨询资格。认定各专业和各项服务范围的资格必须符合专业技术力量、技术水平和工程咨询业绩的相应条件。

第四章 工程咨询单位资格认定和管理权限

第十七条 工程咨询单位资格由国家发展改革委认定。

第十八条 工程咨询单位资格认定，先由初审机构提出初审意见，再报国家发展改革委审定批准。根据隶属关系，各省、自治区、直辖市、计划单列市及新疆生产建设兵团发展改革委、国务院有关主管部门是工程咨询单位资格认定的初审机构。中央管理企业可直接向国家发展改革委申报。

第十九条 《工程咨询单位资格证书》由国家发展改革委统一印制。《工程咨询单位资格证书》由一套正本和两套副本组成，副本与正本具有同等法律效力，工程咨询单位资格证书有效期为5年。

第五章 工程咨询单位资格认定程序

第二十条 申请单位申请工程咨询资格，应填写《中国工程咨询业务管理系统》软件内容，并将文本文件同时报送初审机构。申请材料可以通过信函、电子邮件等方式报送。

（一）报送电子文件材料包括：1. 填写内容：单位基本情况、单位行政和技术经济主要负责人简介、在编技术人员及配备计算机情况；近三年经营状况以及独立承担过的工程咨询业绩。2. 扫描内容：企业法人营业执照或事业单位法人证书；技术负责人的工程咨询执业资格注册证书；在编专业技术人员的证明文件（高级专业技术、经济职称证书、工程咨询执业资格注册证书、社会养老保险和人事证明材料）；单位相关证明（工程设计等有关证书）；上一年度资产负债表和损益表；自有或租赁办公用房证明及其他有关证明文件等。

（二）报送文本文件：除上述电子文本内容外，还需提供单位章程、质量管理制度文件和已完成的可行性研究报告文本两本。

以上文本文件和电子文件各一份。

第二十一条 初审机构收到申请材料后，先进行材料合规性审查，聘请有关专家进行评审或进行实地考察，提出初审意见。

第二十二条 国家发展改革委组织专家评审委员会，对初审意见进行集体评审，提出复审意见，并向社会公示。公示无异议的，由国家发展改革委批准，并颁发工程咨询单位资格证书。

第六章 资格认定时限

第二十三条 资格认定每年定期集中受理，集中评审。受理时间由国家发展改革委提前两个月向社会公告。

第二十四条 初审机构初审期限为20个工作日，专家评审和实地考察不计算在许可办理期限之内。

第二十五条 国家发展改革委收到初审机构初审意见和材料，在专家评审委员会提出审查意见后，20个工作日内作出决定。不能在20个工作日内作出决定的，经分管委领导批准，可延长10个工作日。

第七章 工程咨询资格升级、降级、变更和终止

第二十六条 凡取得丙级资格证书3年、乙级资格证书2年的单位可按本办法第八条、第九条、第十条规定的等级标准和第二十条规定的程序申请办理升级或扩大专业服务范围手续；经复审核定降级的单位，先收缴原资格等级证书，后核发新的等级证书。

第二十七条 工程咨询单位发生下列情况之一的，应作降级处理。情节严重的，应取消工程咨询单位资格。

（一）经检查，违反工程咨询持证执业办法、行业职业道德行为准则和市场竞争规则的；

（二）经核实，工程咨询质量考核存在问题的。

第二十八条 工程咨询单位发生下列情况之一的，应向原资格认定单位申请办理工程咨询资格变更或终止的手续。

（一）分立或者合并，应向原资格认定单位交回《工程咨询单位资格证书》，经重新审核和认定后，再领取相应的《工程咨询单位资格证书》；

（二）单位法人代表及主要技术负责人变更时，应向原资格认定单位办理变更手续；

（三）因宣告破产或其他原因终止工程咨询业务时，应报原资格认定单位备案，交回《工程咨询单位资格证书》，办理相应撤销和注销手续。

第八章 监督检查和法律责任

第二十九条 取得工程咨询资格的单位，要建立相应的自检制度，并接受每年一次执业检查。

第三十条 工程咨询单位有下列行为之一的，由资格认定单位根据情节轻重，分别给予警告、通报批评、停业整顿、降级直至取消工程咨询单位资格的处罚；构成犯罪的，依法追究刑事责任：

（一）涂改、倒卖、出租、出借《工程咨询单位资格证书》，或者以其他形式非法转让《工程咨询单位资格证书》的；

（二）违反本办法的规定，超越认定咨询专业和服务范围从事工程咨询活动的；

（三）变更或者终止业务，不及时办理变更和相应撤销、注销手续的；

（四）向负责监督检查的行政机关隐瞒有关情况、提供虚假材料或者拒绝提供反映其活动真实材料的；

（五）弄虚作假、泄露委托方的商业秘密以及采取不正当竞争手段，损害其他工程咨询单位利益，严重违反职业道德和行为准则的；

（六）经核实，咨询成果发生严重质量问题的；

（七）有其他违反法律、法规行为的。

第三十一条 单位法人和其他组织未申请取得《工程咨询单位资格证书》而擅自从事工程咨询业务的，各级发展改革委应当依据规定采取措施予以制止；构成犯罪的，依法追究刑事责任。

第三十二条 国家发展改革委对初审机构负责监督检查，及时纠正工程咨询单位资格评审工作中的违法和违规行为。

第三十三条 有下列情形之一的，由国家发展改革委撤销资格认定的决定：

（一）评审工作人员滥用职权、玩忽职守给予认定资格决定的；

（二）对不具备申请资格或者不符合法定条件的申请单位，准予资格认定的；

（三）申请单位以欺骗、贿赂等不正当手段取得工程咨询资格的，应当予以撤销，并在一年内不得再次申请工程咨询资格。

（四）依法可以撤销认定资格的其他情形。

第三十四条 初审机构及其工作人员违反本办法的规定，有下列情形之一的，责令改正；情节严重的，对直接负责的主管人员和其他责任人给予行政处分：

（一）对符合认定条件的单位申请工程咨询资格不予受理的；

（二）在受理、审查、认定工程咨询资格过程中，未向申请人、利害关系人履行告知义务的；

（三）申请单位提交的申请材料不齐全，不符合认定形式，不一次告知申请人必须补齐全部内容的；

（四）未依法说明不受理资格申请和不受理申请理由的。

第九章 附 则

第三十五条 工程咨询单位资格认定实施所需费用，列入部门预算，由本级财政预算予以保障，按照批准的预算予以核拨。

第三十六条 本办法由国家发展和改革委员会负责解释。

中央预算内投资补助和贴息项目管理暂行办法

（国家发展和改革委员会令第31号，2005年8月1日施行）

第一章 总 则

第一条 为规范中央预算内投资补助和贴息项目的管理，提高中央预算内投资补助和贴息资金的使用效益，根据《国务院关于投资体制改革的决定》精神，制定本办法。

第二条 以投资补助和贴息方式使用中央预算内投资（包括长期建设国债投资）的项目管理，适用本办法。

使用灾后重建补助等应急性投资资金的项目，按照有关专项规定进行管理。

第三条 本办法所称投资补助，是指国家发展改革委对符合条件的企业投资项目和地方政府投资项目给予的投资资金补助。

本办法所称贴息，是指国家发展改革委对符合条件、使用了中长期银行贷款的投资项目给予的贷款利息补贴。

投资补助和贴息资金均为无偿投入。

第四条 投资补助和贴息资金重点用于市场不能有效配置资源、需要政府支持的经济和社会领域。主要包括：

（一）公益性和公共基础设施投资项目；

（二）保护和改善生态环境的投资项目；

（三）促进欠发达地区的经济和社会发展的投资项目；

（四）推进科技进步和高新技术产业化的投资项目；

（五）符合国家有关规定的其他项目。

第五条 国家发展改革委应按照宏观调控的要求，根据国务院确定的工作重点，严格遵守科学、民主、公开、公正、高效的原则，认真安排好投资补助和贴息项目。对欠发达地区和民族区域自治地区的投资项目应适当倾斜。

第六条 投资补助和贴息资金应按照项目安排，并明确资金用途。投资补助和贴息资金可按项目单独申请和安排，也可根据政策规定统一申请、集中安排。

第七条 国家发展改革委安排给单个投资项目的投资补助或贴息资金的最高限额原则上不超过2亿元。超过2亿元的，按直接投资或资本金注入方式管理，由国家发展改革委审批可行性研究报告。

安排给单个投资项目的中央预算内投资资金不超过2亿元，但超过3000万元且占项目总投资的比例超过50%的，也按直接投资或资本金注入方式管理，由国家发展改革委审批可行性研究报告。

安排给单个地方政府投资项目的中央预算内投资资金在3000万元及以下的，一律按投资补助或贴息方式管理，只审批资金申请报告。

第八条 国家发展改革委安排投资补助和贴息项目时，原则上应首先制定工作方案，明确投资补助和贴息的目的、预定目标、实施时间、支持范围、资金安排方式等主要内容，并针对不同行业、不同地区、不同性质的投资项目的具体情况，确定相应的投资补助和贴息标准。

制定工作方案时，要符合有关行业规划、专项规划的要求。凡不涉及保密内容的，工作方案均应公开，以便于企业和地方政府遵照执行。

第二章 项目资金申请报告的申报

第九条 申请中央预算内投资补助或贴息资金的投资项目，应按照有关工作方案、投资政策的要求，向国家发展改革委报送资金申请报告。

第十条 按有关规定应报国务院或国家发展改革委审批、核准的项目，可在报送可行性研究报告或项目申请报告时一并提出资金申请，不再单独报送资金申请报告；也可在项目经审批或核准同意后，根据国家有关投资补助、贴息的政策要求，另行报送资金申请报告。

按有关规定应由地方政府审批的地方政府投资项目，应在可行性研究报告经有权审批单位批准后提出资金申请报告。

按有关规定应由地方政府核准或备案的企业投资项目，应在核准或备案后提出资金申请报告。

第十一条 资金申请报告应包括以下主要内容：

（一）项目单位的基本情况和财务状况；

（二）项目的基本情况，包括建设背景、建设内容、总投资及资金来源、技术工艺、各项建设条件落实情况等；

（三）申请投资补助或贴息资金的主要原因和政策依据；

（四）项目招标内容（适用于申请投资补助或贴息资金500万元及以上的投资项目）；

（五）国家发展改革委要求提供的其他内容。

已经国家发展改革委审批或核准的投资项目，其资金申请报告的内容可适当简化，重点论述申请投资补助或贴息资金的主要原因和政策依据。

第十二条 资金申请报告应附以下文件：

（一）政府投资项目的可行性研究报告批准文件；

（二）企业投资项目的核准或备案的批准文件；

（三）城市规划部门出具的城市规划选址意见（适用于城市规划区域内的投资项目）；

（四）国土资源部门出具的项目用地预审意见；

（五）环保部门出具的环境影响评价文件的审批意见；

（六）申请贴息的项目须出具项目单位与有关金融机构签订的贷款协议；

（七）项目单位对资金申请报告内容和附属文件真实性负责的声明；

（八）国家发展改革委要求提供的其他文件。

第十三条 凡已经由国务院、国家发展改革委审批或核准的投资项目，单独报送资金申请报告时，可不再附送第十二条所规定的第一、二、三、四、五项材料。

凡已经省级和计划单列市发展改革委审批或核准的投资项目，报送资金申请报告时可不再附送第十二条所规定的第三、四、五项材料。

申请使用的投资补助或贴息资金总额在200万元以下的投资项目，或根据有关规定集中申请的投资项目，报送的附件材料可适当简化。

第十四条 计划单列企业集团和中央管理企业可直接向国家发展改革委报送资金申请报告，并对申报材料的真实性负责。

地方政府投资项目和地方企业投资项目的资金申请报告，须报省级和计划单列市发展改革委初审；审查通过后，由省级和计划单列市发展改革委报送国家发展改革委。省级和计划单列市发展改革委要对审查结果和申报材料的真实性负责。

计划单列企业集团、中央管理企业、省级和计划单列市发展改革委统称为申报单位。

第十五条 在资金申请报告的上报过程中，如果需要经过有关行业管理部门的审核，应在工作方案中予以明确。

工作方案对资金申请报告的审核部门、上报程序有特定要求的，按其规定办理。

第三章 项目资金申请报告的审核和批复

第十六条 国家发展改革委主要从以下方面对资金申请报告进行审查：

（一）符合中央预算内投资资金的使用方向；

（二）符合有关工作方案的要求；

（三）符合投资补助和贴息资金的安排原则；

（四）提交的相关文件齐备、有效；

（五）项目的主要建设条件基本落实；

（六）符合国家发展改革委要求的其他条件。

第十七条 对申报材料不齐备的资金申请报告，国家发展改革委应通知申报单位在要求的时限内补充相关材料。

第十八条 国家发展改革委在审查资金申请报告时，可以根据需要委托有关机构或组织专家进行评估，必要时还应征求相关部门的意见。

第十九条 对于单个项目拟安排的投资补助或贴息资金数额超过3000万元的，可要求项目单位报送初步设计概算，并委托有关机构进行评审，根据评审结果决定投资补助或贴息资金的具体数额。

第二十条 国家发展改革委根据审查结果，对同意安排投资补助或贴息资金的资金申请报告作出批复，并将批复意见下达给申报单位。

资金申请报告的批复文件是下达中央预算内投资补助、贴息计划的依据。批复文件可单独办理，也可集中办理。

国家发展改革委根据资金申请报告的批复文件、项目建设进度和项目建设资金到位等情况，可一次或分次下达投资资金计划。

第二十一条 单个项目的投资补助或贴息资金原则上均为一次性安排。对于已经安排投资补助或贴息资金的投资项目，国家发展改革委不重复受理其资金申请报告。

第二十二条 投资补助主要采用货币补助方式，也可根据国家有关政策和项目具体情况，采用设备、材料等实物补助方式，由有关部门采用招标方式统一购置后配备给接受补助的项目单位。

第二十三条 对于投资补助资金超过项目总投资80%的非经营性地方政府投资项目，可以根据需要和有关规定采用“代建制”方式进行建设，将建成后的项目移交使用单位。

第二十四条 贴息率不得超过当期银行中长期贷款利率。贴息资金总额根据投资项目符合贴息条件的银行贷款总额、当年贴息率和贴息年限计算确定。原则上按项目的建设实施进度和贷款的实际发生额分期安排贴息资金。

第四章 项目实施管理

第二十五条 凡使用投资补助和贴息资金的项目，要严格执行国家有关政策要求，不得擅自改变主要建设内容和建设标准，不得转移、侵占或者挪用投资补助和贴息资金。

第二十六条 使用投资补助和贴息资金500万元及以上的项目，要严格按照经国家发展改革委核准的项目招标内容和有关招标投标的法律法规开展招标工作。

其他使用投资补助和贴息资金的项目，也要按照国家有关招标投标的法律法规依法开展招标工作。

第二十七条 国家发展改革委要求报告投资补助和贴息项目建设情况的，项目单位应按要求定期向国家发展改革委或其委托机构报告项目建设实施情况和重大事项。

第二十八条 投资项目不能按计划完成确定的建设目标的，项目单位应及时报告情况，说明原因，提出调整建议。国家发展改革委可视具体情况进行相应调整。

第二十九条 投资补助和贴息项目竣工后，国家发展改革委应及时对重点项目进行检查总结，必要时可委托中介机构进行后评价。

第三十条 国家发展改革委、有关行业主管部门和各级地方政府投资主管部门，要依据职责分工，对使用投资补助和贴息资金的项目加强监管，保证政府投资资金的合理使用。

计划单列企业集团、中央管理企业也要对本企业内使用投资补助和贴息资金的项目加强监管，保证项目能够按照国家的要求顺利建设实施，防止项目单位转移、侵占或者挪用投资补助和贴息资金。

第五章 监督检查和法律责任

第三十一条 国家发展改革委按照有关规定对投资补助和贴息项目进行稽察。财政、审计、监察等部门依据职能分工进行监督检查。

第三十二条 凡不涉及保密要求的投资补助和贴息项目，均应采取适当方式向社会公开。国家发展改革委接受单位、个人对投资补助和贴息项目在审批、建设过程中违法违规行为的举报，并按照有关规定予以查处。

第三十三条 项目单位有下列行为之一的，国家发展改革委可以责令其限期整改，核减、收回或停止拨付投资补助和贴息资金，并可视情节轻重提请或移交有关机关依法追究有关责任人的行政或法律责任：

（一）提供虚假情况，骗取投资补助和贴息资金的；

（二）违反程序未按要求完成项目前期工作的；

（三）转移、侵占或者挪用投资补助和贴息资金的；

（四）擅自改变主要建设内容和建设标准的；

（五）无正当理由未及时建设实施或竣工完成的；

（六）其他违反国家法律法规和本办法规定的行为。

第三十四条　申报单位指令或授意项目单位提供虚假情况、骗取投资补助和贴息资金的，一经查实，国家发展改革委五年之内不再受理其报送的资金申请报告；申报单位对项目单位的资金申请报告审查不严、造成投资补助和贴息资金损失的，视情节轻重，在一定时期内不再受理其报送的资金申请报告。

第三十五条　有关中介机构在评估过程中弄虚作假或提出的评估意见水平低下、严重失实的，国家发展改革委可以视情节轻重，给予通报批评、取消承担国家发展改革委咨询评估任务的资格、降低咨询资质等级等处罚，并采取适当方式向社会公布。

第三十六条　国家发展改革委工作人员有下列行为之一的，责令其限期整改，并依法追究有关责任人的行政责任；构成犯罪的，由司法机关依法追究刑事责任。

（一）滥用职权、玩忽职守、徇私舞弊、索贿受贿的；

（二）违反规定的程序和原则批准资金申请报告的；

（三）其他违反本办法规定的行为。

第六章　附　则

第三十七条　本办法由国家发展改革委负责解释。

第三十八条　本办法自2005年8月1日起施行。

中央投资项目招标代理机构资格认定管理办法

（国家发展和改革委员会令第36号，2005年11月1日施行）

第一章　总　则

第一条　为了提高政府投资效益，规范中央投资项目的招标投标行为，提高招标代理机构的服务质量，从源头上防止腐败现象，根据《中华人民共和国招标投标法》、《中华人民共和国行政许可法》、《国务院关于投资体制改革的决定》、《国家发展改革委保留的行政审批项目确认书》以及其他相关法律法规，制定本办法。

第二条　凡在中华人民共和国境内从事中央投资项目招标代理业务的招标代理机构，应按照本办法进行资格认定。

第三条　本办法所称中央投资项目，是指全部或部分使用中央预算内投资资金（含国债）、专项建设基金、国家主权外债资金和其他中央财政性投资资金的固定资产投资项目。

使用国家主权外债资金的中央投资项目，国际金融机构或贷款国政府对项目招标与采购有要求的，从其规定。

第四条　本办法所称招标代理业务，包括受招标人委托，从事项目业主招标、专业化项目管理单位招标、政府投资规划编制单位招标，以及中央投资项目的勘察、可行性研究、设计、设备、材料、施工、监理、保险等方面的招标代理业务。

第五条　国家发展和改革委员会是中央投资项目招标代理机构资格认定的管理部门，依据《招标投标法》和相关法规，对招标代理机构进行资格认定和监督。

第六条　获得商务部颁发的机电产品国际招标机构资格的招标代理机构，可从事中央投资项目的机电产品国际招标代理业务。

依据《政府采购法》从事政府采购货物和服务招标的采购代理机构，其资格认定与管理办法由有关部门另行制定，不适用于本办法。

第二章　资格申请

第七条　中央投资项目招标代理机构资格分为甲级和乙级。

甲级资格的招标代理机构可以从事所有中央投资项目的招标代理业务。

乙级资格的招标代理机构只能从事总投资 2 亿元人民币及以下的中央投资项目的招标代理业务。

第八条　申请中央投资项目招标代理资格的机构应具备下列条件：

（一）是依法设立的社会中介组织，具有独立企业法人资格；

（二）与行政机关和其他国家机关没有行政隶属关系或其他利益关系；

（三）有固定的营业场所和开展中央投资项目招标代理业务所需设施及办公条件；

（四）有健全的组织机构和内部管理规章制度；

（五）具备编制招标文件和组织评标的相应专业力量；

（六）建立有一定规模的评标专家库；

（七）近 3 年内机构没有因违反《招标投标法》及有关管理规定，受到相关管理部门暂停资格以上处罚；

（八）近 3 年内机构主要负责人没有因违反《招标投标法》及有关管理规定受到刑事处罚；

（九）国家发展和改革委员会规定的其他条件。

第九条　申请甲级招标代理机构资格的机构，除具备本办法第八条规定条件外，还应具备以下条件：

（一）注册资金不少于 800 万元人民币；

（二）招标专业人员不少于 50 人；

（三）招标专业人员中，具有中级及中级以上职称的技术人员不少于 70%；

（四）评标专家库专家人数在 800 人以上；

（五）开展招标代理业务 5 年以上；

（六）近 5 年从事过的招标代理项目个数在 300 个以上，中标金额累计在 50 亿元人民币（以中标通知书为依据，下同）以上。

第十条　申请乙级招标代理机构资格的机构，除具备本办法第八条规定条件外，还应具备以下条件：

（一）注册资金不少于 300 万元人民币；

（二）招标从业人员不少于 30 人；

（三）招标从业人员中，具备中级及中级以上职称的技术人员不少于 60%；

（四）评标专家库专家人数在 500 人以上；

（五）开展招标代理业务 3 年以上；

（六）近 3 年从事过的招标代理项目个数在 100 个以上，中标金额累计在 15 亿元人民币以上。

第十一条　开展招标代理业务不足三年的招标代理机构，具备第八条和第十条第（一）、（二）、（三）、（四）项条件的，可申请中央投资项目招标代理机构预备资格。获得预备资格后，可从事总投资 1 亿元人民币及以下的中央投资项目的招标代理业务。

第十二条　国家发展和改革委员会定期进行中央投资项目招标代理机构资格认定工作。相关资格受理的通知、要求和申请材料格式文本等将提前公布，以保证申请人有足够时间准备申请材料。

第十三条　申请中央投资项目招标代理机构资格的机构，应按要求报送以下材料：

（一）中央投资项目招标代理机构资格申请书；

（二）企业法人营业执照副本复印件（加盖原登记机关确认章）；

（三）公司章程；

（四）企业机构设置情况表；

（五）企业人员基本情况；

（六）招标业绩；

（七）所申报招标业绩的中标通知书；

（八）评标专家库人员名单；

（九）其他相关文件。

第十四条　申请中央投资项目招标代理机构资格的材料，应报送企业注册所在地的省级发展和改革委员会进行初审。初审机关按有关规定对申请材料进行审查，提出初审意见，报送国家发展和改革委员会。

第十五条　国家发展和改革委员会组织专家委员会，对经过省级发展和改革委员会初审的资格申请材料进行评审。通过评审的，授予中央投资项目招标代理机构资格。

国家发展和改革委员会在评定结果确定后10日内，向获得中央投资项目招标代理机构资格的机构颁发资格证书，同时将结果向社会公布。

第十六条　中央投资项目招标代理机构资格证书有效期为3年。招标代理机构需要延续资格证书有效期的，应当在证书有效期届满30日前向国家发展和改革委员会提出申请。

第十七条　国家发展和改革委员会定期进行中央投资项目招标代理机构资格升级的评审工作。乙级和预备级招标代理机构在初次取得中央投资项目招标代理机构资格1年以后，具备高一级别条件的，可在当年招标机构资格申请受理时，按规定提出升级申请。

第十八条　有以下情形之一的招标代理机构，暂不授予中央投资项目招标代理机构资格：

（一）不具备本办法规定的相关条件的；

（二）未按要求提供真实完整资料的；

（三）在招标代理业务中有违反法律法规的行为，已被司法机关立案审查或近3年内受到有关管理部门暂停资格以上处罚的。

第十九条　中央投资项目招标代理机构变更机构名称、地址、更换法定代表人的，应向国家发展和改革委员会申请更换资格证书。

中央投资项目招标代理机构在组织机构发生分立、合并等重大变化时，应按照本办法，向国家发展和改革委员会重新提出资格申请。

第三章　监督管理

第二十条　中央投资项目招标代理机构，应按照《招标投标法》及国家对中央投资项目的有关管理规定，接受招标人委托，从事招标代理业务，按国家有关规定收取招标代理服务费。

第二十一条　中央投资项目招标代理机构，应严格执行招标投标、投资管理等有关制度规定，自觉接受政府、社会监督，维护招标投标各方的合法权益，保障社会公共利益，承担有关保密义务。

第二十二条　中央投资项目招标代理机构，应在中央投资项目招标工作结束、发出中标通知书后15日内，向国家发展和改革委员会报送《中央投资项目招标情况报告》。

国家发展和改革委员会依据项目招标情况报告，不定期地对招标项目进行抽查。

第二十三条 国家发展和改革委员会负责接受有关中央投资项目招标代理机构资格的质疑和投诉。

第二十四条 国家发展和改革委员会每年组织专家委员会，依据项目招标情况报告、质疑和投诉记录以及招标项目业绩情况等，对中央投资项目招标代理机构进行年度资格检查。连续2年年检不合格的，予以降级处理直至取消招标代理资格。

有下列情况之一的，为年检不合格：

（一）年度中有严重违规行为；

（二）未能按时合规报送《中央投资项目招标情况报告》和年检材料；

（三）甲级招标机构年度招标业绩达不到10亿元人民币；

（四）乙级招标机构年度招标业绩达不到5亿元人民币。

第四章 罚 则

第二十五条 在资格申请过程中弄虚作假的招标代理机构，正在申请和审核过程中的，取消其申请；已经取得资格的，取消其资格。

第二十六条 在资格年检过程中报送虚假材料的招标代理机构，视情节轻重给予暂停或取消资格的处罚。

第二十七条 采用委托招标方式的中央投资项目，没有委托具备相应资格的招标代理机构办理招标事宜的，中标结果无效。

中央投资项目招标代理机构超越本办法规定范围从事招标代理业务的，给予暂停资格的处罚。

第二十八条 中央投资项目招标代理机构出借、转让、涂改资格证书的，给予取消资格的处罚。

第二十九条 中央投资项目招标代理机构在招标代理业务中有以下行为的，国家发展和改革委员会将视情节轻重，给予警告、暂停资格、取消资格的处罚：

（一）泄露应当保密的与招标代理业务有关的情况和资料；

（二）与招标人、投标人相互串通损害国家、社会公共利益或他人合法权益；

（三）与投标人就投标价格、投标方案等实质性内容进行谈判；

（四）擅自修改招标文件、投标报价、中标通知书。

因上述行为影响中标结果的，中标结果无效。

第三十条 招标代理机构有下列行为之一的，国家发展和改革委员会责令改正，视情节轻重给予警告处分，并可处以一定数额的罚款。对于第五项行为可处以1万元以上5万元以下罚款，其他行为可处以1万元以下罚款。

（一）不在指定媒体上发布招标公告；

（二）招标文件或资格预审文件发售时限不符合有关规定；

（三）评标委员会组成和专家结构不符合有关规定；

（四）投标人数量不符合法定要求不重新招标；

（五）以不合理条件限制或排斥潜在投标人、对潜在投标人实行歧视待遇或限制投标人之间的竞争；

（六）未按要求上报《中央投资项目招标情况报告》；

（七）其他违反法律法规和有关规定的行为。

第三十一条 对于招标代理机构的处罚结果将在国家发展和改革委员会网站上及时向社会公布。

因招标代理机构的违法违规行为给他人造成损失的，依法承担赔偿责任；构成犯罪的，依法移送司法机关追究刑事责任。

第五章 附 则

第三十二条 本办法由国家发展和改革委员会负责解释。

第三十三条 本办法自2005年11月1日起施行。

工程建设项目招标代理机构资格认定办法

（中华人民共和国建设部令第79号，2000年6月30日发布施行）

第一条 为了加强对工程建设项目招标代理机构的资格管理，维护工程建设项目招标投标活动当事人的合法权益，根据《中华人民共和国招标投标法》，制定本办法。

第二条 在中华人民共和国境内从事各类工程建设项目招标代理活动机构资格的认定，适用本办法。

本办法所称工程建设项目（以下简称工程），是指土木工程、建筑工程、线路管道和设备安装工程及装修工程项目。

本办法所称工程招标代理，是指对工程的勘察、设计、施工、监理以及与工程建设有关的重要设备（进口机电设备除外）、材料采购招标的代理。

第三条 国务院建设行政主管部门负责全国工程招标代理机构资格认定的管理。

省、自治区、直辖市人民政府建设行政主管部门负责本行政区域内的工程招标代理机构资格认定的管理。

第四条 从事工程招标代理业务的机构，必须依法取得国务院建设行政主管部门或者省、自治区、直辖市人民政府建设行政主管部门认定的工程招标代理机构资格。

第五条 工程招标代理机构资格分为甲、乙两级。甲级工程招标代理机构资格按行政区划，由省、自治区、直辖市人民政府建设行政主管部门初审，报国务院建设行政主管部门认定。

乙级工程招标代理机构资格由省、自治区、直辖市人民政府建设行政主管部门认定，报国务院建设行政主管部门备案。

国务院建设行政主管部门将认定的甲级工程招标代理机构名单在认定后的15日内通报国务院发展计划部门和有关部门。

第六条 工程招标代理机构可以跨省、自治区、直辖市承担工程招标代理业务。

任何单位和个人不得限制或者排斥工程招标代理机构依法开展工程招标代理业务。

第七条 申请工程招标代理机构资格的单位应当具备下列条件：

（一）是依法设立的中介组织；

（二）与行政机关和其他国家机关没有行政隶属关系或者其他利益关系；

（三）有固定的营业场所和开展工程招标代理业务所需设施及办公条件；

（四）有健全的组织机构和内部管理的规章制度；

（五）具备编制招标文件和组织评标的相应专业力量；

（六）具有可以作为评标委员会成员人选的技术、经济等方面的专家库。

第八条 申请甲级工程招标代理机构资格，除具备本办法第七条规定的条件外，还应当具备下列条件：

（一）近 3 年内代理中标金额 3000 万元以上的工程不少于 10 个，或者代理招标的工程累计中标金额在 8 亿元以上（以中标通知书为依据，下同）；

（二）具有工程建设类执业注册资格或者中级以上专业技术职称的专职人员不少于 20 人，其中具有造价工程师执业资格人员不少于 2 人；

（三）法定代表人、技术经济负责人、财会人员为本单位专职人员，其中技术经济负责人具有高级职称或者相应执业注册资格并有 10 年以上从事工程管理的经验；

（四）注册资金不少于 100 万元。

第九条 申请乙级工程招标代理机构资格，除具备本办法第七条规定的条件外，还应当具备下列条件：

（一）近 3 年内代理中标金额 1000 万元以上的工程不少于 10 个，或者代理招标的工程累计中标金额在 3 亿元以上；

（二）具有工程建设类执业注册资格或者中级以上专业技术职称的专职人员不少于 10 人，其中具有造价工程师执业资格人员不少于 2 人；

（三）法定代表人、技术经济负责人、财会人员为本单位专职人员，其中技术经济负责人具有高级职称或者相应执业注册资格并有 7 年以上从事工程管理的经验；

（四）注册资金不少于 50 万元。

乙级工程招标代理机构只能承担工程投资额（不含征地费、大市政配套费与拆迁补偿费）3000 万元以下的工程招标代理业务。

第十条 申请工程招标代理机构资格的单位，应当提供以下资料：

（一）企业法人营业执照（复印件加盖原登记机关的确认章）；

（二）工程招标代理机构章程；

（三）《工程招标代理机构资格申请表》；

（四）其他有关工程招标代理机构的资料。

申请甲级工程招标代理机构资格的，还需提供所在地省、自治区、直辖市人民政府建设行政主管部门的初审意见。

任何单位和个人不得弄虚作假或者以其他手段骗取工程招标代理机构资格证书。

第十一条 工程招标代理机构的资格，在认定前由建设行政主管部门组织专家委员会评审。专家委员会由有关部门和勘察、设计、施工、监理等单位的技术人员组成。

第十二条 对申请甲级工程招标代理机构资格的，实行定期集中认定。国务院建设行政主管部门在申请文件资料齐全后，3 个月内完成审核。对申请乙级工程招标代理机构资格的，实行即时认定或者定期集中认定，由省、自治区、直辖市人民政府建设行政主管部门确定。对审核合格的工程招标代理机构，颁发相应的《工程招标代理机构资格证书》。

第十三条 新成立的工程招标代理机构，其工程招标代理业绩未满足本办法规定条件的，国务院建设行政主管部门可以根据市场需要设定暂定资格，颁发《工程招标代理机构资格暂定证书》，具体办法另行规定。

取得暂定资格的工程招标代理机构，只能承担工程投资额（不含征地费、大市政配套费与拆迁补偿费）3000 万元以下的工程招标代理业务。

第十四条 《工程招标代理机构资格证书》和《工程招标代理机构资格暂定证书》分为正本和副本。《工程招标代理机构资格证书》有效期 3 年，《工程招标代理机构资格暂定证书》有效期 1 年。

第十五条 工程招标代理机构应当在其《工程招标代理机构资格证书》或者《工程招标代理机构资格暂定证书》有效期届满 3 个月前，向原发证的机关提出复审申请。申请复审除提供本办法第十条规定的申报材料外，还需提交经工商、税务部门年审通过的财务报表（损益表、资产负债表）及报表说明。

第十六条 原发证机关应当在复审申请文件资料齐全后，3 个月内完成审核；对于符合条件的，核发相应的资格证书。逾期不申请资格复审的工程招标代理机构，其资格证书自动失效。需继续从事工程招标代理业务的，应当重新申请工程招标代理机构资格。

第十七条 发生下列情况之一的，工程招标代理机构应当自情况发生之日起 30 日内到原发证机关办理变更或者注销手续：

（一）登记事项发生变更；

（二）解散、破产或者其他原因终止业务。

第十八条 工程招标代理机构发生分立或者合并，应当按照本办法重新核定资格等级。

第十九条 工程招标代理机构可以接受招标人委托编制工程招标方案、招标文件、工程标底和草拟工程合同等。

工程招标代理机构应当与招标人签订书面委托代理合同。未经招标人书面同意，工程招标代理机构不得向他人转让代理业务。

第二十条 工程招标代理机构不得与被代理招标工程的投标人有隶属关系或者其他利益关系。

第二十一条 工程招标代理机构在申请资格认定或者资格复审时弄虚作假的，建设行政主管部门应当退回其资格认定、资格复审申请，或者收回已发的资格证书，并在 3 年内不受理其资格申请。

第二十二条 未取得资格认定承担工程招标代理业务的，该工程招标代理无效，由招标工程所在地的建设行政主管部门处以 1 万元以上 3 万元以下的罚款。

第二十三条 工程招标代理机构超越规定范围承担工程招标代理业务的，由建设行政主管部门处以 1 万元以上 3 万元以下的罚款；情节严重的，收回其工程招标代理资格证书，并在 3 年内不受理其资格申请。

第二十四条 工程招标代理机构出借、转让或者涂改资格证书的，由建设行政主管部门处以 1 万元以上 3 万元以下罚款；情节严重的，收回其工程招标代理资格证书，并在 3 年内不受理其资格申请。

第二十五条 本办法规定收回工程招标代理资格证书，由原发证机关决定。

第二十六条 本办法由国务院建设行政主管部门负责解释。

第二十七条 本办法自发布之日起施行。

建筑工程设计招标投标管理办法

（中华人民共和国建设部令第 82 号，2000 年 10 月 18 日发布施行）

第一条 为规范建筑工程设计市场，优化建筑工程设计，促进设计质量的提高，根据《中华人民共和国招标投标法》，制定本办法。

第二条 符合《工程建设项目招标范围和规模标准规定》的各类房屋建筑工程，其设计招标投标适用本办法。

第三条 建筑工程的设计，采用特定专利技术、专有技术，或者建筑艺术造型有特殊要求的，经有关部门批准，可以直接发包。

第四条 国务院建设行政主管部门负责全国建筑工程设计招标投标的监督管理。

县级以上地方人民政府建设行政主管部门负责本行政区域内建筑工程设计招标投标的监督管理。

第五条 建筑工程设计招标依法可以公开招标或者邀请招标。

第六条 招标人具备下列条件的，可以自行组织招标：

（一）有与招标项目工程规模及复杂程度相适应的工程技术、工程造价、财务和工程管理人员，具备组织编写招标文件的能力；

（二）有组织评标的能力。

招标人不具备前款规定条件的，应当委托具有相应资格的招标代理机构进行招标。

第七条 依法必须招标的建筑工程项目，招标人自行组织招标的，应当在发布招标公告或者发出招标邀请书15日前，持有关材料到县级以上地方人民政府建设行政主管部门备案；招标人委托招标代理机构进行招标的，招标人应当在委托合同签订后15日内，持有关材料到县级以上地方人民政府建设行政主管部门备案。

备案机关应当在接受备案之日起5日内进行审核，发现招标人不具备自行招标条件、代理机构无相应资格、招标前期条件不具备、招标公告或者招标邀请书有重大瑕疵的，可以责令招标人暂时停止招标活动。

备案机关逾期未提出异议的，招标人可以实施招标活动。

第八条 公开招标的，招标人应当发布招标公告。邀请招标的，招标人应当向三个以上设计单位发出招标邀请书。

招标公告或者招标邀请书应当载明招标人名称和地址、招标项目的基本要求、投标人的资质要求以及获取招标文件的办法等事项。

第九条 招标文件应当包括以下内容：

（一）工程名称、地址、占地面积、建筑面积等；

（二）已批准的项目建议书或者可行性研究报告；

（三）工程经济技术要求；

（四）城市规划管理部门确定的规划控制条件和用地红线图；

（五）可供参考的工程地质、水文地质、工程测量等建设场地勘察成果报告；

（六）供水、供电、供气、供热、环保、市政道路等方面的基础资料；

（七）招标文件答疑、踏勘现场的时间和地点；

（八）投标文件编制要求及评标原则；

（九）投标文件送达的截止时间；

（十）拟签订合同的主要条款；

（十一）未中标方案的补偿办法。

第十条 招标文件一经发出，招标人不得随意变更。确需进行必要的澄清或者修改，应当在提交投标文件截止日期15日前，书面通知所有招标文件收受人。

第十一条 招标人要求投标人提交投标文件的时限为：特级和一级建筑工程不少于45日；二级以下建筑工程不少于30日；进行概念设计招标的，不少于20日。

第十二条 投标人应当具有与招标项目相适应的工程设计资质。

境外设计单位参加国内建筑工程设计投标的，应当经省、自治区、直辖市人民政府建设行政主管部门批准。

第十三条 投标人应当按照招标文件、建筑方案设计文件编制深度规定的要求编制投标文件；进行概念设计招标的，应当按照招标文件要求编制投标文件。

投标文件应当由具有相应资格的注册建筑师签章，加盖单位公章。

第十四条 评标由评标委员会负责。

评标委员会由招标人代表和有关专家组成。评标委员会人数一般为五人以上单数，其中技术方面的专家不得少于成员总数的2/3。

投标人或者与投标人有利害关系的人员不得参加评标委员会。

第十五条 国务院建设行政主管部门，省、自治区、直辖市人民政府建设行政主管部门应当建立建筑工程设计评标专家库。

第十六条 有下列情形之一的，投标文件作废：

（一）投标文件未经密封的；

（二）无相应资格的注册建筑师签字的；

（三）无投标人公章的；

（四）注册建筑师受聘单位与投标人不符的。

第十七条 评标委员会应当在符合城市规划、消防、节能、环保的前提下，按照招标文件的要求，对投标设计方案的经济、技术、功能和造型等进行比选、评价，确定符合招标文件要求的最优设计方案。

第十八条 评标委员会应当在评标完成后，向招标人提出书面评标报告。

采用公开招标方式的，评标委员会应当向招标人推荐2至3个中标候选方案。

采用邀请招标方式的，评标委员会应当向招标人推荐1至2个中标候选方案。

第十九条 招标人根据评标委员会的书面评标报告和推荐的中标候选方案，结合投标人的技术力量和业绩确定中标方案。

招标人也可以委托评标委员会直接确定中标方案。

招标人认为评标委员会推荐的所有候选方案均不能最大限度满足招标文件规定要求的，应当依法重新招标。

第二十条 招标人应当在中标方案确定之日起7日内，向中标人发出中标通知，并将中标结果通知所有未中标人。

第二十一条 依法必须进行招标的项目，招标人应当在中标方案确定之日起15日内，向县级以上地方人民政府建设行政主管部门提交招标投标情况的书面报告。

第二十二条 对达到招标文件规定要求的未中标方案，公开招标的，招标人应当在招标公告中明确是否给予未中标单位经济补偿及补偿金额；邀请招标的，应当给予未中标单位经济补偿，补偿金额应当在招标邀请书中明确。

第二十三条 招标人应当在中标通知书发出之日起30日内与中标人签订工程设计合同。确需另择设计单位承担施工图设计的，应当在招标公告或招标邀请书中明确。

第二十四条 招标人、中标人使用未中标方案的，应当征得提交方案的投标人同意并付给使用费。

第二十五条 依法必须招标的建筑工程项目，招标人自行组织招标的，未在发布招标公告或招标邀请书15日前到县级以上地方人民政府建设行政主管部门备案，或者委托招标代理机构进行招标的，招标人未在委托合同签订后15日内到县级以上地方人民政府建设行政主管部门备案的，由县级以上地方人民政府建设行政主管部门责令改正，并可处以1万元以上3万元以下罚款。

第二十六条 招标人未在中标方案确定之日起15日内，向县级以上地方人民政府建设行政主管部门提交招标投标情况的书面报告的，由县级以上地方人民政府建设行政主管部门责令改正，并可处以1万元以上3万元以下的罚款。

第二十七条 招标人将必须进行设计招标的项目不招标的，或将必须进行招标的项目化整为零或者以其他方式规避招标的，由县级以上地方人民政府建设行政主管部门责令其限期改正，并可处以项目合同金额5‰以上10‰以下的罚款。

第二十八条 招标代理机构有下列行为之一的，由省、自治区、直辖市地方人民政府建设行政主管部门处5万元以上25万元以下的罚款；有违法所得的，并处没收违法所得；情节严重的，由国务院建设行政主管部门或者省、自治区、直辖市地方人民政府建设行政主管部门暂停直至取消代理机构资格；构成犯罪的，依法追究刑事责任。给他人造成损失的，依法承担赔偿责任：

（一）在开标前泄漏应当保密的与招标有关的情况和资料的；

（二）与招标人或者投标人串通损害国家利益、社会公众利益或投标人利益的。

前款所列行为影响中标结果的，中标结果无效。

第二十九条 投标人相互串通投标，或者以向招标人、评标委员会成员行贿的手段谋取中标的，中标无效，由县级以上地方人民政府建设行政主管部门处中标项目金额5‰以上10‰以下的罚款；情节严重的，取消1至2年内参加依法必须进行招标的工程项目设计招标的投标资格，并予以公告。

第三十条 评标委员会成员收受投标人财物或其他好处，或者向他人透露投标方案评审有关情况的，由县级以上地方人民政府建设行政主管部门给予警告，没收收受财物，并可处以3000元以上5万元以下的罚款。

评标委员会成员有前款所列行为的，由国务院建设行政主管部门或者省、自治区、直辖市人民政府建设行政主管部门取消担任评标委员会成员的资格，不得再参加任何依法进行的建筑工程设计招投标的评标，构成犯罪的，依法追究刑事责任。

第三十一条 建设行政主管部门或者有关职能部门的工作人员徇私舞弊、滥用职权，干预正常招标投标活动的，由所在单位给予行政处分；构成犯罪的，依法追究刑事责任。

第三十二条 省、自治区、直辖市人民政府建设行政主管部门，可以根据本办法制定实施细则。

第三十三条 城市市政公用工程设计招标投标参照本办法执行。

第三十四条 本办法由国务院建设行政主管部门解释。

第三十五条 本办法自发布之日起施行。

房屋建筑和市政基础设施工程施工招标投标管理办法

（中华人民共和国建设部令第89号，2001年6月1日发布施行）

第一条 为了规范房屋建筑和市政基础设施工程施工招标投标活动，维护招标投标当事人的合法权益，依据《中华人民共和国建筑法》、《中华人民共和国招标投标法》等法律、行政法规，制定本办法。

第二条 在中华人民共和国境内从事房屋建筑和市政基础设施工程施工招标投标活动，实施对房屋建筑和市政基础设施工程施工招标投标活动的监督管理，适用本办法。

本办法所称房屋建筑工程，是指各类房屋建筑及其附属设施和与其配套的线路、管道、设备安装工程及室内外装修工程。

本办法所称市政基础设施工程，是指城市道路、公共交通、供水、排水、燃气、热力、园林、环卫、污水处理、垃圾处理、防洪、地下公共设施及附属设施的土建、管道、设备安装工程。

第三条 房屋建筑和市政基础设施工程（以下简称工程）的施工单项合同估算价在200万元人民币以上，或者项目总投资在3000万元人民币以上的，必须进行招标。

省、自治区、直辖市人民政府建设行政主管部门报经同级人民政府批准，可以根据实际情况，规定本地区必须进行工程施工招标的具体范围和规模标准，但不得缩小本办法确定的必须进行施工招标的范围。

第四条 国务院建设行政主管部门负责全国工程施工招标投标活动的监督管理。

县级以上地方人民政府建设行政主管部门负责本行政区域内工程施工招标投标活动的监督管理。具体的监督管理工作，可以委托工程招标投标监督管理机构负责实施。

第五条 任何单位和个人不得违反法律、行政法规规定，限制或者排斥本地区、本系统以外的法人或者其他组织参加投标，不得以任何方式非法干涉施工招标投标活动。

第六条 施工招标投标活动及其当事人应当依法接受监督。

建设行政主管部门依法对施工招标投标活动实施监督，查处施工招标投标活动中的违法行为。

第七条 工程施工招标由招标人依法组织实施。招标人不得以不合理条件限制或者排斥潜在投标人，不得对潜在投标人实行歧视待遇，不得对潜在投标人提出与招标工程实际要求不符的过高的资质等级要求和其他要求。

第八条 工程施工招标应当具备下列条件：

（一）按照国家有关规定需要履行项目审批手续的，已经履行审批手续的；

（二）工程资金或者资金来源已经落实的；

（三）有满足施工招标需要的设计文件及其他技术资料；

（四）法律、法规、规章规定的其他条件。

第九条 工程施工招标分为公开招标和邀请招标。

依法必须进行施工招标的工程，全部使用国有资金投资或者国有资金投资占控股或者主导地位的，应当公开招标，但经国家计委或者省、自治区、直辖市人民政府依法批准可以进行邀请招标的重点建设项目除外；其他工程可以实行邀请招标。

第十条 工程有下列情形之一的，经县级以上地方人民政府建设行政主管部门批准，可以不进行施工招标：

（一）停建或者缓建后恢复建设的单位工程，且承包人未发生变更的；

（二）施工企业自建自用的工程，且该施工企业资质等级符合工程要求的；

（三）在建工程追加的附属小型工程或者主体加层工程，且承包人未发生变更的；

（四）法律、法规、规章规定的其他情形。

第十一条 依法必须进行施工招标的工程，招标人自行办理施工招标事宜的，应当具有编制招标文件和组织评标的能力：

（一）有专门的施工招标组织机构；

（二）有与工程规模、复杂程度相适应并具有同类工程施工招标经验、熟悉有关工程施工招标法律法规的工程技术、概预算及工程管理的专业人员。

不具备上述条件的，招标人应当委托具有相应资格的工程招标代理机构代理施工招标。

第十二条 招标人自行办理施工招标事宜的，应当在发布招标公告或者发出投标邀请书的 5 日前，向工程所在地县级以上地方人民政府建设行政主管部门备案，并报送下列材料：

（一）按照国家有关规定办理审批手续的各项批准文件；

（二）本办法第十一条所列条件的证明材料，包括专业技术人员的名单、职称证书或者执业资格证书及其工作经历的证明材料；

（三）法律、法规、规章规定的其他材料。

招标人不具备自行办理施工招标事宜条件的，建设行政主管部门应当自收到备案材料之日起 5 日内责令招标人停止自行办理施工招标事宜。

第十三条 全部使用国有资金投资或者国有资金投资占控股或者主导地位，依法必须进行施工招标的工程项目，应当进入有形建筑市场进行招标投标活动。

政府有关管理机关可以在有形建筑市场集中办理有关手续，并依法实施监督。

第十四条　依法必须进行施工公开招标的工程项目，应当在国家或者地方指定的报刊、信息网络或者其他媒介上发布招标公告，并同时在中国工程建设和建筑业信息网上发布招标公告。

招标公告应当载明招标人的名称和地址，招标工程的性质、规模、地点以及获取招标文件的办法等事项。

第十五条　招标人采用邀请招标方式的，应当向3个以上符合资质条件的施工企业发出投标邀请书。

投标邀请书应当载明本办法第十四条第二款规定的事项。

第十六条　招标人可以根据招标工程的需要，对投标申请人进行资格预审，也可以委托工程招标代理机构对投标申请人进行资格预审。实行资格预审的招标工程，招标人应当在招标公告或者投标邀请书中载明资格预审的条件和获取资格预审文件的办法。

资格预审文件一般应当包括资格预审申请书格式、申请人须知，以及需要投标申请人提供的企业资质、业绩、技术装备、财务状况和拟派出的项目经理与主要技术人员的简历、业绩等证明材料。

第十七条　经资格预审后，招标人应当向资格预审合格的投标申请人发出资格预审合格通知书，告知获取招标文件的时间、地点和方法，并同时向资格预审不合格的投标申请人告知资格预审结果。

在资格预审合格的投标申请人过多时，可以由招标人从中选择不少于7家资格预审合格的投标申请人。

第十八条　招标人应当根据招标工程的特点和需要，自行或者委托工程招标代理机构编制招标文件。招标文件应当包括下列内容：

（一）投标须知，包括工程概况，招标范围，资格审查条件，工程资金来源或者落实情况（包括银行出具的资金证明），标段划分，工期要求，质量标准，现场踏勘和答疑安排，投标文件编制、提交、修改、撤回的要求，投标报价要求，投标有效期，开标的时间和地点，评标的方法和标准等；

（二）招标工程的技术要求和设计文件；

（三）采用工程量清单招标的，应当提供工程量清单；

（四）投标函的格式及附录；

（五）拟签订合同的主要条款；

（六）要求投标人提交的其他材料。

第十九条　依法必须进行施工招标的工程，招标人应当在招标文件发出的同时，将招标文件报工程所在地的县级以上地方人民政府建设行政主管部门备案。建设行政主管部门发现招标文件有违反法律、法规内容的，应当责令招标人改正。

第二十条　招标人对已发出的招标文件进行必要的澄清或者修改的，应当在招标文件要求提交投标文件截止时间至少15日前，以书面形式通知所有招标文件收受人，并同时报工程所在地的县级以上地方人民政府建设行政主管部门备案。该澄清或者修改的内容为招标文件的组成部分。

第二十一条　招标人设有标底的，应当依据国家规定的工程量计算规则及招标文件规定的计价方法和要求编制标底，并在开标前保密。一个招标工程只能编制一个标底。

第二十二条　招标人对于发出的招标文件可以酌收工本费。其中的设计文件，招标人可以酌收押金。对于开标后将设计文件退还的，招标人应当退还押金。

第二十三条　施工招标的投标人是响应施工招标、参与投标竞争的施工企业。

投标人应当具备相应的施工企业资质，并在工程业绩、技术能力、项目经理资格条件、财务状况等方面满足招标文件提出的要求。

第二十四条　投标人对招标文件有疑问需要澄清的，应当以书面形式向招标人提出。

第二十五条　投标人应当按照招标文件的要求编制投标文件，对招标文件提出的实质性要求和条件作出响应。

招标文件允许投标人提供备选标的，投标人可以按照招标文件的要求提交替代方案，并作出相应报价作备选标。

第二十六条　投标文件应当包括下列内容：

（一）投标函；

（二）施工组织设计或者施工方案；

（三）投标报价；

（四）招标文件要求提供的其他材料。

第二十七条　招标人可以在招标文件中要求投标人提交投标担保。投标担保可以采用投标保函或者投标保证金的方式。投标保证金可以使用支票、银行汇票等，一般不得超过投标总价的2%，最高不得超过50万元。

投标人应当按照招标文件要求的方式和金额，将投标保函或者投标保证金随投标文件提交招标人。

第二十八条　投标人应当在招标文件要求提交投标文件的截止时间前，将投标文件密封送达投标地点。招标人收到投标文件后，应当向投标人出具标明签收人和签收时间的凭证，并妥善保存投标文件。在开标前，任何单位和个人均不得开启投标文件。在招标文件要求提交投标文件的截止时间后送达的投标文件，为无效的投标文件，招标人应当拒收。

提交投标文件的投标人少于3个的，招标人应当依法重新招标。

第二十九条　投标人在招标文件要求提交投标文件的截止时间前，可以补充、修改或者撤回已提交的投标文件。补充、修改的内容为投标文件的组成部分，并应当按照本办法第二十八条第一款的规定送达、签收和保管。在招标文件要求提交投标文件的截止时间后送达的补充或者修改的内容无效。

第三十条　两个以上施工企业可以组成一个联合体，签订共同投标协议，以一个投标人的身份共同投标。联合体各方均应当具备承担招标工程的相应资质条件。相同专业的施工企业组成的联合体，按照资质等级低的施工企业的业务许可范围承揽工程。

招标人不得强制投标人组成联合体共同投标，不得限制投标人之间的竞争。

第三十一条　投标人不得相互串通投标，不得排挤其他投标人的公平竞争，损害招标人或者其他投标人的合法权益。

投标人不得与招标人串通投标，损害国家利益、社会公共利益或者他人的合法权益。

禁止投标人以向招标人或者评标委员会成员行贿的手段谋取中标。

第三十二条　投标人不得以低于其企业成本的报价竞标，不得以他人名义投标或者以其他方式弄虚作假，骗取中标。

第三十三条　开标应当在招标文件确定的提交投标文件截止时间的同一时间公开进行；开标地点应当为招标文件中预先确定的地点。

第三十四条　开标由招标人主持，邀请所有投标人参加。开标应当按照下列规定进行：

由投标人或者其推选的代表检查投标文件的密封情况，也可以由招标人委托的公证机构进行检查并公证。经确认无误后，由有关工作人员当众拆封，宣读投标人名称、投标价格和投标文件的其他主要内容。

招标人在招标文件要求提交投标文件的截止时间前收到的所有投标文件，开标时都应当当众予以拆封、宣读。

开标过程应当记录，并存档备查。

第三十五条 在开标时，投标文件出现下列情形之一的，应当作为无效投标文件，不得进入评标：

（一）投标文件未按照招标文件的要求予以密封的；

（二）投标文件中的投标函未加盖投标人的企业及企业法定代表人印章的，或者企业法定代表人委托代理人没有合法、有效的委托书（原件）及委托代理人印章的；

（三）投标文件的关键内容字迹模糊、无法辨认的；

（四）投标人未按照招标文件的要求提供投标保函或者投标保证金的；

（五）组成联合体投标的，投标文件未附联合体各方共同投标协议的。

第三十六条 评标由招标人依法组建的评标委员会负责。

依法必须进行施工招标的工程，其评标委员会由招标人的代表和有关技术、经济等方面的专家组成，成员人数为5人以上单数，其中招标人、招标代理机构以外的技术、经济等方面专家不得少于成员总数的2/3。评标委员会的专家成员，应当由招标人从建设行政主管部门及其他有关政府部门确定的专家名册或者工程招标代理机构的专家库内相关专业的专家名单中确定。确定专家成员一般应当采取随机抽取的方式。

与投标人有利害关系的人不得进入相关工程的评标委员会。评标委员会成员的名单在中标结果确定前应当保密。

第三十七条 建设行政主管部门的专家名册应当拥有一定数量规模并符合法定资格条件的专家。省、自治区、直辖市人民政府建设行政主管部门可以将专家数量少的地区的专家名册予以合并或者实行专家名册计算机联网。

建设行政主管部门应当对进入专家名册的专家组织有关法律和业务培训，对其评标能力、廉洁公正等进行综合评估，及时取消不称职或者违法违规人员的评标专家资格。被取消评标专家资格的人员，不得再参加任何评标活动。

第三十八条 评标委员会应当按照招标文件确定的评标标准和方法，对投标文件进行评审和比较，并对评标结果签字确认；设有标底的，应当参考标底。

第三十九条 评标委员会可以用书面形式要求投标人对投标文件中含义不明确的内容作必要的澄清或者说明。投标人应当采用书面形式进行澄清或者说明，其澄清或者说明不得超出投标文件的范围或者改变投标文件的实质性内容。

第四十条 评标委员会经评审，认为所有投标文件都不符合招标文件要求的，可以否决所有投标。

依法必须进行施工招标工程的所有投标被否决的，招标人应当依法重新招标。

第四十一条 评标可以采用综合评估法、经评审的最低投标标价法或者法律法规允许的其他评标方法。

采用综合评估法的，应当对投标文件提出的工程质量、施工工期、投标价格、施工组织设计或者施工方案、投标人及项目经理业绩等，能否最大限度地满足招标文件中规定的各项要求和评价标准进行评审和比较。以评分方式进行评估的，对于各种评比奖项不得额外计分。

采用经评审的最低投标价法的，应当在投标文件能够满足招标文件实质性要求的投标人中，评审出投标价格最低的投标人，但投标价格低于其企业成本的除外。

第四十二条 评标委员会完成评标后，应当向招标人提出书面评标报告，阐明评标委员会对各投标文件的评审和比较意见，并按照招标文件中规定的评标方法，推荐不超过3名有排序的合格的中标候选人。招标人根据评标委员会提出的书面评标报告和推荐的中标候选人确定中标人。

使用国有资金投资或者国家融资的工程项目，招标人应当按照中标候选人的排序确定中标人。当确定中标的中标候选人放弃中标或者因不可抗力提出不能履行合同的，招标人可以依序确定其他中标候选人为中标人。

招标人也可以授权评标委员会直接确定中标人。

第四十三条　有下列情形之一的，评标委员会可以要求投标人作出书面说明并提供相关材料：

（一）设有标底的，投标报价低于标底合理幅度的；

（二）不设标底的，投标报价明显低于其他投标报价，有可能低于其企业成本的。

经评标委员会论证，认定该投标人的报价低于其企业成本的，不能推荐为中标候选人或者中标人。

第四十四条　招标人应当在投标有效期截止时限30日前确定中标人。投标有效期应当在招标文件中载明。

第四十五条　依法必须进行施工招标的工程，招标人应当自确定中标人之日起15日内，向工程所在地的县级以上地方人民政府建设行政主管部门提交施工招标投标情况的书面报告。书面报告应当包括下列内容：

（一）施工招标投标的基本情况，包括施工招标范围、施工招标方式、资格审查、开评标过程和确定中标人的方式及理由等。

（二）相关的文件资料，包括招标公告或者投标邀请书、投标报名表、资格预审文件、招标文件、评标委员会的评标报告（设有标底的，应当附标底）、中标人的投标文件。委托工程招标代理的，还应当附工程施工招标代理委托合同。

前款第二项中已按照本办法的规定办理了备案的文件资料，不再重复提交。

第四十六条　建设行政主管部门自收到书面报告之日起5日内未通知招标人在招标投标活动中有违法行为的，招标人可以向中标人发出中标通知书，并将中标结果通知所有未中标的投标人。

第四十七条　招标人和中标人应当自中标通知书发出之日起30日内，按照招标文件和中标人的投标文件订立书面合同；招标人和中标人不得再行订立背离合同实质性内容的其他协议。订立书面合同后7日内，中标人应当将合同送工程所在地的县级以上地方人民政府建设行政主管部门备案。

中标人不与招标人订立合同的，投标保证金不予退还并取消其中标资格，给招标人造成的损失超过投标保证金数额的，应当对超过部分予以赔偿；没有提交投标保证金的，应当对招标人的损失承担赔偿责任。

招标人无正当理由不与中标人签订合同，给中标人造成损失的，招标人应当给予赔偿。

第四十八条　招标文件要求中标人提交履约担保的，中标人应当提交。招标人应当同时向中标人提供工程款支付担保。

第四十九条　有违反《招标投标法》行为的，县级以上地方人民政府建设行政主管部门应当按照《招标投标法》的规定予以处罚。

第五十条　招标投标活动中有《招标投标法》规定中标无效情形的，由县级以上地方人民政府建设行政主管部门宣布中标无效，责令重新组织招标，并依法追究有关责任人责任。

第五十一条　应当招标未招标的，应当公开招标未公开招标的，县级以上地方人民政府建设行政主管部门应当责令改正，拒不改正的，不得颁发施工许可证。

第五十二条　招标人不具备自行办理施工招标事宜条件而自行招标的，县级以上地方人民政府建设行政主管部门应当责令改正，处1万元以下的罚款。

第五十三条　评标委员会的组成不符合法律、法规规定的，县级以上地方人民政府建设行政主管部门应当责令招标人重新组织评标委员会。招标人拒不改正的，不得颁发施工许可证。

第五十四条　招标人未向建设行政主管部门提交施工招标投标情况书面报告的，县级以上地方人民政府建设行政主管部门应当责令改正；在未提交施工招标投标情况书面报告前，建设行政主管部门不予颁发施工许可证。

第五十五条　工程施工专业分包、劳务分包采用招标方式的，参照本办法执行。

第五十六条 招标文件或者投标文件使用两种以上语言文字的，必须有一种是中文；如对不同文本的解释发生异议的，以中文文本为准。用文字表示的金额与数字表示的金额不一致的，以文字表示的金额为准。

第五十七条 涉及国家安全、国家秘密、抢险救灾或者属于利用扶贫资金实行以工代赈、需要使用农民工等特殊情况，不适宜进行施工招标的工程，按照国家有关规定可以不进行施工招标。

第五十八条 使用国际组织或者外国政府贷款、援助资金的工程进行施工招标，贷款方、资金提供方对招标投标的具体条件和程序有不同规定的，可以适用其规定，但违背中华人民共和国的社会公共利益的除外。

第五十九条 本办法由国务院建设行政主管部门负责解释。

第六十条 本办法自发布之日起施行。1992 年 12 月 30 日设部颁布的《工程建设施工招标投标管理办法》（建设部令第 23 号）同时废止。

招标代理服务收费管理暂行办法

中华人民共和国国家发展计划委员会

二〇〇二年十月十五日

第一条 为规范招标代理服务收费行为，维护招标人、投标人和招标代理机构的合法权益，根据《中华人民共和国价格法》、《中华人民共和国招标投标法》及有关法律、行政法规，制定本办法。

第二条 中华人民共和国境内发生的各类招标代理服务的收费行为，适用本办法。

第三条 本办法所称招标代理服务收费，是指招标代理机构接受招标人委托，从事编制招标文件（包括编制资格预审文件和标底），审查投标人资格，组织投标人踏勘现场并答疑，组织开标、评标、定标，以及提供招标前期咨询、协调合同的签订等业务所收取的费用。

第四条 招标代理机构从事招标代理业务并收取服务费用的，必须符合《中华人民共和国招标投标法》第十三条、第十四条规定的条件，具备独立法人资格和相应资质。

第五条 招标代理机构应当在招标人委托的范围内办理招标事宜，遵守国家法律、法规及政策规定，符合招标人的技术、质量要求。

第六条 招标代理服务应当遵循公开、公正、平等、自愿、有偿的原则。严格禁止任何单位和个人为招标人强制指定招标代理机构或强制具有自行招标资格的单位接受代理并收取费用。

第七条 招标代理服务收费按照招标代理业务性质分为：

（一）各类土木工程、建筑工程、设备安装、管道线路敷设、装饰装修等建设以及附带服务的工程招标代理服务收费。

（二）原材料、产品、设备和固态、液态或气态物体和电力等货物及其附带服务的货物招标代理服务收费。

（三）工程勘察、设计、咨询、监理，矿业权、土地使用权出让、转让和保险等工程和货物以外的服务招标代理服务收费。

第八条 招标代理服务收费实行政府指导价。

第九条 招标代理服务收费采用差额定律累进计费方式。收费标准按本办法附件规定执行，上下浮动幅度不超过 20%。具体收费额由招标代理机构和招标委托人在规定的收费标准和浮动幅度内协商确定。出售招标文件可以收取编制成本费，具体定价办法由省、自治区、直辖市价格主管部门按照不以营利为目的的原则制定。

第十条 招标代理服务实行“谁委托谁付费”。

工程招标委托人支付的招标代理服务费，可计入工程前期费用。货物招标和服务招标委托人支付的招标代理服务费，按照财政部门规定列支。

第十一条 招标代理机构按规定收取代理费用和出售招标文件后，不得再要求招标委托人无偿提供食宿、交通等或收取其他费用。

第十二条 招标代理业务中有超出本办法第三条规定的要求的，招标代理机构可与招标委托人就所增加的工作量，另行协商确定服务费用。

第十三条 招标代理服务收费纠纷，依据《中华人民共和国价格法》、《中华人民共和国合同法》及其他有关法律、法规处理。

第十四条 各级政府有关部门或者其授权、委托的单位，按照国务院关于招标投标管理职能分工规定履行监督职能，要求招标投标当事人履行审批、备案及其他手续的，一律不得收费。

违反前款规定，擅自设立收费项目、制定收费标准以及收取管理性费用的，由政府价格主管部门予以处罚。

第十五条 招标代理机构违反本办法规定的，由政府价格主管部门依据《中华人民共和国价格法》和《价格违法行为行政处罚规定》予以查处。

第十六条 本办法由国家计委负责解释。

第十七条 本办法自2003年1月1日起执行。国家计委及有关部门，各省、自治区、直辖市价格主管部门制定的相关规定，凡与本办法相抵触的，自本办法生效之日起废止。

机电产品出口招标办法

（对外贸易经济合作部令2001年第19号，2002年1月1日起施行）

第一章 总 则

第一条 为了维护国家利益和对外贸易的正常秩序，建立平等竞争机制，保障出口企业的合法权益，根据《中华人民共和国对外贸易法》和《中华人民共和国货物进出口管理条例》，特制定本办法。

第二条 对外经济合作部（以下简称外经贸部）负责制定、调整和公布实行出口招标的机电产品目录，并负责对相关机电产品出口招标工作进行管理、指导和监督。

第三条 机电产品出口招标应当遵循“公平、公开、公正”的原则。

第四条 本办法适用于以各种贸易方式出口的属于招标的机电产品，但法律、行政法规另有规定的遵从其规定。出口企业依据本办法，通过自主投标可无偿取得和使用相应机电产品出口数量。

第二章 组织机构、职责

第五条 机电产品出口招标工作在相关机电产品出口招标委员会（以下简称招标委员会）领导下进行。招标委员会由外经贸部有关局、中国机电产品进出口商会（以下简称机电商会）和中国外商投资企业协会（以下简称外资协会）的相关人员组成，招标委员会主任由外经贸部主管司局负责人担任。

招标委员会下设招标办公室，负责出口招标的日常工作。招标办公室设在机电商会有关分会，设主任一人，副主任、成员若干人，招标办公室主任由机电商会有关分会秘书处负责人担任。

第六条 招标委员会的职责：

（一）审定招标工作方案；

（二）审定、发布招标工作的各项规定、通告、公告；

（三）格局招标商品的出口情况和国际市场需求，确定出口招标的市场范围和招标总量；

（四）负责开标、评标工作，审定招标办公室对投标材料的初审意见，确定中标单位及中标数量，公布中标结果；

（五）审批中标数量的转受让事宜；

（六）领导招标办公室工作，研究解决出口招标工作中的其他问题。

第七条 招标办公室的职责：

（一）调查研究招标商品市场情况，拟定招标工作方案、会议纪要、公告等文件，报招标委员会审定后实施；

（二）印制、发放招标商品的各类文件、材料；

（三）负责开标、评标的准备工作，对投标企业资格进行初审；

（四）根据海关统计数据确定投标企业出口业绩，计算投标企业中标数量，并报招标委员会审定；

（五）监督、检查中标企业对中标数量的使用和对招标规定的执行；

（六）办理中标数量的转受让事宜；

（七）招标委员会交办的其他有关招标事务。

第三章 投 标

第八条 每次招标前20个工作日，招标委员会在《国际商报》等媒体上公告招标的有关事项。

第九条 参加投标的企业必须具备的资格：

（一）在工商行政管理机关登记注册；

（二）具有外贸出口经营资格；

（三）机电商会会员或外资协会会员。

第十条 各投标企业应根据本企业的实际出口能力和产品规格进行投标，投标价格不得低于同行业协议价。

第十一条 参加投标的企业须按照招标公告的规定填报投标材料。

第十二条 每家企业限投标书一份，投标材料须密封，并在招标公告规定的截止到日前送达招标办公室。

投标材料包括：

（一）投标申请书；

（二）投标保证书；

（三）机电商会会员或外资协会会员证明（复印件）；

（四）出口经营权批准文件，或对外贸易企业审定证书，或外商投资企业批准证书（复印件）；

（五）工商行政管理部门核发的法人营业执照（复印件）；

（六）国家质量监督检验检疫部门出具的出口产品质量许可证（复印件）；

（七）招标委员会规定的其他材料。

第十三条 招标办公室收到投标材料后应立即登记封存。

第四章 开标、评标

第十四条 招标委员会在规定的时间内开标，招标办公室对标书进行初评。

第十五条 为了促进企业规模经营，招标委员会可设定企业最低出口业绩，对达不到最低出口业绩的企业不予授标。

第十六条 招标办公室根据以下招标公式计算出企业的中标数量：

（一）确定中标企业在招标商品总量中所占比重“A”：

A = 该企业上年度出口该项商品总量/该项商品上年度全国出口总值

（二）确定全国单位招标商品平均出口价格“B”和中标企业单位招标商品平均出口价格“C”：

B = 该项商品上年度全国出口总值/该项商品上年度全国出口总量

C = 该中标企业上年度出口该项商品总值/该中标企业上年度出口该项商品总量

（三）确定该中标企业中标数量“Q”：

Q = 招标总量 × A × C/B

招标委员会可以根据商品的不同情况，在对具体招标商品进行招标时，对上述公式加以调整。

第十七条 开标后，招标办公室在 7 个工作日内完成初评工作，商报招标委员会。招标委员会收到招标办公室初评后，在 10 个工作日内根据企业的有效投标材料，审核、评定中标企业及其中标数量。

第十八条 招标委员会在《国际商报》等媒体上公布中标企业名单，同时由招标办公室向中标企业下发《中标登记手册》。

第五章 转受让及出口许可证发放

第十九条 中标数量可以进行转受让，但必须通过招标办公室办理有关转受让手续，同时受让企业应具有投标资格。招标办公室向受让企业发放《受让通知书》，并抄送当地发证机关。

第二十条 企业取得《中标登记手册》后，到外经贸部授权的当地发证机关领取出口许可证。发证机关发放出口许可证的依据是：

（一）外经贸部以文件形式下发给各发证机关的中标结果或招标办公室发放的《受让通知书》；

（二）招标委员会发放的《中标登记手册》；

（三）中标企业的有效出口合同。

第二十一条 中标企业须在招标当年 9 月 30 日前向招标办公室申报登记使用不完的中标数量，并于当年 11 月 15 日前交回。企业申报登记或交回的中标数量可用于转受让。

中标企业被没收和被扣减的中标数量可用于当年转受让。

第六章 招标管理

第二十二条 招标办公室要跟踪检查出口企业中标或受让指标使用情况，了解招标商品出口中的问题和企业的意见要求，并及时向招标委员会报告。

第二十三条 当出口招标总量不够用时，招标办公室须向招标委员会提出报告，由招标委员会根据实际情况，决定是否增加招标总量和招标次数。

第二十四条 中标企业自收到《中标登记手册》一个月内，按中标金额的一定比例交纳中标保证金，比例视招标商品的具体情况而定，但不超过 3‰。中标保证金按中标结果发布当日国家外汇管理部门公布的外汇卖出价折算成人民币支付。

第二十五条 中标保证金由招标办公室代财政部收取并存于专项账户，招标办公室可申请部分资金用于招标管理工作，并每年向招标委员会报告中标保证金收支情况。

第七章　罚　则

第二十六条　对违反本办法的企业，招标委员会可给予相应的处罚。

（一）有下列行为之一者，视情节轻重，给予通报批评、警告、没收中标数量、取消投标资格等处罚；构成犯罪的，依法追究刑事责任：

（1）虚假投标材料；

（2）擅自转让或变卖中标数量；

（3）实际出口价格低于同行业协议价或变相降价者；

（4）经有关部门查实侵犯知识产权者；

（5）不按期交纳中标保证金者。

（二）获得中标数量的企业不按规定交回使用不完的中标数量，则根据该企业未交数量占中标数量的比例相应扣减其下一年度中标数量。

（三）招标委员会将对中标企业的处罚结果通知当地发证机关，由其采取相应的措施。

第八章　附　则

第二十七条　本办法由外经贸部负责解释。

第二十八条　本办法自2002年1月1日起施行，原《机电产品出口招标办法》同时废止。

机电产品国际招标机构资格审定办法

（商务部2005年第6号，2005年3月1日起施行）

第一章　总　则

第一条　为了维护机电产品国际招标的公开、公平、公正，建立良好的国际招标竞争机制，保证机电产品国际招标投标有序进行，规范对机电产品国际招标机构的资格审定工作，依据《中华人民共和国招标投标法》、《中华人民共和国行政许可法》以及国务院对有关部门实施招标投标活动行政监督的职责分工，制定本办法。

第二条　机电产品国际招标机构是指依法成立、经商务部审定并赋予国际招标资格、从事机电产品国际招标业务的法人。

第三条　商务部负责全国机电产品国际招标机构的资格审定和年度资格审核工作。

各省、自治区、直辖市、计划单列市、沿海开放城市、经济特区、新疆生产建设兵团、各部门机电产品进出口管理机构（以下简称“主管部门”）负责本地区、本部门机电产品国际招标机构资格审定和年度资格审核的初步审核工作。

第二章　资格申请及审定

第四条　企业从事利用国外贷款和国内资金采购机电产品的国际招标业务应当取得机电产品国际招标资格。

机电产品国际招标机构的资格等级分为甲级、乙级和预乙级。甲级国际招标机构从事机电产品国际招标业务不受委托金额限制；乙级国际招标机构只能从事一次性委托金额在4000万美元以下的机电产品国际招标业务；预乙级国际招标机构只能从事一次性委托金额在2000万美元以下的机电产品国际招标业务。

第五条 未取得机电产品国际招标资格的法人只能申请预乙级机电产品国际招标资格。

第六条 申请预乙级机电产品国际招标资格的法人应当具备以下条件：

（一）与行政机关和其他国家机关不得存在隶属关系或其他利益关系；

（二）具有相应资金；

（三）具备固定的营业场所（含开标大厅）和开展国际招标业务所需的设施以及连通专业信息网络的现代化办公条件；

（四）具备能够编制招标文件和组织评标的相应专业力量：

1. 具有中级职称以上的专职招标人员不得少于从事招标业务人员总数的70%。

2. 具有3年以上机电产品国内招标经验，且近3年年均机电产品国内公开招标业绩在2亿元以上；或从事3年以上外贸经营业务，且近三年年均机电产品进出口总额在6亿美元以上。

第七条 申请人应当于每年7月1日至5日将申请材料报送相应的主管部门进行初步审核。相应的主管部门受理或不受理行政许可申请，应当出具加盖商务部专用印章和注明日期的书面凭证。相应的主管部门应当自其受理行政许可申请之日起20日内提出初步审核意见，并于当年8月1日至5日将初步审核意见和申请人的申请材料报送商务部。

申请人提交的申请材料应当包括以下内容：

（一）申请书，内容包括：企业法人注册时间、职工人员结构情况、招标营业场所、计算机及信息网络等配置情况及国内招标业绩或机电产品进出口业绩综述；

（二）公司章程；

（三）法人营业执照（复印件）；

（四）对外贸易经营者备案登记表（复印件）；

（五）机电产品进出口贸易业绩一览表或机电产品国内公开招标业绩一览表、国内公开招标项目分项表及下列材料（复印件）：

1. 招标委托代理合同；

2. 公开发布的招标公告；

3. 开标记录；

4. 中标通知书。

（六）企业机构设置表；

（七）中级职称以上专职招标人员名单。

第八条 商务部应当自收到相应的主管部门转报的申请材料和初步审核意见之日起20日内对申请进行审核并作出行政许可决定，同时将审定结果进行公告。对符合本办法规定条件的，由商务部赋予预乙级机电产品国际招标资格，同时颁发《国际招标机构资格证书》（以下简称资格证书）。资格证书自签发之日起生效，有效期至下一年年度审核结果公告之日止。

第九条 满足本办法第十五条所列条件的预乙级机电产品国际招标机构可以申请乙级机电产品国际招标资格。满足本办法第十六条所列条件的乙级、预乙级机电产品国际招标机构可以申请甲级机电产品国际招标资格。

第十条 申请人在申请机电产品国际招标资格时，提供虚假材料的，当次申请无效，并且下一年度商务部不再受理其机电产品国际招标资格申请。

第三章 年度资格审核

第十一条 商务部每年对机电产品国际招标机构进行年度资格审核，获得机电产品国际招标资格未满一年的机电产品国际招标机构不参加当次年度资格审核。

第十二条 机电产品国际招标机构应当于每年1月1日至10日将年度资格审核材料报送相应的主管部门进行初步审核。相应的主管部门应当于每年2月1日至10日将初步审核意见和申请材料报送商务部。

第十三条 机电产品国际招标机构申请年度资格审核时，应提交以下材料：

（一）机电产品国际招标机构上一年度的招标业绩，以其在商务部授权的专业网站开展机电产品国际招标业务的中标金额为准；

（二）年度资格审核申请书，内容包括：组织机构变化情况、规范招标措施、国际国内招标业绩综述等；

（三）法人营业执照（复印件）；

（四）机电产品国际招标业绩一览表；

（五）资格证书副本。

第十四条 机电产品国际招标机构符合以下条件的，年度资格审核予以通过，并由商务部换发资格证书：

（一）甲级机电产品国际招标机构年度机电产品国际招标业绩达到8000万美元以上；

（二）乙级机电产品国际招标机构年度机电产品国际招标业绩达到5000万美元以上；

（三）预乙级机电产品国际招标机构年度机电产品国际招标业绩达到3000万美元以上；

（四）未违反《招标投标法》、《机电产品国际招标投标实施办法》、本办法及其他有关规定的。

第十五条 预乙级机电产品国际招标机构在参加年度资格审核时，年度招标业绩达到5000万美元以上的，可以提出升级申请，经商务部审核批准，其国际招标资格等级可以升为乙级。

第十六条 预乙级、乙级机电产品国际招标机构在参加年度资格审核时，符合以下条件之一的，可以提出升级申请，经商务部审核批准，其国际招标资格等级可以升为甲级：

（一）乙级机电产品国际招标机构年度招标业绩为1亿美元以上并且注册资金在1000万元以上的；

（二）乙级机电产品国际招标机构自获得乙级国际招标资格两年内业绩累计达到1.8亿美元以上并且注册资金在1000万元以上的；

（三）乙级机电产品国际招标机构自获得乙级国际招标资格三年内业绩累计达到2.5亿美元以上并且注册资金在1000万元以上的；

（四）预乙级机电产品国际招标机构年度招标业绩达到2亿美元以上并且注册资金在1000万元以上的。

第十七条 机电产品国际招标机构在参加年度资格审核时，招标业绩有以下情况之一的，招标资格等级予以降级，但是国务院有特殊规定或其他特殊原因的，可以适当放宽年度资格审核标准：

（一）甲级机电产品国际招标机构年度招标业绩未满8000万美元但超过5000万美元的，降为乙级国际招标资格；

（二）甲级机电产品国际招标机构年度招标业绩未满5000万美元但超过3000万美元的，降为预乙级国际招标资格；

（三）乙级机电产品国际招标机构年度招标业绩未满5000万美元但超过3000万美元的，降为预乙级国际招标资格。

第十八条　机电产品国际招标机构在参加年度资格审核时，其年度招标业绩未满3000万美元的，不得通过当次年度资格审核，自当次年度资格审核结果公布之日起不得继续开展机电产品国际招标业务，并且一年内商务部不再受理其机电产品国际招标机构资格申请；但是国务院有特殊规定或其他特殊原因的，可以适当放宽年度资格审核标准。

第十九条　机电产品国际招标机构在参加年度资格审核时，上一年度内受到一次警告的，年度资格审核时将其资格等级下降一级；对满足升级条件的机电产品国际招标机构不予升级。

机电产品国际招标机构在参加年度资格审核时，上一年度内受到两次警告的，不得参加当次年度资格审核，其上一年度的招标业绩在下一次年度资格审核时审核，从当次年度资格审核结果公布之日起到下一次年度资格审核通过前不得继续开展机电产品国际招标业务。

机电产品国际招标机构在参加年度资格审核时，上一年度内受到三次警告的，不得参加当次年度资格审核，自当次年度资格审核结果公布之日起不得继续开展机电产品国际招标业务，并且三年内商务部不再受理其机电产品国际招标资格申请。

第二十条　机电产品国际招标机构的机构名称、法定代表人、地址等如有变更，应向商务部提出申请更换资格证书；机电产品国际招标机构发生合并、分立等重大变化导致原机构发生实质性变化的，应向商务部重新申请机电产品国际招标资格。

第二十一条　未按本办法规定进行年度资格审核的机电产品国际招标机构，其国际招标资格证书到期自动失效。

第二十二条　机电产品国际招标机构在报送年度资格审核材料时提供虚假材料的，不得通过年度资格审核，并且下一年度内商务部不再受理其国际招标资格申请。

第二十三条　商务部负责对年度资格审核情况予以公布。

第四章　罚　则

第二十四条　机电产品国际招标机构有下列行为之一的，给予警告，并处3万元以下罚款：

（一）涂改资格证书的；

（二）转让、转借资格证书的；

（三）擅自修改招标文件的；

（四）招标文件、评标报告未按规定备案的；

（五）未按有关规定确定的评标规则进行评标的；

（六）评标报告未如实反映招标文件、投标文件实际情况的；

（七）未按规定组成评标委员会的；

（八）委托无机电产品国际招标资格的机构开展国际招标活动中的实质性业务的；

（九）委托分支机构开展国际招标活动中的实质性业务的；

（十）擅自更改中标结果的；

（十一）其他违反《招标投标法》、《机电产品国际招标投标实施办法》、本办法和国家其他有关招标投标法律法规的行为。

第二十五条　机电产品国际招标机构有下列行为之一的，处5万元以上25万元以下罚款，对单位直接负责的主管人员和其他直接责任人员处单位罚款数额5%以上10%以下罚款；有违法所得的，并处没收违法所得；情节严重的，暂停或取消其机电产品国际招标资格：

（一）与招标人相互串通虚假招标的；

（二）泄露应当保密的与招标、投标活动有关的情况和资料的；

（三）与投标人串通就投标文件的商务、技术和价格等进行实质性修改的。

第五章 附 则

第二十六条 本办法由商务部负责解释。

第二十七条 本办法自2005年3月1日起施行。原《国际招标机构资格审定办法》、《关于对机电产品国际招标机构实行年度审核的通知》、《关于国际招标机构资格审定及年度审核有关工作的补充通知》同时废止。

公路工程勘察设计招标投标管理办法

（交通部令2001年第6号，2002年1月1日起施行）

第一章 总 则

第一条 为规范公路建设市场秩序，提高公路工程勘察设计水平和公路建设投资效益，确保工程质量，根据《中华人民共和国公路法》、《中华人民共和国招标投标法》和国家有关规定，制定本办法。

第二条 公路建设项目的勘察、设计单项合同估算价在50万元人民币以上，或者建设项目总投资额在3000万元人民币以上的，必须进行勘察设计招标。

第三条 公路建设项目符合下列条件之一的，按项目管理权限报交通部或者省级人民政府交通主管部门批准，可以不进行勘察设计招标：

（一）涉及国家安全、国家秘密、抢险救灾的；

（二）勘察、设计采用特定专利、专有技术的；

（三）对建筑艺术造型有特殊要求的。

第四条 公路工程勘察设计招标投标活动应当遵循公开、公平、公正、诚实信用的原则。

第五条 公路工程勘察设计招标投标活动不受地区或者部门的限制，任何单位和个人不得以任何方式干预正当的招标投标活动；不得将必须进行招标的项目化整为零或者以其他任何方式规避招标。

第六条 公路工程勘察设计招标投标活动的监督管理实行统一领导、分级管理。

交通部负责全国公路建设项目勘察设计招标投标活动的监督管理工作。

省级人民政府交通主管部门负责本行政区域内公路建设项目勘察设计招标投标活动的监督管理工作。

县级以上人民政府交通主管部门按照项目管理权限，依法查处公路建设项目勘察设计招标投标活动中的违法行为。

第二章 招 标

第七条 公路工程勘察设计招标是指招标人按照国家基本建设程序，依据批准的可行性研究报告，对公路工程初步设计、施工图设计通过招标活动选定勘察设计单位。

公路工程勘察设计招标可以实行一次性招标、分阶段招标，有特殊要求的关键工程可以进行方案招标。

第八条 招标人是符合公路建设市场准入条件，依照本办法规定提出公路工程勘察设计招标项目、进行招标的项目法人。

第九条　招标人具有与招标项目规模相适应的工程技术、管理人员，具备组织编制勘察设计招标文件和组织评标能力的，可以自行办理招标事宜。

招标人不具备前款规定条件的，应当委托符合公路建设市场准入条件、具有相应资格的招标代理机构办理招标事宜。招标代理机构应当在招标人委托的代理范围内办理招标事宜。

任何单位和个人不得以任何方式为招标人指定招标代理机构。

第十条　招标人自行办理招标事宜的，应当在发布招标公告或者发出投标邀请书 15 日前，按项目管理权限报交通部或者省级人民政府交通主管部门核备；招标人委托招标代理机构办理招标事宜的，应当在委托合同签订后 15 日内，按项目管理权限报交通部或者省级人民政府交通主管部门核备。公路工程勘察设计招标分为公开招标和邀请招标。

第十一条　公开招标是招标人通过国家指定的报刊、信息网络或者其他媒体发布招标公告，邀请不特定的法人或者组织投标。

邀请招标是招标人以投标邀请书的方式，邀请三个以上具有相应资质、具备承担招标项目勘察设计能力的、资信良好的特定法人或者组织投标。

招标公告或者投标邀请书应当载明招标人的名称和地址、招标项目的基本概况、投标人的资质要求以及获取资格预审文件、招标文件的办法等事项。

第十二条　公路工程勘察设计招标应当实行公开招标。

国务院发展计划部门确定的国家重点项目和省级人民政府确定的地方重点项目不适宜公开招标的，经国务院发展计划部门或者省级人民政府批准，可以进行邀请招标。

其他公路建设项目符合下列条件之一不适宜公开招标的，按项目管理权限经交通部或者省级人民政府交通主管部门批准，可以进行邀请招标：

（一）投标人少于三个的；

（二）长大桥梁或者隧道工程有特殊要求的；

（三）涉及专利权保护或者受特殊条件限制的；

（四）实行以工代赈、民工建勤、民办公助和利用扶贫资金的。

第十三条　公路工程勘察设计招标实行资格审查制度。公开招标的，实行资格预审；邀请招标的，实行资格后审。

资格预审是招标人在发布招标公告后，发出投标邀请书前对潜在投标人的资质、信誉、业绩和能力的审查。招标人只向资格预审合格的潜在投标人发出投标邀请书、发售招标文件。

资格后审是招标人在收到被邀请投标人的投标文件后，对投标人的资质、信誉、业绩和能力的审查。

第十四条　公路工程勘察设计招标按下列程序进行：

（一）编制资格预审文件和招标文件；

（二）发布招标公告或者发出投标邀请书；

（三）对潜在投标人进行资格审查；

（四）向合格的潜在投标人发售招标文件；

（五）组织潜在投标人勘察现场，召开标前会；

（六）接受投标人的投标文件，公开开标；

（七）组建评标委员会评标，推荐中标候选人；

（八）确定中标人，发出中标通知书；

（九）与中标人签订合同。

公路工程勘察设计招标实行邀请招标的，在编制招标文件后，按上述程序的（四）至（九）项要求进行。

第十五条 资格预审文件应当要求潜在投标人提供下列基本材料：

（一）营业执照、资质等级证书、资信证明和勘察设计收费证书；

（二）近五年完成的主要公路工程勘察设计项目和获奖情况以及社会信誉；

（三）正在承担的和即将承担的勘察设计项目情况；

（四）拟安排的项目负责人、主要技术人员和技术设备、应用软件投入情况；

（五）上两个会计年度的财务决算审计情况；

（六）以联合体形式投标的，联合体成员各方共同签订的投标协议和联合体各方的资质证明材料；

（七）有分包计划的，提交分包计划和拟分包单位的资质要求。

第十六条 招标文件应当按照交通部或者省级人民政府交通主管部门颁布的公路工程勘察设计招标文件范本，结合招标项目的特点和实际需要进行编制。招标文件应当包括以下内容：

（一）投标邀请书；

（二）投标须知；

（三）勘察设计合同通用条款和专用条款；

（四）勘察设计标准规范；

（五）勘察设计原始资料；

（六）勘察设计协议书格式；

（七）投标文件格式；

（八）评标标准和方法。

第十七条 招标人对已发出的招标文件进行必要的补遗或者修正时，应当在提交投标文件截止日期十五日前，书面通知所有招标文件收受人。该补遗或者修正的内容为招标文件的组成部分。

第十八条 公路工程勘察设计招标资格预审结果和招标文件的审批工作由省级人民政府交通主管部门负责。其中，国道主干线、国家、部重点公路建设项目的资格预审结果和招标文件由省级人民政府交通主管部门审批后，报交通部核备。

第十九条 招标人应当合理确定资格预审申请文件和投标文件的编制时间。自招标公告发布之日起至潜在投标人递交资格预审文件截止时间，不得少于 14 日；自招标文件发售截止之日至投标人递交投标文件截止时间，不得少于 21 日。

第三章 投 标

第二十条 投标人是符合公路建设市场准入条件，具备规定资格，响应招标、参加投标竞争的法人或者组织。

第二十一条 两个以上法人或者组织可以组成联合体，以一个投标人身份共同投标。由同一专业的法人或者组织组成的联合体资质按联合体成员内资质等级低的确定。

联合体成员各方应当签订共同投标协议，明确联合体主办人和成员各方拟承担的工作和责任，并将共同投标协议连同投标文件一并提交招标人。

招标人不得强制投标人组成联合体共同投标，不得限制投标人之间的竞争。

第二十二条 投标人拟将部分非主体、非关键工作进行分包的，必须向招标人提交分包计划，并在投标文件中载明。分包单位的资质应当与其承担的工程规模标准相适应。

第二十三条 投标人应当按照招标文件要求编制投标文件，投标文件应当对招标文件提出的实质性要求和条件作出响应。

第二十四条 投标文件由商务文件、技术文件和报价清单组成。

商务文件包括下列基本内容：

（一）投标书；

（二）授权书；

（三）项目负责人及主要技术人员基本情况；

（四）勘察设计工作大纲。

技术文件包括下列基本内容：

（一）对招标项目的理解；

（二）对招标项目特点、难点、重点等的技术分析和处理措施；

（三）拟进行的科研课题；

（四）工程造价初步测算。

报价清单包括下列基本内容：

（一）勘察设计费报价；

（二）勘察设计费计算清单。

第二十五条 投标文件中的商务文件应当包括资格预审文件规定的主要内容以及通过资格预审后的更新材料，勘察设计工作大纲应当包括勘察设计周期、进度和质量保证措施、后续服务措施。

第二十六条 投标文件的报价清单中，对勘察设计取费应当按照现行公路工程勘察设计费收费标准进行计算。

第二十七条 投标文件应当采用双信封密封，第一个信封内为商务文件和技术文件，第二个信封内为报价清单。上述两个信封应当密封于同一信封中为一份投标文件。

投标人应当在招标文件要求截止日期前，将投标文件送达指定地点。投标文件及任何说明函件应当经投标人盖章或者其法定代表人或者其授权代理人签字。

第二十八条 投标人在招标文件要求的截止日期前，可以补充、修改或者撤回已递交的投标文件，并书面通知招标人。补充、修改的内容应当使用与投标书相同的密封方式投递，并作为投标文件的组成部分。

第二十九条 招标人在收到投标文件后，应当签收保存，不得开启。对在投标截止日期后送达的任何函件，招标人均不得接受。投标人少于三个的，招标人应当按照本办法规定重新招标。

第三十条 投标人在投标过程中不得串通作弊，不得妨碍其他投标人的公平竞争，不得以行贿、弄虚作假等手段骗取中标。

第四章 开标、评标、中标

第三十一条 开标应当在招标文件确定的提交投标截止日期的同一时间公开进行。开标地点应当为招标文件预先确定的地点。

第三十二条 开标由招标人主持，邀请所有投标人参加。进行公证的，应当有公证员出席。

第三十三条 开标时，由投标人或者其推选的代表检查投标文件的密封情况，也可以由招标人委托的公证机构检查并公证；经确认无误后，当众拆封投标文件的第一个信封，宣读投标人名称、投标文件签署情况及商务文件标前页的主要内容。投标文件中的第二个信封不予拆封，并妥善保存。

开标过程应当记录，并存档备查。

第三十四条 属于下列情况之一的，应当作为废标处理：

（一）投标文件未按要求密封；

（二）投标文件未加盖投标人公章或者未经法定代表人或者其授权代理人签字；

（三）投标文件字迹潦草、模糊，无法辨认；

（四）投标人对同一招标项目递交两份或者多份内容不同的投标书，未书面声明哪一个有效；

（五）投标文件不符合招标文件实质性要求。

第三十五条　评标由招标人依法组建的评标委员会负责，评标工作按照交通部制定的公路工程勘察设计招标评标有关规定和招标文件的有关要求进行。

评标委员会成员由招标人的代表及有关技术、经济等方面的专家组成，人数为五人以上单数，其中专家人数不得少于成员总数的2/3。与投标人有利害关系的人员不得进入评标委员会。

交通部和省级人民政府交通主管部门应当分别设立评标专家库。国道主干线和国家、部重点公路建设项目的评标委员会专家，从交通部设立的评标专家库中确定，或者由交通部授权从省级人民政府交通主管部门设立的评标专家库中确定。其他公路建设项目的评标委员会专家从省级人民政府交通主管部门设立的评标专家库中确定。

评标委员会成员名单在中标结果确定前应当保密。

第三十六条　评标委员会可以要求投标人对投标文件中含义不明确的内容作必要的澄清或者说明，但是澄清或者说明不得超出投标文件的实质性内容。

第三十七条　评标委员会应当按照招标文件确定的评标标准，采用综合评价方法对投标人的信誉和经验，项目负责人的资格和能力，对项目的技术建议，勘察设计周期及进度计划、质量保证措施，后续服务和报价进行分别打分评议。

评标委员会对投标人的第一个信封评审打分后，在监督机构到场的情况下，拆封投标人的第二个信封，对第二个信封进行评审打分。经综合评审，依据对投标人综合得分结果的排序高低推荐二名中标候选人，并向招标人提出书面评标报告。

招标人根据评标委员会提出的书面评标报告和推荐的合格中标候选人确定中标人。招标人也可以授权评标委员会确定中标人。

第三十八条　评标委员会经评审，认为所有投标都不满足招标文件要求的，可以否决所有投标。出现下列情况之一的，招标人应当依照本办法重新招标：

（一）所有的投标文件均未通过商务文件、技术文件符合性审查；

（二）所有的投标文件均不能满足招标文件要求。

第三十九条　评标委员会成员应当客观、公正地履行职责，遵守职业道德，对所提出的评审意见承担个人责任。

评标委员会成员不得私下接触投标人，不得收受投标人的财物或者其他好处，不得透露对投标文件的评审、中标候选人的推荐情况以及与评标有关的其他情况。

第四十条　中标人确定后，招标人应当在7日内向中标人发出中标通知书，并同时将中标结果通知所有未中标的投标人；在15日之内，按项目管理权限将评标报告向交通部或者省级人民政府交通主管部门核备。

第四十一条　在中标通知书发出之日起30日内，招标人和中标人应当按照招标文件和投标文件签订合同。招标人和中标人不得再行订立背离合同实质性内容的其他协议。

招标文件要求中标人提交履约保证金的，中标人应当提供。

第四十二条　中标人应当按照合同约定履行义务，完成中标项目。

联合体中标的，联合体各方应当共同与招标人签订合同，就中标项目向招标人承担连带责任。

中标人将中标项目的部分非主体、非关键性工作分包给他人完成的，中标人应当就分包项目向招标人负责，分包人就分包项目承担连带责任。

第四十三条 进行方案招标的，招标人、中标人使用未中标人的专利、专有技术的投标方案，应当征得未中标人的同意，并给予合理的经济补偿。

第五章 法律责任

第四十四条 必须进行公路工程勘察设计招标的项目，招标人自行组织或者委托招标代理机构办理招标事宜，未在规定时间内按项目管理权限报交通主管部门核备的，给予警告，责令停止招标活动。

第四十五条 违反本办法规定，必须进行招标的项目而不招标的，将必须进行招标的项目化整为零，或者以其他任何方式规避招标的，责令限期改正，可以处以项目合同金额5‰以上10‰以下的罚款；对全部或者部分使用国有资金的项目，可以暂停项目执行或者暂停资金拨付，对单位直接负责的主管人员和其他直接责任人员依法给予行政处分。

第四十六条 招标代理机构违反本办法规定，泄露应当保密的与招标投标活动有关的情况和资料的，或者与招标人、投标人串通损害国家利益、社会公共利益或者他人合法权益的，处5万元以上25万元以下的罚款，对单位直接负责的主管人员和其他直接责任人员处单位罚款数额5%以上10%以下的罚款；有违法所得的，并处没收违法所得；情节严重的，暂停直至取消招标代理资格。

第四十七条 投标人违反本办法，相互串通投标或者与招标人串通投标，投标人以向招标人或者评标委员会成员行贿的手段谋取中标的，中标无效，处中标项目金额5‰以上10‰以下的罚款；有违法所得的，并处没收违法所得；情节严重的，取消其1年至2年内参加依法必须进行招标的项目的投标资格并予以公告。

第四十八条 评标委员会成员收受投标人的财物或者其他好处的，评标委员会成员或者参加评标的有关工作人员向他人透露对投标文件的评审和比较、中标候选人的推荐以及与评标有关的其他情况的，给予警告，没收收受财物，可以并处3000元以上5万元以下的罚款，对违法的评标委员会成员取消其评标委员会专家资格，建议所在单位按有关规定给予行政处分。

第四十九条 招标人在评标委员会推荐的中标候选人以外确定中标人的，所有投标被评标委员会否决后自行确定中标人的，中标无效，责令改正，可以处中标项目金额5‰以上10‰以下的罚款；对单位直接负责的主管人员和其他直接责任人员依法给予处分。

第五十条 中标人将中标项目转让给他人的，将中标项目肢解后分别转让给他人的，违反本办法规定将中标项目的部分主体、关键性工作分包给他人的，或者分包人再次分包的，转让、分包无效，处转让、分包项目金额5‰以上10‰以下的罚款，对单位直接负责的主管人员和其他直接责任人员依法给予处分。

第五十一条 任何单位违反本办法规定，限制或者排斥本地区、本系统以外的潜在投标人参加投标的，为招标人指定招标代理机构的，强制招标人委托招标代理机构办理招标事宜的，或者以其他方式干涉招标投标活动的，责令改正；对单位直接负责的主管人员和其他直接责任人员依法给予处分。

第五十二条 交通主管部门的工作人员徇私舞弊、滥用职权、索贿、行贿、受贿、干预正常招标投标活动的，视情况由交通主管部门会同有关部门依法给予行政处分，构成犯罪的，依法追究刑事责任。

第六章 附 则

第五十三条 使用国际组织或者外国政府贷款、援助资金的项目进行招标，贷款方、资金提供方对招标投标的有特殊规定的，可以适用其规定，但违背中华人民共和国的社会公共利益的除外。

第五十四条 本办法由交通部负责解释。

第五十五条　本办法自2002年1月1日起施行。

水运工程施工监理招标投标管理办法

（交通部令2002年第3号，2002年8月1日施行）

第一章　总　则

第一条　为加强水运工程施工监理招标投标管理，规范水运工程施工监理招标投标活动，根据《中华人民共和国招标投标法》和国家有关规定，制定本办法。

第二条　在中华人民共和国境内进行水运工程施工监理招标投标活动，适用本办法。

本办法所称水运工程，是指港口、航道、航标、通航建筑物、修造船水工建筑物及其他附属建筑物的新建、改建、大修和安装工程。

第三条　下列水运工程施工监理，应当进行招标：

（一）水运工程的工程总投资在3000万元以上；

（二）水运工程施工监理的单项合同价在50万元以上。

第四条　水运工程施工监理招标投标，应当遵循公开、公平、公正、诚实信用的原则。

第五条　水运工程施工监理招标投标，不受地区或者部门的限制，任何组织和个人不得以任何方式非法进行干预。

第六条　水运工程监理招标投标监督管理，实行统一领导、分级管理。

交通部负责全国水运工程施工监理招标投标活动的监督管理，并直接负责大中型及限额以上、国家投资以及其他重要水运工程施工监理招标投标活动的监督管理。

省、自治区、直辖市人民政府交通主管部门负责本行政区域内水运工程施工监理招标投标活动的监督管理，并直接负责小型及限额以下的水运工程施工监理招标投标活动的监督管理。

长江航务管理局根据交通部的委托，负责小型、限额以下的长江干线水运工程施工监理招标投标活动的监督管理。

第二章　招　标

第七条　水运工程施工监理招标应当在水运工程施工招标之前进行。拟进行施工监理招标的水运工程项目，应当具备下列条件：

（一）初步设计文件已被批准；

（二）建设资金已经落实；

（三）施工监理招标文件已编制完毕，并按本办法的有关规定经交通主管部门批准。

第八条　水运工程施工监理招标投标活动的招标人，应当是依照本办法规定提出招标项目，并进行水运工程施工监理招标的该招标项目的项目法人或者建设单位（以下简称招标人）。

第九条　具备下列条件的招标人，可以自行办理招标事宜：

（一）具有与招标工作相适应的工程管理、概预算管理、财务管理能力；

（二）有组织编制招标文件和标底的能力；

（三）有对投标者进行资格审查和组织评标的能力。

招标人不具备本条前款规定条件的，应当委托招标代理机构办理水运工程施工监理招标事宜。

第十条 依照本办法规定，应当进行施工监理招标的水运工程项目，招标人自行办理招标事宜的，应当在发布招标公告或者发出投标邀请书之日 15 日前，按项目管理权限报交通主管部门备案。

第十一条 水运工程施工监理招标，分为公开招标和邀请招标。

采用公开招标的，招标人应当通过国家指定的报刊、信息网络或者其他媒介发布招标公告，邀请具备相应资格的不特定的监理单位投标。

采用邀请招标的，招标人应当以发送投标邀请书的方式，邀请三个以上具备相应资格的特定的监理单位投标。

第十二条 水运工程施工监理招标，应当实行公开招标，法律、行政法规和本办法另有规定的，从其规定。

水运工程施工监理招标实行邀请招标的，招标人应当按项目管理权限报交通主管部门审批，所邀请的潜在投标人名单应当报交通主管部门备案。

第十三条 水运工程施工监理招标，可以对整个项目一次招标，也可以根据不同使用功能、不同专业、不同实施阶段，分标段、分阶段进行招标，但不得将主体工程施工监理肢解或者只对部分工程施工监理进行招标。

第十四条 水运工程施工监理招标，应当按下列程序进行：

（一）招标人确定招标方式；

（二）编制招标文件，并按本办法有关规定报交通主管部门审批；

（三）发布招标公告或者发出投标邀请书，公布资格审查要求；

（四）对潜在投标人进行资格预审，并按本办法有关规定将资格预审报告及预审结果报交通主管部门备案；

（五）向资格预审合格的潜在投标人发售招标文件；

（六）组织潜在投标人考察工程现场，并进行答疑；

（七）接受投标人的投标文件；

（八）开标并审查投标文件；

（九）组建评标委员会评标，推荐中标候选人；

（十）招标人将评标报告和评标结果报交通主管部门备案；

（十一）确定中标人，发出中标通知书；

（十二）与中标人签订水运工程施工监理合同。

第十五条 水运工程施工监理招标文件，应包括下列内容：

（一）投标须知；

（二）水运工程施工监理合同主要条款；

（三）水运工程施工监理技术标准规范要求；

（四）投标文件格式；

（五）评标标准和方法。

第十六条 水运工程施工监理投标须知，应包括下列内容：

（一）招标项目名称、地点、工程投资、现场条件、工期、主要工程种类、规模、数量；

（二）委托监理的工程范围及业务内容；

（三）递交投标文件的地点、方式和起止时间；

（四）开标的时间和地点；

（五）公布评标结果的时间；

（六）投标保证金的数量及交付、返还的时间和方式；

（七）投标文件的格式和内容要求。

第十七条 水运工程施工监理合同，应当包括下列内容：

（一）招标人与施工监理单位的主要权利、义务；

（二）施工监理的时间及范围；

（三）施工监理的检测项目及监理手段；

（四）对施工监理单位资质和现场监理人员的要求；

（五）招标人为施工监理单位可提供的检测仪器和设备；

（六）必要的水运工程施工图纸及地质情况等技术资料；

（七）招标人为监理单位提供的交通、办公和食宿等条件；

（八）对施工监理费报价的要求。

第十八条 水运工程施工监理技术标准规范要求，应当包括下列内容：

（一）水运工程施工监理依据的技术规范和有关标准；

（二）已被批准的水运工程设计文件提供时间和方式；

（三）水运工程施工监理的特殊技术要求；

（四）水运工程施工监理其他有关资料。

第十九条 水运工程施工监理的招标公告或者投标邀请书，应当包括下列内容：

（一）招标人的名称、地址和通信联系方式；

（二）招标工程的概况：包括工程名称、地点、工期、投资情况及工程的种类、结构、规模、数量等；

（三）报送投标文件的起止时间和地点；

（四）投标人的资质要求；

（五）投标文件的内容要求；

（六）招标人认为必要的其他事项。

第二十条 招标人应将招标文件按照本办法的规定报交通主管部门审批。

招标人对已发出的招标文件进行必要的澄清或者修改的，应当在招标文件要求提交投标文件截止时间至少15日前，以书面形式通知所有招标文件收受人。该澄清或者修改的内容为招标文件的组成部分。

招标人未按本条前款的规定通知投标人，给投标人造成经济损失的，招标人应当予以赔偿。

第二十一条 招标人确定投标人编制投标文件所需要的时间，自招标文件发出之日起至投标人提交投标文件截止之日止，不得少于20日。

第二十二条 水运工程施工监理招标投标实行资格审查制度。

公开招标的，招标公告发布后，招标人应当根据潜在投标人提交的资格预审申请文件，对潜在投标人的资格进行审查。招标人只向资格预审合格的潜在投标人发售招标文件。

邀请招标的，投标邀请书发出后，招标人应当根据投标人提交的投标文件，对投标人的资格进行审查。

第二十三条 投标人应当按照招标公告或投标邀请书的资格审查要求，向招标人提交资格审查申请书及下列有关文件：

（一）投标人的营业执照；

（二）交通主管部门颁发或者认可的水运工程施工监理资质证书；

（三）投标人的组织机构及专业技术人员构成；

（四）投标人近年施工监理主要业绩；

（五）其他与水运工程施工监理资质有关的文件或材料。

第二十四条　属于以下情况之一者，资格审查申请文件无效：

（一）未按期送达的资格审查申请文件；

（二）未经法定代表人或其授权的代理人签字，并加盖潜在投标人印章的资格审查申请文件；

（三）不符合本办法规定内容要求的资格审查申请文件；

（四）内容虚假的资格审查申请文件。

第二十五条　两个以上的监理单位以联合体形式参加水运工程施工监理投标的，应当以一个投标人身份共同投标，并在资格审查申请文件中注明。

联合体各成员单位均应提交资格审查申请文件。

由同一专业的单位组成的联合体，按照资质等级较低的单位确定资质等级。

第二十六条　招标人应将资格预审报告及预审结果报有审批权的交通主管部门备案。

第二十七条　资格预审合格并接到招标文件的投标人，应当按时参加招标人主持召开的投标预备会、勘察现场。

第三章　投标和开标

第二十八条　投标人按照本办法规定经过资格预审取得投标资格后，即可参加水运工程施工监理投标。

招标人及招标代理机构不得参加招标项目的投标。

第二十九条　投标人应当按照招标文件的要求编制投标文件，并对招标文件提出的实质性要求和条件作出响应。

第三十条　投标人参加投标，不得弄虚作假，不得与其他投标人互相串通作弊，不得采取贿赂以及其他不正当手段谋取中标，不得妨碍其他投标人投标。

第三十一条　投标文件应当包括下列主要内容：

（一）投标说明；

（二）水运工程施工监理大纲；

（三）拟配置的现场检测仪器和技术装备情况；

（四）拟派出到本项目的施工监理负责人和主要监理人员的基本情况及其有关资质；

（五）有关水运工程施工监理的资质说明；

（六）投标人近三年水运工程施工监理的主要业绩；

（七）水运工程施工监理费及其依据；

（八）招标文件中要求的其他内容。

第三十二条　水运工程施工监理投标文件，应当由投标人的法定代表人或其授权的代理人签字，并加盖投标人印章。

水运工程施工监理投标文件，应当由投标人密封，并在招标文件规定的期限内送达招标人。

第三十三条　投标人在递交投标文件时，应当按招标文件规定数额向招标人交纳投标保证金。保证金根据工程规模确定，但最高不得超过 3 万元。

第三十四条　投标书按要求送达后，在招标文件规定的投标截止时间前，投标人如需撤回或者修改投标书，应当以正式函件提出并作出说明。

修改投标文件的函件是投标文件的组成部分，其形式要求、密封方式、送达时间，适用本办法第三十二条的规定。

第三十五条　招标人对投标人按时送达的投标文件，应当签收保存，不得开启。

在招标文件要求提交投标文件的截止时间后送达的投标文件，招标人应当拒收。

第三十六条 投标人少于3个的，招标人应当重新招标。

第三十七条 开标应当在招标文件确定的提交投标文件截止时间的同一时间公开进行。

开标地点应当为招标文件中预先确定的地点，不得随意变更。

第三十八条 开标由招标人主持，邀请所有投标人的法定代表人或其授权的代理人参加。

第三十九条 开标时，由投标人或者其推选的代表检查投标文件的密封情况，也可以由招标人委托的公证机构检查并公证。

投标文件的密封情况经确认无误后，应当当众拆封，并宣读投标人名称、投标价格和投标文件的其他主要内容。

招标人应当公布评标、中标的时间和办法以及评标结果的公布方式。

招标人对开标过程应当记录，并存档备查。

第四十条 属于下列情况之一的，应当作为废标处理：

（一）投标文件未按要求密封；

（二）投标文件未经法定代表人或者其授权代理人签字（或印鉴），或者未加盖投标人公章；

（三）投标文件字迹潦草、模糊，无法辨认；

（四）投标文件不符合招标文件实质性要求；

（五）投标人对同一招标项目递交两份以上内容不同的投标文件，未书面声明其中有效的投标文件；

（六）投标文件未按招标文件规定的时间送达；

（七）投标人未按招标文件要求交纳投标保证金；

（八）投标人以不正当手段进行投标。

第四章 评标和中标

第四十一条 评标由招标人依法组建的评标委员会负责。

评标委员会成员由招标人的代表及有关技术、经济等方面的专家组成，人数为5人以上单数，其中专家人数不得少于成员总数的2/3。

第四十二条 被邀请的专家由招标人从交通主管部门提供的专家库中采取随机抽取方式确定。技术特别复杂、专业性要求特别高的特殊招标项目，经交通主管部门同意后，可以由招标人直接指定评标专家。

与投标人有利害关系的人，不得参加相关项目的评标委员会。

第四十三条 评标委员会成员名单应报交通主管部门备案。

评标委员会成员名单在中标结果确定前应当保密。

在评标阶段，评标委员会或评标小组成员不得出席投标人主办或资助的任何活动。

第四十四条 评标委员会成员不代表其所在单位，也不受任何单位和个人的制约，应独立、公正地开展评标工作。

任何单位和个人不得非法干预、影响评标过程和结果。

第四十五条 评标委员会可以要求投标人对投标文件中含义不明确的内容作出必要的澄清或者说明，但是澄清或者说明不得超出投标文件的范围或者改变投标文件的实质性内容。

在评标过程中，招标人或者招标代理机构、投标人不得通过任何形式改变投标文件的内容和报价。

第四十六条 评标办法分为计分法和综合评议法。

采用计分法评标，应当按照招标人事先制定的计分方法，对投标文件的各项内容分别评分，按分数高低排出投标人顺序。

采用综合评议法评标，应当对投标文件的内容、投标人的资信、业绩、人员的素质、监理方案及报价等方面进行综合评议，提出各项评议意见，最后由评标委员会成员以无记名投票方法排出投标人顺序。

第四十七条 评标委员会应当按照招标文件确定的评标标准和办法，对投标文件进行评审和比较。招标文件中没有规定的标准和办法，不得作为评标的依据。

第四十八条 评标委员会完成评标后，应当向招标人提出书面评标报告。

评标报告应包括以下内容：

（一）评标委员会的成员名单；

（二）开标记录情况；

（三）符合要求的投标人情况；

（四）评标采用的标准、评标办法；

（五）投标人顺序；

（六）推荐的中标候选人；

（七）需要说明的其他事项。

第四十九条 招标人根据评标委员会提出的书面评标报告和推荐的中标候选人确定中标人。招标人也可以授权评标委员会直接确定中标人。

第五十条 评标委员会经评审，认为所有投标都不符合招标文件要求的，可以否决所有投标。

遇有本条前款规定的情况，招标人应当重新招标。

第五十一条 招标人应当自确定中标人之日起 15 日内按项目管理权限将评标报告和评标结果报交通主管部门备案。

交通主管部门自收到评标报告和评标结果之日起 5 日内未提出异议的，招标人应当向中标人发出中标通知书，并同时将中标结果通知所有未中标的投标人。

第五十二条 水运工程施工监理评标、中标的时间，自开标之日起至发出中标通知书之日止最长不得超过 30 日，大型水运工程施工监理或者实行国际招标的水运工程施工监理的评标、中标的时间，最长不得超过 40 日。

第五十三条 招标人应当在发出中标通知书后 15 日内向未中标的投标人一次性返还投标保证金。

第五十四条 招标人和中标人应当自中标通知书发出之日起 30 日内订立书面水运工程施工监理合同。

水运工程施工监理合同应当按照招标文件、中标人的投标文件、中标通知书，参照《水运工程施工监理合同范本》订立。

招标人和中标人不得再行订立背离合同实质性内容的其他协议。

第五十五条 招标人应当自水运工程施工监理合同订立之日起 15 日内退还中标人投标保证金。

第五十六条 招标文件要求中标人提交履约保函或保证金的，中标人应当提交。

招标人应当在水运工程施工监理合同全部履行 10 日内退还履约保函或保证金。

第五章 附 则

第五十七条 违反本办法及《中华人民共和国招标投标法》的行为，依法承担相应的法律责任。

第五十八条 使用国际组织或者外国政府贷款、援助资金的水运工程项目的施工监理进行招标，贷款方或者资金提供方对施工监理招标投标的具体条件和程序有不同规定的，可以适用其规定，但不得违背中华人民共和国的社会公共利益。

第五十九条　本办法由交通部解释。

第六十条　本办法自2002年8月1日起施行。交通部1999年3月1日发布的《水运工程施工监理招标投标管理办法》（试行）同时废止。

公路工程施工监理招标投标管理办法

第一章　总　则

第一条　为规范公路工程施工监理招标投标活动，保证公路工程质量，维护招标投标活动各方当事人合法权益，依据《公路法》和《招标投标法》，制定本办法。

第二条　依法必须进行招标的公路工程施工监理项目，其招标投标活动应当遵守本办法。

本办法所称公路工程施工监理，包括路基路面（含交通安全设施）工程、桥梁工程、隧道工程、机电工程、环境保护配套工程的施工监理以及对施工过程中环境保护和施工安全的监理。

第三条　公路工程施工监理招标投标应当遵循公开、公平、公正和诚实信用的原则。

第四条　交通部负责全国公路工程施工监理招标投标活动的监督管理。

县级以上地方人民政府交通主管部门负责本行政区域内公路工程施工监理招标投标活动的监督管理工作。

交通主管部门可以委托其所属的质量监督机构具体负责施工监理招标投标活动的监督管理工作。

第五条　交通主管部门应当加强对公路工程施工监理招标投标活动全过程的监督管理。

第六条　交通主管部门应当按照《工程建设项目招标投标活动投诉处理办法》和国家有关规定，建立公正、高效的招标投标投诉处理机制。

任何单位和个人认为公路工程施工监理招标投标活动违反法律、法规、规章规定，都有权向招标人提出异议或者依法向交通主管部门投诉。

第七条　交通主管部门应当逐步建立公路工程施工监理企业和人员信用档案体系。

信用档案中应当包括公路工程施工监理企业和人员的基本情况、业绩以及行政处罚记录。

第二章　招　标

第八条　依照本办法进行施工监理招标的公路工程项目，应当具备下列条件：

（一）初步设计文件应当履行审批手续的，已经批准；

（二）建设资金已经落实；

（三）项目法人或者承担项目管理的机构已经依法成立。

第九条　公路工程施工监理招标人，应当是依照本办法规定提出公路工程施工监理招标项目、进行招标的公路工程项目法人或者其他组织。

第十条　招标人可以将整个公路工程项目的施工监理作为一个标一次招标，也可以按不同专业、不同阶段分标段进行招标。

招标人分标段进行施工监理招标的，标段划分应当充分考虑有利于对招标项目实施有效管理和监理企业合理投入等因素。

第十一条　公路工程施工监理招标分为公开招标和邀请招标。

第十二条　公路工程施工监理应当公开招标。

符合下列条件之一的项目，经有审批权的部门批准后，可以进行邀请招标：

（一）技术复杂或者有特殊要求的；

（二）符合条件的潜在投标人数量有限的；

（三）受自然地域环境限制的；

（四）公开招标的费用与工程监理费用相比，所占比例过大的；

（五）法律、法规规定不宜公开招标的。

第十三条　采用公开招标方式的，招标人应当依法在国家指定媒介上发布招标公告，并可以在交通主管部门提供的媒介上同步发布。

第十四条　公路工程施工监理招标的招标人应当对潜在投标人进行资格审查。资格审查方式分为资格预审和资格后审。

资格预审是招标人在发布招标公告后，发出投标邀请书前对潜在投标人的资质、信誉和能力进行的审查。招标人只向通过资格预审的潜在投标人发出投标邀请书和发售招标文件。

资格后审是招标人在收到投标人的投标文件后，对投标人的资质、信誉和能力进行的审查。

第十五条　资格审查方法分为强制性条件审查法和综合评分审查法。

强制性条件审查法是指招标人只对投标人或者潜在投标人的资格条件是否满足招标文件规定的投标资格、信誉要求等强制性条件进行审查，并得出“通过”或者“不通过”的审查结论，不对投标人或潜在投标人的资格条件进行具体量化评分的资格审查方法。

综合评分审查法是指在投标人或者潜在投标人的资格条件满足招标文件规定的最低资格、信誉要求的基础上，招标人对投标人或者潜在投标人的施工监理能力、管理能力、履约情况和施工监理经验等进行量化评分并按照分值进行筛选的资格审查方法。

第十六条　公路工程施工监理招标，应当按照下列程序进行：

（一）招标人确定招标方式。采用邀请招标的，应当履行审批手续。

（二）招标人编制招标文件，并按照项目管理权限报县级以上地方交通主管部门备案；采用资格预审方式的，同时编制投标资格预审文件，预审文件中应当载明提交资格预审申请文件的时间和地点。

（三）发布招标公告。采用资格预审方式的，同时发售投标资格预审文件；采用邀请招标的，招标人直接发出投标邀请，发售招标文件。

（四）采用资格预审方式的，对潜在投标人进行资格审查，并将资格预审结果通知所有参加资格预审的潜在投标人，向通过资格预审的潜在投标人发出投标邀请书和发售招标文件。

（五）必要时组织投标人考察招标项目工程现场，召开标前会议。

（六）接受投标人的投标文件。

（七）公开开标。

（八）采用资格后审方式的，招标人对投标人进行资格审查。

（九）组建评标委员会评标，推荐中标候选人。

（十）确定中标人，将评标报告和评标结果按照项目管理权限报县级以上地方交通主管部门备案并公示。

（十一）招标人发出中标通知书。

（十二）招标人与中标人签订公路工程施工监理合同。

二级以下公路、独立中、小桥及独立中、短隧道的新建、改建以及养护大修工程项目，可根据具体条件和实际需要对上述程序适当简化，但应当符合《招标投标法》的规定。

第十七条　招标人应当根据施工监理招标项目的特点和需要编制招标文件，招标文件应当符合交通部部颁标准《公路工程施工监理规范》中要求强制性执行的规定。

二级及二级以上公路、独立大桥及特大桥、独立长隧道及特长隧道的新建、改建以及养护大修工程项目，其主体工程的施工监理招标文件，应当使用交通部颁布的《公路工程施工监理招标文件范本》，附属设施工程及其他等级的公路工程项目的施工监理招标文件，可以参照交通部颁布的《公路工程施工监理招标文件范本》进行编制，并可适当简化。

第十八条 招标文件应当包括以下主要内容：

（一）投标邀请书。

（二）投标须知（包括工程概况和必要的工程设计图纸，提交投标文件的起止时间、地点和方式，开标的时间和地点等）。

（三）资格审查要求及资格审查文件格式（适用于采用资格后审方式的）。

（四）公路工程施工监理合同条款。

（五）招标项目适用的标准、规范、规程。

（六）对投标监理企业的业务能力、资质等级及交通和办公设施的要求。

（七）根据招标对象是总监理机构还是驻地监理机构，提出对投标人投入现场的监理人员、监理设备的最低要求。

（八）是否接受联合体投标。

（九）各级监理机构的职责分工。

（十）投标文件格式，包括商务文件格式、技术建议书格式、财务建议书格式等。

（十一）评标标准和办法。评标标准应当考虑投标人的业绩或者处罚记录等诚信因素，评标办法应当注重人员素质和技术方案。

第十九条 招标人对重要监理岗位人员的数量、资格条件和备选人员的要求，应当符合《公路工程施工监理规范》的规定。

第二十条 招标人要求投标人提交投标担保的，投标人应当按照要求的金额和形式提交。投标保证金金额一般不得超过5万元人民币。

第二十一条 招标人不得在招标文件中制定限制性条件阻碍或者排斥投标人，不得规定以获得本地区奖项等要求作为评标加分条件或者中标条件。

第二十二条 招标公告、投标邀请书应当载明下列内容：

（一）招标人的名称和地址；

（二）招标项目的名称、技术标准、规模、投资情况、工期、实施地点和时间；

（三）获取招标文件或者资格预审文件的办法、时间和地点；

（四）招标人对投标人或者潜在投标人的资质要求；

（五）招标人认为应当公告或者告知的其他事项。

第二十三条 资格预审文件和招标文件的发售时间不得少于5个工作日。

第二十四条 招标人应当合理确定投标人编制资格预审申请文件和投标文件的时间。

采用资格预审的招标项目，潜在投标人编制资格预审申请文件的时间，自开始发售资格预审文件之日起至提交资格预审申请文件截止之日止，不得少于14日。

投标人编制投标文件的时间，自发售招标文件之日起至提交投标文件截止之日止不得少于20日。

第二十五条 招标人发出的招标文件补遗书至少应当在投标截止日期15日前以书面形式通知所有投标人或者潜在投标人。补遗书应当向招标文件的备案部门补充备案。

第二十六条 招标人应当根据编制成本，合理确定资格预审文件和招标文件的售价。

第三章 投 标

第二十七条 公路工程施工监理投标人是依法取得交通主管部门颁发的监理企业资质，响应招标、参加投标竞争的监理企业。

第二十八条 招标人允许监理企业以联合体方式投标的，联合体应当符合以下要求：

（一）联合体成员可以由两个以上监理企业组成，联合体各方均应当具备承担招标项目的相应能力和招标文件规定的资格条件。由同一专业的监理企业组成的联合体，按照资质等级较低的企业确定资质等级。

（二）联合体各方应当签订共同投标协议，约定各方拟承担的工作和责任，并将共同投标协议连同投标文件一并提交招标人。联合体各方签订共同投标协议后，只能以一个投标人的身份投标，不得针对同一标段再以各自名义单独投标或者参加其他联合体投标。

第二十九条 投标人应当按照招标文件的要求编制投标文件，并对招标文件提出的实质性要求和条件作出响应。

第三十条 采用本办法规定的技术评分合理标价法和综合评标法的项目，投标文件由商务文件、技术建议书、财务建议书组成。商务文件和技术建议书应当密封于一个信封中，财务建议书密封于另一个信封中。上述两个信封应当再密封于同一信封内，成为一份投标文件。

采用本办法规定的固定标价评分法的项目，投标文件由商务文件、技术建议书组成。商务文件和技术建议书应当密封于一个信封中，成为一份投标文件。

投标文件及任何说明函件应当经投标人盖章，投标文件内的任何有文字页须经其法定代表人或者其授权的代理人签字。

第四章 开标、评标和中标

第三十一条 开标由招标人主持，邀请所有投标人的法定代表人或其授权的代理人参加。

交通主管部门应当对开标过程进行监督。

第三十二条 开标时，由投标人或者其推选的代表检查投标文件的密封情况，也可以由招标人委托的公证机构进行检查并公证；经确认无误后，当众拆封商务文件和技术建议书所在的信封，宣读投标人名称和主要监理人员等内容。

投标文件中财务建议书所在的信封在开标时不予拆封，由交通主管部门妥善保存。在评标委员会完成对投标人的商务文件和技术建议书的评分后，在交通主管部门的监督下，再由评标委员会拆封参与评分的投标人的财务建议书的信封。

第三十三条 开标过程应当记录，并存档备查。

第三十四条 投标人少于三个的，招标人应当重新招标。

第三十五条 招标人设有标底的，标底应当符合有关价格管理规定。标底应当综合考虑项目特点、要求投入的监理人员、配备的监理设备等因素。标底应当在开标时予以公布。

招标人不设标底且不采用固定标价评分法的，招标人可以在规定的范围内设定投标报价上下限。

第三十六条 评标工作由招标人依法组建的评标委员会负责。

对国家和交通部重点公路建设项目，评标委员会的专家应当从交通部设立的监理专家库中随机抽取，或者根据交通部授权从省级交通主管部门设立的监理专家库中随机抽取；其他公路建设项目评标委员会的专家从省级交通主管部门设立的监理专家库中随机抽取。

第三十七条 评标委员会应当按照招标文件确定的评标标准和方法，对投标文件进行评审和比较。

未列人招标文件的评标标准和方法，不得作为评标的依据。

第三十八条 评标可以使用固定标价评分法、技术评分合理标价法、综合评标法以及法律、法规允许的其他评标方法。

固定标价评分法，是指由招标人按照价格管理规定确定监理招标标段的公开标价，对投标人的商务文件和技术建议书进行评分，并按照得分由高至低排序，确定得分最高者为中标候选人的方法。

技术评分合理标价法，是指对投标人的商务文件和技术建议书进行评分，并按照得分由高至低排序，确定得分前两名中的投标价较低者为中标候选人的方法。

综合评标法，是指对投标人的商务文件和技术建议书、财务建议书进行评分、排序，确定得分最高者为中标候选人的方法。其中财务建议书的评分权值应当不超过10%。

第三十九条 评标委员会成员应当客观、公正地履行职务，遵守职业道德，对所提出的评审意见承担个人责任。

评标委员会成员及参加评标的有关工作人员不得私下接触投标人，不得收受商业贿赂。

第四十条 评标委员会完成评标后，应当向招标人提交书面评标报告。

评标报告应当包括以下内容：

（一）评标委员会的成员名单；

（二）开标记录情况；

（三）符合要求的投标人情况；

（四）评标采用的标准、评标办法；

（五）投标人排序；

（六）推荐的中标候选人；

（七）需要说明的其他事项。

第四十一条 招标人确定中标人后，应当及时向中标人发出中标通知书，并同时将中标结果告知所有的投标人。

第四十二条 招标人和中标人应当自中标通知书发出之日起30日内订立书面合同。招标人和中标人均不得提出招标文件和投标文件之外的任何其他条件。

招标文件中要求中标人提交履约担保的，中标人应当按要求的金额、时间和形式提交。以保证金形式提交的，金额一般不得超过合同价的5%。

第四十三条 招标人应当在与中标人签订合同后的5个工作日内，向中标人和未中标的投标人退还投标保证金。

第五章 法律责任

第四十四条 违反本办法，由交通主管部门根据各自的职责权限按照《招标投标法》和有关法规、规章及本办法进行处罚。

第四十五条 招标人有下列情形之一的，交通主管部门责令其限期改正，根据情节可以处3万元以下的罚款：

（一）公开招标的项目未在国家指定的媒介发布招标公告的；

（二）应当公开招标而不公开招标的；

（三）不具备招标条件而进行招标的；

（四）资格预审文件及招标文件出售时限、潜在投标人提交资格预审申请文件的时限、投标人提交投标文件的时限少于规定时限的；

（五）在规定时限外接收资格预审申请文件和投标文件的。

第四十六条　评标过程中有下列情形之一的，评标无效，应当依法重新进行评标：

（一）使用招标文件没有确定的评标标准和方法评标的；

（二）评标标准和方法含有倾向或者排斥投标人的内容，妨碍或者限制投标人之间竞争，且影响评标结果的；

（三）应当回避担任评标委员会成员的人员参与评标的；

（四）评标委员会的组建及人员组成不符合法定要求的。

第四十七条　评标委员会成员及参加评标的有关工作人员收受投标人的商业贿赂，向他人透露对投标文件的评审和比较、中标候选人的推荐以及与评标有关的其他情况的，给予警告，没收收受的财物，可以并处3000元以上5万元以下的罚款，对评标委员会成员，如有上述违规行为，则取消其担任评标委员会成员的资格，不得再参加任何依法必须进行招标的项目的评标；构成犯罪的，依法追究刑事责任。

第四十八条　交通主管部门及其所属质量监督机构的工作人员违反本办法规定，在监理招标投标活动的监督管理工作中徇私舞弊、收受商业贿赂、滥用职权或者玩忽职守，构成犯罪的，依法追究刑事责任；不构成犯罪的，依法给予行政处分。

第六章　附　则

第四十九条　国际金融组织或者外国政府贷款、援助资金的公路工程项目，贷款方或者资金提供方对施工监理招标投标的具体条件和程序有不同规定的，可以适用其规定，但不得违背中华人民共和国的社会公众利益。

第五十条　本办法自2006年7月1日起施行。交通部1998年12月28日发布的《公路工程施工监理招标投标管理办法》（交通部令1998年第9号）同时废止。

公路工程施工招标投标管理办法

（交通部令2006年第7号，2006年8月1日施行）

第一章　总　则

第一条　为规范公路工程施工招标投标活动，保证公路工程施工质量，维护招标投标活动各方当事人合法权益，依据《公路法》、《招标投标法》，制定本办法。

第二条　在中华人民共和国境内进行公路工程施工招标投标活动，适用本办法。

本办法所称公路工程，包括公路、公路桥梁、公路隧道及与之相关的安全设施、防护设施、监控设施、通信设施、收费设施、绿化设施、服务设施、管理设施等公路附属设施的新建、改建与安装工程。

第三条　下列公路工程施工项目必须进行招标，但涉及国家安全、国家秘密、抢险救灾或者利用扶贫资金实行以工代赈等不适宜进行招标的项目除外：

（一）投资总额在3000万元人民币以上的公路工程施工项目；

（二）施工单项合同估算价在200万元人民币以上的公路工程施工项目；

（三）法律、行政法规规定应当招标的其他公路工程施工项目。

第四条　公路工程施工招标投标活动应当遵循公开、公平、公正和诚信的原则。

第五条　依法必须进行招标的公路工程施工项目，其招标投标活动不受地区或者部门的限制，任何具备从事公路建设规定条件的企业法人都可以参加投标。

任何组织和个人不得以任何方式非法干预公路工程施工招标投标活动。

第六条 交通部依法负责全国公路工程施工招标投标活动的监督管理。

县级以上地方人民政府交通主管部门按照各自职责依法负责本行政区域内公路工程施工招标投标活动的监督管理。

第二章 招 标

第七条 公路工程施工招标的项目应当具备下列条件：

（一）初步设计文件已被批准；

（二）建设资金已经落实；

（三）项目法人已经确定，并符合项目法人资格标准要求。

第八条 公路工程施工招标的招标人，应当是依照本办法规定提出公路工程施工招标项目、进行公路工程施工招标的项目法人。

第九条 具备下列条件的招标人，可以自行办理招标事宜：

（一）具有与招标项目相适应的工程管理、造价管理、财务管理能力；

（二）具有组织编制公路工程施工招标文件的能力；

（三）具有对投标人进行资格审查和组织评标的能力。

招标人不具备本条前款规定条件的，应当委托具有相应资格的招标代理机构办理公路工程施工招标事宜。

任何组织和个人不得为招标人指定招标代理机构。

第十条 公路工程施工招标分为公开招标和邀请招标。

采用公开招标的，招标人应当通过国家指定的报刊、信息网络或者其他媒体发布招标公告，邀请具备相应资格的不特定的法人投标。

采用邀请招标的，招标人应当以发送投标邀请书的方式，邀请三家以上具备相应资格的特定的法人投标。

第十一条 公路工程施工招标应当实行公开招标，法律、行政法规和本办法另有规定的除外。

符合下列条件之一，不适宜公开招标的，依法履行审批手续后，可以进行邀请招标：

（一）项目技术复杂或有特殊技术要求，且符合条件的潜在投标人数量有限的；

（二）受自然地域环境限制的；

（三）公开招标的费用与工程费用相比，所占比例过大的。

第十二条 公路工程施工招标，可以对整个建设项目分标段一次招标，也可以根据不同专业、不同实施阶段分别进行招标，但不得将招标工程化整为零或者以其他任何方式规避招标。

第十三条 公路工程施工招标标段，应当按照有利于对项目实施管理和规模化施工的原则，合理划分。

施工工期应当按照批复的初步设计建设工期，结合项目实际情况，合理确定。

第十四条 公路工程施工招标，应当按下列程序进行：

（一）确定招标方式。采用邀请招标的，应当按照国家规定报有关主管部门审批。

（二）编制投标资格预审文件和招标文件。招标文件按照本办法规定备案。

（三）发布招标公告，发售投标资格预审文件；采用邀请招标的，可直接发出投标邀请书，发售招标文件。

（四）对潜在投标人进行资格审查。

（五）向资格预审合格的潜在投标人发出投标邀请书和发售招标文件。

（六）组织潜在投标人考察招标项目工程现场，召开标前会。

（七）接受投标人的投标文件，公开开标。

（八）组建评标委员会评标，推荐中标候选人。

（九）确定中标人。评标报告和评标结果按照本办法规定备案并公示。

（十）发出中标通知书。

（十一）与中标人订立公路工程施工合同。

第十五条 公路工程施工招标投标应当对潜在投标人进行资格审查。

公路工程施工采用公开招标的，招标公告发布后，招标人应当根据潜在投标人提交的资格预审申请文件，对潜在投标人的资格进行审查。招标人只向资格预审合格的潜在投标人发售招标文件。

公路工程施工采用邀请招标的，投标邀请书发出后，招标人应当根据投标人提交的投标文件，对投标人的资格进行审查。

公路工程施工招标资格预审办法由交通部另行制定。

第十六条 招标人审查潜在投标人的资格，应当严格按照资格预审的规定进行，不得采用抽签、摇号等博彩性方式进行资格审查。

第十七条 招标人应当根据招标项目的特点和需要，编制招标文件。

二级及以上公路和大型桥梁、隧道工程的主体工程施工招标文件，应当按照交通部颁布的《公路工程国内招标文件范本》的格式和要求编制。

本条前款规定以外的其他公路工程和公路附属设施工程的施工招标文件，可参照《公路工程国内招标文件范本》的格式和内容编制，并可根据实际需要适当简化。

第十八条 招标文件中关于投标人的资质要求，应当符合法律、行政法规的规定。

招标人不得在招标文件中制定限制性条件阻碍或者排斥投标人，不得规定以获得本地区奖项等要求作为评标加分条件或者中标条件。

第十九条 招标文件应当载明以下主要内容：

（一）投标邀请书；

（二）投标人须知；

（三）公路工程施工合同条款；

（四）招标项目适用的技术规范；

（五）施工图设计文件；

（六）投标文件格式，包括投标书格式及投标书附录格式、投标书附表格式、工程量清单格式、投标担保文件格式、合同格式等。

投标人须知应当载明以下主要内容：

（一）评标标准和方法；

（二）工期要求；

（三）提交投标文件的起止时间、地点和方式；

（四）开标的时间和地点。

招标公告、投标邀请书应当载明下列内容：

（一）招标人的名称和地址；

（二）招标项目的名称、技术标准、规模、投资情况、工期、实施地点和时间；

（三）获取资格预审文件或者招标文件的办法、时间和地点；

（四）对潜在投标人的资质要求；

（五）招标人认为应当公告或者告知的其他事项。

第二十条 招标人应当按照招标公告或者投标邀请书规定的时间、地点出售资格预审文件和招标文件。资格预审文件和招标文件的发售时间不得少于5个工作日。

第二十一条 招标人应当合理确定资格预审申请文件和投标文件的编制时间。

编制资格预审申请文件的时间，自开始发售资格预审文件之日起至潜在投标人提交资格预审申请文件截止时间止，不得少于14日。

编制投标文件的时间，自招标文件开始发售之日起至投标人提交投标文件截止时间止，高速公路、一级公路、技术复杂的特大桥梁、特长隧道不得少于28日，其他公路工程不得少于20日。

第二十二条 国道主干线和国家高速公路网建设项目的工程施工招标文件应当报交通部备案，其他公路建设项目的工程施工招标文件应当按照项目管理权限报县级以上地方人民政府交通主管部门备案。

交通主管部门发现招标文件存在不符合法律、法规及规章规定内容的，应当在收到备案文件后的7日内，提出处理意见，及时行使监督检查职责。

第二十三条 招标人如需对已出售的招标文件进行必要的澄清或修改，应当在投标截止日期15日前以书面形式通知所有招标文件收受人，并应当按照第二十二条的规定备案。

对招标文件澄清或者修改的内容为招标文件的组成部分。

第二十四条 招标人设定标底的，可自行编制标底或者委托具备相应资格的单位编制标底。

标底编制应当符合国家有关工程造价管理的规定，并应当控制在批准的概算以内。

招标人应当采取措施，在开标前做好标底的保密工作。

第二十五条 国道主干线和国家高速公路网建设项目的资格预审结果报交通部备案，其他公路建设项目的资格预审结果按照项目管理权限报县级以上地方人民政府交通主管部门备案。

第三章 投 标

第二十六条 公路工程施工招标的投标人是响应招标、参加投标竞争的公路工程施工单位。

投标人应当具备招标文件规定的资格条件，具有承担所投标项目的相应能力。

第二十七条 两个以上施工单位可以组成联合体参加公路工程施工投标。联合体各成员单位都应当具备招标文件规定的相应资质条件。由同一专业施工单位组成的联合体，按照资质等级较低的单位确定资质等级。

以联合体形式参加公路工程施工投标的单位，应当在资格预审申请文件中注明，并提交联合体各成员单位共同签订的联合体协议。

联合体协议应当明确主办人及成员单位各自的权利和义务。

第二十八条 投标人应当按照招标文件的要求，按时参加招标人主持召开的标前会并勘察现场。

第二十九条 投标人应当按照招标文件的要求编制投标文件，并对招标文件提出的实质性要求和条件作出响应。

第三十条 投标人根据招标文件载明的项目实际情况，拟在中标后将中标项目的部分非关键性工作进行分包的，应当向招标人提交分包计划，并在投标文件中载明。分包单位的资质应当与其承担的工程规模标准相适应。

第三十一条 投标文件中投标书及投标书附录、投标报价部分应当由投标人的法定代表人或其授权的代理人签字，并加盖投标人印章，其他部分应当按照招标文件的要求签署。

投标文件应当由投标人密封，并按照招标文件规定的时间、地点和方式送达招标人。

第三十二条 投标文件按照要求送达后，在招标文件规定的投标截止时间前，投标人如需撤回或者修改投标文件，应当以正式函件提出并作出说明。

修改投标文件的函件是投标文件的组成部分，其形式要求、密封方式、送达时间，适用对投标文件的规定。

第三十三条 招标人对投标人按时送达并符合密封要求的投标文件，应当签收，并妥善保存。

招标人不得接受未按照要求密封的投标文件及投标截止时间后送达的投标文件。

第三十四条 投标人参加投标，不得弄虚作假，不得与其他投标人互相串通投标，不得采取贿赂以及其他不正当手段谋取中标，不得妨碍其他投标人投标。

第四章 开标、评标和中标

第三十五条 开标时间应当与招标文件中确定的提交投标文件截止时间一致。

开标地点应当是招标文件中预先确定的地点，不得随意变更。

第三十六条 开标应当公开进行。

开标由招标人主持，邀请交通主管部门和所有投标人的法定代表人或其授权的代理人参加。

第三十七条 开标时，由投标人或者其推选的代表检查投标文件的密封情况，也可以由招标人委托的公证机构检查并予以公证。

投标文件的密封情况经确认无误后，招标人应当当众拆封，并宣读投标人名称、投标价格和投标文件的其他主要内容。

招标人设有标底的，应当同时公布标底。

第三十八条 招标人应当记录开标过程，并存档备查。

第三十九条 评标由招标人依法组建的评标委员会负责。

评标委员会由招标人的代表和技术、经济专家组成。评标委员会委员人数为5人以上单数，其中专家人数不得少于成员总数的2/3。

第四十条 国道主干线和国家高速公路网建设项目，评标委员会专家从交通部设立的评标专家库中随机抽取，其他公路建设项目的评标委员会专家从省级人民政府交通主管部门设立的评标专家库中随机抽取。

与投标人有利害关系的人员不得进入相关招标项目的评标委员会。

第四十一条 评标委员会成员名单在中标结果确定前应当保密。

第四十二条 评标委员会成员应当客观、公正地履行职责，遵守职业道德，对所提出的评审意见承担责任。

评标委员会成员不得私下接触投标人，不得收受贿赂或者投标人的其他好处，不得透露对投标文件的评审、中标候选人的推荐情况以及与评标有关的其他情况。评标委员会成员存在违规行为的，一经查实，取消其评标委员会成员资格，并不得再参加任何依法必须进行招标的项目的评标。

任何单位和个人不得非法干预、影响评标过程和结果。

第四十三条 评标委员会可以要求投标人对投标文件中含义不明确的内容作出必要的澄清或者说明，但是澄清或者说明不得超出或者改变投标文件的实质性内容。

第四十四条 公路工程施工招标的评标方法可以使用合理低价法、最低评标价法、综合评估法和双信封评标法以及法律、法规允许的其他评标方法。

合理低价法，是指对通过初步评审和详细评审的投标人，不对其施工组织设计、财务能力、技术能力、业绩及信誉进行评分，而是按招标文件规定的方法对评标价进行评分，并按照得分由高到低的顺序排列，推荐前3名投标人为中标候选人的评标方法。

最低评标价法，是指按由低到高顺序对评标价不低于成本价的投标文件进行初步评审和详细评审，推荐通过初步评审和详细评审且评标价最低的前3名投标人为中标候选人的评标方法。

综合评估法，是指对所有通过初步评审和详细评审的投标人的评标价、财务能力、技术能力、管理水平以及业绩与信誉进行综合评分，按综合评分由高到低排序，并推荐前3名投标人为中标候选人的评标方法。

双信封评标法，是指投标人将投标报价和工程量清单单独密封在一个报价信封中，其他商务和技术文件密封在另外一个信封中，分两次开标的评标方法。第一次开商务和技术文件信封，对商务和技术文件进行初步评审和详细评审，确定通过商务和技术评审的投标人名单。第二次再开通过商务和技术评审投标人的投标报价和工程量清单信封，当场宣读其报价，再按照招标文件规定的评标办法进行评标，推荐中标候选人。对未通过商务和技术评审的投标人，其报价信封将不予开封，当场退还给投标人。

公路工程施工招标评标，一般应当使用合理低价法。使用世界银行、亚洲开发银行等国际金融组织贷款的项目和工程规模较小、技术含量较低的工程，可使用最低评标价法。

第四十五条 评标委员会应当按照招标文件确定的评标标准和方法，对投标文件进行评审和比较。

招标文件中没有规定的标准和方法，不得作为评标的依据。

第四十六条 评标委员会完成评标工作后，应当向招标人提出书面评标报告。评标报告应当由所有评标委员会委员签字。

评标报告应当载明以下内容：

（一）评标委员会的成员名单；

（二）开标记录情况；

（三）评标采用的标准和方法；

（四）对投标人的评价；

（五）符合要求的投标人情况；

（六）推荐的中标候选人；

（七）需要说明的其他事项。

第四十七条 评标委员会推荐的中标候选人应当限定在一至三人，并标明排列顺序。

招标人应当根据评标委员会提出的书面评标报告确定排名第一的中标候选人为中标人。排名第一的中标候选人放弃中标、因不可抗力不能履行合同，或者在招标文件规定的期限内未能提交履约担保的，招标人可以确定排名第二的中标候选人为中标人。

排名第二的中标候选人因前款规定的原因也不能签订合同的，招标人可以确定排名第三的中标候选人为中标人。

招标人可以授权评标委员会直接确定中标人。

第四十八条 招标人应当将评标结果在招标项目所在地省级交通主管部门政府网站上公示，接受社会监督。公示时间不少于7日。

第四十九条 属于下列情况之一的，应当作为废标处理：

（一）投标文件未经法定代表人或者其授权代理人签字，或者未加盖投标人公章；

（二）投标文件字迹潦草、模糊，无法辨认；

（三）投标人对同一标段提交两份以上内容不同的投标文件，未书面声明其中哪一份有效；

（四）投标人在招标文件未要求选择性报价时，对同一个标段，有两个或两个以上的报价；

（五）投标人承诺的施工工期超过招标文件规定的期限或者对合同的重要条款有保留；

（六）投标人未按招标文件要求提交投标保证金；

（七）投标文件不符合招标文件实质性要求的其他情形。

第五十条　有下列情形之一的，招标人应当依照本办法重新招标：

（一）少于3个投标人的；

（二）经评标委员会评审，所有投标均不符合招标文件要求的；

（三）由于招标人、招标代理人或投标人的违法行为，导致中标无效的；

（四）中标人均未与招标人签订公路工程施工合同的。

重新招标的，招标文件、资格预审结果和评标报告应当按照本办法的规定重新报交通主管部门备案，招标文件未作修改的可以不再备案。

第五十一条　招标人确定中标人后，应当向中标人发出中标通知书，并同时将中标结果通知所有未中标的投标人。

第五十二条　招标人应当自确定中标人之日起15日内，将评标报告向第二十二条规定的备案机关进行备案。

第五十三条　招标人和中标人应当自中标通知书发出之日起30日内订立书面公路工程施工合同。

公路工程施工合同应当按照招标文件、中标人的投标文件、中标通知书订立。

招标人和中标人不得再行订立背离合同实质性内容的其他协议。

第五十四条　招标人应当自订立公路工程施工合同之日起5个工作日内，向中标人和未中标的投标人退还投标保证金。由于中标人自身原因放弃中标，招标文件约定放弃中标不予返还投标保证金的，中标人无权要求返还投标保证金。

第五章　附　则

第五十五条　违反本办法及《招标投标法》的行为，依法承担相应的法律责任。

第五十六条　使用国际金融组织或者外国政府贷款的公路工程施工招标，贷款方或者资金提供方对施工招标投标的具体条件和程序有特殊规定的，可以适用其规定，但不得违背中华人民共和国的社会公共利益。交通部对其有另行规定的，适用其规定。

第五十七条　本办法自2006年8月1日起施行，交通部2002年6月6日发布的《公路工程施工招标投标管理办法》同时废止。

科技项目招标投标管理暂行办法

（科技部2000年12月28日发布施行）

第一章　总　则

第一条　为优化科技资源配置，提高科技经费的使用效率，促进公平竞争，保障科技项目招标投标活动当事人的合法权益，加强对科技项目招标投标活动的监督和管理，根据《中华人民共和国招标投标法》，制定本办法。

第二条　在中华人民共和国境内，对使用政府财政拨款科技项目而进行的招标投标活动适用本办法。

第三条　科技项目招标投标，是指招标人对拟订招标的科技项目事先公布指标和要求，众多投标人参加竞争，招标人按照规定程序选择中标人的行为。

第四条　涉及政府财政拨款投入为主的技术研究开发、技术转让推广和技术咨询服务等目标内容明确、有明确的完成时限、能够确定评审标准的科技项目，应当实行招标。

实行招标的科技项目的具体范围和规模标准由科学技术部（以下简称科技部）、国务院行业主管部门、省、自治区、直辖市、计划单列市科技行政主管部门（以下简称行业和地方科技行政主管部门）确定。

第五条　具备下列条件之一的科技项目，可以不实行招标：

（一）目标不确定性较大（项目指标不易量化），难以确定评审标准的；

（二）涉及国家安全和国家秘密的；

（三）只有两家以下（含两家）潜在投标人可供选择的；

（四）没有引起有效竞争或者对招标文件未作实质性响应，或发生其他情形而导致废除所有投标的；

（五）法律法规规定的其他情况。

第六条　任何单位和个人不得将必须进行招标的科技项目以任何方式规避招标。

第七条　科技部负责管理、指导和监督全国科技项目招标投标工作，依法查处科技项目招标投标活动中的违法行为；行业和地方科技行政主管部门负责管理和监督本行业、本地区科技项目招标投标工作，依法查处本行业、本地区科技项目招标投标活动中的违法行为。

第八条　科技项目招标投标遵循公平、公开、公正、择优和信用的原则。

第二章　招　标

第九条　科技项目招标人（以下简称“招标人”）是依照本办法提出招标科技项目并进行招标活动的法人或其他组织。

第十条　招标人开展招标工作，应具备下列条件：

（一）需要招标的科技项目已确定；

（二）科技项目的投资资金已落实；

（三）招标所需要的其他条件已达到。

第十一条　科技项目招标分为公开招标和邀请招标。

公开招标，是指招标人以招标公告的方式邀请不特定的法人或者其他组织投标。

邀请招标，是指招标人以投标邀请书的方式邀请特定的法人或者其他组织投标。

第十二条　根据科技项目招标的实际需要，招标人可以采用分段招标的方式，第一段招标主要是取得各投标人对招标项目的技术经济指标、技术方案和标底的建议，以便完善招标文件；第二段招标最终确定中标人。

第十三条　除涉及政府财政拨款为主的特别重大的科技项目可以由相应科技行政主管部门自行组织招标外，其他一般科技项目应委托具有相应资格的科技项目招标代理机构（以下简称招标代理机构）进行招标。

第十四条　招标代理机构是指具备科技项目招标代理工作资格，从事科技项目招标代理业务的社会中介机构。招标代理机构与行政机关和其他国家机关不得存在隶属关系或者其他关系。

申请获得科技项目招标代理工作资格应具备下列条件：

（一）具有固定的办公场所和必要的办公设施和条件。

（二）具有 8 名以上具备编写招标文件和组织招投标活动能力条件的技术和管理人员。

（三）有完备的可以作为评标委员会成员人选的技术、经济、管理等各方面专家库。专家库中的专家应当从事相关领域工作满 8 年并具有高级职称或者具有同等专业水平。

（四）科技部规定的其他条件。

招标代理机构的工作资格认定由科技部或科技部授权的行业和地方科技行政主管部门负责，具体办法另定。

第十五条　采用代理招标的，招标人必须与招标代理机构签订书面代理协议。招标人应向招标代理机构提供招标所需的有关资料并支付委托费，委托费的金额及支付方式由双方当事人按国家有关规定协商确定。

任何单位和个人不得强制为招标人指定招标代理机构。

第十六条　招标代理机构应当在招标人委托的范围内办理招标事宜，并遵守本法关于招标人的规定。

第十七条　招标人采用公开招标方式的，应当发布招标公告。依法必须进行招标的科技项目的招标公告，应当通过科技部指定的报刊、信息网络或者其他媒介发布。

采用邀请招标方式的，应当向三个以个（含三个）具备承担招标项目能力、资信良好的特定的法人或者其他组织发出投标邀请书。

第十八条　招标公告或招标邀请书至少包括下列内容：

（一）招标人的名称和地址；

（二）招标项目的性质；

（三）招标项目的主要目标；

（四）获取招标文件的办法、地点和时间；

（五）对招标文件收取的费用。

第十九条　招标人可以根据招标项目本身的特点，在招标公告或者投标邀请书中，要求潜在投标人提供有关证明文件和业绩情况，并对潜在投标人进行初步资格审查；国家对投标人的资格条件有规定的，依照其规定。这些证明文件包括：

（一）既往业绩；

（二）研究人员素质和技术能力；

（三）研究所需的技术设施和设备条件；

（四）资信证明；

（五）近两年的财务状况资料；

（六）如有匹配资金，提供匹配资金的筹措情况及证明；

（七）相关的行业资质证明；

（八）国家规定的其他资格证明。

如果通过资格审查的投标人数量不足三个，招标人应修改并再次发布招标公告或再次发出投标邀请书，并对新的投标人进行资格审查，直至三个或三个以上的投标人通过为止。已通过资格审查的投标人不得再联合投标。

第二十条　招标人根据招标项目的要求编制招标文件。招标文件至少包括下列内容：

（一）投标须知；

（二）科技项目名称；

（三）项目主要内容要求；

（四）目标、考核指标构成；

（五）成果形式及数量要求；

（六）进度、时间要求；

（七）财政拨款的支付方式；

（八）投标报价的构成细目及制订原则；

（九）投标文件的编制要求；

（十）投标人应当提供的有关资格和资信证明文件；

（十一）提交投标文件的方式、地点和截止日期；

（十二）开标、评标、定标的日程安排；

（十三）综合评标标准和方法。

第二十一条　招标人制定综合评标标准时，应考虑技术路线的可行性、先进性和承担单位的开发条件、人员素质、资信等级、管理能力等因素，考虑经费使用的合理性，并着重考虑科技项目的创新性和目标的可实现性。

第二十二条　除国家有关法律法规规定以外，招标文件不得有针对或排斥某一潜在投标人的内容。

第二十三条　招标人按招标公告或投标邀请书规定的时间、地点出售招标文件。招标文件售出后，不予退还。

第二十四条　在招标文件售出后，招标人如对招标文件进行修改、补充或澄清，应在招标文件要求提交投标文件截止日期至少15天前以书面形式通知所有购买者，并作为招标文件的组成部分；对招标文件有重大修改的，应当适当延长投标文件截止日期。

修改、补充或澄清招标文件不得再次收取费用。

第二十五条　招标人必须对获取招标文件的潜在投标人的名称、数量以及可能影响公平竞争的其他情况进行保密。

第二十六条　从招标公告发布或投标邀请书发出之日到提交投标文件截止之日，不得少于30天。

第二十七条　除下列情形外，招标人在发布招标公告或发出投标邀请书后不得终止招标：

（一）发生不可抗力；

（二）作为技术开发项目目标的技术已经由他人公开；

（三）发生废标。

第三章　投　标

第二十八条　投标人是指按照招标文件的要求参加投标竞争的法人和其他社会组织。

投标人参加投标必须具备下列条件：

（一）与招标文件要求相适应的研究人员、设备和经费；

（二）招标文件要求的资格和相应的科研经验与业绩；

（三）资信情况良好；

（四）法律法规规定的其他条件。

第二十九条　投标人应向招标人提供投标文件。投标文件应当加盖公章和有法定代表人的签字或印章。

第三十条　投标文件应当对招标文件提出的实质性要求和条件作出响应，至少包括下列内容：

（一）投标函；

（二）投标人概况；

（三）近两年的经营发展和科研状况；

（四）技术方案及说明：含方案的可行性、先进性、创新性，技术、经济、质量指标，风险分析等；

（五）计划进度；

（六）投标报价及构成细目；

（七）成果提供方式及规模；

（八）承担项目的能力说明，包括：

1. 与招标项目有关的科技成果或产品开发情况；

2. 承担项目主要负责人的资历及业绩情况；

3. 相关专业的科技队伍情况及管理水平；

4. 所具备的科研设施、仪器情况；

5. 为完成项目所筹措的资金情况及证明等。

（九）项目实施组织形式和管理措施；

（十）有关技术秘密的申明；

（十一）招标文件要求具备的其他内容。

第三十一条 两个或两个以上法人或其他组织可以组成一个联合体，以一个投标人的身份参加投标。

国家有关规定或者招标文件对投标人资格条件有规定的，联合体各方均应当具备相应的资格条件和相应能力。

第三十二条 联合体各方应当签订共同的投标协议，明确约定各自所承担的工作和责任，并将共同投标协议连同投标文件一并提交招标人。联合体中标的，联合体各方应当共同与招标人签订合同，就中标项目向招标人承担连带责任。

第三十三条 投标人应在招标文件要求提交投标文件的截止日期前将投标文件密封送达指定地点。招标人或招标代理机构应对收到的投标文件签收备案。投标人有权要求招标人或招标代理机构提供签收证明。

对在提交投标文件截止日期后收到的投标文件，招标人或招标代理机构应不予开启并退还。

第三十四条 投标人可以对已提交的投标文件进行补充和修改，在招标文件要求提交投标文件的截止日期前送达招标人。补充和修改的内容必须用书面形式作出，并作为投标文件的组成部分。

第四章 开标、评标和中标

第三十五条 开标应按招标文件规定的时间、地点和方式公开进行。开标由招标人主持，邀请有关单位代表和投标人参加。

第三十六条 开标时，投标人或者其推选的代表检查投标文件的密封情况，也可以由招标人委托的公证机构检查并公证；确认无误后，由工作人员当众开启并宣读投标人名称、投标报价、技术目标及其他主要内容。

第三十七条 开标过程应记录在案，招标人和投标人的代表在开标记录上签字或盖章。

第三十八条 招标人负责组建评标委员会。

评标委员会由招标人和受聘的技术、经济、管理等方面的专家组成，总人数为 7 人以上的单数，其中受聘的专家不得少于 2/3。

投标人或与投标人有利害关系的人员不得进入评标委员会，评标委员会成员名单在中标结果确定前必须保密。

第三十九条 招标人应当采取必要的措施，保证评标在严格保密的情况下进行。任何单位和个人不得非法干预、影响评标过程和结果。

第四十条 评标委员会负责评标，对所有投标文件进行审查。有下列情况之一的，其投标无效：

（一）投标文件未加盖投标人公章或法定代表人未签字或盖章；

（二）投标文件印刷不清、字迹模糊；

（三）投标文件与招标文件规定的实质性要求不符；

（四）设有标底的，投标报价远低于完成项目必需的实际成本；

（五）投标文件没有满足招标文件规定的招标人认为重要的其他条件。

第四十一条 评标委员会可以要求投标人对投标文件中不明确的地方进行必要的澄清、说明或答辩，但投标人在进行澄清、说明或答辩时，不得超过投标文件的范围；不得改变投标文件的实质性内容；不得阐述与问题无关的内容；未经允许不得向评标委员会提供新的材料。

澄清、说明或答辩的内容必须用书面形式记录。

第四十二条 评标委员会按照评标文件中规定的综合评标标准对投标人进行综合性评价比较；设有标底的，应参考标底。

投标人的最低报价不能作为中标的唯一理由。

第四十三条 评标委员会依据评标结果，提出书面评标报告，向招标人推荐中标候选人。

第四十四条 评标报告为定标提供重要依据，包括以下主要内容：

（一）对投标人的技术方案评价，技术、经济风险分析；

（二）对投标人承担能力与工作基础评价；

（三）推荐满足综合评标标准的中标候选人；

（四）需进一步协商的问题及协商应达到的指标和要求；

（五）对投标人进行综合排名。

第四十五条 招标人根据书面评标报告和推荐的中标候选人确定中标人。招标人也可以授权评标委员会直接确定中标人。

科技项目一般确定一个中标人，特殊情况下也可根据需要确定一个以上的中标人。

第四十六条 评标委员会经评审，认为所有投标都不符合招标文件要求的，可以否决所有投标。

依法必须进行招标的项目，所有投标被否决的，招标人应当依照本办法重新招标。

第四十七条 招标人应在开标之日后10天内完成定标工作，特殊情况可延长至15天。

第四十八条 定标后，招标人向中标人发出《中标通知书》，并据此与中标人签订书面合同，并同时将中标结果通知所有未中标的投标人。

中标通知书对招标人和中标人具有法律效力。

第四十九条 招标人和评标委员会成员应当遵守招标纪律，不得扩散属于审查、澄清、答辩、评价比较投标人的有关情节、资料等情况，不得泄露投标人的技术秘密。

第五章 法律责任

第五十条 招标人有下列行为之一者，由相应科技行政主管部门责令改正；已选定中标者的，中标无效；给投标人造成损失的，应当承担赔偿责任；情节严重，构成犯罪的，依法追究刑事责任。

（一）依本办法第四条规定应进行招标而不招标的；

（二）故意将科技项目划大为小的或者故意以其他方式逃避招标的；

（三）隐瞒招标真实情况的；

（四）串通某一投标人以排斥其他投标人的；

（五）索贿受贿的；

（六）泄露有关评标情况的；

（七）违反法定程序进行招标的；

（八）定标后不与中标人签订合同的；

（九）任意终止招标的；

（十）其他违反法律法规的行为。

第五十一条　招标代理机构有下列行为之一者，由相应科技行政主管部门责令改正，并视情节轻重，给予警告、通报批评、限期停业整顿、取消科技项目招标代理工作资格的处罚，并按有关规定处以罚款；已选定中标者的，中标无效；给招标人和投标人造成损失的，应当承担赔偿责任；情节严重，构成犯罪的，依法追究刑事责任。

（一）提供虚假材料骗取科技项目的招标代理工作资格的；

（二）违反招标代理过程中有关招标人的规定的；

（三）串通招标人、投标人损害国家利益、社会公共利益或者他人合法权益的；

（四）其他违反法律法规的行为。

第五十二条　投标人有下列行为之一者，由相应科技行政主管部门责令改正；已被选定为中标者的，中标无效；给招标人造成损失的，应当承担赔偿责任；情节严重，构成犯罪的，依法追究刑事责任。

（一）提供虚假投标材料的；

（二）串通投标的；

（三）采用不正当手段妨碍、排挤其他投标人的；

（四）向招标人或招标代理机构行贿的；

（五）中标后不与招标人签订合同的；

（六）其他违反法律法规的行为。

第五十三条　评标委员会成员有下列行为之一者，由相应科技行政主管部门给予警告、通报批评、取消其担任评标委员会成员资格的处罚；收受非法财物的，没收收受的财物；情节严重，构成犯罪的，依法追究刑事责任。

（一）收受非法财物或其他好处的；

（二）向他人透露对投标文件评审和比较情况的；

（三）向他人透露中标候选人推荐情况的；

（四）向他人透露评标其他情况的；

（五）其他违反法律法规的行为。

第五十四条　相应科技行政主管部门的工作人员在科技项目招投标活动中徇私舞弊、滥用职权或者玩忽职守，构成犯罪的，依法追究刑事责任；不构成犯罪的，依法给予行政处分。

第六章　附　则

第五十五条　在中华人民共和国境内，对使用非政府财政拨款科技项目而进行的招标投标活动，可参照本办法。

第五十六条　本办法从颁布之日起施行。

科技评估、科技项目招标投标工作资格认定暂行办法

（科技部2001年1月4日发布施行）

第一章　总　则

第一条　为规范我国科技评估和科技项目招标投标工作，保证科技评估和科技项目招标投标工作的科学性，根据《科技评估管理暂行办法》及《科技项目招标投标暂行管理办法》的有关规定，制定本办法。

第二条　国家对科技评估、科技项目招标投标工作的资格认定实行统一领导、分级管理的原则。

第三条　科学技术部（以下称科技部）负责全国范围内科技评估、科技项目招标资格认定工作的组织、管理和监督指导，并具体负责国家科技计划中重大项目科技评估、科技项目招标投标工作的资格认定。

第四条　国务院行业主管部门、省、自治区、直辖市、计划单列市科技行政主管部门（以下称行业和地方科技行政主管部门）根据科技部的授权，具体负责本行业、本地区科技评估、科技项目招标投标工作资格的认定，并管理、指导和监督本行业、本地区科技评估、科技项目招标投标机构的工作。

第五条　凡从事国家科技计划中重大项目科技评估、科技项目招标投标的有关单位或组织（以下称中介机构），必须首先取得科技部的资格认定；凡从事行业和地区科技评估、科技项目招标投标的中介机构，必须首先取得行业和地方科技行政主管部门的资格认定。

第六条　取得国家科技计划中重大项目科技评估、科技项目招标投标工作资格的中介机构可以从事行业和地方科技评估、科技项目招标投标工作；取得行业和地方科技评估、科技项目招标投标工作资格的中介机构，其科技评估、科技项目招标投标活动不受地区或行业的限制。

第二章　申　请

第七条　申请从事科技评估、科技项目招标投标工作的中介机构必须具备《科技评估管理暂行办法》或《科技项目招标投标管理暂行办法》中有关资格条件的规定。

第八条　中介机构在申请科技评估、科技项目招标投标工作资格时，应提交下列文件材料：

（一）科技部统一编制的科技评估、科技项目招标投标资格认定申请表（必须由中介机构负责人签字并加盖公章）；

（二）机构成立的批件或有关部门核发的营业执照复印件；

（三）中介机构的组织章程；

（四）法定代表人、科技评估或科技项目招标部门负责人的简历；

（五）专职科技评估、科技项目招标投标人员的名单及其主要专业背景材料；

（六）主要科技评估、科技项目招标投标及相关科技咨询研究成果名单及简要介绍；

（七）证明资格条件的其他材料。

以上材料统一用标准A4号纸装订成册，一式8份。

第九条　行业和地方科技行政主管部门负责对申请材料的形式审查、分类和登记工作，确认资料的完整性、真实性和统一性。

第十条　凡向科技部提出申请参与国家科技计划项目评估、招标投标的中介机构，必须由行业和地方科技行政主管部门通过形式审查并加盖公章后，推荐上报至科技部认定。

第三章 审查认定

第十一条 科技部、行业和地方科技行政主管部门根据中介机构的已往业绩、管理水平和执业能力等情况认定其从事科技评估、科技项目招标投标工作的资格。

第十二条 审查认定应根据科技部制定的综合评价标准体系，采用函件评审、实地考察和现场答辩等方式进行。

第十三条 申请从事科技评估、科技项目招标投标工作资格的中介机构，在审查期间，其有关人员应根据科技部、行业和地方科技行政主管部门的有关通知和要求，参加由科技部、行业和地方科技行政主管部门组织的科技评估、科技项目招标制投标培训。

第十四条 对通过审查认定的中介机构，确认其人员培训合格后，分别由科技部、行业和地方科技行政主管部门核发由科技部统一印制的“国家科技评估资格证书”、“国家科技项目招标投标资格证书”或“行业和地方科技评估资格证书”、“行业和地方科技项目招标投标资格证书”。

由行业和地方科技行政主管部门认定的，须报科学技术部备案。

第四章 年 检

第十五条 对取得科技评估、科技项目招标投标工作资格的中介机构实行年检制，每两年进行一次。科技部、行业和地方科技行政主管部门分别对各自审查认定的中介机构进行年检，时间为年度结束后的两个月内。

第十六条 年检的主要内容为：

（一）根据《科技评估管理暂行办法》和《科技项目招标投标管理暂行办法》的相应内容，重新审核该中介机构所需的资格条件；

（二）该中介机构在年内从事科技评估或招标投标的项目数量和领域种类等；

（三）科技评估、科技项目招标投标活动中是否存在违纪、违法行为；

（四）有关科技行政主管部门规定的其他内容。

第十七条 年检合格的中介机构必须加盖由相应科技行政主管部门印制的年检专用章后，方可继续从事科技评估、科技项目招标投标工作。

第十八条 由行业和地方科技行政主管部门负责年检的，应将年检结果报科技部备案。

第五章 法律责任

第十九条 对在申请科技评估、科技项目招标投标工作资格认定过程中存在弄虚作假、营私舞弊等违法、违纪行为的中介机构将取消其两年内再申请该项工作的资格；情节严重，构成犯罪的，依法追究刑事责任。

第二十条 在审查认定过程中，有关科技行政主管部门的工作人员存在玩忽职守、滥用职权行为的，给予行政处分；情节严重，构成犯罪的，依法追究刑事责任。

第六章 附 则

第二十一条 本办法自发布之日起施行。

国家科研计划课题招标投标管理暂行办法

（科技部2002年5月28日发布施行）

第一章 总 则

第一条 为优化科技资源配置，提高科技经费的使用效益，促进公平竞争，保障国家科研计划课题（或称项目，以下简称课题）招标投标活动当事人的合法权益，加强对课题招标投标活动的监督和管理，根据《中华人民共和国招标投标法》和《国务院办公厅转发科技部等部门关于国家科研计划实施课题制管理规定的通知》（国办发〔2002〕2号）精神，结合科研计划课题管理的特点和要求，制定本办法。

第二条 课题招标投标是指招标人对拟招标的课题事先公布指标和要求，众多投标人参加竞争，招标人按照规定程序选择中标人的行为。

第三条 研究目标和研究内容明确、完成时限和评审标准确定的国家科研计划课题，应当实行招标投标。

第四条 具备下列条件之一的课题，可以不实行招标投标：

（一）涉及国家安全和国家秘密的；

（二）只有两家以下（含两家）潜在投标人可供选择的；

（三）法律法规规定的其他情况。

第五条 课题的招标投标工作由各科研计划的归口管理部门（以下简称归口部门）实行归口管理。

第六条 课题招标投标应当遵循公平、公开、公正、择优和诚实信用的原则。

第二章 招 标

第七条 课题招标人（以下简称招标人）是依照本办法提出招标课题并进行招标活动的归口部门。

第八条 课题招标分为公开招标和邀请招标。公开招标，是指招标人以招标公告的方式邀请不特定的法人、自然人或其他组织投标；邀请招标，是指招标人以投标邀请书的方式邀请特定的法人、自然人或其他组织投标。

第九条 根据课题招标的实际需要，招标人可以采用两阶段招标的方式：第一阶段招标主要是取得各投标人对招标课题的技术经济指标、技术方案和标底的建议，以便完善招标文件；第二阶段招标最终确定中标人。

第十条 课题招标可由归口部门自行组织或委托具有资格的招标代理机构进行。

第十一条 招标代理机构与归口部门和其他国家机关不得存在隶属关系或者其他利益关系。

招标代理机构应具备下列条件：

（一）必须具有法人资格。

（二）有8名以上具备编写招标文件和组织评标活动能力的技术和管理人员。

（三）有完备的可以作为评标委员会成员人选的技术、经济和管理等各方面专家库。专家库中的专家应当从事相关领域工作满8年并具有高级专业技术职务或者具有同等专业水平。

第十二条 委托招标的，招标人必须与招标代理机构签订书面代理协议，并向招标代理机构提供招标所需的有关资料。

第十三条 招标人采用公开招标方式的，应当发布招标公告。必须进行招标课题的招标公告，应当通过国家规定的报刊、信息网络或者其他媒介发布。

采用邀请招标方式的，应当向 3 个以上（含 3 个）具备承担招标课题能力、资信良好的特定的法人、自然人或其他组织发出投标邀请书。

第十四条　招标人可以根据招标课题本身的特点，在招标公告或者投标邀请书中，要求潜在投标人提供有关证明文件和业绩情况，并对潜在投标人进行初步资格审查；国家对投标人的资格条件有规定的，依照其规定。

第十五条　招标人根据招标课题的要求编制招标文件。招标文件至少包括下列内容：

（一）投标须知；

（二）课题名称；

（三）课题主要内容要求；

（四）目标、考核指标构成；

（五）成果形式及数量要求；

（六）进度、时间要求；

（七）国家财政拨款的支付方式；

（八）投标报价的构成细目及制订原则；

（九）投标文件的编制要求；

（十）投标人应当提供的有关资格和资信证明文件；

（十一）提交投标文件的方式、地点和截止日期；

（十二）开标、评标、定标的日程安排；

（十三）综合评标标准和方法；

（十四）课题经费使用绩效考评的内容、程序和方法。

第十六条　招标人制定综合评标标准时，应考虑技术路线的可行性、先进性和承担单位的开发条件、人员素质、资信等级、管理能力等因素，考虑经费使用的合理性，并着重考虑课题的创新性和目标的可实现性。

第十七条　招标人按招标公告或投标邀请书规定的时间、地点出售招标文件。在招标文件售出后，招标人如对招标文件进行修改、补充或澄清，应在招标文件要求提交投标文件截止日期 15 天前以书面形式通知所有购买者，并作为招标文件的组成部分。

第十八条　招标人应根据与课题研究目标的相关性、与国家政策的相符性以及经济合理性的原则确定标底。标底确定过程中，应开展预算评估工作。

第三章　投　标

第十九条　投标人指按照招标文件的要求参加投标竞争的法人、自然人或其他组织。投标人参加投标必须具备下列条件：

（一）与招标文件要求相适应的研究人员、设备和经费；

（二）招标文件要求的资格和相应的科研经验与业绩；

（三）资信情况良好；

（四）法律法规规定的其他条件。

第二十条　投标人应向招标人提供投标文件。投标文件应当加盖依托单位的公章及其法定代表人的签字或印章。

第二十一条　投标文件应当对招标文件提出的实质性要求和条件作出响应，至少包括下列内容：

（一）投标函；

（二）投标人概况；

（三）近两年的经营发展和科研状况；

（四）技术方案及说明（含方案的可行性、先进性、创新性，技术、经济、质量指标，风险分析等）；

（五）计划进度；

（六）投标报价及构成细目；

（七）成果提供方式及规模；

（八）承担课题的能力说明；

（九）课题实施组织形式和管理措施；

（十）有关技术秘密的申明；

（十一）招标文件要求具备的其他内容。

第二十二条 两个以上法人或其他组织可以组成一个联合体，以一个投标人的身份参加投标。联合体各方应当签订共同的投标协议，明确约定各自所承担的工作和责任，并将共同投标协议连同投标文件一并提交招标人。联合体中标的，联合体各方应当共同与招标人签订合同，就中标课题向招标人承担连带责任。

第二十三条 投标人在招标文件要求提交投标文件的截止日期前将投标文件密封送达指定地点。招标人或招标代理机构对收到的投标文件签收保存，不得开启。

第二十四条 投标人可以对已提交的投标文件进行补充和修改，在招标文件要求提交投标文件的截止日期前送达招标人。补充和修改的内容必须以书面形式作出，并作为投标文件的组成部分。

第四章 开标、评标与中标

第二十五条 开标按招标文件规定提交投标文件截止时间的同一时间及预先确定的地点公开进行。开标由招标人主持，邀请有关单位代表和所有投标人参加。

第二十六条 开标时，投标人或者其推选的代表检查投标文件的密封情况，也可以由招标人委托的公证机构检查并公证。确认无误后，由工作人员当众开启并宣读投标人名称、投标报价、技术目标及其他主要内容。

第二十七条 开标过程应记录在案，招标人和投标人的代表在开标记录上签字或盖章。

第二十八条 招标人负责组建评标委员会。评标委员会由招标人和受聘的技术、经济、管理等方面的专家组成，总人数为5人以上的单数，其中受聘的专家不得少于成员总数的2/3。投标人或与投标人有利益关系的人员不得进入评标委员会，评标委员会成员名单在中标结果确定前必须保密。

第二十九条 评标委员会负责评标，对所有投标文件进行审查。有下列情况之一的，其投标无效：

（一）投标文件未加盖投标人公章或法定代表人未签字或盖章；

（二）投标文件印刷不清、字迹模糊；

（三）投标文件与招标文件规定的实质性要求不符；

（四）投标文件没有满足招标文件规定的招标人认为重要的其他条件。

第三十条 评标委员会可以要求投标人对投标文件中含义不明确的地方以书面方式进行必要的澄清、说明或答辩，但投标人在进行澄清、说明或答辩时，不得超过投标文件的范围，不得改变投标文件的实质性内容，不得阐述与问题无关的内容，未经允许不得向评标委员会提供新的材料。澄清、说明或答辩的内容必须记录在案。

第三十一条 评标委员会按照招标文件中规定的综合评标标准和方法对投标文件进行综合性评价比

较。设有标底的，应参考标底。投标人的最低报价不能作为中标的唯一理由。

第三十二条 评标委员会依据评标结果，提出书面评标报告，向招标人推荐中标候选人。评标报告作为定标的重要依据，包括以下主要内容：

（一）对投标人的技术方案评价，技术、经济风险分析；

（二）对投标人承担能力与工作基础评价；

（三）推荐满足综合评标标准的中标候选人；

（四）需进一步协商的问题及协商应达到的指标和要求；

（五）对投标人进行综合排名。

第三十三条 招标人根据书面评标报告和推荐的中标候选人确定中标人。招标人也可以授权评标委员会直接确定中标人。

第三十四条 每个课题一般确定一个中标人，特殊情况下也可根据需要确定两个中标人。不同的中标人应采用不同的技术方案独立完成中标课题。

第三十五条 评标委员会经评审，认为所有投标都不符合招标文件要求的，可以否决所有投标。必须进行招标的课题，所有投标被否决后，招标人应当依照本办法重新招标。

第三十六条 招标人应在招标文件规定的投标有效期结束日 30 个工作日前完成评标和定标工作。定标后，招标人向中标人发出《中标通知书》，并据此与中标人签订书面合同，同时将中标结果通知所有未中标的投标人。中标人不得向他人转让中标课题，也不得将中标课题的关键性或核心工作委托他人完成。

第五章 法律责任

第三十七条 招标人有下列行为之一者，由国家招标投标主管部门责令改正。已选定中标者的，中标无效；给投标人造成损失的，应当承担赔偿责任；情节严重，构成犯罪的，依法追究刑事责任。

（一）依本办法第三条规定应进行招标而不招标的；

（二）故意将课题划大为小或者故意以其他方式逃避招标的；

（三）隐瞒招标真实情况的；

（四）串通某一投标人以排斥其他投标人的；

（五）索贿受贿的；

（六）泄露有关评标情况的；

（七）违反法定程序进行招标的；

（八）定标后不与中标人签订合同的；

（九）任意终止招标的；

（十）其他违反法律法规的行为。

第三十八条 招标代理机构有下列行为之一者，由归口部门责令改正，并视情节轻重，给予警告、通报批评、取消课题招标代理资格的处罚，并按有关规定处以罚款。已选定中标者的，中标无效；给招标人和投标人造成损失的，应当承担赔偿责任；情节严重，构成犯罪的，依法追究刑事责任。

（一）违反招标代理过程中有关招标人的规定的；

（二）串通招标人、投标人损害国家利益、社会公共利益或者他人合法权益的；

（三）其他违反法律法规的行为。

第三十九条 投标人有下列行为之一者，由归口部门责令改正。已被选定为中标者的，中标无效；给招标人造成损失的，应当承担赔偿责任；情节严重，构成犯罪的，依法追究刑事责任。

（一）提供虚假投标材料的；

（二）串通投标的；

（三）采用不正当手段妨碍、排挤其他投标人的；

（四）向招标人或招标代理机构行贿的；

（五）中标后不与招标人签订合同的；

（六）其他违反法律法规的行为。

第四十条　评标委员会成员有下列行为之一者，由归口部门给予警告、通报批评、取消其担任评标委员会成员资格的处罚。非法收受财物的，没收收受的财物；情节严重，构成犯罪的，依法追究刑事责任。

（一）非法收受财物或其他好处的；

（二）向他人透露对投标文件评审和比较情况的；

（三）向他人透露中标候选人推荐情况的；

（四）向他人透露评标其他情况的；

（五）其他违反法律法规的行为。

第四十一条　归口部门的工作人员在课题招投标活动中徇私舞弊、滥用职权或者玩忽职守的，由归口部门给予行政处分；构成犯罪的，依法追究刑事责任。

第四十二条　因发生违法行为而被宣布中标无效时，应当按照本办法和招标文件中规定的条件，从其余投标人中重新确定中标人，或重新招标。

第六章　附　则

第四十三条　课题招标投标活动中，本办法未作规定事宜，遵照《中华人民共和国招标投标法》的有关规定执行。

第四十四条　地方各类科研计划课题的招标投标工作由各地根据本办法规定的原则，结合本地实际情况制定相应的管理办法。

第四十五条　本办法由科技部、财政部、国家计委、国家经贸委负责解释。

第四十六条　本办法自发布之日起施行。

第三部分　地方性法规、规章、规定

广东省重点建设项目监督暂行规定

（广东省发展计划委员会　2001 年 9 月 1 日）

为提高重点建设项目监督效率，有效保证工程质量和国家资金安全，控制工程投资，提高投资效益，根据国家和省有关法律、规章，特作如下规定。

第一条　省重点建设项目（以下简称重点项目）是指列入省国民经济与社会发展五年计划的重大项目和年度重点建设计划的项目。省重点项目由省发展计划委员会商省有关部门提出，报省人民政府审查，省人大审议通过。

第二条　省重点项目的确立应严格执行基本建设程序，自觉接受省人大、省政府有关部门和社会公众的监督。

第三条　省有关部门对重点项目以下主要方面进行监督，并视情况进行检查。

（一）项目履行基本建设审批程序情况；

（二）勘察、设计、咨询等项目前期工作开展深度；

（三）项目招投标活动开展情况；

（四）工程监理情况；

（五）项目工程质量情况；

（六）项目概算执行情况；

（七）项目法人责任制落实情况；

（八）项目合同执行情况；

（九）项目资金的管理和使用情况；

（十）项目的建设方案和标准执行情况；

（十一）工程竣工验收。

第四条　重点建设项目审批严格按国家规定程序进行，审批部门必须严格按照省政府部门职责分工进行，政府各职能部门对项目审批过程中相关政策落实情况进行相互监督，各审批部门要定期将重点项目有关审批信息报告省人民政府。省重大项目稽察特派员受省发展计划委员会委派对项目进行稽察。

第五条　重点项目前期工作必须达到规范、规程规定的深度。重点项目的主要前期工作报告必须由有资质等级的机构编制，并按规定进行评估、审查。咨询、勘察、设计等中介机构必须对所提交的成果负责，并承担经济责任，在实施过程中，因前期工作深度不够发生重大变更，造成重大损失的，根据有关规定追究有关单位和个人责任。

第六条　省重点项目必须严格执行工程质量责任制，保证工程质量。省建设厅会同行业主管部门对重点项目工程质量进行监督，接受质量问题举报。建设、施工、设计、监理、质检等单位和个人对所负责部分工程质量负终身责任。

第七条　省重点建设项目必须严格执行招标投标制度，重点项目由项目建设单位依法进行招标，择优选定中标单位。招标方式和初步发包方案须经项目审批部门核准，未经核准的，中标结果无效。省各行业主管部门依法监督重点项目招标投标情况，并向省发展计划委员会通报有关情况。

第八条 使用省级财政性投资的重点项目必须锁定概算总投资。使用省级财政性投资的重点项目，由省审批的，投资规模、建设内容必须经省发展计划委员会批准；属于国家审批的，投资规模、建设内容经省发展计划委员会审查后上报。投资概算一经批准，即作为安排和拨付资金的依据，任何部门和单位不得突破。

工程招标确定的中标价应作为合同签订价格，并明确作为结算价予以锁定，在合同中应予明确由承包方负责到底，不得追加投资。超概算项目申请追加投资，由省发展计划委员会派出重大项目稽察特派员进行稽察，查明超概原因，对违规单位和人员提出处理意见后，项目单位按基建程序完善概算调整手续，方可继续安排资金。

第九条 使用财政性资金的省重点建设项目，必须严格执行财政集中支付制度和财务总监制度，确保国家资金安全。财政部门根据批准的投资计划、投资概算、建设内容、施工合同、招投标结果等文件资料按工程进度集中支付财政性资金，财务总监对建设单位负责人和财会人员在建设过程中执行财经纪律、政策法规情况进行监督，对建设过程中涉及重大投资变动和资金支付情况进行监督，并定期向省财政厅作出报告，同时抄送省计委。未经财务总监签名认可，不得拨付财政性资金。

第十条 重点项目必须严格按照规定程序办理，落实有关建设条件，在有关监督制度具体落实之前，不准动工建设。

第十一条 省重点建设项目必须实行工程监理制度。监理工作由具有相应资质等级的单位承担，通过招标选择。监理单位必须认真履行工作职责，由于过错造成重大损失的，应承担相应的经济和法律责任。省建设厅和行业主管部门监督监理单位工作开展情况，对违规监理机构进行处理。

第十二条 省重点项目必须严格执行重点项目报表制度。建设单位要按月向计划、建设、财政、审计以及行业主管部门报告项目进展、存在的问题以及投资完成和资金到位情况。省发展计划委员会按季度综合项目情况向省人民政府报告。

第十三条 省重点项目实行实施过程中的概、预算执行情况审计和竣工决算审计制度。审计部门要将审计结果抄送计划、财政、建设及项目所属行业主管部门。审计结果是有关部门拨付建设资金和进行竣工验收的依据之一。

第十四条 省重点项目按照国家行业和省的有关规定实行竣工验收制度。省级财政性投资项目竣工验收在省发展计划委员会、省建设厅及行业主管部门监督下进行，验收过程中，必须对工程建设的各个环节进行审查和评价，对不合格工程不予验收。未经竣工验收或竣工验收未通过的工程，不得交付使用。

第十五条 建立省发展计划委员会牵头，省财政厅、审计厅、建设厅及有关行业主管部门参加的省重点建设项目的稽察联席会议制度。联席会议成员单位要建立正常的信息、资料交流制度和重大违规事项通报制度，并根据需要统一组织联合稽察。

第十六条 重点项目建设单位依法自主开展工程建设工作，并自觉接受社会公众及监督部门的监督，对实施过程中的不公正待遇直接提出申诉，省有关部门要予以重点协调解决。

第十七条 省有关监督部门要认真履行监督职责，不干预项目正常业务活动。监督检查要合理安排检查时间和内容，对发现的问题进行认真的核实，并如实向有关部门反映情况。监督不得加重被检单位负担。

第十八条 本规定由省发展计划委员会进行解释。

广东省跨市客运标志牌招标投标暂行办法

（广东省交通厅　2002年2月1日）

第一章　总　则

第一条　为优化道路汽车客运线路资源的配置，提高客运服务质量，促进道路旅客运输企业规模化和集约化经营，依据《中华人民共和国招标投标法》（以下简称《招标投标法》）、《广东省道路运输管理条例》（以下简称《条例》）及国家有关行业管理法规、规章，结合我省道路客运实际，制定本办法。

第二条　本办法适用于我省跨市客运标志牌使用权的招投标活动。

跨市客运标志牌（以下简称“标志牌”）是经营者经过合法程序取得的经营该跨市线路旅客运输资格的标志。

通过招投标取得的标志牌使用期为6年。使用期满由省交通行政主管部门收回。

第三条　本办法所称招投标的内容是以投标人的经营资格、经营行为、安全生产、服务水平及竞投的经营方案和服务质量承诺方案为评标依据的服务质量招投标。

第四条　省交通行政主管部门是标志牌招投标工作的主管部门；地市交通行政主管部门协助实施本办法。

第五条　标志牌招投标活动遵循公开、公平、公正和诚实信用的原则。

第六条　以下情况必须采用招投标方式：

（一）本办法颁布之日起，新（开）增的班车标志牌。

（二）交通主管部门对收回的原标志牌，根据运力调控要求和优胜劣汰原则，决定重新投放市场的标志牌。包括：

1. 企业无法经营而退出市场的标志牌。
2. 因企业经营资质与其经营线路不符而被交通主管部门收回的标志牌。
3. 企业因违规（章）或其他原因被交通主管部门收回的标志牌。

（三）省交通行政主管部门决定实施招投标的其他标志牌。

第二章　招　标

第七条　省交通行政主管部门根据运输市场运力投放原则，制定运力投放与发展计划，并确定招标项目。

第八条　省交通行政主管部门为标志牌的招标人。

第九条　招标分为公开招标和邀请招标。原则上采用公开招标，当公开招标达不到法定投标人数时，可采取邀请招标的方式。

采用公开招标的，招标人必须在《南方日报》和广东招商信息网（网址：http//www.invest.gd.gov.cn）上发布招标公告。

采用邀请招标的，招标人应当向三个及以上具备招标项目经营资质的特定的法人发出投标邀请书。

第十条　招标人应履行以下职责：

（一）组织编制招标文件等；

（二）发布招标公告或投标邀请书；

（三）接受投标报名，审查投标人资格；

（四）提供招标项目的相关信息并解答投标人对招标活动提出的有关问题；

（五）组织评标委员会；

（六）根据评委评标报告，确认并公布评标结果；

（七）与中标单位签订《广东省跨市客运标志牌使用合同》（以下简称《合同》）；

（八）法律、法规规定的其他职责。

第十一条 招标公告或投标邀请书应包括以下内容：

（一）招标人的名称和地址等信息；

（二）招标项目的名称、牌别、数量、站点、途经线路；

（三）投标人的资格条件及中标人的数量；

（四）获取招标文件的办法、时间和地址；

（五）参加投标的报名截止时间、地址及方式和要求；

（六）其他应予说明的事项。

第十二条 招标文件的主要内容应包括：

（一）投标邀请函（采用邀请招标的）；

（二）招标项目名称内容；

（三）投标人资格要求；

（四）投标文件编制要求；

（五）开标地点、日期、时间；

（六）评标标准与定标原则；

（七）考核与履约监督及违约法律责任；

（八）合同文本；

（九）投标人的投标保证金与中标人的履约保证金；

（十）其他应予说明的事项。

第十三条 招标文件不得有不合理的条件和含有倾向或排斥潜在投标人的内容，不得对潜在投标人实行歧视待遇。

第十四条 招标人应当确定投标人编制投标文件所需要的合理时间；但自招标文件发出日至投标截止日，不得少于20天。

第十五条 招标人对已发出的招标文件进行必要的修改或澄清时，应当在规定投标截止时间7天前，以书面形式通知所有投标人。澄清或修改的内容为招标文件的组成部分。

第十六条 开标前，招标人和有关工作人员不得向他人透露投标人的名称、数量以及其他与招投标有关的情况。

第十七条 招标人有权自行选择招标代理机构，委托其办理招标事宜。任何单位和个人不得以任何方式为招标人指定招标代理机构。

第十八条 招标代理机构是依法设立、从事招标代理业务并提供相关服务的社会中介组织。

招标代理机构应当具备下列条件：

（一）有从事招标代理业务的营业场所和相应资金；

（二）有能够编制招标文件和组织评标的相应专业力量；

（三）有符合《招标投标法》规定条件、可以作为评标委员会成员人选的技术、经济等方面的专家库；

（四）招标代理机构与行政机关和其他国家机关不得存在隶属关系或者其他利益关系。

招标代理机构其代理资质由省交通行政主管部门认定，在招标人委托范围内办理招标事宜；并遵守本办法对招标人的规定。

第十九条 招标代理机构应按委托编制招标文件报招标人审定。招标人在确认收到招标文件后7个工作日内无异议，招标代理机构方可刊登招标公告或发出投标邀请书。

第三章 投 标

第二十条 投标人必须是在本省境内登记注册的法人或由其筹建的经营实体，且具备招标公告所规定的经营资质条件，并按招标公告要求报名。

因违反国家、本省有关法律、法规，尚处于整改期的法人不得参与投标。

第二十一条 两个及以上法人可以筹建一个经营实体，以一个投标人的身份共同投标。

筹建经营实体的各方应当签订共同投标协议、投资协议，明确约定各方拟承担的工作和责任。投资协议中必须有控股方，并按照控股方确定其资质等级。

筹建经营实体的各方签订的共同投标协议、投资协议连同投标文件一并提交招标人。所筹建的经营实体中标的，筹建经营实体的各方应当共同与招标人签订合同，就中标项目向招标人承担连带责任。中标的标志牌使用权属于投资协议的控股方。

参加筹建该经营实体的各企业不得再独立或以筹建其他经营实体的形式参加同一标的的投标。

所筹建的经营实体中标后，须根据签订的共同投资协议，在标志牌起点地级市区域内注册成立实体公司，由控股方将标志牌经营权委托合资企业使用。

第二十二条 招标人不得强制投标人筹建经营实体共同投标，不得限制投标人之间的竞争。

第二十三条 参与异地跨市标志牌投标的，投标人必须具备二级及以上的班车客运资质。异地投标中标后，中标人必须在标志牌起点地级市区域内注册成立实体公司独立经营。

第二十四条 投标人在投标截止日10天前有权要求招标人对招标文件进行解释。招标人应以书面形式答复，并同时书面告知其他投标人，但不得说明问题来源。答复内容作为招标文件的组成部分。

第二十五条 投标人享有以下权利：

（一）平等地获得招标信息；

（二）自主确定投标方案；

（三）要求招标人对招标文件的有关问题答疑；

（四）投标被确定为废标或不能中标后查询原因；

（五）法律、法规规定的其他权利。

第二十六条 投标人应履行以下义务：

（一）保证投标文件的真实性；

（二）接受招标人的资格、资质审查；

（三）按评标委员会或招标人要求对投标文件中含义不明确的内容作必要的澄清或说明；

（四）参与并接受招投标过程的监督；

（五）法律、法规规定的其他义务。

第二十七条 投标文件由商务文件和投标书组成：

（一）商务文件

用于审查投标人资格，并评价投标人基本情况，确定投标人标前分。文件主要包括：投标人经营资质证明文件及反映投标人投标前一个经营年度的服务质量情况、安全状况、经营行为等基本情况的资料，具体内容由招标文件明确。

（二）投标书

用于评委确定投标人的评标分。主要包括：竞投的经营方案与服务质量承诺方案、措施及因各种原因不能履行承诺时的经济赔偿方案，具体内容由招标文件明确。

第二十八条 投标人应按招标文件的规定，对投标文件进行封装，并在投标截止时间前送达招标文件所确定的投标地点。

投标人在提交投标文件的同时应当按招标文件的要求提交投标保证金。

第二十九条 投标人在投标截止时间前，对所递交的投标文件可以补充、修改或者撤回，并书面通知招标人。补充、修改的内容为投标文件的组成部分。

投标人在投标截止前撤回投标文件的，招标人应退回投标保证金。在投标截止后撤回投标文件的，不予退回投标保证金。

第三十条 招标人收到投标文件后，应当签收保存。在招标文件要求提交投标文件的截止时间后送达的或未报名编制投标文件的，招标人应当拒收。投标人不足3个的，招标人应当依照本办法重新组织招标或邀请招标。

第四章 资格资质审查与标前分确定

第三十一条 投标截止之日，招标人应组织成立技术审查小组。技术审查小组负责开启商务文件副本，对投标人资格及基本情况进行审核。确定合格投标人和不合格投标人，并按照招标文件的评分标准，确定合格投标人的标前分。

有下列情况之一的，确定为不合格投标人：

1. 因违反国家、本省有关法律、法规，尚处于整改期的；
2. 因各种原因被取消投标资格的；
3. 所提交投标文件中的商务文件格式不规范的；
4. 违反本办法第二十一条规定，重复报名的。

第三十二条 技术审查小组应于开标7个工作日前完成技术审查工作，并由招标人分别通知合格投标人各自的标前分，同时对不合格投标人发出不合格通知书。

第三十三条 不合格投标人可在开标3个工作日前向招标人书面提出异议，要求重新进行审核。在开标前重新审定合格的，由招标人收回不合格通知书并核定其标前分。

合格投标人可在开标3个工作日前就自己的标前分向招标人书面提出异议，并提供证据。招标人将重新审核并在开标前予以确定。

省交通行政主管部门为异议最终裁决人。

第五章 开标、评标和定标

第三十四条 开标应当在招标文件确定的时间和地点公开进行。

第三十五条 开标由招标人主持，在公证部门、交通行政监察部门（以下简称“监察部门”）的监督下进行。招标人、投标人（法人代表或其委托人）、招标代理机构代表、评标委员会成员和其他有关部门的代表参加开标会。

投标人不参加开标会的，视为撤回投标文件。

第三十六条 开标时，先由投标人代表检查各自投标书的密封情况，经确认完整后，当场拆封，宣读投标人名称、投标方案和投标书的其他主要内容。

招标人在投标截止时间前收到的所有合格的投标书，开标时都应当众予以拆封、宣读；但不合格投标人的投标书、被撤回的投标书、未按规定密封或密封不完好的投标书一律视为废标，不予拆封、宣读，其投标书在开标结束后一律原封退回。

开标过程应当记录或录音，并存档备查。

第三十七条　评标由招标人依法组建的评标委员会负责。

评标委员会由招标人从专家库中随机抽取的专家组成。成员人数为 7 人及以上单数。

专家库由本省从事运管工作的科级及以上人员；从事道路客运行业满 8 年，且具有运输经济或财务统计或安全技术专业中级及以上职称人员组成。专家库由省交通行政主管部门确定并定期调整。

第三十八条　有下列情形之一的，不得进入本次评标委员会，已经进入的应当更换：

（一）与本次投标人或者投标人主要负责人有近亲属关系的；

（二）项目主管部门或者行政监督部门的人员；

（三）与本次投标人有经济利益关系，可能影响对投标公正评审的；

（四）曾因在招标、评标以及其他与招标投标有关活动中从事违法行为而受过行政处罚或刑事处罚的；

（五）招标线路起讫地运管部门的专家；

（六）投标人所在地运管部门的专家。

评标委员会成员在开标 3 个工作日前经监察部门监督产生，其成员名单在中标结果确定前应当保密。

第三十九条　评标委员会职责：

（一）评标委员会成员应客观、公正地履行职责，遵守职业道德，对所提出的评审意见承担个人责任；

（二）负责投标书的符合性、实质性、真实性审查；

（三）对投标人评分；

（四）全部投标人得分均低于评分标准总分 60% 时，应否决所有投标；

（五）向招标人提出书面评标报告，并推荐中标候选人。

第四十条　评标必须在严格的保密措施下进行，禁止任何单位和个人非法干预、影响评标的过程和结果：

（一）评标场所必须具有保密条件；

（二）只允许评标委员会成员、招标人指定的工作人员参加评标会议；

（三）所有参加评标的人员不得携带通讯工具；

（四）评标场所内不设电话机和上网的计算机。

第四十一条　发生以下情况时评标委员会有权认定为废标：

（一）未按招标文件要求由投标人授权代表签字并加盖公章的；

（二）投标附有招标人无法接受的条件的；

（三）明显不符合招标文件规范性要求的；

（四）不符合招标文件规定的其他实质性要求的；

（五）评标委员会发现投标文件的内容有虚假的。

第四十二条　评标程序：

（一）审阅投标文件，进行符合性、实质性、真实性审查。

（二）投标方公开介绍。

（三）评委质疑。

（四）评委认定废标或评分。

（五）计算投标人各自的评标分。

（六）将标前分与评标分合计得出投标人的评标总分。

（七）按评标总分由高到低的原则确定中标候选人、替补中标候选人。评标总分分数相同且影响评标结果的确定时，通过抽签确定中标候选人、替补中标候选人。

（八）写出完整的评标报告。评标报告须经所有评标委员会成员签字后方为有效。

第四十三条 评标报告由公证部门公证、监察部门监督。招标人发现评标委员会在评标和推荐中标人中有不公正的情况时，可向评标委员会提出质疑，并立即向监察部门报告；经监察部门调查确有不公正行为的，由招标人另行组织评标委员会重新评标和确定中标人。

第四十四条 招标人确认评标报告的，应当场宣读评委评标结果；如无异议，则当场确定中标人和替补中标人；否则应在评标结束3个工作日内确定中标人和替补中标人并报监察部门备案。确定中标人后7个工作日内，招标人应对中标人发出中标通知书，并将中标结果书面通知替补中标人和其他落标的投标人。

第四十五条 招标人和中标人应当在中标通知书发出之日起20个工作日内，按招标文件和中标人的投标文件提出的承诺要求在中标通知书指定的地点订立书面合同并办理公证及有关手续。所订合同不得对招标文件和中标人的投标文件作实质性改变。招标文件要求中标人提交履约保证金的，中标人应当提交。

合同签订后7个工作日内，招标人应当退还中标人的投标保证金；中标人逾期不签合同，视为擅自放弃使用权，投标保证金不予退还，其中标资格由替补中标人取得。

招标工作结束15天内，招标人应当退还落标的投标人所提交的投标保证金。

第六章 履约与考核

第四十六条 中标人应在与招标人签订合同之日起半年内，按中标方案投入经营，并向相关交通行政主管部门办妥营运手续。

中标人可将标志牌使用权授予其分公司、全资或控股子公司经营，并对分公司和子公司的质量信誉承担全部责任，但不得转让给其他经营者。

第四十七条 招标人根据与中标人签订的合同建立履约考核制度。

第四十八条 省交通行政主管部门组织地级及以上市交通行政主管部门对合同的履行情况及中标人的其他方面进行年审和抽查。

在抽查和年度考核中发现中标人有违约行为的，将依合同对中标人作出限期整改、取消使用权、没收部分甚至全部履约保证金等不同处理。

要求限期整改的，整改结束前中标人须提供整改报告，由招标人组织复核。

第四十九条 出现下列情况之一时，招标人没收中标人全部履约保证金，并在10天内收回中标人标志牌使用权，交给替补中标人使用或重新组织招标：

（一）逾期不投入营运的；

（二）擅自终止、放弃或转让标志牌使用权的；

（三）限期整改后仍未达标的；

（四）违法经营，被依法取消使用权的。

违反本条第（二）款的，同时取消其竞投资格2年。

替补中标人获得使用权的，其年限为原使用期剩余年限。

第五十条 中标人在使用期内因不可抗力或在实际投入满1年后申请终止使用权的，经招标人批准，可以终止。终止使用权后，中标人应立即交回标志牌，招标人收取履约保证金的予以退还。收回的标志牌可交给替补中标人使用或收回重新组织招标。由替补中标人使用的，其使用年限为原使用期剩余年限。

第七章 监督和检查

第五十一条 招标人有下列行为之一的，招标无效；给投标人造成损失的，应当依法承担赔偿责任；属代理机构的，同时取消其代理资格：

（一）无权组织招标而自行招标的；

（二）与投标人串通，虚假招标的；

（三）违反本办法招标程序的。

第五十二条 投标人有下列行为之一的，投标或中标无效，并取消其竞投资格2年；给招标人或者其他投标人造成损失的，应当依法承担赔偿责任：

（一）隐瞒投标的真实情况或故意进行无效投标的；

（二）在投标人之间相互串通，事先商定投标方案或合谋使特定人中标的；

（三）采用不正当手段妨碍、排挤其他投标人的；

（四）向招标人或评委行贿或者提供其他不正当利益的；

（五）与招标人或评委串通投标的；

（六）其他严重违反本办法规定的。

第五十三条 评委有下列行为之一的，永久取消其专家资格，并依据《招标投标法》进行处理：

（一）收受投标人、其他利害关系人的财物或者其他好处的；

（二）与投标人串通投标的；

（三）向他人透露对投标文件的评审和比较、中标候选人的推荐以及与评标有关的其他情况的；

（四）明知与投标人有利害关系但未回避的。

第五十四条 因招标人或者投标人过错导致招标无效的，应当按照本办法规定重新组织招标。

第八章 附 则

第五十五条 市、县内的客运标志牌招投标，可参照本办法执行。

第五十六条 本办法解释权属广东省交通厅。

第五十七条 本办法自发布之日起执行。

广州市经营性公路建设项目法人招标投标管理办法

（广州市人民政府 2005年8月10日）

第一章 总 则

第一条 为规范经营性公路建设项目法人招标投标活动，进一步强化全市路桥建设项目的管理，根据《中华人民共和国公路法》、《中华人民共和国招标投标法》和《广东省实施〈中华人民共和国招标投标法〉办法》、《收费公路管理条例》等有关规定，结合本市实际，制定本办法。

第二条 在广州市行政区域内通过招标投标确定经营性公路建设项目企业法人的，适用本办法。但国家或省直接组织经营性公路建设项目企业法人人招标投标活动的除外。

经营性公路建设项目，是指根据《收费公路管理条例》的规定，经省人民政府批准有经营性收费权的路桥建设项目。包括经营性公路、桥梁、隧道及其相关的安全设施、防护设施、监控设施、通信设施、收费设施、绿化设施、服务设施、管理设施等附属设施的新建、改建工程。

第三条 经营性公路建设项目的投资者必须采用招标投标方式选择。经营性公路建设项目依法核准后，由招标投标方式确定的项目投资主体应当依法成立或者明确公路企业法人。

经营性公路项目由依法成立的公路企业法人建设、经营和管理，也可通过招投标方式选择具备法人资格的项目建设管理单位进行项目管理。项目法人应当按照项目管理的隶属关系，将其或者其委托的项目建设管理单位的有关情况报交通主管部门备案。

第四条 经营性公路建设项目法人招标投标活动应当遵循公开、公平、公正和诚实信用的原则。

第五条 依法必须进行企业法人招标的经营性公路建设项目，其招标投标活动不受地区或者部门的限制，任何符合本办法招投标条件的企业法人或企业联合体都可以参加投标。

任何单位和个人不得以任何方式非法干涉经营性公路建设项目法人招标投标活动。

第六条 市交通委员会负责组织经营性公路建设项目的可行性研究和招标投标活动，市监察局负责对招标投标活动实施监督，市发展改革委员会负责对招标投标活动进行指导、协调和综合业务监督，市有关行政部门按照各自职责做好相关管理工作。

第二章 招标

第七条 经营性公路建设项目法人招标项目应当具备下列条件之一：

（一）项目收费方式经省人民政府批准；

（二）项目经国家或省、市发展改革委员会核准。

第八条 经营性公路建设项目法人招标分为公开招标和邀请招标。

采用公开招标的，招标人应当通过国家指定的报刊、信息网络或者其他媒体发布招标公告，邀请具备相应资格的不特定的法人投标。

采用邀请招标的，招标人应当以发送投标邀请书的方式，邀请三个以上具备相应资格的特定的法人投标。

经营性公路建设项目法人招标，应委托具有相应资质的社会招标代理机构。招标人具备以下条件的，可自行组织招标：

（一）拥有与建设工程招标项目相应的工程技术、经济管理人员；

（二）具有编制招标文件的能力；

（三）具有组织开标、评标、定标的能力。

第九条 符合下列条件之一、不适宜公开招标选择企业法人的经营性公路建设项目，按项目管理权限报经市人民政府批准或市发展改革委员会会同市交通委员会核准后，可以进行邀请招标：

（一）技术要求复杂，或者有特殊专业要求的；

（二）公开招标所需费用和时间与项目价值不相称，不符合经济合理性要求的；

（三）受自然资源或者环境条件限制的；

（四）利用外国政府或者国际金融组织贷款，提供贷款方要求进行邀请招标的；

（五）法律、行政法规或者国家、省、市另有规定的。

第十条 经营性公路建设项目法人招标，应当按下列程序进行：

（一）招标人确定招标方式。采用邀请招标的，应当按照本办法第九条规定报批。

（二）招标人编制投标资格预审文件和招标文件。招标文件应当报市交通委员会备案。

（三）发布招标公告，发售投标资格预审文件。采用邀请招标的，招标人可直接发出投标邀请函，发售招标文件。

（四）对潜在投标人进行资格审查，并将资格预审结果报市交通委员会备案。

（五）向资格预审合格的潜在投标人发售招标文件。

（六）组织投标人考察项目沿线，召开标前会。

（七）接受投标人的投标文件，公开开标。

（八）组建评标委员会评标，推荐中标候选人。

（九）招标人确定中标人，并将评标报告和评标结果按管理权限报市交通委员会备案。

（十）招标人发出中标通知书。

（十一）招标人与中标人订立经营性公路建设项目投资合同。

第十一条 投标资格预审文件应当载明下列内容：

（一）招标项目的性质、规模和技术要求、经营性收费年限；

（二）资格标准和审查办法；

（三）提交资格审查申请书的时间、地点。

投标资格预审文件不得针对不同地区、不同行业的潜在投标人及其他潜在投标人设定不同的审查标准。

第十二条 招标人应当根据招标项目的特点和需要，编制招标文件。

经营性公路建设项目的招标文件，可以参照交通部颁发的《公路工程国内招标文件范本》的格式和内容进行编制，并可以适当简化。

招标文件应当载明以下主要内容：

（一）投标邀请书；

（二）投标须知；

（三）经营性公路建设项目投资意向书主要条款；

（四）招标项目适用的技术规范；

（五）工程可行性研究报告文件；

（六）省人民政府关于项目收费方式的批复；

（七）交通部或省交通厅关于工程可行性报告的批复；

（八）投标文件格式，包括投标书格式及投标书附录格式、投标书附表格式、投标担保文件格式、投资意向书格式等。

投标须知应当载明以下内容：

（一）评标标准和方法；

（二）建设年限要求；

（三）提交投标文件的起止时间、地点和方式；

（四）开标的时间和地点。

第十三条 招标公告、投标邀请书应当载明下列内容：

（一）招标人的名称和地址；

（二）招标项目的名称、技术标准、规模、工期、实施地点和时间；

（三）获取投标资格预审文件、招标文件的办法、时间和地点；

（四）对投标人的要求；

（五）招标人认为应当公告或者告知的其他事项。

招标公告不得含有限制具备条件的潜在投标人购买投标资格预审文件的内容。

第十四条 招标人应当合理确定资格预审申请文件和投标文件的编制时间。

编制资格预审申请文件的时间，自开始发售投标资格预审文件之日起至潜在投标人提交资格预审申请文件截止时间止，不得少于14个工作日。

编制投标文件的时间，自招标文件开始发出之日起至投标人提交投标文件截止时间止不少于28个工作日。

第十五条 招标人如需对已出售的招标文件进行补充说明、勘误或者局部修正的，应当在投标截止日期15日前以书面形式通知所有投标人，并按照项目管理权限报市交通委员会备案。

第十六条 招标人对已发出的招标文件进行补充说明、勘误或者局部修正的内容，为招标文件的组成部分。

第十七条 经营性公路建设项目招标投标实行资格审查制度。

经营性公路建设项目采用公开招标的，招标公告发布后，招标人应当根据潜在投标人提交的资格预审申请文件，对潜在投标人的资格进行审查。招标人只向资格预审合格的潜在投标人发售招标文件。

经营性公路建设项目采用邀请招标的，投标邀请书发出后，招标人应当根据投标人提交的投标文件，对投标人的资格进行审查。

第十八条 潜在投标人应当按照投标资格预审文件的要求，向招标人提交资格预审申请文件。

资格预审申请文件应当载明以下主要内容：

（一）营业执照；

（二）资信、财务能力的证明文件；

（三）资产构成情况及投标人投资参股关联企业的情况；

（四）拟派出的项目负责人与主要技术人员的简历、业绩证明；

（五）拟用于完成招标项目的资金（须出具银行证明资料）；

（六）公司成立来的类似工程投资经营业绩情况；

（七）近3年来财务平衡表及财务审计情况；

（八）目前正在经营和正在参加投标项目的情况；

（九）招标人要求的其他相关文件。

第十九条 属于以下情况之一的，资格预审申请文件无效：

（一）未按期送达；

（二）未经法定代表人或其授权的代理人签字，或未加盖投标人印章；

（三）不符合本办法规定要求；

（四）内容虚假；

（五）资格预审申请文件由投资参股招标项目的投资单位提交。

第二十条 招标人审查潜在投标人的资格，应当严格按照投标资格预审文件的规定进行，不得采用抽签、摇号等博彩性方式进行资格审查。

第三章 投 标

第二十一条 投标人必须具备下列条件之一，并按照本办法规定通过资格预审取得投标资格，方可参加经营性公路建设项目投标：

（一）在中国境内注册的具有投融资能力的公司；

（二）在中国境内注册的具有投融资能力的多个公司组成的联合体；

（三）在中国境内注册的具有投融资能力的公司与在境外注册的有大型基础设施融资能力的投资公司组成的联合体。

境外经济组织和企业实体投标资格的确定，按照国家有关规定执行。

第二十二条 两个以上法人可以组成1个联合体，以1个投标人的身份共同投标。

联合体各方均应当具备承担招标项目的相应能力；国家有关规定或者招标文件对投标人资格条件有规定的，联合体各方均应当具备规定的相应资格条件。由同一专业的企业法人组成的联合体，按照资质等级较低的企业法人确定资质等级。

联合体各方应当签订共同投标协议，明确约定各方拟承担的工作和责任，并将共同投标协议连同投标文件一并提交招标人。联合体中标的，联合体各方应当共同与招标人签订合同，就中标项目向招标人承担连带责任。

招标人不得强制投标人组成联合体共同投标，不得限制投标人之间的竞争。

第二十三条 投标人应当按照招标文件的要求，按时参加招标人主持召开的标前会并勘察现场。

第二十四条 投标人必须按照招标文件的规定提交投标文件。投标方案包括以下主要材料：

（一）资历材料。

1. 投标人的简介、营业执照及资信证书；
2. 近3年经审计的年度财务报告；
3. 近5年承担的主要投资项目概况；
4. 近3年在经营活动中涉及的债务、债权简况及其信用评价；
5. 履约行为情况表。

（二）资金保障方案。

1. 投标人的法定代表或其授权代表签署的资金保障方案；
2. 投标保函；
3. 首期资本金到位保证函；
4. 项目资本金按工程进度到位计划表；
5. 银行省级分行对投标人出具的授信总额和项目贷款承诺书。

（三）响应招标文件规定的其他材料。

第二十五条 投标文件应当由投标人的法定代表人或其授权的代理人签字，并加盖投标人印章。法定代表人授权代理人进行投标的，须附具法律效力的授权书。

投标文件应当由投标人密封，并按招标文件规定的时间、地点和方式送达招标人。

第二十六条 投标文件按要求送达后，在招标文件规定的投标截止时间前，投标人如需撤回或者修改投标文件，应当以正式函件提出并作出说明。

修改投标文件的函件是投标文件的组成部分，其形式、密封方式、送达时间，适用对投标文件的规定。

第二十七条 招标人对投标人按时送达并符合密封要求的投标文件，应当签收，并妥善保存。

招标人不得接受在招标文件规定的截止时间后送达的及未按要求密封的投标文件。

第二十八条 投标人参加投标，不得弄虚作假，不得与其他投标人互相串通投标，不得采取贿赂以及其他不正当手段谋取中标，不得妨碍其他投标人投标。

第四章 开标、评标和中标

第二十九条 开标时间应当与招标文件中确定的提交投标文件截止时间一致。

开标地点应当是招标文件中预先确定的地点，不得随意变更。

第三十条　开标应当公开进行。

开标由招标人主持，邀请省、市交通主管部门和所有投标人的法定代表人或其授权的代理人参加。

第三十一条　开标时，由投标人或者其推选的代表检查投标文件的密封情况，也可以由招标人委托的公证机构检查并予以公证。

投标文件的密封情况经确认无误后，应当当众拆封，并宣读投标人名称、投标价格和投标文件的其他主要内容。

第三十二条　招标人对开标过程应当记录，并存档备查。

第三十三条　招标人应当自开标之日起两日内将开标情况报省、市交通主管部门备案。

第三十四条　评标由招标人组建的评标委员会负责。

评标委员会由有关方面的专家及市有关行政主管部门、项目所在区、县级市政府的代表若干人组成，人数为 5 人以上单数，其中专家人数不少于成员总数的 2/3。专家由地市级以上交通、建设、财政等部门的专家库中抽取组成，评标委员会负责人由市政府批准确定。

与投标人有利害关系的人员不得进入相关项目的评标委员会。

第三十五条　评标委员会成员名单在中标结果确定前应当保密。

第三十六条　评标委员会成员应当客观、公正地履行职责，遵守职业道德，对所提出的评审意见承担个人责任。

评标委员会成员不得私下接触投标人，不得收受投标人的财物或者其他好处，不得透露对投标文件的评审、中标候选人的推荐情况以及与评标有关的其他情况。

任何单位和个人不得非法干预、影响评标过程和结果。

第三十七条　评标委员会可以要求投标人对投标文件中含义不明确的内容作出必要的澄清或者说明，但是澄清或者说明不得超出或者改变投标文件的实质性内容。

第三十八条　经营性公路建设项目招标的评标将采用综合评分法。

采用综合评分法评标，应当在招标文件中载明复合标底计算公式和各项评价内容取分权重。

采用综合评分法评标，应当对投标人的融资能力与资金筹措方案、经营年限、建设业绩与实施方案、运营目标与运营措施等四个方面按不同权重分别进行打分，按得分高低进行排序，推荐得分高的投标人为中标候选人。

第三十九条　评标委员会应当按照招标文件确定的评标标准和方法，对投标文件进行评审和比较。

招标文件中没有规定的标准和方法，不得作为评标依据。

第四十条　评标委员会完成评标工作后，应当向招标人提出书面评标报告。

评标报告应当载明以下内容：

（一）评标委员会的成员名单；

（二）开标记录情况；

（三）评标采用的标准和方法；

（四）对投标人的评价；

（五）符合要求的投标人情况；

（六）推荐的中标候选人；

（七）需要说明的其他事项。

评标委员会推荐的中标候选人应当限定在 1 至 3 人，并标明排列顺序。

第四十一条　招标人应当根据评标委员会提出的书面评标报告和推荐的合格中标候选人排序先后确定中标人。招标人也可以授权评标委员会按排序先后确定中标人。

第四十二条　属于下列情况之一的，应当作为废标处理：

（一）投标文件未经法定代表人或者其授权代理人签字，或者未加盖投标人公章；

（二）投标文件字迹潦草、模糊，无法辨认；

（三）投标人对同一招标段提交两份以上内容不同的投标文件，未书面声明其中哪一份有效；

（四）投标人承诺的建设工期超过招标文件规定的期限或者对合同的重要条款有保留；

（五）投标人以不正当手段进行投标或干预评标工作；

（六）投标人未按招标文件要求提交投标担保；

（七）投标文件不符合招标文件实质性要求的其他情形。

第四十三条　有下列情形之一的，招标人应当依照本办法重新招标：

（一）一个项目少于3个投标人的；

（二）经评标委员会评审，所有投标均不符合招标文件要求；

（三）由于招标人、招标代理人或投标人的违法行为，导致中标无效；

（四）评标委员会推荐的中标候选人均未与招标人签订公路工程投资意向书。

重新招标的，招标人应当将重新招标方案报市交通委员会备案，招标文件有修改的，应当将修改后的招标文件一并备案。

第四十四条　招标人应当自确定中标人之日起15日内按项目管理权限将评标报告和评标结果报市交通委员会备案。

交通主管部门自收到评标报告和评标结果之日起7日内未提出异议的，招标人应当向中标人发出中标通知书，并同时将中标结果通知所有未中标的投标人。

招标人应当自发出中标通知书之日起5日内，向投标人退还投标担保。

第四十五条　招标人和中标人应当自中标通知书发出之日起30日内订立经营性公路建设项目投资意向书。

经营性公路建设项目投资意向书应当按照招标文件、中标人的投标文件、中标通知书订立。

招标人和中标人不得再行订立背离合同实质性内容的其他协议。

第四十六条　经营性公路建设项目法人招投标收费，其项目、标准应当按照政府价格主管部门的规定执行。

第五章　附　则

第四十七条　违反本办法及《中华人民共和国招标投标法》、《广东省实施〈中华人民共和国招标投标法〉办法》的行为，依法承担相应的法律责任。

第四十八条　本办法自2005年9月4日起施行。

深圳市建设工程施工招标评标委员会和评标方法规定

（深圳市建设局2002－06－07）

第一章　总　则

第一条　为了规范建设工程施工招标的评标活动（以下简称评标活动），维护当事人的合法权益，根据《深圳经济特区建设工程施工招标投标条例》（以下简称《条例》）的有关规定，制定本规定。

第二条　评标活动依法进行，任何单位和个人不得非法干预或者影响评标过程和结果。

第三条　市、区建设行政主管部门和有关行政管理部门依照《条例》第五条规定的职责分工，对评标活动实施监督，依法查处评标活动中的违法违规行为。

第二章　评标委员会

第四条　评标活动由招标人依法组建的评标委员会负责。

第五条　评标委员会 2/3 以上的成员应当由招标人从市建设行政主管部门或者有关行政主管部门的专家库中随机抽取。

招标人的代表进入评标委员会的，应当具有工程技术、经济方面中级以上的职称。

第六条　采用经评审的最低投标价法的，招标人可以选择组建综合评标委员会或分别组建技术标、商务标评标委员会进行评标。

采用综合评估法的，招标人应当分别组建技术标、商务标评标委员会进行评标。

第七条　综合评标委员会的组成人数应是 7 人以上的单数，其中技术和经济专业人员分别不得少于 3 人；技术标、商务标评标委员会的组成人数应是 5 人以上的单数，分别由技术和经济专业人员组成。

第八条　分别组建技术标、商务标评标委员会进行评标的，先结束评审工作的标评委员会将评审结果密封交建设工程交易服务中心存放，由后结束评标工作的评标委员会将技术标和商务标的评审结果汇总，推荐中标候选人，并形成评标报告。

第九条　组建综合评标委员会进行评标的，应将综合评标委员会分成技术标、商务标两个评审小组，由评审小组提出初步意见，然后提交评标委员会全体会议评审，并进行记名表决。

招标人或者其委托的招标代理机构的评标代表在两人及以上的，不得集中在同一评审小组内且在每一评审小组内的人数不得超过该小组成员总数的 1/2。

第十条　评标委员会实行少数服从多数的原则，评标结果经评标委员会全体成员过半数通过有效。组建综合评标委员会进行评标的，由于受到评标委员会组成人员专业限制等原因，不能形成有效评标结果的，应当分别组建技术标、商务标评标委员会重新评标。

第十一条　评标所需的重要信息和数据由招标人或者其委托的招标代理机构向评标委员会提供。

第十二条　评标委员会应当根据招标文件规定的评标标准和方法，对投标文件进行系统的评审和比较。招标文件中没有规定的标准和方法不得作为评标的依据。

投标文件以多种货币报价的，应当按照中国银行在开标日公布的汇率中间价换算成人民币。

招标文件应当对汇率标准和汇率风险作出规定。未作规定的，汇率风险由投标人承担。

投标文件中的大写金额和小写金额不一致的，以大写金额为准；总价金额与单价金额不一致的，以单价金额为准，但单价金额小数点有明显错误的除外；对不同文字文本投标文件的解释发生异议的，以中文文本为准。

第十三条　评标委员会根据《条例》规定否决无效投标或者界定为废标后，因有效投标不足三个使得投标明显缺乏竞争的，评标委员会可以否决全部投标。

所有投标被否决的，招标人应当依照《条例》重新招标。

第三章　评标方法

第十四条　评标方法包括经评审的最低投标价法、综合评估法。

第十五条　具有通用技术、性能标准或者招标人对其技术、性能没有特殊要求的招标工程应当采用经评审的最低投标价法。

第十六条 根据经评审的最低投标价法，能够满足招标文件的实质性要求，并且经评审的投标价格最低的投标，应当推荐为中标候选人。投标价格低于投标人成本的除外。

第十七条 采用经评审的最低投标价法的，评标委员会应当先评审投标人的商务标，后评审投标人的技术标。

评标委员会首先应当根据招标文件的规定对投标报价最低的前三名投标人的商务标进行评审，并根据经评审的投标报价由低至高对投标人进行排序，然后按照排序的先后对投标人的技术标进行评审，并按照排序的先后从中推荐技术标符合招标文件规定的技术要求和标准的投标人为中标候选人。

若该三名投标人的投标均被评标委员会否决或者从中确定的中标候选人数量未满足招标人要求的，评标委员会应当依序选取投标报价次低的另三名投标人（剩余投标人不足三名的，可全部选取），按照上述程序重新进行商务标和技术标的评审，以此类推。

第十八条 根据经评审的最低投标价法完成详细评审后，评标委员会应当拟定一份“标价比较表”。“标价比较表”应当载明投标人的投标报价、对商务偏差的价格调整和说明以及经评审的最终投标价。

第十九条 不宜采用经评审的最低投标价法的招标工程，应当采用综合评估法进行评审。

第二十条 根据综合评估法，最大限度地满足招标文件中规定的各项综合评价标准的投标，应当推荐为中标候选人。

衡量投标文件是否最大限度地满足招标文件中规定的各项评价标准，可以采取打分的方法或者其他的比较方法，但不得额外计算各种评比奖项。需量化的因素及其权重应当在招标文件中明确规定。

第二十一条 采用综合评估法的，评标委员会应当先评审投标人的技术标，后评审投标人的商务标及其他内容。

评标委员会应当按照下列公式之一对所有投标进行综合评分或比较：

（一）$N = A_1 \times J + A_2 \times S + A_3 \times X$

N——评标总得分。

J——施工组织设计（技术标）评审得分，满分为100分，低于60分的为无效标；施工组织设计中应包含安全及文明施工的内容。

S——投标报价（商务标）评审得分，经评审的最低报价得满分，其余经评审的报价按比例折减计算得分，满分为100分；计算方法如下：S_1 为最低报价，得100分，则 S_n 得分为 $[1-(S_n-S_1)/S_1]\times 100$，最低分为0分；投标报价中应包含措施费及安全、文明施工等所有费用。

X——投标人的综合实力、信誉、业绩（信誉标）得分，满分为100分，最低分为60分；采用资格预审的，评标委员会参照资格预审结果进行评分，未采用资格预审的，此项不计分。

A_1、A_2、A_3——分别为各项指标所占的权重，$A_1+A_2+A_3=1$。一般取 $0.3\leq A_1\leq 0.6$，$0.4\leq A_2\leq 0.7$，$0\leq A_3\leq 0.05$。

按得分从高至低的顺序确定中标候选人。

（二）$N' = A_1 \times J' + A_2 \times S' + A_3 \times X'$

N′——评标总得分。

J′——施工组织设计（技术标）评审得分排序，从高至低排序，$J'=1, 2, 3\cdots\cdots$；得分低于60分的为无效标；施工组织设计中应包含安全及文明施工的内容。

S′——投标报价（商务标）评审得分排序，对经评审的投标报价从低至高排序，$S'=1, 2, 3\cdots$；投标报价中应包含措施费及安全、文明施工等所有费用。

X′——投标人的综合实力、信誉、业绩（信誉标）得分排序，按得分从高至低排序，$X'=1, 2, 3\cdots$；采用资格预审的，评标委员会参照资格预审结果进行评分，未采用资格预审的，此项不计分。

A_1、A_2、A_3——分别为各项指标所占的权重，$A_1+A_2+A_3=1$。一般取 $0.3\leq A_1\leq 0.6$，$0.4\leq A_2\leq$

0.7，$0\leqslant A_3\leqslant 0.05$。

按得分从低至高的顺序确定中标候选人。

第二十二条　根据综合评估法完成评标后，评标委员会应当拟定一份“综合评估比较表”。“综合评估比较表”应当载明投标人的投标报价、所作的任何修正、对商务偏差的调整、对技术偏差的调整、对各评审因素的评估以及对每一投标的最终评审结果。

第二十三条　评标委员会在评标过程中发现的问题，应当及时作出处理或者向招标人提出处理建议，并做书面记录。

招标人在招标文件中对投标报价在标底之下另设有上限的，评标委员会应当将报价高于此上限的投标作废标处理。

评标委员会在评标过程中发现投标人有串通投标等违法违规行为的，应当将其投标作废标处理，并提请建设行政主管部门或有关行政管理部门查处。

第二十四条　建设行政主管部门或有关行政管理部门发现投标人有相互串通投标或者招标人与投标人串通投标等违法违规行为的，应当依照《条例》的规定，予以行政处罚，并可提请监察部门给予有关责任人行政处分。有触犯《刑法》第二百二十三条嫌疑的，应当提请检察机关立案调查，追究刑事责任。

第二十五条　全部评标活动结束后，评标委员会应当向招标人提出书面评标报告。评标报告应当如实记载以下内容：

（一）基本情况和数据表；

（二）评标委员会成员名单；

（三）开标记录；

（四）符合要求的投标一览表；

（五）评定为不合格的投标及废标情况和原因的说明；

（六）评标标准、评标方法或者评标因素一览表；

（七）标价比较表或者综合评估比较表；

（八）经评审的投标人排序；

（九）推荐的中标候选人名单与签订合同前要处理的事宜；

（十）澄清、说明、补正事项纪要。

第二十六条　全部评标活动结束后，招标人应当将以下资料的原件交建设工程交易服务中心，由建设工程交易服务中心统一向建设行政主管部门或有关行政管理部门移交备案：

（一）评标委员会专家的抽签名单、签到表、评分表和评分汇总表；

（二）所有投标人的投标报价书、法定代表人证明书或委托书；

（三）评标报告；

（四）评标委员会成员认为需要提供的其他书面材料。

第二十七条　评标活动有下列情形之一的，建设行政主管部门或有关行政管理部门可以要求评标委员会复议一次，或者要求招标人依法重新组建评标委员会评标：

（一）未依法评标的；

（二）评标工作有明显错误的；

（三）招标人或者投标人对评标结论有重大异议的；

（四）评标结论可能损害社会公共利益的。

第四章　附　则

第二十八条　本规定自2002年7月1日起施行。

深圳市建设工程自行招标管理办法

第一条　为了规范工程建设项目招标人自行招标行为，加强对招标投标行为的监督，根据《中华人民共和国招标投标法》、《深圳经济特区建设工程施工招标投标条例》（以下简称《条例》）等有关法律、法规的规定，结合深圳市实际，制定本办法。

第二条　本办法适用于依照《条例》规定必须进行施工招标或依照《深圳经济特区建设工程监理条例》规定必须进行监理招标的工程建设项目的自行招标活动。

第三条　招标人自行招标的，应当具有编制招标文件和组织评标的能力。

第四条　招标人自行办理招标事宜的，招标人应当在发布招标公告或者发出投标邀请书的7日前，向建设主管部门或者有关行政管理部门备案，并报送下列证明材料：

（一）项目法人营业执照、法人证书或者项目法人组建文件；

（二）专业技术人员名单及有关证书；

（三）近5年从事的同类工程建设项目施工许可证和评标报告；

（四）招标机构的人员组成及基本情况；

（五）招标机构中业务人员参加过招标投标法律培训的证明材料。

上述材料如提供复印件，应加盖招标人公章。

第五条　招标人符合本办法规定的条件的，可以自行办理招标事宜。建设主管部门或有关行政管理部门应当在5个工作日内予以办理备案手续。

第六条　招标人不按规定办理自行办理招标事宜备案手续、弄虚作假或报送备案材料有遗漏的，建设主管部门或者有关行政管理部门应当在收到备案材料之日起5个工作日内要求其补正；不及时补正的，视同其不具备自行招标的条件。

第七条　招标人不符合本办法规定的条件的，招标人应委托具有相应资质的招标代理机构办理招标事宜。

第八条　招标人符合本办法规定的条件的，任何单位和个人不得限制其自行办理招标事宜，也不得拒绝办理有关工程建设手续。

第九条　一次自行办理招标事宜备案手续仅适用于一个工程建设项目。

第十条　本办法自2003年4月1日起施行。

广东省财政厅

文号：粤财采购〔2006〕15 号 颁布日期：2006 年 7 月 5 日

关于印发《广东省省级政府采购协议供货办法》的通知

省直有关单位：

为了规范省级政府采购协议供货采购实施，根据《政府采购法》、《政府采购货物和服务招标投标管理办法》（财政部令第 18 号），我厅制定了《广东省省级政府采购协议供货办法》，现印发给你们，请遵照执行。

2006 年 7 月 5 日

广东省省级政府采购协议供货办法

第一章 总 则

第一条 为了规范省级政府采购协议供货采购实施，根据《政府采购法》、《政府采购货物和服务招标投标管理办法》（财政部令第 18 号），制定本办法。

第二条 省级政府采购协议供货供应商的招标投标及采购人采购协议供货范围内项目，适用本办法。

本办法所称协议供货，是指通过公开招标采购方式，统一确定政府采购项目中标供应商及其所供货物的品名、规格型号、价格、供货期限、服务承诺等内容，并以承诺书的形式固定下来，由采购人在供货有效期内自主选择中标供应商及其货物的一种采购形式。

第三条 规格或标准相对统一、品牌较多且市场货源充足的通用类货物，应当采用协议供货形式采购。

适合协议供货形式的服务类采购项目，也应当纳入协议供货范围，实行定点采购管理。

属于政府集中采购目录中的通用货物和跨部门服务、重复购买的部门集中采购项目，应当采用协议供货形式采购。

部门集中采购项目协议供货管理办法，由各部门按照本办法制定。

第四条 省财政厅负责制定本级政府采购协议供货管理制度、确定本级政府采购协议供货的范围、核准协议供货供应商招标实施方案。

第五条 省政府采购中心负责拟订协议供货供应商公开招标实施方案，根据省财政厅授权组织协议供货供应商的公开招标活动，确定中标供应商并与中标供应商签订协议供货协议。

第二章 协议供货供应商招标程序

第六条 省政府采购中心可以将招标事项委托具有资质的其他政府采购代理机构承办，但应当事先获得省财政厅批准。

第七条 省政府采购中心或其他受托的采购代理机构应当制定协议供货供应商公开招标实施方案并

报省财政厅核准。

实施方案应当包括协议供货范围、中标比例、评标标准、协议有效期、协议执行要求、监督检查等内容。

第八条 参加投标的供应商应当具备政府采购法第二十二条规定的条件，并且是投标产品的生产制造厂商。制造厂商不能直接参加投标的，可由其委托一家代理商作为其全权代理参加投标。

第九条 参加投标的供应商应当具有完善的供货渠道和售后服务体系，并按招标文件要求在投标文件中列明供货代理商及其地址和联系方式。

第十条 协议供货供应商公开招标的评标方式应当采用最低评标价法、综合评分法或性价比法。品牌产品的中标供应商原则上不少于三家。具体确定中标人时可采用比例淘汰法。

评标方法、评标标准以及淘汰比例，应当在招标文件中载明。

第十一条 中标供应商与省政府采购中心签订的协议供货协议书应当明确在协议有效期内，中标产品的规格型号、基本配置标准、供货价格、优惠率、售后服务、提供的备品备件及其价格等事项。

省政府采购中心应当在7个工作日内将协议供货协议书报省财政厅备案。

第三章 协议供货的执行

第十二条 协议供货事项确定后，省政府采购中心应当在省级以上财政部门指定的政府采购信息发布媒体上公告，同时报省财政厅。

第十三条 省政府采购中心应当建立健全协议供货货物的商品信息库、协议供货价格信息库和网上交易系统，积极推行由采购人在网上采购协议供货货物的做法。

第十四条 省财政厅应当及时将协议供货事项以文件形式印发采购人，同时在省级以上财政部门指定的政府采购信息发布媒体上公告，也可以授权省政府采购中心印发文件。

文件内容包括协议供货项目、中标供应商、中标货物及其价格和配置、售后服务、代理商联系名单、供应商承诺书、财政部门规定的执行要求等。

第十五条 公布的协议供货文件是中标供应商取得协议供货资格的证明，中标供应商应当根据协议供货文件和与省政府采购中心签订的协议供货协议书，向采购单位提供协议供货项目及配套服务。

第十六条 采购人采购协议供货范围内货物，应当执行协议供货规定，未经财政部门批准，不得另行组织招标，不得向协议供货范围外的供应商采购，或采购协议供货范围内的非中标货物。

如果协议供货范围不能满足采购人采购需求的，应报经省财政厅同意后，由采购人按照有关规定另行组织采购。

第十七条 协议供货项目的中标价格或优惠率是有效期内供应商承诺的最高限价或最低优惠幅度。采购人在具体采购时，可以与供货商就价格或优惠率进行谈判。

第十八条 同一品牌、型号的货物，在同一地方中标供应商应保证其实际供货价格低于其他任何非政府采购价格。

第十九条 采购人应优先享有中标供应商提供的技术咨询、保修期内或者超过保修期有关服务及所需材料、配件收费的优惠条件。

第二十条 在协议供货有效期内，协议供货货物的市场价格发生变化的，中标供应商应当及时同比例调整中标价格。货物出现更新换代、停产的，在不降低货物质量和配置的前提下，可以提供该货物的替换产品，其协议供货价格不得高于原中标产品。

第二十一条 协议供货货物的采购合同应当使用由财政部门监制的《政府采购协议供货采购合同（格式）》、《政府采购协议供货采购合同专用条款》（见附件）。

第二十二条 协议供货货物的采购合同由采购人与中标供应商或其授权代理商签订。采购人应当按规定履行合同，组织验收。出现纠纷的，按合同约定的方式进行处理。

第二十三条 采购人应按照合同约定及时向供货商支付采购资金。其中，属于财政直接支付范围的，应由财政部门将采购资金直接划拨到供货商指定账户；未实行财政直接支付办法或不属于财政直接支付范围的，由采购人按合同约定自行向供货商支付。

第二十四条 采购人应维护协议供货供应商的合法权益，不得假借政府采购名义为其他单位或个人采购，不得无故拖欠货款或向供货商提出超越协议供货承诺范围的其他要求。

第二十五条 采购人应对协议供货供应商履约情况作出诚信评价，并将意见及时反馈省财政厅。诚信评价的内容主要应当包括：

（一）供货产品的质量情况；

（二）中标供应商或供货商的合同履行情况；

（三）供货商品的售后服务情况。

第二十六条 中标供应商应当履行各项承诺，加强对授权代理商的管理，督促授权代理商履行承诺义务，及时将中标货物价格调整或替代情况报省政府采购中心。省政府采购中心应及时将中标货物价格调整或替代情况报省财政厅同意后，在省财政厅指定政府采购信息发布媒体上公告。

第四章　监督检查

第二十七条 省财政厅负责对协议供货供应商的招标活动及协议供货协议书执行情况进行监督检查。

第二十八条 省政府采购中心负责对投标供应商的报价开展市场调查，并配合省财政厅对协议供货事项的执行情况进行跟踪监督，及时将有关情况报省财政厅。

第二十九条 中标供应商或其授权代理商发现省政府采购中心违规违约情形的，可以向省财政厅报告。

第三十条 协议供货采购工作应当接受纪检监察和审计部门依法履行的监督。

第三十一条 对协议供货采购管理中存在的违法违规行为，由有关部门按规定处理，并追究有关主管人员及其他直接责任人员的法纪责任。

第五章　附　则

第三十二条 定点采购，是协议供货的特殊形式，定点采购项目的招投标活动和采购行为按本办法规定执行。

第三十三条 各市、县的政府采购协议供货管理，可以参照本办法执行。

第三十四条 本办法由广东省财政厅负责解释。

第三十五条 本办法自2006年7月10日起执行。

关于印发《广东省治理政府采购领域商业贿赂专项工作实施意见》的通知

各地级以上市财政局（不发深圳市），省直有关单位：

根据省财政厅治理商业贿赂领导小组意见，省财政厅制定了《广东省治理政府采购领域商业贿赂专项工作实施意见》，现印发给你们，请认真贯彻执行。

2006年5月12日

广东省财政厅文件

文号：粤财采购〔2006〕11号　颁布日期：2006年5月24日

广东省治理政府采购领域商业贿赂专项工作实施意见

为贯彻落实中央关于开展治理商业贿赂专项工作的部署，按照全省治理商业贿赂工作会议和《财政部关于开展治理政府采购领域商业贿赂专项工作有关问题的通知》（财库〔2006〕22号）、《广东省财政厅开展治理商业贿赂专项工作实施方案》的要求，结合我省政府采购工作实际，现提出以下实施意见。

一、指导思想和任务目标

治理政府采购领域商业贿赂的指导思想是：以邓小平理论和“三个代表”重要思想为指导，认真落实科学发展观，依照中共中央《建立健全教育、制度、监督并重的惩治和预防腐败体系实施纲要》和有关法律法规，贯彻落实财政部《关于开展治理政府采购领域商业贿赂专项工作有关问题的通知》和全省治理商业贿赂工作会议精神，统一部署，稳步推进，通过专项治理工作，坚决纠正我省政府采购领域中违反商业道德和市场规则、影响公平竞争的行为。全省各级财政部门应从全党工作大局、反腐败工作全局和深化财政改革的高度，认真学习，深刻领会和坚决贯彻中央的要求，切实抓好我省政府采购领域治理商业贿赂工作。

治理政府采购领域商业贿赂的主要任务是：在开展广泛调研的基础上，摸清政府采购领域商业贿赂的表现形式和容易出现问题的环节、特点和规律。通过认真开展自查自纠工作，使治理领域的采购人、采购代理机构受到深刻的思想政治教育和法制教育，自觉增强抵制商业贿赂和廉洁从政从业意识；严肃查处相关案件，坚决打击商业贿赂违法和犯罪行为；针对治理工作中暴露的问题，建立健全政府采购各项管理制度，完善政府采购管理体制和运行机制；建立积极的合理的预防政府采购领域商业贿赂的长效机制。

治理政府采购领域商业贿赂的目标是：通过专项治理工作，有效遏制政府采购领域商业贿赂行为，建立透明、公平的市场环境和及时纠错机制，基本形成行为规范、程序合法、监管到位、廉洁高效、制度健全的政府采购工作新局面。

二、关于治理范围

政府采购领域治理商业贿赂工作范围是采购人和采购代理机构（包含政府集中采购机构）。采购人是指纳入财政预算管理，使用财政性资金采购政府集中采购目录以内或者采购限额标准以上的货物、工程和服务的国家机关、事业单位和社会团体；采购代理机构包括各级政府设立的集中采购机构和经财政部门认定资格的社会中介采购代理机构。

三、实施步骤

按照中央和省委、省政府的统一部署和要求，并结合上述目标任务和治理范围，政府采购领域治理商业贿赂专项工作将分为调研摸底、自查自纠、整改查处和总结验收四个阶段。具体如下：

（一）广泛调研，确定重点治理问题。4月下旬到5月下旬，为调研摸底阶段。调研的目的是摸清商业贿赂在政府采购领域的主要目的、手段和表现形式、掌握发生问题的岗位、环节及规律和特点，明确治理重点。调研将采取三种形式：一是座谈调研。邀请部分采购人、政府采购代理机构和有关中标供应商就政府采购领域中的商业贿赂概念、具体表现形式、容易产生商业贿赂的环节等问题进行探讨。二是书面调研。制定详细的调研提纲，下发相关单位进行书面调。三是基层调研。会同纪委监察部门等有关单位结合自身工作特点，组成调研组到部分单位进行实地调研。

（二）积极开展自查自纠工作。6—8月为自查自纠阶段。该阶段主要有两项工作内容：一是组织动员与学习。召开一次有采购人、采购代理机构参加的政府采购领域治理商业贿赂专项工作会议，组织相关单位学习中央纪委第六次全会、国务院第四次廉政工作会议和省纪委第六次会议、省政府第四次廉政工作会议精神，学习《关于开展治理商业贿赂专项工作的意见》（中办发〔2006〕9号）等文件精神，提高政府采购当事人对中央以及省委省政府开展治理政府采购领域商业贿赂工作的认识，端正态度，纠正在思想认识上的偏差。二是布置相关单位开展自查自纠工作。财政部门要明确自查自纠的重点环节，制定下发有关通知和自查自纠表格，组织采购人、采购代理机构开展自查自纠工作。各级采购人、采购代理机构要根据财政部门的要求，一方面从本单位和个人具体工作上进行自查自纠，检查本单位的政府采购项目在实施过程中是否存在不正当交易和商业贿赂行为；另一方面要从本系统、本部门和本单位的现行政府采购内部管理制度、政府采购项目运行机制和监督制约上进行自查自纠，找出内部管理制度上漏洞和监督管理工作的薄弱环节，从深层次查找政府采购领域商业贿赂发生的原因。

（三）切实抓好整改，认真查处违法违纪案件。9—10月为整改阶段。一是各采购人和采购代理机构，以及从业人员针对自查自纠工作中反映、暴露和查出的问题提出整改措施，完善和制定相关制度。二是对查出的问题进行认真处理。财政部门要在全面自查自纠的基础上，结合群众举报，全面梳理政府采购案件线索，依法重点查办严重破坏政府采购市场秩序的商业贿赂案件，对性质恶劣、情节严重的典型案例要及时移交司法机关进行处理，以进一步提高政府采购领域从业人员的法制意识和从业规范，督促相关单位完善治理政府采购领域商业贿赂的长效机制。

（四）及时督促检查，全面总结验收。11—12月进行重点监督检查和验收。省财政厅将组织若干检查组到部分地区、部分单位进行检查和验收，重点检查整改措施的落实情况；各级财政部门也要相应地组织进行检查和验收，以确保专项治理工作不走过场，整改措施落到实处。

四、治理工作的组织形式

（一）各级财政部门要及时成立治理商业贿赂工作领导小组，加强对治理政府采购领域商业贿赂工作的领导。省财政厅已成立了治理商业贿赂工作领导小组，组长由厅党组书记、厅长刘昆担任，副组长为厅党组成员、副厅长曾志权和厅党组成员、纪检组长赵军，成员为张仿松（厅办公室主任）、危金峰（工贸发展处处长）、戴运龙（国库处处长）、叶伟龙（纪检组副组长、监察室主任）、肖红梅（政府采购办主任）、刘蔼（厅信息中心主任）、丁跃文（省注协秘书长）、毛秀源（省评协秘书长）。领导小组下设办公室，厅党组成员、副厅长曾志权兼任办公室主任，办公室办事机构设在厅工贸发展处，联络员为陈锡荣（主任科员）。

（二）按现行财政分级管理体制，省财政厅将负责省直各预算单位、采购代理机构的政府采购领域商业贿赂治理工作，地方各级财政部门负责本地区各单位、采购代理机构的治理工作，省直部门各系统内的治理工作由省直各部门牵头。

专项治理工作以自查自纠为主，财政部门重点检查为辅。自查自纠结束后，各单位要写出自查自纠报告，报同级财政部门。

五、主要措施

为确保上述工作能够不折不扣地完成，各级财政部门要采取以下七个方面的措施：

（一）大力开展宣传教育。运用报刊等新闻媒体、编发简报、召开座谈会、开展治理商业贿赂调研活动等形式，大力宣传，加强教育和学习。一方面提高单位和个人对中央、省委省政府开展治理政府采购领域商业贿赂专项工作重要性的认识；另一方面促进各单位对治理商业贿赂有关政策的理解和掌握，促进专项治理工作逐步深入。

（二）建立商业贿赂举报和通报制度。为发现和排查政府采购领域中商业贿赂案件线索，进一步接受社会监督，各级财政部门要设立治理商业贿赂举报信箱、电话和传真，并充分利用现有的信访渠道，定期、不定期地通报有关处理情况，建立起有效的举报和通报制度。

（三）完善商业贿赂惩处机制。各级财政部门在查办违法违纪案件工作中要准确运用法律和政策，对主动交代并积极退赃的，依法从轻或免于处罚；对性质恶劣、情节严重、影响面大的政府采购案件要及时移交司法机关进行处理；对拒不自查自纠、掩盖问题的单位和个人，要严肃处理。

（四）全面推进政府采购制度改革，从源头上预防商业贿赂。根据目前政府采购制度中存在的盲的和缺失，进一步建立健全政府采购管理制度体系。一是在政府采购领域管理上，要针对政府采购特点，研究制定政府采购领域治理商业贿赂的管理办法，完善预防和治理商业贿赂的机制；二是要逐步推行和建立政府采购项目的招标（采购）文件或采购标准的专家论证制度或公开征求意见机制；三是进一步完善政府采购评审专家管理制度，建立起对评审专家约束机制；四是积极推进政府采购信息化建设，提高政府采购信息公开透明度；五是研究建立“两个竞争机制”和“一个制约机制”，加大社会中介代理机构之间、供应商之间的竞争力度，建立起采购人、供应商、代理机构、管理机构之间的制约机制；六是要完善资格管理制度，构建政府采购的信用体系，凡涉及商业贿赂的供应商、采购代理机构，要列入“政府采购不良行为记录名单”，在财政部门指定的政府采购信息媒体上予以公告，并禁止其参与政府采购活动一至三年；七是加强对政府采购供应商投诉情况的处理工作。

（五）继续深化财政体制改革，实现综合治理。要把治理商业贿赂专项工作与深化财政管理体制等改革结合起来。一是在预算管理体制上，将继续深化财政预算编制制度改革，严格和强化部门预算和政府采购预算以及政府采购计划的编制与执行管理，确保各级财政支出严格按照批复的预算和计划执行。二是深化国库集中支付制度改革，从财政资金支付等环节保障政府采购制度的贯彻实施，预防商业贿赂的发生。

（六）开展政府采购专项大检查工作。今年是《中华人民共和国政府采购法》颁布第四周年，也是深化政府采购制度改革的关键一年。为全面贯彻落实《中华人民共和国政府采购法》，进一步规范政府采购行为，全面推动我省政府采购工作，省财政厅将联合监察厅等部门，集中力量对《政府采购法》实施情况开展一次全省性专项检查，对政府采购制度改革工作中存在的违规违纪行为进行查处。

（七）推进建立防治政府采购领域商业贿赂长效机制。防治政府采购领域的商业贿赂行为，既要集中时间开展专项治理工作，又要标本兼治，建立健全长效机制。各级财政部门要通过开展治理商业贿赂专项工作，按照惩治与预防腐败体系要求，切实加强防治商业贿赂长效机制的建设，建立和完善明确的责任机制、有效的教育机制、规范的运行机制、严密的制约机制和严格的处罚机制，尤其要长期建立起政府采购领域商业贿赂行为的举报机制和处罚通报制度。

广东省政府采购管理办公室

文号：粤财采购〔2005〕6号　颁布日期：2005年5月23日

关于省直单位公务用车实行协议维修办法的通知

省直各单位：

为规范省直机关事业单位公务车辆维修管理，加强廉政建设，节约财政开支，按照省财政厅制定的《广东省省级2005年政府集中采购目录及采购限额标准》（粤财采购〔2004〕34号）规定，车辆维修属政府集中采购项目，决定2005年省直单位公务车辆维修继续实行协议维修办法。现将协议维修办法及协议维修厂商名单等有关事项通知如下：

一、协议维修适用范围

驻穗省直党政机关、事业单位和团体组织使用财政性资金对单位公务车辆进行的维修和保养，全部纳入统一管理（含一级预算单位所属各单位），均须在协议维修厂维修。省直单位驻外地机构车辆维修项目，按属地管理原则办理。

二、协议维修有效期限

本次车辆协议维修的有效期限从2004年5月起至2006年12月31日止。

三、协议维修执行方法

各单位可在确定的协议维修厂范围内，根据实际由单位主管部门审定，自行选择修理厂家及数量。严禁擅自到非协议厂家维修和保养，确属协议厂无法维修的，须经单位主管部门审批后，方可到其他厂维修。在外地发生故障的车辆，需就地维修的，需经单位主管部门批准。

四、采购合同及信息统计

各单位应与选择的协议维修厂签订协议维修合同，合同文本一式3份，分别由采购单位、车辆维修厂和省政府采购中心留存。各单位应按照政府采购信息统计规定要求，编制政府采购信息统计表，由主管部门按季汇总报送省政府采购中心。

五、维修服务原则

各协议维修厂按承诺的维修价格和服务条款执行，努力提高服务质量，公开明示维修服务协议、承诺的维修价格、维修管理规定，各单位进行车辆维修可随时查对监督，省财政厅将对执行情况进行不定期检查。

六、维修费用结算支付

托修单位与修理厂方直接结算维修费用，以转账形式付款，不得直接使用现金支付。托修单位可依照与维修厂签订的合约，在提车时一次性支付维修款，或按预先约定的方式按期结算支付维修费用，修理厂出具合法有效的结算凭据。

七、其他

实行协议维修制度是加强省直单位公务用车管理的有效方式，各单位按本通知要求开展公务用车的维修保养工作。同时，要保护协议维修厂的合法权益，不得向协议维修厂提出超越协议范围的要求，不得以政府公务用车之名为其他单位或个人车辆进行维修和保养。对于违反规定的单位及协议维修厂，将按有关规定处理。

八、请一级预算单位向所属各单位转发此《通知》，或通知所属各单位在广东省政府采购网上查询，省政府采购网站：www. gdgpo. com。

各单位和各协议维修厂在执行过程中遇有问题和意见，应及时书面或电话向省政府采购管理办公室反映（地址：广州市仓边路26号，邮编：510030，电话：83357515，传真：83357559）。

附件：车辆协议维修厂名单、车辆维修服务协议。

2005年5月23日

广东省财政厅文件

文号：粤财采购〔2006〕7号　颁布日期：2006年3月29日

关于2006年度省直单位采购计算机等日常办公设备及办公用品实行协议供货办法的通知

省直各单位：

为了减少重复招标，方便各单位采购，降低政府采购成本，提高采购效率，根据广东省2006年政府集中采购目录的规定，决定2006年省直单位的计算机等日常办公设备及办公用品政府采购实行协议供货办法。今年省直单位计算机等日常办公设备及办公用品协议供应商供货资格的招标工作已经完成，现将执行协议供货办法的有关事项通知如下：

一、协议供货的适用范围。省直机关、事业单位和社会团体（以下简称省直各单位），使用财政性资金单次采购20万元金额以下（含20万元）的台式计算机、笔记本计算机、打印机、复印机、速印机、扫描仪、传真机、摄影摄像器材、投影机、电视机、电冰箱、空调器、碎纸机、服务器、交换机、路由器、磁盘阵列、磁带库、加密设备、不间断电源、显示终端设备（含CRT、LCD、PDP、LED）、防火墙（硬件）、移动介质、打印机耗材、复印机耗材、速印机耗材、办公用纸（复印纸、电脑打印纸）、操作系统软件、办公软件、备份软件、数据库软件、系统管理软件、中间件软件、安全软件、电子邮件软件等均实行协议供货。省直各单位原则上不得采购协议供货范围外的非中标品牌物品。

2006年省直单位政府采购协议供货物品和品牌名称，每一品牌物品的协议供货商名单、营业地址、联系人及联系电话、优惠率等情况，由于篇幅过大，不在本通知中一同公布，请各单位在广东省政府采购网站（www. gdgpo. gov. cn）和广东省政府采购中心电子采购平台（www. gpcgd. com）上查阅。

2006年省直单位政府采购协议供货物品在执行协议供货期间，由于有个别生产制造商或投标人要求更换其协议供货商，请省直各单位注意浏览广东省政府采购网站上有关协议供货商的变化情况。

二、协议供货有效期限。本次省直单位政府采购协议供货物品的协议供货有效期限自2006年4月起至2007年3月底止。中标的协议供应商承诺在此期间，将按投标承诺，向省直各单位提供产品和服务。

三、协议供货采购方法。省直各单位在执行2006年的协议供货办法时，单次采购某一物品的金额达到5万元以上（不含5万元）的，必须按照《关于试行电子化政府采购的通知》（粤财采购〔2006〕4号）规定，采取网上下订单并签订电子采购合同的做法。网上下订单并签订电子采购合同的具体操作步骤详见广东省政府采购中心电子采购平台（www. gpcgd. com）。

四、同一协议供货物品（耗材、办公用纸除外）的采购，每季度内不得超过三次。省直各主管单位要加强对所属单位执行协议供货办法的监督管理，防止将政府采购项目化整为零，规避公开招标。

五、付款方式。省直各单位要按照合同规定及时向供货商支付货款。其中，已实行国库集中支付的省直单位，按省财政厅国库集中支付办法执行；未实行国库集中支付的单位按合同约定直接向供货商付款。

六、权益保护。省直各单位要依据协议供货采购项目规定的让利和服务条件，监督协议供货商履行投标承诺和采购合同约定的义务。同时要注意保护供应商合法权益，不得拖欠货款，不得向协议供货商提出超越合同范围的其他要求，不得假借政府采购之名为其他单位或个人采购。

七、违规处理。实行政府采购协议供货办法是加强省直单位经常性、零星小额采购管理，提高采购效率的有效方式，省直各单位要按本通知要求开展采购活动。政府采购监督管理部门将不定期地开展协议供货检查，对于擅自采购协议供货范围以外非中标品牌物品的单位，一经查出，将按有关规定进行处理。

附件：2006 年省直单位政府采购协议供货物品及协议供货商一览表

2006 年 3 月 21 日

复印纸	电脑打印纸	摄像器材	照相器材	空调
电冰箱	电视机	复印机	复印机耗材	速印机
速印机耗材	打印机	打印机耗材	传真机	扫描仪
投影机	碎纸机	台式计算机	笔记本电脑	服务器
操作系统	办公软件	数据库软件	备份软件	中间件软件
系统管理软件	电子邮件软件	安全软件	磁盘阵列	磁带库
路由器	交换机	硬件防火墙	不间断电源	加密设备
外设移动介质	显示终端设备			

广东省财政厅文件

文号：粤财采购〔2006〕8 号　颁布日期：2006－03－16

关于 2006 年度省直单位印刷业务实行协议（定点）供货办法的通知

省直各单位：

为了提高政府采购效率，降低政府采购成本，规范小额印刷业务的采购行为，根据广东省 2006 年政府集中采购目录的规定，决定 2006 年省直单位印刷业务实行协议（定点）供货办法。今年省直单位印刷业务实行协议（定点）供货的供应商供货资格招标工作已经完成，现将执行协议（定点）供货办法的有关事项通知如下：

一、协议（定点）供货的适用范围。省直机关、事业单位和社会团体（以下简称省直各单位），使用财政性资金单次采购金额 20 万元以下（含 20 万元）的办公用品类印刷业务、票证类印刷业务、出版物类印刷业务，实行协议（定点）印刷供货办法。省直各单位原则上不得在非协议（定点）供货商处采购印刷业务。

2006 年省直单位印刷业务每一类的协议（定点）供货商名单、营业地址、联系人及联系电话等情况详见附表一、表二、表三，省直各单位也可以在广东省政府采购网站（www. gdgpo. gov. cn）上查阅。

二、协议（定点）供货有效期限。本次省直单位政府采购印刷业务的协议（定点）供货有效期限自2006年4月起至2007年3月底止。中标的协议（定点）供应商承诺在此期间，将按投标承诺，向省直各单位提供印刷业务及服务。

三、协议（定点）供货采购方法。省直各单位在执行2006年的印刷业务协议（定点）供货办法时，可以通过货比三家的做法，选择某一协议（定点）供货商承担印刷业务，也可以直接确定某一协议（定点）供货商承担印刷业务。

四、印刷业务的采购，每季度内不得超过三次。省直各主管单位要加强对所属单位执行协议（定点）印刷业务供货办法的监督管理，防止将政府采购项目化整为零，规避公开招标。

五、付款方式。省直各单位要按照合同规定及时向供货商支付货款。其中，已实行国库集中支付的省直单位，按省财政厅国库集中支付办法执行；未实行国库集中支付的单位按合同约定直接向供货商付款。

六、权益保护。省直各单位要依据协议（定点）供货采购项目规定的服务条件，监督协议（定点）供货商履行投标承诺和采购合同约定的义务。同时要注意保护供应商合法权益，不得拖欠货款，不得向协议（定点）供货商提出超越合同范围的其他要求，不得假借政府采购之名为其他单位或个人采购。

七、违规处理。实行政府采购协议（定点）供货办法是加强省直单位经常性、零星小额采购管理，提高采购效率的有效方式，省直各单位要严格按本通知要求开展采购活动。政府采购监督管理部门将不定期地开展协议（定点）供货检查，对于擅自采购非协议（定点）供货商提供的印刷业务，一经查出，将按有关规定进行处理。

二〇〇六年三月二十一日

广东省财政厅文件

文号：粤财采购〔2006〕2号 颁布日期：2006－02－27

关于印发《广东省2006年政府集中采购目录及政府采购限额标准》的通知

省直有关单位、各地级以上市人民政府：

根据《中华人民共和国政府采购法》的规定，经省政府授权，现将《广东省2006年政府集中采购目录及政府采购限额标准》印发给你们，请认真遵照执行。

从2006年起，省不再授权各地市制定当地政府集中采购目录和政府采购限额标准以及公开招标数额标准，全省政府集中采购目录、政府采购限额标准和公开招标数额标准由省统一制定公布，各地级以上市人民政府可根据当地实际作适当调整。

后年度的政府集中采购目录、政府采购限额标准和公开招标数额标准如有调整，则只公布调整部分，如无调整则不再每年重新公布。

二〇〇六年二月二十七日

一、政府集中采购通用类目录		
编号	品目名称	备注
A	货物类	
A02	建筑物	
A0201	办公用房	
A0202	宿舍用房	
A03	一般设备	
A0301	电器设备	预算金额 20 万元以下（含 20 万元）的实行协议供货
A030101	电视机	
A030102	电冰箱 （包括冰柜）	
A030105	摄影摄像器材	
A030106	空气调节设备 （包括空调器、中央空调）	
A030199	其他电器设备 （包括 DVD、VCD 等，预算金额 10 万元以上，含 10 万元）	
A0302	办公自动化设备	预算金额 20 万元以下（含 20 万元）的实行协议供货
A030201	计算机 （含 PC 服务器、小型机）	
A030202	打印机	
A030204	传真机	
A030205	复印机	
A030206	速印机	
A030207	碎纸机	
A030208	投影机	
A030209	扫描仪	
A030210	显示器 （含触摸屏、大屏幕设备等）	
A030211	UPS	
A030212	Linux 软件 （包括各类 Linux 应用软件）	预算金额 20 万元以下（含 20 万元）的实行协议供货
A030213	其他软件 （包括市场上出售的成套操作系统软件、办公自动化软件等应用软件，预算金额 5 万元以上，含 5 万元）	
A0303	家具 预算金额 10 万元以上（含 10 万元）	
A030301	办公家具 （含文件柜、档案柜等）	
A030302	宿舍家具 （含学生宿舍家具、客房家具等）	
A04	办公消耗用品	预算金额 20 万元以下（含 20 万元）的实行协议供货

（续上表）

编号	品目名称	备注
A0401	纸张 （含复印纸、打印纸等）	
A0404	U 盘 （含移动硬盘）	
A0407	办公自动化设备耗材 （含墨盒、墨粉、硒鼓、油墨等打印机、复印机、速印机耗材）	
A10	专用设备	
A1002	印刷设备 预算金额 10 万元以上（含 10 万元）	
A1004	网络设备	预算金额 20 万元以下（含 20 万元）的实行协议供货
A100401	服务器	
A100402	路由器	
A100403	交换机 （含程控交换机）	
A100404	调制解调器	
A100499	网络配套设备 （包括磁带库、磁盘阵列、防火墙、加密设备）	
A1005	发电设备 （包括发电机、柴油机等，预算金额 10 万元以上，含 10 万元）	
A1022	灯光、音响设备 预算金额 10 万元以上（含 10 万元）	
A1027	电梯 预算金额 10 万元以上（含 10 万元）	
A1028	炊事设备 预算金额 10 万元以上（含 10 万元）	
A1029	锅炉 预算金额 10 万元以上（含 10 万元）	
A1030	多媒体系统 预算金额 10 万元以上（含 10 万元）	
A11	交通工具	协议品牌采购数量在 10 台以下（含 10 台）的实行协议供货
A110101	轿车	
A110102	越野汽车（吉普车）	
A110103	卡车	
A110104	载客汽车（大、小客车）	
A11010504	警车	
A11010507	皮卡	
A110106	摩托车	
B	工程类 预算金额 50 万元以上（含 50 万元）	
B09	统一组织的房屋（含宿舍）修缮、装修工程	
C	服务类	

（续上表）

编号	品目名称	备注
C01	印刷、出版	预算金额20万元以下（含20万元）的实行协议供货
C02	专业咨询、工程设计、监理 预算金额20万元以上（含20万元）	
C04	维修保养	
C0402	专用设备 （含网络维护、保障预算金额20万元以上，含20万元）	
C0703	交通工具的维护保障	协议供货
C070301	车辆保险	
C070302	车辆加油	
C070303	车辆维修	
C11	国际机票	协议供货
C99	其他服务 （包括中介、审计、评估等服务，预算金额20万元以上，含20万元）	
二、政府集中采购部门集中类目录		
编号	品目名称	备注
A	货物类 预算金额10万元以上（含10万元）	
A030399	其他家具 （包括教学用家具、科研、医疗等专用家具）	
A06	物资	
A0601	救灾物资	
A0602	防汛物资	
A0603	抗旱物资	
A0604	农用物资	
A0605	储备物资	
A07	专用材料	
A0703	图书资料	
A0708	制服及相关用品 （包括工作用制服等）	
A10	专用设备	
A1006	医疗设备、器械	
A1007	计划生育设备	
A1008	交通管理监控设备 （含交通指示灯（牌）交通电子监控设备）	
A1009	港口设备	
A1010	农用机械设备	
A1013	消防设备	
A1015	警用设备	
A1016	监控保安设备	
A1018	档案保密设备	
A1019	教学设备 （指教学专用设备）	
A1020	实验室设备	

（续上表）

编号	品目名称	备注
A1021	广播电视影像设备	
A1024	体育设备 （含体育竞赛船艇等）	
A1030	水利专用设备	
A1031	防震、防雷、地质勘察设备	
A1032	文艺专用设备 （含乐器、道具、演出用服装等）	
A1099	其他专用设备 （包括气象专用仪器设备、人工影响天气作业设备、航测设备、税务专用物资装备、检察诉讼设备、法庭内部装备）	
A11	交通工具	
A110105	专用汽车	
A11010501	工程汽车	
A11010502	工具汽车	
A11010503	消防车	
A11010505	救护车	
A11010506	通讯和广播用车	
A11010599	其他专用汽车 （含刑事勘察车）	
A1102	船只 （指救助船舶、缉私船、港务监督巡逻艇等）	
A1103	飞机 （指直升机）	
B	工程类 预算金额50万元以上（含50万元）	
B0101	公用房建设	
B0102	住房建设	
B0104	文教、卫生、音乐、体育等公益性设施建设	
B0105	纪念性建筑设施建设	
B0106	监控工程	
B02	市政建设工程	
B0203	自来水输水工程	
B03	环保绿化工程	
B0301	污水处理	
B04	防洪工程	
B05	交通运输工程	
B06	油气工程	
B07	电力工程	
B08	电信工程	
B09	部门确定的本系统单位房屋（含宿舍）修缮和装修工程	
B10	系统集成、网络工程	
C	服务类 预算金额20万元以上	

（续上表）

编号	品目名称	备注
C03	信息技术、信息管理软件的开发、设计、监理（含信息工程监理）	
C06	租赁服务（包括办公用房、宿舍用房、通讯线路、网络租用等租赁服务项目）	
C10	物业管理（包括机关、单位后勤管理、服务等）	
C12	绿化养护	
C99	其他服务（部门确定的其他有特殊要求的保安清洁等专项服务项目）	
三、政府采购限额标准（目录以外，分散采购数额标准）		
项目	限额标准	备注
货物类	预算金额 10 万元以上（含 10 万元）	
服务类	预算金额 10 万元以上（含 10 万元）	
工程类	预算金额 50 万元以上（含 50 万元）	
四、公开招标数额标准		
项目	限额标准	备注
货物类	预算金额 80 万元以上（含 80 万元）	
服务类	软件开发设计、物业管理、网络建设及系统集成等服务类项目预算金额 50 万元以上（含 50 万元）	
工程类	按照《中华人民共和国招标投标法》和省有关规定执行	

五、相关问题说明及要求

（一）根据《政府采购法》的规定，各级国家机关、事业单位、团体组织（以下统称采购人）使用财政性资金（包括财政预算资金和纳入财政管理的其他资金）采购依法制定的集中采购目录以内的或者采购限额标准以上的货物、工程和服务，属于政府采购的范围，必须按照有关法律、法规规定的采购方式和程序进行采购。

本集中采购目录和采购限额标准，是采购人编制政府采购预算和计划的依据，也是政府采购监督管理部门进行监督检查的依据。

（二）政府采购实行集中采购和分散采购相结合，政府集中采购目录包括通用类目录和部门集中类目录两大部分。政府集中采购目录以内的采购项目实行集中采购，政府集中采购目录以外、采购限额标准以上的采购项目，实行分散采购。

（三）采购人和采购政府集中采购目录以内或采购限额标准以上的项目，应当按照有关规定编制政府采购预算，并根据批复的政府采购预算，按规定及时编报政府采购计划。

（四）达到公开招标数额以上的货物、服务类项目，应当采用公开招标方式，因特殊情况需要采用公开招标以外采购方式的，应当在采购活动开始前报同级政府采购监督管理部门批准。

工程项目采用公开招标方式的，应按《中华人民共和国招标投标法》和省有关建设工程招标投标管理规定组织实施；货物和服务采用公开招标方式的，应按《政府采购货物和服务招标投标管理办法》（财政部第 18 号令）及《广东省政府采购公开招标方式暂行实施规程》（粤财采购〔2004〕17 号）的规定组织实施；非公开招标方式应按《广东省政府采购非公开招标采购方式暂行实施规程》（粤财采购

〔2004〕18号）的规定组织实施。

（五）政府集中采购通用类目录中属于协议供货品目限额以下的项目实行协议供货，按政府采购监督管理部门印发的有关协议供货的办法执行。

（六）政府采购应当优先采购本国货物、工程和服务。

（七）本集中采购目录和采购限额标准公布后，因特殊情况需要修改、补充的，由广东省财政厅另行公布。

（八）《中国财经报》、中国政府采购网、广东省政府采购网为本省指定的政府采购信息公布媒体，省级政府采购项目信息必须按规定在以上三个媒体公布。

（九）本目录及限额标准由省财政厅负责解释。

广东省财政厅文件

文号：粤财采购〔2004〕14号　颁布日期：2004－09－21

广东省政府采购项目档案管理暂行办法

第一条　为加强政府采购项目档案的管理，有效保护和利用政府采购项目档案资源，根据《中华人民共和国政府采购法》和《中华人民共和国档案法》的有关规定，制定本办法。

第二条　本办法适用广东省政府采购项目档案管理。

第三条　政府采购监督管理部门负责政府采购项目档案工作的监督和检查。

第四条　政府采购项目档案是反映政府采购活动的重要记录。采购人和采购代理机构在组织实施政府采购项目活动中形成的文件材料，都应归入政府采购项目档案管理，保证档案资料的真实性、完整性。

第五条　政府采购项目档案是指采购人和采购代理机构在政府采购活动中形成的文字、图纸、图表、声像、纸质、磁盘、光盘等不同媒质载体的记录。

政府采购项目档案包括采购活动记录、采购预算、采购文件、投标、报价文件、评审标准、评审报告、定标、成交文件、合同文本、验收证明、质疑答复、投诉处理决定及其他有关文件、资料。

采购活动记录至少应包括下列内容：

（一）采购项目类别、名称；

（二）采购项目预算、资金构成和合同价格；

（三）采购方式，采用公开招标以外的采购方式的，应当载明原因；

（四）邀请和确定供应商的条件及办法；

（五）评审标准及确定中标、成交供应商的依据；

（六）废标的原因。

第六条　采购人和采购代理机构要依法做好政府采购项目档案管理工作，加强项目档案的立卷、归档、保管和销毁的管理，确保政府采购项目档案存放有序、查阅方便，严防毁损、散失。

第七条　采购人和采购代理机构应根据具体采购方式，参照《政府采购档案目录》（附后），建立政府采购项目档案。

政府采购项目档案文件、资料应采用标准A4纸记录和打印。工程项目的设计图纸可根据具体情况确定。

第八条 采购人和采购代理机构在政府采购项目合同签订、交付验收完成后，按规定负责收集、整理、立卷、装订、编制目录。

政府采购项目档案的管理应指定专人负责，政府采购项目档案不得借出。确需查阅或复制政府采购项目档案，须经本单位负责人批准，并办理登记手续。查阅或者复制政府采购项目档案资料人员，严禁在档案资料上涂画、拆封和抽换。

采购人和采购代理机构应设立档案室，建立健全政府采购项目档案查阅、复制的登记制度。

第九条 采购人或采购代理机构应按有关规定制定本部门的档案立卷办法。

第十条 政府采购项目档案的保存期限为从采购结束之日起至少保存十五年。

第十一条 保管期满的政府采购项目档案，可按档案管理的有关规定销毁。

第十二条 政府采购项目档案管理人员变更，应当编制档案移交清册，列明应当移交的档案名称、卷号、册数、起止年度、应保管期限、已保管期限等。

交接双方按照档案移交清册所列内容进行交接，并由交接双方的单位负责人负责监交。交接完毕后，交接双方经办人和监交人应当在档案移交清册上签名或盖章。

第十三条 采购人和采购代理机构应积极配合政府采购监督管理部门对其政府采购档案的检查。

第十四条 本办法由广东省财政厅负责解释。

第十五条 本办法发布之日起施行。

广东省财政厅文件

文号：粤财采购〔2004〕26号 颁布日期：2004－12－10

广东省政府采购评审委员会组建暂行办法

第一条 为规范政府采购行为，保证政府采购项目专家评审的公正性，根据《中华人民共和国政府采购法》、财政部《政府采购评审专家管理办法》以及《政府采购货物和服务招标投标管理办法》，制定本办法。

第二条 本办法所称的评审委员会是指评标委员会、谈判小组和询价小组。

第三条 广东省政府采购项目采用以下采购方式的，评审委员会的组建适用本办法：

（一）公开招标；

（二）邀请招标；

（三）竞争性谈判；

（四）询价。

第四条 采购人或采购代理机构应当从同级或上一级的政府采购监督管理部门设立的政府采购评审专家库中确定评审委员会的评审专家名单。

第五条 政府采购评审专家应当具备如下条件：

（一）具有较高的业务素质和良好的职业道德，在政府采购评审过程中能以客观公正、廉洁自律、遵纪守法为行为准则。

（二）从事相关领域工作满8年，具有本科（含本科）以上文化程度，高级专业技术职称或者具有同等专业水平。

（三）年龄在65周岁以下，健康状况良好，熟悉政府采购的相关法律法规，能胜任政府采购评审工作；两院院士或者享受政府特殊津贴者，可不受年龄限制。

（四）本人愿意以独立身份参加政府采购评审工作，并接受政府采购监督管理部门的监督管理。

（五）没有违纪违法等不良记录。

第六条 设立政府采购评审专家库应当具备下列条件：

（一）具有符合本办法第五条规定条件的评审专家，每个专业类专家人数不得少于50人；

（二）有满足政府采购项目评审需要的专业分类；

（三）有满足随机抽取评审专家需要的必要设施和条件；

（四）有负责专家数据信息管理和专家抽取的专门人员；

（五）省级政府采购监督管理部门规定的其他条款。

第七条 政府采购评审委员会由采购人代表和有关技术、经济等方面的专家组成，其中技术、经济等方面的专家不得少于成员总数的三分之二。

采用招标采购方式的，评标委员会成员人数应为五人以上单数；招标项目采购数额在300万元以上、技术复杂的，评标委员会中技术、经济方面的专家人数应当为五人以上。采购人不得以专家身份参与本部门或者本单位采购项目的评标。采购代理机构工作人员不得参加由本机构代理的政府采购项目的评标。

采用竞争性谈判或询价采购的，谈判小组或询价小组成员人数应为三人以上单数；竞争性谈判采用综合评分法的，谈判小组成员人数应为五人以上单数。

采购人代表应当具备相应的采购专业技能，并经采购人书面授权。

第八条 评审委员会的评审专家，应当采取以下方式产生：

（一）一般项目，应当从政府采购评审专家库中采取随机抽取方式确定评审专家；

（二）对技术复杂、专业性较强的采购项目，通过随机方式难以确定合适评审专家的，经地级以上市政府采购监督管理部门同意，可以采取选择性方式确定评审专家。

第九条 评审委员会评审专家的随机抽取工作应有专人负责，采购人和采购代理机构应当派代表（原则上是监察人员）到现场监督专家抽取过程。重大或者特殊项目评审专家的抽取，采购人或采购代理机构应当邀请政府采购监督管理部门和监察机关派员监督。

第十条 评审委员会评审专家名单一般应在评审工作开始前一个工作日内确定，在评审结果确定前应当保密。

第十一条 采用随机抽取方式确定评审专家时，应遵循以下程序：

（一）采购人或采购代理机构根据有关规定及项目实际情况，确定评审专家的数量以及行业、专业或地域要求。

（二）政府采购监督管理部门或其授权机构从政府采购评审专家库中根据行业、专业和地域的分类随机抽取专家人选，专家抽取人数一般为项目所需评审专家数量的两倍以上。

（三）政府采购监督管理部门或其授权机构按抽取顺序通知评审专家，通知时不得涉及项目的具体内容。顺序在前的评审专家因故不能参加评审活动的，由顺序在后的评审专家依次递补。通知评审专家的过程应有书面或语音记录。

（四）采购人、采购代理机构和有关监督部门人员共同填写《政府采购评审专家抽取登记表》存档备查。

第十二条 采用选择性方式确定评审专家的，应遵循以下程序：

（一）采购人或采购代理机构向同级政府采购监督管理部门提交确定评审专家申请函，内容应包括项目说明、采用选择性方式的理由、所需评审专家人数、选择条件及范围等；

（二）经政府采购监督管理部门审核同意后，由采购人或采购代理机构从政府采购评审专家库或有关机构推荐的专家名单中选定评审专家人选；

（三）按十一条（三）、（四）规定通知并做记录。

第十三条　评审委员会评审专家名单的确定，应当遵守以下规定：

（一）近三年内曾在参加该采购项目的供应商中任职（包括一般工作）或担任顾问的，不得作为评审专家；

（二）配偶或直系亲属在参加该采购项目的供应商中任职或担任顾问的，不得作为评审专家；

（三）与参加该采购项目的供应商发生过法律纠纷的，不得作为评审专家；

（四）评审委员会中，同一任职单位评审专家不得超过两名；

（五）参与采购文件论证的专家不得作为评审专家；

（六）法律、法规的其他相关规定。

第十四条　因政府采购专家库中专家数量在抽选时不足以满足实际所需专家人数，不足部分可由采购人或采购代理机构推荐人选。推荐人选经政府采购监督管理部门审核并办理有关手续后，方可进入政府采购评审专家库。

第十五条　有以下情形之一的，评审专家名单应当进行补充：

（一）经核实，已被邀请的评审专家存在第十三条规定的情形需要回避的；

（二）已被邀请的评审专家因故不能按规定时间参与评审活动的。

第十六条　有以下情形之一的，评审专家名单应当重新确定：

（一）评审专家名单泄密的；

（二）需重新进行评审的；

（三）违反本办法规定确定评审专家名单的；

（四）其他违反法律法规规定的。

第十七条　评审专家名单一经确定，应当依法严格保密，因泄密而影响评审工作的，依法追究有关责任人的责任。

第十八条　参与评审专家抽取工作的有关人员，不得在项目评审前向被邀请的专家透露其即将参与评审项目的信息。

第十九条　采购人或采购代理机构违反本办法规定组建评审委员会的，由政府采购监督管理部门和有关部门根据《政府采购法》等法律法规的有关规定追究责任。

第二十条　政府采购项目采购文件论证专家及单一采购方式所需评审专家由采购人或采购代理机构从政府采购评审专家库或有关机构推荐的专家名单中直接选定。

第二十一条　本办法由广东省财政厅负责解释。

第二十二条　本办法自发布之日起施行。

广东省财政厅文件

文号：粤财采购〔2004〕27 号 颁布日期：2004－11－26

广东省政府采购评审委员会工作暂行规程

第一章 总 则

第一条 为规范政府采购评审工作，确保政府采购评审工作客观、公平、公正，根据《中华人民共和国政府采购法》和财政部《政府采购评审专家管理办法》等法律法规，制定本规程。

第二条 本规程适用于广东省政府采购项目的评审工作。

第三条 本规程所称政府采购评审委员会是指评标委员会、谈判小组和询价小组。

第四条 评审工作应当遵循公平、公正、科学、择优的原则。

第五条 评审委员会依法独立进行评审，任何单位和个人不得非法干预评审委员会的工作。

第六条 评审委员会应当接受同级政府采购监督管理部门以及其他有关部门依法实施的监督和管理。

第七条 评审委员会由采购人或采购代理机构依据《广东省政府采购评审委员会组建暂行办法》组建。

第八条 采购人或采购代理机构应当采取必要措施，确保评审工作在严格保密的情况下进行。

第二章 评审委员会职责和义务

第九条 评审工作由采购人或采购代理机构负责组织，具体评审事务由评审委员会负责，并独立履行下列职责：

（一）审查投标、报价文件是否符合采购文件要求，并作出评价；

（二）按照采购文件规定的评审方法和评审标准进行评审，对评审意见承担个人责任；

（三）根据需要要求投标供应商对投标、报价文件有关事项作出解释或者澄清；

（四）推荐中标、成交候选供应商名单，或者受采购人委托按照事先确定的办法直接确定中标、成交供应商；

（五）参与评审报告的起草；

（六）其他法律法规规定的职责。

第十条 评审委员会成员应当履行下列义务：

（一）遵纪守法，客观、公正、廉洁地履行职责；

（二）对评审过程和结果，以及供应商的商业秘密保密；

（三）向采购人、采购代理机构或政府采购监督管理部门检举非法干预评审工作的行为；

（四）配合政府采购监督管理部门的投诉处理工作；

（五）配合采购人或采购代理机构答复供应商提出的质疑；

（六）其他法律法规规定的义务。

第三章 评审委员会工作程序

第十一条 政府采购项目采用招标方式的，评审委员会应当遵循以下程序开展工作：

（一）选定评审委员会主任。采购人代表不得作为评审委员会主任。

（二）了解、熟悉招标文件及项目的实际需求。

（三）投标文件初审。初审分为资格性审查和符合性审查。

1. 资格性审查。依据法律法规和招标文件的规定，对投标文件中的资格证明、投标保证金等进行审查，以确定投标供应商是否具备投标资格。

2. 符合性审查。依据招标文件的规定，从投标文件的有效性、完整性和对招标文件的响应程度进行审查，以确定是否对招标文件的实质性要求作出响应。

（四）解释、澄清有关问题。

1. 在评标过程中，评审委员会认为招标文件表述不明确或需要说明的其他事项，可请采购人代表或采购代理机构工作人员解释说明，但解释说明的内容不得带有倾向性或其他影响评审公正性的意见。

2. 对投标文件中含义不明确、同类问题表述不一致或者有明显文字和计算错误的内容，评审委员会可以书面形式（应当由评审委员会主任签字）要求投标人作出必要的澄清、说明或者纠正。投标人的澄清、说明或者补正应当采用书面形式，由其授权的代表签字，并不得超出投标文件的范围或者改变投标文件的实质性内容。

（五）比较与评价。按招标文件中规定的评标方法和标准，对资格性审查和符合性审查合格的投标文件进行商务和技术评估，综合比较与评价。

（六）核定评标记录。评审委员会应当核定相关评标记录并签字确认。

（七）推荐中标候选供应商名单。中标候选供应商数量应当根据招标文件的规定确定，但必须按顺序排列中标候选供应商。

1. 采用最低评标价法的，按投标报价由低到高顺序排列。投标报价相同的，按技术指标优劣顺序排列。

评审委员会认为，排在前面的中标候选供应商的最低投标价或者某些分项报价明显不合理或者低于成本，有可能影响商品质量和不能诚信履约的，应当要求其在规定的期限内提供书面文件予以解释说明，并提交相关证明材料；否则，评审委员会可以取消该投标人的中标候选资格，按顺序由排在后面的中标候选供应商递补，以此类推。

2. 采用综合评分法的，按评审后得分由高到低顺序排列。得分相同的，按投标报价由低到高顺序排列。得分且投标报价相同的，按技术指标优劣顺序排列。

3. 采用性价比法的，按商数得分由高到低顺序排列。商数得分相同的，按投标报价由低到高顺序排列。商数得分且投标报价相同的，按技术指标优劣顺序排列。

（八）编写评标报告。评标报告是评审委员会根据原始评标记录和评标结果编写的报告，其主要内容包括：

1. 招标公告刊登的媒体名称、开标日期和地点；

2. 获取招标文件的投标人名单和评审委员会成员名单；

3. 评标方法和标准；

4. 开标记录和评标情况及说明，包括投标无效投标人名单及原因；

5. 评标结果和中标候选供应商排序表；

6. 评审委员会售标建议。

（九）签字确认评标报告。评标报告须由评审委员会全体成员签字确认。

第十二条 政府采购项目采用竞争性谈判方式的，评审委员会应当遵循以下程序开展工作：

（一）报价文件初审。初审办法按第十一条规定执行。

（二）开展谈判：

1．谈判小组所有成员集中与单一供应商就有关技术、价格、交货期、付款方式、售后服务等问题按照谈判文件规定的谈判轮数分别进行谈判，要求各供应商分别进行不超过三轮报价。在谈判中，谈判小组及有关当事人应当严格遵循保密原则，任何人不得透露与谈判有关的供应商的技术、价格和其他信息。

2．谈判小组对谈判文件作实质性变动的，应当以书面形式通知所有参加谈判的供应商。

（三）确定成交供应商：

1．谈判小组在谈判结束后，要求所有参加谈判的供应商就谈判小组最终确认的技术、商务方案，在规定的时间内提出最后报价及有关承诺。

2．谈判小组按照谈判文件规定的评定标准，对供应商提供的最后报价及有关承诺进行评审。

3．谈判小组在完成评审工作后，出具竞争性谈判评审报告，推荐成交候选供应商，谈判小组所有成员签字确认。

第十三条　政府采购项目采用询价方式的，评审委员会应当遵循以下程序开展工作：

（一）报价文件初审。初审办法按第十一条规定执行。

（二）询价小组需对询价文件作出实质性变动的，应当以书面形式通知所有被询价的供应商。

（三）询价。询价小组要求通过初审的供应商在规定时间内一次报出不得更改的价格。询价小组不得与某一供应商就其报价进行谈判。

（四）确定成交供应商。询价小组完成询价工作后，出具询价评审报告，推荐成交候选供应商，询价小组全体成员签字确认。

第十四条　评审委员会成员对评审结论持有异议的，可以书面方式阐述其不同意见和理由。评审委员会成员拒绝在评审报告上签字且不陈述其不同意见和理由的，视为同意评审结论。评审委员会应当对此作出书面说明并记录在案。

第四章　评审工作纪律

第十五条　评审委员会成员都应当遵守有关法律法规，严守有关保密规定并在评审前书面承诺遵守评审纪律。

第十六条　评审委员会成员的通讯设备应当集中保管。

第十七条　评审委员会成员与评审项目有以下情形之一利害关系的，应当主动提出回避：

（一）近三年内曾在参加该采购项目的供应商中任职（包括一般工作）或担任顾问的；

（二）配偶或直系亲属在参加该采购项目的供应商中任职或担任顾问的；

（三）配偶或直系亲属参加同一项目评审工作的；

（四）近三年内与参加该采购项目的供应商发生过法律纠纷的；

（五）其他可能影响公正评审的情况。

第十八条　评审委员会成员确认参加评审工作后，应当准时到达指定地点；因故不能参加评审的，应当及时告知通知单位。

第十九条　评审委员会成员在评审过程中，不得将投标、报价文件带离评审现场评审；不得向外界透露评审内容；评审结束后不得复印或带走与评审内容有关的资料。

第二十条　评审委员会成员评审时，应各自独立进行评审，不得发表任何具有倾向性、诱导性或歧视性的见解，不得对其他评委的评审意见施加任何影响。

第二十一条　评审委员会成员要求采购人或供应商陈述或澄清问题，需经评审委员会主任同意，并以书面形式提出。

第二十二条　除二十一条规定的情形除之外。评审委员会成员在评审过程中，不得接收来自评审现场以外的任何形式的文件资料。

第二十三条　评审委员会成员不得违反国家有关廉洁自律的规定，私下收受参与政府采购活动供应商及有关业务单位的财物。

第五章　附　则

第二十四条　评审专家有以下情形的，采购人或采购代理机构应当填写《评审专家信息反馈表》（格式附后），交同级政府采购监督管理部门备案：

（一）参加评审工作迟到或无故缺席的；

（二）评审期间私自与投标、报价供应商接触或联系的；

（三）在评审过程中，将投标、报价文件带离评审现场的；

（四）在评审过程中，发表了具有倾向性、诱导性或歧视性见解的；

（五）明显不胜任从事政府采购项目评审工作的；

（六）其他违反有关法律法规、评审工作纪律及保密规定行为的。

第二十五条　重大、重点采购项目应当现场录像记录评审过程，以备查验。

第二十六条　评审现场所有工作人员应当遵守并执行评审工作纪律。评审委员会成员或其他有关人员在评审过程中违反本规程的，由政府采购监督管理部门依据有关法律法规进行处理。

第二十七条　本规程由省财政厅负责解释。市（地）财政部门可制定具体的实施细则。

第二十八条　本规程自发布之日起施行。

广东省财政厅文件

文号：粤财采购〔2004〕32号　颁布日期：2004－12－23

广东省省级政府采购计划管理暂行办法

第一章　总　则

第一条　为加强政府采购计划管理，增强政府采购计划性，提高采购效率和采购质量，降低采购成本，根据《中华人民共和国预算法》、《中华人民共和国政府采购法》等法律法规，制定本办法。

第二条　本办法所指政府采购计划是指由省级单位依据政府采购预算，按政府采购品目汇编的反映各单位采购需求及实施要求，并逐级上报、审核、汇总，经省财政厅审核批复的采购计划。

第三条　省级单位应当落实好政府采购计划编制工作，明确政府采购计划编制机构和人员。

第四条　政府采购计划实行按季度编制，分月实施的办法。

第二章　政府采购计划的编制

第五条　政府采购计划编制原则：

（一）完整反映政府采购预算原则。政府采购计划应当根据省财政厅批准的政府采购预算编制，并完整反映政府采购预算。政府采购计划的采购项目数量和采购资金来源应与政府采购预算规定的采购项目数量和采购资金来源相对应，不得编制资金尚未落实的政府采购计划。

政府采购预算包括部门预算中的政府采购预算和年度追加预算中用于政府采购项目的预算。

（二）公平竞争和维护国家利益、公共利益原则。编制政府采购计划应依据有关法律法规，遵循公平竞争和维护国家利益、公共利益原则。除《政府采购法》第十条规定的情形外，政府采购应当采购本国货物、工程和服务；政府采购项目应根据《政府采购法》、《广东省省级政府集中采购目录》等法律法规的规定，采用规范的采购形式和采购方式，按照规范的采购程序运作。

公开招标应作为政府采购的主要方式。

（三）规模效益性原则。编制政府采购计划应注重政府采购的规模效益，在同一年度内，对同一采购品目可以安排两次采购计划，但不得超过两次以上。属于协议供货范围的采购品目，同一品目的采购，每季度内不得超过两次（含两次）。

（四）严格按采购品目分类编制。政府采购计划应严格按采购品目的分类和顺序编制，同类的采购项目应归并在一起。其中，属于政府集中采购目录的政府采购计划（表一、表二），按当年公布的《广东省省级政府集中采购目录》的品目分类和顺序编制；属于政府集中采购目录以外、政府采购限额标准以上的政府采购计划（表三），按 A. 货物类、B. 工程类、C. 服务类三大类分类编制。

第六条 政府采购计划的编制范围：

（一）编制单位范围。政府采购计划的编制单位范围包括省级国家机关、事业单位和社团组织（简称省级单位）。

省级单位按预算管理权限和经费领拨关系，分为主管预算单位（主管部门）、二级预算单位和基层预算单位。

（二）编制资金范围。政府采购计划的编制资金范围包括预算资金、政府性基金和预算外资金等财政性资金以及与之配套的单位自筹资金。

（三）编制项目范围。纳入当年依法公布的广东省省级政府集中采购目录以及政府采购限额标准以上的货物、工程和服务项目，应按季分月编制政府采购计划。

第七条 政府采购计划的编制程序：

政府采购计划从基层预算单位编起，按财务隶属关系逐级上报、审核、汇总形成部门政府采购计划，于每季度前的 15 日前按统一规定的表格样式以纸质和电子形式报送省财政厅（政府采购管理办公室）。上级主管部门为企业集团等自负盈亏单位的单位，可作为独立的部门编制政府采购计划。

第八条 政府采购计划的构成：

政府采购计划分为政府集中采购计划、部门集中采购计划和分散采购计划三部分。属于政府集中采购目录通用类的政府采购项目，应编入政府集中采购计划（表一）；属于政府集中采购目录部门集中类的政府采购项目，应编入部门集中采购计划（表二）；属于政府集中采购目录以外、政府采购限额标准以上的政府采购项目应编入分散采购计划（表三）。

第九条 政府采购计划的内容：

政府采购计划包括品目代码、品目名称、计量单位、单价、采购数量、采购预算、资金来源构成、需求时间、建议采购方式等。

第十条 达到公开招标数额标准建议采用公开招标以外采购方式的采购项目，应在报送政府采购计划的同时提出申请报告，报送省财政厅（政府采购管理办公室）审批。

第十一条 属于协议采购范围的政府采购项目，应当在政府采购计划中列明。

第三章 政府采购计划的审批

第十二条 省财政厅（政府采购管理办公室）在 15 个工作日内，依法对省级部门报送的政府采购计划进行审核，并向省级部门批复政府采购计划，省级部门应及时将省财政厅批复的政府采购计划下达给所属单位。

第十三条 政府采购计划审核的主要内容：

（一）政府采购计划是否符合规定的填报要求。

（二）采购需求时间、采购预算是否合理，采购形式是否合法。

（三）采购方式的选择是否符合《政府采购法》的规定。

（四）采购项目的品目分类、排列顺序是否符合规定。

第十四条 对预算金额较大或者专业技术复杂的采购项目，省财政厅可以组织专家进行论证，并依据论证结果审定采购方式。

第四章 政府采购计划的调整和实施

第十五条 政府采购计划一经批复，原则上不作调整。计划执行过程中，如发生采购项目变更、终止、追加或减少调整计划的，必须按计划编制程序报批。

第十六条 省级主管部门应按照批复的政府采购计划组织实施本部门的政府采购活动。

（一）属于政府集中采购计划（表一）的采购项目，应当依法委托省政府采购中心组织实施。

（二）属于部门集中采购计划或分散采购计划的采购项目，可依法委托具有资质的政府采购代理机构或省政府采购中心组织实施，也可以自行组织实施。

（三）属于协议供货范围的采购项目，应按省财政厅有关协议供货的规定执行。

第十七条 省级单位应当将项目的详细用户需求书送政府采购代理机构。

用户需求书的内容应当符合政府采购的公平竞争原则和维护国家利益、社会公共利益原则。

第十八条 政府采购计划实施应当按照《广东省政府采购公开招标实施暂行规程》及《广东省政府采购非公开招标实施暂行规程》的有关规定执行。

第十九条 各部门、各采购代理机构应当参照《广东省省级政府采购指南》的实施程序和时间要求组织实施采购。

第二十条 省政府采购中心应当对同类政府采购项目进行打包，组织规模采购。

第五章 附 则

第二十一条 本办法由广东省财政厅负责解释。

第二十二条 本办法自2005年第2季度开始施行。不按本办法编制政府采购计划的采购项目，原则上不予受理。

广东省财政厅文件

文号：粤财采购〔2004〕33号 颁布日期：2004－12－22

广东省政府采购当事人行为规范

第一章 总 则

第一条 为维护国家和社会公共利益，保护政府采购当事人的合法权益，规范政府采购当事人在政府采购活动中的行为，根据《中华人民共和国政府采购法》（以下简称《政府采购法》），制定本规范。

第二条 本规范适用于广东省政府采购当事人在政府采购活动中的行为。

第三条 本规范所称政府采购当事人包括采购人、供应商和采购代理机构。

第四条 政府采购当事人在政府采购活动中，必须按照《政府采购法》等国家法律法规和广东省政府采购有关规定，依法开展政府采购活动。

第五条 政府采购当事人在政府采购活动中，应当遵循公开、公平、公正和诚实信用原则，维护政府采购信誉。

第二章 采购人行为规范

第六条 采购人要加强本部门政府采购管理，明确内部政府采购职能机构，建立本部门政府采购管理制度，组织实施本部门的政府采购工作。

第七条 采购人应按规定编制政府采购预算，按时编报政府采购计划，及时、全面、准确报送政府采购信息统计报表及其他政府采购信息。

第八条 采购人采购公开招标数额标准以上的政府采购项目，应当采用公开招标方式采购，不得将依法应当公开招标的采购项目化整为零或者以其他任何方式规避公开招标。

第九条 采购人采购公开招标数额标准以下，属政府集中采购目录中部门集中采购项目和采购限额标准以上的政府采购项目，依法选择采购方式，并按照法定程序组织实施。

第十条 采购人采购纳入政府集中采购目录内通用类的政府采购项目，必须委托集中采购机构代理采购；采购属于政府集中采购目录中部门集中采购项目以及限额标准以上的政府采购项目，可以委托集中采购机构或具有政府采购代理资质的采购代理机构代理采购。

政府集中采购目录的通用类政府采购项目以各地级以上市公布的政府集中采购目录为准。

采购人在办理委托时，应当向采购代理机构提交详细的用户需求书，配合采购代理机构编制采购文件，并及时确认采购文件。

第十一条 采购人不得在采购文件或向采购代理机构提交的用户需求书中列入限制、排斥潜在供应商的商务、技术条款；不得列入单一品牌的规格技术标准及其他有违公平竞争的条款，不得以不合理的注册资本金、销售业绩以及资格条件等条款对潜在供应商实行歧视或差别待遇。

第十二条 采购人应当接受咨询专家对采购文件的审核意见，不得随意更改咨询专家的审核意见或擅自对已审定的采购文件作出修改。

第十三条 采购人应当依法组建评审委员会，并确保评审过程在公正、安全、保密的情况下进行；发现违规违纪行为的，应及时向有关部门报告。

第十四条 在评审过程中，采购人应如实记录评审委员会的评审意见，不得在评审记录中篡改评审委员会的评审意见和评审结论。

第十五条 在评审过程中，采购人代表不得发表影响评审委员会公正评审的倾向性、歧视性言论。与供应商有利害关系的，应当主动回避。

第十六条 采购人必须按照评审委员会依法推荐的中标、成交候选人顺序确定中标、成交供应商，并在五个工作日内向采购代理机构出具书面确认函。不得擅自在评审委员会推荐的中标、成交候选供应商之外确定中标、成交供应商。

第十七条 采购人应当依据《政府采购法》相关规定，及时对供应商的询问作出解释，对供应商的质疑作出书面答复。

第十八条 采购人不得在招标采购过程中与投标人及其他供应商进行协商谈判。

第十九条　采购活动一经开始，采购人不得随意中止或终止采购活动。

第二十条　采购人应当公开采购标准，公布采购结果。

第二十一条　采购人在政府采购活动中，应依法遵守相关保密规定，不得泄露以下信息：

（一）已获取采购文件的供应商名单；

（二）评审委员会成员名单；

（三）评审过程情况及尚未公布的评审结果；

（四）有关法律法规规定的保密事项。

第二十二条　采购人在采购过程中不得索取或接受供应商贿赂或获取不正当利益；不得与供应商、采购代理机构相互串通，损害国家利益、社会公共利益和其他相关人的合法权益。

第二十三条　采购人与中标、成交供应商应当在中标、成交通知书发出之日起三十日内，按照采购文件确定的事项签订政府采购合同。不得无故拒绝与中标、成交供应商签订政府采购合同；不得与中标、成交供应商签订有悖于合同实质内容的协议或补充合同；不得擅自变更或终止政府采购合同。

第二十四条　政府采购项目的采购合同自签订之日起七个工作日内，采购人应当将合同副本报同级政府采购监督管理部门备案。属采购代理机构代理采购的，还需将采购合同副本送采购代理机构归档。

第二十五条　采购人应严格按照生效的政府采购合同及时办理项目验收、资金支付事宜，不得在办理项目验收、资金支付时设置障碍，谋取不正当利益。

第二十六条　采购人对每项采购活动的采购文件应当按照《政府采购法》及《广东省政府采购项目档案管理暂行办法》的相关规定进行建档保存。

第二十七条　采购人应当积极配合、自觉接受政府采购监督管理部门、监察机关、审计机关的监督检查，并如实反映情况，提供有关材料。

第二十八条　采购人应当对本部门政府采购活动进行监督检查。

第三章　供应商行为规范

第二十九条　在政府采购活动中，供应商应当诚实信用，不得弄虚作假，骗取政府采购供应商资格；不得以任何手段诋毁、排斥其他供应商参与竞争；不得提供虚假资料谋取中标或成交。

第三十条　供应商不得与采购人、采购代理机构及其工作人员和其他供应商串通，损害国家利益、社会公共利益和其他相关人的合法权益。

第三十一条　供应商不得向采购人、采购代理机构及其工作人员、评审委员会成员及其他相关人员行贿或者采取其他不正当手段谋取不合法利益。

第三十二条　供应商应当在规定的时间内对采购人或采购代理机构要求确认的澄清修改文件进行书面确认。

第三十三条　在招标采购过程中，供应商不得与采购人进行协商谈判。

第三十四条　供应商中标、成交后，应当按规定与采购人签订政府采购合同，并严格履约，为采购人提供符合规定质量标准的货物、工程和服务，不得销售伪劣、冒牌、走私商品。

无合法依据，供应商不得拒绝与采购人签订采购合同，不得擅自变更或者终止政府采购合同。

第三十五条　供应商应当主动积极配合政府采购项目的验收工作。

第三十六条　供应商应按照有关规定实名书面向采购人或采购代理机构质疑，实名书面向政府采购监督管理部门投诉，不得进行虚假、恶意的质疑与投诉，阻碍政府采购活动的正常进行。

第三十七条　供应商应当接受政府采购有关部门的检查，并如实反映情况和提供材料。

第四章 采购代理机构行为规范

第三十八条 采购代理机构依法接受采购人的委托，遵循公开、公平、公正和诚实信用原则，按照确定的采购方式和法定的程序组织实施。

第三十九条 采购代理机构可以依据物价部门的有关规定收取代理服务费用。

第四十条 采购代理机构不得弄虚作假、骗取政府采购业务代理资格，不得采用任何方式阻挠和限制供应商自由进入本地区和本行业政府采购市场。

第四十一条 采购代理机构应当建立健全内部监督管理制度，明确采购代理活动的执行程序，并相互监督、相互制约。

第四十二条 采购代理机构的工作人员应当具有相关职业素质和专业技能，符合政府采购监督管理部门规定的专业岗位任职要求。

采购代理机构对其工作人员应当加强教育和培训；对工作人员的专业水平、工作实绩和职业道德状况定期进行考核。工作人员经考核不合格的，不得继续任职。

第四十三条 采购代理机构应当在采购人委托的范围内办理政府采购事宜。不得向采购人行贿或者采取不正当手段谋取代理业务。

第四十四条 采购代理机构不得与采购人、供应商和评审专家串通，采取任何方式暗箱操作，内定中标、成交供应商。

第四十五条 采购代理机构及其工作人员在政府采购活动中，应依法遵守相关保密规定，不得泄露以下信息：

（一）已获取采购文件的供应商名单；

（二）评审委员会成员名单；

（三）评审过程情况及尚未公布的评审结果；

（四）有关法律法规规定的保密事项。

第四十六条 采购代理机构不得在采购文件中列入限制、排斥潜在供应商的商务、技术条款；不得为迎合采购人列入单一品牌的规格技术标准及其他有违公平竞争的条款；不得以不合理的注册资本金、销售业绩及资格条件等条款对潜在供应商实行歧视或差别待遇。

第四十七条 采购代理机构要按有关规定在指定的媒体上发布采购信息，并按采购信息发布的时间、地点接受供应商报名。

第四十八条 采购代理机构应当将采购项目的澄清修改文件按规定时间发送给所有已获取采购文件的供应商。

第四十九条 采购代理机构应当依法组建评审委员会，并确保评审过程在公正、安全、保密的情况下进行；发现违规违纪行为的，应及时向有关部门报告。

第五十条 在评审过程中，采购代理机构应如实记录评审委员会的评审意见，不得发表影响评审委员会公正评审的倾向性、歧视性言论；不得在评审记录中篡改评审委员会的评审意见和评审结论。

第五十一条 采购代理机构应当按规定公示采购结果，公示期期满，未发现有违法违规行为的，应当向中标、成交供应商发出中标、成交通知书，向未中标、成交供应商发出招标结果、谈判结果或询价采购结果通知书。

第五十二条 采购代理机构应当按照《政府采购法》相关规定，及时对供应商的询问作出解释，对供应商的质疑作出书面答复。

第五十三条 未按规定程序报批，采购代理机构不得随意更改经政府采购监督管理部门确定的采购方式。

第五十四条　采购代理机构对每项采购活动的采购文件应当按照《政府采购法》及《广东省政府采购项目档案管理暂行办法》的相关规定进行建档保存。

第五十五条　采购代理机构应积极配合政府采购监督管理部门及其相关部门的监督检查，并如实反映情况，提供有关材料。

第五十六条　采购代理机构应当及时、全面、准确地向政府采购监督管理部门报送政府采购活动的业务信息。

第五章　附　则

第五十七条　政府采购当事人违反本规范的，按照《中华人民共和国政府采购法》及政府采购有关法律法规规定进行处理。

第五十八条　本规范由广东省财政厅负责解释。

第五十九条　本规范从发布之日起执行。

广东省财政厅文件

文号：粤财采购〔2004〕17号　颁布日期：2004－09－21

广东省政府采购公开招标采购方式暂行实施规程

第一章　总　则

第一条　为规范政府采购公开招标程序，根据《中华人民共和国政府采购法》、《中华人民共和国招标投标法》及《广东省实施〈中华人民共和国招标投标法〉办法》，制定本规程。

第二条　本规程适用于广东省政府采购货物、服务类项目的公开招标活动。

使用财政性资金的政府采购工程，应纳入政府采购管理，适用《中华人民共和国招标投标法》和省有关建设工程招标投标管理规定。

第三条　政府采购公开招标活动应当遵循公开透明原则、公平竞争原则、公正原则和诚实信用原则。

第二章　招标委托

第四条　采购人在办理委托前，应编制详细的用户需求书。

用户需求书包括采购预算（一般应包括市场参考单价）、商务要求、技术需求和服务要求等。商务要求包括合格投标人条件、交货期、货款结算方式、履约保证金、货物安装调试、检验及验收、保险以及争端的解决等；技术要求包括采购项目名称、数量、技术规格、质量保证等；服务要求包括产品配送地点、质保期、售后服务等。

用户需求书中不得列入限制、排斥潜在供应商的商务、技术条款；不得列入某一品牌特有的规格技术标准及其他有违公平竞争的条款，不得以不合理的注册资本金、销售业绩以及资格条件（含特别授权条款）等条款对潜在供应商实行歧视或差别待遇。

第五条　采购人应当根据同级政府集中采购目录，按以下原则确定采购代理机构。

（一）采购属于政府集中采购目录通用类的政府采购项目，必须委托集中采购机构组织实施。

（二）采购属于政府集中采购目录部门集中采购类，达到公开招标数额标准以上的采购项目，应当委托集中采购机构或其他政府采购代理机构组织实施。

第六条　采购人应与采购代理机构签订委托代理协议，依法确定委托代理事项，约定双方的权利、义务和收取代理费的标准等。

第三章　组织招标

第七条　下列条件之一的采购项目，除法律法规要求保密外，采购人或采购代理机构应当发布招标信息预告，就采购标准是否有倾向性、歧视性征集潜在供应商意见：

（一）对有可能影响公平竞争的项目。

（二）国家或省、市重点建设项目。

（三）政府采购项目金额较大的。金额标准由各地级以上市政府采购监督管理部门根据本地的政府采购情况制定。

（四）政府采购监督管理部门认为应当进行招标预告的其他采购项目。

招标预告的内容应当包括：采购人或采购代理机构名称，项目名称、用途、数量、规格、技术要求和交货日期，对供应商的资格要求，联系人及联系方式。

采购人或采购代理机构对潜在供应商公正、合理的意见应予采纳。

第八条　采购代理机构根据采购人的用户需求书依法编制招标文件。

采购代理机构在收到采购人提供的用户需求书后，应当及时编制招标文件。招标文件主要内容应当包括投标邀请、投标人须知、评标方法、评标标准、评标细则及无效投标条款、用户需求书、合同条款及格式、投标书格式。

招标文件要充分体现公平、公正的原则，不得要求或者标明特定的制造商和代理商，商务、技术和服务等条款的要求不得有倾向性和歧视性。

货物或服务类采购项目，技术指标或供应商的资质应当有三个以上品牌或三家符合资质要求的供应商完全响应。同一品牌的产品可有多家代理商参与竞争，但只作为一个供应商计算。

第九条　下列条件之一的采购项目在编制招标文件过程中，应当进行招标文件论证：

（一）招标信息预告期间，潜在供应商对采购标准有质疑的。

（二）国家或省、市重点建设项目。

（三）政府采购项目金额较大的。论证项目金额标准，由各地级以上市政府采购监督管理部门根据本地的政府采购情况制定。

（四）政府采购监督管理部门认为应当进行招标文件论证的其他采购项目。

招标文件论证小组由采购人代表和专家组成，成员人数为三人以上单数，专家人数不得少于论证小组成员总数的三分之二。

论证小组主要对招标文件中投标人资质条件、商务条款、技术指标参数、评标标准及办法等进行论证，并出具书面论证意见，确保潜在供应商之间的公平竞争。

第十条　采购代理机构在招标文件编制完成后提交采购人审核，采购人一般在收到文件之日起三个工作日内提出审核、确认意见。

第十一条　招标文件经确认后，采购代理机构应按《广东省政府采购信息公告管理暂行办法》的规定发布招标公告。

对供应商进行资格预审的采购项目，资格预审的程序及细则应当在招标公告中明确。采购人或采购代理机构应当接受供应商报名，并按照招标公告公布的资格预审程序及细则，对供应商进行资格审查，并将资格审查结果函告所有参加资格预审的供应商。

第十二条 采购代理机构应当对获取招标文件的供应商登记备案。招标文件的售价按有关规定执行。

第十三条 招标文件需进行澄清或修改的，应在规定投标截止时间15天前，以书面形式通知所有获取招标文件的供应商。供应商收到澄清修改文件后，应当以书面形式确认。澄清修改的内容为招标文件的组成部分。

澄清或修改时间不足十五天的，采购人或采购代理机构在征得已获取招标文件的供应商同意并书面确认后，可不改变投标截止时间。

第四章 开标、评标和定标

第十四条 实行公开招标的政府采购项目，采购人或采购代理机构应依法组建评标委员会。

评标委员会原则上在开标前一个工作日内组建，专家成员一般从省级政府采购监督管理门认可的专家库中随机抽取确定。采购人或采购代理机构应当派代表（原则上派监察人员）到现场监督抽取专家过程。特殊原因不能参加的，应向负责抽取专家的机构出具书面函件。评标委员会名单在中标结果确定前应当保密。

特殊的采购项目，经同级政府采购监督管理门批准可直接确定专家成员。

评标委员会由采购人代表和有关技术、经济等方面的专家组成，成员人数为五人以上单数，其中技术、经济等方面的专家不得少于成员总数的三分之二。采购人代表由采购人书面授权确定。

第十五条 采购人或采购代理机构应在招标文件规定的投标地点和截止时间前，接受投标人递交的密封完好的投标文件。投标截止时间后递交的投标文件一律不予接受。

第十六条 采购人或采购代理机构应在招标文件确定的时间和地点组织开标。一般遵循以下程序：

（一）开标会由采购人或采购代理机构主持。

（二）在招标文件规定的投标截止时间到点时，主持人应当宣布投标截止时间已到，以后递交的文件一律不予接受。

（三）主持人宣读开标大会会场纪律。

（四）开标时，应实行现场监督。现场监督人员应当是采购人、采购代理机构的监察人员或政府采购监督管理部门、监察机关、公证机关的派出人员。评标委员会专家成员不参加开标大会。

（五）投标文件的密封情况应由监督人员确认并当众拆封，并按招标文件规定的内容当众唱标。

（六）开标会记录人应在开标记录表上记录唱标内容，并当场公示。如开标记录表上内容与投标文件不一致时，投标人代表须当场提出。开标记录表由记录人、唱标人、投标人代表和有关人员签字确认。

第十七条 采购人或采购代理机构负责评标会场组织工作，并采取有效措施，保证评标在严格保密的情况下进行。一般遵循以下程序：

（一）宣读评标纪律。组织评标工作的人员应在评标前宣读评标纪律，并要求评标委员会成员及工作人员签字确认。依法应该回避的，评标委员会成员和其他工作人员应当主动提出回避。

（二）评标现场监督。评标时，应实行现场监督。现场监督人员应当是采购人、采购代理机构的监察人员或政府采购监督管理部门、监察机关、公证机关的派出人员。

（三）评标委员会评标与出具评标报告。评标委员会应当根据招标文件规定的评标标准和方法，严格按照招标文件的评标程序，对投标文件进行系统的评审和比较，依法出具评标报告并推荐中标候选人，或按采购人的授权直接确定中标供应商。招标文件中没有规定的标准和方法不得作为评标的依据。

评标委员会在评标过程中一致认为招标文件表述不明确或需说明的其他事项，可请采购人代表或采购代理机构工作人员解释说明，但不得发表带有倾向性或其他影响评审公正性的意见。

（四）投标人的澄清或说明。评标委员会可以以书面形式要求投标人对投标文件中含义不明确、对同类问题表述不一致或者有明显文字和计算错误的内容作出必要的澄清、说明或者补正。澄清、说明或者补正应当采取书面形式，但不得超出投标文件的范围或者改变投标文件的实质性内容。

（五）参加评标会议的所有工作人员应当对评标过程和评标结果保密。

第十八条 采购人一般应在五个工作日内按照评标委员会推荐的中标候选人顺序依法确定中标供应商。

采购人或采购代理机构应当按规定将中标结果进行公示，公示期为三个工作日。

第十九条 采购人或采购代理机构应依法向中标供应商发出中标通知书，向未中标的投标人发出招标结果通知书。

属采购代理机构组织的采购项目，采购代理机构应同时向采购人发出招标结果通知书。

第二十条 供应商有质疑和投诉的，按照《中华人民共和国政府采购法》和《政府采购供应商投诉处理办法》规定处理。

第五章 签约与验收

第二十一条 采购人与中标供应商应当自中标通知书发出之日起三十日内，按照招标文件和中标供应商投标文件的约定签订政府采购合同，合同条款不得与招标文件和中标供应商投标文件内容有实质性偏离。

采购合同自签订之日起七个工作日内，采购人应将合同副本报同级政府采购监督管理部门和有关部门备案；委托采购代理机构代理采购的，采购人还应将采购合同副本送采购代理机构归档。

第二十二条 采购人或采购代理机构应分别按下列情况，退回投标供应商的投标保证金：

（一）在确定中标供应商后五个工作日内，退回未中标供应商的投标保证金。

（二）在签订合同后五个工作日内，退回中标供应商的投标保证金。投标保证金转为履约保证金的，按合同约定办理。

（三）在投标有效期内不能确定中标供应商的，在投标有效期满后五个工作日内，退回所有投标人的投标保证金。

第二十三条 采购人或其委托的采购代理机构应当组织对供应商履约的验收。大型或者复杂的政府采购项目，应当邀请国家认可的质量检测机构参加验收工作。验收方成员应当在验收书上签字，并承当相应的法律责任。

采购人组织对供应商履约验收的，双方应按规定完成验收工作。如有异议不能验收的，应提请其委托的采购代理机构协商；协商未果的，提请政府采购监督管理部门协调；协调未果的，按有关法律法规办理。

第六章 附 则

第二十四条 采购人或采购代理机构应当按照《中华人民共和国政府采购法》和《广东省政府采购项目档案管理办法》，对每项采购活动的采购文件妥善保存，不得伪造、变造、藏匿或销毁。

第二十五条 政府采购监督管理部门及有关部门可以通过抽查、现场监督等方式对公开招标采购活动进行检查、监督，采购当事人应当积极配合。

第二十六条 本规程由广东省财政厅负责解释。

第二十七条 本规程自发布之日起施行。

广东省财政厅文件

文号：粤财采购〔2004〕13号 颁布日期：2004－09－21

广东省政府采购信息公告管理暂行办法

第一章 总 则

第一条 为了提高政府采购工作的透明度，体现政府采购公开透明、公平竞争原则，规范并统一政府采购信息发布行为，根据《中华人民共和国政府采购法》、财政部《政府采购信息公告管理办法》制定本办法。

第二条 政府采购信息，是指有关政府采购的法律、法规、规章、政策规定以及反映政府采购活动状况的资料和数据等。

政府采购信息公告，是指将应当公开的政府采购信息在指定报刊和网络等有关媒体上向社会公开发布。

第三条 政府采购信息公告应当遵循“信息充分公开、公告内容一致、提供信息同步、发布渠道相对集中”的原则。

第四条 广东省财政厅负责全省政府采购信息公告的监督管理工作。各级政府采购监督管理部门负责同级政府采购信息公告的监督管理工作。

第五条 广东省政府采购网（www. gdgpo. gov. cn）为全省发布政府采购信息的指定媒体（以下简称指定媒体），各地级以上市政府采购监督管理部门可以另行增加指定同级政府采购信息的发布媒体。

在《中国财经报》、中国政府采购网（www. ccgp. gov. cn）发布政府采购信息，按财政部的有关规定办理。

第二章 信息公告范围与内容

第六条 下列政府采购信息应当进行公告：

（一）现行有关政府采购的法律、法规规章和其他规范性文件。

（二）采购项目信息：

1. 采购项目预告；
2. 采购项目公告；
3. 资格预审信息；
4. 非公开招标方式选择确定供应商名单的条件及办法；
5. 澄清修改信息；
6. 招标结果公示；
7. 中标、成交信息；

8. 复审信息。

（三）综合信息：

1. 集中采购目录、公开招标数额标准和政府采购限额标准；

2. 协议供货信息；

3. 政府采购代理机构名录；

4. 对集中采购机构的考核结果；

5. 对采购人、采购代理机构、供应商和专家违规情况的通报；

6. 投诉处理信息。

（四）按规定应公告的其他信息。

第七条 采购预告信息应当公告下列事项：

（一）采购人、采购代理机构名称、地址和联系方式；

（二）项目名称、用途、数量、规格、技术要求和交货日期；

（三）对供应商的资格要求；

（四）联系人及联系方式。

第八条 资格预审信息应当公告下列事项：

（一）资格预审机构名称；

（二）资格预审对象、内容和标准；

（三）资格预审程序及细则；

（四）资格预审所需的相关资料；

（五）送审时间、地点、联系方式。

第九条 公开招标信息应当公告下列事项：

（一）采购人、采购代理机构名称、地址和联系方式；

（二）项目名称、用途、数量、简要技术要求和交货日期；

（三）获取招标文件的方法、时间、地点及招标文件售价；

（四）投标截止时间、开标时间和地点、联系人及联系方式；

（五）对供应商的资格条件要求；

（六）其他必须载明的事项。

第十条 邀请招标、竞争性谈判和询价信息应当公告下列事项：

（一）采购人、采购代理机构名称、地址和联系方式；

（二）项目名称、用途、数量、规格、技术要求和交货日期；

（三）采购活动实施时间和地点，联系人及联系方式；

（四）获取采购文件的方法；

（五）对供应商的资格条件要求和评审方法；

（六）确定供应商名单的条件及办法；

（七）其他必须载明的事项。

第十一条 中标、成交信息应当公告下列事项：

（一）采购人或采购代理机构名称、地址和联系方式；

（二）项目名称、采购方式；

（三）中标、成交供应商名称；

（四）中标、成交内容及金额；

（五）采购人或采购代理机构联系人、联系方式。

第十二条 复审信息应当公告下列事项：

（一）采购人、采购代理机构名称、地址和联系方式；

（二）项目名称、采购方式；

（三）复审原因；

（四）复审结果；

（五）采购人或采购代理机构联系人、联系方式。

第三章 信息公告主体

第十三条 有关政府采购的法律、法规、规章、政策规定，集中采购目录，政府采购限额标准及公开招标数额标准，由政府采购监督管理部门负责向指定媒体提供。

第十四条 政府采购代理机构名录，对集中采购机构的考核结果，对采购人、采购代理机构、供应商和专家违规情况的通报，由政府采购监督管理部门负责提供。

第十五条 投诉处理信息由作出投诉处理决定的部门进行公告。

第十六条 采购预告信息、资格预审信息、采购信息、中标、成交信息、复审信息由采购人或采购代理机构提供。

第十七条 澄清修改信息由原公告信息主体提供。

第十八条 其他公告信息属于政府采购监督管理方面的，由政府采购监督管理部门提供；属于采购业务方面的，由采购人或采购代理机构提供。

第十九条 信息公告主体应当保证信息公告内容全面、及时、真实、准确。

第二十条 应当公布的政府采购信息，信息公告主体应根据时间需要，及时在指定媒体上发布。

第四章 违规处理

第二十一条 采购人或其委托的采购代理机构有下列情形之一的，由同级政府采购监督管理部门责令限期改正：

（一）应当在指定媒体发布采购信息而不发布的；

（二）采购信息中有关获取采购文件的时间和方式明显不合理的；

（三）采购信息中以不合理条件限制或排斥潜在供应商的；

（四）提供虚假的采购信息、证明材料的，或者采购信息含有欺诈内容的；

（五）在两个以上媒体发布同一采购项目的采购信息内容不一致的。

第二十二条 任何单位和个人非法干预政府采购信息发布活动的，限制政府采购信息发布地点和发布范围的，由有关行政监督部门依照有关规定处罚。

第二十三条 任何单位或个人发现政府采购信息发布活动不符合本办法有关规定的，可以向政府采购监督管理部门投诉或举报。

第五章 附 则

第二十四条 本办法由广东省财政厅负责解释。

第二十五条 本办法自发布之日起施行。

广东省财政厅文件

文号：粤财采购〔2005〕9号　颁布日期：2005-09-23

关于省直单位公务车辆采购实行协议供货办法的通知

省直各单位：

为方便省直单位公务车辆采购，提高公务车辆采购效率，降低采购成本，节减财政开支，结合省级单位采购公务车辆实际情况，决定2005年省直单位部分公务车辆政府采购实行协议供货办法。现将协议供货办法和协议供货车辆品名价格及协议供应商等有关事项通知如下：

一、协议供货适用范围

省直机关、事业单位和团体组织，使用财政性资金采购协议范围内车辆，单个品牌批量在20台以下的，均实行协议供货，超过20台（含）的采购方式另行确定。

二、协议供货车辆品名

协议供货品牌车辆包括广州本田、上海通用、上海大众、长安福特、北汽现代、北汽路霸、东风悦达起亚、东风本田、东风日产、东风风行、郑州日产、华晨金杯、福建东南、长丰猎豹、江淮瑞风、四川丰田柯斯达、长城塞酷系列车型（各品牌系列车型、协议供货价格及供货商名单见附件）。

三、协议供货执行期限

本协议供货有效期限自2005年7月至2006年12月日止。各品牌车辆协议供应商按承诺向省直单位提供车辆及服务。

四、协议采购方法

各单位需购买公务车辆时，应先编报政府采购计划，办理《定编小汽车指标使用许可证》。属协议采购范围的车辆，由省政府采购中心出具公务车政府采购通知书，采购单位持通知书在车辆协议供应商范围内选择确定，办理购车手续，包括代办上牌、验车等。非协议采购范围的车辆，按核准的计划采购方式办理。

五、权益保护

公务车辆协议供货享受优惠价格，优惠价格为净车价格。各采购单位要按协议供货价格规定执行，依据协议采购规定的价格和服务内容，监督协议供应商履行承诺。同时，要保护供应商的合法权益，不得向协议供应商提出不合理要求，不得以其他理由拖欠购车款。若出现某些车辆市场整体售价低于协议供货价，生产厂商不作相应调整协议供货价的，则取消该品牌车辆的协议供货资格。

六、采购合同及结算

各采购单位与所选择的车辆协议供应商签订车辆购销合同，并由采购单位将合同副本提交省政府采购管理办公室备案。采购的车辆经验收合格后，货款从银行转账支付，不得以现金方式支付。

七、违规处理

各单位有关人员不得与协议供应商串通提高采购费用，不得向协议供应商索要好处、收取“回扣”，一经查实有违犯行为的，将按有关规定处理。

八、其他

该文同时在省政府采购网站上登录，各时期车辆价格如有变动将在省政府采购网站上调整变更。各单位在执行过程中遇有问题，请及时向省政府采购管理办公室反映（省政府采购网址：

www. gdgpo. com)。

二〇〇五年八月十七日

广东省政府采购管理办公室

文号：粤财采购〔2004〕18 号 颁布日期：2004－09－21

关于印发《广东省政府采购非公开招标采购方式实施暂行规程》的通知

各地级以上市财政局，省直有关单位：

为加强广东省政府采购非公开招标采购方式的管理，规范政府采购非公开招标采购方式实施程序，根据《中华人民共和国政府采购法》和《中华人民共和国招标投标法》，我厅制定《广东省政府采购非公开招标采购方式实施暂行规程》。现印发给你们，请认真遵照执行。执行中遇有问题，请及时函告广东省财政厅。

二〇〇四年九月二十一日

广东省政府采购非公开招标采购方式实施规程

第一章 总 则

第一条 为规范政府采购非公开招标采购方式实施程序，根据《中华人民共和国政府采购法》和《中华人民共和国招标投标法》，制定本规程。

第二条 本省内采用非公开招标方式的政府采购活动适用本规程。采用邀请招标方式采购的工程项目，同时适用《中华人民共和国招标投标法》和省有关建设工程招标投标管理规定。

第三条 本规程所称非公开招标采购方式是指《中华人民共和国政府采购法》规定的邀请招标、竞争性谈判、单一来源和询价。

第二章 确定采购方式

第四条 广东省政府采购项目采用非公开招标方式的，应当依照下列情形确定具体采购方式：

（一）达到公开招标数额标准以上政府采购项目，采用非公开招标方式采购的，应当在采购活动开始前获得同级政府采购监督管理部门的批准；

（二）属于政府集中采购目录通用类的政府采购项目，未达到公开招标数额标准的采购项目，由集中采购机构依法确定采购方式；

（三）属于政府集中采购目录部门集中采购类，未达到公开招标数额标准的采购项目，由采购人主管部门依法确定采购方式；

（四）属于政府集中采购目录以外，政府采购限额标准以上的分散采购项目，未达到公开招标数额标准的，由采购人依法确定采购方式。

第五条 符合下列情形之一的政府采购项目，可以采用邀请招标方式采购：

（一）具有特殊性，只能从有限范围供应商处采购的；

（二）采用公开招标方式的费用占政府采购项目总价值比例过大的。

第六条 符合下列情形之一的政府采购项目，可以采用竞争性谈判方式采购：

（一）招标后没有供应商投标或者没有合格标的或者重新招标未能满足用户急需的；

（二）技术复杂或者性质特殊，不能确定详细规格或者具体要求的；

（三）采用招标所需时间不能满足用户紧急需要的；

（四）不能事先计算出价格总额的。

第七条 符合下列情形之一的政府采购项目，可以采用单一来源方式采购：

（一）只能从唯一供应商处采购的；

（二）发生了不可预见的紧急情况不能从其他供应商处采购的；

（三）必须保证原有采购项目一致性或者服务配套的要求，需要继续从原供应商处添购，且添购资金总额不超过原合同采购金额百分之十的。

第八条 采购的货物规格、标准统一、现货货源充足且价格变化幅度小的政府采购项目，可以采用询价方式采购。

第三章 确定供应商名单

第九条 确定供应商名单应当遵循公开透明原则、公平竞争原则、公正原则和诚实信用原则。

采购货物类项目，合格供应商条件，除法律、行政法规规定的条件外，只需该产品的经销代理权，在确定供应商名单之前不得设置特别授权条款。

对重大的货物采购项目，为保证货物质量和售后服务，在确定供应商名单后，可要求制造商出具该项目的特别授权。

第十条 确定供应商家数应当符合以下规定：

（一）采购货物类项目，符合采购人需求的品牌至少应当达到三家以上；同一品牌的产品可由多家代理商参加竞争，但只作为一家供应商计算。

（二）采购工程、服务类项目，符合资格条件的供应商至少应达到三家以上。

第十一条 确定供应商名单应当符合以下规定：

（一）在采购文件编制完成之后确定供应商名单。

（二）在采购文件中明确规定供应商产生的方式。

（三）采购货物类项目，应当有三个以上品牌参与竞争，每一品牌的供应商应当从公开报名或供应商库中以随机抽取方式确定一个或多个供应商名单。采购工程、服务类项目，应当从公开报名或供应商库中以随机抽取方式确定三家以上供应商名单。

第十二条 采取公开报名方式确定供应商名单的，应当遵循以下程序：

（一）采购人或采购代理机构应当按照《广东省政府采购信息公告管理办法》规定，在指定媒体公开发布采购信息，接受供应商报名；

（二）对报名的供应商进行资格审查；

（三）确定供应商名单。

第十三条 从供应商库中确定供应商名单的，应当遵循以下程序：

（一）采购人或采购代理机构向政府采购监督管理部门认可的供应商库的设立机构进行用库登记；

（二）由供应商库设立机构确定符合资格条件的供应商名单；

（三）确定供应商名单。

第十四条 采用随机抽取方式从供应商库中确定供应商名单的，供应商库中相关行业的供应商数量应当达到需抽取供应商数量的三倍以上；经报政府采购监督管理部门审核，采购人或采购代理机构可以推荐符合资格条件的供应商录入供应商库。

第十五条　采用随机抽取方式确定供应商名单的，应在采购人、采购代理机构的监察人员或政府采购监督管理部门、监察机关、公证机关的派出人员的监督下，由采购人和采购代理机构代表抽取产生。采购人代表因故不能参加的，须有书面的函件说明。

第十六条　确定供应商名单后，应当填写"确定供应商名单登记表"并由现场监督人员、抽取人员签名确认，以存档备查。

第十七条　采购文件发出后，因故出现参与竞争的供应商不足三家的，应当依照本规程规定补充供应商家数。

第十八条　单一来源采购的供应商由采购人依法确定，并报同级政府采购监督管理部门备案。

第四章　采购程序

第十九条　政府采购项目采用非公开招标方式的，按以下程序实施：

（一）属于政府集中采购目录以内通用类的采购项目，采购人必须委托集中采购机构组织实施；

（二）属于集中采购目录部门集中采购类和采购限额标准以上的采购项目，采用邀请招标方式采购的，采购人应当委托集中采购机构或者其他政府采购代理机构组织实施；

（三）属于政府集中采购目录部门集中采购类，采用竞争性谈判、单一来源、询价采购方式的，采购人主管部门可依法自行采购，也可委托采购代理机构组织实施；

（四）属于政府集中采购目录以外，政府采购限额标准以上的分散采购项目，采用竞争性谈判、单一来源、询价采购方式的，采购人可依法自行采购，也可委托采购代理机构组织实施。

第二十条　采用邀请招标采购方式的，应当按照《广东省政府采购公开招标采购方式实施规程》实施，并按本规程确定被邀请的供应商名单。

第二十一条　采用竞争性谈判采购方式的，应当遵循以下程序：

（一）成立谈判小组

谈判小组由采购人或采购代理机构代表及有关专家等共三人以上的单数组成。采购人或采购代理机构代表应当具备相应的采购专业技能，并经采购人或采购代理机构授权；有关专家根据采购项目的具体技术规格和性能特点邀请。其中技术专家人数不得少于谈判小组成员总数的三分之二。

（二）制定谈判文件

采购人或采购代理机构制定谈判文件。谈判文件应当明确以下事项：

1. 谈判的程序：包括谈判的轮次以及每个轮次谈判的重点等；
2. 谈判的内容：包括采购项目的技术规格、价格、服务等；
3. 合同草案：包括合同当事人的权利和义务、履约期限和方式、资金支付方式、验收标准等；
4. 评定成交的标准，明确谈判小组应当考虑的具体因素及相关要求。

（三）确定参加谈判的供应商名单

1. 按规定的供应商资格条件，依本规程规定确定参加谈判的供应商名单；
2. 采购人或采购代理机构向被邀请参加谈判的供应商发出谈判文件；
3. 谈判文件规定有保证金的，供应商应按规定提交保证金。

（四）开展谈判

1. 主持人宣布评审纪律，谈判小组所有成员及相关工作人员签名确认。
2. 谈判小组所有成员应当集中与单一供应商就有关技术、价格、交货期、付款方式、售后服务等问题分别进行一轮或多轮的谈判。在谈判中，谈判小组及有关当事人应当严格遵循保密原则，任何人不得透露与谈判有关的供应商的技术、价格和其他信息。

3. 谈判小组可以修改谈判文件，但涉及实质性变动的，应当以书面形式通知所有参加谈判的供应商。

（五）确定成交供应商

1. 谈判小组在谈判结束后，要求所有参加谈判的供应商在规定的时间内提出最后报价及作出有关承诺；

2. 谈判小组按照谈判文件规定的评定标准，对供应商提供的最后报价及有关承诺进行评审；

3. 谈判小组完成谈判工作后，出具谈判报告，推荐成交候选人；

4. 采购人从成交候选人名单中按照符合采购需求，质量和服务相等且报价最低的原则确定成交供应商。

（六）发出成交通知书

采购人或采购代理机构向成交供应商发出成交通知书，并将结果通知所有参加谈判的未成交供应商。

属采购代理机构组织的采购项目，采购代理机构应同时向采购人发出成交结果通知书。

第二十二条 采用单一来源采购方式的，采购人与供应商应当依法在保证采购项目质量和双方商定合理价格的基础上进行采购。应当遵循以下程序：

（一）成立谈判小组

由采购人或采购代理机构依法组建。

（二）组织单一来源谈判

1. 采购人或采购代理机构主持人宣布评审纪律，谈判小组所有成员及相关工作人员签名确认；

2. 谈判小组与供应商进行谈判达成一致意见后，出具谈判报告，所有谈判小组成员签名确认。

（三）确定成交供应商

1. 采购人对谈判小组意见进行确认，并确定成交供应商；

2. 采购人或采购代理机构向成交供应商发出成交通知书。

属采购代理机构组织的采购项目，采购代理机构应同时向采购人发出成交结果通知书。

第二十三条 采用询价采购方式的，应遵循以下程序：

（一）成立询价小组

按本规程二十一条规定组建。

（二）制定询价文件

采购人或采购代理机构编制询价文件。询价文件应当明确采购项目需求、价格构成以及评定成交的标准。

（三）确定询价供应商名单

1. 询价小组从符合资格的供应商中依照本规程的规定，确定询价供应商名单；

2. 采购人或采购代理机构向被询价的供应商发出询价文件；

3. 询价文件要求交纳保证金的，应邀参与询价的供应商应按规定交纳保证金。

（四）询价

1. 主持人宣布评审纪律，询价小组所有成员及相关工作人员签名确认。

2. 询价小组要求被询价的供应商在规定时间内一次报出不得更改的价格。询价小组不得与某一供应商就其报价进行谈判。

（五）确定成交供应商

1. 询价小组完成询价工作后，形成询价报告，推荐成交候选人；

2. 采购人根据符合采购需求、质量及服务相等且报价最低的原则确定成交供应商。

（六）发出成交通知书

采购人或采购代理机构向成交供应商发出成交通知书，并将结果通知所有参加询价的未成交供应商。

属采购代理机构组织的采购项目，采购代理机构应同时向采购人发出成交结果通知书。

第二十四条 采购人与中标、成交供应商应当在中标、成交通知书发出之日起三十日内，按照采购文件确定的事项签订政府采购合同。

合同条款不得与采购文件和成交供应商的报价文件内容有实质性偏离。

采购合同自签订之日起七个工作日内，采购人应将合同副本报同级政府采购监督管理部门和有关部门备案；委托采购代理机构代理采购的，采购人还应将采购合同副本送采购代理机构归档。

第二十五条 采购人或采购代理机构应当按照《广东省政府采购公开招标采购方式实施规程》的有关规定退还供应商的保证金。

第五章 附 则

第二十六条 采购人或采购代理机构应当按照《中华人民共和国政府采购法》和《广东省政府采购项目档案管理办法》，对每项采购活动的采购文件妥善保存，不得伪造、变造、藏匿或销毁。

第二十七条 各级政府采购监督管理部门可以通过检查、现场监督、抽查调阅档案资料等方式对非公开招标采购活动进行监督，采购当事人应予积极配合。

第二十八条 本规程由广东省财政厅负责解释。

第二十九条 本规程自发布之日起施行。

广东省财政厅文件

文号：广东省省级政府采购项目评审专家管理暂行办法　颁布日期：2003－09－23

广东省省级政府采购项目评审专家管理暂行办法

第一条 为提高政府采购的科学性，做好广东省省级政府采购项目评审专家的聘请和管理工作，确保政府采购的规范运作，根据财政部《政府采购管理暂行办法》等有关规定，特制定本办法。

第二条 政府采购评审专家应具备的条件和要求：

（一）具有较高的政治思想素质和良好的职业道德，在提供评审、咨询服务时以客观公正、廉洁自律、遵纪尽责为职业守则；

（二）从事相关领域工作满八年并具有高级职称或具有同等专业水平、理论知识和较丰富的实践经验；

（三）熟悉政府采购理论知识，具备一定的招投标工作经验；

（四）本人愿意参加政府采购评审活动，能接受邀请并担任评委；

（五）政府采购管理机关要求的其他条件。

第三条　政府采购项目评审专家从以下专业领域从事教学、科研、技术、质量管理与监督，有丰富专业知识和实践经验的人员评聘：

（一）电器设备类

电视机，电冰箱，洗衣机，吸尘器，摄影摄像器材，空气调节设备。

（二）办公自动化设备及耗材类

计算机，服务器，路由器，交换机，调制解调器，打印机，电话机，传真机，复印机，速印机，碎纸机，投影仪，扫描仪，软盘，可写光盘，硒鼓，墨盒，墨粉，色带，信息技术及管理软件的开发设计等。

（三）建材、物资类

水泥，木材，板材，金属材料，瓷砖，清洁用具，玻璃，油漆，救灾物资，防汛物资，抗旱物资，农用物资，储备物资，燃料，服装，家具等。

（四）药品及医疗耗材类

（五）通信及影视设备类

移动通信设备，电话通信设备，广播电视、影像设备。

（六）印刷照排类

印刷设备，照排设备，纸张，信封，档案夹，印刷出版。

（七）发电设备类

（八）医疗设备、器械类

（九）专业检测仪器类

水、气、动植物等检验监测仪器。

（十）机械设备类

交通管理监控设备，港口设备，农用机械设备，工程机械设备，园艺机械，消防设备，道路清扫设备，警用设备，保安设备，档案及保密设备，教学设备，实验室设备，灯光及音响设备，文艺设备，体育设备，地震设备，炊事设备，锅炉等。

（十一）电梯和起重设备类

（十二）交通工具类

汽车、船只、飞机及其他交通工具。

（十三）工程、建筑类

（十四）经济类

（十五）法律类

建筑物，环保、绿化工程，水利防洪工程，交通运输工程，没气工程，电力工程，电信工程，修缮、装饰工程，系统集成、网络工程，工程监理，工程设计。

第四条　政府采购评审专家按以下方式确认和聘请：

（一）符合本办法第二条、第三条所列条件的专家，可以向广东省政府采购中心自荐，也可以由所在单位或有关专家推荐，并如实填写《专家登记表》。

（二）省政府采购中心对推荐（自荐）的专家进行审核，或组织有关资深专家评审具备政府采购项目的评审专家，录入采购机构专家库，发给《广东省政府采购项目评审专家证书》。

（三）政府采购项目评审专家的选聘，原则上每两年进行一次。

（四）对已取得政府采购项目评审专家资格的成员，每两年验证复审一次，符合条件的办理续聘手续。

第五条　《广东省政府采购项目评审专家证书》只可作为持证人参加本省政府采购项目评审活动的

荣誉证书，可接受本级政府采购机构的委托，担任政府采购项目评审委员会成员或提供相关咨询服务。

第六条　政府采购项目评审委员会成员人数为五个以上单数，其中相关专业的专家不少于成员总数的三分之二。

第七条　参加政府采购项目评审委员会专家由省政府采购中心本着公平、公正和专业对口原则，从专家库中随机抽取。

第八条　政府采购项目评审专家应依据自己的学识和能力，只接受并提供自己熟悉专业、能够胜任的项目开展评审、咨询服务工作。

第九条　政府采购项目评审专家应以科学、诚实、客观、公正的态度进行评审、咨询活动，在工作中不受任何采购机构、用户单位、供应商或其他机构的干扰，独立、负责地提出咨询和评审意见。

第十条　接到采购机构参加政府采购项目评审的邀请后，项目评审专家应按时参加。如遇特殊情况不能参加评审工作，应在评审开始前一日内通知采购机构。

第十一条　为保证政府采购的公平、公正，评审委员会专家如遇有下列情况，应自觉提出回避：

（一）本人或直系亲属在评审供应商单位任职；

（二）与拟评审的项目有直接利益关系；

（三）其他应回避的情况。

第十二条　采购机构对受聘参加咨询、评审的专家，依据国家有关规定，结合评审工作实际情况，付给一定数额的报酬（具体办法另定）。

第十三条　项目评审专家有下列情况之一的，取消其政府采购项目评审专家资格，收回所发的证书：

（一）故意损害采购机构、用户单位和供应商正当权益的；

（二）违反有关廉洁自律规定，私下接触参与竞争的供应商或收受有关业务单位的财物或者其他好处的；

（三）违规向他人透露有关项目评标情况或其他信息的；

（四）以政府采购项目评审专家名义从事有损政府采购形象的其他活动的。

第十四条　本办法由广东省财政厅负责解释。

第十五条　本办法自发布之日起实施。

广东省财政厅文件

文号：关于当前政府采购工作若干事宜的通知　颁布日期：2001－01－04

关于当前政府采购工作若干事宜的通知

各省、自治区、直辖市、计划单列市财政厅（局），新疆生产建设兵团财务局：

为了做好2001年政府采购工作，现就当前政府采购工作若干事宜通知如下：

一、抓紧做好2000年政府采购信息统计编报工作

2000年7月份财政部下发了《关于加强政府采购信息统计报表编报工作的通知》（财库〔2000〕2号）。从近半年的执行情况看，全国只有部分地区能够按照文件要求做好编报工作，不少地区这项目工作不及时，个别地区甚至一次未报。政府采购信息报表是政府采购工作的一项重要内容，是国家研究制

定政府采购政策和法规制度必不可少的参考信息。因此，各级财政部门必须重视2000年政府采购信息统计年报的编报工作，务必于2001年2月底前将《2000年度政府采购信息统计表》报财政部国库司。为了全面反映各地区的政府采购工作情况，请同时将2000年本地区有多少县（市）进行了政府采购，占本地区县（市）的比重（%），以及本地区有多少地（市）级设立了政府采购机构，占本地区地（市）能的比重（%）等有关数字一并上报。

二、积极安排好2001年政府采购工作

2000年，各级财政部门在当地党委、政府的领导下，在政府采购的制度建设、机构建设、实施政府采购等方面做了大量工作，取得了一定成效。为了使2001年的政府采购工作做得更好，请各级财政部门在对2000年政府采购工作进行认真总结的基础上，结合本地区实际，围绕扩大采购规模和采购资金实行财政直接拨付的改革要求，提出2001年的工作安排意见，于2001年2月底前报送财政部国库司。

与此同时，要按照财政部下发的《关于进一步加强地方政府采购管理工作的通知》（财库〔2000〕12号）的有关规定要求，完善各项管理工作。重点是政府采购计划（预算）的编制工作，凡未建立政府采购计划（预算）制度的地区，应当利用年初的有限时间，督促本地区的部门和单位抓紧编制政府采购计划（预算），为全年开展好政府采购活动创造良好的条件。

三、进一步加强政府采购的宣传工作

做好政府采购宣传工作，对于推行政府采购制度，取得社会各界的理解和支持，是非常必要的。但是，近一个时期，一些单位、个人假借财政部的名义，举办一些与政府采购有关的以盈利为目的的活动，给政府采购管理工作带来了一定负面影响。为了使社会各个方面能够全面准确地了解政府采购工作和发展方向，确保财政部门注意：一是根据财政部《关于对参加商业性政府采购研讨交流活动有关事项的紧急通知》（财库函〔2000〕35号）的精神，各级财政部门不得参加一些单位未经财政部负责政府采购主管部门同意，又未经其授权委托，自行举办的以盈利为目的的商业活动。二是在政府采购宣传工作中，凡涉及政府采购的管理体制、政策调整和资金支付改革以及中介机构和供应商市场准入等问题的宣传和采访，应当做到与财政部政府采购规章制度规定和有关精神保持一致。三是各地区在参加财政部组织的培训工作的同时，注意做好本地区培训工作，全面提高本地区政府采购工作人员的各项素质。四是要认真执行财政部颁发的《政府采购信息公告管理办法》（财库〔2000〕7号）和《关于中国政府采购网有关管理问题的通知》（财库〔2000〕28号）。建立全国统一和完整的政府采购宣传体系。

广东省财政厅文件

文号：关于进一步加强省级政府采购工作的通知　颁布日期：2002－04－08

关于进一步加强省级政府采购工作的通知

省直各单位：

2001年，我省省级政府采购工作在监察部、财政部和审计署印发《关于2001年进一步加强推行政府采购制度工作的通知》以后，取得了明显成效。但省级政府采购工作与财政支出管理改革的要求有一定的差距，省直各单位执行政府采购政策规定不平衡，部分单位还存在规避政府采购、采购缺乏计划性、随意性大、采购方式不规范等问题。为了进一步加强省级政府采购工作，规范政府采购行为，现就进一步加强省级政府采购工作通知如下：

一、提高对推行政府采购制度重要性的认识。

政府采购制度是财政支出管理改革的一项重要内容，是市场经济条件下国家管理直接支出的一项基本手段。实施政府采购，将公共支出中的购买行为置于全方位的监督机制之中，在公开、公正、公平、透明的环境中运作，能有效地抑制公共采购中的各种腐败现象，有利于维护政府采购形象，有利于从源头预防腐败现象的发生。推行政府采购制度有着广泛的经济效益、社会效益，省直各单位要充分认识做好政府采购工作的重要意义，进一步加强领导，采取有效措施，认真贯彻落实政府采购的各项规章制度，加强对本部门政府采购工作的管理。

二、加强政府集中采购管理，规范政府采购行为

根据财政部印发的《政府采购管理暂行办法》的有关规定，国家机关、实行预算管理的事业单位和社会团体使用财政性资金购买货物、工程和服务的行为，属于政府采购范围，应实行政府采购。政府采购实行集中采购与分散采购相结合，省直各单位采购列入《广东省省级政府集中采购目录》的项目，一律要委托省政府采购中心集中采购，各部门不得化整为零或采取其他方式自行分散采购，规避政府集中采购。对经省财政厅批准由单位自行组织的分散采购和采购没有纳入集中采购目录的项目，各部门也要严格按照政府采购的规程和要求，具体实施政府采购。

三、做好政府采购预算和政府采购计划的编报工作

编制部门政府采购预算和采购计划，是实施政府采购工作和扩大政府采购范围的必要条件，省直各单位要严格按照政府采购目录，认真做好政府采购预算和采购计划的编报工作。已实行部门预算的单位，要严格按照财政支出改革的要求，在编制部门预算时增加政府采购预算的内容，明确政府采购预算和采购项目；未实行部门预算的单位，也要单独编制政府采购预算。省直各单位要根据已经批准的单位预算，按照《广东省省级政府集中采购目录》，结合本单位当年度需采购的品目名称、规格型号、配置技术参数、采购数量、预算金额、采购时间、交货地点等要求，编制政府采购计划报送省财政厅和省政府采购中心。省财政厅将根据各单位报送的政府采购计划经审核汇总后，交由省政府采购中心按政府采购规定的程序组织实施政府集中采购。目前，在尚未完善政府采购预算和采购计划之前，省直各单位需采购《广东省省级政府集中采购目录》的项目，应根据采购资金落实情况，向省政府采购中心申报具体的采购项目、采购数量以及规格型号和配置技术参数等采购要求，由省政府采购中心组织集中采购。省直各单位年中发生预算追加的采购预算，属于政府集中采购目录的项目，也按上述办法办理。

四、加强监督检查，抓好落实工作

做好政府采购的监督检查工作，是促进政府采购制度和规定落到实处的重要保证。省监察厅、财政厅、审计厅将采取有效形式，加强对省直单位执行政府采购制度情况的监督检查，重点检查单位是否编报政府采购预算和采购计划，采购行为是否规范，属于集中采购的项目有无违反规定规避政府集中采购。对违反政府采购规定，财务不得报账，财政不予支付资金，并按有关法律法规，建议有关部门追究有关责任人的责任。

广东省财政厅

二〇〇二年四月八日

北京市工程建设项目招标范围和规模标准规定

（第89号）

《北京市工程建设项目招标范围和规模标准规定》已经2001年11月26日市人民政府第42次常务会议通过，现予公布，自2002年1月1日起施行。

市长 刘 淇

2001年12月6日

北京市工程建设项目招标范围和规模标准规定

第一条 为了确定本市必须进行招标的工程建设项目的具体范围和规模标准，规范招标投标活动，根据《中华人民共和国招标投标法》和《工程建设项目招标范围和规模标准规定》，结合本市实际情况，制定本规定。

第二条 本市行政区域内的下列工程建设项目，包括项目的勘察、设计、施工、监理以及与工程建设有关的重要设备、材料等的采购，达到本规定第八条所列规模标准之一的，必须进行招标：

（一）基础设施、公用事业等关系社会公共利益、公众安全的项目；

（二）使用国有资金投资或者国家融资的项目；

（三）使用国际组织或者外国政府贷款、援助资金的项目。

第三条 关系社会公共利益、公众安全的基础设施项目的范围包括：

（一）煤炭、电力、新能源等能源生产和开发项目；

（二）铁路、公路、管道、航空以及其他交通运输业等交通运输项目；

（三）邮政、电信枢纽、通信、信息网络等邮电通讯项目；

（四）防洪、灌溉、排涝、引水、滩涂治理、水土保持、水利枢纽等水利项目；

（五）道路、桥梁、地铁和轻轨交通、地下管道、公共停车场等城市设施项目；

（六）污水排放及其处理、垃圾处理、河湖水环境治理、园林、绿化等生态环境建设和保护项目；

（七）其他基础设施项目。

第四条 关系社会公共利益、公众安全的公用事业项目的范围包括：

（一）供水、供电、供气、供热等市政工程项目；

（二）科技、教育、文化等项目；

（三）体育、旅游等项目；

（四）卫生、社会福利等项目；

（五）住宅、酒店、公寓、写字楼等项目；

（六）政法设施项目；

（七）防灾减灾项目；

（八）其他公用事业项目。

第五条 使用国有资金投资项目的范围包括：

（一）使用政府投资的项目，包括使用各级财政预算内资金的项目，使用政府土地收益，政府减免税费抵用，城市基础设施“四源”建设费，市政公用设施建设费，社会事业建设费，水利建设基金，养路费，污水处理费以及其他纳入财政管理的各种政府性专项建设基金的项目；

（二）使用国有企业事业单位自有资金，并且国有资产投资者实际拥有控制权的项目。

第六条　使用国家融资项目的范围包括：

（一）使用国家发行债券所筹资金的项目；

（二）使用国家对外借款、政府担保或者承诺还款所筹资金的项目；

（三）使用国家政策性贷款资金的项目；

（四）政府授权投资主体融资的项目；

（五）政府特许的融资项目。

第七条　使用国际组织或者外国政府贷款、援助资金项目的范围包括：

（一）使用世界银行、亚洲开发银行等国际组织贷款资金的项目；

（二）使用外国政府及其机构贷款资金的项目；

（三）使用国际组织或者外国政府援助资金的项目。

第八条　本规定第三条至第七条规定范围内的各类工程建设项目应当达到下列规模标准之一：

（一）施工（含土建施工、设备安装、装饰装修等）单项合同估算价在200万元人民币以上或者建筑面积在2000平方米以上的；

（二）重要设备、材料等货物的采购，单项合同估算价在100万元人民币以上或者单台重要设备估算价在30万元人民币以上的；

（三）勘察、设计、监理等服务的采购，单项合同估算价在50万元人民币以上的；

（四）单项合同估算价低于第（一）、（二）、（三）项规定的规模标准，但符合下列标准之一的：

1. 项目总投资额在3000万元人民币以上的；

2. 全部或者部分使用政府投资或者国家融资的项目中，政府投资或者国家融资金额在100万元人民币以上的。

鼓励政府投资或者国家融资金额在100万元人民币以下的项目进行招标。

第九条　选择基础设施和公用事业项目的投资主体、经营主体或者政府投资项目的项目法人，具备竞争条件的，应当通过招标的方式确定。

第十条　招标投标活动不受地区、部门的限制，任何单位和个人不得对潜在投标人实行歧视待遇。

第十一条　依照本规定必须进行招标的项目具备下列情况之一的，经项目审批部门批准，可以不进行招标：

（一）涉及国家安全或者有特殊保密要求的；

（二）抢险救灾或者利用扶贫资金实行以工代赈的；

（三）项目的勘察、设计采用特定专利或者专有技术或者其建筑艺术造型有特殊要求的；

（四）承包商、供应商或者服务提供者少于3家，不能形成有效竞争的；

（五）国内外民间组织或者个人全额捐赠的；

（六）其他特殊情况不适宜招标的。

第十二条　法律、行政法规对必须进行招标的项目的范围和规模标准另有规定的，依照其规定执行。

第十三条　违反本规定，必须进行招标的项目而不招标的，将必须进行招标的项目化整为零或者以其他任何方式规避招标的，由有关行政部门依照《中华人民共和国招标投标法》第四十九条的规定追究法律责任。

第十四条　本规定自2002年1月1日起施行。

北京市城市基础设施特许经营者招标投标程序性规定

北京市发展和改革委员会、北京市市政管理委员会、
北京市交通委员会、北京市水务局

发布日期：2006年7月24日

实施日期：2006年9月1日（京发改〔2006〕1180号）

各有关单位：

为贯彻落实《北京市城市基础设施特许经营条例》，市发展改革委与市市政管委、市交通委、市水务局共同制定了《北京市城市基础设施特许经营者招标投标程序性规定》，现予发布，自2006年9月1日起施行，请遵照执行。

北京市发展和改革委员会
北京市市政管理委员会
北京市交通委员会
北京市水务局
2006年7月24日

北京市建设工程施工分包招标投标管理办法

（北京市建设委员会 2005年2月7日）

第一条 为了规范建设工程施工分包招标投标活动，维护建筑市场秩序，保证工程质量和施工安全，根据《中华人民共和国建筑法》、《中华人民共和国招标投标法》、建设部《房屋建筑和市政基础设施工程施工分包管理办法》、《北京市建设工程招标投标监督管理规定》等有关法律法规，制定本办法。

第二条 在本市行政区域内进行建设工程施工分包招标投标活动及实施监督管理，适用本办法。

本办法所称建设工程，是指各类房屋建筑及其附属设施和与其配套的线路、管道、设备的安装工程、室内外装修工程，以及市政基础设施工程。

第三条 本办法所称建设工程施工分包，是指建筑业企业将其所承包的建设工程施工中的专业工程或者劳务作业依法发包给其他建筑业企业完成的活动。

第四条 建设工程施工分包分为专业工程分包和劳务作业分包。

专业工程分包是指施工总承包企业将其所承包工程中的专业工程发包给具有相应专业承包资质企业完成的活动。

劳务作业分包是指施工总承包企业或者专业承包企业将其承包工程中的劳务作业发包给具有相应资质的劳务作业分包企业完成的活动。

第五条 建设工程施工分包招标的招标范围和规模标准，参照《北京市工程建设项目招标范围和规模标准规定》（市政府89号令）的有关规定执行。

建设工程施工总承包进行招标的，其施工分包达到下列规模标准的，应当进行招标：

（一）专业工程分包施工单项合同估算价在 200 万元人民币以上的；

（二）专业工程分包施工单项合同估算价在 200 万元人民币以下，但工程项目中政府投资或者融资在 100 万元人民币以上的；

（三）劳务作业分包施工单项合同估算价在 50 万元人民币以上的。

第六条 任何单位和个人不得将应当进行施工分包招标的项目化整为零或者以其他任何方式规避招标。

第七条 北京市建设委员会（以下简称市建委）负责本市建设工程施工分包招标投标活动的监督管理。

区、县建设委员会（以下简称区、县建委）依据职责，负责对本行政区域内的相关建设工程施工分包招标投标活动进行监督管理。

市建委或者区、县建委可以依据建设部和本市有关规章规定，委托建设工程招标投标管理机构负责建设工程施工分包招标投标的日常监督工作。

第八条 建设单位不得直接指定施工分包工程的承包人，任何单位和个人不得对依法实施的分包工程招标投标活动进行干预。

第九条 专业工程分包招标应当在施工总承包中标后进行。专业工程分包应当在施工总承包合同中进行约定，未约定的必须经建设单位书面认可。

劳务作业分包招标应当在施工总承包或专业工程承包中标后进行。

第十条 建设工程施工分包招标投标活动应当在有形建筑市场内进行。

第十一条 建设工程施工分包招标方式分为公开招标和邀请招标。

专业工程分包的招标方式应当与施工总承包招标方式一致。

劳务作业分包的招标方式由招标人自行确定。

招标人应当在发布招标公告或发出投标邀请书 5 个工作日前将招标方式抄报市建委或者区、县建委。

第十二条 建设工程施工分包招标组织形式分为自行招标和委托招标。建设工程施工分包的招标人可以自行办理招标事宜，也可以委托具有相应资质等级的招标代理机构办理招标事宜。专业工程分包招标人自行办理招标事宜的，应当办理自行招标备案。劳务作业分包招标人自行办理招标事宜的，可以不办理自行招标备案。

第十三条 建设工程施工分包招标公告应当在国家或者本市指定的媒介发布。

第十四条 建设工程施工分包投标人必须具有相应的专业承包企业资质或者劳务分包企业资质，并在其资质等级许可的范围内参加投标。

禁止个人承揽劳务分包作业。

第十五条 招标人对投标人进行资格预审的，应当根据建设工程的性质、特点和要求，编制资格预审的条件和方法，并在招标公告或者资格预审公告中载明。

招标人拟限制投标人数量的，应当在招标公告或者资格预审公告中载明预审后投标人的数量，并按照招标公告或者资格预审公告中载明的资格预审的条件和方法选择投标人。招标公告或者资格预审公告中没有载明预审后投标人数量的，招标人不得限制符合资格预审条件的投标人投标。

第十六条 资格审查应当主要审查潜在投标人或者投标人是否符合下列资格条件：

（一）具有独立订立合同的权利；

（二）具有履行合同的能力，包括资质等级、安全生产许可证，专业、技术资格和能力，资金、设备和其他物质设施状况，管理能力，经验、信誉和相应的从业人员，来京施工企业已办理资质监督备案；

（三）没有处于被责令停业，投标资格被取消，财产被接管、冻结，破产状态；

（四）在最近三年内没有骗取中标和严重违约及重大工程质量问题；

（五）法律、法规、规章规定的其他资格条件。

第十七条　施工分包招标人应当依据有关法律、法规及招标项目的特点和需要编制招标文件。招标人应当在招标文件发出的同时向市建委或者区、县建委备案。招标人对已发出的招标文件进行必要的澄清或者修改的，应当以书面形式通知所有招标文件的收受人，并同时向市建委或者区、县建委备案。

第十八条　专业工程分包评标委员会由招标人依法组建。评标委员会由招标人熟悉相关业务的代表，以及有关技术、经济等方面的专家组成，成员人数为 5 人以上单数。评标专家应从市评标专家库中抽取，人数不得少于评标委员会成员的 2/3。

劳务作业分包评标委员会由招标人组建。评标委员会由招标人熟悉相关业务的代表和劳务作业分包评标专家组成，成员人数为 5 人以上单数，劳务作业分包评标专家人数不得少于评标委员会成员的 2/3。劳务作业分包评标专家纳入市建委评标专家库，实行备案管理。

评标委员会应当根据招标文件规定的评标标准和方法，对投标文件进行系统的评审和比较。招标文件中没有规定的标准和方法不得作为评标的依据。

第十九条　评标委员会完成评标后，应当向招标人提出书面评标报告，阐明评标委员会对各投标文件的评审意见，并按照招标文件中规定的评标方法推荐一至三名中标候选人，并标明排列顺序。招标人根据评标委员会提出的书面评标报告和推荐的中标候选人确定中标人。

应当进行施工分包招标的项目，招标人应当按照中标候选人的排序确定中标人。当确定的中标人放弃中标、因不可抗力提出不能履行合同或者招标文件规定应当提交履约保证金而在规定的期限内未能提交的，招标人可以依序确定其他中标候选人为中标人。

第二十条　依法必须进行招标的施工分包，招标人应当在确定中标人之日起 15 日内，向市建委或区、县建委提交招标投标情况书面报告。书面报告应包括下列内容：

（一）招标投标的基本情况。包括：招标范围、招标方式、资格审查情况、开标、评标过程和确定中标人的理由等。

（二）相关的文件材料。包括：招标公告或者投标邀请书、投标报名表、资格预审文件和资格预审结果、招标文件、评标委员会成员名单和评标报告、中标结果及中标人的投标文件。

前款第（二）项中已按照本规定办理备案的文件材料，不再重复提交。

第二十一条　招标人应当在市建委或者区、县建委收到招标投标书面情况报告之日起 5 个工作日内在有形建筑市场对中标结果进行公告。在招标投标活动中没有违法行为的，招标人可以向中标人发出中标通知书，并将中标结果通知所有未中标的投标人。

第二十二条　建设工程施工分包的招标人和中标人应当在中标通知书发出之日起 30 日内依法订立书面合同，招标人和中标人不得再行订立背离合同实质性内容的其他协议。招标人应当在订立合同后 7 个工作日内，将合同送市建委或者区、县建委备案。

第二十三条　招标文件要求中标人提交履约担保的，中标人应当提交。招标人应当同时向中标人提交工程款支付担保。

第二十四条　施工分包招标投标投诉，由市建委或者区县建委受理，并依据《工程建设项目招标投标活动投诉处理办法》（国家发改委等七部委 11 号令）处理。

第二十五条　工程项目监理单位发现应当进行招标而未招标的专业分包和劳务作业分包工程，应当告知工程总承包企业或者专业承包企业办理施工分包工程招标投标手续。对仍不履行分包工程招标投标手续的企业，监理单位应将该情况向市建委或者区、县建委报告。

第二十六条　违反本规定应当予以处罚的，由市建委或者区、县建委按照《中华人民共和国招标投标法》、《北京市招标投标条例》等法规、规章的规定处理，并将违法行为记入招标投标活动违法行为记录系统。

第二十七条　本办法自 2005 年 3 月 1 日起施行。《北京市建设工程专业与劳务发包承包交易管理规定》（京建法〔2000〕606 号）中有关施工分包招标投标规定与本办法不一致的，以本办法为准。

湖南省医疗机构药品集中招标采购评标记分标准（试行）

（湖南省药品集中招标采购厅际联席会议　2005－08－30）

为了进一步规范医疗机构药品集中招标采购的评标活动，提高评标工作科学性，促进评标工作的公平、公正，现制定我省医疗机构药品集中招标采购评标记分标准，自下发之日起试行。

一、特别规定

（一）凡两年内被国家或省级食品药品监督管理部门“药品质量公报”公布的假药、劣药，取消该品种药品的投标资格；

（二）药品生产经营企业有违规促销药品行为，或有串通投标报价、排挤其他投标人的公平竞争、以低于成本的报价竞标等行为，被县及县以上有关部门和单位查实的，取消其所违规促销药品（包括通用名相同药品）1～2 年的投标资格（具体时限由市州以上政府主管部门确定）；

（三）故意提供虚假证明资料以获取中标资格的，予以废标；

（四）药品经营企业（新注册）未通过 GSP 认证，又未提供省级以上食品药品监督管理部门同意其延期证明的，取消其药品投标资格；

（五）投标报价高于同期市场正常零售价的，无论参与该品种药品投标的供应商多少，一律予以议价。

二、评标记分标准

（一）质量（43 分）

1. 临床疗效（7 分）（主观分）

由评标专家根据临床用药的实践，如药品的临床疗效、用药经验、安全性评价文献资料等进行评价，优记 7 分，良记 5 分，一般记 3 分，较差记 1 分。

2. 质量标准（6 分）（客观分）

以企业提供的内控标准为依据评价。有投标品种和市场上同品种的质量对比资料，有公开发表的或由权威部门评价的（包括药效学、药动学、生物利用度及药品质量）资料等，证明其产品两个以上主要质量指标高于国家标准的记 6 分；达到国家标准的记 4 分。

3. 药品质量的可靠性（7 分）（客观分）

以两年内国家、省级食品药品监督管理局“药品质量公报”公布的结果为依据评价。无生产假、劣药品记录的记 7 分；有生产劣药记录，但不是投标品种的记 4 分；有生产劣药记录，并且是投标品种或相同剂型（指所有相同剂型药品均为劣药）的不记分。

4. 药品生产质量管理层次（12 分）（客观分）

以投标人提交的证明文件为依据进行评价（按专利药品和优质优价中成药、GMP 药品两个质量层次分别评分，不重复记分）。

（1）发明专利药品和优质优价中成药层次。

发明专利保护期内的药品或国家有关部门认定的优质优价中成药记 12 分。

（2）GMP 药品层次。

①GMP 层次中已过专利保护期的原研药品记 10 分；

②GMP 层次中单独定价药品记 4 分（以国家发改委有关文件为依据进行评价）；

③GMP 层次中的普通 GMP 认证产品不记分。

5. 药品品牌知名度（3 分）（主观分）

以评标专家对药品生产企业形象及品牌的认同程度为依据评价，优记 3 分，良记 2 分，一般记 1 分。

6. 药品的包装质量及适用性（3）（主观分）

以评标专家对药品包装外观、包装材质、实用性、药品说明书的认同程度为依据评价，优记 3 分，良记 2 分，一般记 1 分。

7. 生产企业规模（3 分）（客观分）

以具有独立法人资格的生产企业上年度增值税纳税报表为依据评价。销售额在 5 亿元以上的记 3 分；5 亿元以下、2 亿元以上的记 2 分；2 亿元以下、5000 万元以上的记 1 分；5000 万元以下的不记分。

8. 其他因素（2 分）（客观分）

以投标人提交的能证明其药品质量的证明文件为依据评价。药品保存环境要求低于同类产品者记 1 分；有独特的生产工艺或生产工艺专利的记 1 分。

（二）价格（32 分）（客观分）

将同一通用名、同一剂型、同一规格、同一质量层次的药品投标报价由低到高排序，最低价记 32 分，其他报价按其权重比由计算机自动赋分。计算公式为：$X = 32 \times N\text{min}/\Delta N$。式中 X 为价格得分，ΔN 为该集合中某药品的报价，$N\text{min}$ 为该集合中某药品的最低报价。

（三）服务（14 分）

1. GSP 认证情况（2 分）（客观分）

以药品经营企业提交的 GSP 证书为依据评价。通过了 GSP 认证的企业得 2 分；尚未取得 GSP 认证的不记分。

2. 配送服务能力（3 分）（主观分）

以两年内配送企业对所有采购人的供货保证情况为依据评价。参考标准为一般供货服务在 24 小时内完成，加急供货服务在 4 小时内完成。重点评价其对急救药品的及时配送能力和全天候服务能力，以及配送企业的物流设施情况，优记 3 分，良记 2 分，一般记 1 分。

3. 伴随服务（3 分）（主观分）

以两年内配送企业对采购人供应临床紧缺药品、小品种药品的供应能力，以及提供破损药品退换、近效期药品退换及其他伴随服务项目的情况为依据进行评价，优记 3 分，良记 2 分，一般记 1 分。

4. 经营企业经营质量可靠性（3 分）（客观分）

以两年内国家、省级食品药品监督管理局公布的“药品质量公报”公布的结果为依据，对具有独立法人资格的经营企业进行评价。无经营假、劣药品记录的记 3 分，否则不记分。

5. 经营企业规模（3 分）（客观分）

以经营企业上一年度增值税纳税报表为依据评价。销售额在 1 亿元以上的记 3 分；1 亿元以下、5000 万元以上的记 2 分；5000 万元以下的记 1 分（如果属于企业改制的，可以提供改制前的企业上一年度增值税纳税报表）。

（四）信誉（11分）

1. 不良行为记录情况（3分）（客观分）

以两年来政府主管部门公布的对投标人不良行为（包括串通投标报价、排挤其他投标人的公平竞争、以低于成本的报价竞标等）的查处记录为依据评价。无不良行为记录的记3分；有轻微不良行为且纠正了的记1分；有严重不良行为，或不良行为虽情节轻微但未得到纠正的不记分。

2. 履约情况（4分）（客观分）

以两年内投标人对所有招标人履约情况的投诉（经调查属实）为依据评价。无医疗机构投诉记录的记4分；投诉1次但能自觉改正的记3分；投诉2次并能改正的记1分；对投诉反映的问题不改正或累计投诉3次以上的不记分。

3. 投标（配送）企业信用及形象（2分）（主观分）

以评标专家对投标（配送）企业信用情况的认同程度为依据评价。信誉高的记2分，信誉一般的记1分，信誉低的不记分。

4. 投标或配送品种集中度（2分）（客观分）

根据本次招标中企业投标或配送的药品品种数量排序依次赋分。生产企业投标品种20个以上，或经营企业投标（配送）品种100个以上的记2分；生产企业投标品种10个以上、20个以下，或经营企业投标（配送）品种50个以上、100个以下的记1分；生产企业投标品种10个以下，或经营企业投标（配送）品种50个以下的不记分。

说明：

1. 在对主观分指标赋分时，专家可在此项目的分值范围内任意赋分（取到小数点后一位）。

2. 生产企业直接投标并由自己配送的，其服务和信誉分同样按经营企业相应的指标评分。

3. 本记分标准中所称“以上”均含本数，“以下”均不含本数。

4. “不良行为记录情况”和“履约情况”指标依据附件的有关规定评价。

附件：

药品集中招标采购投标人不良行为记录及处理办法

（一）投标人不良行为由省或市州纠风、卫生行政管理、食品药品监督管理、物价、工商行政管理、经济管理、劳动和社会保障等部门分别按照各自的工作职责确定，由专门人员以台账形式记录。

（二）纠风部门主要负责记录经查证属实、反映投标人违反药品集中招标采购政策规定的行为。

（三）卫生行政管理部门主要负责记录本部门和所属医疗卫生机构受理并经查证属实的、反映投标人采取给予医疗机构及其有关科室或人员药品回扣、开单提成等不正当利益方式促销药品，以及不按时配送中标药品等行为。

（四）食品药品监督管理部门主要负责记录食品药品监督管理系统查处的反映投标人制造、销售假冒伪劣药品等行为。

（五）物价部门主要负责记录经查证属实、反映投标人违反有关价格政策等行为。

（六）工商行政管理部门主要负责记录经查证属实、反映投标人违反《不正当竞争法》、《合同法》、《商标法》、《广告法》等法律法规的行为。

（七）经济管理、劳动和社会保障等部门根据各自所承担的工作职责，分别记录经查证属实、反映投标人违反有关国家法律法规的行为。

（八）各有关部门对投标人不良行为的记录情况每季度末向同级药品集中招标采购厅（局）际联席会议或药品集中招标采购领导小组办公室书面通报一次。厅（局）际联席会议或领导小组办公室每季度将各部门通报的不良行为记录汇总，以适当形式予以公布。

（九）药品招标代理机构在组织招标采购时，应当将政府有关部门对投标人不良行为的记录情况提供给评标委员会，作为评标记分依据。

湖北省建设工程工程量清单招标投标实施办法

（湖北省建设厅 2004年7月9日）

第一章 总 则

第一条 为了规范建设工程工程量清单招标投标行为，维护招标投标人的合法利益，根据《中华人民共和国招标投标法》、《建筑工程施工发包和承包计价管理办法》（建设部令第107号）、《建设工程工程量清单计价规范》（GB 50500—2003）、《湖北省建设工程计价管理办法》（鄂建（2003）45号）等法律、法规、规范性文件的规定，结合本省实际情况制定本办法。

第二条 本省行政区域内建设工程工程量清单的招标投标活动适用于本办法。

本办法所称建设工程是指建筑工程、装饰装修工程、安装工程、园林绿化工程和市政基础设施工程。

第三条 依法必须进行施工招标，全部使用国有资金或者国有资金投资占控股或者主导地位的工程项目，应当采用工程量清单进行招标。

第四条 采用工程量清单招标的项目，其招标投标程序适用《湖北省建设工程施工招标投标规范程序》。

第五条 县级以上建设行政主管部门可委托相应建设工程招标投标管理机构和造价管理机构，依照各自的职责具体负责当地工程量清单招标投标及计价活动的监督和管理。

第二章 工程量清单招标投标

第六条 实行工程量清单招标的工程，其施工图设计必须经建设行政主管部门或其委托的施工图设计审查机构审查，并达到国家规定设计深度，满足工程量清单计价的要求。

第七条 工程量清单应由具有编制招标文件能力的招标人或受其委托具有工程造价咨询资质或招标代理资质并按规定的业务范围承担工程造价咨询业务的中介机构编制。

第八条 工程量清单是招标文件的组成部分。

第九条 工程量清单应依据《建设工程工程量清单计价规范》、《湖北省建设工程计价管理办法》、招标文件、施工设计图纸和相关的技术资料、现行设计施工规范和标准、施工现场条件和工程具体情况进行编制。

第十条 工程量清单是编制招标工程标底、投标报价、签订合同、支付工程进度款、工程索赔、调整工程量和合同价、办理竣工结算的依据。

第十一条 工程量清单及其计价格式采用《建设工程工程量清单计价规范》的统一格式，应随招标文件发至投标人。

投标人的工程量清单报价表应按招标文件的要求提供。

第十二条　工程量清单发出后，投标人或招标人发现工程量清单的工程量、计量单位有误、项目漏项或者项目特征、工作内容不明确，投标人以书面形式提出质疑的，招标人应当以书面形式进行澄清、修改，并将澄清、修改等补充文件在招标文件要求提交投标文件截止时间至少15日前，发放给所有获得招标文件的投标人。澄清、修改等补充文件是招标文件的组成部分。

第十三条　工程量清单计价采用综合单价计价。综合单价是指完成规定计量单位项目所需的人工费、材料费、机械使用费、管理费和利润，并考虑风险因素。

第十四条　工程量清单计价应包括按招标文件规定，完成工程量清单所列项目的全部费用，包括分部分项工程费、措施项目费、其他项目费和规费、税金。

第十五条　工程量清单及其计价格式中的任何内容，投标人及标底的编制机构不得随意删除或涂改。

第十六条　工程量清单及其计价格式中列明的所需要填报的单价和合价，投标人均应填报，未填报的单价和合价，视为此项费用已包含在工程量清单报价表的其他单价和合价中。

第十七条　实行工程量清单招标的工程，设有标底的，标底按以下依据编制：

（一）招标文件及其补充文件；

（二）工程量清单；

（三）省建设行政主管部门发布的工程消耗量定额及统一基价表、估价表、费用定额及计价办法；

（四）工程造价管理机构发布的人工、材料、机械市场信息价；

（五）施工设计图纸；

（六）施工现场条件或施工组织设计。

第十八条　标底可作为招标人控制招标工程造价的最高限价，高于最高限价的投标为废标。

标底的编制机构应保证标底的编制质量，并对成果文件的准确性、真实性负责。

第十九条　工程量清单、标底、投标报价按《建设工程工程量清单计价规范》规定的表格编制齐全后，应加盖编制单位公章和编制人员（注册造价工程师、造价员）的执业专用章。工程造价咨询机构或招标代理机构出具的工程造价成果文件，应加盖建设工程造价咨询报告专用章（方章）或建设工程标底专用章（方章）及注册造价工程师执业专用章（椭圆章），否则无效。

第二十条　投标人应按照招标文件、工程量清单、施工设计图纸、施工组织设计、企业定额或参照建设行政主管部门发布的工程消耗量定额、费用定额及计价办法或参照工程造价管理机构发布的人工、材料、机械市场价格信息，并考虑风险因素，进行自主报价。

投标人不得以低于其企业成本的投标报价竞标。

第二十一条　投标人设有企业定额的，须报省建设工程造价管理机构备案，并同时送达相应招标投标管理机构。

第二十二条　投标人须将不可竞争成本列入投标报价。不可竞争成本是指：

（一）经国家或省政府批准，按规定须足额计取并上交的规费以及安全施工措施费；

（二）应按国家规定计取的营业税、城市建设维护税、教育费附加等税金。

第二十三条　投标人不得采用总价优惠或百分比优惠的方式进行投标报价，其优惠应直接体现在各项投标报价的单价中。

投标人不得以自有机械闲置、自有材料等为由不计成本进行投标报价。

投标人不得以不平衡报价为由在一项或多项单价中，低于成本进行投标报价。

第二十四条　实行工程量清单招标的工程，编制工程量清单、标底和投标报价均应使用全省统一数据库并经国家建设行政主管部门审查通过的工程量清单计价软件，其电子文档应作为招标、投标文件的组成部分一同报送。

第三章　评标、定标和中标

第二十五条　工程量清单招标的评标活动，应遵守国家和省相关法规、规章、规范性文件以及本办法的有关规定。

第二十六条　工程量清单招标的评标工作中，评标委员会成员具有注册造价工程师执业资格、有实际操作能力的评标专家，应不少于全部评标委员会成员的1/3。

第二十七条　工程量清单招标的评标方法，应采用综合评估法或经评审的最低投标价法。招标人可根据招标工程的具体情况，选择其中一种办法并在招标文件中明确。

第二十八条　评标委员会须按招标文件提供的评标方法对投标文件进行评审。在评标过程中，不得改变招标文件中规定的评标标准、方法和中标条件。

第二十九条　评标程序一般分为初步评审和详细评审。

第三十条　初步评审包括对投标文件的符合性评审、投标文件计算错误的修正、投标文件的评审、比较和否决。

第三十一条　符合性评审是指评标委员会对各投标文件是否实质上响应招标文件的要求的鉴定。所谓实质上响应招标文件的要求，是指投标文件应与招标文件的所有实质性条款、条件和要求相符，无显著差异或保留，或者对合同条款中约定的招标人的权利和投标人的义务造成重大限制。

未能在实质上响应招标文件的投标，即符合性评审不合格的投标，应作废标处理。

第三十二条　投标文件有下列情形之一的视为符合性评审不合格：

（一）没有按照招标文件要求提供投标担保或者所提供的投标担保有瑕疵；

（二）投标文件中的投标函未加盖投标人的公章及法定代表人印章（签字）或企业法定代表人委托代理人没有合法、有效的委托书原件及委托代理人印章（签字）；

（三）未按规定的格式填写，内容不全或者关键内容字迹模糊、无法辨认，造成投标文件实质上不响应招标文件的要求，或者导致无法对投标文件的实质性内容进行评审的；

（四）投标人递交两份或多份内容不同的投标文件，或在同一投标文件中对同一招标项目报有两个或多个报价，且未声明哪个有效；

（五）投标人名称或组织结构与资格预审时不一致；

（六）投标文件载明的招标项目完成期限超过招标文件规定的期限；

（七）明显不符合招标文件规定的技术要求和标准；

（八）组成联合体投标的，投标文件未附联合体协议或联合体协议不符合有关规定的；

（九）投标文件附有招标人不能接受的条件，或者对合同中约定的招标人的权利和投标人的义务方面造成重大的限制的；

（十）不符合招标文件中规定的其他实质性要求。

第三十三条　评标委员会在对招标文件进行评审时，除招标文件另有约定外，应当按下述原则进行修正：

（一）用数字表示的金额和用文字表示的金额不一致时，以文字表示的金额为准。

（二）当单价与数量的乘积与合价不一致时，以单价为准并修改合价；若单价有明显小数点错位，应以标出的合价为准并修改单价。

按前款规定调整后的投标报价经投标人确认后产生约束力。

第三十四条　评标委员会可以书面方式要求投标人对投标文件中含义不明确、对同类问题表述不一致或者有明显文字和计算错误的内容作必要的澄清、说明或者补正。澄清、说明或者补正应以书面方式进行并不得超出投标文件的范围或者改变投标文件的实质性内容。

第三十五条　投标人资格条件不符合国家有关规定和招标文件要求的，或者拒不按照要求对投标文件进行澄清、说明或者补正的，评标委员会可以否决其投标。

第三十六条　在评标过程中，评标委员会发现投标人的投标报价明显低于其他投标报价或设有标底时低于标底合理幅度，使得其投标报价可能低于其个别成本的，应当要求该投标人作出书面说明并提供相关证明材料。投标人不能合理说明或者不能提供相关证明材料的，由评标委员会认定该投标人以低于企业成本报价竞标，其投标文件作废处理。

第三十七条　评标委员会依据相关法律、法规、本办法及招标文件的规定，对投标报价是否低于成本进行认定，出现认定异议的，按少数服从多数的原则投票表决。

第三十八条　在评标过程中，评标委员会发现投标人以他人的名义投标、串通投标或以其他弄虚作假方式投标的，该投标人的投标应作废标处理。

第三十九条　按上述规定经评标委员会认定初步评审不合格、被否决、认定为废标的投标不再进入详细评审阶段。

第四十条　详细评审是指评标委员会对初步评审合格的投标文件，根据招标文件确定的评标标准和方法，对其技术部分和商务部分做进一步评审、比较。包括下述内容：

技术标评审：主要是指对施工方案或施工组织设计的科学、合理、可靠性的评估；

商务标评审：包括分析投标报价构成的合理性和可行性，并与标底价格进行对比分析（设有标底的）；

综合标评审：主要是指对工程质量、施工工期以及投标人的项目班子配备、类似工程经历、业绩和信誉等内容进行评估、分析、比较。

第四十一条　评标委员会完成评标后，应当向招标人提出书面评标报告，阐明评标委员会对各投标文件的评审和比较意见，并按照招标文件中规定的评标方法，推荐不超过三名有排序的合格的中标候选人。招标人根据评标委员会提出的书面评标报告和推荐的中标候选人确定中标人。

第四十二条　依法必须进行招标的项目，招标人应当确定排名第一的中标候选人为中标人。排名第一的中标候选人放弃中标、因不可抗力提出不能履行合同，或者招标文件规定应当提交履约担保而在规定的期限内未能提交的，招标人可以确定排名第二的中标候选人为中标人。

排名第二的中标候选人因前款规定的同样原因不能签订合同的，招标人可以确定排名第三的中标候选人为中标人。

第四十三条　中标人的投标报价或经评标委员会按第三十三条规定修正后的投标报价即为中标价。招标人不得向中标人提出压低报价、增加工作量、缩短工期、垫付中标项目建设资金或其他违背中标人意愿的要求，以此作为发出中标通知书和签订合同的条件。

第四十四条　中标通知书对招标人和中标人具有法律效力。中标通知书发出后，招标人改变中标结果的，或者中标人放弃中标项目的，应当依法承担法律责任。

第四章　附　则

第四十五条　实行工程量清单招标的工程，招标人应当要求中标人提供履约担保，履约担保的形式应在招标文件中载明，履约担保的额度不应超过合同价的15%。同时，招标人须依据工程承包合同中工程款支付的方式向中标人提供工程款支付担保。

第四十六条　实行工程量清单招标的工程，发包人应按国家有关规定支付工程预付款，并按工程承包合同的约定按月结算或分段结算的方式支付工程进度款。同时发包人、承包人应当在工程承包合同条款中约定承担风险的范围及幅度，以及超出约定范围和幅度工程合同价款的调整方法。

第四十七条　建设单位、监理单位应加强对采用工程量清单招标中标项目的现场监控，建立严格的现场验收和签证制度，把好签证审核确认关，保证投标承包风险包干制度及合同的有效履行。

第四十八条　建设行政主管部门的各相关职能部门，依照各自的职责对采用工程量清单招标的工程，尤其是对采用经评审的最低投标报价法中标的工程，应列为重点监督管理对象，防止工程质量、安全生产事故的发生。

第四十九条　建筑行业协会应积极引导建筑企业在招标投标活动中合理报价、公平竞争。建立行业自律惩戒制度，对恶意压价、不履行合同等扰乱建筑市场秩序的行为，应依照自律公约进行处理。

第五十条　下列不良行为，建设行政主管部门将予以公示，情节严重的将依据有关规定进行处罚：

（一）招标人不依法进行招标，不依法确定中标人；

（二）招标人强迫投标人低于成本价竞标或将垫资作为投标或中标条件；

（三）发包人明示或暗示承包人违反工程建设强制性标准，降低工程质量；

（四）发包人不按工程承包合同的约定支付工程价款；

（五）工程造价咨询机构、招标代理机构的咨询评估、招标代理工作有严重差错；

（六）招标代理机构与招标人或投标人、招标人和投标人、投标人和投标人相互串通，搞假招标、围标、陪标的；

（七）投标人在招标投标活动恶意压价或抬价，扰乱建筑市场秩序的；

（八）中标人不按招标文件规定的数额在中标通知书约定期限提交履约担保或签订合同，被认定为放弃中标项目的；

（九）中标人签订合同后，降低工程质量标准或不履行合同的；

（十）承包人不采取安全生产、文明施工措施的。

第五十一条　本办法由湖北省建设厅负责解释。

第五十二条　本办法自 2004 年 10 月 1 日起施行。

江苏省省级工程类政府采购操作流程

（江苏省财政办公厅　2005 年 2 月 16 日）

根据江苏省财政厅、江苏省发展和改革委员会、江苏省建设厅联合印发的《江苏省省级工程类政府采购项目管理暂行办法》（苏财购〔2004〕27 号）文件精神，现制定省级工程类政府采购项目操作流程。

一、编制政府采购预算或计划

属于部门预算资金安排的建设工程项目（包括建筑物和构筑物的新建、改建、扩建、装修、拆除、修缮等），省级采购人（指属部门预算编制范畴的，依法进行政府采购的省级国家机关、事业单位和团体组织）均应在编制下一年度的部门预算时按规定编制政府采购预算。属省级集中采购目录中的工程项目，编制集中采购预算；集中采购目录之外，分散采购限额标准以上的工程项目，编制分散采购预算；属于预算内专项安排的和统筹基建项目，暂不属部门预算编制范畴，应按照省财政厅有关规定编制相应计划。

工程类政府采购项目不得进行无预算、无计划或超预算、超计划的采购；因特殊原因突破或需要追加原批准预算或计划时，必须由采购人按规定程序履行相应预算或计划的追加变更手续，并经批准后方可继续执行。

二、政府采购工程项目实施

（一）集中采购项目

属省级集中采购目录中的项目，采购人按照省财政厅《省级政府集中采购计划操作规程》（苏财购〔2003〕10号）等有关要求向省财政厅申报集中采购计划。省财政厅按规定审核并批复采购计划；采购人依据批复的集中采购计划，委托省级集中采购机构按有关规定进行采购。

（二）分散采购项目

对于分散采购项目，采购人应按照《江苏省省级政府分散采购管理规定》自行组织采购或按以下原则委托代理机构采购，并将有关信息在"江苏政府采购网"等省财政厅指定的媒体发布：

1. 项目金额在《省政府关于印发江苏省工程建设项目招标范围和规模标准规定的通知》（苏政发〔2004〕48号）确定的建设项目招标范围和规模标准之下的，可委托集中采购机构或在省财政厅登记备案的政府采购招标代理机构采购；

2. 项目金额在省政府确定的建设项目招标范围和规模标准之上的（含），应委托有工程招标代理资质的代理机构采购；

3. "江苏政府采购网"等媒体的信息发布按照《江苏省财政厅关于贯彻落实财政部第18、19、20号令的通知》（苏财购〔2004〕20）规定执行。

三、签订合同并备案

采购人或采购代理机构根据采购结果与供应商签订合同后，应将所签订的合同副本报省财政厅备案；属于建设工程施工的，采购人或采购代理机构还应将建设工程施工合同分送省建设厅和工商行政管理部门备案。此外，对于国家有要求的建设工程项目，还应按有关规定办理工程项目施工许可证等手续。

四、支付工程资金

工程项目实施后，采购人依据合同约定向供应商支付资金。具体操作流程按照江苏省财政厅、中国人民银行南京分行《关于对省级财政国库管理制度改革试点资金支付管理办法的补充规定》（苏财库〔2004〕13号）和《关于"基本建设支出"项目资金实施财政国库集中支付有关补充规定的通知》（苏财库〔2004〕28号）等规定执行。

五、按规定向省财政厅报送统计数据

集中采购项目的统计数据由集中采购机构统一报送；分散采购项目统计数据由采购人按照《省级分散采购管理规定》（苏财购〔2004〕13号）要求报送。

六、非驻宁省级单位的工程类项目政府采购按照属地原则进行管理

南京市大宗货物道路运输招标投标管理办法

（南京市人民政府　2002年6月14日）

第一章　总　则

第一条　为了规范大宗货物道路运输招标投标活动，维护运输市场秩序，保护承运、托运双方的合法权益，提高运输质量和经济效益，依据《中华人民共和国招标投标法》、《江苏省道路运输市场管理条例》等有关法律法规，结合本市实际，制定本办法。

第二条　凡在本市行政区域内进行大宗货物道路运输招标投标活动的单位和个人，均应当遵守本办法。

本办法所称大宗货物道路运输，是指年道路货物运量在5000吨以上或者一次运费在30万元以上、汇额在10万美元以上的道路运输活动。

第三条　鼓励本市具有自备运输能力的单位实施“产运分离”，通过招标投标方式承担大宗货物道路运输项目，参与社会竞争。

第四条　市、县（区）交通行政主管部门主管本行政区域内的大宗货物道路运输招标投标活动。交通行政主管部门设置的道路运政管理机构和交通行业与产业项目招标投标管理机构按照规定的职责分别负责大宗货物道路运输和招标投标管理工作。

计委、经委、工商、物价、税务、公安、行政监察等部门应当依照各自的职责，协助做好大宗货物道路运输招标投标的监督管理工作。

第五条　大宗货物道路运输招标投标活动应当遵循公开、公平、公正的竞争原则和诚实、信用、效率的服务原则。

第六条　任何单位和个人不得将大宗货物化整为零运输或者以其他形式规避招标活动。

第七条　大宗货物道路运输招标投标活动不受地区或者部门限制。任何单位和个人不得限制或者排斥南京市以外的道路运输经营者参加招标投标，不得以任何方式非法干涉招标投标活动。

第八条　市交通行政主管部门应当设立货物道路运输交易场所，为招标投标交易活动提供服务。

第二章　招　标

第九条　招标人是依照本办法规定提出大宗货物道路运输招标项目，进行招标的法人和其他组织。

第十条　招标活动采取公开招标、邀请招标两种方式。

公开招标，是指招标人以招标公告的方式邀请不特定的道路运输经营者投标。

邀请招标，是指招标人以投标邀请书的方式邀请特定的道路运输经营者投标。

以上两种招标方式除可以采取书面文件形式外，还可以利用互联网采取数据电文形式。

第十一条　需要特殊运输工具或者涉及商业秘密的大宗货物道路运输项目不适宜公开招标的，可以采取邀请招标方式进行。

第十二条　招标人应当择优选定招标代理机构，委托其办理招标事宜。

招标代理机构是依法设立、从事招标代理业务并提供相关招标代理服务的社会中介组织。招标代理机构应当具备下列条件：

（一）有从事招标代理业务的营业场所和相应资金；

（二）有能够编制招标文件和组织评标的相应专业力量；

（三）有可以作为评标委员会成员人选的技术、经济等方面的专家库；

（四）有利用互联网收集、发布货源和运力信息的技术和能力。

第十三条　大宗货物道路运输招标代理机构与行政机关及其他国家机构不得存在隶属关系或者其他利益关系。

大宗货物道路运输招标代理机构应当按照国家和省、市规定的标准收取服务费用。

第十四条　大宗货物道路运输招标投标应当按照下列程序进行：

（一）招标人编制招标文件；

（二）招标人发布招标公告或者发出投标邀请书；

（三）投标人获取招标文件；

（四）投标人报送投标申请书；

（五）招标人自行或者委托招标代理机构对投标人进行资格审查；

（六）招标人组织投标人对运输环境进行勘查并解答招标文件中的问题；

（七）投标人编制投标文件并按照规定时间密封报送招标人；

（八）招标人组建评标委员会；

（九）招标人当众开标，组织评标，确定中标人，发出中标通知书；

（十）招标人与中标人签订大宗货物道路运输合同。

第十五条　招标文件应当包括下列内容：

（一）货物的种类、特性、运量、起迄点（运输距离）、运输期限等说明；

（二）运输车辆技术要求；

（三）货物装卸方式、运输质量要求；

（四）对投标人资格审查的标准；

（五）运输费用计算原则及结算办法；

（六）评标标准；

（七）提交投标文件截止时间；

（八）投标地点、送达投标文件的方式；

（九）拟签订的运输合同主要条款；

（十）招标人认为需要说明的其他事项，如禁止分包、转让，搬运装卸、过路过桥费的计算等。

大宗货物需要分期分批发送的，应当在招标文件中载明；需要切块招标的，招标人应当合理划分，并在招标文件中载明。

第十六条　依法必须进行招标的项目，招标人采取公开招标方式的，应当通过国家指定的报刊、信息网络或者其他媒介发布招标公告。

招标公告应当载明招标人的名称和地址、货物的种类、运量、起迄点（运输距离）、期限以及获取招标文件的办法等事项。

第十七条　招标人采用邀请招标方式的，应当向3个以上具备承担大宗货物道路运输资质、资信良好的特定道路运输经营者发出投标邀请书。

投标邀请书应当载明本办法第十六条第二款规定的事项。

第十八条　招标人可以根据招标项目本身的要求，在招标公告或者投标邀请书中，要求潜在投标人提供有关资质证明文件和业绩情况，并对潜在投标人进行资格审查。

招标人不得以不合理的条件限制或者排斥潜在投标人，不得对潜在投标人实行歧视待遇。

第十九条　招标人不得向他人透露已获取招标文件的潜在投标人的名称、数量以及可能影响公平竞争的有关招标投标的其他情况。

第二十条 大宗货物道路运输招标可以不设置标底。设置标底的，标底必须保密。

第二十一条 自招标文件发出之日起至投标人提交投标文件截止之日止，招标人应当按照下列规定确定投标人编制投标文件所需要的合理时间：

（一）长期大宗货物运输项目，最短不得少于 20 日；

（二）短期（6 个月以下）大宗货物运输项目，最短不得少于 10 日；

（三）一次性大宗货物运输项目，最短不得少于 4 日。

采取网上招标投标的，投标人提交相应运输项目投标文件的最短期限可以缩减 3 日。

第二十二条 招标人对已发出的招标文件进行必要的澄清或者修改的，应当在下列期限内及时以书面形式通知所有招标文件收受人，但是不得改变招标文件的实质性内容：

（一）长期大宗货物运输项目应当在招标文件要求的提交投标文件截止时间的 15 日前。

（二）短期大宗货物运输项目应当在招标文件要求的提交投标文件截止时间的 5 日前。澄清或者修改的内容为招标文件的组成部分。

第三章 投 标

第二十三条 投标人是响应大宗货物道路运输招标，参加投标竞争的道路运输经营者。

第二十四条 投标人应当具备相应的承接大宗货物道路运输的能力。

不符合招标文件提出的运输要求的不具备参加投标的资格。

第二十五条 投标人应当按照招标文件提出的实质性要求和条件编制投标文件。

投标人应当在招标文件要求提交投标文件的截止时间前，以招标文件规定的方式将投标文件送达投标地点。招标人收到投标文件后，应当签收保存，不得开启。投标人少于 3 个的，招标人应当依照本办法重新招标。

超过招标文件要求提交投标文件的截止时间送达投标文件的，招标人应当拒收。

第二十六条 投标人在招标文件要求提交投标文件的截止时间前，可以补充、修改或者撤回已提交的投标文件，并书面通知招标人。补充、修改的内容为投标文件的组成部分。

第二十七条 两个以上运输经营者可以组成一个联合体，以一个投标人的身份共同投标。

联合体各方均应当具备相应的承接大宗货物道路运输的能力。由不同等级的道路运输经营者组成的联合体，按照资质等级较低的一方确定资质等级。

联合体各方应当签订共同投标协议，明确约定各方拟承担的工作和责任，并将共同投标协议连同投标文件一并提交招标人。联合体中标的，联合体各方应当共同与招标人签订合同，就中标项目对招标人承担连带责任。

招标人不得强制投标人组成联合体共同投标，不得限制投标人之间的竞争。

第二十八条 投标人不得相互串通投标报价，不得排挤其他投标人的公平竞争，损害招标人或者其他投标人的合法权益。

投标人不得与招标人串通投标，损害国家利益和其他运输经营者的合法权益。

禁止投标人以向招标人或者评标委员会成员行贿等非法手段谋取中标。

第二十九条 投标人不得以低于成本报价竞价，也不得以他人名义投标或者以其他方式弄虚作假，骗取中标。

第四章 开标、评标和中标

第三十条 开标应当在招标文件确定的提交投标文件截止时间的同一时间、地点公开进行。

第三十一条　开标由招标人主持，邀请所有投标人参加。

第三十二条　开标时，由投标人或者其推选的代表检查投标文件的密封情况；经确认无误后，由工作人员当众拆封，宣读标底、投标人名称、投标价格和投标文件的其他主要内容。开标也可以由招标人委托的公证机构检查并公证。

招标人在招标文件要求提交投标文件的截止时间前收到的所有投标文件，开标时都应当当众予以拆封、宣读。

开标过程应当做书面记录，并存档备查。

第三十三条　评标由招标人依法组建的评标委员会负责，任何单位和个人不得干预其正常工作。

评标委员会由招标人的代表，以及懂运输技术、经济等方面的专家组成，成员人数为 5 人以上单数，其中专家不得少于成员总数的 2/3。

评标委员会设负责人的，负责人由评标委员会成员推举产生或者由招标人确定。评标委员会负责人与评标委员会的其他成员享有同等的表决权。

第三十四条　评标委员会的专家成员应当由招标人依法从有关部门及招标投标管理机构提供的专家名册或者招标代理机构的专家库内的相关专家名单中确定。

评标专家应当符合下列条件：

（一）从事道路运输工作满 8 年并具有中级职称或者同等专业水平；

（二）熟悉有关招标投标的法律、法规，并具有与招标项目相关的实践经验；

（三）能够认真、公正、诚实、廉洁地履行职责。

评标委员会专家成员可以通过随机抽取确定，也可以直接确定。与投标人有利害关系的人不得进入相关项目的评标委员会；已经进入的应当回避，重新确定。

评标委员会成员的名单在中标结果确定前应当保密。

第三十五条　招标人应当采取必要的措施，保证评标在严格保密的情况下进行。

任何单位和个人不得非法干预评标的过程和结果。

第三十六条　评标委员会可以要求投标人对投标文件中含义不明确的内容作必要的澄清或者说明，但是澄清或者说明不得超出投标文件的范围或者改变投标文件的实质性内容。

第三十七条　评标委员会应当按照招标文件的要求对投标文件进行评审和比较。评标委员会完成评标后，应当向招标人提出书面评标报告，并推荐合格的中标候选人。

招标人根据评标委员会提出的书面评标报告和推荐的中标候选人确定中标人，招标人也可以授权评标委员会直接确定中标人。

第三十八条　在确定中标人前，招标人不得与投标人就投标价格、投标方案等实质性内容进行谈判。

第三十九条　评标委员会成员应当客观、公正地履行职责，遵守职业道德，对所提出的评审意见承担个人责任。

评标委员会成员不得私下接触投标人，不得收受投标人财物或者其他好处。

评标委员会成员和参与评标的有关工作人员不得透露对投标文件的评审和比较、中标候选人的推荐情况以及与评标有关的其他情况。

违反以上规定的，取消其评审专家库成员资格，空缺人员依照本办法重新抽取。因上述情况造成投标人中标的，中标无效。

第四十条　中标人确定后，招标人应当向中标人发出中标通知书，并同时将中标结果通知所有未中标的投标人。

中标通知书对招标人和中标人具有法律效力。中标通知书发出后，招标人改变中标结果的，或者中标人放弃中标项目的，应当承担相应的法律责任。

第四十一条　招标人和中标人应当自中标通知书发出之日起30日内，按照招标文件和中标人的投标文件订立书面合同。招标人和中标人不得订立背离合同实质性内容的其他协议。

招标文件要求中标人提交履约保证金的，中标人应当提交。

第四十二条　招标人与中标人应当自合同签订之日起15日内，向交通行业与产业项目招标投标管理机构提交书面合同，由其在《道路货物运单》上予以注明。

第四十三条　招标人和中标人均应当按照合同约定履行义务。招标人应当按时、足额地向中标人支付运输费用；中标人应当准确、安全地完成中标项目。中标人不得向他人转让中标项目，也不得将中标项目肢解后分别向他人转让。

中标人按照合同约定或者经招标人同意，可以将中标项目的部分非主体、非关键性工作分包给他人完成。接受分包的人应当具备相应的资格条件，并不得再次分包。

第四十四条　因招标人、招标代理机构、投标人、评标委员会的不正当行为促成中标的，中标无效。

第四十五条　违反本办法规定导致中标无效的，应当依照本办法规定从其余投标人中重新确定中标人或者依照本办法重新进行招标。

第五章　法律责任

第四十六条　招标人、招标代理机构、投标人、评标委员会违反本办法规定的，由交通行政主管部门按照国家有关法律、法规、规章的规定责令改正，并予以行政处罚；对单位直接负责的主管人员和其他直接责任人员，由行政监察部门依法给予行政处分；构成犯罪的，依法追究刑事责任；造成他人损失的，依法予以赔偿。

第四十七条　交通行政主管部门、道路运政管理机构和交通行业与产业项目招标投标管理机构工作人员在招标投标活动中徇私舞弊、滥用职权或者玩忽职守的，由其所在单位或者上级主管部门给予行政处分；构成犯罪的，依法追究刑事责任。

第六章　附　则

第四十八条　投标人和其他利害关系人认为招标投标活动不符合本办法规定的，有权向招标人提出异议或者向交通行政主管部门、行政监察部门投诉。

第四十九条　本市行政区域内年道路货物运输5000吨以下、一次运费在30万元或者汇额在10万美元以下的，以及集装箱、大型物件等其他道路运输项目的招标投标，可以适用本办法邀请招标的有关规定。

第五十条　本市行政区域内大宗货物的水路、航空、铁路等其他运输方式的招标投标，参照本办法执行。

第五十一条　使用国际组织或者外国政府贷款、援助资金的项目的大宗货物运输进行招标，贷款方、资金提供方对招标投标的具体条件和程序有不同规定的，可以适用其规定，但违背中华人民共和国的社会公共利益的除外。

第五十二条　本办法自2002年8月1日起施行。

南京市市级建设工程政府采购项目管理暂行办法

市各部、委、办、局，市各直属单位，各区县财政局：

现将《南京市市级建设工程政府采购项目管理暂行办法》印发给你们，请认真遵照执行。

附件：南京市市级建设工程政府采购项目管理暂行办法

南京市财政局

南京市发展和改革委员会

南京市建设委员会

附件：

南京市市级建设工程政府采购项目管理暂行办法

第一条　为加强财政性资金管理，规范建设工程项目的政府采购行为，促进廉政建设，根据《中华人民共和国政府采购法》、《中华人民共和国招标投标法》和《江苏省省级工程类政府采购项目管理暂行办法》等法律、法规，结合我市实际，制定本办法。

第二条　市级国家机关、事业单位、团体组织（下称采购人）全部或部分使用市本级财政性资金（预算资金、政府性基金和预算外资金），采购市级政府集中采购目录以内或者采购限额标准以上的建设工程项目，包括建筑物和构筑物的新建、改建、扩建、装修、拆除、修缮等适用本办法。

第三条　纳入集中采购目录属于采购人自用的建设工程项目，应当委托市级集中采购机构代理采购；属于本部门、本系统承担的公共建设工程项目，应当实行部门集中采购。

集中采购目录以外、采购限额标准以上的建设工程项目实行分散采购，由采购人依照有关法规组织实施。

第四条　市级建设工程政府采购项目应严格执行工程建设程序，按国家有关规定履行立项、规划、施工图设计审查、施工许可、质量监督、竣工验收等手续。

第五条　市财政局是市级建设工程政府采购项目的监督管理部门，主要负责拟定政府集中采购目录和限额标准，审批政府采购预算和政府采购计划，对资金使用的全过程进行监督管理等。

第六条　采购人负责按国家有关规定履行建设工程政府采购项目的立项、报批等手续，做好部门集中采购、分散采购工程项目的组织实施工作。属于采购人自己使用的集中采购项目，采购人还应提出功能性和使用性需求，协助市级集中采购机构做好集中采购工作。

第七条　市级集中采购机构根据采购人委托办理政府集中采购项目的采购事宜。包括：拟定采购方案、编制采购文件、发布采购信息、对供应商进行资格审核、组织现场踏勘和答疑、拟定评标办法、组织开标、评标、竞争性谈判、询价等。

第八条　市级建设工程政府采购项目的采购人应编制政府采购预算，并严格按照批准的预算执行。属于采购人自用的集中采购项目，采购人应于采购实施前，制定政府采购计划，并通过政府采购网络管理系统申报，经市财政局审批同意后，委托市级集中采购机构采购。

第九条　市级建设工程政府采购项目（包括集中采购目录内的项目）达到省政府规定的招标规模标准以上的，必须采用招标采购方式。招标活动适用《中华人民共和国招标投标法》和《江苏省招标投标条例》，对招标投标活动的行政监督，按照省、市政府规定的有关部门的职责分工执行。

招标规模标准以下的项目，可采用招标采购、竞争性谈判、询价等采购方式。

第十条　市级建设工程政府采购项目的招标、中标等有关采购信息，采购人或采购代理机构应在财政部门和其他有关部门指定的媒体上同时发布。

第十一条　市级建设工程政府采购项目自采购合同签订之日起七个工作日内，采购人或采购代理机构应将合同副本报市财政局备案。属于施工项目的，采购人或采购代理机构还应当将建设工程施工合同送市建设委员会备案，并办理发包等相关手续。

第十二条　市级建设工程政府采购项目的采购人应当按规定及时支付采购资金。实行国库集中支付的，按国库集中支付规定程序办理资金支付。

第十三条　市级建设工程政府采购项目因特殊情况确实要超出原批准预算的，必须由采购人按规定程序报批并落实资金来源后再执行。

第十四条　市级集中采购机构、部门集中采购的采购人和市有关交易中心应按政府采购信息统计的要求，定期向市财政局提供集中采购和分散采购信息统计报表。

第十五条　采购人和采购代理机构在组织实施建设工程采购活动中，应主动接受市财政局、市发展和改革委员会、市建设委员会、市监察局、市审计局等相关部门的监督检查。

第十六条　政府采购当事人有违反本办法规定的，由相关部门依据《中华人民共和国政府采购法》、《中华人民共和国招标投标法》、《江苏省招标投标条例》等法律、法规处理。

第十七条　市级集中采购机构、部门集中采购的采购人根据本办法制定建设工程政府集中采购项目操作流程，并报市财政局备案。

第十八条　区、县建设工程政府采购项目管理参照本办法的规定执行。

第十九条　本办法由市财政局负责解释。

第二十条　本办法自2005年7月1日起施行。

山东省实施《中华人民共和国招标投标法》办法

（2005年5月27日山东省第十届人民代表大会常务委员会第十四次会议通过）

第一章　总　则

第一条　根据《中华人民共和国招标投标法》，结合本省实际，制定本办法。

第二条　在本省行政区域内进行招标投标活动和实施对招标投标活动的监督，适用本办法。

第三条　招标投标活动应当遵循公开、公平、公正和诚实信用的原则。

第四条　县级以上人民政府发展改革部门负责对本行政区域内的招标投标工作进行指导和协调，并对本级人民政府确定的重大建设项目建设过程中的工程招标投标进行监督检查；经贸、建设、交通、水利等行政主管部门依照各自职责，负责对相关行业和产业项目的招标投标活动实施监督执法。

第二章　招标范围和规模标准

第五条　凡属于国家确定的招标范围内的工程建设项目，达到下列标准之一的，必须进行招标：

（一）施工单项合同估算价在200万元人民币以上的。

（二）重要设备（含工艺生产线）、材料等货物的采购，单项合同估算价在100万元人民币以上的。

（三）勘察、设计、监理等服务的采购，单项合同估算价在30万元人民币以上的。

（四）单项合同估算价低于第（一）、（二）、（三）项规定的标准，但项目总投资额在1000万元人民币以上的。除前款规定的工程建设项目外，国家和省人民政府对必须进行招标的其他项目有明确规定的，依照其规定。

第六条　涉及国家安全、国家秘密、抢险救灾或者属于利用扶贫资金实行以工代赈、需要使用农民工等特殊情况，不适宜进行招标的项目，按照国家有关规定可以不进行招标。建设项目的勘察、设计采用特定专利或者专有技术，或者有其他特殊情形，国家规定可以不进行招标的，从其规定。

第三章　招　标

第七条　按照国家和省规定需要履行审批、核准或者备案手续的招标项目，应当先行获得批准或者取得相关证明后才能进行招标。项目审批部门在审批依法必须进行招标项目的可行性研究报告或者进行项目核准、备案时，应当依据国家有关规定核准项目的招标范围、招标组织形式和招标方式等招标内容。招标人对核准的招标内容作出变更的，应当重新办理核准手续。国家另有规定的，从其规定。项目审批部门应当及时向有关行政主管部门通报所确定的招标内容。

第八条　省人民政府确定的地方重点项目和全部使用国有资金投资或者国有资金占控股或者主导地位的工程建设项目，属于依法必须进行招标的，应当进行公开招标；有下列情形之一的，经批准可以进行邀请招标：

（一）技术复杂或者有特殊要求，只有少数潜在投标人可供选择的。

（二）受资源和自然地域环境等条件限制的。

（三）涉及国家安全、国家秘密或者抢险救灾，适宜招标但不宜公开招标的。

（四）法律、法规规定不宜公开招标的。前款规定项目，属于省人民政府确定的地方重点项目的，其邀请招标应当报经省人民政府批准；属于全部使用国有资金投资或者国有资金占控股或者主导地位并需要审批的工程建设项目的，其邀请招标应当报经项目审批部门批准。

第九条　从事招标代理业务的机构，应当取得相应的招标代理资格，并应当在核准的范围内依法从事招标代理业务。招标人有权自主选择招标代理机构。任何单位和个人不得以任何方式为招标人指定招标代理机构或者强制招标人委托招标代理机构办理招标事宜。招标代理机构与行政机关和其他国家机关不得存在隶属关系或者其他利益关系。

第十条　招标人委托招标代理机构办理招标事宜的，应当与招标代理机构签订书面委托合同。委托合同中应当如实载明委托招标的范围、期限、招标代理费等内容。

第十一条　招标代理机构必须在招标人委托的范围、期限内办理招标事宜，并遵守本办法有关招标人的规定；未经招标人书面同意，不得将代理的招标事宜转让他人办理。

第十二条　招标人采用公开招标方式的，应当发布招标公告。依法必须进行招标项目的招标公告，应当在国家指定的报刊、信息网站等媒介发布，也可同时在其他媒介发布。属于本省各级人民政府批准的依法必须进行招标的民用建筑项目，其招标公告可在省发展改革部门指定的媒介发布。

第十三条　招标人采用邀请招标方式的，应当向三个以上具备承担招标项目能力、资信良好的特定法人或者其他组织发出投标邀请书。

第十四条　招标人应当根据招标项目的特点和需要编制招标文件。招标文件一般包括下列内容：

（一）投标人须知；

（二）招标项目的基本概况以及资金落实情况；
（三）招标项目的技术要求；
（四）完成招标项目的时间；
（五）对投标报价和投标有效期的要求；
（六）编制投标文件的要求和格式；
（七）评标方法和标准；
（八）拟签订合同的主要条款；
（九）其他需要说明的内容。

第十五条　任何单位和个人不得非法以行业、地区的准入条件或者其他不合理条件限制、排斥潜在投标人，不得对潜在投标人实行歧视待遇。招标人需要对潜在投标人的资质、业绩等情况进行审查的，应当在招标公告或者投标邀请书等文件中载明，并明确相应的审查标准和方法；未载明的，不得以资质和业绩等情况限制或者排斥潜在投标人。

第十六条　需要投标人缴纳投标保证金或者提供其他形式担保的，应当在招标文件中载明；未载明的，不得以任何方式要求投标人缴纳投标保证金或者提供其他形式的担保。

第十七条　招标人、招标代理机构发放招标文件时，只能向投标人收取工本费，不得以发放招标文件作为谋取经济利益的手段。

第十八条　招标项目进行有标底招标的，招标人应当根据项目设计方案、有关标准与定额、资金概算以及市场价格等情况合理编制和确定标底。

每一标的只能确定一个标底。招标人不具备编制标底能力的，可以委托他人编制。任何单位和个人不得强制招标人编制标底或者指定他人代为编制标底。

标底及标底的编制过程应当保密，开标前任何人不得泄露。鼓励招标项目不设立标底，进行无标底招标。

第十九条　招标公告或者投标邀请书规定的投标人报名的时间，自招标公告刊登之日或者投标邀请书发出之日起计算，不得少于5日。

第四章　投　标

第二十条　投标文件一般包括下列内容：
（一）投标函；
（二）投标方案及其说明；
（三）投标报价和投标有效期；
（四）招标文件要求具备的其他内容。

第二十一条　在招标文件要求提交投标文件的截止时间前，投标人可以撤回已提交的投标文件，并书面通知招标人。投标人撤回已提交的投标文件后，可以提交新的投标文件；新的投标文件未超过招标文件要求提交投标文件的截止时间的，招标人不得拒收。

第二十二条　投标文件中必须有投标人的印章和法定代表人的签字或者法定代表人委托人的签字。以联合体形式参加投标的，投标文件中必须有联合体各方的印章和法定代表人的签字或者法定代表人委托人的签字。个人参加投标的，投标文件中必须有该个人的签字。

第二十三条　投标文件应当密封。在开标前，除投标人对已提交的投标文件需要进行补充、修改外，任何单位和个人不得开启投标文件。

投标文件未密封的，招标人应当拒收。

第二十四条 招标文件要求投标人缴纳投标保证金或者提供其他形式担保的，投标人应当在提交投标文件截止之日前向招标人缴纳投标保证金或者提供其他形式的担保。投标人在招标文件要求提交投标文件的截止时间前撤回投标的，招标人应当于3日内退还其投标保证金。

投标保证金一般按不高于招标项目估算值的2%计取，但最高不得超过80万元人民币。

第二十五条 依法必须进行招标的项目，在招标文件要求的提交投标文件的截止时间届满后，提交投标文件的投标人少于3个的，招标人应当重新招标。

重新招标后，提交投标文件的投标人仍少于3个时，属于必须审批的工程建设项目的，由招标人报经原项目审批部门批准后可以不再进行招标。

第五章 开标、评标和中标

第二十六条 开标由招标人主持；委托招标代理机构办理招标事宜的，可由招标代理机构主持。

招标项目设有标底的，开标时应当公开标底。

第二十七条 开标过程应当记录。开标记录应当如实载明下列内容：

（一）招标项目的名称、规模、范围等基本情况；

（二）开标时间和地点；

（三）参加开标的单位和人员；

（四）投标人的名称及其投标报价；

（五）其他应当记录的内容。

开标记录由主持人、投标人、记录员及有关监督人员签字确认，并存档备查。

第二十八条 开标后，招标人不得对评标方法和标准以及招标项目规模等实质性要件作出更改；擅自更改的，招标投标活动无效，招标人应当赔偿由此给投标人、招标代理机构造成的损失。

第二十九条 开标后，投标人终止或者部分终止投标文件效力的，视为废标，其投标保证金不予退还，该投标人不得计入投标人数。

第三十条 评标由招标人依法组建的评标委员会负责。

评标委员会可以设立负责人。评标委员会负责人由评标委员会成员推举或者由招标人直接确定。评标委员会负责人与评标委员会其他成员有同等的表决权。

第三十一条 评标委员会中有关技术、经济等方面的专家，应当采取随机抽取的方式确定。招标项目属于技术特别复杂、专业性要求特别高或者国家有特殊要求的，可以由招标人直接确定。

依法必须进行招标项目的评标委员会中，招标人的代表和行政主管部门直属单位的专家不得超过评标委员会成员总数的1/3。

评标委员会成员与投标人有利害关系的，应当回避。

第三十二条 评标委员会应当按照招标文件确定的评标方法和标准，以公平、公正、科学、择优的原则，对投标文件进行评审和比较；设有标底的，应当参考标底。

依法必须进行招标项目的招标文件中没有规定的评标方法和标准，不得作为评标的依据。

第三十三条 有下列情形之一的，由评标委员会初审后按废标处理：

（一）投标人的资格、条件不符合国家有关规定和招标文件要求的；

（二）投标文件中没有本办法第二十二条规定的印章、签字的；

（三）投标文件的主要内容不全或者关键字迹模糊、无法辨认的；

（四）投标有效期不能满足招标文件规定的；

（五）除按照招标文件规定可以提交备选投标方案外，投标人提交两份以上内容不同的投标文件且未声明哪一份有效的；

（六）以联合体形式投标的，未附联合体各方共同签订的投标协议书的；

（七）未按招标文件要求提交投标保证金或者提供其他形式担保的；

（八）投标人串通投标、弄虚作假或者以行贿、欺骗等不正当手段谋取中标的。

第三十四条 评标委员会要求投标人对投标文件中含义不明确的内容作出必要的澄清或者说明时，投标人应当如实澄清或者说明；投标人拒绝澄清、说明或者在澄清、说明时弄虚作假的，评标委员会可以否决其投标。

评标委员会发现投标人的投标报价明显低于其他投标报价或者明显低于标底的，可以要求该投标人作出书面说明并提供相应的书面证明材料；投标人不能合理说明或者提供相关证明材料的，评标委员会可以否决其投标。

第三十五条 评标过程中，评标委员会发现投标文件没有对招标文件提出的实质性要求和条件作出响应，或者明显不符合招标文件规定的技术标准，或者附有招标人不能接受的条件的，评标委员会可以否决该投标。

第三十六条 有下列情形之一的，评标委员会可以否决所有投标：

（一）合格的投标人不足 3 个，没有达到预期竞争性的；

（二）所有投标人均没有响应招标文件提出的实质性要求和条件的。

依法必须进行招标项目的所有投标被否决的，招标人应当重新进行招标。国家规定可以不重新进行招标的，从其规定。

第三十七条 评标委员会完成评标后，应当提出书面评标报告。评标报告应当包括投标情况、废标处理和否决投标情况、合格的投标情况、评审方法和标准、评审报价或者评分比较、推荐的中标候选人及其排列顺序、需要澄清或者说明的其他情况等。

评标报告应当由评标委员会全体成员签字。评标委员会成员对评标报告有异议的，应当以书面方式阐明其不同意见和理由；拒绝签字且不阐明其不同意见和理由的，视为同意评标报告。

第三十八条 评标委员会推荐的中标候选人应当限定在一至三名。招标人应当从评标委员会推荐的中标候选人中确定中标人，招标人也可以授权评标委员会直接确定中标人。

依法必须进行招标的项目，招标人应当确定排名第一的中标候选人为中标人。排名第一的中标候选人放弃中标、因不可抗力等原因提出不能履行合同，或者未能按照招标文件的要求提交履约保证金，招标人可以确定排名第二的中标候选人为中标人。排名第二的中标候选人因同样原因不能签订合同的，招标人可以确定排名第三的中标候选人为中标人。

中标人不得向他人转让中标项目，也不得将中标项目肢解后分别向他人转让。

第三十九条 招标人在确定中标人后，发出中标通知书五日内，应当将投标保证金全额退还未中标的投标人。

第四十条 招标人、招标代理机构、评标委员会成员以及其他相关人员应当对招标过程中获知的投标人的技术秘密和商业秘密，予以严格保密。未经投标人同意，招标人不得将投标人的投标文件以及图纸、资料等提供给他人。

第六章 监 督

第四十一条 县级以上发展改革、经贸、建设、交通、水利等有关行政监督部门应当按照职责分工，加强对招标投标活动的监督，依法查处招标投标活动中的违法行为，保证招标投标活动正常进行。

第四十二条 任何单位和个人都有权对招标投标活动中的违法行为进行检举和控告。有关行政监督部门接到检举和控告后，应当在10日内组织查处，并将查处结果及时告知检举人、控告人。

第四十三条 有关行政监督部门对招标投标活动实施监督或者查处招标投标违法行为时，可以询问有关当事人和其他相关人员，并有权查阅、复制与招标投标活动有关的文件、资料。有关单位和人员应当配合，如实提供相关情况。

第四十四条 有关行政监督部门应当对实施监督或者查处招标投标违法行为中获知的技术秘密、商业秘密以及检举人、控告人的情况，予以严格保密。

第四十五条 有关行政监督部门应当将监督过程中发现的问题及时通知项目审批部门，项目审批部门根据情况可以对全部或者部分使用国有资金的项目，依法暂停项目执行或者暂停资金拨付。

第四十六条 有关行政监督部门在实施监督过程中，不得违法增加招标投标程序和审批事项，不得违法向招标人、投标人、招标代理机构等招标投标活动当事人收取任何费用。

第七章 法律责任

第四十七条 违反本办法规定，招标项目的招标内容应当经项目审批部门核准而未经核准，擅自进行招标的，或者对核准的招标内容作出变更后未按规定重新办理核准手续的，由项目审批部门给予警告，责令限期改正，可以并处1万元以上3万元以下罚款。

第四十八条 依照本办法规定应当经过批准才能进行邀请招标的项目，招标人未经批准擅自采用邀请招标方式进行招标的，由有关行政监督部门责令改正，可以处1万元以上5万元以下罚款。

第四十九条 依法必须进行公开招标的项目，未发布招标公告即开始招标，或者未在指定媒介发布招标公告，或者在招标公告中以不合理的条件限制或排斥潜在投标人的，由有关行政监督部门责令改正，可以处1万元以上5万元以下罚款。

第五十条 违反本办法规定，招标人、招标代理机构有下列行为之一的，由有关行政监督部门给予警告，没收违法所得，并处违法所得一倍以上五倍以下罚款；没有违法所得的，并处3万元以上10万元以下罚款；构成犯罪的，依法追究刑事责任：

（一）未经资格认定或者超范围从事招标代理业务的；

（二）招标代理机构与行政机关以及其他国家机关存在隶属关系或者利益关系的；

（三）通过发放招标文件谋取经济利益或者假借招标违法谋取不正当利益的；

（四）不按规定收取和退还投标保证金的。

第五十一条 违反本办法规定，招标人或者招标代理机构使用招标文件中没有规定的评标方法和标准，或者评标委员会的组建和成员组成不符合法定要求的，由有关行政监督部门给予警告，责令改正，并处3万元以上10万元以下罚款；构成犯罪的，依法追究刑事责任。

前款所列行为影响中标结果的，中标无效。

第五十二条 违反本办法规定，有下列行为之一的，由有关行政监督部门依据《中华人民共和国招标投标法》的规定处罚：

（一）依法必须进行招标的项目，招标人或者招标代理机构在开标前泄露标底的；

（二）投标人串通投标、弄虚作假或者以行贿、欺骗等不正当手段谋取中标的；

（三）中标人向他人转让中标项目或者将中标项目肢解后分别向他人转让的。

第五十三条 有关行政监督部门在招标投标监督活动中有下列行为之一的，责令改正，对直接负责的主管人员和其他直接责任人员依法给予行政处分；构成犯罪的，依法追究刑事责任：

（一）为招标人指定标底编制单位或者招标代理机构的；

（二）直接或者间接干涉评标活动的；

（三）违法向招标人、投标人收取费用的；

（四）接到检举和举报后未按规定组织处理的；

（五）未依法对招标投标活动实施监督的；

（六）未依法履行其他职责并造成严重后果的。

其他有关单位和个人利用职权进行前款第（一）项至第（三）项违法行为，或者以其他方式非法干涉招标投标活动的，依照前款规定追究责任。

第八章 附 则

第五十四条 使用国际组织或者外国政府贷款、援助资金的项目进行招标，贷款方、资金提供方对招标投标的条件和程序有特殊规定的，可以适用其规定，但不得违背国家和社会公共利益。

第五十五条 本办法自2005年7月1日起施行。1994年1月17日山东省第八届人民代表大会常务委员会第五次会议通过，2002年7月27日山东省第九届人民代表大会常务委员会第三十次会议修正的《山东省建设工程招标投标管理条例》同时废止。

浙江省招标投标条例

（2005年12月23日浙江省第十届人民代表大会常务委员会第二十二次会议通过）

（浙江省第十届人民代表大会常务委员会公告第51号）

《浙江省招标投标条例》已于2005年12月23日经浙江省第十届人民代表大会常务委员会第二十二次会议通过，现予公布，自2006年4月1日起施行。

浙江省人民代表大会常务委员会

2005年12月23日

浙江省招标投标条例

第一章 总 则

第一条 为了规范招标投标活动，保护国家利益、社会公共利益和招标投标活动当事人的合法权益，根据《中华人民共和国招标投标法》和其他有关法律、行政法规的规定，结合本省实际，制定本条例。

第二条 在本省行政区域内进行招标投标活动和对招标投标活动进行监督管理，适用本条例。

第三条 招标投标活动应当遵循公开、公平、公正和诚实信用的原则。

第四条 省发展改革行政部门负责指导、综合协调和监督全省招标投标工作，会同省有关行政部门拟定招标投标法律、法规的配套制度，组织实施本条例。

市、县（市、区，下同）发展改革行政部门负责指导、综合协调和监督本行政区域招标投标工作。

第五条 省、市、县人民政府有关行政部门（以下统称行政监督部门）依照各自职责分工，对招标投标活动实施监督，受理投诉，依法查处招标投标活动中的违法行为：

（一）建设行政部门监督各类房屋建筑及其附属设施和配套线路、管道、设备安装项目以及市政项目的招标投标活动；

（二）经贸行政部门监督企业技术改造项目的招标投标活动；

（三）国土资源行政部门监督土地使用权出让的招标投标活动；

（四）水利、交通、农业、林业、海洋与渔业、环保、科技、信息产业等行政部门监督相应行业的招标投标活动。

省重点工程建设项目的招标投标活动由省发展改革行政部门实施监督。

第六条 建立和完善招标投标行业自律机制，加强行业自律。鼓励建立跨行业、跨地区的招标投标协会，维护招标投标市场秩序，促进招标投标活动的公开、公平和公正进行。

第二章 招标范围和标准

第七条 使用下列资金的工程建设项目，包括项目的勘察、设计、施工、监理、咨询、项目管理以及与工程建设相关的设备、材料等的采购，达到规定标准的，必须进行招标：

（一）使用各级财政预算资金和各种政府性专项资金的项目；

（二）使用国有企业事业单位资金，并且国有资产投资者实际拥有控制权的项目；

（三）使用国家发行债券所筹资金或者国家政策性贷款的项目；

（四）政府授权投资主体融资的项目；

（五）使用世界银行、亚洲开发银行等国际组织或者外国政府贷款的项目；

（六）使用国际组织或者外国政府援助资金的项目。

第八条 下列项目达到规定标准的，政府及其有关部门选择投资人、经营人或者承办人，必须通过招标的方式确定；法律、行政法规规定可以采取拍卖等方式确定的，从其规定：

（一）土地、矿产等有限自然资源开发利用项目；

（二）供水、供气、供热、公共交通、城市污水和生活垃圾处理等政府特许经营项目；

（三）有限公共资源配置项目；

（四）政府组织或者资助的重大科研项目。

第九条 本条例第七条、第八条所列项目的具体范围和规模标准，由省人民政府根据有关法律、法规和本省实际情况规定。

第十条 本条例第七条、第八条所列项目，有下列情形之一的，可以不招标：

（一）涉及国家安全、国家秘密或者抢险救灾而不适宜招标的；

（二）采用特定专利或者专有技术而无法达到投标人法定人数要求的；

（三）法律、法规规定可以不招标的其他情形。

前款规定的工程建设项目不招标的，应当经项目审批部门或者核准部门（以下统称项目审批部门）批准；属于省重点工程建设项目的，应当经省人民政府批准。法律、行政法规对批准主体另有规定的，从其规定。

第十一条 除国家和本条例规定必须招标的项目外，有关单位和个人可以自愿采用招标的方式进行工程建设、货物和服务采购。

第三章 招标和投标

第十二条 依法必须招标的项目，应当符合法律、法规规定的条件。招标人应当按照项目审批部门核准的招标范围和招标方式组织招标。

项目审批部门应当将核准的招标范围和招标方式告诉有关行政监督部门。

第十三条 招标分为公开招标和邀请招标。

必须招标的项目应当公开招标，但有下列情形之一的，可以邀请招标：

（一）项目技术复杂或者有特殊要求，只有少数潜在投标人可供选择的；

（二）涉及国家安全、国家秘密或者抢险救灾，适宜招标但不适宜公开招标的；

（三）法律、法规规定不适宜公开招标的其他情形。

前款规定的项目，属于省重点工程建设项目的，其邀请招标应当经省人民政府批准；其他项目，其邀请招标应当经项目审批部门核准；法律、行政法规对核准主体另有规定的，从其规定。

第十四条 招标人有权自行选择具有招标代理资格的机构，委托其办理招标事宜。任何单位和个人不得以任何方式为招标人指定招标代理机构。

招标人委托招标的，应当与招标代理机构签订书面委托协议，明确双方的权利和义务。

招标人不得对招标代理机构提出不符合法律、法规规定的要求，不得与招标代理机构相互串通损害国家利益、社会公共利益和他人合法权益。

第十五条 招标代理机构应当在招标人委托的范围内，依法代理招标事宜。未经招标人同意，招标代理机构不得转让代理业务。

招标代理机构不得为投标人提供其代理招标项目的投标咨询服务。

第十六条 招标人具有编制招标文件和组织评标能力的，可以自行办理招标事宜。任何单位和个人不得强制具有自行招标能力的招标人委托招标。

招标人自行办理招标事宜的，应当向有关行政监督部门备案。

第十七条 公开招标的，招标人应当发布招标公告。招标公告应当通过国家或者省发展改革行政部门指定的报刊、信息网络或者其他媒体发布。未在上述指定媒体发布公告的，视为未公告。

采用邀请招标方式的，招标人应当向三个以上具备承担招标项目的能力、资信良好的特定的法人或者其他组织发出投标邀请书。

第十八条 招标公告、投标邀请书中应当载明下列内容：

（一）招标人的名称和地址；

（二）招标项目的性质、实施地点和时间；

（三）招标项目的内容、规模和资金来源；

（四）对投标人的资格要求；

（五）获取招标文件或者资格预审文件的时间、地点和收费标准。

第十九条 招标人应当根据招标项目的特点和需要编制招标文件。招标文件应当包括招标项目的技术要求、对投标人资格审查的标准、投标报价要求等所有实质性要求和条件以及拟签订合同的主要条款。

招标文件应当确定评标标准和方法、定标方法。选择本条例第八条规定的项目投资人、经营人或者承办人的，评标方法应当采用综合评价法。

招标文件可以要求投标人提交投标保证金。投标保证金可以是现金，也可以是银行出具的银行保函、保兑支票、银行汇票或者现金支票。招标文件应当确定提交投标保证金的数额和方式。

第二十条 招标人应当在发出招标文件5个工作日前将招标文件送有关行政监督部门备案。有关行政监督部门发现招标文件有违反法律、法规、规章规定的，应当及时告知招标人，由招标人自行改正后重新送备案。

第二十一条 公开招标的项目，招标人可以根据项目的性质、特点和要求，对潜在投标人进行资格预审。需要进行资格预审的，应当在资格预审文件中载明资格预审的标准和方法。

第二十二条　投标人应当按照招标文件的要求编制投标文件。投标文件应当注明正本与副本，并在投标截止时间之前密封送达投标地点。

在一个招标项目中，一个投标人只能向招标人报送一个有效投标文件。

第二十三条　投标人撤回投标的，应当在投标截止时间之前书面通知招标人。招标人已按照招标文件规定收取投标保证金的，应当自接到书面通知后30日内返还其投标保证金。

第二十四条　投标截止时间届满时，投标人少于三个的，招标人应当依法重新招标。重新招标后投标人仍少于三个的，报经有关行政监督部门批准后可以不再进行招标。

第二十五条　招标人不得从事下列行为：

（一）以地域、行业、所有制等为条件限制、排斥潜在投标人投标；

（二）以获得本地区、本行业奖项作为投标条件；

（三）强制投标人组成联合体或者总分包关系共同投标；

（四）以明示或者暗示的方式向评标委员会成员推荐意向中标人；

（五）向他人透露已获得招标文件的潜在投标人的名称、数量，以及其他影响招标投标公平竞争的行为。

第二十六条　招标人与投标人不得串通投标。下列行为均属招标人与投标人串通投标：

（一）招标人向投标人泄露标底；

（二）招标人在开标前私自开启投标文件并将投标情况告知其他投标人；

（三）招标人明示或者暗示投标人压低或者抬高投标报价；

（四）招标人与投标人之间其他违反法律、法规串通投标的行为。

第二十七条　投标人不得相互串通投标。下列行为均属投标人相互串通投标：

（一）投标人之间相互约定抬高或者压低投标报价；

（二）投标人之间事先约定中标者，并以此为策略参加投标；

（三）投标人之间其他违反法律、法规串通投标的行为。

第二十八条　禁止投标人向招标人或者评标委员会成员行贿。

禁止出借资质或者以他人名义投标。

第四章　开标、评标和中标

第二十九条　开标由招标人或者招标人委托的招标代理机构主持，邀请所有投标人参加。

第三十条　评标由招标人依法组建的评标委员会负责。

评标委员会由招标人的代表和有关技术、经济等方面的专家组成，成员人数为五人以上单数，其中技术、经济等方面的专家不得少于成员总数的2/3。

评标专家应当从依法组建的省综合性评标专家库中随机抽取，有关行政监督部门应当现场监督。特殊招标项目经有关行政监督部门核准后可以由招标人直接确定评标专家。

评标委员会设负责人的，评标委员会负责人由评标委员会成员推举产生或者由招标人确定。评标委员会负责人与评标委员会其他成员具有同等的表决权。

第三十一条　评标专家应当履行下列义务：

（一）客观、公正地评标；

（二）成为评标委员会成员后，对其身份和评标项目保密；

（三）在中标结果确定之前，不得与投标人及其他利害关系人私下接触；

（四）不得收受投标人及其他利害关系人的财物或者其他好处；

（五）对提出的评审意见承担个人责任；

（六）对行政监督部门的监督、检查活动予以协助和配合。

第三十二条　有下列情形之一的，不得担任评标委员会成员：

（一）系投标人的主要负责人或者近亲属的；

（二）系项目审批部门或者有关行政监督部门的工作人员的；

（三）与投标人有经济或者其他利害关系，可能影响公正评审的；

（四）法律、法规、规章规定应当回避的其他情形。

评标委员会成员有前款规定情形之一的，应当主动提出回避。未提出回避的，招标人或者有关行政监督部门发现后应当立即终止其参与评标活动。

第三十三条　评标委员会对招标人负责。

评标委员会应当遵循公平、公正、科学、择优的原则，按照招标文件确定的评标标准和方法，对投标文件进行评审和比较；设有标底的，应当参考标底。

评标委员会独立评标。任何单位和个人不得非法干预、影响评标的过程和结果。

第三十四条　有下列情形之一的，评标委员会可以认定为废标：

（一）投标人的报价明显低于其他投标报价或者在设有标底的情况下，明显低于标底，投标人又不能合理说明或者不能提供相关材料证明其投标报价不低于其成本的；

（二）投标文件未能满足招标文件规定的实质性要求和条件的；

（三）符合招标文件规定的其他废标条件的。

第三十五条　评标委员会将认定为废标的投标排除后，有效投标少于三个，使得投标明显缺乏竞争的，可以否决全部投标。

所有投标被否决的，招标人应当依法重新招标。

第三十六条　评标委员会完成评标后，应当向招标人提出书面评标报告，并推荐一至三名合格的中标候选人。

第三十七条　依法必须招标的项目，招标人在确定中标人之前，应当将评标委员会推荐的中标候选人在交易场所和发布招标公告的媒体上公示，公示期不得少于 3 日。公示期间，投标人及其他利害关系人可以向招标人提出异议或者向有关行政监督部门申请核查。

有关行政监督部门经核查后发现招标投标过程中确有违反《中华人民共和国招标投标法》和其他有关法律、法规且影响评标结果公正性的，应当责令招标人重新评标或者招标。

第三十八条　招标人根据评标委员会的书面评标报告和推荐的中标候选人，按照招标文件规定的定标方法集体确定中标人。招标人不得在评标委员会推荐的中标候选人之外确定中标人。

招标人可以授权评标委员会直接确定中标人。

第三十九条　招标人应当将开标、评标过程如实记录，并将记录和评标委员会成员签名的个人评审意见存档备查。

第四十条　招标人应当自确定中标人之日起 15 日内，向中标人发出中标通知书，将中标结果书面通知所有未中标的投标人，并向有关行政监督部门报送招标投标情况的书面报告。

第四十一条　招标人和中标人应当自中标通知书发出之日起 30 日内，按照招标文件和中标人的投标文件签订书面合同。招标文件要求中标人提交履约保证金的，中标人应当提交。

招标人应当在签订合同之日起 15 日内将合同报有关行政监督部门备案；属于政府投资项目的，有关行政监督部门应当将备案情况及时告诉财政部门。

有关行政监督部门应当监督中标合同的履约情况，并将其载入中标单位的信用档案。

第四十二条 招标人按照招标文件规定收取投标保证金的，在与中标人签订合同后五日内，应当向中标人和未中标的投标人退还投标保证金。

第五章 管理和监督

第四十三条 省人民政府依法建立全省统一的综合性评标专家库，实现评标专家资源共享和统一管理。

省级有关部门和市、县可以设立抽取评标专家的网络终端，其已设立的评标专家库应当纳入省综合性评标专家库。

建立健全评标专家库管理制度，加强对评标专家的培训、考核和管理。评标专家因身体健康、业务能力及信誉等原因不能胜任评标工作的，应当及时从省综合性评标专家库中除名。

省综合性评标专家库的具体组建和管理办法，由省人民政府另行制定。

第四十四条 县级以上人民政府应当强化对招标投标活动的监督，建立统一的工程建设项目、货物和服务采购、土地出让、产权交易等招标投标活动及其他相关联活动的集中交易场所，将招标投标活动统一纳入集中交易场所进行规范管理。集中交易场所的具体管理办法由省人民政府另行制定。

第四十五条 建立全省招标投标信用档案和公示制度，对全省范围内的招标投标活动进行信用记录，对不良行为和违法行为予以公示。建立全省招标投标统计报表制度，对全省范围内的招标投标活动进行调查统计分析。

第四十六条 有关行政监督部门应当加强对招标投标活动的监督，及时认定、制止、纠正招标投标活动中的违法行为，并依法查处。

省、市、县发展改革行政部门应当加强对有关行政监督部门执法活动的指导、协调和监督；对情况复杂、难以协调和监督的事项，应当及时报请本级人民政府处理。

各级工商行政管理机关应当与有关行政监督部门共同做好相关的行政处罚工作。

各级监察机关应当加强对有关行政监督部门执法活动的监督。

各级审计机关应当依法对招标投标活动实行审计监督。

第四十七条 有关行政监督部门对招标投标活动实施监督或者查处招标投标违法活动时，有权查阅和复制与招标投标有关的文件、资料，调查、核实有关情况。

有关行政监督部门工作人员应当忠于职守，秉公办事，勤政廉洁，依法执法。

第四十八条 有关行政监督部门不得违反法律、法规设立审批、核准、登记等涉及招标投标的事项；不得非法干涉招标人选择招标代理机构、编制招标文件、组织投标资格审查、组织评标、确定中标人等；不得向招标投标活动当事人、招标代理机构收取费用。

第四十九条 任何单位和个人发现招标投标活动中有违反法律、法规规定行为的，可以向有关行政监督部门举报。有关行政监督部门应当及时调查处理，将处理情况告知举报人，并为举报人保密。

第五十条 投标人提出投诉或者举报，经有关部门调查证实无事实依据属于诬告的，应当承担相应的法律责任，并由有关行政监督部门将其行为记录于投标人的信用档案。

第六章 法律责任

第五十一条 违反本条例规定的行为，《中华人民共和国招标投标法》等法律、行政法规已有处罚规定的，从其规定。

第五十二条 违反本条例规定，有下列情形之一的，由项目审批部门责令限期改正，可以处项目合同金额5‰以上10‰以下的罚款；对单位直接负责的主管人员和其他直接责任人员处3000元以上3万元以下的罚款：

（一）必须招标的项目不招标的；

（二）应当公开招标的项目未经核准擅自采用邀请招标方式的。

第五十三条 违反本条例规定，有下列情形之一的，由有关行政监督部门责令限期改正，可以处1万元以上5万元以下的罚款；对单位直接负责的主管人员和其他直接责任人员处1000元以上1万元以下的罚款：

（一）邀请招标未依法发出投标邀请书的；

（二）不按核准内容进行招标的；

（三）投标人数量不符合法定要求而不重新招标的。

第五十四条 违反本条例规定，有下列情形之一的，由有关行政监督部门责令改正，可以处1000元以上5000元以下的罚款；情节严重的，处5000元以上5万元以下的罚款：

（一）不具备自行招标条件而自行招标的；

（二）不在指定媒体上发布招标公告的；

（三）招标公告或者投标邀请书的内容不符合法定要求的；

（四）在提交投标文件截止时间后接收投标文件的；

（五）评标委员会的组建不符合法定要求的；

（六）非法干预评标委员会评标的。

第五十五条 招标代理机构违反本条例第十五条规定的，由有关行政监督部门责令改正，可以处1万元以上10万元以下的罚款；有违法所得的，并处没收违法所得。

第五十六条 违反本条例第二十八条第二款规定，出借资质的，由有关行政监督部门责令改正，可以处5000元以上5万元以下的罚款；有违法所得的，并处没收违法所得。

第五十七条 评标委员会成员有下列情形之一的，由有关行政监督部门给予警告，没收收受的财物，可以并处3000元以上5万元以下的罚款：

（一）收受投标人及其他利害关系人财物或者其他好处的；

（二）向他人透露对投标文件的评审和比较、中标候选人的推荐以及与评标有关的其他情况的。

有前款规定情形之一的，由发展改革行政部门取消其评标专家资格。

第五十八条 违反本条例规定，有下列情形之一的，由有关行政监督部门处2000元以上2万元以下的罚款：

（一）使用的评标标准和方法在招标文件中没有规定的；

（二）资格预审或者评标的标准和方法含有排斥投标人的内容，妨碍或者限制投标人之间竞争的；

（三）评标委员会及其成员在评标过程中有违法行为的。

有前款所列情形之一，影响中标结果的，中标无效，招标人应当依法重新进行评标或者招标。

第五十九条 有关行政监督部门及其工作人员有下列情形之一的，由有关部门或者监察机关对单位直接负责的主管人员和其他直接责任人员依法给予行政处分：

（一）限制、排斥本地区、本系统以外的法人或者其他组织参加投标的；

（二）为招标人指定招标代理机构的；

（三）非法干涉评标活动的；

（四）违法向招标人、招标代理机构、投标人收取费用的；

（五）未依法对招标投标活动实施监督，以及有其他徇私舞弊、滥用职权、玩忽职守行为的。

第六十条 违反本条例规定的行为，构成犯罪的，依法追究刑事责任。

第七章　附　则

第六十一条　政府采购货物和服务的招标投标活动，适用《中华人民共和国政府采购法》；机电产品国际招标投标活动，国家有特殊规定的，从其规定。

使用国际组织或者外国政府贷款、援助资金项目的招标投标活动，贷款方、资金提供方对招标投标的具体条件和程序有不同规定的，可以适用其规定，但不得损害国家利益和社会公共利益。

第六十二条　本条例自2006年4月1日起施行。1995年4月29日浙江省第八届人民代表大会常务委员会第十八次会议通过的《浙江省建设工程招标投标管理条例》同时废止。

参考文献

1. 陈兆霞：《政府采购法律问题研究》，《现代法学》，2003 年 4 月第 25 卷第 2 期。

2. 刘晋叶：《从政府采购的国际化看我国政府采购法制的建立与完善》，《中国软科学》，2003 年第 5 期。

3. 朱明阳：《试论政府采购中的供应商权利保障》，《成都行政学院学报》，2006 年 8 月第 15 卷第 4 期。

4. 梁玉萍、宇宪法、张爱权：《在借鉴国际经验中完善政府采购制度》，《理论探索》，2006 年第 6 期。

5. 杨汉平：《政府采购法律问题研究》，中国政法大学博士学位论文，2001 年 6 月。

6. 李国强：《政府采购理论与实践研究》，吉林大学博士学位论文，2004 年 4 月。

7. 唐颖：《国内外政府采购制度与我国政府采购立法之研究》，大连海事大学硕士学位论文，2000 年 6 月。

8. 金虹：《建立和完善我国政府采购制度研究》，武汉理工大学硕士学位论文，2002 年 4 月。

9. 张浩：《政府采购法律制度研究》，大连海事大学硕士学位论文，2000 年 6 月。

10. 孙晓云：《政府采购国际规则比较研究》，西南政法大学硕士学位论文。

11. 朱友军：《政府采购立法若干问题研究》，华中师范大学硕士学位论文，2001 年。

12. 陈勃：《政府采购法律问题研究》，西南政法大学博士学位论文。

13. 张朝阳：《WTO〈政府采购协议〉与我国政府采购制度的比较及对策建议》，暨南大学硕士学位论文，2004 年 4 月。

14. 苏晓燕：《WTO〈政府采购协议〉与中国入世后的应对策略》，中国政法大学硕士学位论文，2006 年 3 月。

15. 许开华：《WTO 框架下的我国政府采购法律制度研究》，南昌大学硕士学位论文，2005 年 5 月。

16. 赵峰：《完善中国政府采购制度的思考》，中南大学硕士学位论文。

17. 张照东：《政府采购制度研究》，厦门大学博士学位论文，2003 年 1 月。

18. 肖北庚：《国际组织政府采购规则比较研究》，中国方正出版社，2003 年。

19. 肖北庚：《政府采购之国际规制》，法律出版社，2005 年。

20. 王亚琴：《政府采购与行政权利救济》，人民法院出版社，2004 年 7 月第 1 版。

21. 谷辽海：《中国政府采购案例评析》第一卷，群众出版社，2005 年 1 月第 1 版。

22. 谷辽海：《中国政府采购案例评析》第二卷，群众出版社，2005 年 5 月第 1 版。

23. 谷辽海：《法治下的政府采购》，群众出版社，2005 年 12 月第 1 版。

24. 李进：《政府采购实务》，江苏科学技术出版社，2006 年 1 月第 1 版。

25. 刘恒：《行政救济制度研究》，法律出版社，1998 年 7 月第 1 版。

26. 向飞、陈友春：《企业法律风险评估》，法律出版社，2006 年 4 月第 1 版。

27. 马正红：《对政府采购合同分包履行的思考与探索》，《中国政府采购》，2006 年第 1 期。

28. 李德华、何红锋：《论第一候选人放弃的民事责任承担》，《中国政府采购》，2006 年第 1 期。

29. 周乔亮：《供应商怎样用好质疑与投诉的权利》，《中国政府采购》，2006 年第 5 期。

30. 赵颖：《政府采购中竞争者的权利及其法律救济》，《学习论坛》，2004 年第 9 期。

31. 丁大晴：《政府采购代理若干法律问题探析》，《江汉论坛》，2004 年第 7 期。

后　记

惴惴然，《政府采购实务手册》总算和读者见面了。在这个领域里摸爬滚打了10多年，总想说点什么，写点什么，今天也算了却了一桩宿愿。

《政府采购法》已经颁布了好几年了，不少专家学者对此著书献言，但普及性的、与政府采购相关的著作却鲜有问世。随着中国加入了WTO，政治经济体制改革的进一步深入，政府采购的规范化与科学化问题尤为紧迫。正如中国招标投标协会常务副会长霍春林先生说的那样——“《政府采购法》相对于政府采购政策的滞后性，需要更多更优秀的法律工作者投身到政府采购法律服务的工作中来”。基于此种形势，是以为拙作，以期为关心政府采购的朋友提供一点借鉴和帮助。

从开始筹划到今天，已经快一年了。其间得到了中国招标投标协会钟彦彪副秘书长、韩佳庆先生的热心相帮，又得广东省发展和改革委员会党组成员张力军同志、法规处黄汉基同志、骆坚同志、欧肇栋同志的亲切关照，还得以华南理工大学法学院葛洪义院长、陈年冰女士、黄保勇先生、李秋成先生的悉心指导，更荣幸请得中国招标投标协会的常务副会长霍春林先生为拙作写序。上述单位的领导及专家提出了宝贵建议，使此书能得以顺利完成。感激之心，非言语能表，在此一并谢过。

初次为书，难免有些疏漏偏颇，望请各位同人指正。

石安琴

2007年1月于广州